Abbildung und Integration
von Elementarfaktoren in SAP S/4HANA

Udo Rimmelspacher

Abbildung und Integration von Elementarfaktoren in SAP S/4HANA

Udo Rimmelspacher
Ingolstadt, Deutschland

ISBN 978-3-658-47766-0   ISBN 978-3-658-47767-7 (eBook)
https://doi.org/10.1007/978-3-658-47767-7

Die Deutsche Nationalbibliothek verzeichnet diese Publikation in der Deutschen Nationalbibliografie; detaillierte bibliografische Daten sind im Internet über https://portal.dnb.de abrufbar.

© Der/die Herausgeber bzw. der/die Autor(en), exklusiv lizenziert an Springer Fachmedien Wiesbaden GmbH, ein Teil von Springer Nature 2025

Das Werk einschließlich aller seiner Teile ist urheberrechtlich geschützt. Jede Verwertung, die nicht ausdrücklich vom Urheberrechtsgesetz zugelassen ist, bedarf der vorherigen Zustimmung des Verlags. Das gilt insbesondere für Vervielfältigungen, Bearbeitungen, Übersetzungen, Mikroverfilmungen und die Einspeicherung und Verarbeitung in elektronischen Systemen.
Die Wiedergabe von allgemein beschreibenden Bezeichnungen, Marken, Unternehmensnamen etc. in diesem Werk bedeutet nicht, dass diese frei durch jede Person benutzt werden dürfen. Die Berechtigung zur Benutzung unterliegt, auch ohne gesonderten Hinweis hierzu, den Regeln des Markenrechts. Die Rechte des/der jeweiligen Zeicheninhaber*in sind zu beachten.
Der Verlag, die Autor*innen und die Herausgeber*innen gehen davon aus, dass die Angaben und Informationen in diesem Werk zum Zeitpunkt der Veröffentlichung vollständig und korrekt sind. Weder der Verlag noch die Autor*innen oder die Herausgeber*innen übernehmen, ausdrücklich oder implizit, Gewähr für den Inhalt des Werkes, etwaige Fehler oder Äußerungen. Der Verlag bleibt im Hinblick auf geografische Zuordnungen und Gebietsbezeichnungen in veröffentlichten Karten und Institutionsadressen neutral.

Planung: Petra Steinmüller
Springer Vieweg ist ein Imprint der eingetragenen Gesellschaft Springer Fachmedien Wiesbaden GmbH und ist ein Teil von Springer Nature.
Die Anschrift der Gesellschaft ist: Abraham-Lincoln-Str. 46, 65189 Wiesbaden, Germany

Wenn Sie dieses Produkt entsorgen, geben Sie das Papier bitte zum Recycling.

Vorwort

Intention

Mit Enterprise Resource Planning (ERP) werden alle Ressourcen eines Unternehmens mit den zugehörigen Prozessen und Informationen koordiniert und gesteuert, um Leistungserstellungs- und Wertschöpfungsprozesse im Unternehmen möglichst effizient zu gestalten.

Die Ressourcen eines Unternehmens werden in der Betriebswirtschaftslehre durch betriebswirtschaftliche Produktionsfaktoren abgebildet. Die drei Elementarfaktoren Werkstoffe, objektbezogene menschliche Arbeit und Betriebsmittel sind die Produktionsfaktoren, die keinen dispositiven Charakter aufweisen und direkt in den Leistungserstellungsprozess einfließen. Für eine effiziente Steuerung eines Unternehmens müssen sie transparent abgebildet und miteinander integriert werden. Dies ist nur mit einem unternehmensweit genutzten ERP-System möglich, in dem die Daten zu möglichst vielen, idealerweise allen, Geschäftsprozessen in einer einzigen Datenbank gespeichert sind.

Vor diesem Hintergrund habe ich mich immer gefragt, warum es eigentlich kaum Bücher gibt, welche sowohl an den grundlegenden Unternehmensressourcen ansetzen als auch den durch eine allumfassende Integration gekennzeichneten Charakter eines ERP-Systems verdeutlichen. Dieses Buch ist der Versuch, diese grundlegenden Zusammenhänge anhand von Elementarfaktoren, bei der beim Enterprise Resource Planning „die Reise losgeht", in vollständig aufeinander aufbauenden Übungen abzubilden.

Integration findet in SAP S/4HANA für alle Unternehmensressourcen auch stets durch das Zusammenspiel von Customizing- und Anwendungsmenü statt. Dementsprechend sind sowohl die Kapitel dieses Buches als auch die Übungen entsprechend aufgebaut und miteinander verzahnt. Um möglichst oft zu zeigen, wie alles miteinander integriert ist, habe ich in diesem Buch sehr viele Querverweise eingefügt. Dies war einerseits sehr arbeitsaufwändig und wird andererseits den Lesefluss oftmals erschweren. Aber ich bin davon überzeugt, dass nur so der integrativen Eigenschaft eines ERP-Systems am besten entsprochen wird. Nutzen Sie deshalb die vielen Querverweise und blättern Sie eifrig in diesem Buch!

Das Gesamtbild und die grundlegenden Zusammenhänge sind im Leben stets der Ausgangspunkt, bei dem im Erkenntnissinn „die Reise losgeht". Erst danach können wirkliche Erkenntnisgewinne durch die Beschäftigung mit den einzelnen Details erfolgen.

Bei der Arbeit mit SAP S/4HANA beobachte ich jedoch, dass das Gesamtbild und die grundlegenden Zusammenhänge meist kaum oder sehr wenig bekannt sind. Deshalb können einzelne Informationen oftmals nicht mehr zueinander in Bezug gesetzt und ihre Bedeutung im Gesamtgefüge bewertet werden. Diesbezüglich steht die Arbeit mit SAP S/4HANA leider m.E. stellvertretend für viele Entwicklungen in unserer Zeit. Dem hoffe ich wenigstens in diesem Buch mit den vielen Querverweisen etwas entgegenzuwirken.

Arbeit mit diesem Buch

Dieses Buch ist auf keinen Fall ein reines Lesebuch, sondern vermittelt die konkrete Umsetzung von betriebswirtschaftlichen Sachverhalten mit SAP S/4HANA. Es ist als praktisches Lern- und Arbeitsbuch für Leser konzipiert, die die Inhalte und Beispiele direkt in SAP S/4HANA bearbeiten wollen.

Als Leser müssen Sie keine Vorkenntnisse in SAP S/4HANA haben. Jedoch werden Sie Durchhaltevermögen benötigen, wenn Sie das Buch allein und nicht im Rahmen einer Vorlesung oder Schulung durcharbeiten. Jedoch ist es auch Intention dieses Buches, jedem motivierten Leser das selbstständige Erarbeiten der Inhalte zu ermöglichen.

Wie nutzen Sie dieses Buch bestmöglich? Folgende Faktoren entscheiden m.E. über das Ausmaß Ihres Erkenntnisgewinns:

- **Erfolgsfaktor 1: Beschäftigen Sie sich mit dem Customizing!**

  Die Antwort auf die Frage nach Zusammenhängen in SAP S/4HANA finden Sie oftmals nur im Customizing-Menü. Ein Blick dorthin beantwortet meist mehr als viele umschreibende Worte in gesprochener oder geschriebener Form.

  Das Customizing-Menü beinhaltet keine Unternehmensgeheimnisse. Fragen Sie deshalb immer nach, ob es möglich ist, dass Sie einen SAP-User mit einer Leseberechtigung für das Customizing erhalten. Dann können Sie dort Definitionen und Zusammenhänge nachsehen und deren Auswirkungen im Anwendungsmenü verstehen. Im Anwendungsmenü sollten Sie sich immer fragen, warum Ihnen gerade diese Inhalte angezeigt werden und woher die Daten stammen.

- **Erfolgsfaktor 2: Lernen Sie durch praktische Arbeit an SAP S/4HANA!**

  SAP S/4HANA ist viel zu komplex, um Sachverhalte auswendig oder allein anhand einer Lektüre lernen zu können. Sie werden daher höchstwahrscheinlich SAP S/4HANA nie annähernd „können". Daher ist es unabdingbar, grundlegende Prinzipien und Zusammenhänge zu verstehen und sich bei auftretenden Problemen selbst zu helfen. Interesse, Durchhaltevermögen und betriebswirtschaftliches Wissen unterstützen dies bestmöglich.

  Ich selbst kann SAP S/4HANA auch nicht. Sollten Sie dies erwartet haben, so muss ich Sie leider enttäuschen. Aber nachdem ich mich einem Vierteljahrhundert mit den ERP-Systemen der SAP SE beschäftigt habe, weiß ich mir durch diesen Ansatz wenigstens immer zu helfen, wenn ich einmal etwas nichts weiß.

- **Erfolgsfaktor 3: Seien Sie neugierig!**

    In diesem Buch ist lediglich ein kleiner grundlegender Teil von SAP S/4HANA dargestellt. Das macht aber gar nichts. Irgendwo muss „die Reise losgehen" und auch in SAP S/4HANA ist der Weg das Ziel.

    Schauen Sie deshalb sowohl im Anwendungs- als auch im Customizing-Menü auch stets in benachbarte Transaktionen, nutzen Sie die F1-Hilfe, stellen Sie sich selbst immer Fragen nach Zusammenhängen u.v.m.

- **Erfolgsfaktor 4: Schauen Sie nicht zu schnell in die Lösungen zu den Übungen!**

    Individuelle Probleme treten bei der praktischen Arbeit mit SAP S/4HANA fast immer auf, unabhängig von dem Grad der Expertise des Anwenders und dem objektiven Schwierigkeitsgrad des Problems. Begreifen Sie solche Schwierigkeiten, so unangenehm diese sind, nicht als Bedrohung, sondern letztendlich als Chance. Sie haben langfristig einen viel größeren Lerneffekt, wenn Sie Probleme selbst lösen, als wenn gar keine Schwierigkeiten aufgetreten sind.

    Das Gesamtbild erhalten Sie bei einem auf Integration basiertem Ansatz erst nach dem Durcharbeiten aller Übungen. Vergegenwärtigen Sie sich diesen Umstand bitte stets und üben Sie sich diesbezüglich in Geduld.

Zugrundeliegendes SAP-System

Alle Übungen dieses Buches beziehen sich auf Daten eines SAP S/4HANA 2020 Global Bike 4.1 Mandanten auf der SAP UCC Cloud Plattform, der von der SAP SE und den SAP University Competence Centern momentan für Hochschulen bereitsteht.

Ich hoffe, dass Ihnen ein SAP-System mit ziemlich identischen Customizing-Einstellungen und Stammsätzen zur Verfügung steht. Falls nicht, so sollten es die vielen Abbildungen ermöglichen, die dargestellten Sachverhalte in den Übungen auch unter diesen nicht optimalen Rahmenbedingungen selbst abzubilden. Denken Sie dabei immer an die Erfolgsfaktoren 2 und 3. Wenn Sie diese leben, so werden Sie mittel- und langfristig reüssieren!

Zielgruppen

Vorkenntnisse in SAP S/4HANA sind natürlich hilfreich, werden in diesem Buch jedoch nicht vorausgesetzt. Dieses Buch wendet sich vor allem an IT-affine und betriebswirtschaftlich interessierte und motivierte Praktiker, die gerne in Zusammenhängen denken und Sachverhalte kritisch hinterfragen. Zu ihnen zählen Prozess- und SAP-Berater, SAP-Anwender in Unternehmen, Studenten, Schulungsleiter sowie Dozenten an Hochschulen.

An der Technischen Hochschule Ingolstadt bildet dieses Buch die Grundlage und Begleitlektüre für meine Lehrveranstaltung „Enterprise Resource Planning" (2 SWS) im Studiengang Betriebswirtschaftslehre.

Danksagung

Dieses Buch würde in der vorliegenden Form ohne fremde Unterstützung nicht existieren.

Antonia Müller, Niklas Gebhard und Matthias Pröll haben das Manuskript korrekturgelesen und dessen Qualität maßgeblich gesteigert. Barbara Haider war von Seiten des Springer-Verlags für die Koordination und die Fertigstellung des Buches verantwortlich. Für einige Übungen zu diesem Buch habe ich hilfreiche Anregungen durch Fallstudien des SAP University Competence Center Magdeburg erhalten. Die SAP SE als Inhaber aller Urheberrechte für SAP S/4HANA hat mir u.a. erlaubt, Screenshots aus ihrem ERP-System zu veröffentlichen.

Bei allen diesen Personen und Institutionen bedanke ich mich ganz herzlich für ihre Unterstützung! Leider sind in diesem Buch höchstwahrscheinlich trotzdem etliche Fehler verblieben. Dafür bin allein ich verantwortlich.

Ingolstadt/ Biarritz/ Raja im Januar 2025   Prof. Dr. Udo Rimmelspacher

Inhaltsverzeichnis

Vorwort V

Inhaltsverzeichnis IX

1 Grundlagen 1
   1.1   Betriebswirtschaftliche Produktionsfaktoren 1
          1.1.1 Elementarfaktoren 4
          1.1.2 Dispositive Faktoren...4
   1.2   SAP S/4HANA 6
          1.2.1 Benutzeroberflächen...7
                1.2.1.1   SAP GUI for Windows 7
                1.2.1.2   SAP Web GUI 11
                1.2.1.3   SAP Fiori..12
          1.2.2 Praktisches Arbeiten mit dem SAP GUI for Windows 15
                1.2.2.1   Anwendungsmenü 15
                          1.2.2.1.1 Allgemeiner Aufbau 15
                          1.2.2.1.2 Systemnachrichten 19
                          1.2.2.1.3 Transaktionen und Transaktionscodes 21
                1.2.2.2   Customizing-Menü 26
                1.2.2.3   Systemseitige Hilfen 37
                          1.2.2.3.1 Allgemeine Hilfe zur Anwendung 37
                          1.2.2.3.2 Hilfen im Anwendungsmenü.....................38
                          1.2.2.3.3 Hilfen im Customizing-Menü 39
                          1.2.2.3.4 Hilfen für ein einzelnes Datenfeld 42
          1.2.3 Übungen zu Kapitel 1.2..49
                1.2.3.1   Anmerkungen..49
                1.2.3.2   Übersicht 50
                1.2.3.3   Lösungen 50

2 Organisationseinheiten zur Abbildung der Elementarfaktoren 71
   2.1 Grundlagen 71
   2.2 Organisationseinheiten 73
      2.2.1 Mandant 73
      2.2.2 Buchungskreis (FI) 74
      2.2.3 Werk (LO) 74
      2.2.4 Lagerort (MM) 75
      2.2.5 Kostenrechnungskreis (CO) 76
   2.3 Einstellungen im Customizing 77
      2.3.1 Organisationseinheiten anlegen 77
      2.3.2 Daten einer Organisationseinheit anzeigen 80
      2.3.3 Organisationsstrukturen festlegen 83
   2.4 Übungen zu Kapitel 2 84
      2.4.1 Anmerkungen 84
      2.4.2 Übersicht 85
      2.4.3 Lösungen 86

3 Abbildung und Integration der Elementarfaktoren in SAP S/4HANA 101
   3.1 Grundlagen 101
      3.1.1 Stammdaten 101
      3.1.2 Bewegungsdaten 104
   3.2 Werkstoffe 105
      3.2.1 Allgemeine Einstellungen festlegen 106
          3.2.1.1 Einstellungen in der Materialwirtschaft festlegen 106
              3.2.1.1.1 Materialart 106
              3.2.1.1.2 Nummernvergabe 108
              3.2.1.1.3 Datenbilder des Materialstamms 111
          3.2.1.2 Einstellungen in der Produktion festlegen 116
      3.2.2 Stammdaten in der Materialwirtschaft anlegen 119
      3.2.3 Stammdaten in der Produktion anlegen 125
      3.2.4 Werkstoffe bewerten 128
      3.2.5 Übungen zu Kapitel 3.2 128
          3.2.5.1 Anmerkungen 128
          3.2.5.2 Übersicht 130
          3.2.5.3 Lösungen 131

3.3	Objektbezogene menschliche Arbeit		164
	3.3.1 Allgemeine Einstellungen festlegen		165
		3.3.1.1 Einstellungen im Gemeinkosten-Controlling festlegen	165
		3.3.1.2 Einstellungen in der Produktion festlegen	169
		3.3.1.2.1 Arbeitsplätze	169
		3.3.1.2.2 Arbeitspläne	171
	3.3.2 Stammdaten im Gemeinkosten-Controlling anlegen		174
		3.3.2.1 Kostenarten anlegen	174
		3.3.2.2 Kostenstellen anlegen	183
		3.3.2.3 Leistungsarten anlegen	186
		3.3.2.4 Statistische Kennzahlen anlegen	190
		3.3.2.5 Optionale Stammdatengruppen anlegen	193
	3.3.3 Plantarife für Leistungsarten ermitteln		198
		3.3.3.1 Einstellungen für die Planung festlegen	199
		3.3.3.2 Mengen der statistischen Kennzahlen manuell planen	206
		3.3.3.3 Mengenoutput der Leistungsarten manuell planen	212
		3.3.3.4 Kosten- und Mengeninput für die Leistungserstellung manuell planen	215
		3.3.3.4.1 Input von Primärkosten	218
		3.3.3.4.2 Input von Leistungsaufnahmen	220
		3.3.3.4.3 Input von Sekundärkosten nach dem „Gießkannen-Prinzip"	223
		3.3.3.5 Tarife für Leistungsarten automatisch iterativ berechnen	233
	3.3.4 Stammdaten in der Produktion anlegen		237
		3.3.4.1 Arbeitsplätze anlegen	237
		3.3.4.2 Arbeitspläne anlegen	241
	3.3.5 Objektbezogene menschliche Arbeit bewerten		243
	3.3.6 Übungen zu Kapitel 3.3		246
		3.3.6.1 Anmerkungen	246
		3.3.6.2 Übersicht	246
		3.3.6.3 Lösungen	248
3.4	Betriebsmittel		330
	3.4.1 Allgemeine Einstellungen festlegen		331
	3.4.2 Stammdaten in der Anlagenbuchhaltung anlegen		335
	3.4.3 Betriebsmittel bewerten		338
	3.4.4 Übung zu Kapitel 3.4		347
		3.4.4.1 Anmerkungen	347
		3.4.4.2 Übersicht	347
		3.4.4.3 Lösung	348

4	Bewertung der Elementarfaktoren im Rahmen der Kalkulation	349
	4.1 Allgemeine Einstellungen für die Kalkulationsvariante festlegen	350
	4.1.1 Steuerung	351
	4.1.1.1 Kalkulationsart	351
	4.1.1.2 Bewertungsvariante	353
	4.1.1.3 Terminsteuerung	362
	4.1.1.4 Auflösungssteuerung	363
	4.1.1.5 Übernahmesteuerung	366
	4.1.2 Mengengerüst	367
	4.1.3 Additive Kosten	368
	4.1.4 Verbuchung	369
	4.1.5 Zuordnungen	369
	4.1.5.1 Elementeschema	370
	4.1.5.2 Kalkulationsversion	375
	4.1.6 Sonstiges	377
	4.2 Materialkalkulation mit Mengengerüst durchführen	378
	4.3 Kalkulationsergebnis fortschreiben	384
	4.4 Übungen zu Kapitel 4	389
	4.4.1 Anmerkungen	389
	4.4.2 Übersicht	390
	4.4.3 Lösungen	391

Abbildungsverzeichnis ... 437

Tabellenverzeichnis ... 445

Literaturverzeichnis ... 446

1 Grundlagen

1.1 Betriebswirtschaftliche Produktionsfaktoren

„Der Sinn aller betrieblichen Betätigung besteht darin, Güter materieller Art zu produzieren oder Güter immaterieller Art bereitzustellen."[1] Dieses Zitat stammt von Erich Gutenberg, dem „Gründungsvater" der deutschen Betriebswirtschaftslehre. Es ist immer noch wegweisend bei der Systematisierung von betriebswirtschaftlichem Input und Output im Rahmen der betrieblichen Leistungserstellung. Betriebliche Leistungserstellung „lässt sich als eine Kombination von Arbeitsleistungen mit Arbeits- und Betriebsmitteln (technischer Apparatur) auffassen."[2]

Um als Output Güter materieller oder immaterieller Art zu gewinnen, veredeln, her- oder bereitzustellen, werden für einen Produktionsprozess[3] Inputfaktoren benötigt, die in einem Betrieb[4] im Rahmen der Leistungserstellung miteinander kombiniert werden.

Ergänzende Information Die elektronische Version dieses Kapitels enthält Zusatzmaterial, auf das über folgenden Link zugegriffen werden kann https://doi.org/10.1007/978-3-658-47767-7_1.

---

[1] Gutenberg, E. (1983), S. 1.

[2] Gutenberg, E. (1958), S. 57.

[3] Der Produktionsprozess ist dem allgemeinen Begriff der betrieblichen Leistungserstellung zuzuordnen (vgl. Kellner, F./ Lienland, B./ Lukesch, M. (2022), S. 3.

[4] Die Begriffe „Betrieb" und „Unternehmung" werden in der Betriebswirtschaftslehre oft nicht einheitlich abgegrenzt und unterschiedlich verwendet (vgl. bspw. Corsten, H. (1993), S. 863 oder Macharzina, K./ Wolf, J. (2023), S. 17). Da der Fokus dieses Buches auf einer anderen Thematik liegt, wird hier nicht auf unterschiedliche Abgrenzungen, wie bspw. bei Macharzina, K./ Wolf, J. (2023), S. 17, eingegangen. Vereinfachend werden beide Begriffe nachfolgend weitgehend synonym verwendet.

© Der/die Autor(en), exklusiv lizenziert an
Springer Fachmedien Wiesbaden GmbH, ein Teil von Springer Nature 2025
U. Rimmelspacher, *Abbildung und Integration von Elementarfaktoren in SAP S/4HANA*, https://doi.org/10.1007/978-3-658-47767-7_1

Diese Inputfaktoren werden betriebswirtschaftliche Produktionsfaktoren genannt. Ihre Faktoreinsatzmengen in der Leistungserstellung bilden das „Mengengerüst der Kosten"[5].

Die Kombination von Inputfaktoren zur Leistungserstellung erfolgt in einem Betrieb, der als eine planvoll organisierte Wirtschaftseinheit fungiert. Neben diesem Teilbereich der Leistungserstellung finden in einem Betrieb auch die Leistungsverwertung und die zugehörige Finanzierung dieser Teilbereiche durch finanzielle Mittelbeschaffung und -verwendung statt.[6]

Güter materieller Art werden auch als Sachgüter bzw. Sachleistungen bezeichnet. Gutenberg unterscheidet sie in Rohstoffe und Fabrikate. Rohstoffe werden in Gewinnungsbetrieben durch Urproduktion, z.B. der Förderung von Kohle, gewonnen. Bei ihnen erfolgt keine Herstellung im eigentlichen Sinn, da sie als Output entweder in ihrer originären Form oder nur geringfügig veredelt vorliegen. Bei Fabrikaten, auch Produkte oder Erzeugnisse genannt, finden dagegen im Rahmen der betrieblichen Leistungserstellung in Fertigungs- bzw. Produktionsbetrieben Form- und/oder Substanzänderungen der Inputfaktoren statt. Güter immaterieller Art (Synonyme: Dienste oder Dienstleistungen) sind oftmals branchenspezifisch, bspw. Dienstleistungen von Transport- oder Handelsunternehmen.[7]

Die im Rahmen der Leistungserstellung benötigten betriebswirtschaftlichen Produktionsfaktoren unterteilt Gutenberg in menschliche Arbeitsleistungen, Arbeits- bzw. Betriebsmittel und Werkstoffe. Zur Erstellung von Dienstleistungen reicht die Faktorkombination von menschlichen Arbeitsleistungen und Arbeits- bzw. Betriebsmitteln aus. Bei der Produktion von Sachgütern werden zusätzlich Werkstoffe als dritter Produktionsfaktor benötigt.

Gutenberg systematisiert in seinem produktionsorientierten Ansatz auf der ersten Ebene die betriebswirtschaftlichen Produktionsfaktoren nach dem Merkmal der Dispositionsmöglichkeit über die Faktorkombinationen. Werkstoffe und Betriebsmittel weisen keinen dispositiven Charakter auf. Sie werden als elementare Produktionsfaktoren oder Elementarfaktoren bezeichnet.

---

[5] Gutenberg, E. (1983), S. 344.

[6] Vgl. Corsten, H. (1993), S. 708 und 863ff., Gutenberg, E. (1983), S. 1 und Wöhe, G. (2023), S. 27.

[7] Vgl. Gutenberg, E. (1983), S. 1f.

1.1 Betriebswirtschaftliche Produktionsfaktoren

Menschliche Arbeitsleistungen können elementar ausführenden oder dispositiven Charakter aufweisen. Deshalb werden sie im Rahmen der o.g. Systematisierung nochmals in objektbezogene und dispositive Arbeitsleistungen unterteilt.[8]

Elementarfaktoren, welche direkt in die Produktionsfunktion[9] als Input einfließen, beinhalten neben den Werkstoffen und Betriebsmitteln somit auch noch die objektbezogene menschliche Arbeit.

Dispositive menschliche Arbeit besteht hingegen in gestaltenden Tätigkeiten für die Leitung und Lenkung der betrieblichen operativen Vorgänge im Faktorkombinationsprozess. Diese dispositiv-anordnenden Tätigkeiten fließen nicht unmittelbar in die Produktionsfunktion ein, sondern gestalten sie. Deshalb gehören sie zu den dispositiven Faktoren. Sie umfassen originär Tätigkeiten der Geschäfts- und Betriebsleitung. Einen Teil von ihnen, insbesondere Tätigkeiten der Planung und Organisation, kann die Geschäfts- und Betriebsleitung jedoch auch an Mitarbeiter delegieren. Ist dies gegeben, so entsteht neben dem originären dispositiven auch noch ein derivativer dispositiver Faktor, der zwei Instrumente der Unternehmensführung umfasst. Abbildung 1-1 zeigt die betriebswirtschaftlichen Produktionsfaktoren, die aus dieser Systematisierung Gutenbergs resultieren.[10]

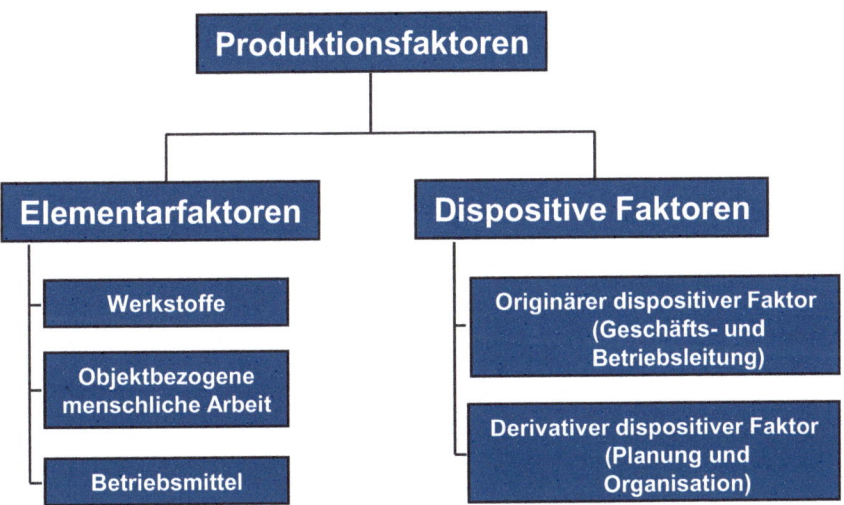

Abbildung 1-1: Betriebswirtschaftliche Produktionsfaktoren nach Gutenberg

---

[8] Vgl. Corsten, H. (1993), S. 708 und Gutenberg, E. (1983), S. 3. Im konkreten Einzelfall ist es unter Umständen schwierig, objektbezogene und dispositive menschliche Arbeit ganz genau abzugrenzen (vgl. Corsten, H. (1993), S. 708).

[9] In einer Produktionsfunktion werden die quantitativen Beziehungen zwischen Input- (Produktionsfaktoren) und Outputfaktoren (Güter materieller oder immaterieller Art) abgebildet.

[10] Vgl. Gutenberg, E. (1983), S. 2f. und Corsten, H. (1993), S. 708.

1.1.1 Elementarfaktoren

Elementarfaktoren werden in Verbrauchs- und Potenzialfaktoren unterschieden.

Verbrauchs- bzw. Repetierfaktoren, z.B. Werkstoffe, treten im Rahmen der Leistungserstellung in genau einer einzigen Faktorkombination produktiv auf und werden in einem Produktionsprozess unmittelbar verbraucht. Für den nächsten Produktionsvorgang müssen daher Verbrauchsfaktoren neu beschafft oder hergestellt werden.

Werkstoffe werden weiter in Roh-, Hilfs- und Betriebsstoffe sowie unfertige Erzeugnisse, z.B. Halbfabrikate, unterteilt. Rohstoffe, z.B. Holz bei einem Möbelstück, umfassen die Hauptbestandteile eines gefertigten Sachgutes. Hilfsstoffe fließen ebenfalls direkt in das Sachgut ein. Ihnen kommt jedoch nur eine wert- und/oder mengenmäßig untergeordnete Rolle zu, wie bspw. Schrauben bei einem Möbelstück. Betriebsstoffe werden nicht Bestandteile des Sachgutes, sondern werden für den Produktionsprozess selbst benötigt. Beispiele dafür sind Schmiermittel und Energie für eine Maschine.[11]

Potenzial- bzw. Bestandsfaktoren, z.B. objektbezogene menschliche Arbeit und Betriebsmittel, können dagegen in mehreren verschiedenen Faktorkombinationsprozessen eingesetzt werden, da sie über einen längeren Zeitraum erhalten bleiben.[12]

Objektbezogene menschliche Arbeit beinhaltet alle körperlichen und geistigen Tätigkeiten je Zeiteinheit, die im Rahmen der Leistungserstellung und -verwertung unmittelbar anfallen und keinen dispositiven Charakter aufweisen. Ein typisches Beispiel ist die ausführende Arbeit eines Mitarbeiters in der Produktion.

Betriebsmittel umfassen alle Mittel, welche zur betrieblichen Leistungserstellung benötigt werden. Zu ihnen gehören alle technischen Einrichtungen und Aggregate, wie bspw. Anlagen in der Produktion. Jedoch auch Grundstücke, Gebäude, Büroeinrichtungen usw.[13]

1.1.2 Dispositive Faktoren

Dispositive Faktoren steuern planend und gestaltend das gesamte betriebliche Geschehen. Sie sind für den betrieblichen Erfolg, insbesondere der Kombination der Elementarfaktoren im Leistungserstellungsprozess, bei gegebenen Rahmenbedingungen verantwortlich und fließen nicht direkt in den Output der betrieblichen Leistungserstellung ein. Jedoch sind sie nötig, um dessen planvolle Durchführung zu ermöglichen.

---

[11] Vgl. Gutenberg, E. (1958), S. 27.

[12] Vgl. Kellner, F./ Lienland, B./ Lukesch, M. (2022), S. 32.

[13] Vgl. Kellner, F./ Lienland, B./ Lukesch, M. (2022), S. 31.

1.1 Betriebswirtschaftliche Produktionsfaktoren

Dispositive Faktoren zeichnen sich, trotz einem teilweise hohen Maß an Rationalität, auch durch nicht quantifizierbare und individuelle Eigenschaften aus.

Die Geschäfts- und Betriebsleitung bildet den originären dispositiven Faktor, der manchmal auch als „vierter Faktor" bezeichnet wird. Unterstützt und ergänzt wird sie durch die Planung sowie die Organisation als derivative dispositive Faktoren.[14]

Der Planung werden Aufgaben durch die Geschäfts- und Betriebsleitung übertragen, welche Letztere ursprünglich selbst wahrgenommen hat. Sie beinhaltet aus der Geschäftsführungsaufgabe abgeleitete Tätigkeiten, um betriebswirtschaftliche Zielsetzungen im Sinne einer rationalen Vorwegnahme zukünftiger Geschehnisse zu fundieren.

An die Organisation wird von der Geschäfts- und Betriebsleitung ein Teil der Anordnungsbefugnisse und Tätigkeiten zur gestaltenden und vollziehenden Regelung und Steuerung des betrieblichen Geschehens delegiert, um Planungen zum praktischen betrieblichen Vollzug zu bringen. Planung bildet deshalb die Voraussetzung für organisatorische Maßnahmen. Die drei dispositiven Produktionsfaktoren beinhalten gemäß Gutenberg die drei Schichten des Irrationalen, des Rationalen und des Gestaltend-Vollziehenden.[15]

Es würde den Rahmen eines praxiorientierten Buches sprengen, zusätzlich zu den Elementarfaktoren auch noch die Abbildung und Integration dispositiver Faktoren in SAP S/4HANA auf einem halbwegs fundierten Niveau zu beschreiben. Zudem zeichnen sich dispositive Faktoren, wie vorher bereits erwähnt, teilweise auch durch nicht quantifizierbare Eigenschaften aus, welche per Definition in einem ERP-System nicht bzw. nur schwer zu erfassen sind. Aus diesen Gründen werden nachstehend „lediglich" die Abbildung und Integration von Elementarfaktoren möglichst praxisorientiert anhand vollständig miteinander verzahnter Übungen beschrieben.

---

[14] Ist dies gegeben, so existieren, wie vorher bereits in Zusammenhang mit Abbildung 1-1 erwähnt, drei dispositive Faktoren (vgl. Gutenberg, E. (1958), S. 27).

Als Instrumente der Unternehmensführung verweist Gutenberg neben Planung und Organisation noch auf die Kontrolle, welche in dieser Systematik hier jedoch außen vor bleibt. Dies begründet Gutenberg damit, dass sie nicht delegierbare „echte Führungsaufgaben" umfasst (vgl. Gutenberg, E. (1958), S. 47 und S. 51).

[15] Vgl. Gutenberg, E. (1958), S. 47ff., Bardmann, M. (2019), S. 282ff. und Gutenberg, E. (1983), S. 6ff.

1.2 SAP S/4HANA

Mit Enterprise Resource Planning (ERP) werden die in einem Unternehmen eingesetzten betriebswirtschaftlichen Produktionsfaktoren gemäß den Unternehmenszielen und den daraus abgeleiteten Geschäftsprozessen konsistent geplant und effizient miteinander verknüpft. Alle Daten werden in einem ERP-System mit einer integrierten Datenbank abgebildet und gespeichert.

Die betriebswirtschaftliche Standardsoftware SAP S/4HANA ist das aktuelle ERP-System des deutschen Unternehmens SAP SE. Sie löste ab dem Jahr 2015 das Vorgängerprodukt SAP ECC[16] bzw. SAP R/3 ab. HANA steht für „High Performance Analytic Appliance" und ist der Name der neuen In-Memory Datenbank, auf der SAP S/4HANA aufbaut.

Die Arbeit mit SAP S/4HANA ist für Anwender mit Kenntnissen in SAP ECC bzw. SAP R/3 relativ einfach, da der Aufbau dieser Vorgängersysteme mit ihren zugrunde liegenden Transaktionen (vgl. Seite 17) in einem hohen Maße übernommen wurde. Auch der Menübaum, in dem die Transaktionen angeordnet sind, ist fast identisch strukturiert geblieben.

Änderungen bzw. Verbesserungen haben sich bei SAP S/4HANA gegenüber den ERP-Vorgängerprodukten der SAP SE u.a. durch die

- Performancesteigerungen durch die neue Datenbank HANA,
- mögliche Integration von Cloud Services und KI,
- Überarbeitung von einzelnen betriebswirtschaftlichen Anwendungen und Inhalten sowie des Datenmodells und der zugehörigen Tabellen,
- größere Fokussierung auf Kernprozesse,
- Möglichkeit verschiedene Zugänge bzw. Benutzeroberflächen mit unterschiedlichen Designs zu nutzen sowie
- Ergänzung von sog. Apps zu den bereits bekannten Transaktionen, d. h. einzelnen betriebswirtschaftlichen Tätigkeiten,

ergeben.

---

[16] Die Abkürzung „ECC" steht für „Enterprise Central Component". SAP ECC wird oft auch SAP ERP Central Component oder nur SAP ERP genannt.

1.2 SAP S/4HANA

1.2.1 Benutzeroberflächen

Bei den früheren ERP-Systemen der SAP SE stand jeweils nur eine Benutzeroberfläche bzw. ein Systemzugang zur Verfügung, der sog. SAP GUI[17] for Windows.

In SAP S/4HANA können SAP-Anwender dagegen zwischen drei alternativen Zugängen wählen, da zum immer noch bestehenden SAP GUI for Windows der SAP Web GUI sowie SAP Fiori hinzugekommen sind.

Es können theoretisch auch alle drei Systemzugänge abwechselnd benutzt werden, da sämtliche Zugangsdaten sowie die in S/4HANA verfügbaren Daten logischerweise identisch sind. Ein solches Wechseln ist jedoch nicht zu empfehlen und bringt auch keine Vorteile mit sich.

Nachfolgend werden die drei Benutzeroberflächen bzw. Systemzugänge kurz vorgestellt.

1.2.1.1 SAP GUI for Windows

Der SAP GUI for Windows von SAP S/4HANA ist bereits von den ERP-Vorgängerprodukten SAP ECC und SAP R/3 seit Jahrzehnten bekannt. Der Aufruf erfolgt in Windows über das sich unter „Start/ Alle Programme/ SAP Front End" enthaltene SAP Logon-Pad oder mit der sich gewöhnlich auf dem Desktop befindenden Verknüpfung mit dem Icon .

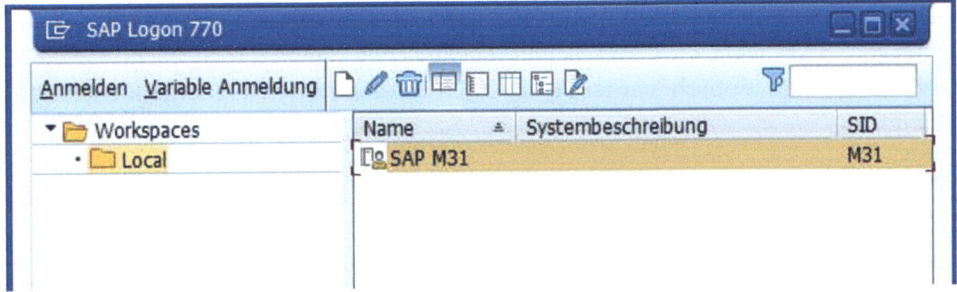

Abbildung 1-2: Wahl des SAP-Systems im SAP GUI for Windows

Im SAP Logon-Pad sind die Einträge aller installierten SAP-Systeme zu sehen (vgl. Abbildung 1-2). Durch einen Doppelklick einen Eintrag wird das gewünschte System ausgewählt. Es erscheint die Anmeldemaske von Abbildung 1-3. In dieser müssen der Mandant, der Benutzer[18] und das zugehörige Passwort eingegeben werden.

---

[17] Die Abkürzung GUI steht für „Graphical User Interface".
[18] Synonym: SAP-User

8   1 Grundlagen

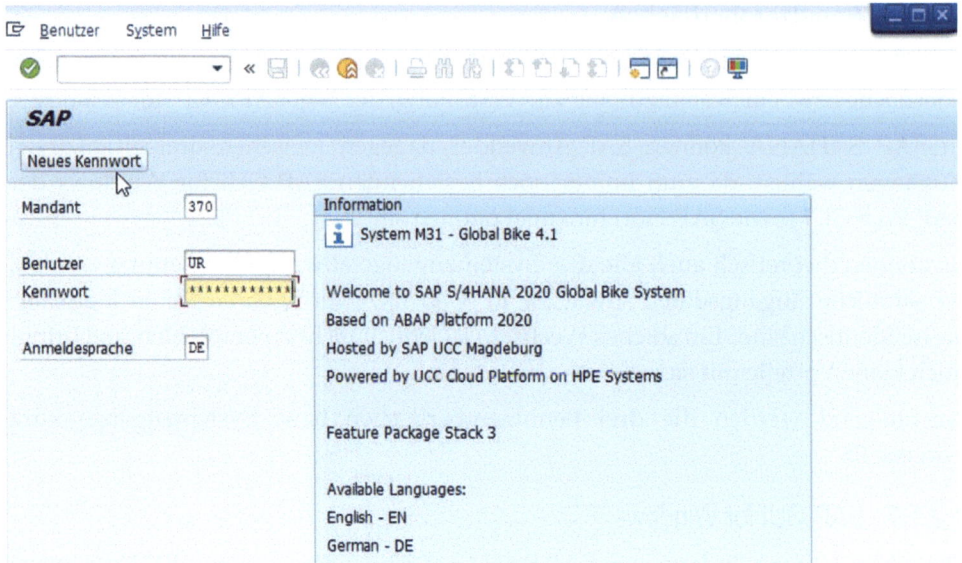

Abbildung 1-3:   Anmeldung im SAP GUI for Windows

Bei der ersten Anmeldung eines Benutzers muss das initiale Kennwort durch ein benutzerindividuelles Kennwort, bei dem Groß- und Kleinschreibung zu beachten ist, ersetzt werden.

Nach dem Login erscheint mit dem SAP Easy Access Menü das sog. Anwendungsmenü von SAP S/4HANA mit seiner spezifischen Benutzeroberfläche. Dessen Darstellung kann optisch variieren, da sie von der initialen Theme-Einstellung abhängt.

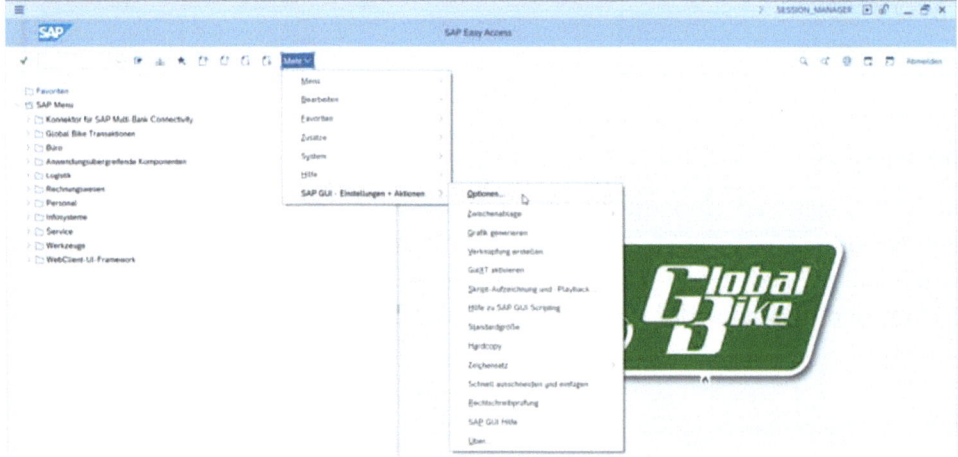

Abbildung 1-4:   Benutzeroberfläche des Anwendungsmenüs mit dem Design „Belize Theme"

1.2 SAP S/4HANA

Abbildung 1-4 zeigt die Benutzeroberfläche des Anwendungsmenüs mit dem SAP S/4HANA neu entwickelten Design „Belize Theme".[19]

Bei diesem Design ist im Vergleich zu früheren Theme-Einstellungen der Menüpunkt „Mehr" neu hinzugekommen. In ihm sind Bestandteile der aus den ERP-Vorgängersystemen bekannten Menü- und Systemfunktionsleiste enthalten. Wird dort, wie in Abbildung 1-4, der Eintrag „SAP GUI Einstellungen + Aktionen" und dann „Optionen" gewählt, so kann unter „Visuelles Design/ Theme-Einstellungen" das Theme „SAP Signature Theme" selektiert werden, welches dem bekannten Design der Vorgängersysteme der SAP SE entspricht.

Eine derartige Wahl eines anderen Designs wird nach der Änderung jedoch in SAP S/4HANA nicht sofort visuell übernommen. Dazu muss erst in der Menüleiste unter dem Menüpunkt „Mehr/ System/ Neues GUI-Fenster" (oder mittels STRG + N) ein neues SAP GUI-Fenster geöffnet werden.

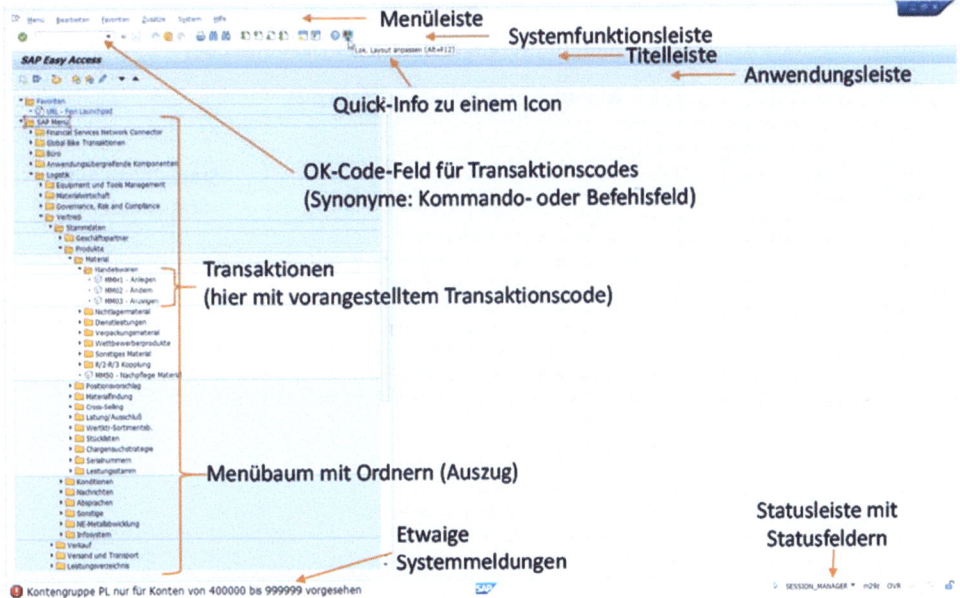

Abbildung 1-5: Benutzeroberfläche des Anwendungsmenüs mit dem Design „SAP Signature Theme"

Die Wahl der Theme-Einstellung ist für die inhaltliche Funktionalität von SAP S/4HANA unerheblich. Im Folgenden werden in diesem Buch stets Screenshots der Theme-Einstellung „SAP Signature Theme" (vgl. Abbildung 1-5) verwendet. Dies ermöglicht Benutzern, die bereits Erfahrungen in den beiden ERP-Vorgängersystemen SAP R/3 und SAP ECC der SAP SE haben, das bekannte Design aus Abbildung 1-6 zu nutzen und damit den Einstieg in SAP S/4HANA zu erleichtern.

---

[19] Das „Quartz Theme" ist ein weiteres neues Design, das für den SAP GUI for Windows aktuell initial häufig verwendet wird.

Zu beachten ist, dass bei dieser Theme-Einstellung der neue Menüpunkt „Mehr" aus der Einstellung „Belize Theme" nicht vorhanden ist, was die Funktionalität jedoch nicht einschränkt.

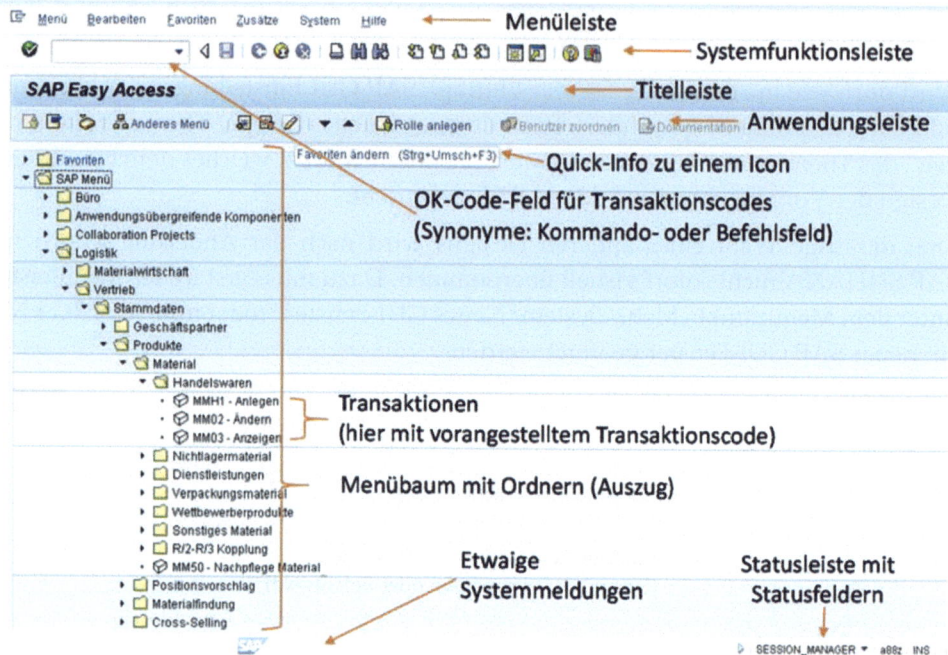

Abbildung 1-6: Benutzeroberfläche des Anwendungsmenüs von SAP ECC

1.2 SAP S/4HANA

1.2.1.2 SAP Web GUI

Mit dem in Abbildung 1-7 dargestellten SAP Web GUI, manchmal auch als SAP GUI für HTML bezeichnet, steht für S/4HANA eine neue Benutzeroberfläche zur Verfügung. Aufgerufen wird der SAP Web GUI über eine spezifische URL

Aufbau und Inhalte entsprechen weitgehend der Benutzeroberfläche des Anwendungsmenüs vom SAP GUI for Windows mit der Einstellung „Belize Theme". Auch hier ist die neue Schaltfläche „Mehr" mit entsprechenden, aber leicht von der der Einstellung „Belize Theme" divergierenden, Einträgen vorhanden.

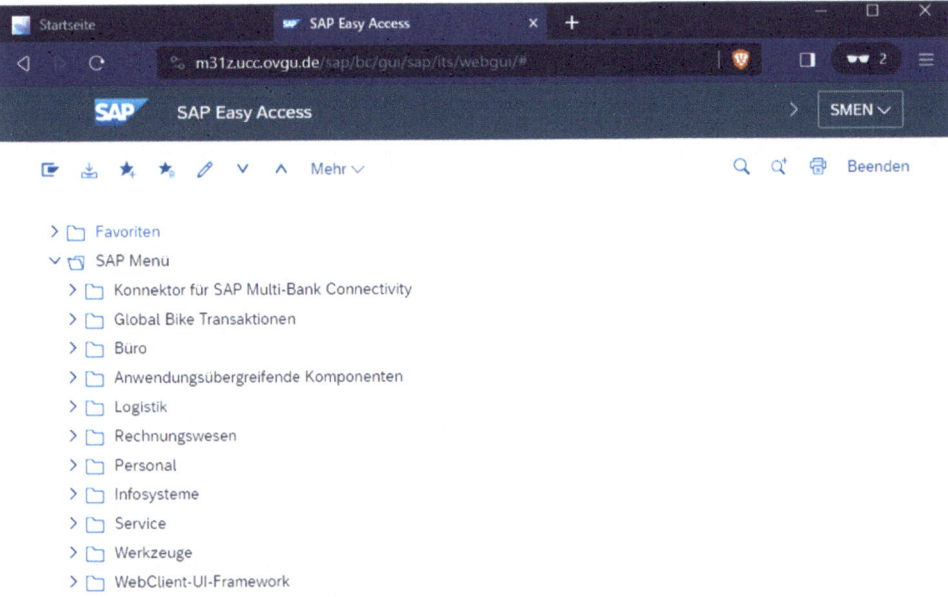

Abbildung 1-7: Benutzeroberfläche des Anwendungsmenüs im SAP Web GUI

Der Vorteil des SAP Web GUI besteht darin, dass lediglich ein normalerweise schon vorhandener Webbrowser und eine Internetverbindung benötigt werden, währenddessen beim SAP GUI for Windows zusätzlich die Software der SAP SE installiert werden muss.

Alle Anmeldedaten entsprechen denen des SAP GUI for Windows. Der SAP Web GUI kann auch direkt aus SAP GUI for Windows aufgerufen werden, indem dort der Begriff „WEB GUI" im OK-Code-Feld (vgl. Abbildung 1-5 auf Seite 9) eingetragen wird.

1.2.1.3 SAP Fiori

Auch für den dritten möglichen Systemzugang, die neu entwickelte Benutzeroberfläche SAP Fiori, reichen allein ein Webbrowser und eine Internetverbindung aus. In SAP Fiori werden als Bildschirmelemente Kacheln verwendet. Diese neue, an von Software anderer Unternehmen erinnernde Darstellung, löst optisch die altbekannten SAP GUI-Benutzeroberflächen der ERP-Vorgängersysteme durch eine mehr an der gegenwärtigen Zeit angepasste User Experience ab.

Diese Benutzeroberfläche mit der Verwendung von Kacheln bietet nicht nur ein vollständig neuartiges optisches Design mit der Möglichkeit inhaltlich benutzerspezifisch personalisierte Bestandteile bereitzustellen. Sie ermöglicht auch den Zugriff auf neu entwickelte Apps und eignet sich für den Einsatz auf mobilen Endgeräten.

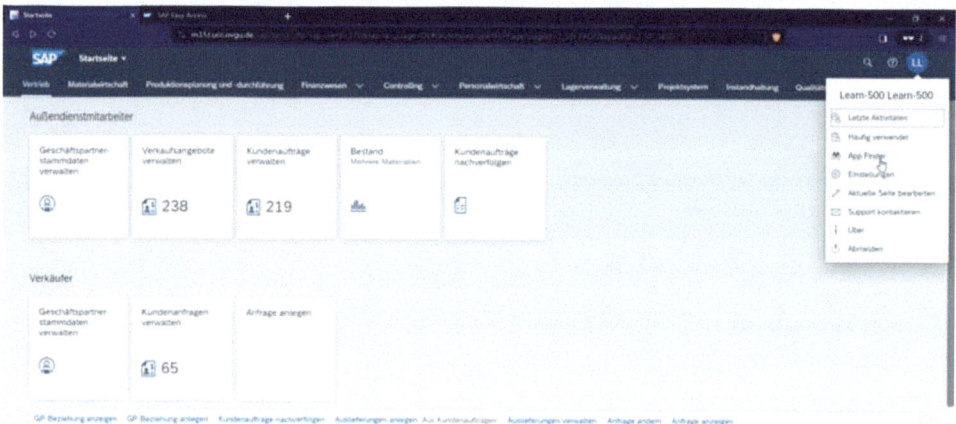

Abbildung 1-8: Beispiel für eine individualisierte Benutzeroberfläche in SAP Fiori

Die in SAP Fiori zur Verfügung stehenden Apps können in dem in Abbildung 1-8 dargestellten spezifischen App Finder gesucht werden.

Unter dem Begriff „App" fallen bei SAP Fiori sowohl Apps, die aus den Vorgängersystemen altbekannten SAP-Transaktionen bestehen, auch „fiorisierte" Transaktionen bzw. „Legacy-Apps" genannt, als auch „echte" neu entwickelte Fiori-Apps. Letztere wurden im Rahmen eines neuen Designkonzeptes mit dem Framework SAPUI5 für SAP Fiori neu entwickelt und sollen langfristig die Legacy-Apps ersetzen. Daher soll Ihre Anzahl zukünftig zunehmen.[20]

Als Beispiel für eine Legacy-App ist in Abbildung 1-9 die App bzw. Transaktion „Anfrage anlegen" (Transaktionscode VA11) zu sehen. Bei einem Klick auf diese Kachel erscheinen die aus den ERP-Vorgängersystemen SAP R/3 und SAP ECC bekannten Eingabefelder.

---

[20] Informationen zu allen aktuell verfügbaren Fiori-Apps finden sich unter https://fioriappslibrary.hana.ondemand.com/sap/fix/externalViewer/#/ListView.

1.2 SAP S/4HANA

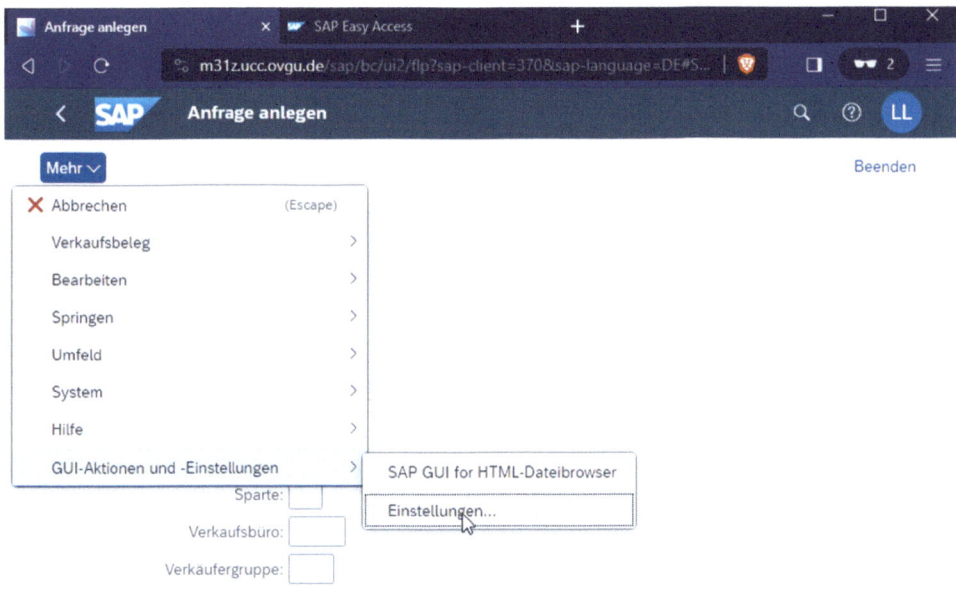

Abbildung 1-9: Legacy-App „Anfrage anlegen" in SAP Fiori

Bei SAP Fiori werden initial bei einer Transaktion (vgl. Kapitel 1.2.2) weder der zugehörige Transaktionscode noch das OK-Code-Feld für Transaktionscodes angezeigt. Letzteres kann jedoch, wie in Abbildung 1-10, im Menü „Mehr" über den Menüpunkt „GUI-Aktionen und -Einstellungen/ Einstellungen" eingeblendet werden.

Abbildung 1-10: Anzeigen des OK-Code-Felds bei Legacy-Apps in SAP Fiori

Die Benutzeroberfläche von SAP Fiori erscheint, aufgrund der Flexibilität bezüglich der Inhalte und Endgeräte sowie der Erweiterungsfähigkeit, auf den ersten Blick den beiden anderen Benutzeroberflächen von SAP S/4HANA weit überlegen.

Der gravierende Nachteil von SAP Fiori in Bezug auf die Intention und die Inhalte dieses Buches, welche das Thema „Integration" grundlegender betriebswirtschaftlicher Sachverhalte betonen, besteht jedoch darin, dass hier keine inhaltlichen Zusammenhänge bzw. keine Nähe zwischen betriebswirtschaftlichen Vorgängen ersichtlich sind. In den beiden anderen Systemzugängen von SAP S/4HANA werden dagegen Zusammenhänge meist sachlogisch im Menübaum sichtbar.

Einzelne Kacheln mit Inhalten sind in SAP Fiori lediglich nebeneinander angeordnet, ohne dass der gesamte Funktionsumfang von SAP S/4HANA, wie bspw. im Menübaum von Abbildung 1-5, deutlich wird.

Abbildung 1-11 zeigt Beispiele für neue Fiori-Apps, für die es keine Transaktionen in den ERP-Vorgängersystemen der SAP SE gab.

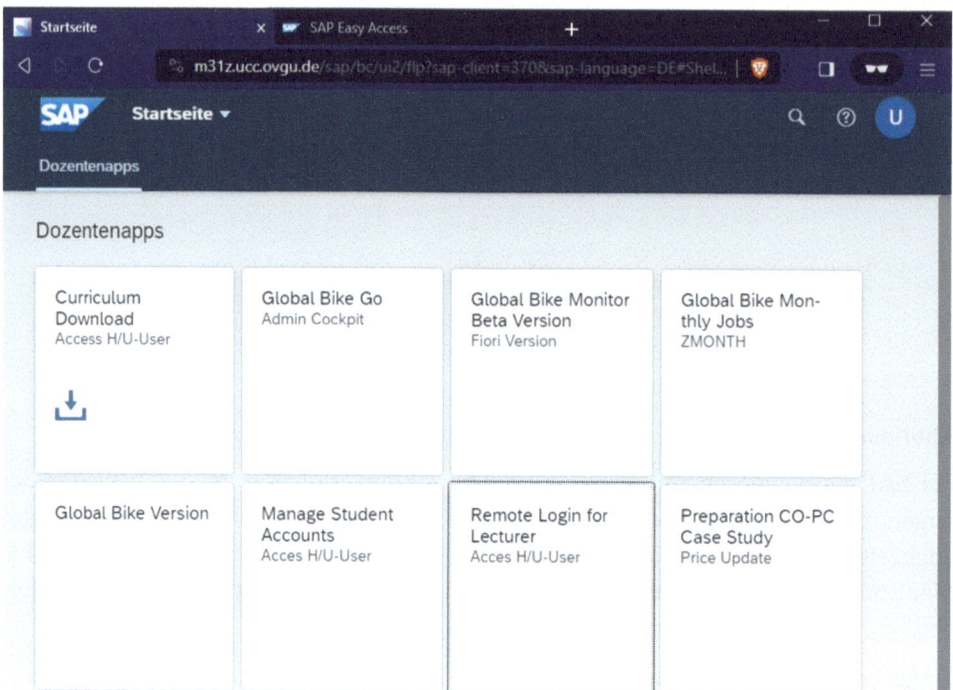

Abbildung 1-11: Beispiele für „echte" Fiori-Apps

Das Verstehen von Zusammenhängen sowie des gesamten prinzipiell zur Verfügung stehenden Funktionsumfangs von SAP S/4HANA fördern jedoch im beträchtlichen Maße das Verständnis der Abbildung und Integration von betriebswirtschaftlichen Inhalten in SAP S/4HANA. Durch das Klicken im Menübaum in der Benutzeroberfläche des SAP GUI for Windows oder des SAP Web GUI wird der Anwender angeregt, sich auch über „benachbarte" und damit tendenziell thematisch zusammenhängende Transaktionen zu informieren.

Eine solche Neugierde, im Sinne des im Vorwort genannten dritten Erfolgsfaktors für die Arbeit mit SAP S/4HANA, wird deshalb mit SAP Fiori leider überhaupt nicht gefördert. Zudem befasst sich dieses Buch „lediglich" mit der Abbildung betriebswirtschaftlicher Elementarfaktoren in grundlegenden Unternehmensprozessen, bei denen keine neuen Technologien im Vordergrund stehen.

Aus allen diesen Gründen werden alle nachfolgenden Inhalte und Übungen in diesem Buch anhand des SAP GUI for Windows dargestellt.[21]

1.2.2 Praktisches Arbeiten mit dem SAP GUI for Windows

Wichtige Grundlagen für das Arbeiten mit dem SAP GUI for Windows werden im folgenden Kapitel beschrieben.

1.2.2.1 Anwendungsmenü

Nach dem erfolgreichen Login (siehe Abbildung 1-3 auf Seite 8) erscheint die initiale Benutzeroberfläche des SAP GUI for Windows mit dem bereits in Abbildung 1-5 auf Seite 9 dargestellten Menü. In der Einstellung „SAP Signature Theme" wird es auch Anwendungsmenü oder SAP Easy Access Menü genannt.

1.2.2.1.1 Allgemeiner Aufbau

Das Anwendungsmenü umfasst allgemein folgende Bestandteile:

- **Menüleiste bzw. Hauptmenü:**

  Die Einträge der Menüleiste umfassen die gesamte[22] Funktionalität, die in einer konkreten Transaktion bzw. einer bestimmten Stelle in SAP S/4HANA zur Verfügung steht. Diese Aussage bildet gerade für SAP-Anfänger eine sehr wichtige praktische Leitlinie.

  In jeder Transaktion sind die beiden rechtsstehenden Menüeinträge „System" mit allgemeinen Funktionen, die das gesamte ERP-System betreffen, und „Hilfe", mit verschiedenen Hilfestellungen, identisch. Alle anderen Menüeinträge sind dagegen transaktionsspezifisch.

- **Systemfunktionsleiste:**

  Die Systemfunktionsleiste beinhaltet Icons zu allgemeinen Funktionen, bzw. zur Navigation. Fährt man mit dem Mauszeiger über die einzelnen Icons, so zeigen sog. Quick-Infos jeweils einen beschreibenden Kurztext an.

  Ein weiterer Bestandteil der Systemfunktionsleiste ist das Befehlsfeld, das auch als Kommando- oder OK-Code-Feld bezeichnet wird.[23] In diesem können

---

[21] Wobei der SAP Web GUI prinzipiell fast genauso gut genutzt werden könnte. Allerdings bietet er gegenüber dem SAP GUI for Windows inhaltlich keinerlei Vorteile. Nachteilig wirkt sich bei ihm aus, dass seine Benutzeroberfläche Anwendern mit Kenntnissen in den ERP-Vorgängersystemen SAP R/3 und SAP ECC nicht so vertraut ist.

[22] Es existieren extrem wenige Ausnahmen. Ein Beispiel ist das Icon „Lokales Layout anpassen" ganz oben rechts in der nachfolgend beschriebenen Systemfunktionsleiste.

[23] Man erkennt bereits aus den divergierenden Bezeichnungen in Abbildung 1-10 auf Seite 14 und Abbildung 1-12 auf Seite 16, dass die Bezeichnung in SAP S/4HANA leider nicht einheitlich ist.

Transaktionscodes (vgl. Kapitel 1.2.2.1.3) eingegeben werden, sodass beim wiederholten Aufrufen einer Transaktion nicht immer zeitaufwändig durch den Menübaum navigiert werden muss.

Beim ersten Ausführen einer Transaktion sollte man jedoch immer den Weg über den Menübaum wählen. So kann man sich am besten die allgemeine Funktionalität bzw. die zugrundeliegende Systematik von SAP S/4HANA vergegenwärtigen, um Zusammenhänge zu verstehen. Dies ist, wie oben bereits beschrieben, der große Vorteil dieser Benutzeroberfläche gegenüber SAP Fiori.

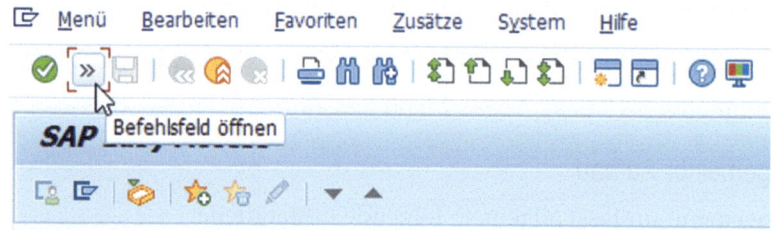

Abbildung 1-12: Öffnen bzw. Anzeigen des Befehlsfelds

Ist das Befehlsfeld anfangs nicht sichtbar, so klickt man auf den in Abbildung 1-12 dargestellten nach rechts zeigenden Doppelpfeil, um es anzuzeigen.

- **Titelleiste:**

Die Titelleiste zeigt lediglich den Namen der aktuellen Transaktion bzw. SAP-Anwendung an. Sie ist für die praktische Arbeit de facto nicht von Bedeutung.

- **Anwendungsleiste:**

Die Anwendungsleiste enthält Icons mit häufig verwendeten Funktionen für die aktuelle Transaktion bzw. SAP-Anwendung. Diese stellen meist eine Teilmenge der Funktionen aus der Menüleiste dar. Auch hier erhält man durch die Quick-Info jeweils einen kurzen beschreibenden Text zu jedem Icon.

1.2 SAP S/4HANA

- **Menübaum:**

   Der Menübaum zeigt den sachlogischen Aufbau und die Funktionalität von SAP S/4HANA. Durch einen Klick auf das links von einem Menüordner platzierte kleine schwarze Dreieck gelangt man jeweils zur nächsten Menüebene. Unter dem Menüpunkt „Rechnungswesen" findet sich bspw. u.a. der Menüpunkt „Controlling" und darunter wiederum Menüpunkte für die verschiedenen Kostenrechnungen.

   Die Endpunkte des Menübaums bilden die einzelnen Transaktionen. Eine Transaktion ist ein konkreter betriebswirtschaftlicher Vorgang. Es ist sehr sinnvoll, im Menübaum vor jeder Transaktion den zugehörigen Transaktionscode anzeigen zu lassen. Einzelheiten dazu werden in Kapitel 1.2.2.1.3 beschrieben.

   Der Menübaum kann bei Bedarf abgeändert werden. Bspw. sieht man in Abbildung 1-5 auf Seite 9 u.a. den Menüpunkt „Global Bike Transaktionen" eingefügt, der sonst nicht existiert. Auch können, insbesondere für SAP-Anwender, die immer nur mit ganz wenigen Transaktionen arbeiten, eigenständige Teilmenüs des normalerweise sonst in Gänze zur Verfügung stehenden Menübaums definiert werden.

   Meist wird das Anwendungs- bzw. SAP Easy Access-Menü jedoch unverändert aus der Auslieferung von SAP S/4HANA übernommen. Durch Eingaben im Befehlsfeld können auch noch andere Menüs aufgerufen werden, z.B. mit dem Transaktionscode SAP1 ein Menü zu Berichtsauswahl oder mit dem Transaktionscode SAP2 ein Info-Katalog.

- **Statusleiste:**

   Die Statusleiste befindet sich ganz unten auf dem Bildschirm.

   Die rechte Seite beinhaltet drei Statusfelder. Sind diese nicht sichtbar, so muss man zuerst noch auf das Dreieck ganz rechts unten klicken, um sie anzuzeigen.

   o In Abbildung 1-13 sind die verschiedenen Auswahlmöglichkeiten im linken der drei Statusfelder aus der Statusleiste abgebildet.

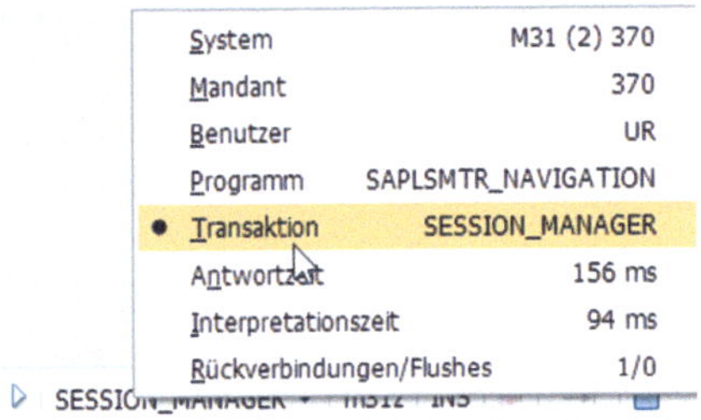

System	M31 (2) 370
Mandant	370
Benutzer	UR
Programm	SAPLSMTR_NAVIGATION
• Transaktion	SESSION_MANAGER
Antwortzeit	156 ms
Interpretationszeit	94 ms
Rückverbindungen/Flushes	1/0

Abbildung 1-13:   Auswahlmöglichkeiten im linken Statusfeld

Für die meisten Nutzungsszenarien ist der Eintrag „Transaktion" am wichtigsten. Damit wird der Transaktionscode für die jeweils aktuelle Transaktion immer an dieser Stelle angezeigt.

Dies ist besonders für noch unerfahrene SAP-Anwender sehr praxisrelevant in Situationen, in denen ihnen Sachverhalte in Transaktionen von einem anderen Anwender erklärt werden und dieser dabei so schnell durch den Menübaum klickt, dass ein vollständiges Mitschreiben des gesamten Menüpfades unmöglich ist.

In einer solchen nicht erstrebenswerten Situation reicht es jedoch, sich für die aufgerufene Transaktion den in diesem Feld der Statusleiste angezeigten Transaktionscode zu notieren. Später kann man sich in Ruhe den zugehörigen Menüpfad durch die Eingabe des Transaktionscodes SEARCH_SAP_MENU im Kommandofeld anzeigen lassen (vgl. Übung 1.6).

Mit diesem Transaktionscode können jedoch nur Menüpfade zu Transaktionen des Anwendungsmenüs, nicht aber des Customizing-Menüs, angezeigt werden.[24]

- Im mittleren Statusfeld wird lediglich nochmals der Anwendungsserver angezeigt, der zu dem gewählten SAP-System (vgl. Abbildung 1-2 auf Seite 7) gehört. Dieses Statusfeld hat rein informativen Charakter und ist für die praktische Arbeit in nur einem SAP-System nicht relevant.

- Im rechten Statusfeld kann durch Klick mit der linken Maustaste zwischen den beiden Modi Einfügen (INS) und Überschreiben (OVR) für Eingaben in Datenfeldern umschaltet werden.

In der linken Seite der Statusleiste werden Systemnachrichten von SAP S/4HANA angezeigt. Diese können in die folgenden Kategorien eingeteilt werden:

- Systemmeldungen beinhalten eine Information, dass eine bestimmte Funktion bzw. Tätigkeit in SAP S/4HANA, z. B. das Anlegen einer Leistungsverrechnung, ausgeführt wurde. Es werden dann an dieser Stelle ggf. noch zusätzliche Sachverhalte, wie z. B. eine automatisch generierte Belegnummer, angezeigt.

---

[24] Tipp: Nutzen Sie diesen Transaktionscode auch, wenn Sie bei den Abbildungen in diesem Buch den Menüpfad nicht finden sollten. Mit SEARCH_SAP_MENU können Sie auch nach allen Menüpfaden zu Transaktionen suchen, in deren Namen ein bestimmter Begriff enthalten ist.

Wie man Transaktionscodes für Transaktionen im Customizing-Menü ermittelt, wird auf Seite 25 und anhand von Abbildung 1-23 auf Seite 32 beschrieben.

- o Informationen unterrichten SAP-Anwender über einen bestimmten Sachverhalt. Sie müssen, wenn sie nicht in einem eigenen Fenster angezeigt werden, erst mit der Taste ENTER bestätigt werden, bevor in SAP S/4HANA weitergearbeitet werden kann.

- o Bei Fehlermeldungen wird die aktuelle Verarbeitung gestoppt. Ein SAP-Anwender muss dann erst bestimmte Sachverhalte korrigieren bzw. zunächst noch andere Sachverhalte pflegen, bevor die Arbeit fortgesetzt werden kann.

1.2.2.1.2 Systemnachrichten

Systemnachrichten sollen SAP-Anwender bei der Arbeit unterstützen. Besonders bei Fehlermeldungen besteht erst einmal eine hohe Frustgefahr. Deshalb wird nachstehend anhand eines Beispiels kurz der konstruktive Umgang mit einer Systemnachricht beschrieben:

Geben Sie dazu im Befehlsfeld den Transaktionscode FS00 ein, um ein neues Sachkonto anzulegen und drücken Sie danach die Taste ENTER.[25]

Im Datenfeld „Sachkonto" tragen Sie eine beliebige Buchstabenkombination ein. Platzieren Sie dann den Cursor auf dem Datenfeld für den Buchungskreis und wählen Sie mit der Taste „F4" irgendeinen Buchungskreis aus.

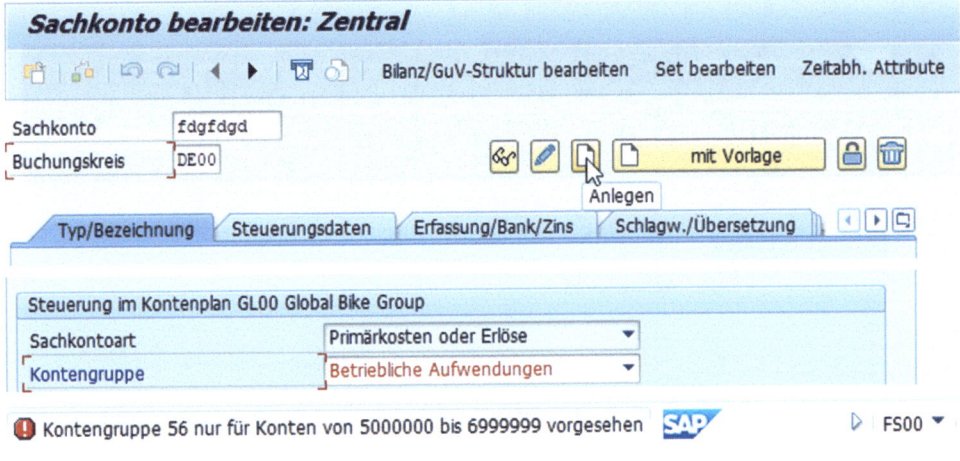

Abbildung 1-14:   Anzeige einer Fehlermeldung (FS00)

---

[25] Bei der Eingabe eines Transaktionscodes im Befehlsfeld unterscheidet SAP S/4HANA nicht zwischen Groß- und Kleinschreibung. Um Zeit zu sparen, kann man deshalb alle Transaktionscodes klein schreiben. In diesem Buch sind sie zur besseren Kenntlichmachung und Lesbarkeit im Text großgeschrieben

Anschließend klicken Sie auf das Icon für Anlegen (s. Mauszeiger im oberen Teil von Abbildung 1-14) und selektieren Sie die beiden Einträge für die Sachkontoart und die Kontengruppe aus Abbildung 1-14.[26]

Danach erscheint links unten in der Statusleiste die Fehlermeldung aus dem unteren Teil von Abbildung 1-14.

Details zum Inhalt einer Systemnachricht, die keine reine Systemmeldung wie bspw. eine automatisch generierte Belegnummer beinhaltet, sollte man sich stets durch einen Klick mit der linken Maustaste auf die Systemnachricht in der Statusleiste anzeigen lassen.

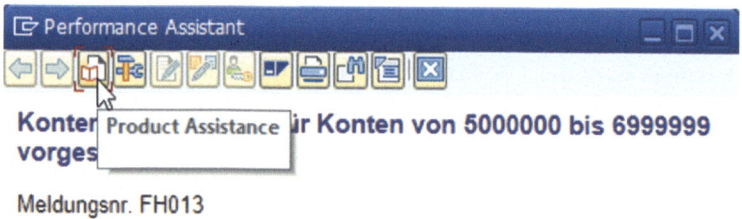

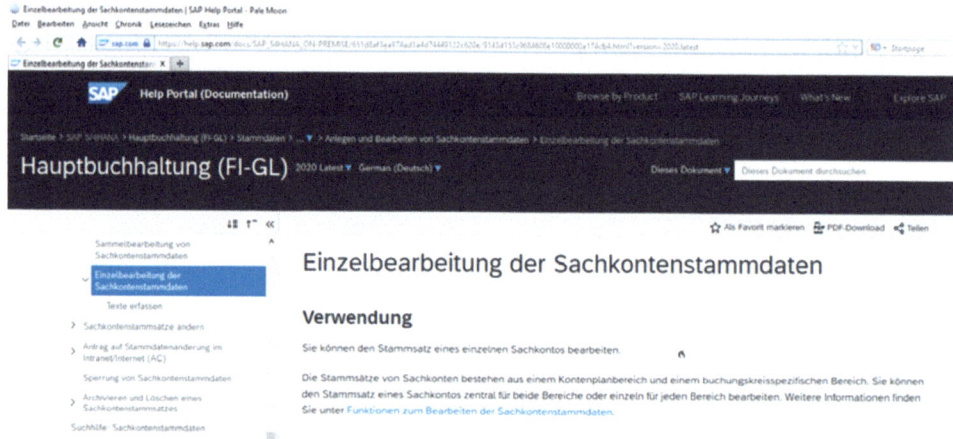

Abbildung 1-15: Umgang mit einer Fehlermeldung (FS00)

Meist erscheinen daraufhin leider, wie in diesem konkreten Fall auch (vgl. dem oberen Teil von Abbildung 1-15), erst mal keine weiterführenden Informationen. Dies liegt darin begründet, dass die SAP SE im konkreten Fall diese Systemnachricht als „selbsterklärend" eingestuft hat. Manchmal kann man für die stets angezeigte Meldungsnummer im Help Portal der SAP SE oder durch eine Suche im Internet weiterführende Informationen zur Problemlösung finden. Nützlich ist jedoch meist

---

[26] Sollte es bei Ihnen in SAP S/4HANA nicht den Eintrag „Betriebliche Aufwendungen" geben, so wählen Sie bitte den Eintrag „GuV-Konten" aus.

ein Klick auf das Icon „Hilfe zur Anwendung" (Synonym: „Product Assistance"), worauf, wie im unteren Teil von Abbildung 1-15, eine Verbindung zum zugehörigen Eintrag mit entsprechenden Erklärungen im Help Portal der SAP SE angezeigt wird.

Manchmal existieren zu einer Systemmeldung auch bereitgestellte SAP-Hinweise. Zu diesen gelangt man über das Icon „SAP-Hinweise/ KBAs suchen". Dies ist das dritte Icon von rechts im oberen Teil von Abbildung 1-15.

1.2.2.1.3 Transaktionen und Transaktionscodes

Eine Transaktion in SAP S/4HANA ist ein konkreter betriebswirtschaftlicher Vorgang, wie bspw. das in Abbildung 1-14 dargestellte (bzw. versuchte) Anlegen eines neuen Sachkontos.[27]

Jeder Transaktion im Anwendungsmenü ist als Primärschlüssel ein Transaktionscode (Synonym: Technischer Name) zugeordnet. Im Gegensatz dazu haben etliche Transaktionen im Customizing-Menü (vgl. Kapitel 1.2.2.2) keinen eigenen Transaktionscode. In solchen Fällen wird rechts unten in der Statusleiste nur der allgemeine Transaktionscode SPRO angezeigt.[28]

Eine Transaktion kann nicht nur über die Wahl des entsprechenden Eintrags im Menübaum, sondern auch über die Eingabe des Transaktionscodes im Befehlsfeld (vgl. Abbildung 1-5 auf Seite 9) aufgerufen werden. Tabelle 1-1 zeigt einige Sachverhalte, die bei der Eingabe des Transaktionscodes im Befehlsfeld beachtet werden sollten.[29]

Bei der Arbeit mit SAP S/4HANA sollte jeder SAP-Anwender immer mindestens zwei SAP GUI-Fenster wie in Abbildung 1-16 geöffnet haben. Dies ist zum einen sehr sinnvoll, da man oft verschiedene Transaktionen gleichzeitig in SAP S/4HANA ausführt. Bspw. lässt man sich in einem SAP GUI-Fenster einen Materialstamm anzeigen, während man sich in einem anderen SAP GUI-Fenster eine Materialstückliste ändert.

---

[27] Zur allgemeinen technischen Definition einer Transaktion siehe auch die Anmerkung auf Seite 47.

[28] Bei allen Abbildungen in diesem Buch, die einen Screenshot aus SAP S/4HAHA zeigen, ist in Klammern der zugehörige Transaktionscode genannt. Nur bei Transaktionen aus dem Customizing-Menü, denen kein eigener Transaktionscode zugeordnet ist, wird drauf verzichtet und nicht nichtssagend „SPRO" angegeben.

[29] Neben „/n" und „/o" kann man im Befehlsfeld noch andere Abkürzungen eingeben. Diese sind für einen Einsteiger jedoch nicht unbedingt geeignet und werden hier deshalb nicht dargestellt.

Das Arbeiten mit mehreren SAP GUI-Fenstern hat aber auch den Vorteil, dass man bspw. im Falle einer (ungewollt) umfangreichen Datenbankabfrage und mit der damit verbundenen Wartezeit in der Zwischenzeit in einem anderen SAP GUI-Fenster weiterarbeiten kann.

(Beispielhafte) Eingabe im Befehlsfeld	Bedeutung
KS03	Befindet man sich auf dem Ausgangsbildschirm des Anwendungsmenüs, so braucht man nur den Transaktionscode einzugeben. Hier wird bspw. mit dem Transaktionscode KS03 die Transaktion zum Anzeigen einer Kostenstelle aufgerufen.
/N	Um von einer Transaktion wieder den Ausgangsbildschirm des Anwendungsmenüs zu erreichen, gibt man im Befehlsfeld lediglich /N ein. Vorher ungesicherte Änderungen in der bisherigen Transaktion gehen dann jedoch u.U. verloren. Meist erscheint in so einem Fall in SAP S/4HANA beim Verlassen einer Transaktion jedoch eine entsprechende Systemwarnung bzw. -nachfrage, ob eingegebene oder geänderte Daten noch gespeichert werden sollen. Erst wenn diese Systemnachfrage zum Speichern verneint wird, gehen die entsprechenden Daten verloren.
/NMM03	Um direkt in einem SAP GUI-Fenster (älteres Synonym: Modus) von einer Transaktion zu einer anderen zu gelangen, muss man vor dem Transaktionscode ohne Leerzeichen noch /N eingeben. Befindet man sich bspw. in der Transaktion KS03 und gibt im Befehlsfeld /NMM03 ein, so erreicht man direkt die Transaktion „Material anzeigen" (Transaktionscode MM03). Diese Vorgehensweise beschleunigt die Arbeit gegenüber der erneuten zweistufigen Navigation über den Ausgangsbildschirm des Anwendungsmenüs.
/O	Es wird eine Liste, wie in Abbildung 1-16, mit allen geöffneten SAP GUI-Fenstern angezeigt. Durch Klick auf die Schaltfläche „Erzeugen" kann auch von hier ein neues SAP GUI-Fenster geöffnet werden.
/OCS03	Eine neue Transaktion, in diesem Fall CS03 (Anzeigen einer Materialstückliste) wird in einem neuen SAP GUI-Fenster geöffnet.

Tabelle 1-1:   Eingabe von Transaktionscodes im Befehlsfeld

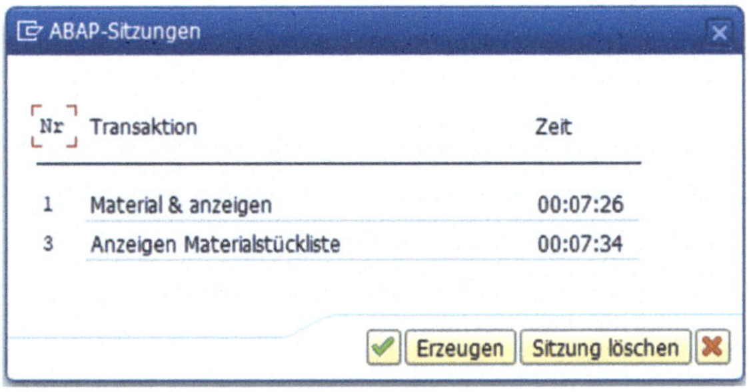

1.2 SAP S/4HANA

![ABAP-Sitzungen Dialog mit Transaktionen Material & anzeigen und Anzeigen Materialstückliste]

Abbildung 1-16: Geöffnete Transaktionen in verschiedenen SAP GUI-Fenstern (SM04)

Prinzipiell kann man bei einer unerwartet lange dauernden Datenbankabfrage während des Ausführens einer Transaktion durch Klick auf das Icon links oben in Abbildung 1-17 ein neues SAP GUI-Fenster öffnen. Dies funktioniert jedoch nicht immer, sodass stets mindestens zwei SAP GUI-Fenster gleichzeitig geöffnet sein sollten. Dies gilt auch für den Fall, dass man aktuell nur in einem SAP GUI-Fenster arbeitet und das Zweite gar nicht nutzt.

Generell gilt bei mehreren geöffneten SAP GUI-Fenstern, dass in jedem SAP GUI-Fenster eine unterschiedliche Transaktion ausgeführt wird. Ansonsten sperrt man sich selbst gegenseitig in den geöffneten SAP GUI-Fenstern und eingegebene Daten können nicht gespeichert werden.

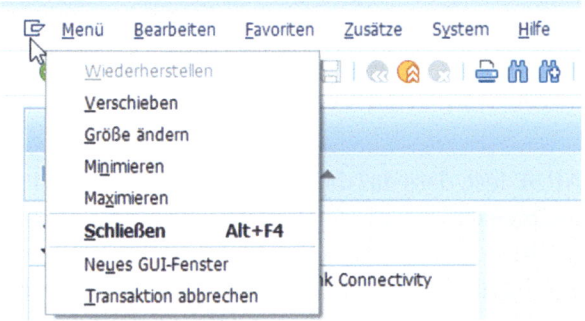

Abbildung 1-17: Alternatives Öffnen eines neuen SAP GUI-Fensters

Die Namen von Transaktionscodes mit ihrer Kombination von alphanumerischen Zeichen wirken oftmals auf den ersten Blick beliebig bzw. verwirrend. Allerdings wurden die in SAP S/4HANA noch immer vielfach genutzten Transaktionen für Legacy-Apps, die noch aus dem vom Vorgängersystem SAP R/3 stammen, mit einem zugehörigen vierstelligen Transaktionscode anfangs durchaus oft systematisch benannt. Recht schnell wurde der Funktionsumfang jedoch so groß, dass diese Systematik durchbrochen werden musste.

Vierstellige Transaktionscodes begannen ursprünglich meist mit zwei Buchstaben, gefolgt von zwei Ziffern. Der erste Buchstabe stand für den deutschsprachigen Begriff des Teilbereichs des ERP-Systems bzw. die Modulbezeichnung in SAP R/3. Der zweite Buchstabe bezeichnete darin ein zugehöriges sachliches Teilgebiet.

Bei der danach folgenden zweistelligen Ziffernkombination steht „01" für „anlegen", „02" für „ändern" und „03" für „anzeigen".

Andere Zahlen- bzw. Ziffernkombinationen an der dritten und vierten Stelle eines Transaktionscodes haben meist keine Bedeutung. Jedoch weist an der vierten Stelle eine „1" manchmal doch auf „anlegen", eine „2" auf „ändern" und eine „3" auf „anzeigen" hin. Nachfolgende Transaktionscodes sollen diese Systematik beispielhaft verdeutlichen:

- KS01: Kostenrechnungen (bzw. Controlling)/ Kostenstellenrechnung
  → Kostenstelle anlegen
- VA02: Vertrieb/ Auftrag → Kundenauftrag ändern
- VF03: Vertrieb/ Faktura → Faktura anzeigen
- MM03: Materialwirtschaft/ Materialstamm → Material anzeigen
- FD03: Finanzwesen/ Debitoren → Debitor anzeigen
- KAH2: Kostenrechnungen (bzw. Controlling)/ Kostenartenrechnung
  → Kostenartengruppe ändern

Man kann in SAP S/4HANA immer noch davon ausgehen, dass bspw. alle vierstelligen Transaktionscodes, die mit „KS" beginnen, zu Transaktionen der Kostenstellenrechnung gehören. Der Umkehrschluss ist jedoch unzulässig, da es in der Kostenstellenrechnung mittlerweile auch viele Transaktionen gibt, die nicht mit „KS" beginnen.

Ende der 1990er Jahre stellte die SAP SE fest, dass das damalige ERP-System SAP R/3 funktional den Anforderungen der meisten Anwender bereits mehr als genügte. Einen gewissen Nachholbedarf identifizierten viele Kunden aber bei der intuitiven Verständlichkeit bzw. Benutzerfreundlichkeit der Software. Daraufhin initiierte die SAP SE die sog. Enjoy SAP-Initiative mit dem Ziel, u. a. SAP-Software optisch ansprechender und damit benutzerfreundlicher zu gestalten. Dazu wurden etliche Transaktionen überarbeitet. Bei diesen, im Zuge der Enjoy SAP-Initiative, überarbeiteten Transaktionen wurde dem ursprünglichen vierstelligen Transaktionscode ein „N" hinzugefügt, sodass fünfstellige Transaktionscodes, wie z.B. OKENN entstanden. Das „N" steht dabei für „New Design" der optisch überarbeiteten Transaktion.

Bei solchen Transaktionen mit fünfstelligen Transaktionscodes existieren oftmals, obwohl nicht mehr im Menübaum angezeigt, noch die ursprüngliche Transaktion mit den vierstelligen Transaktionscode. Diese kann damit prinzipiell immer noch genutzt werden. Wird dies getan, so sollte man jedoch unbedingt sicherstellen, dass bei dem neuen Transaktionscode keine neuen Datenfelder, Funktionalitäten etc. implementiert wurden, was auch nicht das eigentliche Ziel der Enjoy SAP-Initiative war. Ein Beispiel dafür ist die Transaktion mit dem Transaktionscode VL01N auf der

1.2 SAP S/4HANA

linken Seite von Abbildung 1-18 bzw. VL01 in der rechten Seite von Abbildung 1-18). Diese enthält ein zusätzliches Datenfeld für die Lieferart. Weiß man nicht genau, ob bei einer Transaktion mit einem fünfstelligen Transaktionscode ein oder mehrere Datenfelder hinzugekommen sind, so sollte immer die Transaktion mit dem fünfstelligen Transaktionscode verwendet werden.

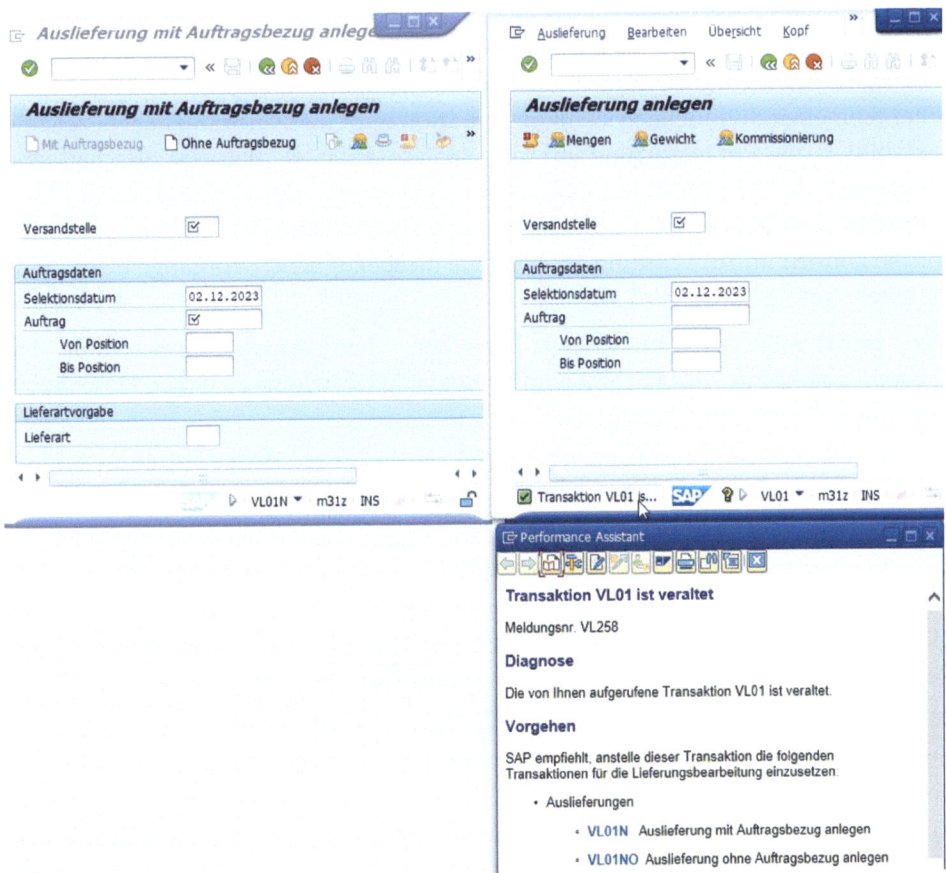

Abbildung 1-18: Zusätzliches Datenfeld bei einer Transaktion mit fünfstelligem Transaktionscode

Ist man sich sicher, dass bei einer Transaktion mit dem fünfstelligen Transaktionscode lediglich optische Überarbeitungen stattgefunden haben, so obliegt es jedem SAP-Anwender selbst, welches visuelle Design ihn bei einer Transaktion besser anspricht und ob er die Transaktion mit dem originären vierstelligen oder die mit dem neuen fünfstelligen Transaktionscode nutzt.

Inhalte von Tabellen werden in SAP S/4HANA immer mit der Transaktion „Data Browser" (Transaktionscode SE16) angezeigt. Diese Transaktion findet sich im Anwendungsmenü im Menüpfad „Werkzeuge/ ABAP Workbench/ Übersicht".

Alle im Anwendungsmenü von SAP S/4HANA existierenden Transaktionscodes sind in der Tabelle TSTC gespeichert. Diese bietet eine gute Möglichkeit, sich einen generellen Überblick zu Transaktionen und Transaktionscodes zu verschaffen. Bspw. kann man sich unter Verwendung eines Platzhalters und von Filtern alle Transaktionscodes, die mit einer bestimmten, für ein fachliches Teilgebiet charakteristischen Buchstabenkombination beginnen, anzeigen lassen.

1.2.2.2 Customizing-Menü

Standardsoftware, wie bspw. SAP S/4HANA, muss stets an die konkreten betriebswirtschaftlichen Anforderungen eines Unternehmens angepasst werden. Diese unternehmensindividuelle Systemkonfiguration wird als „Customizing" bezeichnet und bildet die Voraussetzung für das spätere Erfassen betriebswirtschaftlicher Vorgänge im Anwendungsmenü. Wird bspw. im Customizing nicht initial festgelegt, dass in einem Unternehmen eine Kostenstellenrechnung genutzt werden soll, so können im Anwendungsmenü keine diesbezüglichen Vorgänge bzw. Transaktionen durchgeführt werden.

Der prinzipielle Zusammenhang zwischen dem Anwendungs- und dem Customizing-Menü wird nachfolgend anhand einer Analogie zu einem Fußballplatz und einem Fußballspiel beschrieben:

SAP-Anwender, die ausschließlich im Anwendungsmenü arbeiten, gleichen Fußballspielern, die nur einen bereits vorbereiteten und fertigen Platz[30] betreten, um darauf Fußball zu spielen. Ihnen stellt sich nicht die Frage, warum der Fußballplatz genau so, bspw. bezüglich der Größe des Strafraums, der Positionierung der Tore und der Beschaffenheit der Spielfläche etc., ausgestaltet ist. Diese Fragen nach dem „Warum?"[31] wird durch die Einstellungen im Customizing[32] beantwortet; in diesem Beispiel, wie der Fußballplatz aussieht und aufgebaut ist.

Durch Änderungen im Customizing werden alle spielbeeinflussenden Parameter und damit oftmals der gesamte Spielablauf im Anwendungsmenü maßgeblich verändert. Für den Spielbetrieb mit Jugendmannschaften können bspw. die beiden Tore sowie das Spielfeld verkleinert und die Spieldauer verkürzt werden. Würde man die allgemeinen Rahmenbedingungen für ein Fußballspiel bspw. dahingehend ändern, dass beide Tore zukünftig in unmittelbarer Nähe des Anstoßkreises platziert wären, so bräuchte man in einer Fußballmannschaft keine flinken Außenstürmer mehr, sondern weitere wuchtige Verteidiger, die sich in die gegnerischen Schüsse aus kurzer Distanz werfen usw.

---

[30] Fußballplätze haben bzgl. Ihrer Ausmaße gewisse Toleranzen und sind damit nicht einheitlich. Sie spiegeln mit dieser Variabilität aber natürlich nicht annähernd die unternehmensindividuellen divergierenden Anforderungen und Prozesse wider.

[31] Bzw. „Warum ist es genau so?"

[32] Mit dem Begriff „Customizing" sind ab jetzt in diesem Buch immer das Customizing-Menü oder eine oder mehrere Transaktionen im Customizing-Menü gemeint.

1.2 SAP S/4HANA

SAP S/4HANA wird mit einem Einführungsleitfaden für das Customizing, dem sog. SAP-Referenz-IMG[33] ausgeliefert. Dieser enthält als sog. „IMG-Aktivitäten" alle Arbeitsschritte zur Einrichtung aller Bestandteile des Anwendungsmenüs.

Der SAP-Referenz-IMG wird aus dem Anwendungsmenü über den Menüpfad „Werkzeuge/ Customizing/ IMG/ Projektbearbeitung" und einem nachfolgenden Klick auf die Schaltfläche „SAP Referenz-IMG"[34] (vgl. Abbildung 1-19) aufgerufen.

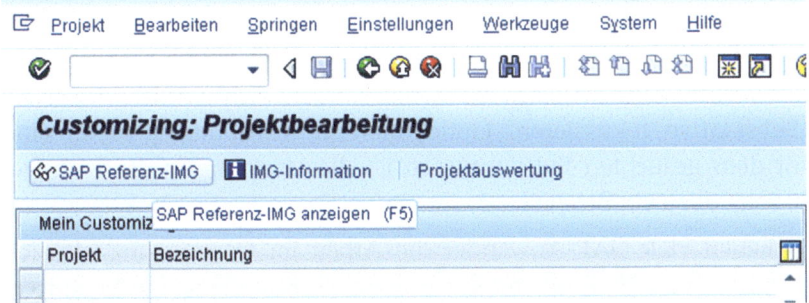

Abbildung 1-19: Aufruf des Customizing-Menüs (SPRO)

Der SAP-Referenz-IMG wird ab jetzt in diesem Buch immer, wie auch sonst meist in der Praxis, als „Customizing-Menü" bezeichnet.

Das Customizing-Menü ist, ebenfalls wie das Anwendungsmenü, prinzipiell nach einzelnen Anwendungskomponenten mit Arbeitsschritten für die Systemkonfiguration gegliedert. Dabei gilt i.d.R. von oben nach unten das Prinzip „vom Allgemeinen zum Speziellen" bzw. „von dem, was zuerst konfiguriert werden muss, zu dem, was später konfiguriert wird".

Optisch ist das Customizing-Menü bei weitem nicht so ansprechend gestaltet wie das Anwendungsmenü. Es ist für die wichtigsten betriebswirtschaftlichen Prozesse faktisch seit dem vor über 30 Jahren eingeführten ERP-Vorgängersystem SAP R/3 bis auf einige neue Komponenten, wie bspw. dem neuen Hauptbuch im externen Rechnungswesen, unverändert.

Diese Vernachlässigung einer optischen Weiterentwicklung liegt sicher auch mit darin begründet, dass die erfahrenen SAP-Anwender, die im Customizing arbeiten, meist weitaus weniger Wert auf optisch gefällige Benutzeroberflächen legen als SAP-Anwender, die nur sporadisch in SAP S/4HANA und dann fast immer ausschließlich im Anwendungsmenü arbeiten.

---

[33] Der Ausdruck IMG steht für „Implementation Guide", einem empfohlenen Leitfaden zur Durchführung der einzelnen Schritte in der Anpassung der Standardsoftware an die konkreten Unternehmenserfordernisse. Von dieser empfohlenen Vorgehensweise kann jedoch abgewichen werden.

[34] In der Unternehmenspraxis ist diese Schaltfläche in seltenen Fällen umbenannt, bspw. in „Unternehmens-IMG".

Die einzelnen Transaktionen im Customizing-Menü erreicht man durch das Aufklappen des kleinen Dreiecks links von jedem Menüpunkt. Für jede Transaktion im Customizing-Menü existiert im Gegensatz zum Anwendungsmenü zusätzlich immer das Icon ⊕ „Ausführen".

Unerfahrene SAP-Anwender werden bei Transaktionen im Customizing-Menü teilweise durch die dort verwendeten Verben irritiert. Bei den Transaktionen unter dem Menüpunkt „Kostenrechnungskreis prüfen" aus Abbildung 1-20 würde man bspw. u.a. auch Transaktionen mit den Verben „anlegen" oder „ändern" erwarten.

An der Wahl der Verben sollte man sich nie stören, sondern sich stattdessen auf die verwendeten Substantive fokussieren. Findet man im Customizing-Menü eine Transaktion mit dem gesuchten Substantiv, so ist dies fast immer die Richtige. Abbildung 1-20 zeigt dazu ein Beispiel.

In der Praxis scheuen viele SAP-Anwender die Arbeit im Customizing, da sich dortige Änderungen, wie vorher anhand der Analogie beschrieben, auf die korrespondierenden Funktionalitäten im Anwendungsmenü auswirken. Nichtsdestotrotz sollte man sich als interessierter SAP-Anwender unbedingt immer mit den Einstellungen im Customizing beschäftigen. Nur so wird verständlich, warum einzelne Prozesse bzw. Sachverhalte im Anwendungsmenü gerade in der gegebenen Art und Weise ausgestaltet sind und welche Zusammenhänge zwischen ihnen bestehen.

Es ist daher immer von Vorteil, in SAP S/4HANA ein SAP-Berechtigungsprofil mit einer Leseberechtigung im Customizing-Menü zu haben. Dann kann man sich dort alle Einstellungen anschauen und es besteht aufgrund der fehlenden Schreibrechte keine Gefahr, versehentlich Konfigurationseinstellungen zu verändern, die sich auf die Funktionalität im Anwendungsmenü auswirken würden.

Navigation im Customizing-Menü

Nachfolgend werden erste allgemeine Prinzipien für die Navigation im Customizing-Menü anhand der in Abbildung 1-20 dargestellten Transaktion „Kostenrechnungskreis pflegen" (Transaktionscode OX06) beschrieben. Nach dem Klick auf das Icon „Ausführen" (s. oben) erscheint ein weiteres Dialogfenster, welches zwei Zeilen mit nicht unbedingt aussagekräftigen Verben zu Vorgängen bzw. Tätigkeiten im Kostenrechnungskreis beinhaltet.

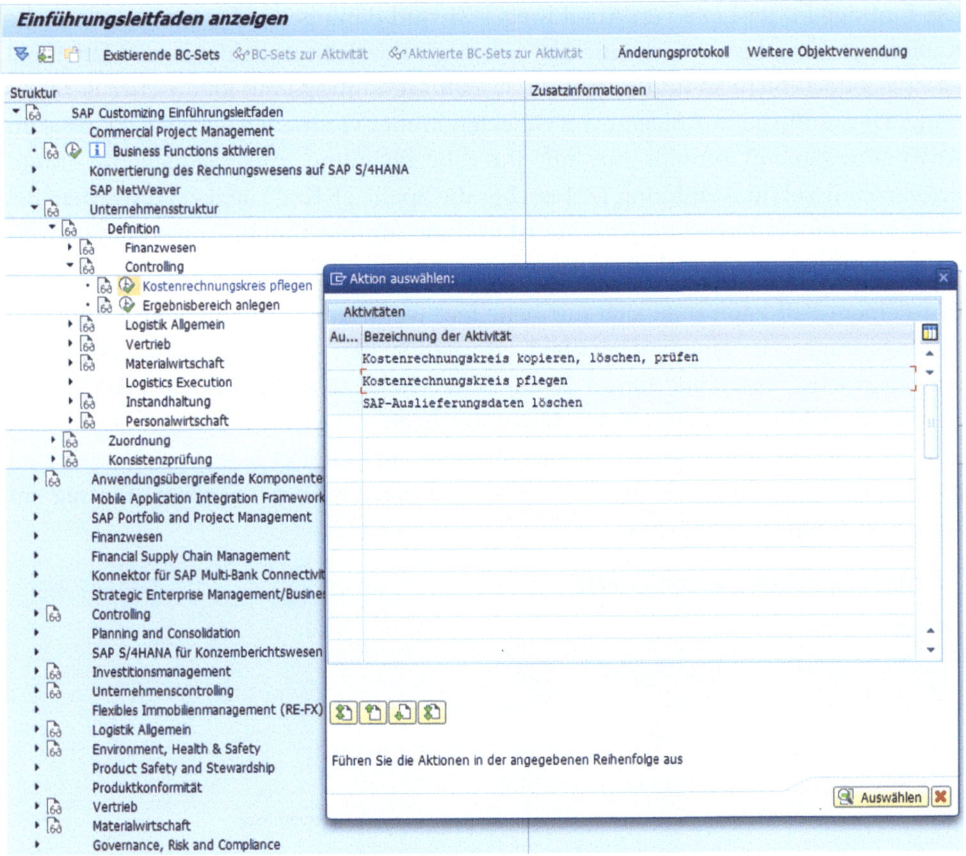

1.2 SAP S/4HANA

![Customizing-Menü Screenshot]

Abbildung 1-20: Ausschnitt aus dem Customizing-Menü

Bei den Verben kann man im Customizing-Menü oftmals nach dem Prinzip einer negativen Selektion vorgehen. Mit dem Verb „prüfen" in „kopieren, löschen, prüfen" ist fast immer eine Prüfung unter IT-, jedoch nicht anwenderspezifischen, Gesichtspunkten gemeint. Damit verbleibt nur noch die Transaktion in der zweiten Zeile mit dem Verb „pflegen", welches im Customizing-Menü meist den im Anwendungsmenü häufig gebrauchten Verben „anlegen", „ändern" und „anzeigen" entspricht.

Um sich alle vorhandenen Kostenrechnungskreise anzuzeigen, klickt man doppelt auf die Zeile „Kostenrechnungskreis pflegen". Danach wird die Liste von Kostenrechnungskreisen aus Abbildung 1-21 angezeigt.

Abbildung 1-21: Liste der Kostenrechnungskreise (OX06)

Die Einträge in der Liste von Abbildung 1-21 sind dahingehend eindeutig, dass alle Kostenrechnungskreise auch eine divergierende Bezeichnung aufweisen. Manchmal ist dem jedoch nicht so und es existieren mehrere Einträge mit identischer Bezeichnung. Dies sollte beim Anlegen von Objekten immer vermieden werden, da diese im Anwendungsmenü oftmals nur mit ihrer Bezeichnung, nicht jedoch mit ihrem Primärschlüssel (in Abbildung 1-21 ist dies die Spalte „KKrs") angezeigt werden. Bei einer nicht eindeutigen Bezeichnung ist es dann im Regelfall in Anwendungsmenü unklar, welcher der gleichlautenden Einträge zu wählen ist.

In so einem Fall kann man sich nur behelfen, wenn im Anwendungsmenü für die Listeneinträge zu einem Datenfeld zusätzlich der jeweilige Primärschlüssel angezeigt wird (vgl. Abbildung 1-28 auf Seite 39). Dazu muss man das Häkchen im Datenfeld „Schlüssel in Dropdown-Listen anzeigen" setzen. Anschließend kann man im Customizing anhand des Primärschlüssels die Unterschiede in den einzelnen gleichlautenden Einträgen analysieren und daraufhin den korrekten Eintrag im Anwendungsmenü auswählen.

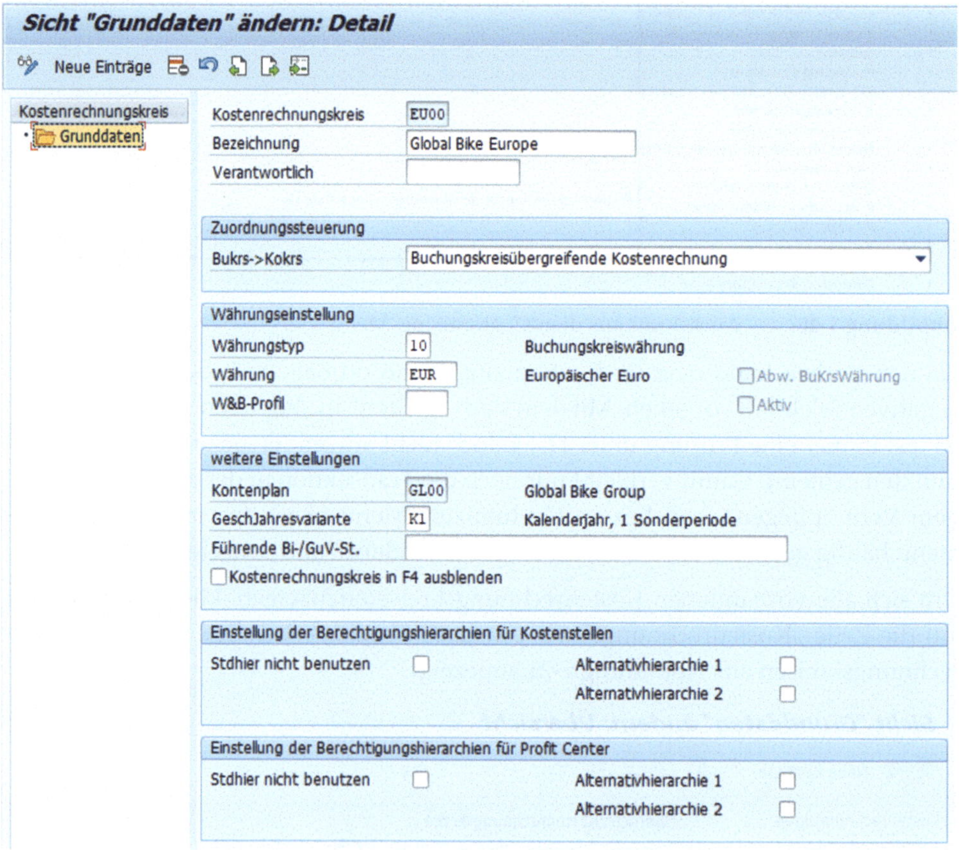

Abbildung 1-22: Details zu einem Kostenrechnungskreis (OX06)

1.2 SAP S/4HANA

Oftmals umfasst eine Liste wie in Abbildung 1-21 mehrere Einträge. Sind es sehr viele, so erspart man sich langwieriges Scrollen, wenn in der Menüleiste einzelne Suchhilfen genutzt werden, wie z. B. unter „Springen/ Positionieren" oder „Auswahl/ Nach Inhalten", in der einzelne Datenfelder für die Selektion zur Suche bestimmter Einträge auswählbar sind.

Ein Eintrag in einer Liste wird durch einen Klick auf das links davon stehende Rechteck markiert. Die gesamte Zeile des gewählten Eintrags erscheint dann wie in Abbildung 1-21 farblich unterlegt.

Die gesamte Funktionalität in einer Transaktion findet sich stets, wie bereits auf Seite 15 beschrieben, in der zugehörigen Menüleiste. Im konkreten Fall werden die Details zu dem selektierten Eintrag über den Menüpunkt „Springen/ Details" wie in Abbildung 1-22 angezeigt. Durch das Drücken der Taste „F3" bzw. dem Klick auf das Icon „Zurück" gelangt man wieder zu Abbildung 1-21.

Transaktionscodes im Customizing-Menü

Viele Transaktionen im Customizing besitzen keinen eignen Transaktionscode und können deshalb nur über die Navigation im Menübaum ausgeführt werden. Bei anderen wird bei deren Aufruf nicht immer der eigene Transaktionscode angezeigt, sondern in der Statusleiste rechts unten nur der allgemeine Transaktionscode SPRO.

Um eventuell vorhandene Transaktionscodes für solche Transaktionen im Customizing-Menü zu ermitteln, wählt man in der Menüleiste den Menüpunkt Zusatzinformation/ Zusatzinformationen/ Schlüssel anzeigen/ IMG-Aktivität.[35]

Daraufhin wird, wie in Abbildung 1-23, in der Spalte „Zusatzinformationen" der Schlüssel zu den einzelnen Transaktionen im Customizing-Menü bzw. den IMG-Aktivitäten eingeblendet.

Die letzten vier Stellen in der Spalte „Zusatzinformationen" zeigen i.d.R. den Transaktionscode für eine Transaktion an, z.B. OX02 für die Transaktion „Buchungskreis bearbeiten, kopieren, löschen, prüfen" oder OX06 für die Transaktion „Kostenrechnungskreis pflegen".

Sollte dies einmal nicht funktionieren, wie bspw. Bei der Transaktion „Segment definieren" in Abbildung 1-23, so kann man anhand der ID für die IMG-Aktivität noch versuchen, einen eventuell existierenden Transaktionscode aus der Tabelle CUS_ACTOBJ zu ermitteln. Dazu werden die Inhalte dieser Tabelle mit dem auf Seite 25 beschriebenen Transaktion „Data Browser" (Transaktionscode SE16) angezeigt.

---

[35] Eine andere Anwendung der Zusatzinformationen im Customizing-Menü ist auf Seite 39 beschrieben.

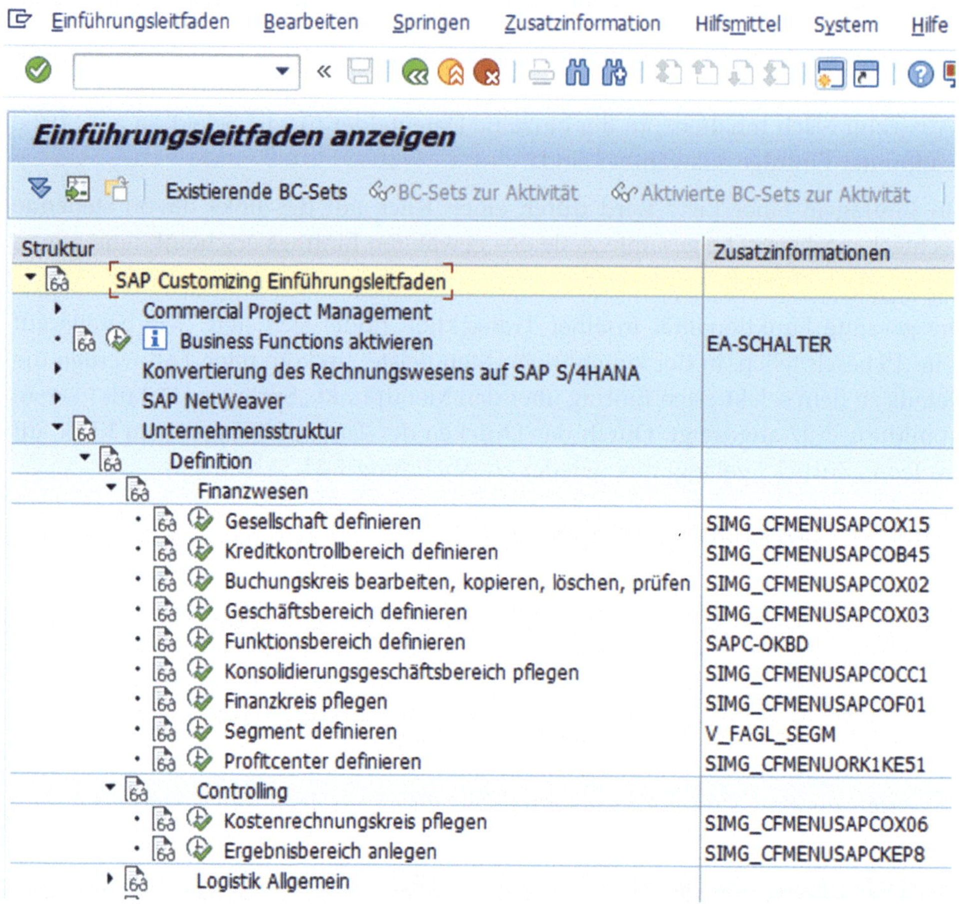

1 Grundlagen

Abbildung 1-23: Anzeige der Zusatzinformation im Customizing-Menü

Diese Vorgehensweise ist jedoch nicht immer von Erfolg gekrönt. In einigen Fällen, wie auch beim Eintrag V_FAGL_SEGM aus Abbildung 1-23, wird „nur" der Transaktionscode SM30 für die Pflegemöglichkeit von Tabellen, ein sog. Pflege-View[36] angezeigt wird. Dies ist dann zwar nicht zielführend in Bezug auf die Ermittlung eines Transaktionscodes, jedoch auf die intendierte durchzuführende Tätigkeit in SAP S/4HANA.

---

[36] Vereinfacht ausgedrückt ist ein Pflege-View ein Dialog, mit dem einer Datenbanktabelle neue Einträge hinzugefügt oder bestehende Einträge geändert bzw. gelöscht werden können.

1.2 SAP S/4HANA

Export von Tabelleninhalten von SAP S/4HANA nach MS Office

Öfter müssen Inhalte von Tabellen aus SAP S/4HANA in andere Anwendungen, z.B. MS Excel, exportiert werden. Dafür existiert in den einzelnen Transaktionen im Customizing-Menü (oder auch im Anwendungsmenü) in der Menüleiste oft der Menüpunkt „System/ Liste/ Sichern/ Liste" oder eventuell noch ein Menüpunkt, der bspw. „Bearbeiten/ Downloads" heißt.

Ist dies wie in der Transaktion aus Abbildung 1-21 nicht der Fall, so kann man mit den folgenden beiden Methoden versuchen, ein stupides Abtippen bzw. Kopieren einzelner Datenfelder bzw. Tabelleninhalte zu vermeiden:

- **Direktes „Drucken" in eine Anwendung von MS Office:**

  In der Menüleiste wählt man den Menüpunkt „Tabellensicht/ Drucken". Die Tabelleninhalte werden dann inhaltlich identisch, jedoch in einer optisch leicht veränderten Darstellung (Stichwort: View bzw. Sicht) angezeigt. Entscheidend ist, dass in der nun angezeigten Menüleiste neue Einträge existieren. Meist finden sie sich unter Menüpunkten wie bspw.

  o „Liste/ Exportieren/ Tabellenkalkulation" oder

  o „Liste/ Exportieren/ Lokale Datei/ Text mit Tabulatoren" oder

  o „System/ Liste/ Sichern/ Liste".

  Im konkreten Fall existieren die ersten beiden dieser drei Möglichkeiten. In so einem Fall kann man bspw. den Menüpunkt „Liste/ Exportieren/ Tabellenkalkulation" anklicken, als Format „Excel (im MHTML Format)" selektieren, einen Menüpfad für den Speicherort der zu exportierender Datei wählen und abschließend einen Dateinamen vergeben.

- **Seitenweises Markieren und Kopieren:**

  Steht in einer Transaktion im Customizing-Menü die gerade beschriebene Vorgehensweise nicht zur Verfügung, so kann man sich immer folgender „Zu-Fuß-Methode" bedienen:

  o In der ersten zu kopierenden Tabellenzeile wird der Cursor in der linken Spalte positioniert.

  o Durch das Drücken der Tastenkombination STRG + Y verändert sich der Cursor in ein Fadenkreuz.

  o Nun kann man den gesamten zu kopierenden Bereich mit gedrückter linker Maustaste markieren und mit STRG + C kopieren.

o In einer in MS Office geöffneten Datei können die kopierten Inhalte nun mit der Tastenkombination STRG + V eingefügt werden.
Die Einschränkung bei dieser manuellen Vorgehensweise besteht darin, dass sie immer nur abschnittsweise für den angezeigten Bildschirmbereich von SAP S/4HANA angewandt werden kann. Reichen die Tabelleneinträge über den aktuellen Bildschirmbereich hinaus, so muss dieser Vorgang bildschirmweise wiederholt werden.

Allgemeiner Grundsatz für alle Arbeiten im Customizing

Wie bereits beschrieben, sollte man stets anstreben, ein User-Profil mit einer Leseberechtigung für das Customizing zu erhalten. Wenn man sogar ein User-Profil mit einer Schreibberechtigung im Customizing besitzt, so sollte man für alle Arbeiten im Customizing-Menü, auch bei allen Übungen in diesem Buch, folgenden Grundsatz ohne Ausnahme jederzeit beachten:

Falls man sich nicht sicher ist, so sollte man niemals vorhandene Customizing-Einstellungen, Tabelleneinträge, sonstige Objekte oder Verknüpfungen zwischen bestehenden Customizing-Einträgen, bspw. zwischen Organisationseinheiten, ändern oder gar löschen!

Dagegen kann man bei Bedarf neue Customizing-Einträge hinzufügen und ggf. mit bereits bestehenden oder neuen Customizing-Einträgen zu verknüpfen.

Mandantenverwaltung für Änderungen im Customizing

Allgemein erfolgt die Aufzeichnung von Änderungen im mandantenabhängigen und -übergreifenden Customizing in der in Abbildung 1-24 dargestellten Mandantenverwaltung.

In der Praxis wird bei Änderungen von mandantenabhängigen Objekten fast ausschließlich die Einstellung „automatische Aufzeichnung von Änderungen" aus Abbildung 1-24 gewählt.

Dies führt dazu, dass jeder SAP-Anwender nach dem Ändern von bestehenden bzw. dem Anlegen von neuen Einträgen im Customizing vor dem Speichern automatisch eine Systemabfrage nach einem Customizing-Auftrag für seinen SAP-User erhält (vgl. Abbildung 1-25) um die Systemänderungen speichern zu können.

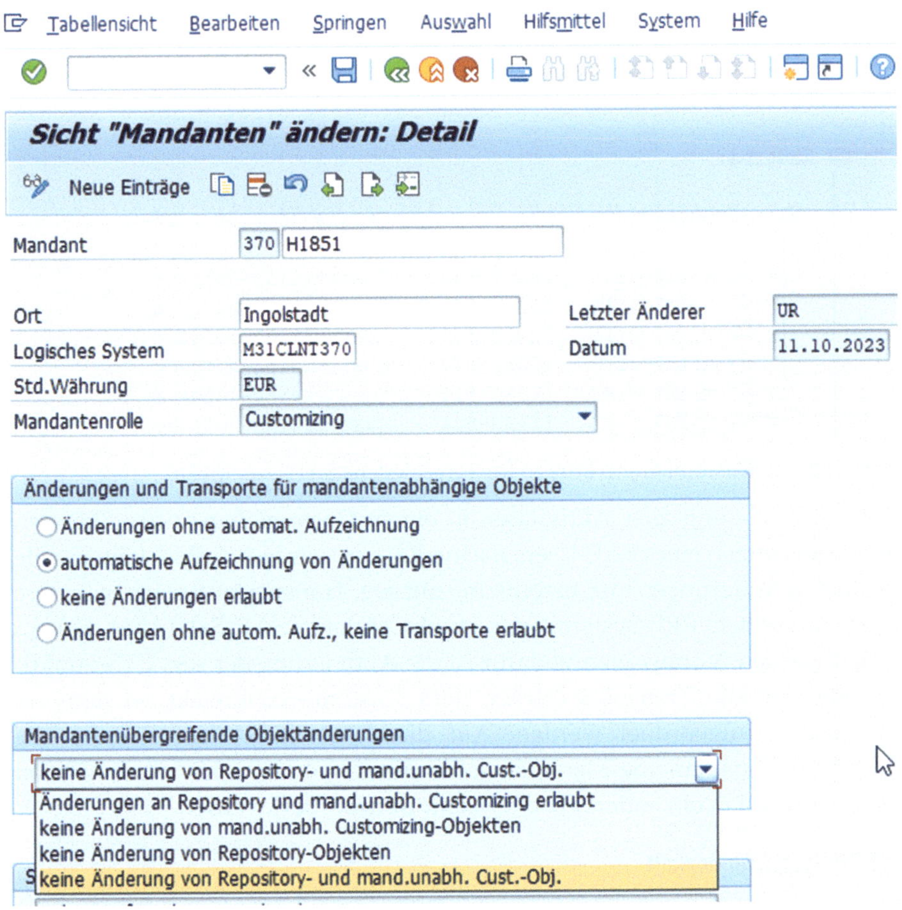

1.2 SAP S/4HANA

Abbildung 1-24: Einstellungen in der Mandantenverwaltung (SCC4)

In Unternehmen werden Customizing-Aufträge fast immer durch einen sehr erfahrenen und für das Customizing verantwortlichen SAP-Anwender für alle Mitarbeiter zentral angelegt und überwacht. Abbildung 1-26 zeigt beispielhaft eine Liste mit Customizing-Aufträgen für verschiedene SAP-User.

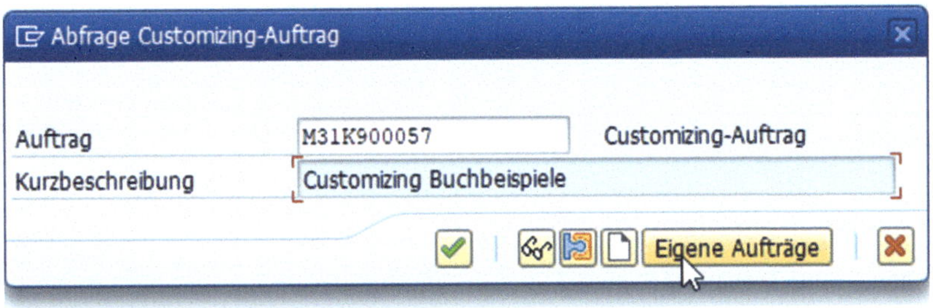

Abbildung 1-25: Beispiel für einen Customizing-Auftrag (SE10)

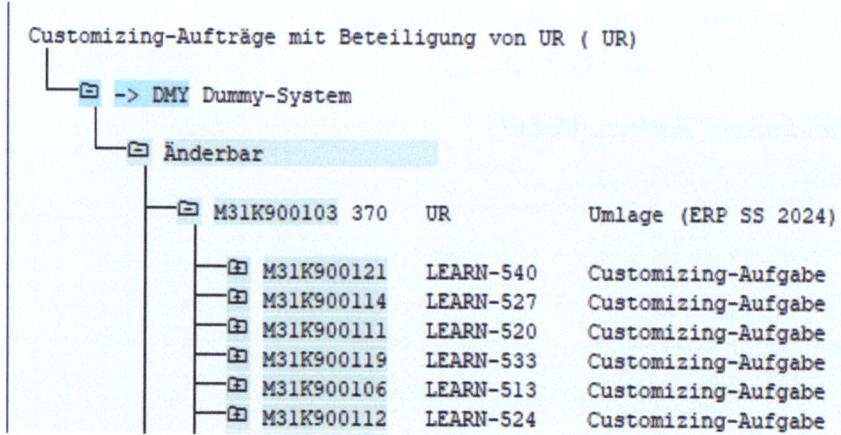

Abbildung 1-26: Customizing-Aufträge für verschiedene SAP-User (SE10)

Durch die Aufzeichnung aller Aktivitäten in einem Customizing-Auftrag können später alle Änderungen eines SAP-Users nachvollzogen werden. Zudem können alle aufgezeichneten Änderungen im Customizing mit sog. Transportaufträgen in andere Mandanten im selben ERP-System oder in ein anderes SAP S/4HANA-System transportiert werden. Voraussetzung dafür ist die Aktivierung der sog. CTS-Funktionalität[37], mit der alle Transportaufträge dem Customizing-Projekt, in dem sie angelegt wurden, zugeordnet werden. Auf diese Art und Weise können alle Änderungen im Customizing-Menü sowohl überwacht als auch ohne großen manuellen Aufwand in ein anderes SAP-System transportiert werden.[38]

Typische ERP-Systemlandschaft

Fast alle größeren Unternehmen besitzen eine ERP-Systemlandschaft mit mehreren, meist drei oder vier, ERP-Systemen, obwohl (natürlich!) nur eines davon operativ als Produktivsystem genutzt wird. Nachfolgend werden beispielhaft die Bestandteile einer Systemlandschaft, die aus vier ERP-Mandanten besteht, kurz erläutert:

- Zuerst werden alle Änderungen im Customizing, alle selbst erstellten Programme und alle Systemupdates in einem Entwicklungssystem getestet. Dieses beinhaltet im Gegensatz zum Produktivsystem nur sehr wenige Stamm- und Bewegungsdaten.

---

[37] CTS steht für „Change and Transport System".

[38] Im Hochschulbereich beinhalten die von den SAP University Competence Centern momentan für Hochschulen bereitgestellten Learn-User in Ihrem Profil auch Schreibrechte im Customizing. Durch die Einstellung in der Mandantenverwaltung von Abbildung 1-24 auf Seite 35 kann man dieses Berechtigungsprofil, welches nicht die Anlage von Customizing-Aufträgen umfasst, bei Bedarf wieder einschränken.

- Nach der Überprüfung und Beseitigung aller Fehler im Entwicklungssystem werden alle Änderungen und Neuerungen mit einem oder mehreren Customizing- und Workbench-Aufträgen in ein Konsolidierungssystem transportiert. So müssen dort nicht wieder alle Änderungen manuell eingegeben werden, was sowohl eine erhebliche potenzielle Fehlerquelle als auch einen enormen zeitlichen Mehraufwand bedeuten würde.

  Das Konsolidierungssystem beinhaltet eine größere Anzahl von Stamm- und Bewegungsdaten als das Entwicklungssystem, sodass die Änderungen auch an einer potenziell höheren Zahl von selten auftretenden Sachverhalten getestet werden können.

- Nach dem erfolgreichen Test aller Änderungen und Neuerungen im Konsolidierungssystem werden diese in eine Kopie des Produktivsystems, die bspw. alle paar Wochen neu erstellt wird, transportiert.

  In der Kopie des Produktivsystems können bei de facto identischer Komplexität (es fehlen meist lediglich die aktuellen Bewegungsdaten der letzten Tage bzw. Wochen) wie im Produktivsystem alle Änderungen getestet werden. Diese Kopie des Produktivsystems ist inhaltlich und von ihrer Funktion her nie als Sicherungs-, sondern immer als Testkopie zu verstehen.

- Erst wenn alle Tests im Konsolidierungssystem erfolgreich verlaufen sind, erfolgt der Transport aller Änderungen in das Produktivsystem, das für die Abbildung der realen Unternehmensprozesse genutzt wird.

Dieses mehrstufige Vorgehen mit dem wiederholten Testen und Überprüfen aller Änderungen und deren Auswirkungen auf die bestehenden Strukturen ist sehr aufwändig. Es ist jedoch fast immer alternativlos, da bei direkten Änderungen im Produktivsystem bei etwaigen noch vorhandenen Fehlern sonst meist bei einer temporären Nichtverfügbarkeit des Produktivsystems extrem hohe Folgekosten entstehen.

1.2.2.3 Systemseitige Hilfen

In SAP S/4HANA wird Anwendern eine Vielzahl von Hilfen zur Verfügung gestellt. Zusätzlich zur Unterstützung durch Systemnachrichten (vgl. u. a. Abbildung 1-15 auf Seite 20) existieren noch weitere Hilfen. Nachfolgend werden die Wichtigsten von ihnen kurz erklärt.

1.2.2.3.1 Allgemeine Hilfe zur Anwendung

Bei allen Transaktionen im Anwendungs- und Customizing-Menü wird in der Menüleiste immer der Menüpunkt „Hilfe" angezeigt. Dort finden sich verschiedene Hilfen, von denen die nun in SAP S/4HANA in „Product Assistance" umbenannte „Hilfe zur Anwendung" am wichtigsten ist.

Diese Product Assistance bzw. Hilfe zur Anwendung verzweigt für jede Transaktion spezifisch direkt zum zugehörigen Teil des allgemeinen SAP Help Portals, welches im Internet unter der URL http://help.sap.com zu finden ist. Abbildung 1-27 zeigt beispielhaft die Hilfe zur Anwendung für die Transaktion „Material anlegen". Von dieser Stelle im SAP Help Portal kann entweder über die Menüstruktur im linken Teil oder über blau unterlegte Begriffe im beschreibenden Text im rechten Teil navigiert werden.

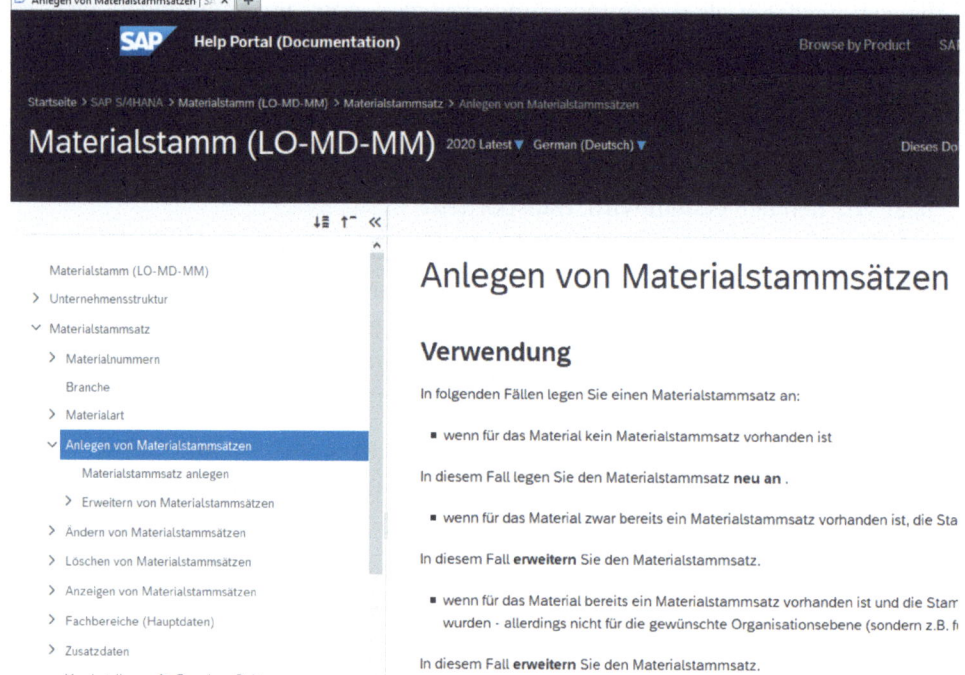

Abbildung 1-27: Hilfe zur Anwendung für die Transaktion „Material anlegen" (MM01)

1.2.2.3.2 Hilfen im Anwendungsmenü

Die Benutzeroberfläche bzw. das Anwendungsmenü des SAP GUI for Windows kann anwenderindividuell mit Einträgen im Ordner „Optionen" des Icons „Lokales Layout anpassen" gestaltet werden. Dieses Icon befindet sich im „SAP Signature Theme" ganz rechts in der Systemfunktionsleiste (vgl. Abbildung 1-5 auf Seite 9).

In diesen Optionen können hilfreiche Einstellungen für die Arbeit mit SAP S/4HANA getroffen werden, z. B. das schnelle Anzeigen von Quick-Info zur Beschreibung von Icons in der Systemfunktions- und Anwendungsleiste (vgl. Seite 15f.) oder die in Abbildung 1-28 dargestellte Anzeige des Primärschlüssels für Einträge in Dropdown-Listen.

Um Primärschlüssel für Einträge in Dropdown-Listen im Anwendungsmenü anzuzeigen, klickt man in den Optionen im Ordner „Interaktionsdesign" auf „Visualisierung 1", setzt bei „Schlüssel in Dropdown-Listen anzeigen" ein Häkchen

1.2 SAP S/4HANA

und übernimmt diese geänderte Einstellung durch das Anklicken der Schaltflächen „Anwenden" und „OK".

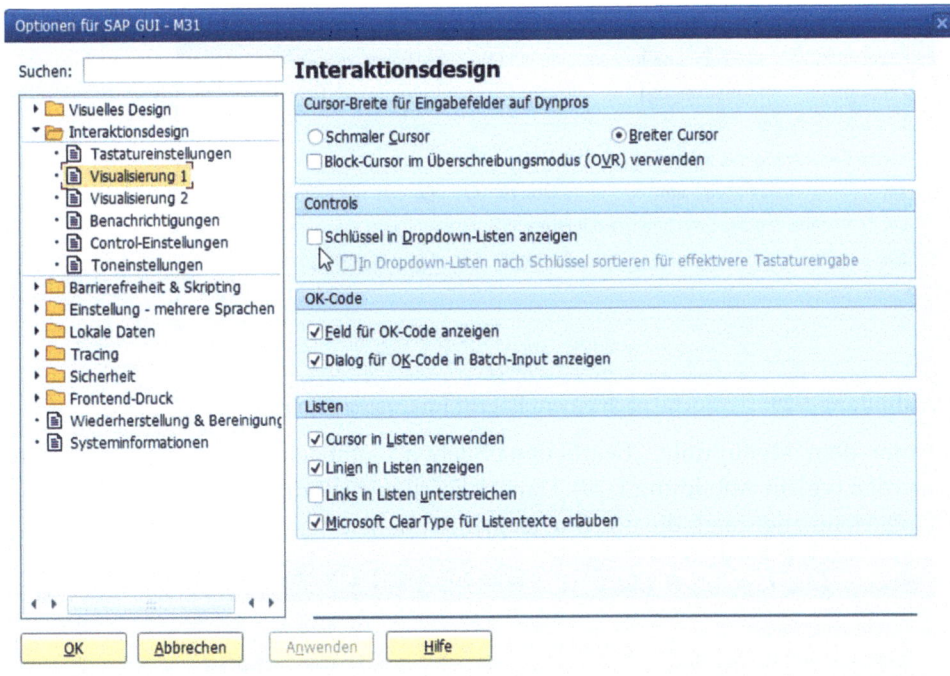

Abbildung 1-28: Optionen zur Anpassung des lokalen Layouts im Anwendungsmenü

Der Primärschlüssel für Einträge in Dropdown-Listen im Anwendungsmenü sollte nur angezeigt werden, wenn im Customizing Einträge mit gleichlautenden Bezeichnungen existieren, die sonst im Anwendungsmenü nicht zu unterscheiden wären. Ansonsten verringert ein angezeigter Primärschlüssel die Übersichtlichkeit von Einträgen in Dropdown-Listen, da dieser jedem Eintrag vorangestellt ist und sich die Breite der Dropdown-Liste nicht automatisch anpasst.

1.2.2.3.3 Hilfen im Customizing-Menü

Auch im Customizing-Menü existieren etliche systemseitige Hilfen. Jedoch soll an dieser Stelle nochmals wiederholt werden, dass Einstellungen im Customizing in Unternehmen stets nur von sehr erfahrenen SAP-Anwendern vorgenommen werden, die aufgrund Ihres Wissens eigentlich keine Hilfen mehr benötigen und nur in absoluten Einzelfällen auf diese zurückgreifen.

Beispiele für wichtige Hilfen im Customizing-Menü sind:

- Suche nach einem Begriff in den Transaktionen des Customizing-Menüs:

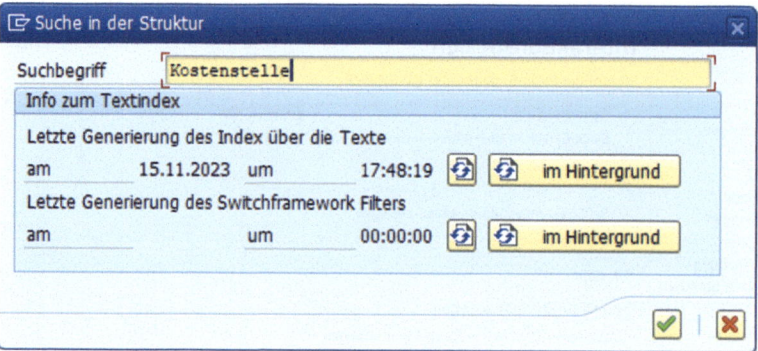

Abbildung 1-29: Suche nach einem Begriff im Customizing-Menü

Unter dem Menüpunkt „Bearbeiten/ Suchen" kann ein Suchbegriff eingeben werden (vgl. in Abbildung 1-29). Danach werden alle Transaktionen im Customizing-Menü angezeigt, die den Suchbegriff enthalten (vgl. Abbildung 1-30).

Abbildung 1-30: Trefferliste für den Suchbegriff „Kostenstelle" in Transaktionen des Customizing-Menüs

Allerdings ist eine solche Suche weder unter didaktischen noch unter praktischen Gesichtspunkten besonders erstrebenswert, da durch den fehlenden Menübaum generelle Zusammenhänge zwischen einzelnen Transaktionen oft kaum zu erkennen sind. So werden auch im Beispiel aus Abbildung 1-30 viele nebensächliche Transaktionen angezeigt.

Deshalb sollten Transaktionen stets sachlogisch durch die Navigation im Menübaum des Customizing-Menüs gesucht und diese Art der Suche nur in Ausnahmefällen genutzt werden.

- Anzeigen von Zusatzinformationen zu einzelnen Transaktionen:

Unter dem Menüpunkt „Zusatzinformation" finden sich für jede Transaktion im Customizing-Menü zahlreiche Sachverhalte, wie bspw. die Klassifizierung nach kritischen und notwendigen Aktivitäten, Schlüsseln zu Attributen und Pflegeobjekten, die Zuordnung zu Anwendungskomponenten, Angaben zur Mandantenabhängigkeit u. v. m. Alle diese werden dann, wie in Abbildung 1-31, in einer zusätzlichen Spalte angezeigt.

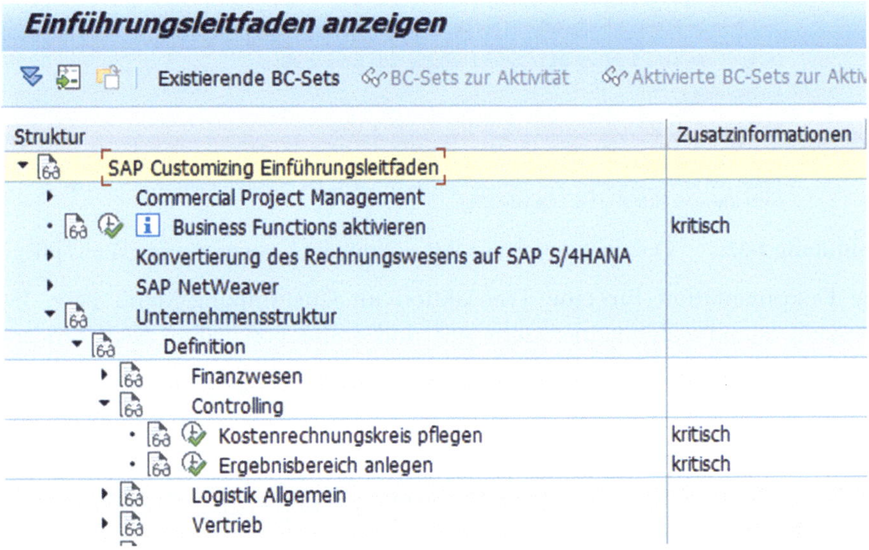

Einführungsleitfaden anzeigen

Existierende BC-Sets   BC-Sets zur Aktivität   Aktivierte BC-Sets zur Akti

Struktur	Zusatzinformationen
SAP Customizing Einführungsleitfaden	
Commercial Project Management	
Business Functions aktivieren	kritisch
Konvertierung des Rechnungswesens auf SAP S/4HANA	
SAP NetWeaver	
Unternehmensstruktur	
Definition	
Finanzwesen	
Controlling	
Kostenrechnungskreis pflegen	kritisch
Ergebnisbereich anlegen	kritisch
Logistik Allgemein	
Vertrieb	

Abbildung 1-31: Anzeige der Zusatzinformation „Kritische Aktivität" im Customizing-Menü

- Dokumentation zur IMG-Aktivität:

  Vor jeder Transaktion im Customizing-Menü sowie einigen Ordnerüberschriften befindet sich links das Icon .
  Durch Klick darauf mit der linken Maustaste wird die Dokumentation zur Transaktion geöffnet. Abbildung 1-32 zeigt dies beispielhaft für die Dokumentation zur IMG-Aktivität „Kostenrechnungskreis pflegen".

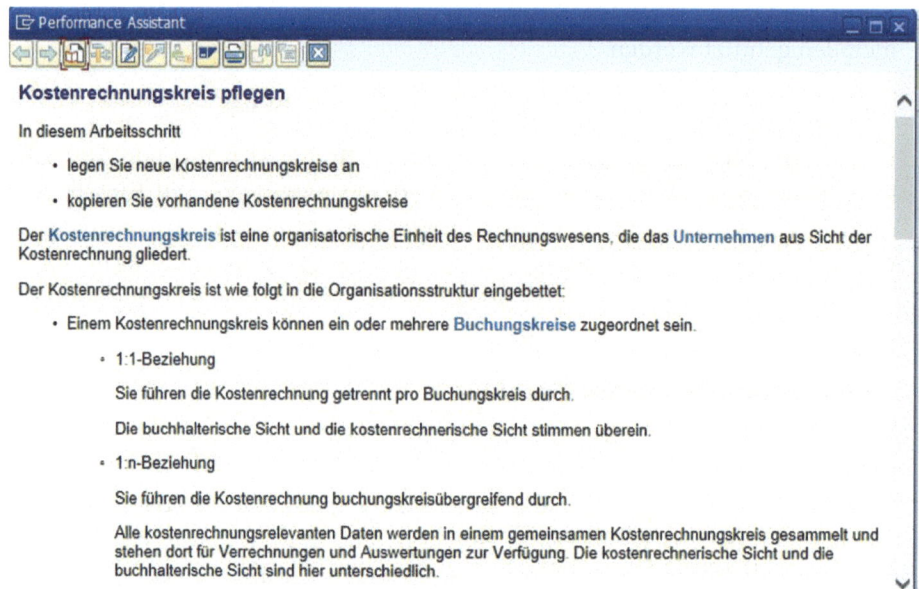

Abbildung 1-32: Dokumentation zur IMG-Aktivität „Kostenrechnungskreis pflegen"

Die Dokumentation für eine Transaktion im Customizing-Menü bzw. IMG-Aktivität ist im Allgemeinen sehr gut und sollte von jedem SAP-Anwender zumindest flankierend beachtet werden.

1.2.2.3.4 Hilfen für ein einzelnes Datenfeld

Für alle Datenfelder in den einzelnen Transaktionen gibt es in SAP S/4HANA zwei wichtige Feldhilfen.

F1-Hilfe

Feldhilfen existieren in SAP S/4HANA zu allen Datenfeldern in einer Transaktion. Positioniert man den Cursor auf einem Datenfeld und drückt die Taste „F1", so erscheint eine Beschreibung zur inhaltlichen bzw. betriebswirtschaftliche Bedeutung des Datenfeldes.

Aufgrund der Erläuterungen in der F1-Hilfe ist es bei SAP S/4HANA selten nötig, einzelne Sachverhalte auswendig zu lernen. Die in der F1-Hilfe bereitgestellten Erklärungen sind meist auch für Einsteiger leicht zu verstehen. Sie sollten deshalb

1.2 SAP S/4HANA

stets von allen SAP-Anwendern genutzt werden. Erfahrene SAP-Anwender nutzen die F1-Hilfe ganz selbstverständlich.

F4-Hilfe

Mit der Taste „F4" oder durch Klicken auf das Icon werden alle bereits in SAP S/4HANA vorhandenen Werte zu diesem Datenfeld angezeigt. Da diese Wertemenge u.U. sehr groß ist, bietet SAP S/4HANA meist mehrere Registerkarten mit Selektionsmöglichkeiten an.

Beispiel zur F1- und F4-Hilfe

Anhand des Datenfeldes „Material" in der Transaktion „Material anlegen" werden nachfolgend die F1- und die F4-Hilfe beispielhaft erklärt.

Zuerst muss man den Cursor in diesem Datenfeld positionieren. Nach dem Drücken der Taste „F1" wird der beschreibende Hilfstext zur betriebswirtschaftlichen Bedeutung im linken Teil von Abbildung 1-33 angezeigt.

Es stellt sich heraus, dass es sich bei diesem Datenfeld nicht, wie eventuell anzunehmen, um die Materialbezeichnung, sondern um die Materialnummer (= Primärschlüssel) eines Materials handelt. Durch Klick auf das blau unterlegte Wort „Material" erscheint die Definition im rechten Teil von Abbildung 1-33.

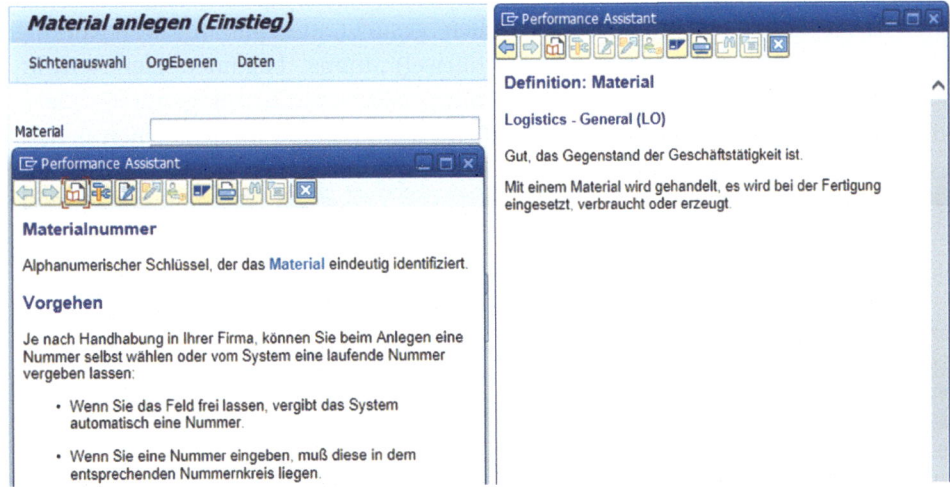

Abbildung 1-33: F1-Hilfe zum Datenfeld „Material" (MM01)

Verlässt man die F1-Hilfe und klickt anschließend in diesem Datenfeld auf die Taste „F4", so werden die verschiedenen Möglichkeiten von Abbildung 1-34 zur Eingrenzung der Selektion anhand von Eingabefeldern in mehreren Registerkarten angezeigt.

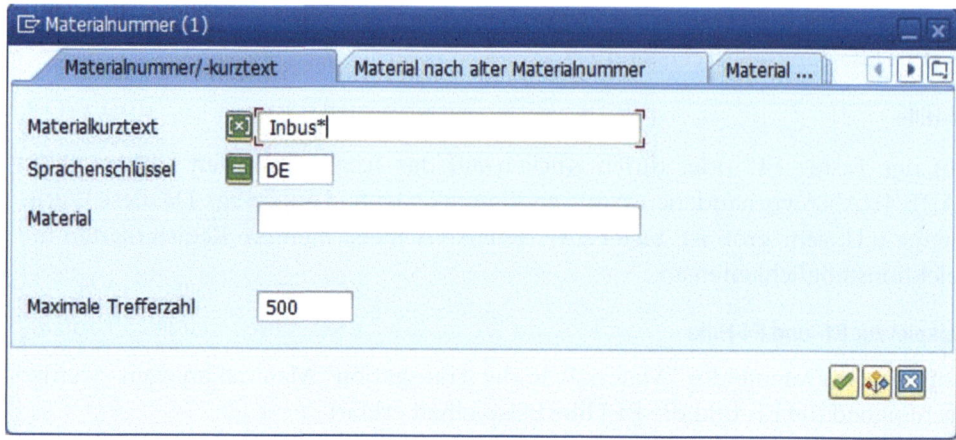

Abbildung 1-34: F4-Hilfe zum Datenfeld „Material" (MM01)

Normalerweise wird bei der F4-Hilfe initial die erste Registerkarte von links angezeigt. Bei einigen Datenfeldern wurde dies jedoch nicht konsistent realisiert und eine der folgenden Registerkarten erscheint zuerst. Ist dies der Fall, so sollte man trotzdem zuerst die erste Registerkarte wählen, da diese meist die Datenfelder für die gängigsten Selektionskriterien enthält.

Nach der manuellen Eingabe von Selektionskriterien wird in Abbildung 1-34 bspw. nach allen bereits vorhandenen Materialien gesucht, die mit der Bezeichnung bzw. dem Materialkurztext (= Sekundärschlüssel) „Inbus" beginnen. Der Stern im Selektionsfeld „Materialkurztext" in Abbildung 1-34 ist ein häufig genutzter Platzhalter, der in SAP S/4HANA für ein oder mehrere alphanumerische Zeichen steht.

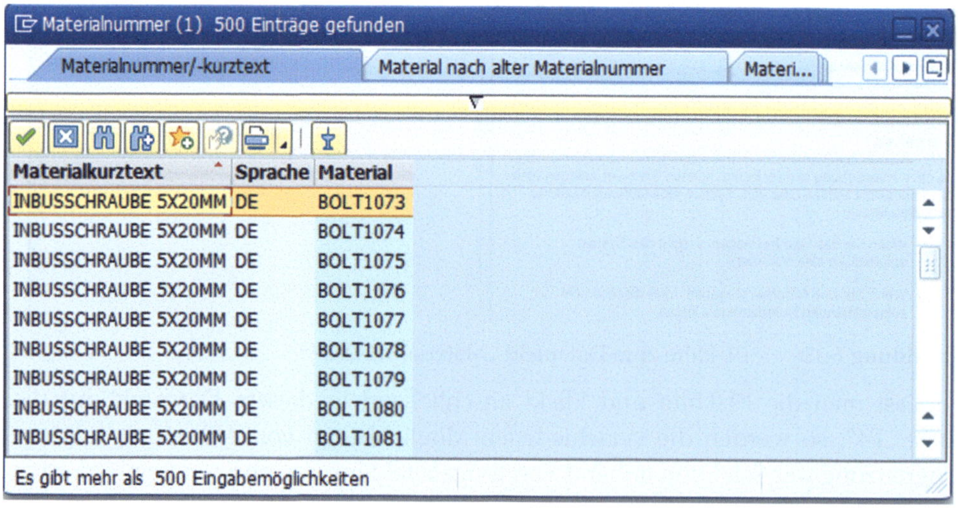

Abbildung 1-35: Trefferliste in der F4-Hilfe (MM01)

1.2 SAP S/4HANA

Klickt man nun rechts unten auf das grüne Häkchen „Suche starten" oder drückt die Taste ENTER, so erscheint die in Abbildung 1-35 auszugsweise abgebildete Trefferliste. Durch einen Doppelklick mit der linken Maustaste auf einen dieser Einträge wird dieser in der Transaktion in das Datenfeld übernommen.

Um etwaige Fehler bzw. Irritationen bei den Selektionsergebnissen zu vermeiden, sollte man sich vor dem Betrachten der Trefferliste jedoch stets zuerst die Systemmeldung unten links ansehen. Steht in der Systemmeldung eine konkrete Zahl, so werden die Selektionsergebnisse vollständig angezeigt, da ihre Anzahl unter der maximalen Trefferanzahl von 500 aus Abbildung 1-34 liegt.[39]

Wenn, wie in Abbildung 1-35, als Systemmeldung ein Text wie „Es gibt mehr als 500 Eingabemöglichkeiten" erscheint, so werden nur die ersten 500 Treffer für die Selektion angezeigt. Daraus resultiert bei unerfahrenen SAP-Anwendern manchmal die Irritation, dass man nach einem in SAP S/4HANA vorhandenen Eintrag sucht (hier für ein Material), der sich nicht unter den ersten 500 angezeigten Treffern in der Liste befindet. In so einem Fall existieren zwei prinzipielle Möglichkeiten, um einen solchen Eintrag doch noch zu finden:

- Erhöhung der maximalen Trefferanzahl und/oder
- Reduzierung der Trefferanzahl durch die Formulierung strengerer Selektionsbedingungen.

Normalerweise ist die zweite Möglichkeit eindeutig vorzuziehen, da Ausgabelisten mit mehr als 500 Treffern i.d.R. relativ unübersichtlich sind.

Durch Klick auf das in Abbildung 1-35 dargestellte kleine Dreieck in der Mitte der schmalen gelbe Leiste über der Trefferliste werden wieder die einzelnen Registerkarten mit Selektionskriterien angezeigt.

Dieser Klick auf das kleine Dreieck in der Mitte der schmalen gelbe Leiste über der Trefferliste ist besonders in den sehr seltenen Fällen wichtig, in denen beim Aufruf der F4-Hilfe direkt eine Trefferliste angezeigt wird, ohne dass vorher Selektionskriterien eingeben werden konnten.[40]

---

[39] Die initiale maximale Trefferanzahl in der F4-Hilfe kann im Anwendungsmenü im Menüpunkt „Hilfe/ Einstellungen/ F4-Hilfe" bei Bedarf individuell für den SAP-User angepasst werden.

[40] Vgl. bspw. Übung 1.5.

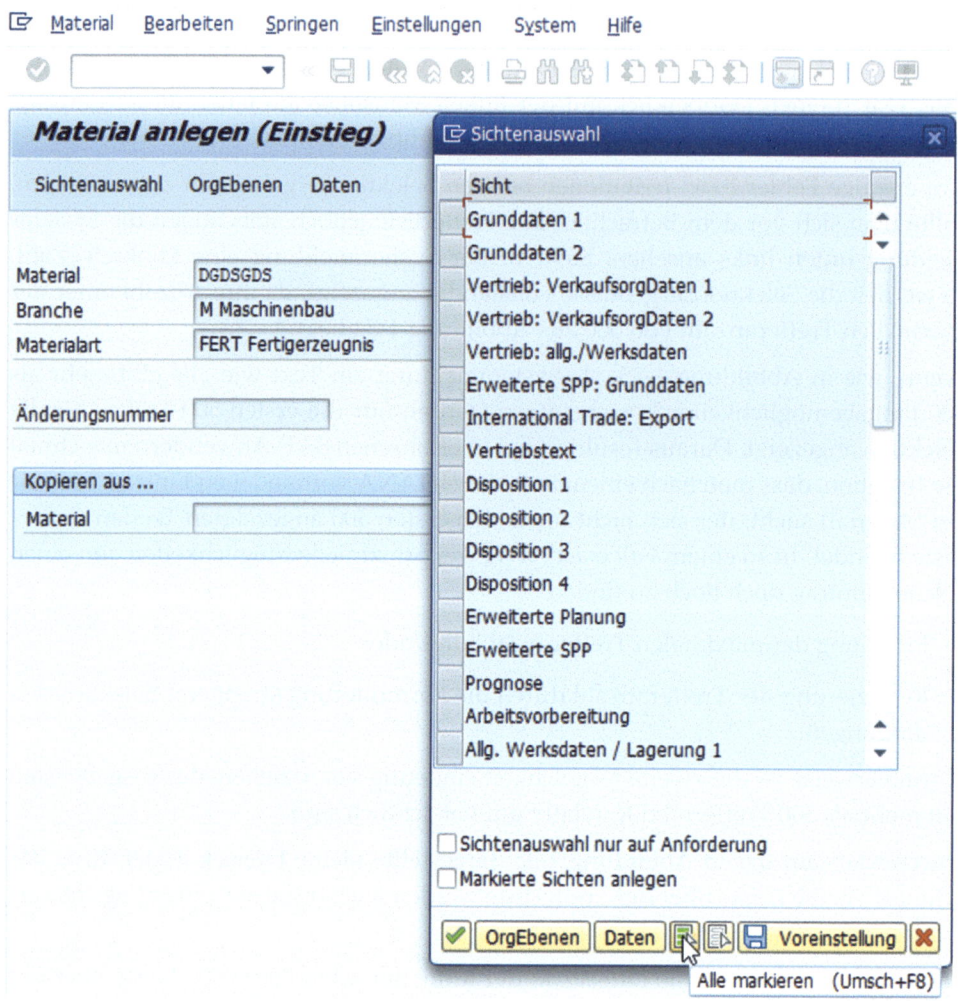

Abbildung 1-36: Beispiel für die F4-Hilfe bei verbundenen Datenfeldern – Teil 1 (MM01)

Seit etlichen Jahren gibt es in den ERP-Systemen der SAP SE in vereinzelten Transaktionen auch eine F4-Hilfe, die nicht nur ein, sondern mehrere, sachlogisch miteinander zusammenhängende, Datenfelder umfasst. Dieser Sonderfall stellt für unerfahrene SAP-Anwender anfangs oftmals eine Fehlerquelle dar und wird nachfolgend anhand der Transaktion „Material anlegen" erklärt:

Geben Sie im Datenfeld „Material" eine beliebige Zeichenfolge ein und wählen Sie die Branche „Maschinenbau" sowie die Materialart „Fertigerzeugnis".

Anschließend klicken Sie auf die Schaltfläche „Sichtenauswahl" und wählen, wie in Abbildung 1-36, mit dem grünen Icon alle Sichten zu dieser Materialart aus.

1.2 SAP S/4HANA

Nach dem Klick auf die Schaltfläche „OrgEbenen" in Abbildung 1-36 gelangt man zu Abbildung 1-37.

Das neue Material soll für das Fertigwarenlager „Finished Goods" im Werk „Plant Heidelberg" angelegt werden. Im entsprechenden Datenfeld wird deshalb für das Werk manuell entweder der Wert HD00 geschrieben oder der betreffende Eintrag mittels der F4-Hilfe ausgewählt.

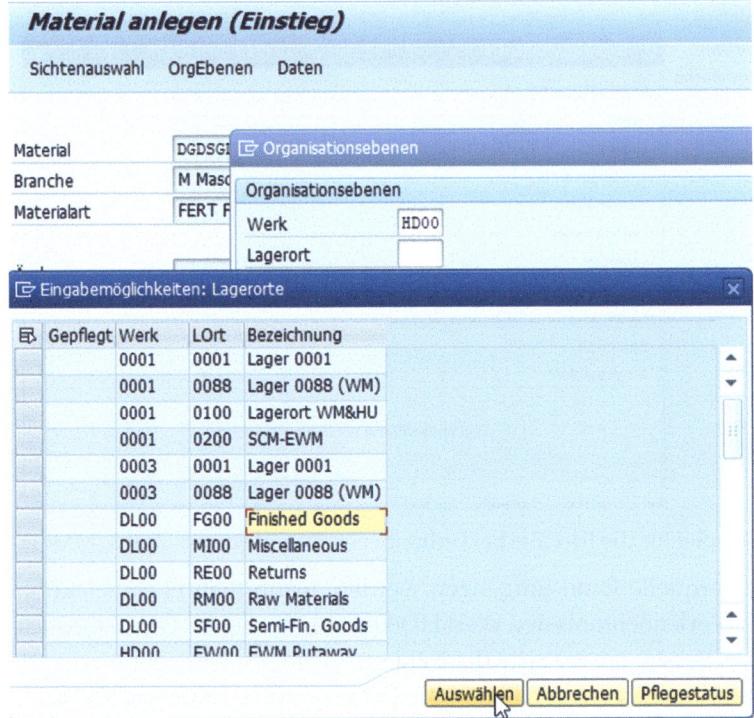

Abbildung 1-37: Beispiel für die F4-Hilfe bei verbundenen Datenfeldern – Teil 2 (MM01)

Im nächsten Datenfeld für den Lagerort kann man nun mit der F4-Hilfe nach dem bereits im System vorhandenen Wert für das Fertigwarenlager suchen. Ein erster Eintrag mit dieser Bezeichnung findet sich bereits in der siebten Zeile der Trefferliste von Abbildung 1-37. Mit einem Doppelklick auf diese Zeile wird für das Datenfeld Lagerort der Wert FG00 für das Materiallager im Datenfeld eingetragen.

Betrachtet man danach jedoch das Ergebnis in Abbildung 1-38, so wird ersichtlich, dass der zuvor für das Werk eingetragene Wert HD00 aus Abbildung 1-37 nun durch den Wert DL00 überschrieben wurde. Bleibt diese nachträgliche Änderung unbemerkt, so wird das Fertigerzeugnis fälschlicherweise im Werk DL00 angelegt. Wird später dieses Fertigerzeugnis für das vorgesehene Werk HD00 gesucht wird, so kann es mangels Existenz nicht gefunden werden.

Dies führt bei unerfahrenen SAP-Anwendern oft zu Fehlinterpretationen à la „Ich habe das Material ganz sicher angelegt, aber es ist nicht mehr da. SAP S/4HANA oder irgendjemand hat es sicher zwischenzeitlich gelöscht".

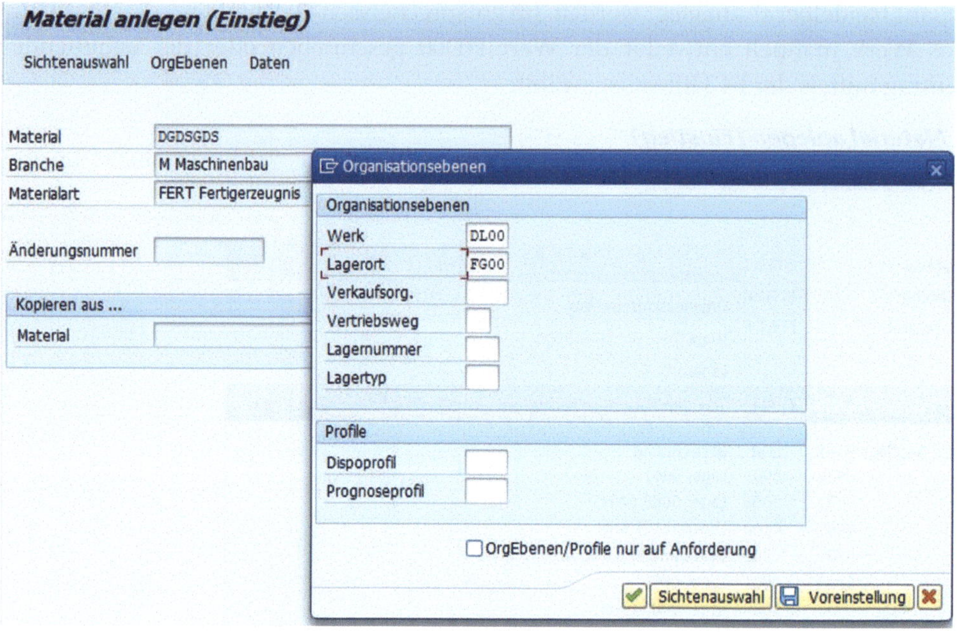

Abbildung 1-38: Beispiel für die F4-Hilfe bei verbundenen Datenfeldern – Teil 3 (MM01)

Diese potenzielle Fehlerquelle kann umgangen werden, wenn man nach Selektion des Lagerorts für das Werk nochmals den Wert HD00 manuell eingibt. Dies ist jedoch nicht Sinn der Sache. Besser ist es, sich die Fehlerursache zu vergegenwärtigen. Der in Abbildung 1-37 ausgewählte Lagerort heißt zwar auch „Finished Goods", links davon steht jedoch das Werk DL00, das dann von SAP S/4HANA auch automatisch mit übernommen wurde (vgl. Abbildung 1-38).

Deshalb sollte man in solchen Fällen immer auch auf die linke Spalte, hier mit dem für den Lagerort zuständigen Werk, achten.

Scrollt man in der F4-Hilfe mit der Trefferliste von Abbildung 1-37 weiter nach unten, so findet sich der Eintrag mit der korrekten Kombination aus dem Werk HD00 und dem Lagerort FG00.

1.2.3 Übungen zu Kapitel 1.2

Sie sind ein neuer Mitarbeiter im Konzern „Global Bike" und müssen sich möglichst schnell mit der Handhabung und der Benutzeroberfläche von SAP S/4HANA vertraut machen, bevor Sie mit der Arbeit darin beginnen können.

1.2.3.1 Anmerkungen

Lesen Sie sich die nachfolgenden allgemeinen Anmerkungen unbedingt durch, bevor Sie mit den Übungen beginnen.

- Alle Übungen in diesem Buch wurden in einem SAP S/4HANA 2020 Global Bike 4.1 Mandanten, der von der SAP SE und den SAP University Competence Centern gegenwärtig für Hochschulen bereitgestellt wird, konzipiert.
- In den Lösungen sind die zugrundeliegenden Aufgabenstellungen stets fett hervorgehoben.
- In den Aufgabenstellungen werden möglichst immer wörtlich die in SAP S/4HANA verwendeten Begriffe im zugehörigen Menübaum, in der Menüleiste, für angezeigte Schaltflächen etc. verwendet.

  Dies erfolgt zwar öfter zu Lasten der sprachlichen Ausdrucksweise, soll Ihnen jedoch helfen, schneller auf die jeweilige Lösung zu kommen.

- In den Übungen zu diesem Kapitel sollen Sie sich im SAP GUI for Windows vor allem mit der Benutzeroberfläche des Anwendungs- bzw. SAP Easy Access Menüs in der Einstellung „SAP Signature Theme" vertraut machen (vgl. Abbildung 1-6 auf Seite 10).

  Sollte bei Ihrer Auslieferung von SAP S/4HANA initial ein anderes Design eingestellt sein, so wechseln Sie vor der Bearbeitung der Übungen, wie auf Seite 9 und anhand von Abbildung 1-4 beschrieben, auf das „SAP Signature Theme".

- Werden in den Aufgabenstellungen Anführungszeichen verwendet, so lassen Sie diese bitte bei der Eingabe weg. Anführungszeichen dienen immer nur der Hervorhebung von Eingaben bzw. Sachverhalten.
- **Die Lösungen zu allen Übungen dieses Kapitels, mit Ausnahme von Übung 1.1, finden Sie im Eingangsbildschirm des Anwendungsmenüs. Navigieren Sie deshalb für die Übungen nicht im Menübaum, sondern machen Sie sich lediglich mit den Bestandteilen des Eingangsbildschirms im Anwendungsmenü vertraut. Ist in einer Aufgabenstellung jedoch ein konkreter Transaktionscode genannt, so geben Sie diesen direkt in das Befehlsfeld ein.**
- Die Reihenfolge der Bearbeitung der Übungen spielt in diesem Kapitel keine Rolle. Wenn Sie eine Übung nicht lösen können, so bearbeiten Sie bitte die Nächste. Seien Sie aber hartnäckig! Bevor Sie vorschnell in die Musterlösung

schauen, vergegenwärtigen Sie sich am besten noch einmal die im Vorwort genannten Erfolgsfaktoren. Übung macht auch in SAP S/4HANA den Meister!

1.2.3.2 Übersicht

Tabelle 1-2 zeigt die Inhalte der Übungen von Kapitel 1.2, jeweils das zugehörige Buchkapitel und die Seite, auf der die Lösung beginnt.

Übung	Seite	Inhalte	Kapitel
1.1	50	Fremdsprachige Übersetzung für einen SAP-Begriff anzeigen	1.2.1.1
1.2	52	Mit verschiedenen SAP GUI-Fenstern arbeiten	1.2.2.1
1.3	53	Eine Favoritenliste anlegen	1.2.2.1.1
1.4	55	Einstellungen im lokalen Layout anpassen	1.2.2.1.1
1.5	57	Einstellungen für eigene Benutzerdaten festlegen	1.2.2.1.1
1.6	59	Mit Transaktionscodes arbeiten	1.2.2.1.3 und 1.2.2.2
1.7	68	Systemseitige Hilfen in SAP S/4HANA nutzen	1.2.2.3

Tabelle 1-2: Inhalte der Übungen zu Kapitel 1.2

1.2.3.3 Lösungen

Übung 1.1: Fremdsprachige Übersetzung für einen SAP-Begriff anzeigen (→ Kapitel 1.2.1.1)

<u>Anmerkungen:</u>

- Bei internationalen Unternehmen passiert es häufig, dass mit SAP S/4HANA in einer Fremdsprache gearbeitet wird und zugehörige Präsentationen oder Dokumentationen in dieser Sprache verfasst werden.

- In solchen Situationen stellt sich immer die Frage nach der korrekten Übersetzung. Alle gängigen Ansätze, wie z.B. das Nutzen des Google Translators oder von www.leo.org, sind in SAP S/4HANA fast nie zielführend.

- Um eine korrekte Übersetzung für Begriffe aus SAP S/4HANA effektiv und effizient zu ermitteln muss man sich in SAP S/4HANA nochmals mit seinem SAP-User anmelden (vgl. Abbildung 1-3 auf Seite 8) und eine andere Anmeldesprache wählen. Danach lässt man sich die korrespondierenden Menüpunkte in dem SAP GUI-Fenster mit der deutschen Sprache und dem SAP GUI-Fenster der Fremdsprache nebeneinander auf dem Bildschirm anzeigen.

1.2 SAP S/4HANA

Ermitteln Sie die englische Übersetzung für den Begriff „Kostenstellenrechnung".

Wählen Sie bei der auftretenden Systemmeldung, dass Sie mit dem zweiten Logon fortfahren möchten, ohne den Ersten zu schließen. Navigieren Sie zum Anzeigen dieses Begriffs anschließend im Menübaum des Anwendungsmenüs über die Menüpunkte „Rechnungswesen" und „Controlling" zur Kostenstellenrechnung.

Schließen Sie nach der Bearbeitung dieser Übung das englischsprachige SAP GUI-Fenster und klappen Sie im deutschsprachigen SAP GUI-Fenster den Menübaum wieder vollständig zu.

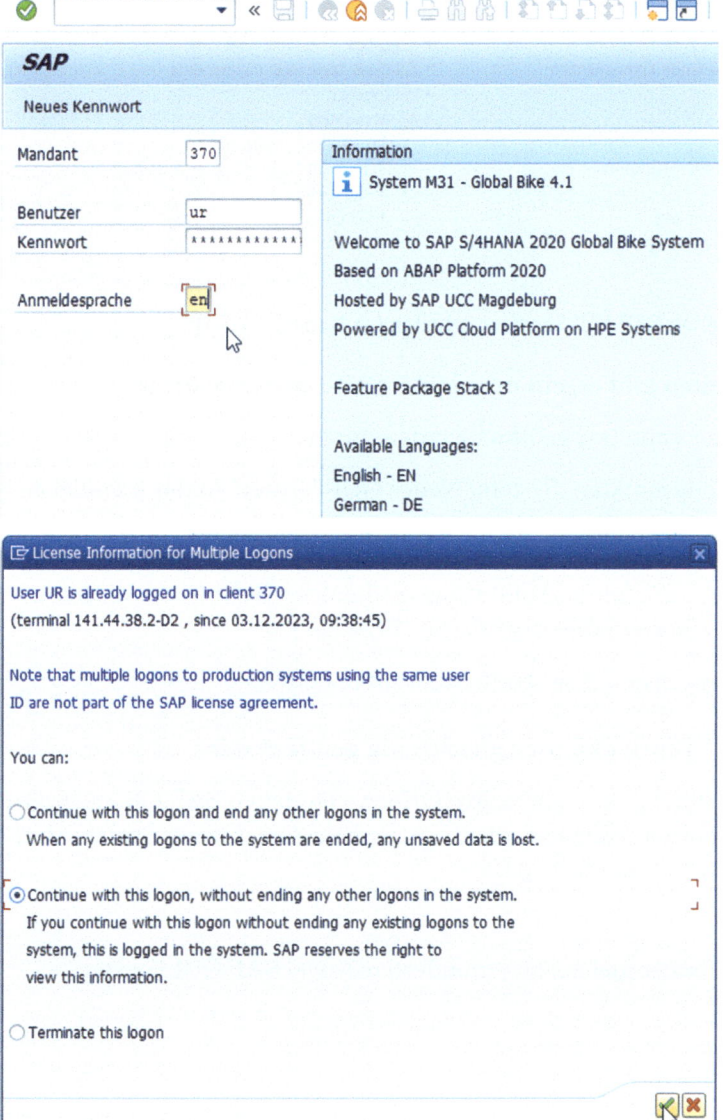

Nach dem erneuten Anmelden in SAP S/4HANA in Englisch navigiert man im Menübaum des Anwendungsmenüs in den Menüpfad „Rechnungswesen/ Controlling/ Kostenstellenrechnung".

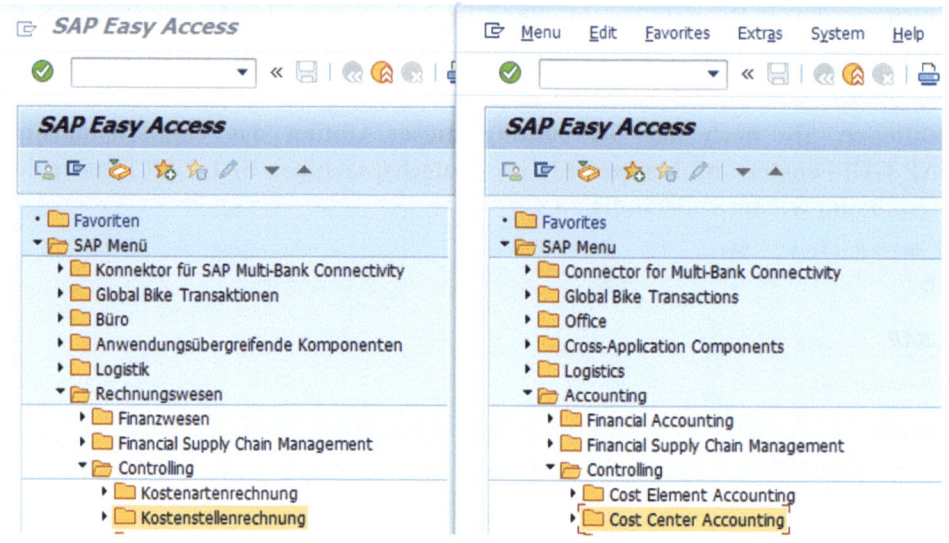

Übung 1.2: Mit verschiedenen SAP GUI-Fenstern arbeiten (→ Kapitel 1.2.2.1)

1) **Welche Möglichkeiten gibt es, ein neues SAP GUI-Fenster zu öffnen?**

   Ein SAP GUI-Fenster kann u.a. geöffnet werden durch

   - die Wahl des Menüpunktes „System/ Neues GUI-Fenster" in der Menüleiste
   - die Tastenkombination STRG + N
   - die Eingabe von „/o" (ohne Anführungszeichen) im Befehlsfeld und einem anschließenden Klick auf die Schaltfläche „Erzeugen"
   - einen Klick auf das Icon in der Systemfunktionsleiste

2) **Wie viele SAP GUI-Fenster können gleichzeitig geöffnet sein?**

   Probieren Sie dies durch das mehrmalige Öffnen von neuen SAP GUI-Fenstern selbst aus. In den meisten Fällen wurde die maximale Anzahl vom Systemadministrator auf sechs oder neun festgelegt.

   Anmerkung:

   Öffnen Sie ab jetzt immer gleichzeitig (mindestens) zwei SAP GUI-Fenster.

1.2 SAP S/4HANA

Übung 1.3: Eine Favoritenliste anlegen (→ Kapitel 1.2.2.1.1)

1) Legen Sie eine Favoritenliste an und fügen Sie den Transaktionscode SPRO hinzu.

   Wählen Sie in der Menüleiste den Menüpunkt „Favoriten/ Transaktion einfügen". Geben Sie anschließend im Datenfeld „Transaktionscode" SPRO ein und bestätigen Sie Ihre Eingabe durch einen Klick auf das grüne Häkchen rechts unten.

   Anmerkungen:

   - Es gibt folgende Möglichkeiten, um eine Transaktion zur Favoritenliste hinzuzufügen:

     In der Menüleiste den Menüpunkt „Favoriten/ Transaktion einfügen" wählen und dann den Transaktionscode manuell eintragen.

     Mit der rechten Maustaste auf den Ordner „Favoriten" klicken und dann „Transaktion einfügen" wählen.

     Im Menübaum bis zu einer Transaktion navigieren und dann mit

     - Klick mit der rechten Maustaste[41] auf die Transaktion und dann „Zu den Favoriten hinzufügen" wählen.
     - Klick auf das Icon „Zu den Favoriten hinzufügen" in der Anwendungsleiste.
     - Drag & Drop bei gedrückt gehaltener linker Maustaste die Transaktion in den Ordner Favoriten „ziehen".

   - Bei der Eingabe eines Transaktionscodes im Befehlsfeld spielt die Groß- und Kleinschreibung keine Rolle. Daher schreibt man die Transaktionscodes zeitsparend am besten stets klein.

     In diesem Buch sind alle Transaktionscodes zur besseren Hervorhebung jedoch immer in Großbuchstaben geschrieben.

---

[41] Die rechte Maustaste sollten sie ansonsten nicht benutzen. Denken Sie daran, dass Sie die gesamte Funktionalität in einer Transaktion (auch der initiale angezeigte Eingabebildschirm im Anwendungsmenü hat einen Transaktionscode) immer in den Einträgen der zugehörigen Menüleiste finden. Suchen Sie daher aus didaktischen und systematischen Gründen zuerst immer dort.

2) **Fügen Sie der Favoritenliste einen neuen Eintrag mit dem beschreibenden Text „SAP Fiori" und der Webadresse https://m31z.ucc.ovgu.de/sap/bc/ui2/flp?sap-cielnt=370 hinzu.**

Wählen Sie in der Menüleiste im Menüpunkt „Favoriten/ Sonstige Objekte einfügen" den Eintrag „Web Adresse oder Datei" aus und geben Sie die genannte URL ein. Im Datenfeld „Text" geben Sie „SAP Fiori" ein.

Webadressen können genauso wie Transaktionen in die Favoritenliste übernommen werden, bspw. durch einen

- Klick mit der rechten Maustaste auf den Ordner „Favoriten" und dann „Sonstige Objekte einfügen" und „Webadresse oder Datei" wählen und die Webadresse manuell eintragen, oder

- manuellen Eintrag im Menüpunkt „Favoriten/ Sonstige Objekte einfügen" in der Menüleiste.

3) **Klicken Sie auf Ihren neuen Eintrag in der Favoritenliste, um sich die URL für die Anmeldemaske von SAP Fiori anzuzeigen. Bestätigen Sie eine etwaige Systemmeldung bzw. lassen Sie den Zugriff auf das Programm zu.**

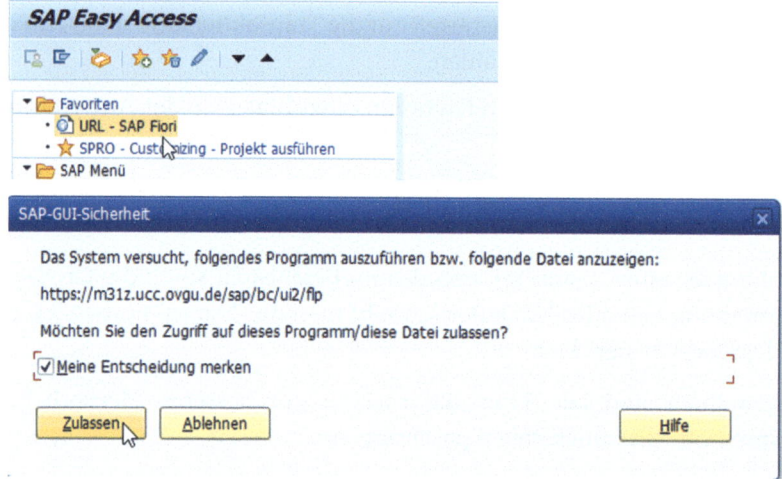

1.2 SAP S/4HANA

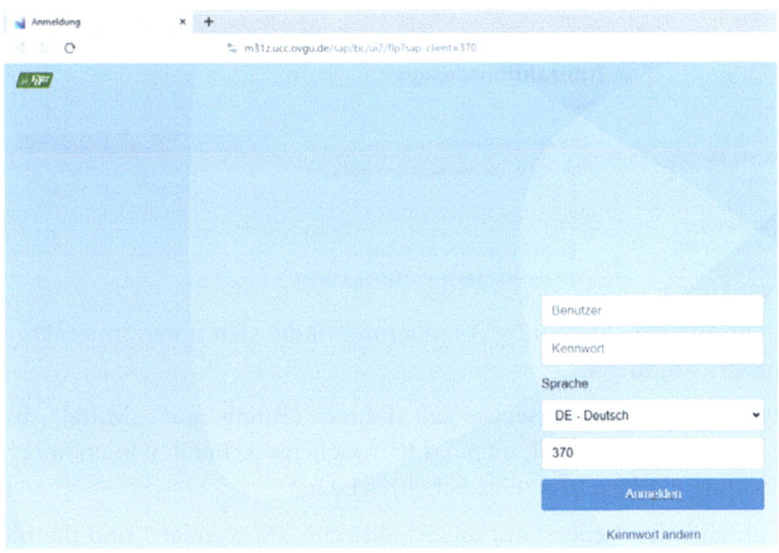

Übung 1.4: Einstellungen im lokalen Layout anpassen (→ Kapitel 1.2.2.1.1)

1) Wie könnten Sie die Theme-Einstellung in „Belize Theme" ändern? Tun Sie dies aber bitte nicht, sondern arbeiten Sie weiter im „SAP Signature Theme".

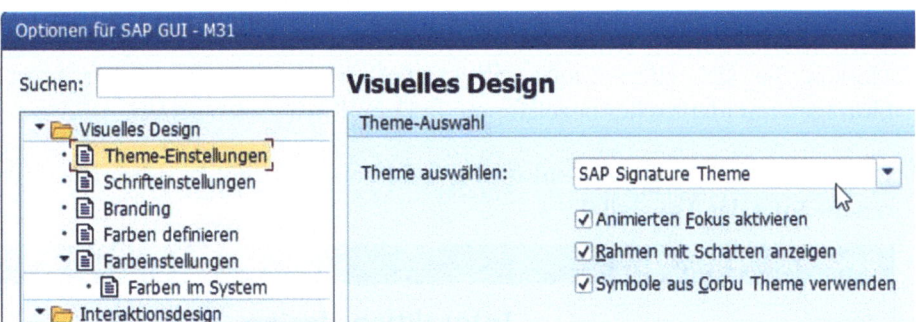

2) Lassen Sie sich die Einstellung zu den Quick-Info (vgl. Seite 15) für Schaltflächen in den Optionen Ihres lokalen Layouts anzeigen. Ändern Sie die Quick-Info-Verzögerung auf „schnell", falls dies noch nicht der Fall ist.

Wählen Sie in der Systemfunktionsleiste „Lokales Layout anpassen/ Optionen".

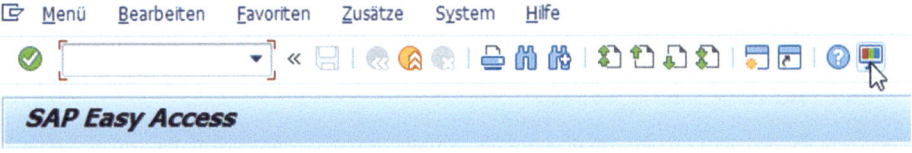

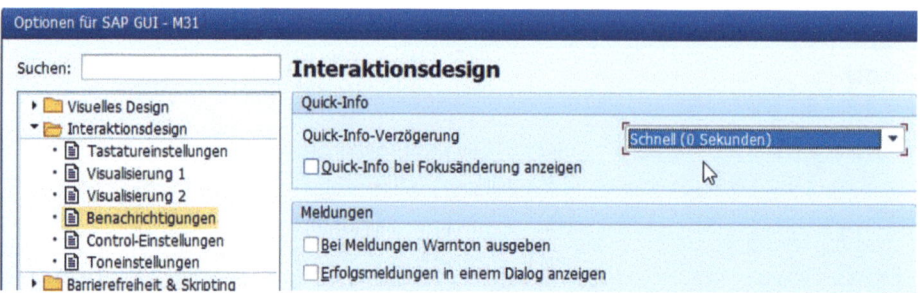

Die Einstellung für die Quick-Info-Verzögerung findet sich unter „Interaktionsdesign/ Benachrichtigungen".

Der Initialwert ist komischerweise seit Jahren oftmals auf „Mittel" bzw. „Langsam" eingestellt, obwohl man i.d.R. möglichst schnell wissen möchte, welche Bedeutung ein Icon bzw. eine Schaltfläche hat.

Klicken Sie abschließend zuerst auf die Schaltfläche „Anwenden" und dann auf „OK".

3) **Wie könnten Primärschlüssel (= Schlüssel) in Dropdown-Listen angezeigt werden? Setzen Sie jedoch nicht das zugehörige Häkchen.**

In Abbildung 1-28 auf Seite 39 sehen Sie das Auswahlhäkchen um Primärschlüssel, an dieser Stelle nur Schlüssel genannt, in Dropdown-Listen anzuzeigen.

Merken Sie sich diese Stelle. Sie sollten dieses Häkchen daher nur bei Einträgen mit identischer Bezeichnung in Dropdown-Listen setzen.

4) **Um andere SAP-Anwender zukünftig nicht bei der Arbeit zu stören, deaktivieren Sie bitte das Tonsignal.**

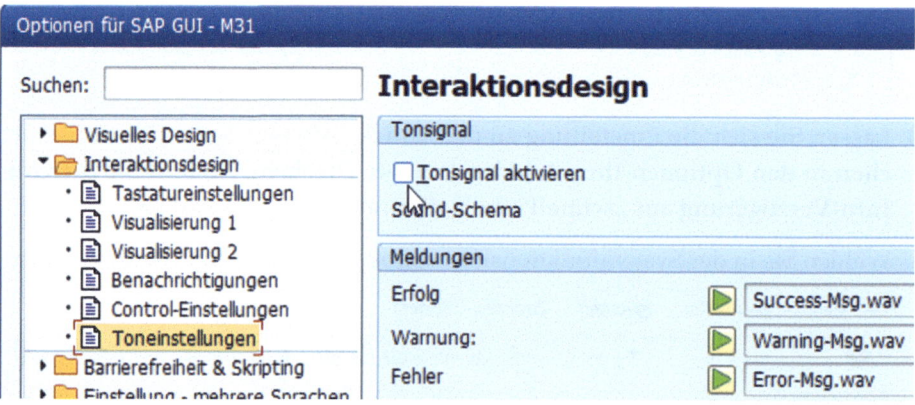

5) **Legen Sie fest, dass das OK-Code-Feld (Synonyme: Kommando- oder Befehlsfeld) für Transaktionscodes angezeigt wird.**

Abbildung 1-28 auf Seite 39 zeigt, wo sich diese Einstellung findet.

1.2 SAP S/4HANA

Übung 1.5: Einstellungen für eigene Benutzerdaten festlegen (→ Kapitel 1.2.2.1.1)

Für Ihren SAP-User können Sie zur Arbeitserleichterung Vorgaben bzw. Vorschlagswerte für verschiedene Parameter festlegen. So müssen Sie diese Organisationseinheiten, mit denen Sie ab Kapitel 3 immer arbeiten werden, zukünftig nicht immer erneut manuell eingeben.

1) Um sich zukünftig den o.g. Arbeitsaufwand zu ersparen, hinterlegen Sie im System folgende Vorgaben für Parameterwerte in den Daten Ihres eignen Benutzers:

   - Buchungskreis (BUK): DE00
   - Kostenrechnungskreis (CAC): EU00
   - Werk (WRK): HD00

   Notieren Sie den Transaktionscode SU3

   und speichern Sie abschließend Ihre Vorgaben.

   Wählen Sie in der Menüleiste den Menüpunkt „System/ Benutzervorgaben/ Benutzerdaten" und tragen Sie dann in der Registerkarte „Parameter" für die oben in Klammern genannten Parameter-ID's die angegebenen Werte ein.

2) Nutzen Sie für einen der Einträge in der Spalte „Parameter-ID" die F4-Hilfe, um sich vorhandene Parameter-IDs anzeigen zu lassen.

Anmerkung:

Sie sehen hier den zum Glück seltenen Fall, dass automatisch ein allgemeines Selektionsergebnis mit mehr als 500 Treffern angezeigt wird, ohne dass Sie vorher Selektionskriterien eingeben konnten.

In so einem Fall behelfen Sie sich, wie auf Seite 45 beschrieben, indem Sie auf die schmale gelbe Leiste über der Trefferliste klicken. Dann werden die Selektionskriterien angezeigt und Sie können Einträge anhand Ihrer Selektionskriterien suchen.

58 1 Grundlagen

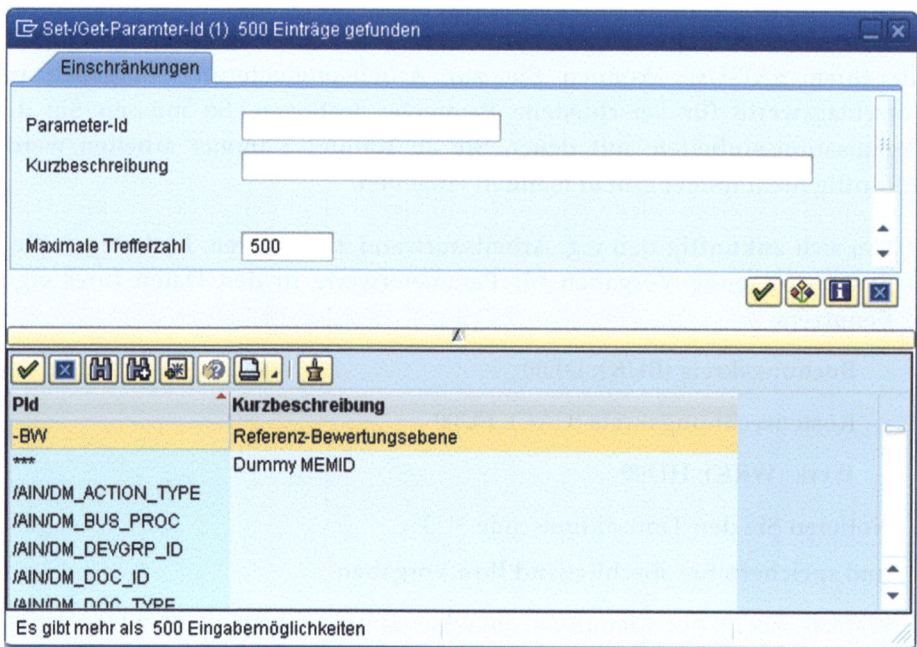

3) Da Sie bereits in den Einstellungen für Ihren SAP-Anwender sind, wechseln Sie noch zur Registerkarte „Festwerte" und stellen sicher, dass die Dezimaldarstellung in der Form „1.234.567,89" und die Datumsdarstellung in der Form „TT.MM.JJJJ" den in Deutschland gebräuchlichen Darstellungen entsprechen.

Sichern bzw. speichern Sie abschließend Ihre Einstellungen.

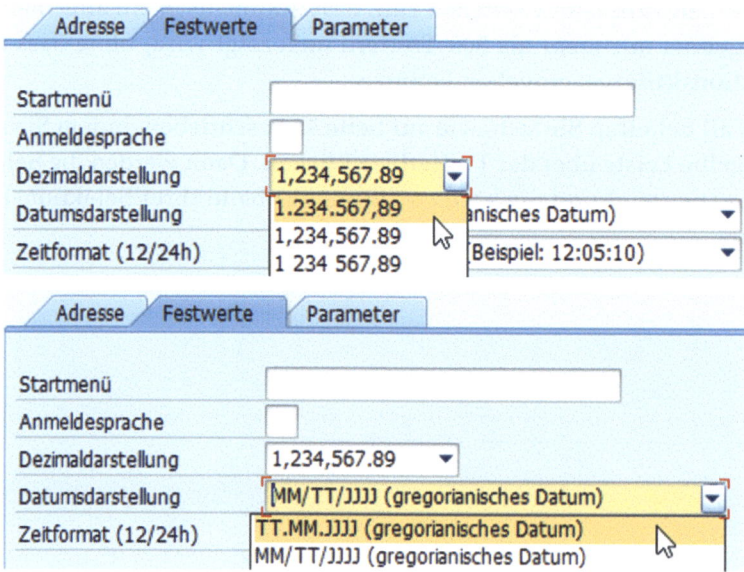

Durch Klick auf das Icon mit dem Diskettensymbol „Sichern" in der Systemfunktionsleiste werden alle Ihre Eingaben gespeichert.

1.2 SAP S/4HANA

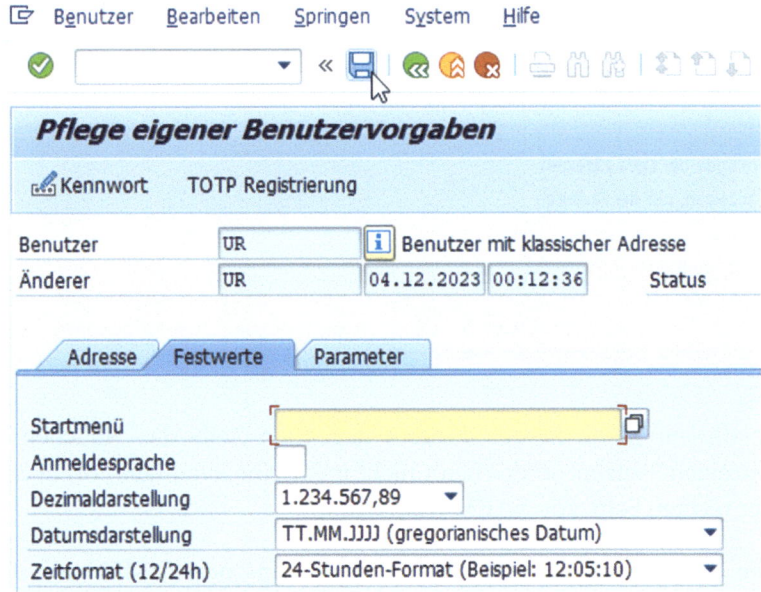

Übung 1.6: Mit Transaktionscodes arbeiten (→ Kapitel 1.2.2.1.3 und 1.2.2.2)

1) Verändern Sie die Einstellungen so, dass in der Statusleiste rechts unten immer der aktuelle Transaktionscode angezeigt wird.

   Wählen Sie im linken Statusfeld der Statusleiste mit der linken Maustaste den Eintrag „Transaktion".

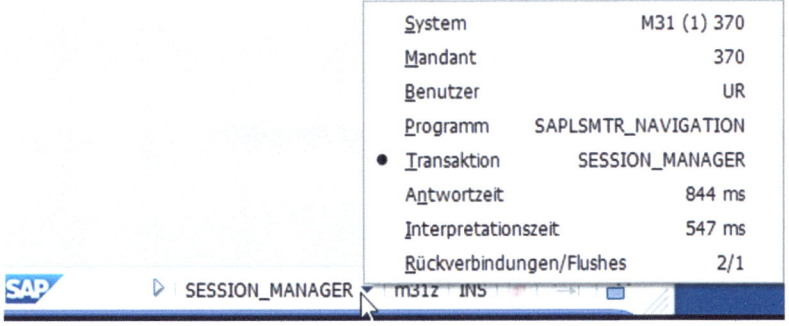

2) Verändern Sie bei den Zusätzen die Einstellungen so, dass jeweils der technische Name bzw. der Transaktionscode im Menübaum des Anwendungsmenüs links vor der Bezeichnung der Transaktion angezeigt wird.

   Wählen Sie in der Menüleiste den Menüpunkt „Zusätze/ Einstellungen" und setzen Sie das Häkchen bei „Technische Namen anzeigen".

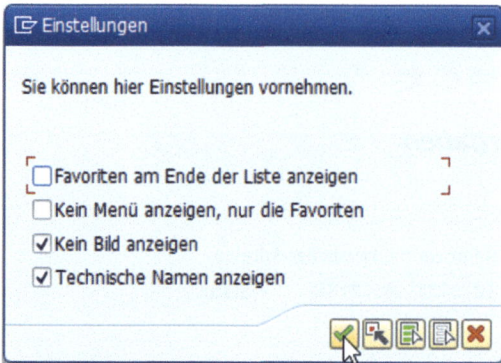

Anmerkung:

Wenn Sie in diesem Menü in der darüber liegenden Zeile das Häkchen bei „Kein Bild anzeigen" setzen, so erscheint nicht mehr eine eventuell vorhandene Grafik auf der rechten Seite von SAP S/4HANA.

3) **Ermitteln Sie alle Menüpfade für den Transaktionscode MM03 aus dem Anwendungsmenü.**

Geben Sie zuerst im oben links im Befehlsfeld den Transaktionscode SEARCH_SAP_MENU ein und bestätigen Sie Ihre Eingabe mit der Taste ENTER. Geben Sie dann im Datenfeld MM03 ein und bestätigen Sie Ihre Eingabe ebenfalls mit der Taste ENTER.

Es erscheinen alle Menüpfade, die zu der Transaktion mit dem Transaktionscode MM03 führen.

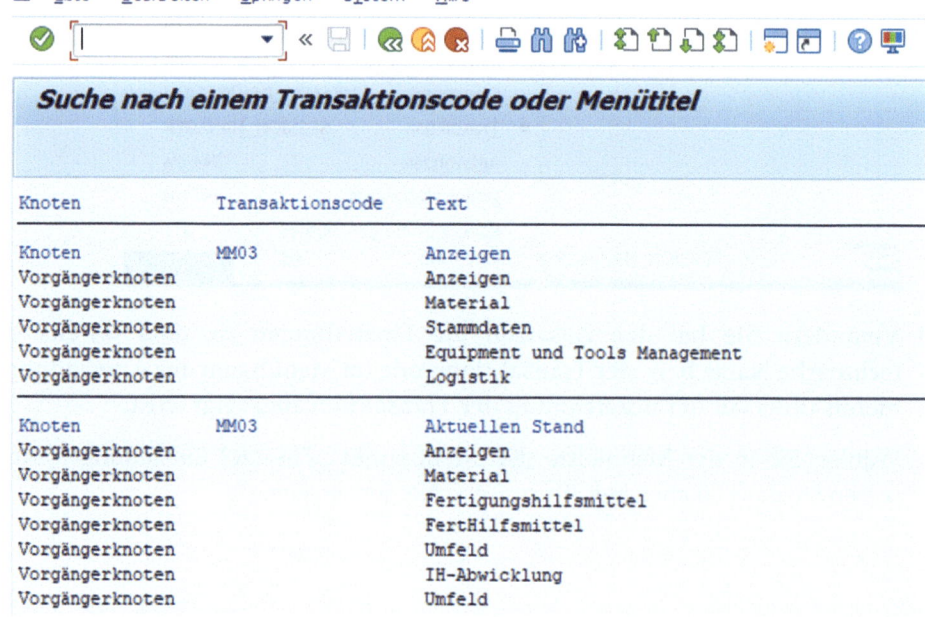

Anmerkung:

In der Ausgabeliste sind alle Menüpfade stets von unten nach oben zu lesen, d. h. die Wurzel der Baumstruktur des Menübaums im Anwendungsmenü wird unten angezeigt.

4) Verständnisfragen zur vorherigen Teilaufgabe.

   a) **Für diesen Transaktionscode werden mehrere Menüpfade angezeigt. Macht es inhaltlich einen Unterschied, welchen Menüpfad ein SAP-Anwender wählt?**

   Es ist egal, welcher Menüpfad gewählt wird, da jeder Transaktionscode die eindeutige Kurzbezeichnung bzw. der Primärschlüssel einer Transaktion ist (vgl. Seite 21). Für die Transaktion mit dem Transaktionscode MM03 „führen viele Wege nach Rom".

   b) **Warum existieren zu einer Transaktion eventuell mehrere Menüpfade?**

   Manche Transaktionen machen inhaltlich bzw. betriebswirtschaftlich an mehreren Stellen in SAP S/4HANA Sinn. Einerseits hat ein SAP-Anwender eine größere Chance, eine Transaktion zu finden bzw. auszuführen, wenn diese an mehreren Stellen im Menübaum enthalten ist. Andererseits wird dadurch die schon recht komplexe Struktur des Menübaums nochmals ausgeweitet.

   c) **Können mit dem Transaktionscode SEARCH_SAP_MENU auch Menüpfade zu Transaktionen im Customizing-Menü angezeigt werden?**

   Nein, mit dem Transaktionscode SEARCH_SAP_MENU können nur Menüpfade zu Transaktionen im Anwendungsmenü angezeigt werden. Da einem SAP-Anwender beim Arbeiten im Customizing stets die Gesamtzusammenhänge bewusst sein sollten, ergibt diese Beschränkung Sinn.

5) **Wie lautet der Transaktionscode zur Transaktion „Werk definieren"?**

   Diese Transaktion befindet sich im Customizing im Menüpfad „Unternehmensstruktur/ Definition/ Logistik Allgemein/ Werk definieren, kopieren, löschen, prüfen/ Werk definieren".

   Da es sich um einen Transaktionscode aus dem Customizing handelt, müssen Sie im Ausgangsbildschirm des Anwendungsmenüs zuerst im Befehlsfeld den Transaktionscode SPRO eingeben. Dann klicken Sie auf die Schaltfläche „SAP Referenz-IMG" um in das Customizing- Menü zu gelangen.

   Im Customizing-Menü wählen Sie in der Menüleiste den Menüpunkt „Zusatzinformation/ Zusatzinformationen/ Schlüssel anzeigen/ IMG-Aktivität".

Nun navigieren Sie im Customizing-Menü in dem angegebenen Menüpfad „Unternehmensstruktur/ Definition/ Logistik Allgemein".

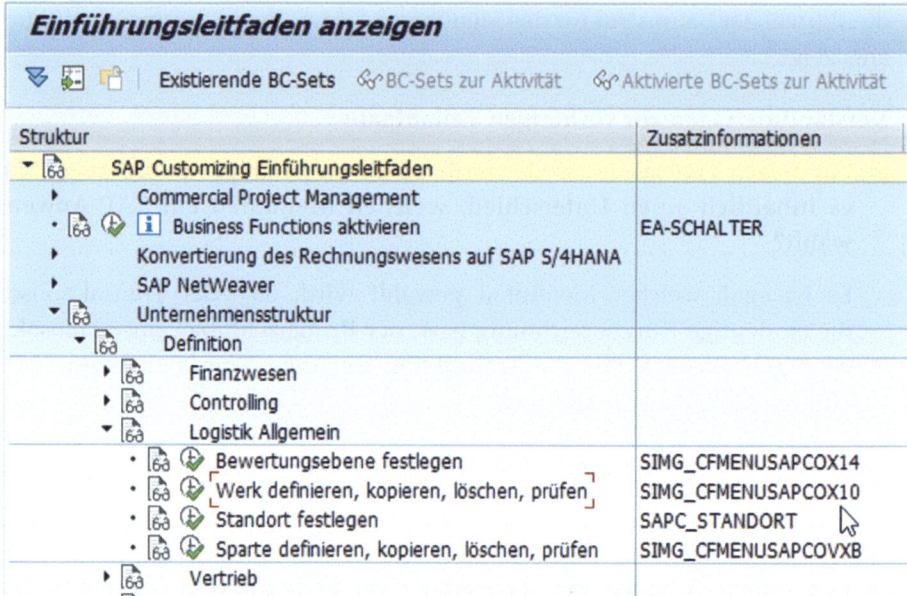

In der Spalte „Zusatzinformationen" sehen Sie einen Eintrag, der auf „OX10" endet.

Öffnen Sie ein neues SAP GUI-Fenster und geben Sie den Transaktionscode OX10 im Befehlsfeld ein. Führen Sie in Ihrem vorherigen SAP GUI-Fenster die Transaktion aus dem Customizing-Menü aus und vergleichen Sie die angezeigten (identischen) Inhalte.

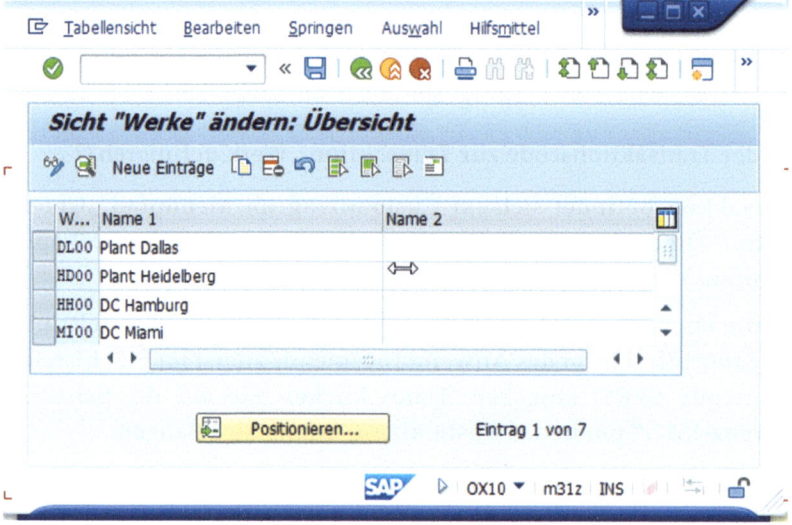

1.2 SAP S/4HANA

Dies ist ein Beispiel, bei dem die auf Seite 41 beschriebene Vorgehensweise zur Ermittlung von Transaktionscodes im Customizing-Menü einwandfrei funktioniert.

Anmerkung:

Zur selben Zeit können jedoch nur in einem SAP GUI-Fenster Inhalte geändert werden. Aus diesem Grund wird Ihnen bei dem Aufruf dieser Transaktion im zweiten SAP GUI-Fenster von SAP S/4HANA mitgeteilt, dass Sie die Daten lediglich lesen können.

6) **Wie viele Transaktionscodes gibt es momentan in S/4HANA? Um diese Frage zu beantworten, geben Sie im Befehlsfeld den Transaktionscode SE16 ein, um sich Inhalte einer Tabelle anzuzeigen.**

   Transaktionscodes sind in der Tabelle TSTC gespeichert. Lassen Sie sich die Anzahl der Einträge dieser Tabelle anzeigen.

   Geben Sie im Befehlsfeld den Transaktionscode SE16 ein. Im Datenfeld für den Tabellennamen tragen Sie TSTC ein. Bestätigen Sie Ihre Eingabe anschließend mit der Taste ENTER.

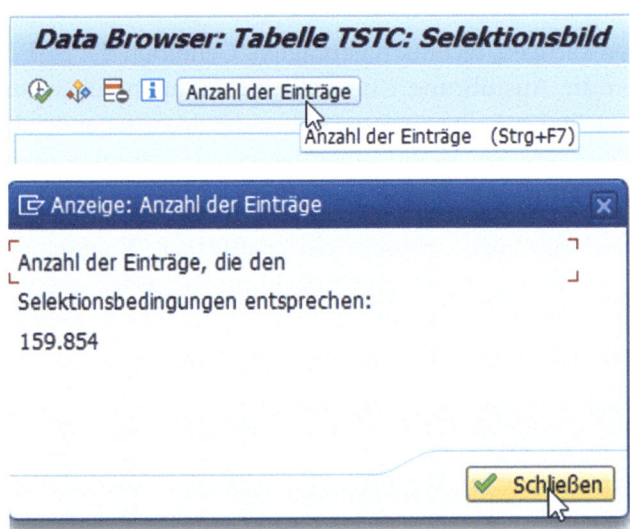

Anmerkungen:

- Durch Klick auf die Schaltfläche „Anzahl Einträge" wird die Anzahl der Treffer für die Selektionskriterien immer binnen Sekundenbruchteilen angezeigt. So sieht man, ob die eingegebenen Selektionsbedingungen spezifisch genug formuliert wurden oder nochmals enger gefasst werden sollten.

- Lässt man sich gleich die gesamte Trefferliste ohne Eingrenzung durch Selektionskriterien anzeigen, so kann es sein, dass eine zu allgemein gehaltene Datenbankabfrage in SAP S/4HANA aufgrund der großen Trefferanzahl länger als erwartet dauert.

    Falls dies passiert, kann man währenddessen in einem anderen geöffneten SAP GUI-Fenster weiterarbeiten. Deshalb sollte man immer sicherstellen, dass mindestens ein weiteres SAP GUI-Fenster geöffnet ist, bevor man Tabelleninhalte aufruft.

- Die Anzahl der gefundenen Einträge kann in Ihrem SAP-System variieren. In SAP S/4HANA sind momentan nicht nur Transaktionscodes für Transaktionen im Sinne eines betriebswirtschaftlichen Vorgangs enthalten.

    Dies liegt an der gegenwärtigen, technisch geprägten, Definition der SAP SE, dass eine Transaktion die Ausführung eines ABAP-Programms über einen Transaktionscode darstellt. Deshalb existieren neben den klassischen Dialogtransaktionen auch Transaktionen zu einzelnen Berichten, Transaktionsvarianten und -parametern u.v.m.

    Die Anzahl der verschiedenen betriebswirtschaftlichen Vorgänge in SAP S/4HANA kann damit aus der obigen Anzahl nur ungefähr geschätzt werden. Vergleichsweise existierten in der Tabelle TSTC mit einer damals inhaltlich enger gefassten Definition für eine Transaktion in

    o SAP ECC 6.0 (je nach Version) knapp 109.000 bis über 122.000 Transaktionscodes.

    o SAP R/3, Release 4.7, über 72.000 Transaktionscodes.

    o SAP R/3, Release 4.0B, knapp 17.000 Transaktionscodes.

7) Sie beabsichtigen später im Controlling im Bereich der Kostenstellenrechnung tätig zu werden. Aufgrund der Ausführungen von Seite 23 wissen Sie bereits, dass alle Transaktionscodes, die mit „KS" beginnen, zu Transaktionen in der Kostenstellenrechnung gehören.

Um eine gute Ausgangsbasis für Ihre spätere Tätigkeit zu haben, möchten Sie aus der Tabelle TSTC alle Transaktionscodes, die mit „KS" beginnen, mit den zugehörigen Texten[42] in einer MS Excel-Datei auf dem Desktop Ihres PCs abspeichern.

Zur Formulierung von Selektionskriterien wird in SAP S/4HANA der Platzhalter * genutzt, der für ein oder mehrere alphanumerische Zeichen steht.

a) Tragen Sie das obige Selektionskriterium für die Tabelle TSTC in der Transaktion mit dem Transaktionscode SE16 ein und führen Sie Ihre Abfrage nach den zugehörigen Tabelleninhalten aus.

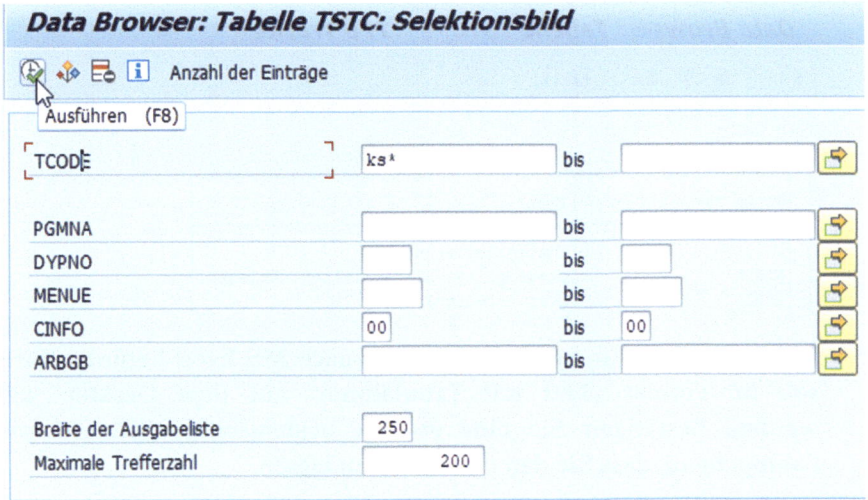

b) Bei den angezeigten Tabelleninhalten interessieren Sie sich lediglich für den Transaktionscode und den zugehörigen Transaktionstext. Verändern Sie dementsprechend die Einstellungen für die Aufbereitung Ihrer Liste so, dass nur noch diese beiden Spalten bzw. Felder der Tabelle angezeigt werden.

---

[42] Diese entsprechen den Transaktionsnamen.

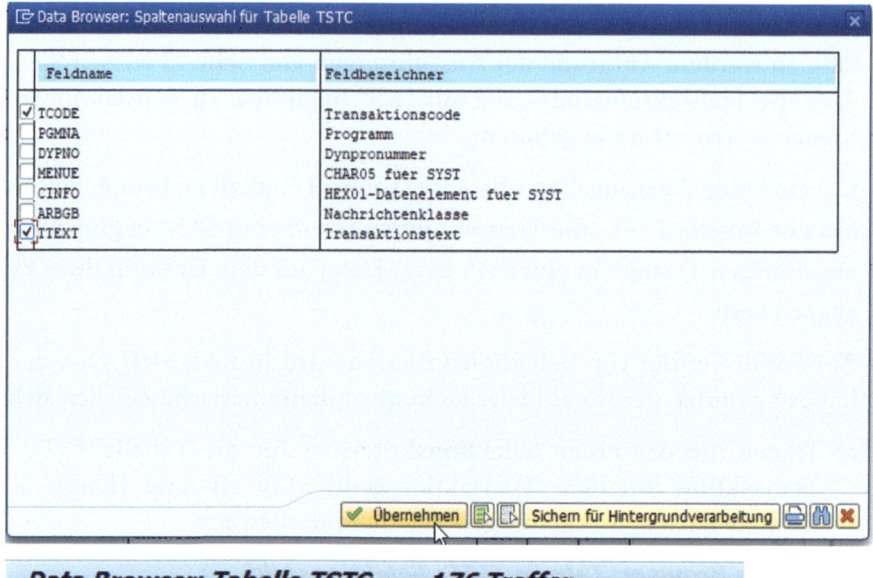

c) Laden Sie Ihre nun zweispaltige Liste nach MS Excel herunter. Ihre Liste soll im Format „Text mit Tabulatoren" auf dem Desktop gesichert werden. Bestätigen Sie eine etwaige systemseitige Sicherheitsabfrage dahingehend, dass Sie den Download zu lassen.

Lassen Sie sich Ihre abgespeicherte Datei im gewählten Verzeichnis anzeigen und benennen Sie die Dateiendung von „.txt" in „.xlsx" um. Bestätigen Sie danach alle möglicherweise auftretenden Warnmeldungen und öffnen Sie abschließend die Excel-Datei.

Anmerkung:

Eine derartige Datei ist sehr hilfreich, wenn sie kontinuierlich gepflegt und später um alle Transaktionen, die Sie kennenlernen, erweitert wird.

Wählen Sie in der Menüleiste den Menüpunkt „Bearbeiten/ Download" oder den Menüpunkt „System/ Liste/ Sichern/ Sichern".

1.2 SAP S/4HANA

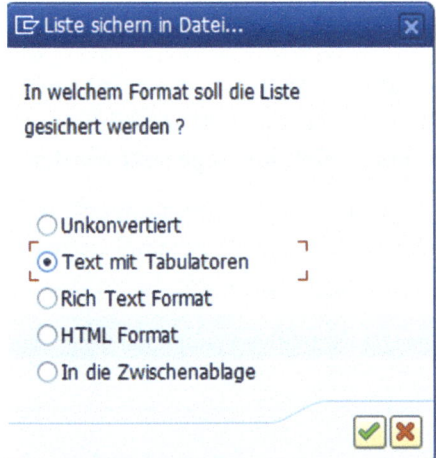

	A	B	C	D	E	F	G	H
1	Tabelle:		TSTC					
2	Angezeigte Felder:				2 von			2 Feststehend
3								
4		TCODE				TTEXT		
5								
6		KS01				Kostenstelle anlegen		
7		KS01N				Massenpflege Kostenstellen: Anlegen		
8		KS02				Kostenstelle ändern		
9		KS02CORE				Kostenstellen pflegen		
10		KS03				Kostenstelle anzeigen		
11		KS03CORE				Kostenstellen anzeigen		
12		KS04				Kostenstelle löschen		
13		KS05				Kostenstelle: Änderungen anzeigen		

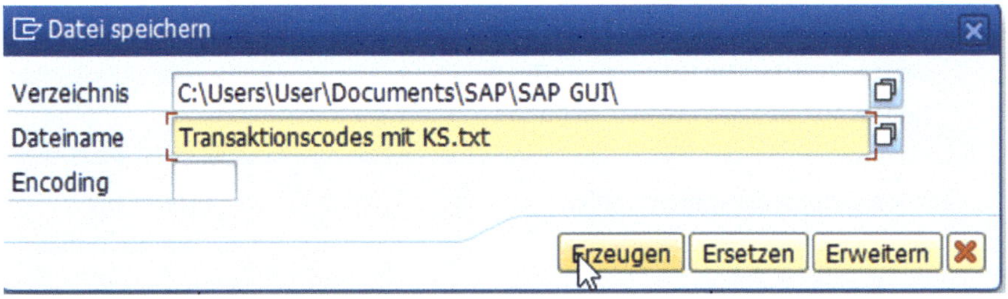

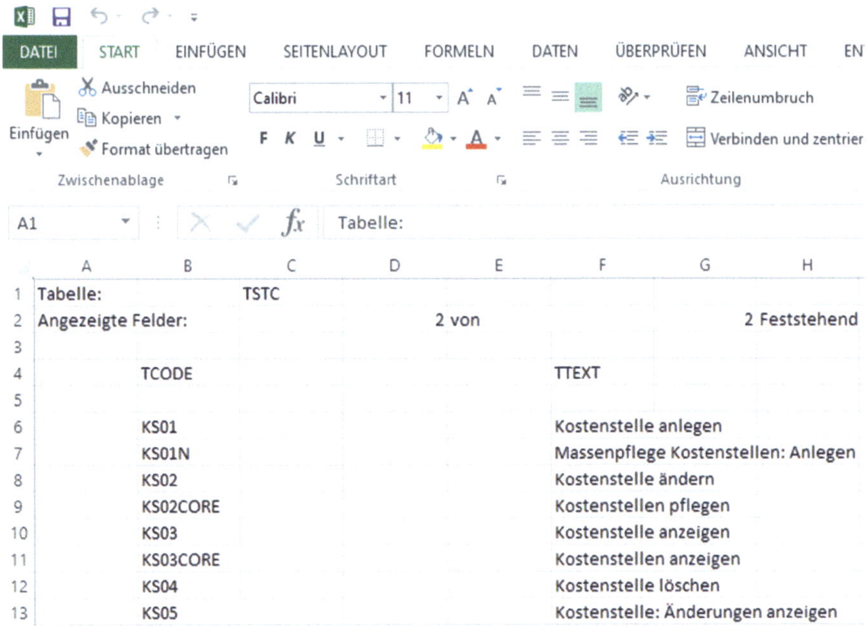

Übung 1.7: Systemseitige Hilfen in SAP S/4HANA nutzen (→ Kapitel 1.2.2.3)

1) Verändern Sie die Einstellungen für die F4-Hilfe so, dass zukünftig stets maximal 1000 statt der voreingestellten 500 Treffer (vgl. Abbildung 1-34 auf Seite 44) als Systemvoreinstellung für eine Selektion angezeigt werden.

   Wählen Sie in der Menüleiste den Menüpunkt „Hilfe/ Einstellungen" und geben Sie in der Registerkarte „F4-Hilfe" im Datenfeld „Anzahl maximal anzuzeigender Treffer" den Wert 1000 ein.

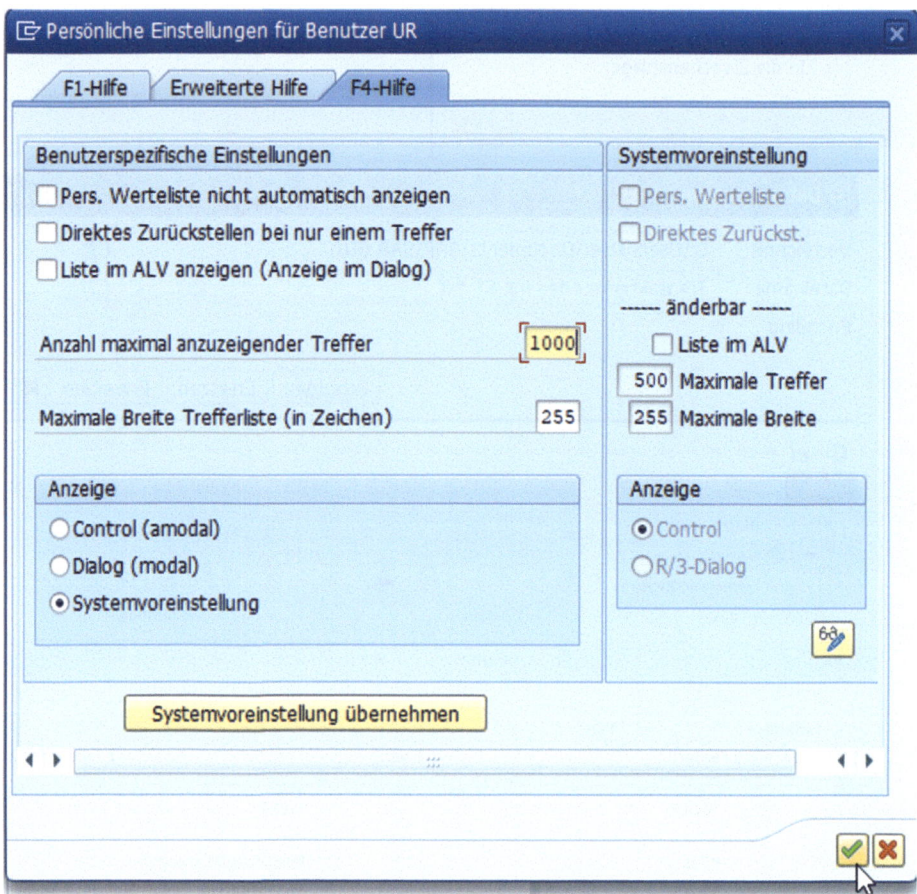

1.2 SAP S/4HANA   69

2) Geben Sie im Befehlsfeld den Transaktionscode FS00 ein.

   In der Transaktion geben Sie für den Buchungskreis DE00 im Datenfeld „Sachkonto" irgendeinen aus Buchstaben bestehenden Text ein.

   Klicken Sie danach wie in Abbildung 1-14 auf Seite 19 auf das Icon für „Anlegen" und wählen Sie die dort abgebildeten Einträge für die beiden Datenfelder „Sachkontoart" und „Kontengruppe" aus.

   Es erscheint unten links in der Statusleiste die Systemmeldung aus dem unteren Teil von Abbildung 1-14 auf Seite 19.

   Lassen Sie sich zu dieser Systemmeldung die (inhaltliche) Hilfe zur Anwendung (Synonym: „Product Assistance") anzeigen, um zu erfahren, warum diese Fehlermeldung erscheint.

   Lesen Sie sich die Informationen dort aber nicht durch, sondern nehmen Sie lediglich zur Kenntnis, wie und wo Sie Hilfe bei einer Systemmeldung in einer Transaktion in SAP S/4HANA finden können.

   Klicken Sie mit der linken Maustaste auf die Systemmeldung und im erscheinenden Performance Assistent auf das Icon für „Product Assistance" für die zugehörige Dokumentation im SAP Help Portal (vgl. Abbildung 1-15 auf Seite 20).

2 Organisationseinheiten zur Abbildung der Elementarfaktoren

Bevor die drei Elementarfaktoren in SAP S/4HANA abgebildet werden können, müssen vorab zugehörige Organisationseinheiten und -strukturen angelegt werden.

2.1 Grundlagen

Die Aufbauorganisation eines Unternehmens wird in SAP S/4HANA durch Organisationseinheiten abgebildet. Eine Organisationseinheit ist ein Verantwortungsbereich für einen Entscheidungsträger und bildet ein Einzelelement in der Aufbauorganisation eines Unternehmens ab. Visualisiert wird sie in der allgemeinen Unternehmenspraxis bspw. durch ein einzelnes Element in einem Organigramm.

Sowohl die Definition als auch die Zuordnung von Organisationseinheiten erfolgt in SAP S/4HANA im Customizing. Ihre initiale Festlegung und kontinuierliche Pflege bilden die Grundlage bzw. die Voraussetzung für alle später im Anwendungsmenü durchführbaren Unternehmensprozesse und -funktionen, da bei jeder Erfassung einer betriebswirtschaftlichen Tätigkeit im Anwendungsmenü angegeben werden muss, welche Organisationseinheit für diese Tätigkeit verantwortlich ist bzw. diese ausführt.

Organisationsstrukturen entstehen durch die Zuordnung von einzelnen Organisationseinheiten. Die vollständige Organisationsstruktur in SAP S/4HANA bildet das Unternehmen als Ganzes ab.

Organisationsstrukturen werden allgemein kurz und prägnant für die Datenmodellierung durch eine sog. Kardinalität zwischen Objekten beschrieben.

Eine Kardinalität gibt an, wie viele Informationsobjekte eines Entitätstyps (hier: eines Organisationseinheitentyps) mit einem Informationsobjekt eines anderen Entitätstyps in Beziehung stehen. Es wird klassischerweise zwischen 1 : 1-, 1 : n- und m : n-Kardinalitäten (mit n, m > 1) unterschieden, wobei eine 1 : 1- und eine 1 : n-Kardinalität im Grunde genommen natürlich jeweils einen Spezialfall einer m : n-Kardinalität darstellen.

Ergänzende Information Die elektronische Version dieses Kapitels enthält Zusatzmaterial, auf das über folgenden Link zugegriffen werden kann https://doi.org/10.1007/978-3-658-47767-7_2.

© Der/die Autor(en), exklusiv lizenziert an
Springer Fachmedien Wiesbaden GmbH, ein Teil von Springer Nature 2025
U. Rimmelspacher, *Abbildung und Integration von Elementarfaktoren in SAP S/4HANA*, https://doi.org/10.1007/978-3-658-47767-7_2

Wenn im Anwendungsmenü bereits betriebswirtschaftliche Tätigkeiten bzw. Prozesse dazu abgebildet wurden, so können Organisationsstrukturen im Customizing nur noch unter erheblichem Aufwand geändert werden.

Daher ist es wichtig festzulegen, welche Organisationseinheiten und -strukturen in einem Unternehmen existieren und wie diese in SAP S/4HANA abgebildet werden sollen, bevor die ersten Geschäftsprozesse im Anwendungsmenü von SAP S/4HANA abgebildet werden.

Jede Organisationseinheit, mit Ausnahme des Mandanten (vgl. Kapitel 2.2), ist einem betriebswirtschaftlichen Teilbereich, in den früheren ERP-Systemen der SAP SE oft Modul genannt, bzw. einer Anwendungskomponente von SAP S/4HANA zugeordnet.

Um das Auffinden der entsprechenden Transaktionen im Customizing-Menü zu erleichtern, wird in den nachfolgenden Kapiteln in der Kapitelüberschrift in Klammern stets die Abkürzung für den Teilbereich bzw. das SAP-Modul einer Organisationseinheit angegeben.[43]

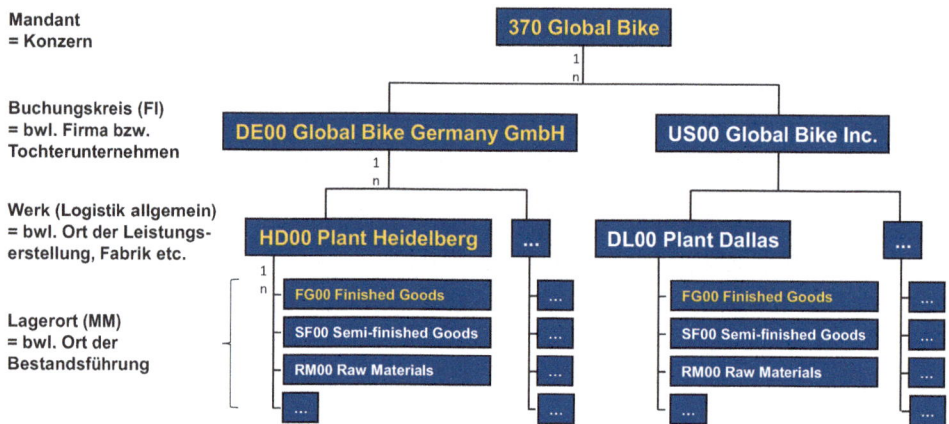

Abbildung 2-1: Auszug aus Organisationsstrukturen zur Leistungserstellung

Abbildung 2-1 zeigt mit der jeweiligen Kardinalität einen Auszug aus der Organisationsstruktur mit zentralen Organisationseinheiten für die Leistungserstellung mit Elementarfaktoren in SAP S/4HANA. Die Anzahl der in diesem Buch vorgestellten Organisationseinheiten wird nachfolgend auf ein absolutes Mindestmaß reduziert.

Da in diesem Buch alle Elementarfaktoren im Leistungserstellungsprozess bewertet werden, ist neben der Perspektive auf die Leistungserstellung stets auch die auf das

---

[43] Diese Abkürzungen wurden für die englischsprachigen Begriffe der Modulabkürzungen in den ERP-Vorgängersystemen SAP R/3 und SAP ECC gebildet. Die SAP SE ist zwar in den letzten Jahren vom Begriff des „Moduls" bei Ihren ERP-Systemen abgerückt, jedoch sind die einzelnen Module im Bewusstsein langjähriger SAP-Anwender immer noch tief verwurzelt.

Rechnungswesen von Bedeutung. Abbildung 2-2 zeigt korrespondierend zu Abbildung 2-1 das absolute Minimum von notwendigen Organisationseinheiten aus dem Rechnungswesen, um Leistungserstellungsprozesse mit Elementarfaktoren in SAP S/4HANA abzubilden. Die für die Übungen genutzten Organisationseinheiten werden, sind in Abbildung 2-1 und Abbildung 2-2 jeweils gelb hervorgehoben.[44]

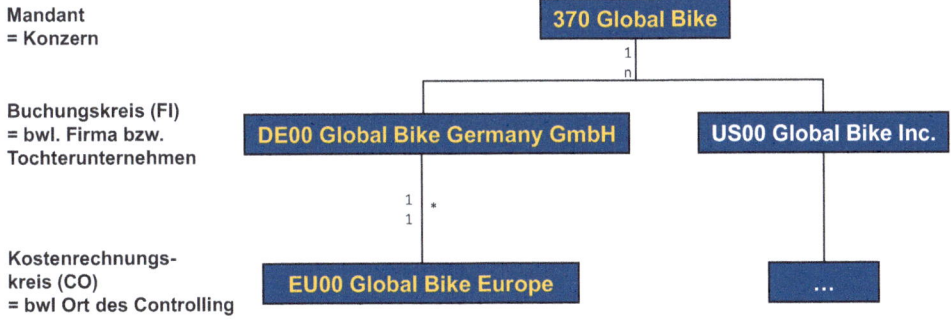

* Keine buchungskreisübergreifende Kostenrechnung

Abbildung 2-2: Auszug aus Organisationsstrukturen im Rechnungswesen

Da die Inhalte dieses Buches bei der Produktion bzw. Kalkulation des Fertigerzeugnisses enden, werden hier bspw. keine Organisationseinheiten aus dem Vertrieb behandelt. Kommen diese mit der damit verbundenen Ausgangslogistik noch hinzu, so sind weitaus mehr Unternehmensprozesse und korrespondierende Organisationseinheiten relevant.

2.2 Organisationseinheiten

Nachfolgend werden lediglich die Organisationseinheiten kurz beschrieben, die für die Bearbeitung der Übungen absolut notwendig sind.

2.2.1 Mandant

Ein Mandant bildet innerhalb von SAP S/4HANA die höchste Hierarchieebene nach handelsrechtlichen, organisatorischen und datentechnischen Aspekten. Er beinhaltet eigene Stamm- und Bewegungsdaten sowie Tabellen für Customizing-Einstellungen.[45]

---

[44] Wenn Sie in einem anderen SAP-System als dem hier genutzten SAP S/4HANA 2020 Global Bike 4.1 Mandanten auf der SAP UCC Cloud Plattform arbeiten, so können die Ihnen zur Verfügung stehenden Organisationseinheiten und Organisationsstrukturen natürlich divergieren.

[45] Darüber hinaus existieren aber auch noch einige sog. mandantenübergreifende Einstellungen, die für alle Mandanten des ERP-Systems gültig sind. Ein Eintrag dazu ist unten im Drilldown-Menü von Abbildung 1-24 auf Seite 35 zu sehen.

Betriebswirtschaftlich gesehen bildet der Mandant einen Konzern ab. Alle Organisationseinheiten in einem Mandanten werden betriebswirtschaftlich gemeinsam ausgesteuert und sind diesem direkt oder indirekt zugeordnet.

Durch die in Abbildung 1-3 auf Seite 8 dargestellte Anmeldung in SAP S/4HANA, wählt ein SAP-Anwender bereits explizit den Mandanten aus. Deshalb muss später bei Transaktionen im Anwendungs- und Customizing-Menü der Mandant nicht mehr angegeben werden.

2.2.2 Buchungskreis (FI)

Ein Buchungskreis ist die kleinste Organisationseinheit, für die eine vollständige und in sich abgeschlossene Buchhaltung existiert und die einen Jahresabschluss, bspw. in Form einer Bilanz und einer GuV, erstellt.

Aus dieser Definition ergibt sich bereits, dass der Buchungskreis eine Organisationseinheit des externen Rechnungswesens (FI) ist. Alle monetär bewerteten Vorgänge in einem Unternehmen müssen in SAP S/4HANA direkt oder indirekt, d.h. über andere Organisationseinheiten und deren Verknüpfung über Organisationsstrukturen, letztendlich einem Buchungskreis zugeordnet sein.

Betriebswirtschaftlich betrachtet stellt ein Buchungskreis stets ein rechtlich selbstständiges Unternehmen dar, z.B. die Global Bike Germany GmbH.

In einem Mandanten bzw. Konzern existiert mindestens ein Buchungskreis als rechtlich selbständige Unternehmen (Kardinalität Mandant : Buchungskreis = 1 : n).

In einem Buchungskreis als kleinster unabhängiger organisatorischer, d.h. selbständig bilanzierender, Einheit des externen Rechnungswesens wird genau ein Kontenplan genutzt. Ein Kontenplan, wie z.B. der Industriekontenrahmen, ist keine Organisationseinheit, sondern ein allgemeines und eindeutiges Verzeichnis von Sachkonten für die Bilanz und die GuV, das von verschiedenen Unternehmen genutzt werden kann (Kardinalität Buchungskreis : Kontenplan = n : 1). Er beinhaltet zu jedem Sachkonto u. a. eine eindeutige Kontonummer, eine Kontobezeichnung und zugehörige Steuerungsinformationen.

2.2.3 Werk (LO)

Ein Werk ist ein Ort der Leistungserstellung für Sachgüter und/ oder Dienstleistungen, in dem Materialbewegungen stattfinden und Materialbestände bewertet werden.[46] Es gliedert das Unternehmen nach Aspekten der Beschaffung, Produktion, Instandhaltung, Disposition und Kalkulation. Deshalb ist ein Werk im

---

[46] Früher konnte auch festgelegt werden, dass die Materialbewertung auf Ebene eines Buchungskreises (Transaktionscode OX14) erfolgt. Dies ist nun jedoch nicht mehr möglich, sodass Materialien in SAP S/4HANA immer auf Werksebene bewertet werden.

Customizing-Menü nicht einem einzelnen Modul, sondern der Logistik allgemein (LO) zugeordnet.

In einem Buchungskreis muss mindestens ein Werk existieren (Kardinalität Buchungskreis : Werk = 1 : n). In einem Werk werden alle drei Elementarfaktoren im Rahmen der Leistungserstellung abgebildet und integriert.

Für den Elementarfaktor Werkstoffe, in SAP S/HANA als Materialien abgebildet, werden werksabhängig u.a. die Sichten zum Einkauf, zur Arbeitsvorbereitung, zum Qualitätsmanagement sowie zur Buchhaltung und zur Kalkulation (vgl. Tabelle 3-1 auf Seite 122) angelegt. Bei der Zusammenführung von einzelnen Werkstoffen in Materialstücklisten der Produktion ist das Werk ebenfalls die zuständige Organisationseinheit.

Die Zuordnung des Elementarfaktors Betriebsmittel erfolgt in der Produktion über Arbeitsplätze und Normalarbeitspläne, die immer zu einem Werk gehören.

Der Elementarfaktor objektbezogene menschliche Arbeit wird allgemein zuerst in Kostenstellen auf Ebene des Kostenrechnungskreises abgebildet und dann für den Leistungserstellungsprozess mit zugehörigen Arbeitsplätzen in einem Werk detailliert.

2.2.4 Lagerort (MM)

Ein Lagerort ist ein Ort der physischen Bestandsführung innerhalb eines Werkes und damit die Organisationseinheit der Materialwirtschaft (MM), in der die Mengen verschiedener Materialbestände, z. B. Rohstoffe, Halbfabrikate und Fertigerzeugnisse, erfasst und Inventuren durchgeführt werden.

In einem Werk muss deshalb mindestens ein Lagerort existieren, um die logische oder die physische Trennung von Beständen in einem Werk abzubilden (Kardinalität Werk : Lagerort = 1 : n). Bei Inventuren in einem Lagerort werden die Bestände nur mengenmäßig, jedoch nicht wertmäßig geführt.

Unterschiedliche Lagerorte können in verschiedenen Werken identisch benannt sein (vgl. Abbildung 2-1 auf Seite 72). Da dies in der Praxis häufig auftritt, muss in SAP S/4HANA immer die Kombination von Werk und Lagerort angegeben werden, was sachlogisch eigentlich nur bei einer m : n-Kardinalität nötig ist.

Werk und Lagerort sind zusammen gemäß die beiden zuständigen Organisationseinheiten für die Abbildung des Elementarfaktors Werkstoffe in den Sichten zu den allgemeinen Werksdaten, der Disposition sowie der Lagerung (vgl. Tabelle 3-1 auf Seite 122).

2.2.5 Kostenrechnungskreis (CO)

Ein Kostenrechnungskreis ist eine Organisationseinheit, die einen Konzern nach den Anforderungen des internen Rechnungswesens gliedert und in der eine vollständige, in sich geschlossene Kostenrechnung bzw. ein eigenes Kostencontrolling[47] durchgeführt wird. Ein Kostenrechnungskreis gehört zum Controlling (CO). Daher wird in einem Kostenrechnungskreis eine vollständige Kostenrechnung, bestehend bspw. aus Kostenarten-, Kostenstellen- und Kostenträgerstückrechnung, durchgeführt.

Der Menüpunkt „Controlling" im Anwendungsmenü von SAP S/4HANA bildet jedoch nicht den gesamten betriebswirtschaftlichen Umfang des Controllings ab, sondern lediglich den operativen Teil mit den verschiedenen Kostenrechnungen.

Einem Kostenrechnungskreis sind ein oder mehrere rechtlich selbstständige Unternehmen zugeordnet (Kardinalität Buchungskreis : Kostenrechnungskreis = n : 1).

Sind einem Kostenrechnungskreis mehrere Buchungskreise zugeordnet, so handelt es sich um eine buchungskreisübergreifende Kostenrechnung. In diesem Fall erstellen die einzelnen Buchungskreise im externen Rechnungswesen separat einen eigenen Jahresabschluss, führen intern jedoch gemeinsam eine Kostenrechnung durch. Voraussetzung dafür ist aufgrund des Einkreissystems von SAP S/4HANA, dass alle Buchungskreise in einem Kostenrechnungskreis denselben operativen Kontenplan verwenden.

Der Elementarfaktor „Objektbezogene menschliche Arbeit" wird allgemein in Kostenstellen im Controlling abgebildet. Damit ist der Kostenrechnungskreis erst einmal bzw. letztendlich die verantwortliche Organisationseinheit.

Die Leistungserstellung erfolgt in der Produktion. Kostenstellen der Produktion werden in SAP S/4HANA noch weiter in Arbeitsplätze mit dem Werk als verantwortlicher Organisationseinheit untergliedert. Die Kardinalität Kostenrechnungskreis : Werk = 1 : n ergibt sich aus den beiden Kardinalitäten Kostenrechnungskreis : Buchungskreis = 1 : n und Buchungskreis : Werk = 1 : n.

---

[47] Verantwortlich für das Erlöscontrolling ist als Organisationseinheit nicht der Kostenrechnungskreis, sondern der Ergebnisbereich. Ein Ergebnisbereich ist eine Organisationseinheit des internen Rechnungswesens, die für die interne Steuerung den Absatzmarkt aufgrund von Merkmalen segmentiert.

Für die einzelnen Marktsegmente wird für einen Ergebnisbereich in der Ergebnis- und Marktsegmentrechnung (CO-PA), die betriebswirtschaftlich der Kostenträgerzeitrechnung entspricht, meist in einer mehrstufigen Deckungsbeitragsrechnung, ein Ergebnis ausgewiesen. Im Gegensatz zu den reinen Kostenbuchungen in einem Kostenrechnungskreis werden in einem Ergebnisbereich zusätzlich auch Erlöse, u. a. aus dem Vertrieb bzw. dem externen Rechnungswesen, erfasst.

2.3 Einstellungen im Customizing

Auf die Anpassung von Standardsoftware wie SAP S/4HANA an die unternehmensspezifischen Anforderungen und Prozesse wurde bereits in Kapitel 1.2.2.2 allgemein eingegangen.

An dieser Stelle soll noch einmal betont werden, dass das Customizing von Organisationseinheiten und Organisationsstrukturen initial abgeschlossen sein muss, bevor im Anwendungsmenü Stammdaten angelegt und Geschäftsprozesse abgebildet werden können. Zu späteren Zeitpunkten sind aber noch Modifikationen von Organisationseinheiten und Organisationsstrukturen im Customizing möglich. Jedoch ist mit diesen fast immer ein erheblicher Änderungsaufwand verbunden.

2.3.1 Organisationseinheiten anlegen

Bei der Auslieferung von SAP S/4HANA sind bereits Organisationseinheiten definiert. Für die Abbildung der unternehmensindividuellen Aufbauorganisation empfiehlt es sich für jede neue Organisationseinheit, das Objekt[48] aus der Auslieferung der SAP SE als Kopiervorlage zu nutzen. Das Anlegen einer Organisationseinheit wird anhand des folgenden Beispiels kurz erklärt.

Das neue Werk „Z789" soll angelegt werden. Als Kopiervorlage wird das bereits vorhandene Werk HD00 genutzt. Das neue Werk wird dann in folgenden Schritten angelegt:

- Im Customizing-Menü wird für das neue Werk im Menüpfad „Unternehmensstruktur/ Definition" in der zugehörigen Anwendungskomponente die Transaktion zum Anlegen der Organisationseinheit gesucht. Für ein Werk ist dies gemäß Kapitel 2.2.3 die Anwendungskomponente „Logistik allgemein" im Menüpfad „Unternehmensstruktur/ Definition/ Logistik allgemein/ Werk definieren, kopieren, löschen, prüfen".

- In der Transaktion „Werk kopieren, löschen, prüfen" dieses Menüpfads wählt man in der Menüleiste den Menüpunkt „Organisationsobjekt/ Org.Objekt kopieren". Als Kopiervorlage sollte stets ein möglichst ähnliches Werk verwendet werden, bspw. in diesem Fall das Werk HD00 (vgl. Abbildung 2-3). Dadurch wird der Änderungsaufwand minimiert, da später nur noch abweichende Inhalte in Datenfeldern aus der Kopiervorlage geändert werden müssen.

---

[48] Existieren mehrere Objekte zu einer Organisationseinheit, so sollte bei vierstelligen Schlüsseln i.d.R. das mit der Nummer 0001 aus der Standardauslieferung gewählt werden.

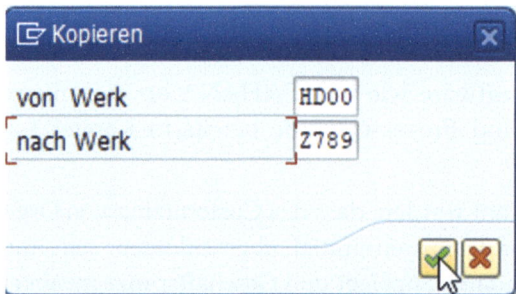

Abbildung 2-3: Kopiervorlage für eine neue Organisationseinheit (EC02)

Bei der Verwendung einer Kopiervorlage wird im Gegensatz zu einer manuellen Neudefinition von Organisationseinheiten stets sichergestellt, dass alle abhängigen Tabelleneinträge im Customizing von SAP S/4HANA automatisch mit angelegt werden. Dies ist ein sehr wichtiger Aspekt, der niemals vernachlässigt werden sollte.

- In der Transaktion „Werk definieren" im obigen Menüpfad werden nun die gegenüber der Kopiervorlage divergierenden Inhalte in einzelnen Datenfeldern, wie bspw. der Name des Werkes und die Adresse, geändert.[49]

Für den Letzten der obigen Bearbeitungsschritte wird in der Statusleiste als Transaktionscode V_T001W angezeigt. Dabei handelt es sich um eine sog. Pflege-View[50] für die Tabelle T001W. Bei einer Pflege-View kann die Bearbeitung auch in der Transaktion SM30 (vgl. Abbildung 2-4) durchgeführt werden.[51]

Abschließend können die Inhalte der Tabelle T001W mit der auf Seite 25 beschriebenen Transaktion „Data Browser" angezeigt werden.

---

[49] Eine detaillierte Beschreibung findet man i.d.R. in der „Dokumentation zur IMG-Aktivität" (vgl. Seite 35) für die jeweilige Transaktion im Customizing-Menü.

[50] Die Daten dieser anwendungsspezifischen Sicht werden nur aus den beteiligten Basistabellen der View abgeleitet, jedoch in der Pflege-View nicht selbst separat physisch gespeichert.

Allgemein wird in SAP S/4HANA in einer View für ein Anwendungsobjekt, in diesem Fall die Organisationseinheit Werk, durch die Auswahl der zugehörigen Basistabellen, der Joins (Synonym: Verknüpfungen) zwischen den Tabellen und ggf. weiteren Selektionsbedingungen eine anwendungsspezifische Sicht für Daten definiert.

[51] Es existiert jedoch nicht für jede Tabelle eine Pflege-View.

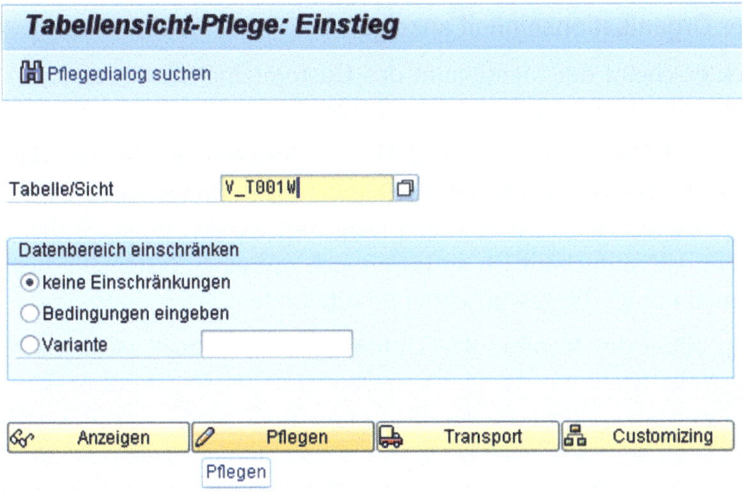

2.3 Einstellungen im Customizing

Tabellensicht-Pflege: Einstieg

Pflegedialog suchen

Tabelle/Sicht: V_T001W

Datenbereich einschränken
- ⦿ keine Einschränkungen
- ○ Bedingungen eingeben
- ○ Variante

[Anzeigen] [Pflegen] [Transport] [Customizing]

Abbildung 2-4: Pflege einer Tabellensicht bzw. View (SM30)

Tabelle 2-1 zeigt verschiedene Tabellen und zugehörige Pflege-Views für die Organisationseinheiten aus Kapitel 2.2.

Beschreibung	Tabelle	Pflege-View (SM30)
Einstellungen zum Mandanten	T000	
Einstellungen zum Buchungskreis	T001	V_T001
Einstellungen zum Werk	T001W	V_T001W
Einstellungen zum Lagerort (mit zugehörigem Werk)	T001L	V_T001L[52]
Einstellungen zum Kostenrechnungskreis	TKA01	
Zuordnung von Buchungskreisen zu einem Kostenrechnungskreis	TKA02	V_TKA02[53]
Einstellungen zu Organisationseinheiten	T527X	

Tabelle 2-1: Tabellen und Pflege-Views für Organisationseinheiten

---

[52] Im Datenfeld „Arbeitsbereich" ist auch noch das zugehörige Werk einzutragen.

[53] Es ist zusätzlich noch der Kostenrechnungskreis anzugeben.

2.3.2 Daten einer Organisationseinheit anzeigen

Auf den ersten Blick erscheint der Menübaum des Customizing-Menüs, genauso wie der des Anwendungsmenüs, ziemlich unübersichtlich.

Vergegenwärtigt man sich jedoch die bereits auf Seite 27 erwähnte Regel, dass das Customizing-Menü von oben nach unten (fast immer) nach dem Prinzip „vom Allgemeinen zum Speziellen" bzw. „Was zuerst festgelegt werden muss zu dem, was später festzulegen ist" aufgebaut ist, so lassen sich mit einer systematischen Vorgehensweise schnell immer die gewünschten Inhalte finden.

Nach diesem Prinzip bildet der Menüpunkt „Unternehmensstruktur" sachlogisch die erste prinzipielle Anlaufstelle zur Anzeige von Daten für eine Organisationseinheit. Dieser Menüpunkt ist in die Untermenüs „Definition" und „Zuordnung" unterteilt, welche beide weiter nach Anwendungskomponenten untergliedert sind. Aus diesem Grund ist es wichtig, für jede in Kapitel 2.2 genannte Organisationseinheit die zugehörige Anwendungskomponente zu kennen.

Um sich Daten zu einer einzelnen Organisationseinheit im Customizing-Menü anzuzeigen, wählt man im Menüpfad „Unternehmensstruktur/ Definition" den Ordner mit der zugehörigen Anwendungskomponente. Ist die gewünschte Information dort nicht enthalten, so sucht man, da Informationen zu Organisationseinheiten stets zuerst festgelegt werden müssen, in den Transaktionen, die sich oben im Menübaum der jeweiligen Anwendungskomponente finden.

Geht man auf diese Art und Weise systematisch vor, so reduziert sich die Anzahl der möglichen Orte für die Suche im Customizing-Menü auf lediglich zwei. Nachfolgend wird dies anhand eines Beispiels verdeutlicht:

Es soll ermittelt werden, in welcher Währung und nach welchem operativen Kontenplan der Jahresabschluss für den Buchungskreis DE00 (vgl. Abbildung 2-2) erstellt wird.

Nach dem Prinzip „vom Allgemeinen zum Speziellen" ist sachlogisch der Menüpunkt „Unternehmensstruktur" der erste prinzipielle Ort für die Suche zur Beantwortung dieser Frage. In diesem Beispiel sollen Informationen nur zu einer einzigen Organisationseinheit gesucht werden. Deshalb ist unter „Unternehmensstruktur" der Ordner „Definition" zu wählen.

Ein Buchungskreis ist in SAP S/4HANA gemäß Kapitel 2.2.2 eine Organisationseinheit des externen Rechnungswesens bzw. Finanzwesens. Deswegen finden sich die gesuchten Informationen ggf. im Menüpfad „Unternehmensstruktur/ Definition/ Finanzwesen".

Im Customizing-Menü ist die Wahl der Verben bei den verschiedenen Menüpunkten bzw. Transaktionen teilweise nicht besonders geglückt. Deswegen ist es wichtig, sich auf die Substantive zu konzentrieren. Im Menüpfad „Unternehmensstruktur/ Definition/ Finanzwesen" findet sich mit dem passenden Substantiv aus der Fragestellung nur der Eintrag „Buchungskreis bearbeiten, kopieren, löschen, prüfen".

2.3 Einstellungen im Customizing

Klickt man auf diesen Eintrag, so erscheinen die beiden Transaktionen „Buchungskreis kopieren, löschen, prüfen" und „Buchungskreisdaten bearbeiten". Die Verben in der Transaktion „Buchungskreis kopieren, löschen, prüfen" beziehen sich auf technische Aspekte, sodass lediglich die Transaktion „Buchungskreisdaten bearbeiten" verbleibt. In diesem wählt man den Eintrag DE00 aus, indem man mit der linken Maustaste auf das Quadrat links davon klickt und dann in der Menüleiste den Menüpunkt „Springen/ Detail" selektiert.

Sicht "Buchungskreis" ändern: Detail

Neue Einträge

Buchungskreis	DE00
Name der Firma	Global Bike Germany GmbH

Weitere Daten	
Ort	Heidelberg
Land/Reg.	DE
Währung	EUR
Sprache	DE

Abbildung 2-5: Daten eines Buchungskreises (V_T001)

Es erscheint die Information aus Abbildung 2-5, dass der Buchungskreis DE00 seine Buchhaltung und seinen Jahresabschluss in Euro (EUR) erstellt. Eine Information zum verwendeten operativen Kontenplan findet sich an dieser Stelle jedoch nicht.

Wenn man systematisch vorgeht, so ist der nächste Ansatzpunkt für die Suche nach dem operativen Kontenplan im Buchungskreis die Anwendungskomponente, zu der die Organisationseinheit gehört. Der Buchungskreis ist die zentrale Organisationseinheit des externen Rechnungswesens, d. h. des Finanzwesens in SAP S/4HANA.

Auch im Menübaum des Finanzwesens gilt natürlich das Prinzip „vom Allgemeinen zum Speziellen". Die Währung und der genutzte Kontenplan eines Buchungskreises sind grundlegende Einstellungen, die vor der ersten Buchung festgelegt werden müssen. Korrespondierende Transaktionen sollten deswegen sehr weit oben im Menübaum stehen. Daher bietet sich als erster sachlogischer Ansatzpunkt zur Suche der Menüpfad „Finanzwesen/ Grundeinstellungen Finanzwesen" an.

In diesem befindet sich an einer der ersten Stellen der Menüpunkt „Globale Parameter zum Buchungskreis", welcher bereits das relevante Substantiv „Buchungskreis" enthält. Im konkreten Fall ist zudem die Bezeichnung „Globale Parameter" für die Beschreibung des operativen Kontenplans durchaus passend. Die Verben in der Transaktion „Globale Parameter prüfen und ergänzen" sind auf den ersten Blick wiederum gewöhnungsbedürftig. Jedoch gibt es an dieser Stelle keine vernünftige Alternative, so dass der Menüpfad „Finanzwesen/ Grundeinstellungen Finanzwesen/ Globale Parameter zum Buchungskreis/ Globale Parameter prüfen und ergänzen" lautet.

In der Transaktion „Globale Parameter prüfen und ergänzen" wählt man zuerst den Eintrag DE00 und dann in der Menüleiste „Springen/ Detail". Daraufhin werden globale Daten zum Buchungskreis DE00 angezeigt (vgl. Abbildung 2-6).

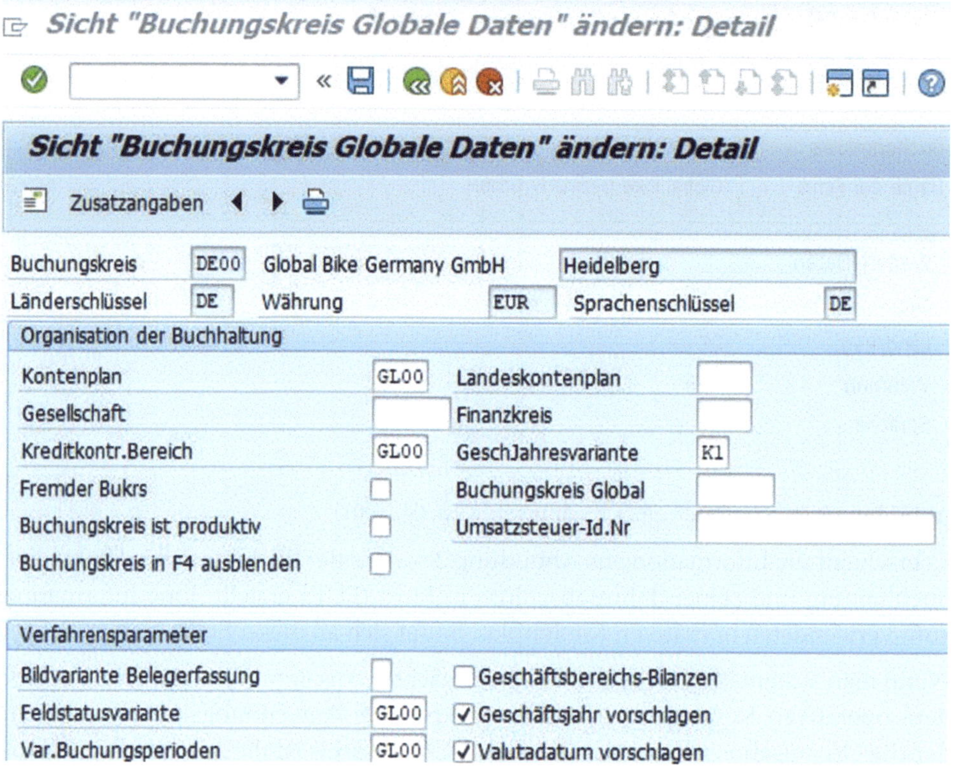

Abbildung 2-6: Globale Daten eines Buchungskreises

Auch hier sieht man die bereits bekannte Information, dass im Buchungskreis DE00 in der Währung Euro gebucht wird. Zusätzlich zu den wenigen Daten aus Abbildung 2-5 finden sich an dieser Stelle aber zusätzlich viele andere Einstellungen für einen Buchungskreis, u. a. den zugeordneten operativen Kontenplan GL00.

2.3 Einstellungen im Customizing

2.3.3 Organisationsstrukturen festlegen

Die Zuordnung von Organisationseinheiten, d.h. die Bildung von Organisationsstrukturen, erfolgt im Customizing-Menü im Menüpfad „Unternehmensstruktur/ Zuordnung" unter der jeweiligen Anwendungskomponente der zu verknüpfenden Organisationseinheiten.

Wenn man systematisch vorgeht, reduziert sich auch hier, genauso wie beim Anzeigen von Daten zu einer Organisationseinheit in Kapitel 2.3.2, die Anzahl der möglichen Stellen für die Suche im Customizing auf maximal zwei. Dies soll durch das folgende Beispiel illustriert werden:

Es sollen alle Werke im Buchungskreis DE00 angezeigt werden.

Zuerst muss die Anwendungskomponente für jede in der Aufgabenstellung enthaltene Organisationseinheit ermittelt werden. In diesem Fall sind das die beiden Organisationseinheiten Buchungskreis aus dem Finanzwesen (vgl. Kapitel 2.2.2) und Werk aus der allgemeinen Logistik (vgl. Kapitel 2.2.3).

Damit kommen für die Lösung prinzipiell die beiden Menüpfade „Unternehmensstruktur/ Zuordnung/ Finanzwesen" und „Unternehmensstruktur/ Zuordnung/ Logistik allgemein" in Betracht.

Im Menüpfad „Unternehmensstruktur/ Zuordnung/ Finanzwesen" findet sich keine Zuordnung zwischen diesen beiden Organisationseinheiten. Somit verbleibt nur der Menüpfad „Unternehmensstruktur/ Zuordnung/ Logistik allgemein". In diesem findet sich die Transaktion „Werk - Buchungskreis zuordnen", in der alle dem Buchungskreis DE00 zugeordneten Werke aufgelistet sind (vgl. Abbildung 2-7).

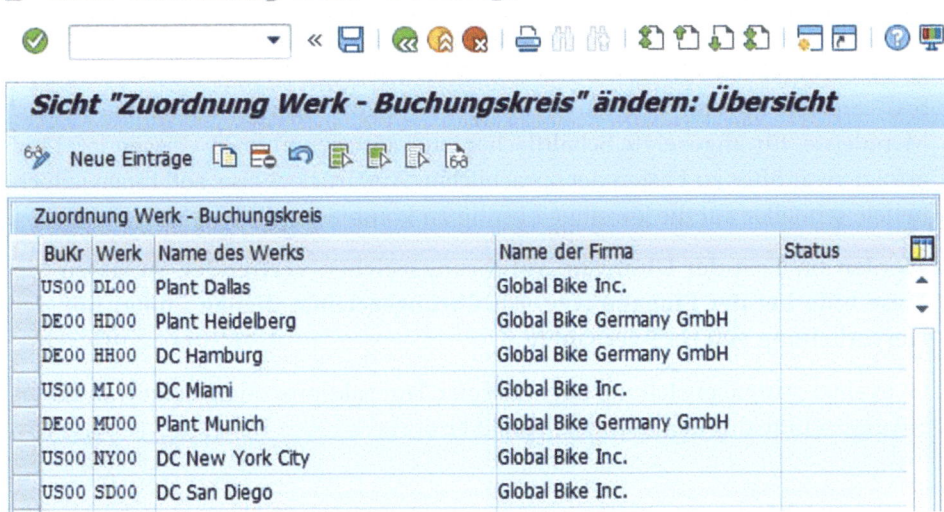

Abbildung 2-7: Zuordnung von Werken zu einem Buchungskreis (OX18)

2.4 Übungen zu Kapitel 2

Bevor Sie als neuer Mitarbeiter im Konzern „Global Bike" in Kapitel 3 die drei Elementarfaktoren im Rahmen der Leistungserstellung abbilden, integrieren und bewerten, verschaffen Sie sich im Customizing-Menü einen ersten allgemeinen Einblick in die dafür verantwortlichen Organisationseinheiten und die zugehörigen Organisationsstrukturen.

2.4.1 Anmerkungen

Lesen Sie sich die nachfolgenden Anmerkungen unbedingt durch, bevor Sie mit den Übungen beginnen.

- **BITTE UNBEDINGT BEACHTEN: Löschen oder ändern Sie im Customizing nie bereits bestehende Einträge!**
- **Übung 2.3 bearbeiten Sie bitte nur, wenn Sie autark im Selbststudium in einem eigenen SAP S/4HANA-Mandanten arbeiten oder Ihr Dozent Sie explizit dazu aufgefordert hat.**

   Sie können in diesem Fall selbst entscheiden, ob Sie für alle Übungen in den nachfolgenden Kapiteln Ihr neues Werk Z### statt dem ansonsten genutzten Werk HD00 verwenden. Wenn Sie dies tun, müssen Sie ggf. später im Customizing weitere Einstellungen pflegen.

- **Den Platzhalter ### ersetzen Sie bitte jeweils durch Ihre individuelle dreistellige Nummer, die Ihnen Ihr Dozent gegeben hat. Verwenden Sie niemals irgendeine beliebige Nummer für ###.**
- In den nachstehenden Lösungen sind die zugrundeliegenden Aufgabenstellungen stets fett hervorgehoben.
- In den Aufgabenstellungen zu den Übungen werden möglichst immer die in SAP S/4HANA verwendeten Begriffe im zugehörigen Menübaum, in der Menüleiste, für angezeigte Schaltflächen etc. statt Synonymen verwendet. Dies erfolgt zwar öfter zu Lasten der sprachlichen Ausdrucksweise, soll Ihnen jedoch helfen, schneller auf die jeweilige Lösung zu kommen.
- **Werden im Text der Übungen Anführungszeichen verwendet, so lassen Sie diese bitte bei der Eingabe weg. Anführungszeichen dienen immer nur der Hervorhebung von Sachverhalten.**
- Ist in einer Aufgabenstellung ein konkreter Transaktionscode genannt, so geben Sie diesen bitte direkt in das Befehlsfeld ein.

- In einer Transaktion im Customizing-Menü kann zur selben Zeit stets nur ein SAP-Anwender arbeiten, der diese Transaktion so lange für alle anderen SAP-Anwender sperrt.

  Reduzieren Sie deshalb die Zeit, in der Sie in Transaktionen im Customizing-Menü arbeiten, auf ein Minimum. Rufen andere SAP-Anwender in dieser Zeit diese Transaktion auf, so erhalten Sie eine Systemmeldung über die gegenwärtige Sperrung und können sich die entsprechenden Daten nur anzeigen lassen. Um sich Sachverhalte in einer Transaktion im Customizing-Menü nur anzuzeigen, ist es aber natürlich egal, ob diese durch einen anderen SAP-User gesperrt ist oder nicht.

- Viele Transaktionen im Customizing-Menü haben keinen eigenen Transaktionscode, d.h. bei ihnen wird in der Systemfunktionsleiste rechts unten nur der allgemeine Transaktionscode SPRO angezeigt (vgl. Seite 21). Aus diesem Grund wird in den Übungen bei solchen Transaktionen nur nach dem Menüpfad gefragt.

2.4.2 Übersicht

Tabelle 2-2 zeigt die Inhalte der Übungen von Kapitel 2, jeweils das zugehörige Buchkapitel und die Seite, auf der die Lösung beginnt.

Übung	Seite	Inhalte	Kapitel
2.1	86	Einstellungen zum Buchungskreis DE00 im Customizing anzeigen	2.2.2 und 2.3.2
2.2	88	Werke im Buchungskreis DE00 im Customizing anzeigen	2.3.3
2.3	90	Optional: Das neue Werk Z### anhand einer Kopiervorlage im Customizing anlegen	2.2.3, 2.2.4, 2.3.1 und 2.3.3
2.4	94	Lagerorte zum Werk HD00 im Customizing anzeigen	2.2.3, 2.2.4 und 2.3.3
2.5	95	Einstellungen zum Kostenrechnungskreis EU00 im Customizing anzeigen	2.2.5, 2.3.2 und 2.3.3
2.6	98	Inhalte von Tabellen für Organisationseinheiten anzeigen	2.2.1 und 2.2.2

Tabelle 2-2: Inhalte der Übungen zu Kapitel 2

2.4.3 Lösungen

Übung 2.1: Einstellungen zum Buchungskreis DE00 im Customizing anzeigen (→ Kapitel 2.2.2 und 2.3.2)

Lassen Sie sich Details zum Buchungskreis DE00 anzeigen und beantworten Sie folgende Fragen:

1) Welcher Kontenplan wird in diesem Unternehmen verwendet?

    Menüpfad: Customizing/ Finanzwesen/ Grundeinstellungen Finanzwesen/ Globale Parameter zum Buchungskreis/ Globale Parameter prüfen und ergänzen

    Der erste prinzipiell Sinn ergebene Menüpfad für Einstellungen zu einem Buchungskreis als Organisationseinheit des externen Rechnungswesens im Customizing-Menü lautet „Unternehmensstruktur/ Definition/ Finanzwesen/ Buchungskreis bearbeiten, kopieren, löschen, prüfen/ Buchungskreisdaten bearbeiten".

    In dieser Transaktion findet sich aber leider nicht die gewünschte Information. Aus diesem Grund müssen Sie im Customizing-Menü in das zu der Organisationseinheit gehörende Modul bzw. die Anwendungskomponente navigieren. Diese systematische Vorgehensweise wurde in Kapitel 2.3.2 empfohlen.

    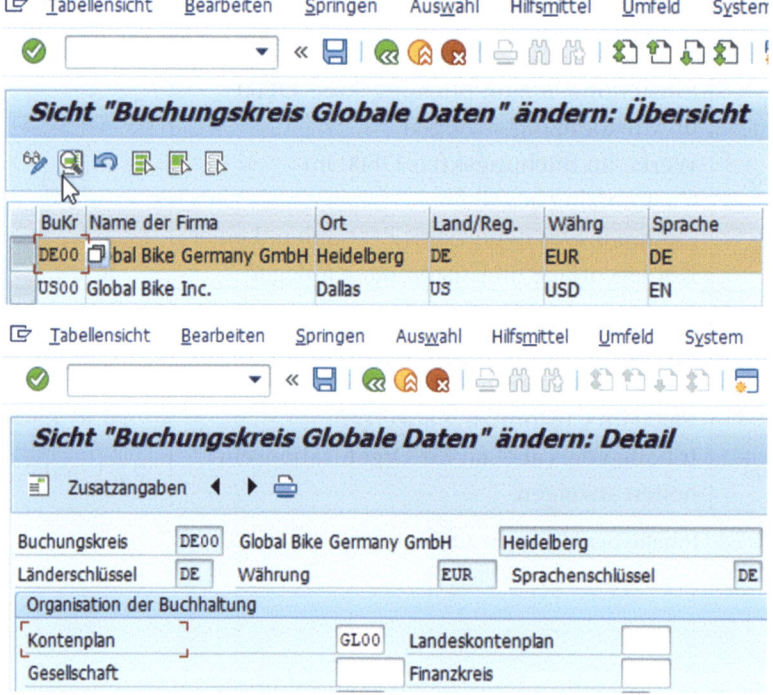

    Im Buchungskreis DE00 wird der Kontenplan GL00 verwendet.

2) **Was ist ein Kontenplan bzw. wozu dient er im Financial Accounting (FI)?**

Um die betriebswirtschaftliche Bedeutung eines Datenfeldes in SAP S/4HANA anzuzeigen, positionieren Sie den Cursor auf diesem Datenfeld und klicken auf die Taste „F1" (vgl. Kapitel 1.2.2.3.4).

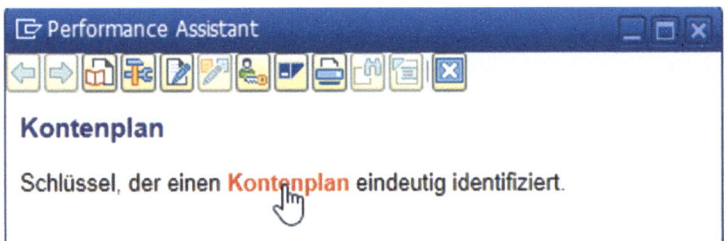

In der F1-Hilfe können Sie mit der linken Maustaste stets auf die farbig unterlegten Begriffe klicken, um weiter durch das Hilfemenü zu navigieren.

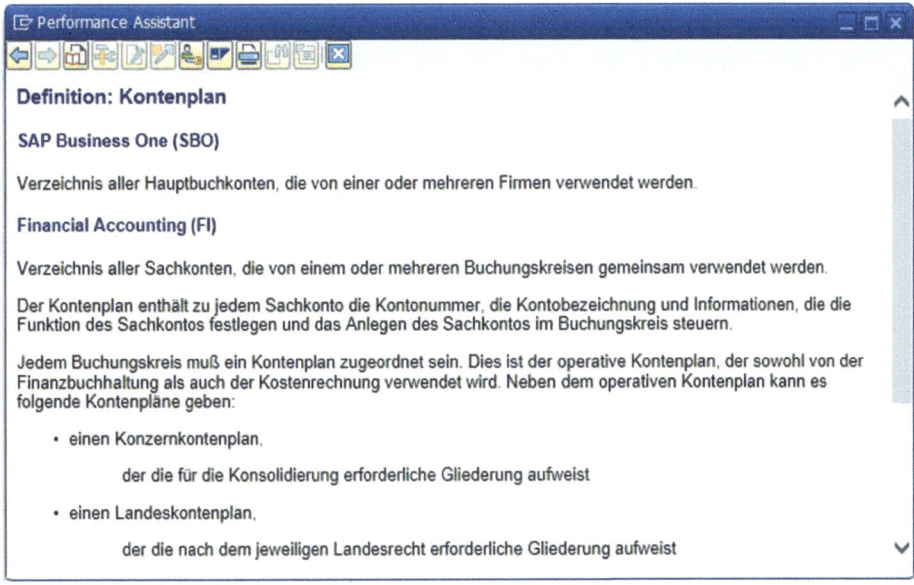

Übung 2.2: Werke im Buchungskreis DE00 im Customizing anzeigen (→ Kapitel 2.3.3)

Welche Werke sind dem Buchungskreis DE00 zugeordnet?

Menüpfad: Customizing/ Unternehmensstruktur/ Zuordnung/ Logistik allgemein/ Werk - Buchungskreis zuordnen

Die systematische Vorgehensweise zur Ermittlung des Menüpfades ist in Kapitel 2.3.2 beschrieben.

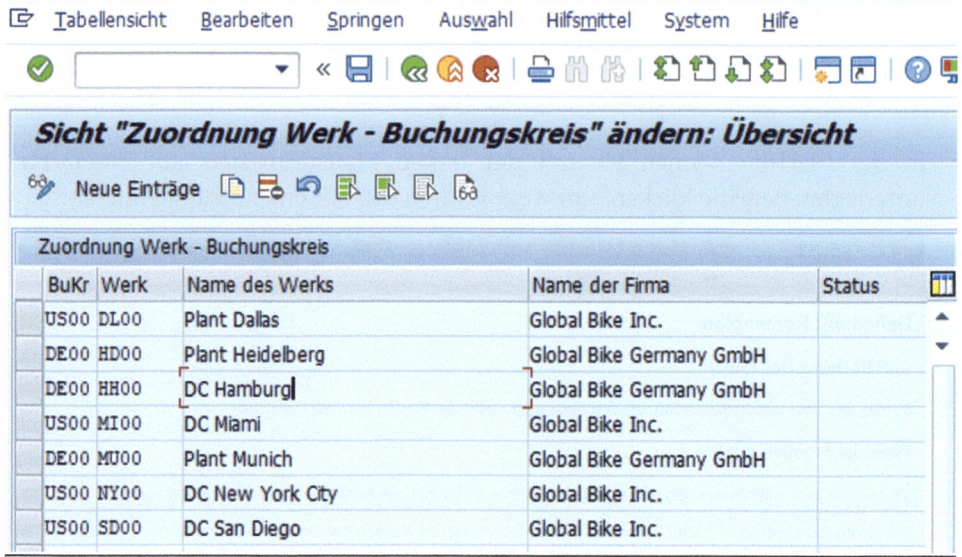

Anmerkung:

Wenn eine Customizing-Tabelle sehr viele Einträge bzw. Zeilen beinhaltet, so können Sie einen besseren Überblick erhalten, wenn Sie in der Menüleiste[54] den Menüpunkt „Auswahl/ Nach Inhalten…" wählen und dann Selektionskriterien nutzen.

---

[54] Denken Sie stets daran: Die gesamte Funktionalität in einer Transaktion finden Sie immer in den Menüpunkten der Menüleiste.

2.4 Übungen zu Kapitel 2

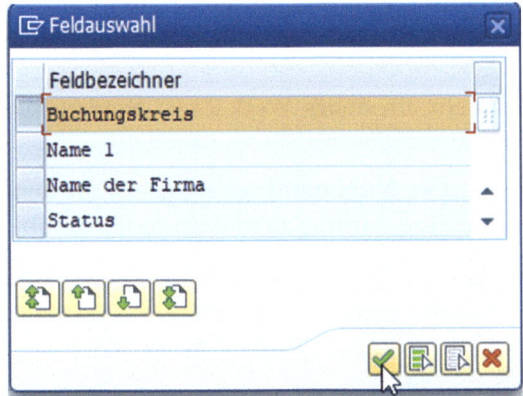

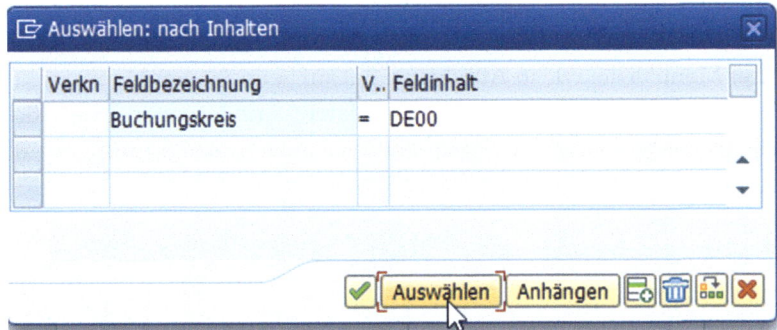

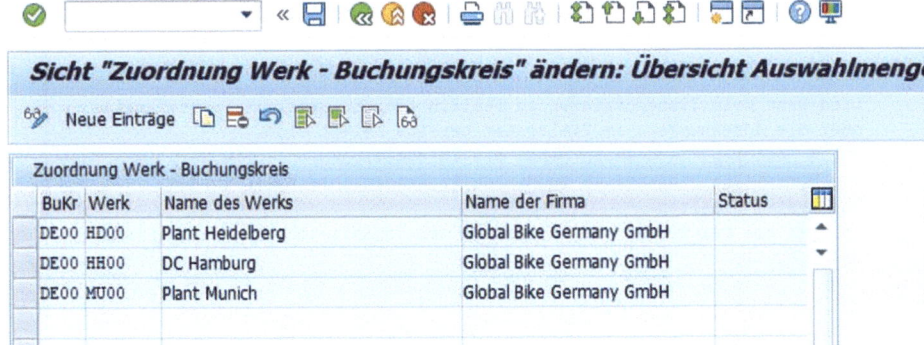

Übung 2.3: Optional: Das neue Werk Z### anhand einer Kopiervorlage im Customizing anlegen
(→ Kapitel 2.2.3, 2.2.4, 2.3.1 und 2.3.3)

1) Definieren Sie in der Logistik allgemein ein neues Werk Z###. Nutzen Sie dazu das Werk HD00 als Kopiervorlage.

   Bestätigen Sie die beiden Meldungen zu den Nummernkreisen, geben Sie den zu Ihrem SAP-User gehörenden Customizing-Auftrag an und verlassen Sie abschließend die Transaktion mit der Taste „F3".

   Menüpfad: Customizing/ Unternehmensstruktur/ Definition/ Logistik Allgemein/ Werk definieren, kopieren, löschen, prüfen/ Werk kopieren, löschen, prüfen/ Werk kopieren, löschen, prüfen

   Transaktionscode: EC02

   Wählen Sie in der Menüleiste, wie in Abbildung 2-3 auf Seite 78, den Menüpunkt „Organisationsobjekt/ Organisationsobjekt kopieren" und geben Sie die Daten aus der Aufgabenstellung ein. Diese sehen Sie auch in Abbildung 2-3 auf Seite 78.

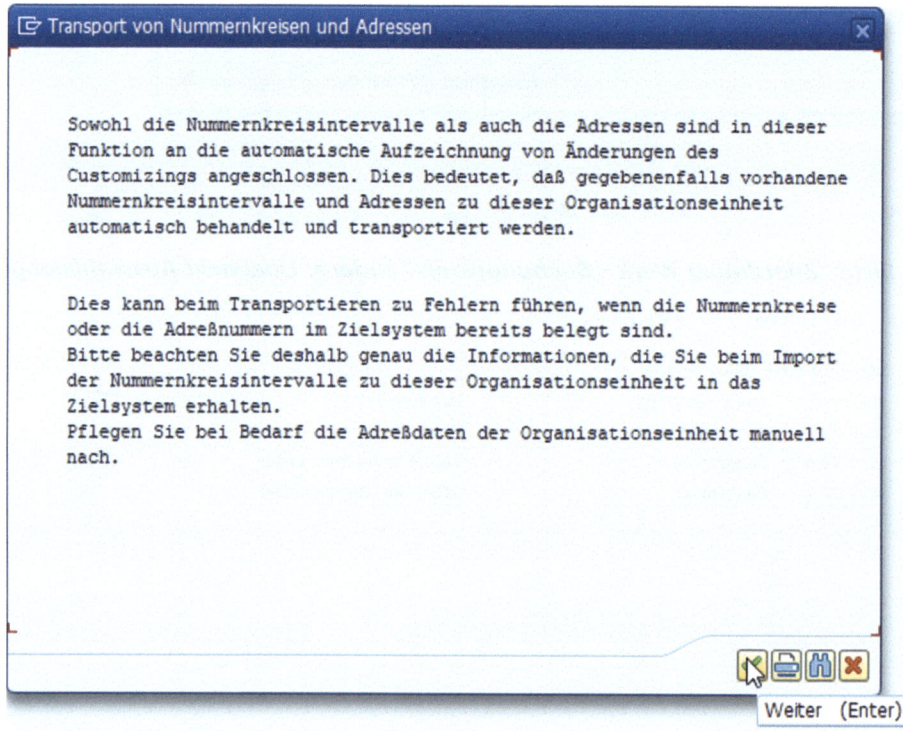

2.4 Übungen zu Kapitel 2

Ein Beispiel für eine Abfrage zu Customizing-Aufträgen sehen Sie in Abbildung 1-25 auf Seite 35 und Abbildung 1-26 auf Seite 36.

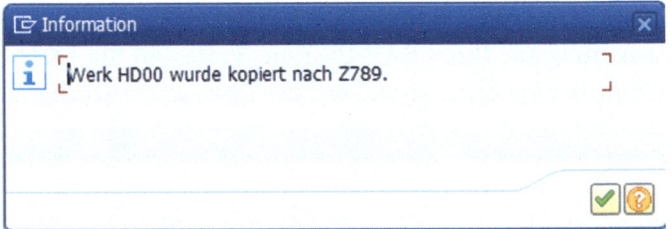

2) Ändern Sie folgende Daten in Ihrem neuen Werk Z###, indem Sie dessen Definition aufrufen.

   Menüpfad: Customizing/ Unternehmensstruktur/ Definition/ Logistik Allgemein/ Werk definieren, kopieren, löschen, prüfen/ Werk definieren

   a) Markieren Sie den Eintrag mit Ihrem neuen Werk und springen[55] Sie und in die Details dazu. Dort geben Sie für den Namen 1 „Werk Ingolstadt ###" und für den Namen 2 „Ingolstadt" eingeben.

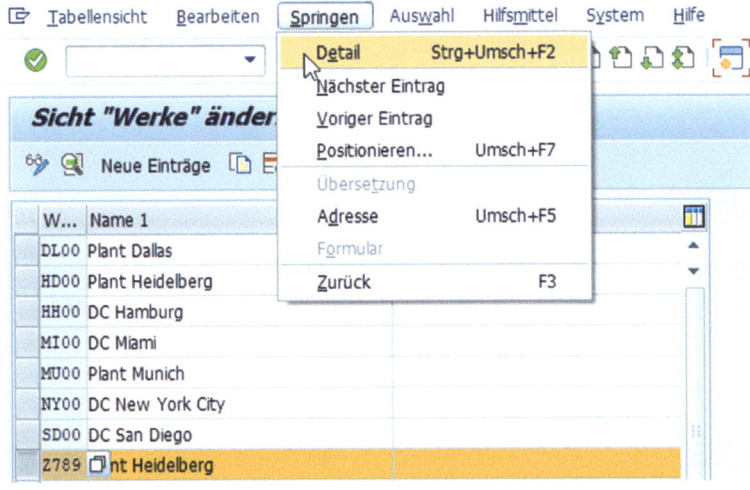

---

[55] Auch hier ist die Aufgabenstellung (zulasten der deutschen Sprache) so formuliert, dass die verwendeten Begriffe exakt denen in SAP S/4HANA, hier in der Menüleiste, entsprechen.

b) Springen Sie von dieser Detailsicht zur Adresse Ihres neuen Werks und geben Sie dort für die beiden Namensfelder und den Suchbegriff 1 jeweils „Werk Ingolstadt ###" ein. Der Suchbegriff 2 lautet Z###. Folgende Adressdaten liegen vor:

- Werkstrasse ###
- 85049 Ingolstadt (Region Bayern)
- Tel. 0841-###-0
- Fax 0841-###-###

Übernehmen Sie Ihre Änderungen, sichern Sie Ihre Daten und geben Sie den Customizing-Auftrag für Ihren SAP-User an. Verlassen Sie abschließend die Transaktion, in dem Sie zweimal mit der Taste „F3" zurückgehen.

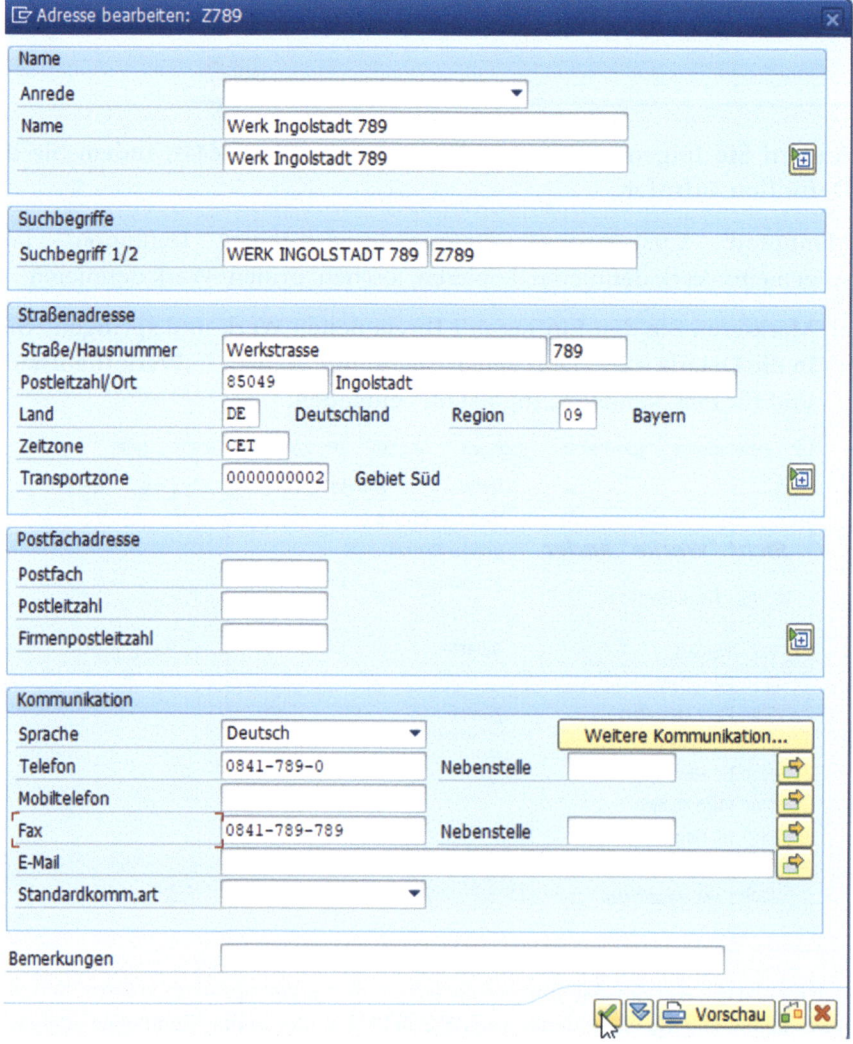

2.4 Übungen zu Kapitel 2

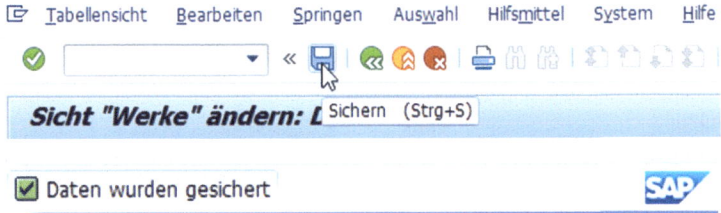

3) Lassen Sie sich die zugeordneten Organisationseinheiten zu Ihrem neuen Werk Z### anzeigen.

   a) Welchem Buchungskreis ist Ihr Werk Z### zugeordnet? Woher stammt diese Zuordnung?

   Menüpfad: Customizing/ Unternehmensstruktur/ Zuordnung/ Logistik Allgemein/ Werk - Buchungskreis zuordnen

   Transaktionscode: OX18

   Ihr Werk Z### gehört zum Buchungskreis DE00. Diese Zuordnung stammt aus den Daten Ihrer Kopiervorlage, dem Werk HD00. Die Zuordnung vom Werk HD00 zum Buchungskreis DE00 haben Sie sich in Übung 2.2 anzeigen lassen.

   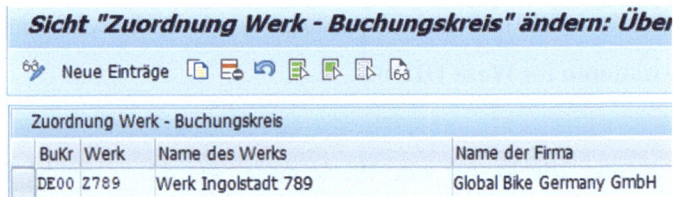

   b) Welche Lagerorte wurden von SAP S/4HANA für Ihr Werk Z### definiert? Woher stammt diese Zuordnung?

   Menüpfad: Customizing/ Unternehmensstruktur/ Definition/ Materialwirtschaft/ Lagerort pflegen

   Transaktionscode: OX09

94   2 Organisationseinheiten zur Abbildung der Elementarfaktoren

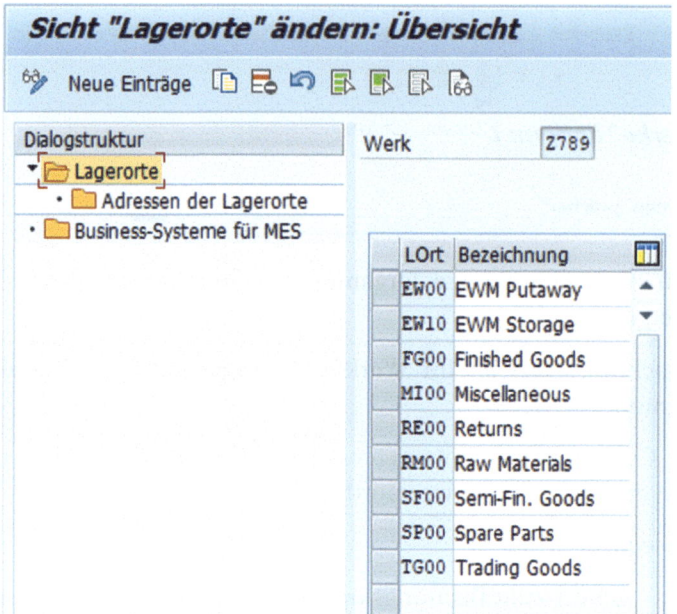

Auch die Zuordnung der Lagerorte stammt aus den Daten der Kopiervorlage, dem Werk HD00.

Übung 2.4: Lagerorte zum Werk HD00 im Customizing anzeigen (→ Kapitel 2.2.3, 2.2.4 und 2.3.3)

Welche Lagerorte existieren im Werk HD00?

Anmerkung:

Lagerorte werden immer direkt für ein Werk angelegt, d.h. obwohl in der Aufgabenstellung mit Werk und Lagerort zwei Organisationseinheiten genannt sind, findet sich die Lösung im Customizing-Menü daher ausnahmsweise nicht im Menü „Zuordnung", sondern unter „Definition".

Menüpfad: Customizing/ Unternehmensstruktur/ Definition/ Materialwirtschaft/ Lagerort pflegen

Transaktionscode: OX09

2.4 Übungen zu Kapitel 2

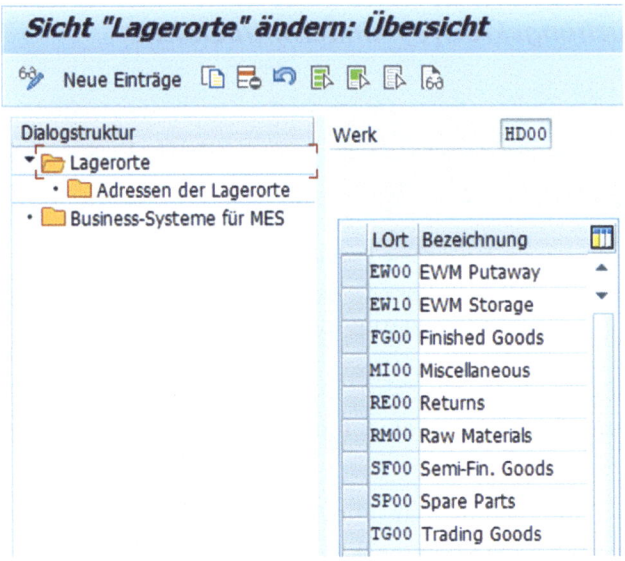

Übung 2.5: Einstellungen zum Kostenrechnungskreis EU00 im Customizing anzeigen
(→ Kapitel 2.2.5, 2.3.2 und 2.3.3)

1) Welchem Kostenrechnungskreis ist der Buchungskreis DE00 zugeordnet?

Anmerkung:

Bei hierarchischen Dialogstrukturen im Customizing müssen Sie für eine Ebene immer zuerst einen Eintrag auswählen. Dadurch wird die entsprechende Zeile gelb unterlegt und markiert. Erst danach können Sie links in der Dialogstruktur mit einem Doppelklick die Inhalte der nächsten untergeordneten Ebene zum gewählten Eintrag anzeigen lassen.

Menüpfad: Customizing/ Unternehmensstruktur/ Zuordnung/ Controlling/ Buchungskreis - Kostenrechnungskreis zuordnen

Transaktionscode: OX19

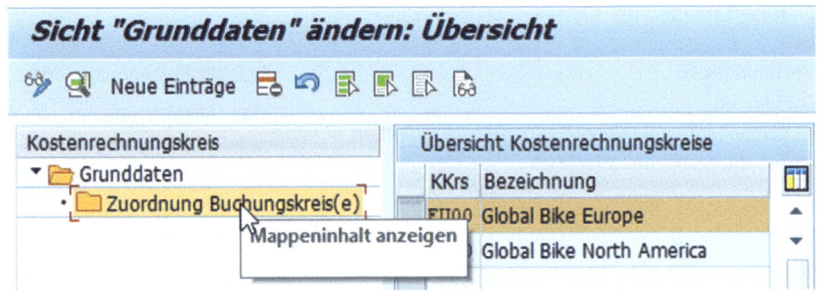

96   2 Organisationseinheiten zur Abbildung der Elementarfaktoren

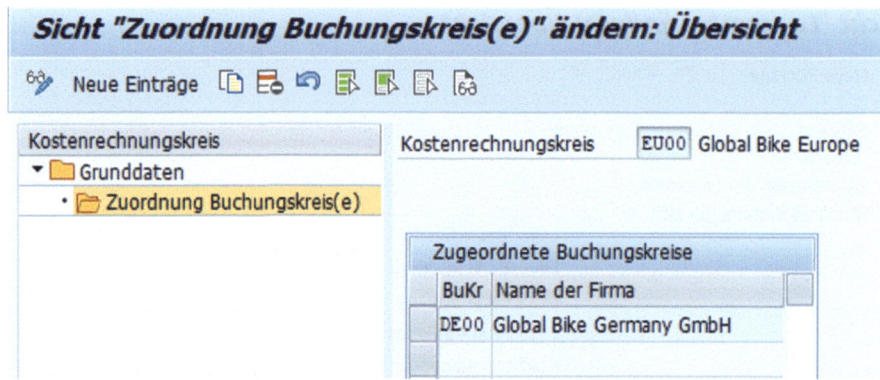

2) **Existiert im Kostenrechnungskreis EU00 eine buchungskreisübergreifende Kostenrechnung?**

   Menüpfad: Customizing/ Unternehmensstruktur/ Definition/ Controlling/ Kostenrechnungskreis pflegen/ Kostenrechnungskreis pflegen

   Transaktionscode: OX06

   Prinzipiell ja. An dieser Stelle sehen Sie, dass der Kostenrechnungskreis EU00 prinzipiell für eine buchungskreisübergreifende Kostenrechnung eingerichtet ist. Allerdings erkennen Sie anhand der Abbildung zur vorherigen Teilaufgabe, dass dem Kostenrechnungskreis EU00 bislang lediglich der Buchungskreis DE00 zugeordnet ist.

   Abbildung 1-21 auf Seite 29 und Abbildung 1-22 auf Seite 30 zeigen die entsprechenden Inhalte.

   Alternativ findet sich die Lösung bspw. im Menüpfad „Customizing/ Controlling/ Controlling Allgemein/ Organisation/ Kostenrechnungskreis pflegen/ Kostenrechnungskreis pflegen" (Transaktionscode OKKP).

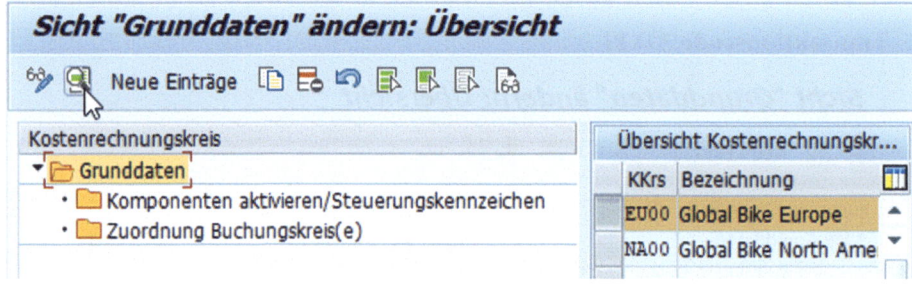

2.4 Übungen zu Kapitel 2

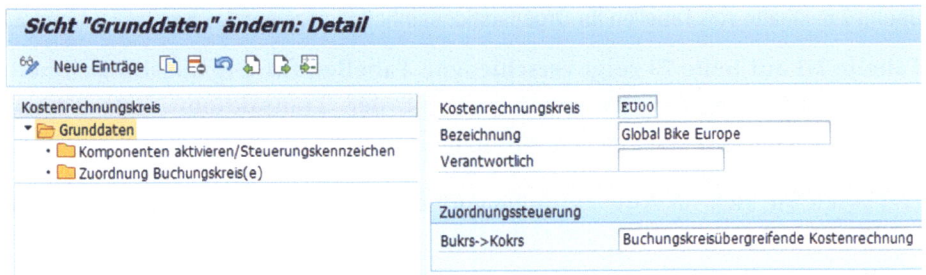

3) **Kann im Kostenrechnungskreis EU00 eine Kostenstellenrechnung durchgeführt werden?**

Menüpfad: Customizing/ Controlling/ Controlling Allgemein/ Organisation/ Kostenrechnungskreis pflegen/ Kostenrechnungskreis pflegen

Transaktionscode: OKKP

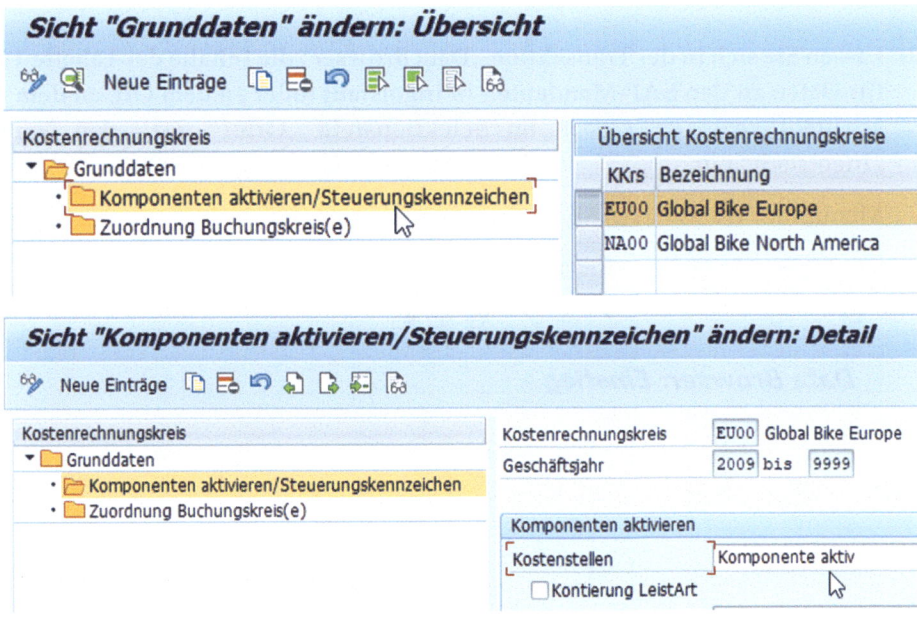

Ja, die Kostenstellenrechnung ist im Kostenrechnungskreis EU00 als Komponente aktiviert.

2 Organisationseinheiten zur Abbildung der Elementarfaktoren

Übung 2.6: Inhalte von Tabellen für Organisationseinheiten anzeigen (→ Kapitel 2.2.1 und 2.2.2)

Tabelle 2-1 auf Seite 79 zeigt verschiedene Tabellen für Organisationseinheiten, deren Inhalte im Anwendungsmenü mit der Transaktion „Data Browser" (vgl. Seite 25) angezeigt werden können.

1) Lassen Sie sich im Anwendungsmenü den Menüpfad zum Transaktionscode SE16 anzeigen.

   Sämtliche Menüpfade für eine Transaktion aus dem Anwendungsmenü können Sie sich anzeigen lassen, indem sie im Befehlsfeld den Transaktionscode SEARCH_SAP_MENU eingeben (vgl. Seite 18). Dann geben Sie als Suchtext den Transaktionscode SE16 ein.

   Der Menüpfad für die Tansaktion „Data Browser" mit dem Transaktionscode SE16 lautet (im Anwendungsmenü) „Werkzeuge/ ABAP Workbench/ Übersicht/ Data Browser".

2) Lassen Sie sich in der Transaktion „Data Browser" die Inhalte der Tabelle T000 für Daten zu den SAP-Mandanten in Ingolstadt (oder an dem Ort, an dem Sie arbeiten) anzeigen. Geben im Selektionsfeld „Ort01" dazu den Namen „Ingolstadt" ein.

   Menüpfad: Werkzeuge/ ABAP Workbench/ Übersicht/ Data Browser

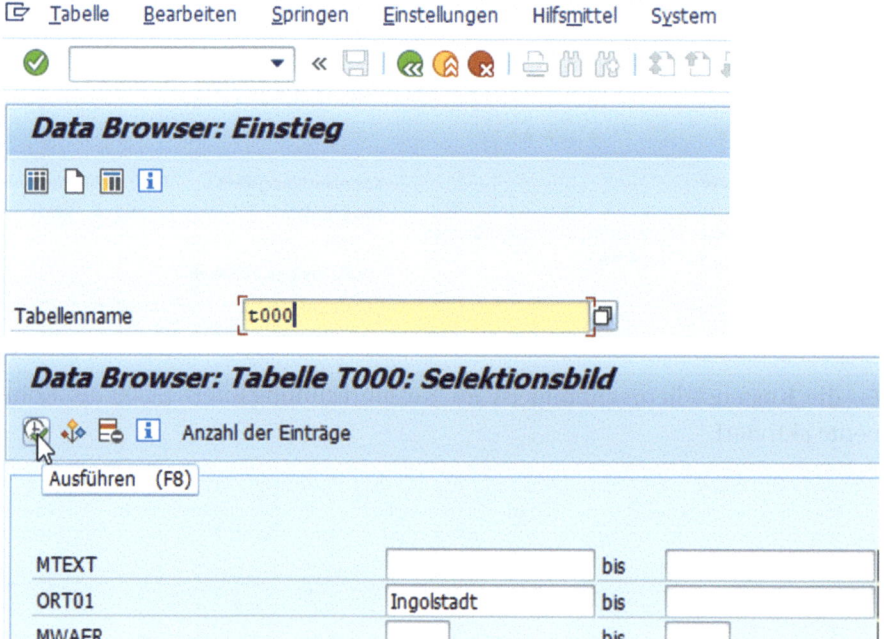

2.4 Übungen zu Kapitel 2

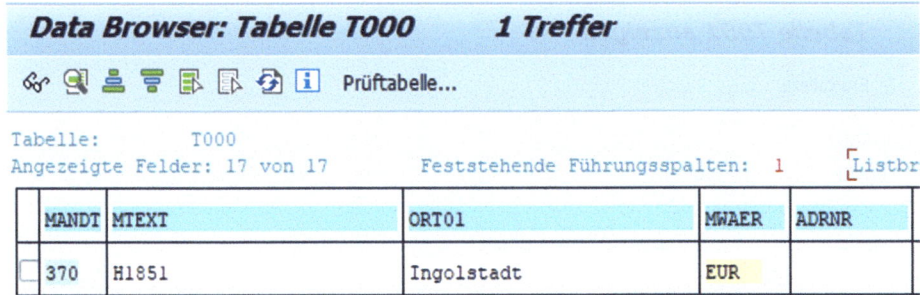

3) Lassen Sie sich auch die Inhalte der Tabelle T001 mit Daten zu allen Buchungskreisen in Ihrem Mandanten anzeigen.

Markieren Sie mit einem Häkchen in der Trefferliste danach den Eintrag für den Buchungskreis DE00 und wählen Sie diesen aus, um sich dazu die einzelnen Datenfelder dazu anzusehen.

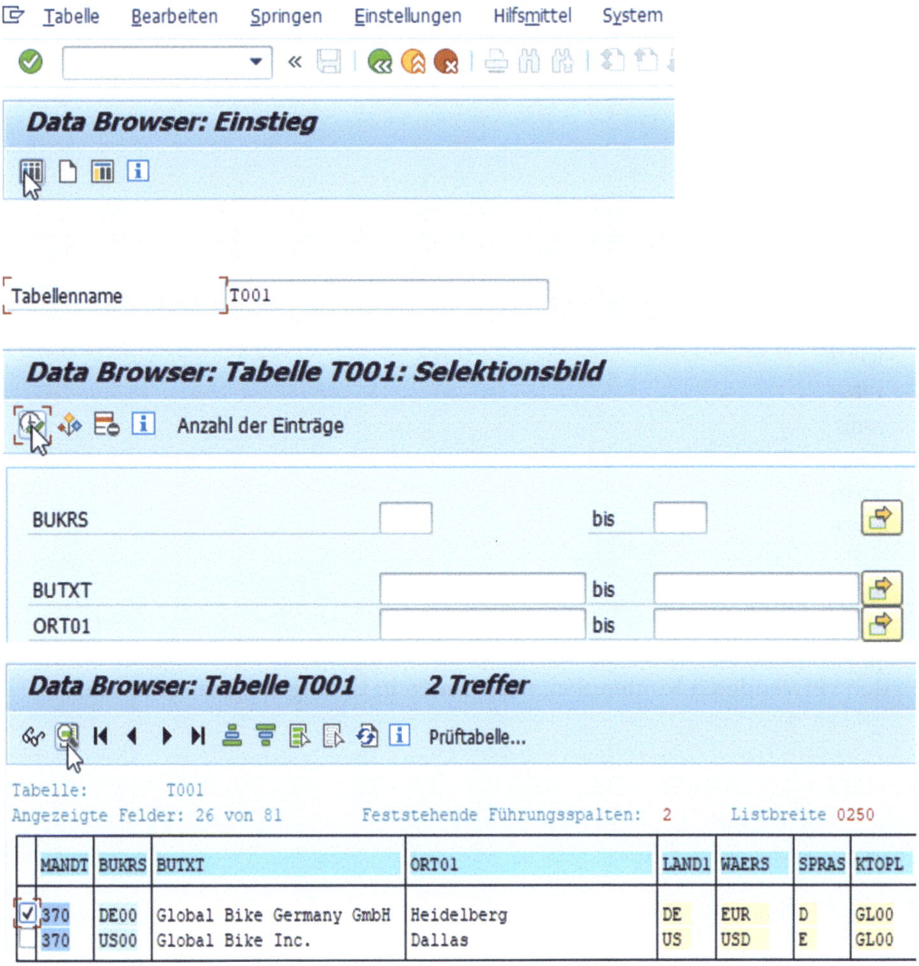

Tabelle T001 anzeigen

Prüftabelle...

MANDT	370
BUKRS	DE00
BUTXT	Global Bike Germany GmbH
ORT01	Heidelberg
LAND1	DE
WAERS	EUR
SPRAS	DE
KTOPL	GL00
WAABW	10
PERIV	K1
KOKFI	2
RCOMP	
ADRNR	23779
STCEG	
FIKRS	
XFMCO	
XFMCB	
XFMCA	
TXJCD	
FMHRDATE	
XTEMPLT	
BUVAR	
FDBUK	
XFDIS	
XVALV	X
XSKFN	
KKBER	GL00

Anmerkung:

In dieser Tabelle sehen Sie bspw. auch die Währung des Buchungskreises und den verwendeten Kontenplan, nach denen in Übung 2.1 gefragt wurde.

3 Abbildung und Integration der Elementarfaktoren in SAP S/4HANA

In diesem Kapitel werden die Grundlagen beschrieben, um die drei Elementarfaktoren Werkstoffe, objektbezogene menschliche Arbeit und Betriebsmittel in SAP S/4HANA abzubilden und miteinander zu integrieren.

Die Abbildung des Elementarfaktors objektbezogene menschliche Arbeit erfolgt dabei weitaus ausführlicher als die der Elementarfaktoren Werkstoffe und Betriebsmittel. Dies liegt darin begründet, dass der Preis für diesen Elementarfaktor, oftmals ein Stundensatz, meist weitaus dynamischer und in komplexeren Arbeitsschritten ermittelt wird als der für Werkstoffe und Betriebsmittel.

3.1 Grundlagen

Einleitend werden zwei verschiedene Arten von Daten kurz vorgestellt, die für die Abbildung und die Integration der Elementarfaktoren in SAP S/4HANA von grundlegender Bedeutung sind.

3.1.1 Stammdaten

Stammdaten beschreiben Objekte, sind zustandsorientiert, ändern sich über einen „längeren Zeitraum" nicht und legen Strukturen für Geschäftsprozesse fest. Sie werden immer für eine oder mehrere verantwortliche Organisationseinheiten angelegt. Werden in SAP S/4HANA Stammdaten für ein Objekt erfasst, so wird ein sog. Stammsatz zu diesem Objekt angelegt.

Für die Abbildung der drei Elementarfaktoren werden Stammdaten, wie bspw. Materialien, Stücklisten, Kostenarten, Kostenstellen, Leistungsarten, Arbeitsplätze, Arbeitspläne, Anlagen genutzt.

Ergänzende Information Die elektronische Version dieses Kapitels enthält Zusatzmaterial, auf das über folgenden Link zugegriffen werden kann https://doi.org/10.1007/978-3-658-47767-7_3.

© Der/die Autor(en), exklusiv lizenziert an
Springer Fachmedien Wiesbaden GmbH, ein Teil von Springer Nature 2025
U. Rimmelspacher, *Abbildung und Integration von Elementarfaktoren in SAP S/4HANA*, https://doi.org/10.1007/978-3-658-47767-7_3

Stammdaten werden später im Rahmen der Geschäftsprozesse sog. Bewegungsdaten zugeordnet. Bewegungsdaten können nicht allein existieren. Deshalb müssen Stammdaten immer vor Bewegungsdaten angelegt werden.

Der kürzeste „längere Zeitraum" für einzelne Datenfelder in einem Stammsatz ist in SAP S/4HANA ein Kalendertag. Wechselt bspw. der Verantwortliche für eine Kostenstelle, so kann dieser Sachverhalt nur von einem Tag zum nächsten erfasst werden. Der frühere Kostenstellenleiter ist dann z.B. bis zum 17.06.2024 und sein Nachfolger ab dem 18.06.2024 verantwortlich. Eine Übergabe der Verantwortlichkeit kann in SAP S/4HANA jedoch nicht innerhalb eines Tages, bspw. zum 17.06.2024 um 14:30 Uhr, erfasst werden. Durch eine solche Änderung in einem Datenfeld wird der Gültigkeitszeitraum des Stammsatzes in mehrere sog. Betrachtungszeiträume unterteilt.

Abbildung 3-1: Ändern einer Kostenstelle (KS02)

3.1 Grundlagen

Der Gültigkeitszeitraum eines Stammsatzes kann nachträglich aufgrund möglicherweise bestehender Dokumentationspflichten nicht mehr verkürzt werden.[56] Eine Verlängerung ist jedoch oftmals möglich, jedoch nicht durch einfaches Ändern des Objektes. Dies wird nachfolgend beispielhaft anhand des Stammsatzes für eine Kostenstelle erklärt:

Gegeben sei die Kostenstelle „PR" aus Abbildung 3-1, die vom 01.01.2025 bis zum 31.12.2400 gültig ist. Ihr Gültigkeitszeitraum soll nachträglich auf den Zeitraum vom 01.01.2024 bis zum 31.12.9999 erweitert werden.

Intuitiv würde man dazu lediglich entsprechend die Inhalte der beiden Datenfelder „gültig ab" und „gültig bis" ändern. In der Transaktion zum Ändern einer Kostenstelle können jedoch nur die weiß unterlegten Datenfelder geändert werden, nicht aber u.a. die beiden Datenfelder „gültig ab" und „gültig bis" (vgl. Abbildung 3-1).

Deshalb muss der Stammsatz für den zusätzlich benötigten Gültigkeitszeitraum nochmals angelegt werden. Die neuen Zeitintervalle vom 01.01.2024 bis zum 31.12.2024 und vom 01.01.2401 bis zum 31.12.9999 müssen sich jeweils direkt an den schon bestehenden Gültigkeitszeitraum vom 01.01.2025 bis zum 31.12.2400 anschließen.

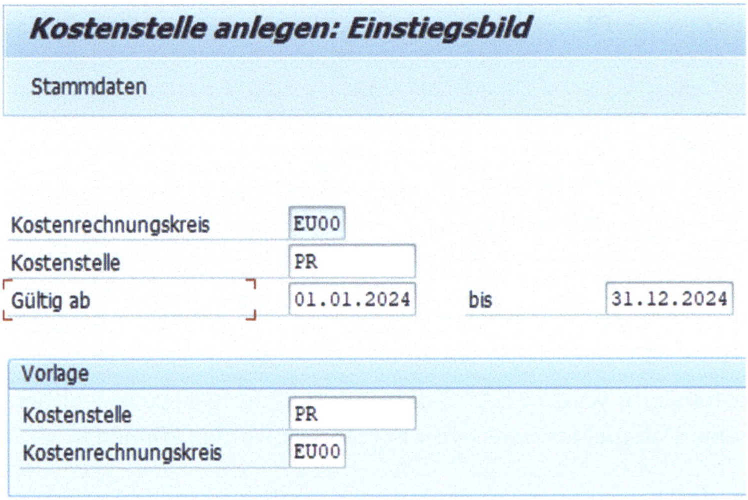

Kostenstelle anlegen: Einstiegsbild

Stammdaten

Kostenrechnungskreis	EU00
Kostenstelle	PR
Gültig ab	01.01.2024 bis 31.12.2024

Vorlage

Kostenstelle	PR
Kostenrechnungskreis	EU00

Abbildung 3-2: Gültigkeitszeitraum einer Kostenstelle erweitern (KS01)

In einem ersten Schritt wird die Kostenstelle für den Zeitraum vom 01.01.2024 bis zum 31.12.2024 angelegt. Um den Aufwand für manuelle Eingaben zu reduzieren, wird beim Anlegen die Kostenstelle als Kopiervorlage (vgl. Seite 121) auf sich selbst verwendet (vgl. Abbildung 3-2). Da ansonsten keine Datenfelder geändert werden, kann die Kostenstelle danach sofort gespeichert werden.

---

[56] Stammdaten können i.d.R. nur gelöscht werden, falls ihnen noch keine Bewegungsdaten zugeordnet wurden.

Dieser Vorgang wird für den zweiten anzulegenden Gültigkeitszeitraum vom 01.01.2401 bis zum 31.12.9999 wiederholt.

Lässt man sich nach diesen beiden Vorgängen die Kostenstelle wie in Abbildung 3-3 anzeigen, so erscheinen alle Änderungen als „Vereinigungsmenge" mit dem beabsichtigten Gültigkeitszeitraum vom 01.01.2024 bis zum 31.12.9999.

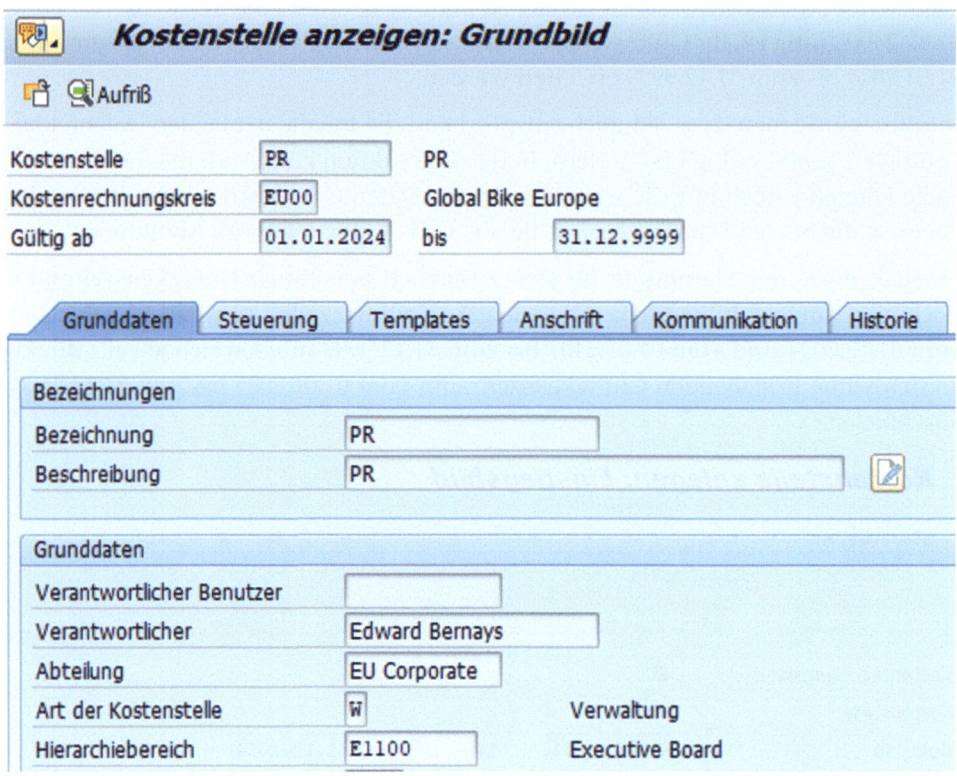

Abbildung 3-3: Geänderten Gültigkeitszeitraum einer Kostenstelle anzeigen (KS03)

Im zugehörigen Customizing wird in SAP S/4HANA stets festgelegt, in welchen Zeitintervallen einzelne Datenfelder eines Objekts geändert werden können.

3.1.2 Bewegungsdaten

Bewegungsdaten werden bei einem konkreten Geschäftsvorfall generiert und sind daher vorgangs- bzw. abwicklungsorientiert.

Je nach Vorgang können sie von einem SAP-Anwender direkt erfasst werden oder sie werden von SAP S/4HANA automatisch generiert. Beispiele für Bewegungsdaten sind Lagerbestandsveränderungen bei Materialien, Buchungen von Ist- oder Plandaten auf Kostenstellen u.v.m.

3.2 Werkstoffe

Alle Werkstoffe werden in SAP S/4HANA mit dem Stammdatum „Material" abgebildet.

Materialien können Sachgüter und Dienstleistungen, mit denen gehandelt wird oder die in der Fertigung eingesetzt, verbraucht oder erzeugt werden, beinhalten. Für alle Materialien wird in der Materialwirtschaft ein sog. Materialstammsatz angelegt, der anwendungsübergreifend in SAP S/4HANA genutzt werden kann.

Für die Inhalte dieses Buches in der angestrebten inhaltlichen Tiefe sind die Prozessschritte von Abbildung 3-4 relevant. Diese bilden jedoch nur eine Teilmenge aller möglichen Prozessschritte zur Abbildung von Werkstoffen in SAP S/4HANA.

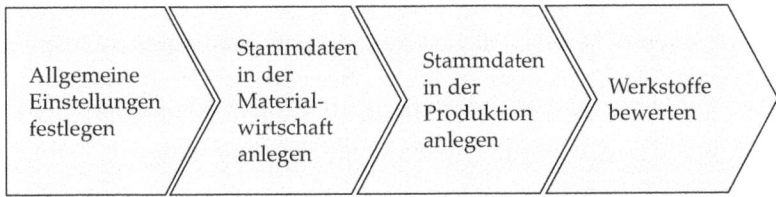

Abbildung 3-4: Prozessschritte zur Abbildung des Elementarfaktors Werkstoffe

Ein Stammsatz für ein Material wird im Anwendungsmenü der Materialwirtschaft im Menüpfad „Logistik/ Materialwirtschaft/ Materialstamm" angelegt und gepflegt.

Werden einzelne Materialien im Rahmen der Leistungserstellung bspw. zu Halbfabrikaten oder Fertigerzeugnissen verarbeitet, so müssen dafür im Anwendungsmenü der Produktion im Menüpfad „Logistik/ Produktion/ Stammdaten/ Stücklisten" Stammsätze für Stücklisten für zusammengesetzte Materialien angelegt werden.

Bevor diese beiden Arbeitsschritte im Anwendungsmenü erfolgen können, müssen im zugehörigen Customizing der Materialwirtschaft und der Produktion allgemeine Einstellungen für Materialien bzw. Stücklisten festgelegt werden.

Basierend auf dem Mengengerüst in Stücklisten wird der Verbrauch des Elementarfaktors Werkstoffe im Rahmen des Leistungserstellungsprozesses anhand der einzelnen Materialpreise bewertet.

3.2.1 Allgemeine Einstellungen festlegen

3.2.1.1 Einstellungen in der Materialwirtschaft festlegen

Für die einzelnen Datenfelder von Materialien müssen im Customizing zuerst allgemeine Einstellungen definiert werden, bevor im Anwendungsmenü mit Materialien gearbeitet werden kann. Nachfolgend werden einige der wichtigen Einstellungen kurz beschrieben.[57]

3.2.1.1.1 Materialart

Abbildung 3-17 auf Seite 119 zeigt, dass jedem Material beim Anlegen eine Materialart zugeordnet werden muss. In einer Materialart sind gleichartige Materialstämme mit identischen Eigenschaften zusammengefasst.

In SAP S/4HANA existieren bereits etliche vordefinierte Materialarten, bspw. Rohstoffe, Halbfabrikate, Fertigerzeugnisse u.v.m. Besteht darüber hinaus noch weiterer Bedarf, so können unternehmensindividuell weitere Materialarten im Customizing im Menüpfad „Logistik Allgemein/ Materialstamm/ Grundeinstellungen/ Materialarten" angelegt werden.

Durch die Zuordnung eines Materials zu einer Materialart werden vielfältige Einstellungen festgelegt, bspw. die

- Nummernvergabe (intern und/ oder extern) und die zugehörige Nummernkreisintervalle,
- Registerkarten für die fachbereichsspezifischen Materialsichten sowie deren Reihenfolge,
- Bewertung des Materials
- Art der Fortschreibung von Mengen und/ oder Werten im Materialstammsatz,
- Art der Preissteuerung, z. B. bei
    - einer Handelsware mit einem gleitenden Durchschnittspreis bzw. einem periodischen Verrechnungspreis.
    - einem Fertigerzeugnis mit einem Standardpreis, der für mindestens eine Periode konstant bleibt.

---

[57] Seien Sie am besten neugierig und schauen Sie sich gerne auch noch andere Einstellungen im Customizing-Menü der Materialwirtschaft an.

3.2 Werkstoffe

Stammdaten für ein neues Material werden im Anwendungsmenü im Menüpfad „Logistik/ Materialwirtschaft/ Materialstamm/ Material/ Anlegen allgemein" angelegt.

Zusätzlich kann das Anlegen von Materialien mit einer der Materialarten aus Abbildung 3-5 im Anwendungsmenü alternativ auch im Menüpfad „Logistik/ Materialwirtschaft/ Materialstamm/ Material/ Anlegen speziell" erfolgen. Für diese Materialarten, die keine zusätzlichen, sondern eine Teilmenge der zur Verfügung stehenden Materialarten darstellen, wurden zuvor im Customizing die entsprechenden Einstellungen festgelegt.

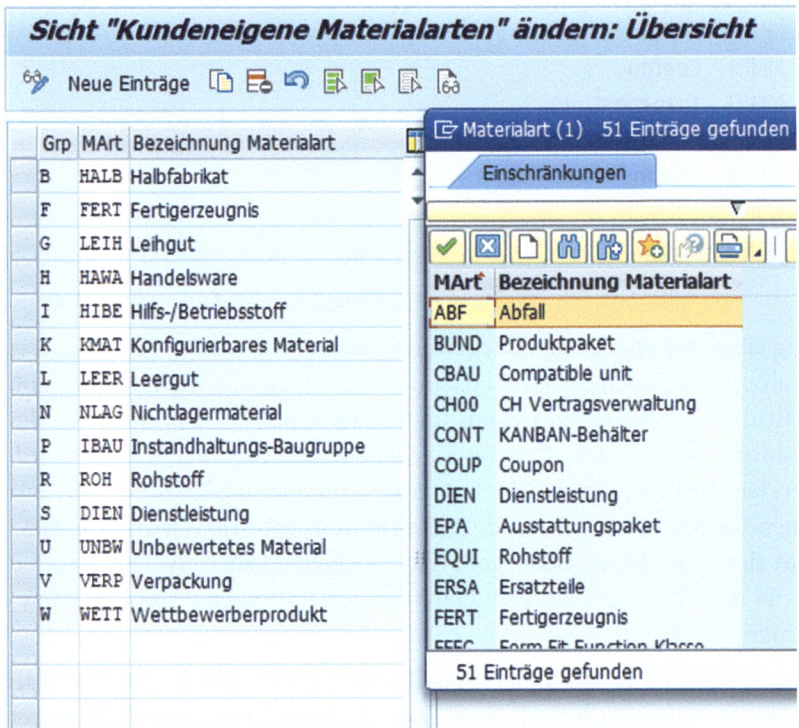

Abbildung 3-5: Zuordnung von Materialarten zu speziellen Anlegetransaktionen

Die Anlegetransaktionen in diesem Menüpfad haben im Anwendungsmenü die in Abbildung 3-6 dargestellten eigenen Transaktionscodes.

Seit der Einführung dieser speziellen Anlegetransaktionen für einzelne Materialarten vor ungefähr zwei Jahrzehnten im ERP-Vorgängersystem SAP R/3 wurden diese in allen ERP-Nachfolgesystemen der SAP SE übernommen.

Inhaltlich erschließt sich die Notwendigkeit einer zusätzlichen Möglichkeit zum Anlegen von Materialstammdaten weiterhin nicht. Wie Abbildung 3-17 auf Seite 119 zeigt, unterscheiden sich beide Erfassungsmöglichkeiten lediglich darin, dass beim „Anlegen allgemein" zusätzlich explizit die Materialart ausgewählt werden muss.

108 3 Abbildung und Integration der Elementarfaktoren in SAP S/4HANA

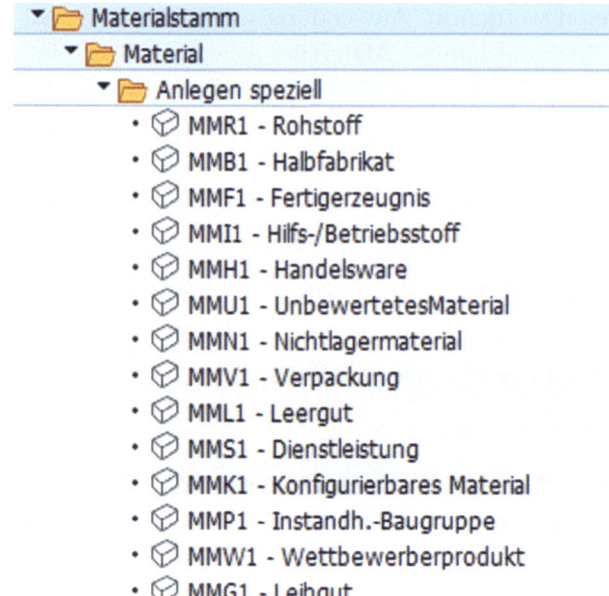

Abbildung 3-6: Spezielle Anlegetransaktionen für Materialien im Anwendungsmenü

Bei der Nutzung einer der speziellen Anlegetransaktionen musste die Materialart ja auch schon implizit berücksichtigt werden, sodass sich keinerlei Mehrwert ergibt. Dagegen besteht die Gefahr, gerade wenn unerfahrene SAP-Anwender den Menüpfad zu Abbildung 3-6 aufrufen, dass fälschlicherweise davon ausgegangen wird, dass es sich bei den dort angezeigten Materialarten um alle in SAP S/4HANA zur Verfügung stehenden Materialarten handelt. Dies trifft in der Praxis jedoch de facto nie zu. Auch in dem für dieses Buch genutzten SAP S/4HANA-System wurden bspw. lediglich 14 der 51 allgemein verfügbaren Materialarten eine spezielle Anlegetransaktion zugewiesen.

Aus diesem Grund wird empfohlen, dass man beim Anlegen von neuen Materialstammdaten weiterhin die originäre Transaktion „Anlegen allgemein" verwendet und sich beim Drilldown zum Datenfeld „Materialart" alle zur Verfügung stehenden Werte anzeigen lässt.

3.2.1.1.2   Nummernvergabe

Jeder Materialstammsatz wird durch einen Primärschlüssel, die sog. Materialnummer, eindeutig identifiziert.

Im Customizing wird für die Materialnummer u.a. die maximale Länge festgelegt und ob sie nur Zahlen oder auch eine Kombination von Zahlen und Buchstaben enthalten kann. Danach wird, abhängig von der Materialart über eine Nummernkreisgruppe, welche ein oder mehrere Nummernkreisintervalle beinhaltet, festgelegt, wie die Vergabe der Materialnummer erfolgt.

3.2 Werkstoffe

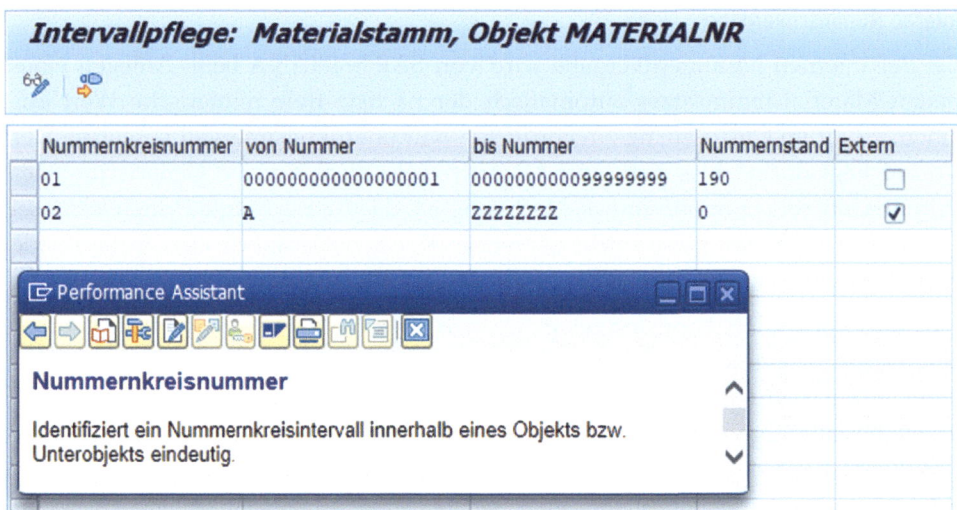

Abbildung 3-7: Nummernkreisintervalle für interne und externe Nummernvergabe (MMNR)

Für jedes Nummernkreisintervall wird neben dem möglichen Wertebereich u.a. bestimmt, ob die Nummernvergabe intern oder extern erfolgt (vgl. Abbildung 3-7).

Externe Nummernvergabe

Bei der externen Nummernvergabe gibt ein SAP-Anwender manuell die Materialnummer für ein neues Material ein. SAP S/4HANA prüft dann, ob die eingegebene Materialnummer formell allen im Customizing festgelegten Kriterien entspricht und der konkrete Wert noch nicht vergeben wurde. Ist beides erfüllt, so wird der vom SAP-Anwender erzeugte Primärschlüssel für das Material übernommen.

Der Vorteil der externen Nummernvergabe besteht darin, dass dabei „sprechende" alphanumerische Primärschlüssel verwendet werden können, welche einer vorher festgelegten allgemeinen Systematik folgen. Bspw. können die ersten beiden Stellen für einen Ländercode, die nächsten zwei Stellen für eine Produktkategorie und die letzten sechs Stellen für eine fortlaufende Nummer stehen.

Der Nachteil der externen Nummernvergabe besteht darin, dass SAP S/4HANA bei der Eingabe einer Materialnummer, die bereits vergeben ist oder die nicht den formellen Anforderungen für die Werte des Nummernkreisintervalls genügt, lediglich eine Fehlermeldung ausgibt und die eingegebenen Daten nicht gespeichert werden können. Ein SAP-Anwender muss dann selbst nachforschen, welche Materialnummer noch frei ist bzw. den vorher festgelegten formellen Anforderungen genügt. Dies kann aber natürlich relativ schnell mit der F4-Hilfe bzw. einem Blick ins Customizing geklärt werden.

Interne Nummernvergabe

Bei der internen Nummernvergabe wird von SAP S/4HANA beim Anlegen eines neuen Materialstammsatzes automatisch der nächste freie numerische Wert aus einem zuvor im Customizing zugeordneten Nummernkreisintervall vergeben. Der Vorteil liegt darin, dass sich ein SAP-Anwender nicht um die Generierung des Primärschlüssels kümmern muss. Nachteilig ist, dass der erzeugte Primärschlüssel für den Materialstammsatz nicht „sprechend" ist, da lediglich eine fortlaufende Nummerierung erfolgt.

Für eine Materialart kann festgelegt werden, dass beim Anlegen eines Materialstammsatzes sowohl eine externe als auch eine interne Nummernvergabe erfolgen kann. Dazu werden einer Nummerngruppe entsprechend mehrere Nummernkreisintervalle zugeordnet. Bspw. kann gemäß Abbildung 3-8 die Nummernvergabe für alle dort aufgeführten Materialarten, u.a. Fertigerzeugnisse, intern oder extern erfolgen.

Gruppen Übersicht: Materialstamm, Objekt MATERIALNR					
Gruppe					
	Element	Elementtext	Von Nummer	Bis Nummer	Nummernstand Extern
Gruppe 1					
			1	99999999	190
			A	ZZZZZZZZ	X
	ABF	Abfall			
	BUND	Produktpaket			
	CBAU	Compatible unit			
	CH00	CH Vertragsverwaltung			
	CONT	KANBAN-Behälter			
	COUP	Coupon			
	DIEN	Dienstleistung			
	EPA	Ausstattungspaket			
	EQUI	Rohstoff			
	ERSA	Ersatzteile			
	FERT	Fertigerzeugnis			

Abbildung 3-8: Interne und externe Nummernvergabe für Materialarten (MMNR)

Bei den Materialarten aus Abbildung 3-8 wird die Materialnummer für einen neuen Materialstammsatz automatisch intern durch SAP S/4HANA vergeben, wenn ein SAP-Anwender vorher nicht explizit (extern) eine Materialnummer manuell eingegeben hat.

Da die Nummernvergabe nur intern fortlaufend erfolgt, wird lediglich beim Nummernkreisintervall „01" in Abbildung 3-7 ein aktueller Nummernstand angezeigt werden. Bei Nummernkreisintervallen mit externer Nummernvergabe ist dies per Definition nicht möglich.

3.2 Werkstoffe

3.2.1.1.3 Datenbilder des Materialstamms

Für jedes Material werden von unterschiedlichen Fachbereichen im Unternehmen spezifische Daten erfasst, die für deren jeweilige Prozesse benötigt werden. Mitarbeiter im Versand benötigen bspw. Daten zur Größe und zum Gewicht eines Materials. Diese Daten interessieren jedoch bspw. Mitarbeiter der Buchhaltung nicht, für die hingegen z. B. die Preissteuerung des Materials und der Wertansatz in der Bilanz von essenzieller Bedeutung sind. Für Mitarbeiter in der Beschaffung ist dagegen entscheidend, auf welche Art und Weise ein Material beschafft wird usw.

Diesem Umstand wird in SAP S/4HANA insofern Rechnung getragen, als dass die Vielzahl von Stammdaten für einen Materialstammsatz nicht zentral in einer einzigen großen Bildschirmmaske erfasst wird. Stattdessen werden sie auf Registerkarten für verschiedene Sichten verteilt (vgl. Abbildung 3-11 auf Seite 113). Diese Sichten bilden den Informationsbedarf der einzelnen Fachbereiche im Unternehmen bezüglich des Materials ab.

Die Begriffe im Anwendungsmenü und im Customizing-Menü weichen teilweise voneinander ab. Eine im Anwendungsmenü von SAP S/4HANA in einer Registerkarte angezeigte fachbereichsspezifische Materialstammsicht wird bspw. in Transaktionen des Customizing-Menüs als „Datenbild" bezeichnet.

Eine Bildsequenz umfasst mehrere Registerkarten mit fachbereichsspezifischen Materialstammsichten bzw. Datenbildern für Haupt- und Zusatzbilder und deren Reihenfolge. Abbildung 3-9 zeigt beispielhaft die Bildsequenz 21 für Fertigerzeugnisse.

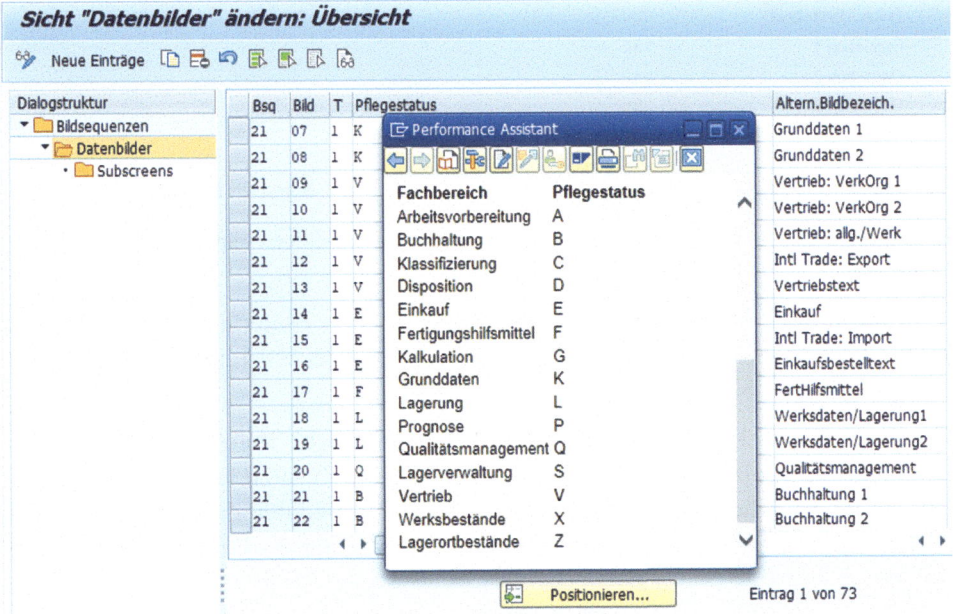

Abbildung 3-9: Fachbereichsspezifische Datenbilder für Fertigerzeugnisse (OMT3B)

Die Auswahl der Bildsequenz erfolgt im Customizing der allgemeinen Logistik in der Konfiguration zum Materialstamm und kann abhängig von der Transaktion, dem SAP-Anwender, der Materialart und der Branche festgelegt werden.[58]

In der Spalte „Pflegestatus" in Abbildung 3-9 wird für jedes Datenbild bestimmt, von welchem Fachbereich die zugehörigen Daten gepflegt werden dürfen. Bei den Datenbildern „Buchhaltung 1" und „Buchhaltung 2" ist es bspw. erwartungsgemäß jeweils die Buchhaltung.

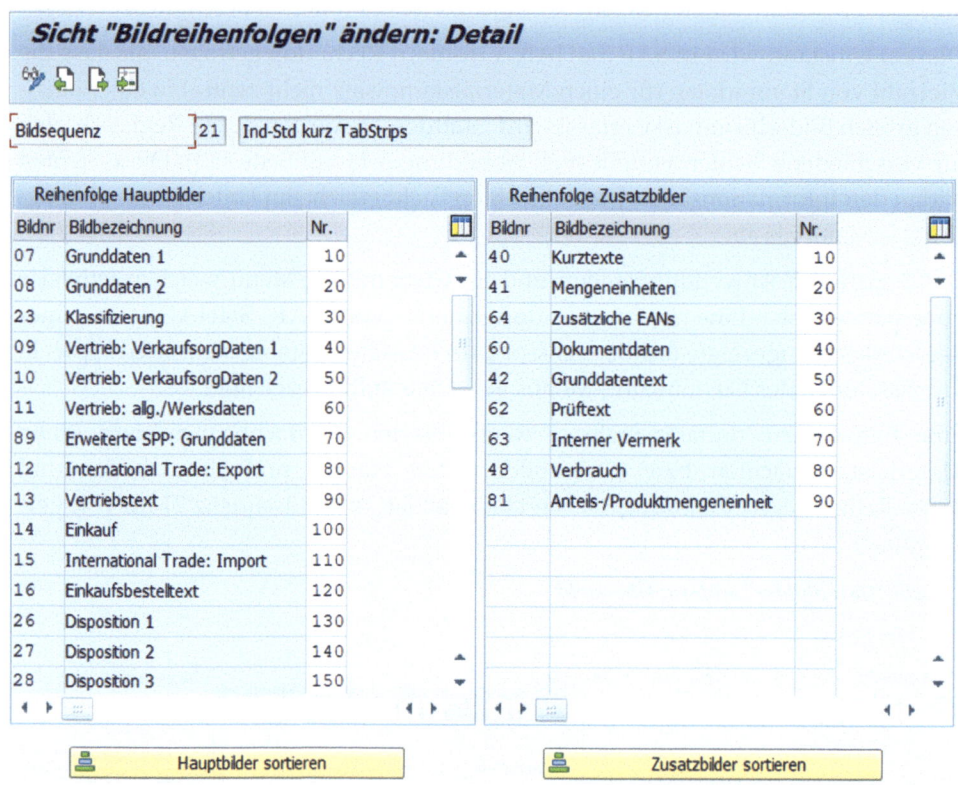

Abbildung 3-10: Reihenfolge von Haupt- und Zusatzbildern einer Bildsequenz für Fertigerzeugnisse (OMT3R)

Die Reihenfolge, in der die fachbereichsspezifischen Materialstammsichten im Anwendungsmenü in Abbildung 3-11 angezeigt werden, wird im Customizing als „Bildreihenfolge" bezeichnet.

Die zugehörigen Hauptdaten einer Materialstammsicht im Anwendungsmenü heißen im Customizing-Menü „Hauptbilder" und die Zusatzdaten „Zusatzbilder". Der Aufbau und die Reihenfolge für Haupt- und Zusatzdaten des Materialstamms im Anwendungsmenü werden ebenfalls im Customizing durch entsprechende

---

[58] Der Platzhalter „*" steht dabei für eine beliebige Anzahl von Einträgen.

3.2 Werkstoffe

Datenbilder, die in Haupt- und Zusatzbilder unterteilt sind, in einer Bildsequenz definiert.

Abbildung 3-10 zeigt die Reihenfolge von Haupt- und Zusatzbildern in der für Fertigerzeugnisse verwendeten Bildsequenz 21 aus Abbildung 3-9.

Der in Abbildung 3-9 und Abbildung 3-10 dargestellte modulare Aufbau im Customizing ermöglicht es, flexibel Datenbilder zu konfigurieren. Abbildung 3-11 zeigt die Auswirkungen auf die Anzeige der fachbereichsspezifischen Hauptdaten eines Materialstamms im Anwendungsmenü.

Jedes einzelne Datenbild, egal ob Haupt- oder Zusatzbild, besteht aus mehreren Bildbausteinen (Synonyme: Subscreens oder Dynpros) und entspricht einer fachbereichsspezifischen Materialstammsicht im Anwendungsmenü.

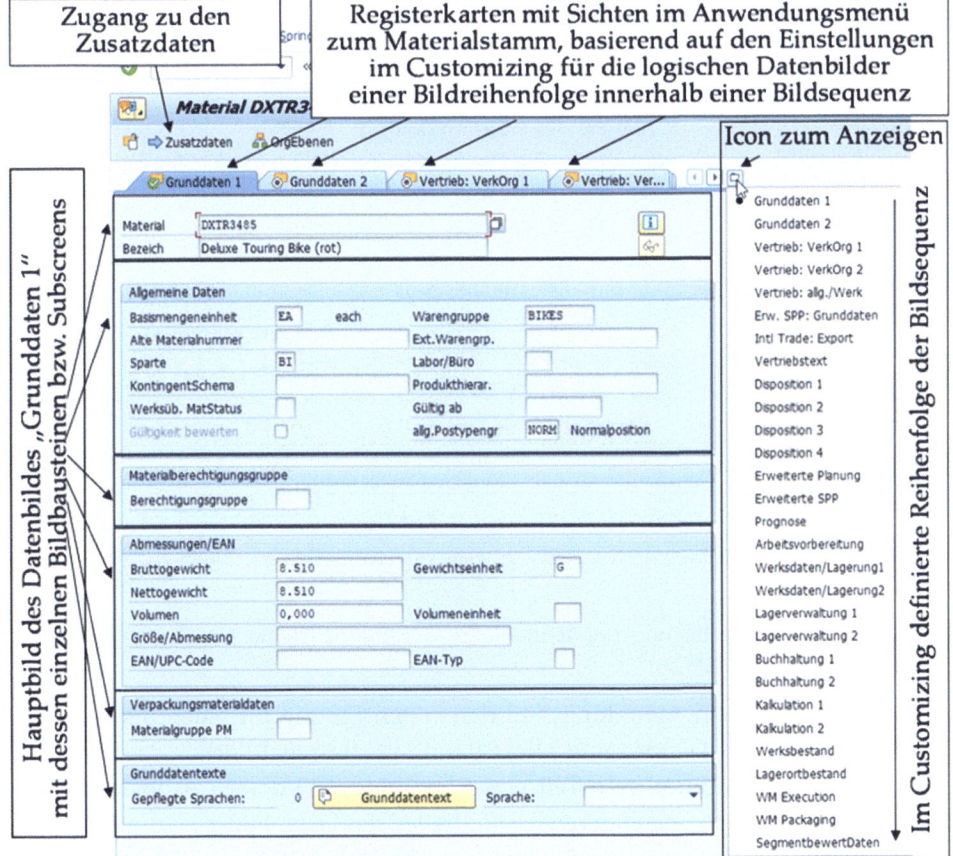

Abbildung 3-11: Auswirkungen der Einstellungen im Customizing-Menü auf die Anzeige fachbereichsspezifischer Hauptdaten eines Materialstamms (MM03)

Abhängig von der Materialart kann jeder Bildbaustein bzw. Subscreen eines Datenbildes wie in Abbildung 3-11 eine Überschrift sowie ein oder mehrere Datenfelder für die Eingabe zu Beschreibungsmerkmalen eines Materials beinhalten. Dieser Aufbau wird wiederum im Customizing festgelegt. So wirken sich die Einstellungen im Customizing aus Abbildung 3-9 und Abbildung 3-10 auf die Anzeige fachbereichsspezifischer Hauptdaten eines Materialstamms im Anwendungsmenü in Abbildung 3-11 aus.

In Abbildung 3-12 sind alle definierten Bildbausteine bzw. Subscreens bzw. Dynpros sowie deren Reihenfolge für das Datenbild „Grunddaten 1" aus Abbildung 3-11 der Bildsequenz 21 für Fertigerzeugnisse zu sehen. Es fällt auf, dass die Anzahl der definierten Subscreens aus Abbildung 3-12 die der in Abbildung 3-11 angezeigten übersteigt. Dies liegt im konkreten Fall daran, dass einige der im Customizing angelegten Subscreens von Abbildung 3-12 keine Inhalte aufweisen und deshalb in Abbildung 3-11 nicht angezeigt werden.[59]

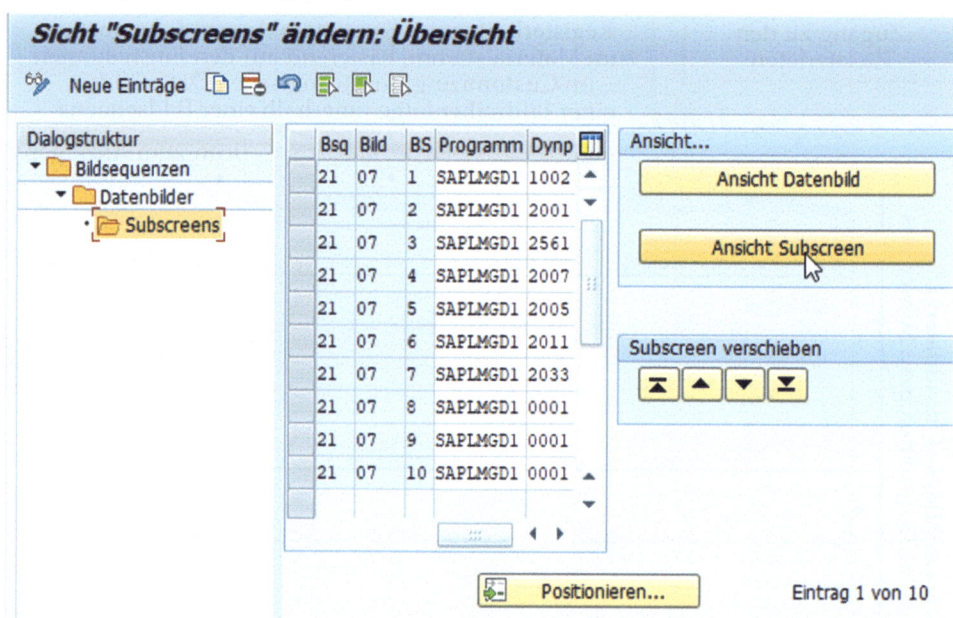

Abbildung 3-12: Festlegung der Reihenfolge der Bildbausteine für Fertigerzeugnisse (OMT3B)

Markiert man bspw. in Abbildung 3-12 den ersten Eintrag für einen Bildbaustein bzw. Subscreen bzw. Dynpro und klickt dann auf die Schaltfläche „Ansicht Subscreen", so sieht man im oberen Teil von Abbildung 3-13 dessen Aufbau mit den einzelnen Datenfeldern und anderen Bestandteilen des Datenbildes „Grunddaten 1" der Bildsequenz 21 für Fertigerzeugnisse aus Abbildung 3-11. Der untere Teil von

---

[59] Fragen Sie an dieser konkreten Stelle bitte nicht nach der Sinnhaftigkeit. Die im vorliegenden SAP-System ohne jegliche Inhalte im Customizing-Menü definierten Bildbausteine bzw. Subscreens werden nicht gebraucht und sind wahrscheinlich Überbleibsel von Tests.

3.2 Werkstoffe

Abbildung 3-13 zeigt analog den Aufbau des zweiten Bildbausteins bzw. Subscreens bzw. Dynpros aus Abbildung 3-11.

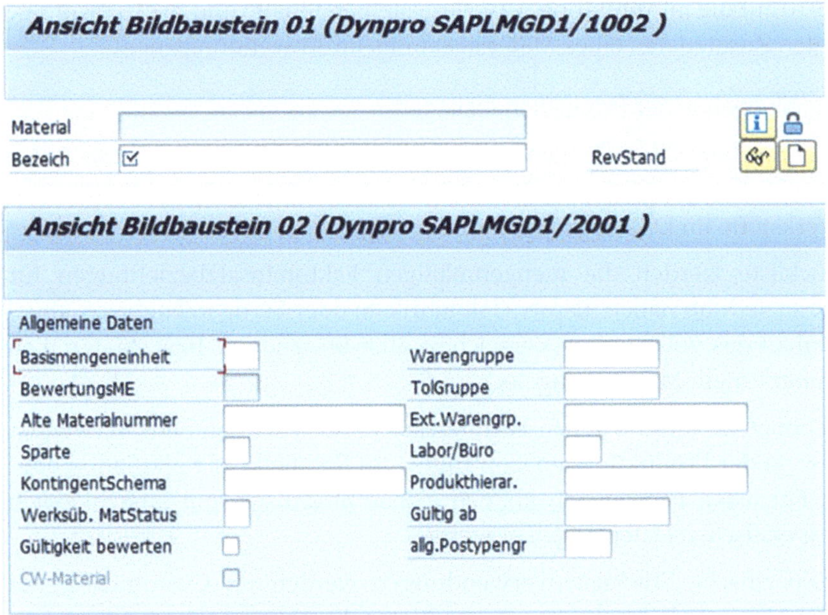

![Ansicht Bildbaustein 01 (Dynpro SAPLMGD1/1002) und Ansicht Bildbaustein 02 (Dynpro SAPLMGD1/2001)]

Abbildung 3-13: Bildbausteine des Datenbildes „Grunddaten 1" für Fertigerzeugnisse (OMT3B)

In Abbildung 3-11 sind oben über der Registerkarte auch die beiden Schaltflächen für den Absprung zu den zugehörigen Zusatzdaten und Organisationseinheiten für den Materialstamm zu sehen.

Für andere Organisationseinheiten können die möglicherweise divergierenden Daten (vgl. Kapitel 3.2.2) in einer Materialsicht mit einem Klick auf die Schaltfläche „OrgEbenen" angezeigt werden.

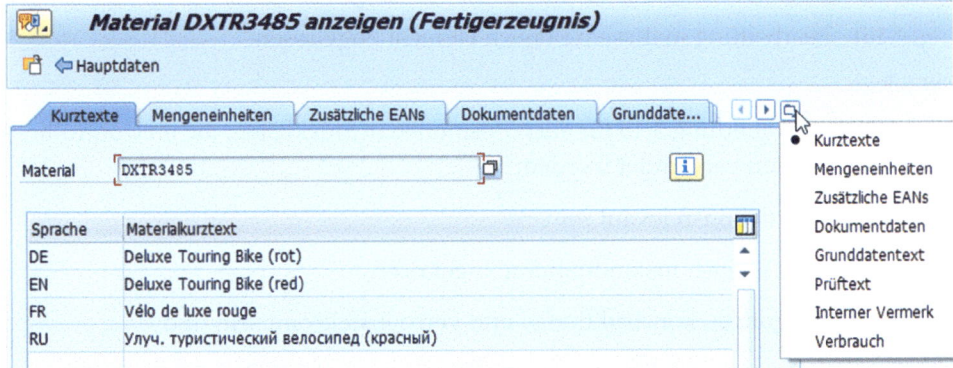

Abbildung 3-14: Auswirkungen der Einstellungen im Customizing-Menü auf die Anzeige fachbereichsspezifischer Zusatzdaten eines Materialstamms (MM03)

Nach einem Klick auf die Schaltfläche „Zusatzdaten" in Abbildung 3-11 zeigen sich die Auswirkungen der Einstellungen im Customizing aus Abbildung 3-9 und Abbildung 3-10 auf die in Abbildung 3-14 dargestellten Inhalte und die Reihenfolge der angezeigten Zusatzdaten eines Materialstamms im Anwendungsmenü.

3.2.1.2 Einstellungen in der Produktion festlegen

Einzelne Materialstammsätze bilden in der Produktion die Bestandteile einer Stückliste. Stücklisten sind daher weitere Stammdaten zur Abbildung des Elementarfaktors Werkstoffe im Leistungserstellungsprozess.

In einer Stückliste werden die mengenmäßigen Faktoreinsatzbeziehungen für zusammengesetzte Materialien, bspw. Halbfabrikate oder Fertigerzeugnisse, abgebildet. Sie enthält das vollständige Verzeichnis aller Bestandteile bzw. Materialien und wird immer für ein Material angelegt.

Stücklisten können in verschiedenen Fachbereichen des Unternehmens verwendet werden, bspw. in der Produktion, im Controlling im Rahmen der Kalkulation oder im Vertrieb. Für jeden Fachbereich können eigene Stücklisten mit ausschließlich fachbereichsspezifischen Daten angelegt werden.

Fachbereichsspezifische Stücklistenverwendungen werden im Customizing der Produktion im Menüpfad „Produktion/ Grunddaten/ Stückliste/ Allgemeine Daten/ Stücklistenverwendung/ Stücklistenverwendungen definieren" angelegt.

Jede fachbereichsspezifische Stücklistenverwendung wird durch den Stücklistenverwendungsschlüssel (linke Spalte in Abbildung 3-15) eindeutig identifiziert. Abhängig von diesem wird in den anderen Spalten jeweils definiert, ob alle Positionen in der Stückliste fertigungs-, konstruktions-, instandhaltungs-, vertriebs- und/ oder kalkulationsrelevant sind. Dies wird in jeder Spalte mit dem Kennzeichen

- „+" für „müssen relevant sein" oder
- „." für „können relevant sein" oder
- „-" für „Bearbeitung in diesem Bereich ist nicht zugelassen"

festgelegt.

Bspw. gilt laut Abbildung 3-15 für allen Positionen in Stücklisten, die im Controlling für die Kalkulation verwendet werden: Sie

- müssen kalkulationsrelevant sein,
- sind nicht im Bereich Instandhaltung zugelassen,
- können fertigungs-, konstruktions-, und vertriebsrelevant sein und
- können als Ersatzteil gekennzeichnet sein (vierte Spalte in Abbildung 3-15).

3.2 Werkstoffe

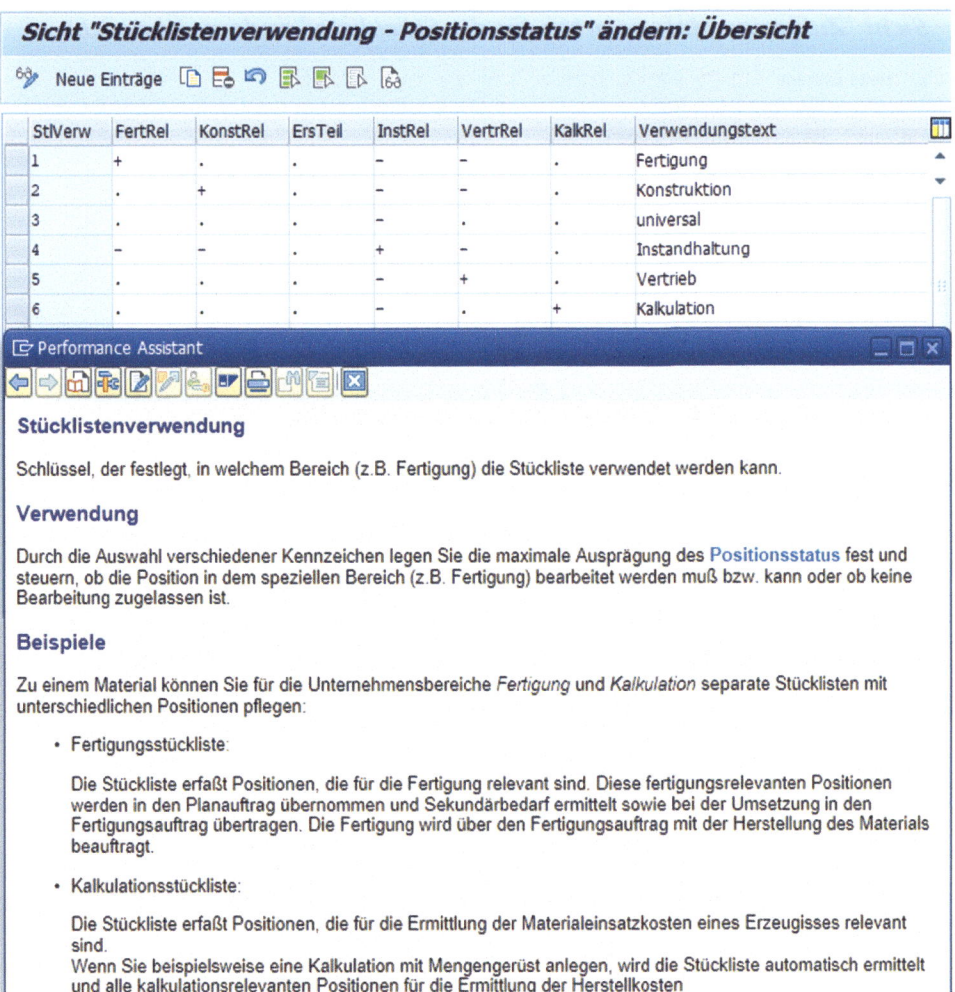

Abbildung 3-15: Fachbereichsspezifische Stücklistenverwendungen (OS20)

Abhängig von der Stücklistenverwendung können zulässige Materialarten im Customizing der Produktion im Menüpfad „Produktion/ Grunddaten/ Stückliste/ Allgemeine Daten/ Zulässige Materialarten für den Stücklistenkopf festlegen" eingegrenzt werden (vgl. Abbildung 3-16).

118   3 Abbildung und Integration der Elementarfaktoren in SAP S/4HANA

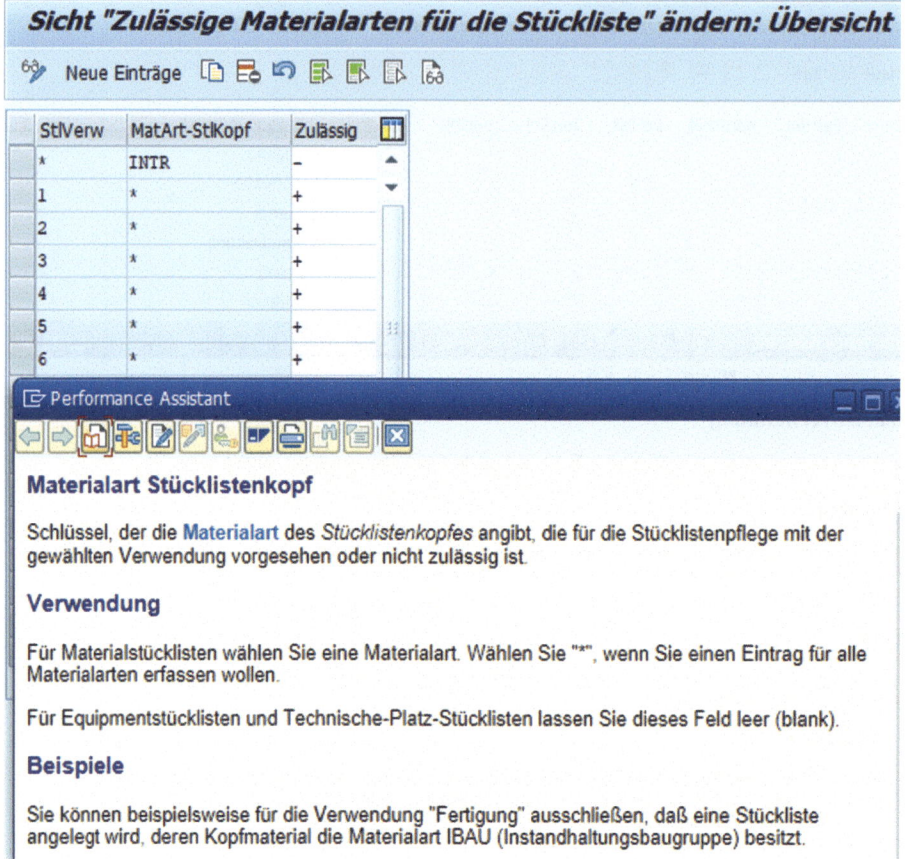

Abbildung 3-16: Zulässige Materialarten bei unterschiedlicher Stücklistenverwendung (OS24)

Stücklisten, die im Controlling für die Kalkulation verwendet werden, ist gemäß Abbildung 3-15 der Stücklistenverwendungsschlüssel „6" zugeordnet. Abbildung 3-16 zeigt, dass für diese Stücklisten keine Einschränkung bzgl. der zulässigen Materialarten für den Stücklistenkopf erfolgt. Dies wird durch den Eintrag „*" in der Spalte „Materialart Stücklistenkopf" in Kombination mit dem Kennzeichen „+" für zulässig in der gleichnamigen Spalte festgelegt.

Der Platzhalter „*"in der Spalte „Materialart Stücklistenkopf" steht für alle möglichen Eingaben. Sollten Stücklisten, die im Controlling für die Kalkulation verwendet werden, bspw. nicht für Rohstoffe angelegt werden können, so müsste in der Spalte „Materialart Stücklistenkopf" die Materialart „ROH" für Rohstoffe und in der Spalte mit dem Zulässigkeitskennzeichen ein „-" für nicht zulässig stehen.

3.2 Werkstoffe

3.2.2 Stammdaten in der Materialwirtschaft anlegen

Einzelne Materialien werden im Anwendungsmenü der Materialwirtschaft angelegt. Beim Anlegen von Stammsätzen für Materialien gilt es für unerfahrene SAP-Anwender ein paar Klippen in SAP S/4HANA zu umschiffen, die nachfolgend beschrieben werden.

Allgemeine und spezielle Anlegetransaktionen

Materialstammdaten können im Anwendungsmenü im Menüpfad „Logistik/ Materialwirtschaft/ Materialstamm/ Material/ Anlegen allgemein" (Transaktionscode MM01) angelegt werden.

Zusätzlich kann dies auch mit einer speziellen Anlegetransaktion im Menüpfad „Logistik/ Materialwirtschaft/ Materialstamm/ Material/ Anlegen speziell" für Materialien mit einer Materialart erfolgen, für die im Customizing gemäß Abbildung 3-5 auf Seite 107 sowie Abbildung 3-6 auf Seite 108 dies zusätzlich definiert wurde.

Der einzige marginale Unterschied zwischen beiden Möglichkeiten besteht darin, dass in der allgemeinen Transaktion zusätzlich manuell die Materialart ausgewählt werden muss, die ansonsten bei der jeweiligen speziellen Anlegetransaktion bereits durch deren Selektion durch S/4 HANA vorgegeben ist. Abbildung 3-17 zeigt diesen anhand eines neu anzulegenden Fertigerzeugnisses.

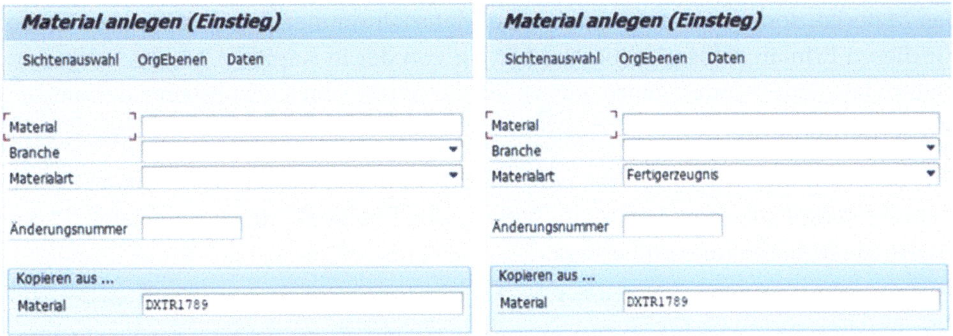

Abbildung 3-17: Anlegen eines Fertigerzeugnisses mit der allgemeinen (links; MM01) und der speziellen (rechts; MMF1) Transaktion

Quellen für neue Werte in Datenfeldern

Ein Materialstammsatz kann nicht nur manuell durch SAP-Anwender gepflegt werden. SAP S/4HANA kann bei bestimmten Geschäftsvorfällen auch die Inhalte einzelner Datenfelder automatisch in die entsprechenden Registerkarten des Materialstamms fortschreiben, z.B.

- beim Buchen von Bestandsveränderungen.
- bei der Übernahme von Kalkulationsergebnissen in den Materialstamm (vgl. Kapitel 4.1.1.1 und 4.3).
- beim Anlegen von Konditionssätzen zum Materialpreis.

Zudem werden durch SAP S/4HANA sogar automatisch neue fachbereichsspezifische Materialsichten angelegt, wenn darin automatisch fortzuschreibende Datenfelder enthalten sind.

Materialsichten und Organisationseinheiten bei manueller Eingabe

Beim manuellen Anlegen eines Materialstammsatzes können für unerfahrene SAP-Anwender einige Irritationen bzw. potenzielle Fehlerquellen auftreten. Die Wichtigsten werden nachfolgend anhand mit der Anlage eines Fertigerzeugnisses aus Abbildung 3-17 kurz erklärt:

Das Datenfeld „Material" eines Materialstammsatzes nicht die Bezeichnung[60] für das Material, sondern dessen eindeutige Materialnummer. Die Nummernvergabe für diesen Primärschlüssel erfolgt, abhängig von der in Kapitel 3.2.1 beschriebenen Materialart, extern oder intern innerhalb der vorher im Customizing definierten Nummernkreisintervalle.

Die Bezeichnung des Materials wird stattdessen erst später nach Auswahl der fachbereichsspezifischen Materialsichten in der Registerkarte „Grunddaten 1" im Mussfeld „Materialkurztext" erfasst.

Mit dem Datenfeld „Branche" wird das Material einem bestimmten Industriezwig mit zugehörigen branchenspezifischen Muss- und Kann-Feldern in den fachbereichsspezifischen Sichten einer Materialart zugeordnet (vgl. Kapitel 3.2.1.1.3).

Die manuelle Erfassung von Stammdaten ist meist langweilig und zeitaufwendig. Deshalb wird, falls vorhanden, beim Anlegen eines neuen Stammsatzes ein möglichst ähnlicher Stammsatz als Kopiervorlage genutzt.

Die Werte der Kopiervorlage werden automatisch in die einzelnen Datenfelder des neuen Materialstammsatzes übernommen. Es müssen somit nur noch die divergierenden Inhalte in einzelnen Datenfeldern geändert werden. Dieses Vorgehen minimiert sowohl den Zeitaufwand als auch die Wahrscheinlichkeit manueller

---

[60] Die Materialbezeichnung ist lediglich ein Sekundärschlüssel und muss daher nicht eindeutig sein.

3.2 Werkstoffe

Eingabefehler. In Abbildung 3-17 wird bspw. für das neu anzulegende Fertigerzeugnis als Kopiervorlage das sehr ähnliche Material „DXTR1789" verwendet.

Über diesem Datenfeld steht an dieser Stelle in SAP S/4HANA „Kopieren aus …". Normalerweise findet sich dort jedoch der Begriff „Vorlage", mit dem stets eine Kopiervorlage gemeint ist.

Die anzulegenden fachbereichsspezifischen Materialsichten für einen neuen Materialstammsatz selektiert man in der Sichtenauswahl (vgl. Abbildung 3-18).

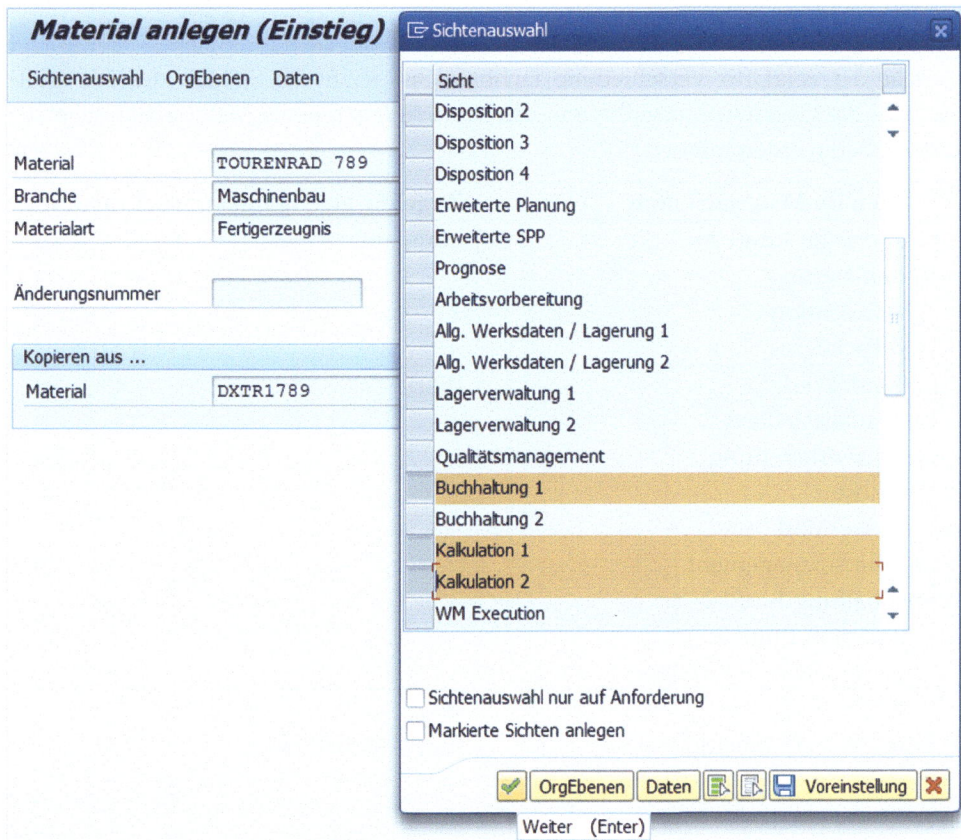

Abbildung 3-18: Auswahl der Sichten für einen neuen Materialstammsatz (MM01)

Danach ist es egal, ob man auf die Schaltfläche „Weiter" oder auf die Schaltfläche „OrgEbenen" klickt. In beiden Fällen müssen die zugehörigen Organisationseinheiten für die Registerkarten mit den gerade gewählten Materialsichten eingegeben werden.

Dies ist notwendig, da Inhalte einzelner Datenfelder in den verschiedenen fachbereichsspezifischen Sichten eines Materialstammsatzes für verschiedene Organisationseinheiten divergieren können.

Anhand von zwei Buchungskreisen, welche die beiden unterschiedlichen Landesgesellschaften eines Konzerns abbilden, werden Beispiele für divergierende Inhalte in einzelnen Datenfeldern nachstehend kurz beschrieben: Ein Material

- unterliegt in dem einen Land einer Umweltsteuer, in dem anderen jedoch nicht.
- wird in den beiden Ländern bilanziell mit unterschiedlichen Wertansätzen im Umlaufvermögen bewertet.
- unterliegt lediglich in einem der beiden Länder Gefahrgutbestimmungen bei der Lagerung und/ oder dem Versand.

Tabelle 3-1 zeigt für verschiedene fachbereichsspezifische Sichten des Materialstamms die Organisationseinheiten, die beim Anlegen eines Materialstammsatzes eingegeben werden müssen.[61]

Sichten im Materialstamm	Zugehörige Organisationseinheiten
Grunddaten 1 und 2 Klassifizierung WM Execution WM Packaging	Mandant
Einkauf: Werk Einkaufsbestelltext Arbeitsvorbereitung Prognose Werksbestand Qualitätsmanagement Buchhaltung 1 und 2 Kalkulation 1 und 2 Segmentbewertungsdaten	Werk
Vertrieb: VerkaufsorgDaten 1 Vertrieb: VerkaufsorgDaten 2 Vertrieb: allg./ Werksdaten Vertriebstext	Werk, Verkaufsorganisation und Vertriebsweg
Erweiterte Planung Disposition 1, 2, 3 und 4 Allg. Werksdaten/ Lagerung 1 Allg. Werksdaten/ Lagerung 2	Werk und Lagerort
Lagerverwaltung 1 und 2	Werk, Lagernummer und Lagertyp

Tabelle 3-1: Fachbereichsspezifische Sichten im Materialstamm und zugehörige Organisationseinheiten

---

[61] Dabei ist die Eingabe einiger der genannten Organisationseinheiten optional, bspw. der Lagertyp bei den Sichten der Lagerverwaltung.

3.2 Werkstoffe

Sollen für einen neuen Materialstammsatz nur Sichten angelegt werden, die lediglich dem Mandanten zugeordnet sind, so brauchen explizit keine Organisationseinheiten erfasst werden, da der Mandant bereits bei der Anmeldung in SAP S/4HANA eingegeben wurde (vgl. Abbildung 1-3 auf Seite 8).

Werden Materialien öfter für dieselben Organisationseinheiten angelegt, so können Letztere zur Minimierung des Erfassungsaufwands als Voreinstellung gespeichert werden.

Für die in Abbildung 3-18 ausgewählten Materialsichten „Buchhaltung 1", „Kalkulation 1" und „Kalkulation 2" ist bspw. gemäß Tabelle 3-1 jeweils das Werk die zuständige Organisationseinheit (vgl. Abbildung 3-19).

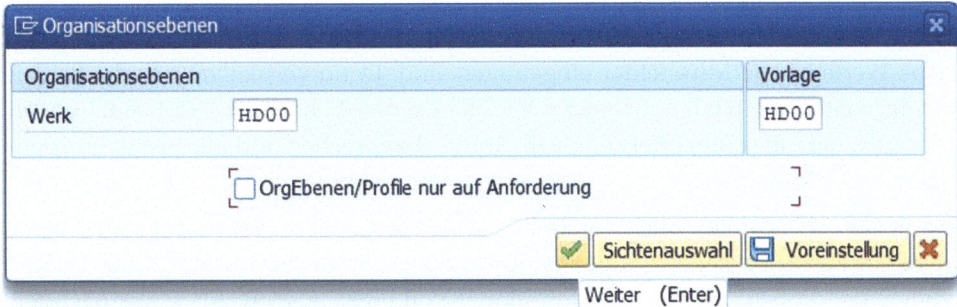

Abbildung 3-19: Organisationseinheit für ausgewählte Materialsichten (MM01)

Da für den neuen Materialstammsatz in Abbildung 3-17 ein Vorlagematerial eingetragen wurde, wird für Letzteres ebenfalls das verantwortliche Werk abgefragt.

Ein SAP-Anwender muss nun sowohl für das neu anzulegende Material als auch für das Vorlagematerial den Wert für die zugehörige Organisationseinheit auswählen. Diese beiden Eingaben für den neuen Materialstammsatz und das Vorlagematerial können, wie in Abbildung 3-19, identisch sein oder divergieren.

Bei Materialsichten, wie z.B. zur Disposition oder zur Lagerung, bei denen das Werk und der Lagerort angegeben werden müssen, kann bei der Eingabe die bereits ab Seite 46 anhand von Abbildung 1-36 bis Abbildung 1-38 beschriebene Problematik der F4-Hilfe bei verbundenen Datenfeldern auftreten. In so einem Fall sollte man sich am Ende aller Eingaben noch einmal vergewissern, dass alle Organisationseinheiten wirklich korrekt in den entsprechenden Datenfeldern stehen.

Navigation beim Anlegen eines Materialstammsatzes

Normalerweise werden, wie auch in Abbildung 3-18, für einen Materialstamm nur einzelne Materialsichten angelegt und dann deren zugehörige Organisationseinheiten eingegeben. Anschließend werden in SAP S/4HANA jedoch nicht nur die Registerkarten der ausgewählten[62], sondern alle verfügbaren Materialsichten für die gewählte Materialart angezeigt.

Zur Navigation zwischen allen angezeigten und vorher nicht ausgewählten Registerkarten sollte man diese nicht mit der linken Maustaste anklicken. Ansonsten besteht die Gefahr, dass man versehentlich eine vorher nicht ausgewählte Registerkarte mit einer Materialsicht angeklickt wird, in der gar keine Daten erfasst werden sollen. Sobald in einer solchen Materialsicht ein oder mehrere Mussfelder existieren, kann das Anlegen des Materialstamms nicht fortgesetzt werden, bevor keine Werte in alle Mussfelder eingetragen sind. Dann verbleiben nur die beiden Möglichkeiten, entweder in einem Mussfeld einen beliebigen Wert einzutragen (was man nie tun sollte) oder die Bearbeitung abzubrechen und alle bisher eingegebenen Daten zu verlieren.

Da beide Alternativen nicht erstrebenswert sind, sollte beim Anlegen[63] eines Materials zwischen den einzelnen Registerkarten immer nur mit der Taste ENTER navigieren, da SAP S/4HANA dann immer von einer ausgewählten zur nächsten ausgewählten Materialsicht springt. Alternativ kann man noch auf das in Abbildung 3-11 auf Seite 113 rechts oben dargestellte Icon klicken, um genau zu einer bestimmten Materialsicht als nächstes zu navigieren.

Beim Nutzen einer Kopiervorlage müssen auch alle Materialsichten, in denen alle Werte des Vorlagematerials unverändert übernommen werden, mit der Taste ENTER bestätigt werden. Ansonsten werden diese nicht gespeichert. Diese Ausgestaltung ist sinnvoll, da man auf diese Art explizit bestätigen muss, dass man von den aus der Kopiervorlage übernommenen Werten in den Datenfeldern Kenntnis genommen hat und diese unverändert übernehmen will.

---

[62] Die Registerkarten mit den ausgewählten Materialsichten sind jedoch jeweils mit einem Icon markiert.

[63] Beim Ändern oder Anzeigen eines Materialstammsatzes existiert diese Problematik nicht, da dann nur bereits gepflegte Materialsichten angezeigt werden.

3.2 Werkstoffe

Änderung eines Materialstammsatzes

Um einen bestehenden Materialstammsatz dahingehend zu ändern, dass neue Materialsichten hinzugefügt werden sollen, müssen die neuen Materialsichten für den Materialstammsatz wieder im Menüpfad „Logistik/ Materialwirtschaft/ Materialstamm/ Material/ Anlegen allgemein/ Sofort" (Transaktionscode MM01) neu angelegt werden.

Nach dem Motto „Eine nicht vorhandene Sicht kann auch nicht geändert werden" kann dies nicht im Menüpfad „Logistik/ Materialwirtschaft/ Materialstamm/ Material/ Ändern/ Sofort" (Transaktionscode MM02) erfolgen.

Nach dem Speichern der neuen Materialsichten werden von SAP S/4HANA alle bereits zuvor existierenden und alle später hinzugefügten Materialsichten für ein Materialstammsatz zusammengefasst. Im Menüpfad „Logistik/ Materialwirtschaft/ Materialstamm/ Material/ Anzeigen/ Anzeigen aktueller Stand" (Transaktionscode MM03) werden danach alle aktuell gepflegten Materialsichten eines Materialstammsatzes angezeigt.

Mit dem Transaktionscode MM02 können lediglich Werte in Datenfeldern in bereits existierenden Materialsichten eines Materialstammsatzes geändert werden.

Ausnahmen mit eigenen Transaktionscodes bestehen nur für wenige Datenfelder mit sehr wichtigen Steuerungsfunktionen. Dazu zählt bspw. das nachträgliche Ändern

- der Materialart, welches aufgrund ihrer immensen Wichtigkeit große Auswirkungen hat. Dies kann aber durchaus erforderlich werden, z.B. aufgrund einer geänderten Fertigungstiefe im Unternehmen, aufgrund der bspw. ein früheres Fertigerzeugnis zu einem Halbfabrikat wird. Die Materialart kann im Menüpfad „Logistik/ Materialwirtschaft/ Materialstamm/ Material" (Transaktionscode MMAM) nachträglich geändert werden.

- des Materialpreises, der sich im Menüpfad „Logistik/ Materialwirtschaft/ Bewertung/ Materialpreisänderung" (Transaktionscode MR21) befindet.

3.2.3 Stammdaten in der Produktion anlegen

In den Stammdaten der Produktion müssen für herzustellende Erzeugnisse, z.B. Halbfabrikate oder Fertigerzeugnisse, Stücklisten zur Abbildung der mengenmäßigen Faktoreinsatzbeziehungen dieser zusammengesetzten Materialien angelegt werden.

Eine Materialstückliste wird auch als Bill of Material (BOM) bezeichnet und kann in verschiedenen Fachbereichen des Unternehmens verwendet werden, bspw. im Controlling im Rahmen der Kalkulation. Sie wird im Anwendungsmenü der Produktion im Menüpfad „Logistik/ Produktion/ Stammdaten/ Stücklisten/ Stückliste/ Materialstückliste/ Anlegen" angelegt.

Beim Anlegen einer Materialstückliste muss für jedes Werk verpflichtend die in Kapitel 3.2.1.2 beschriebene Stücklistenverwendung angegeben werden (vgl. Abbildung 3-20). Mit der F4-Hilfe kann dazu eine der in Abbildung 3-15 auf Seite 117 definierten Stücklistenverwendungen ausgewählt werden.

Eine Materialstückliste wird immer für genau ein existierendes Material angelegt. Bei dessen Eingabe in der ersten Zeile von Abbildung 3-20 wird von SAP S/4HANA automatisch geprüft, ob die im Materialstamm hinterlegte Materialart einer der zulässigen Materialarten (vgl. Abbildung 3-16 auf Seite 118) für die ausgewählte Stücklistenverwendung entspricht.

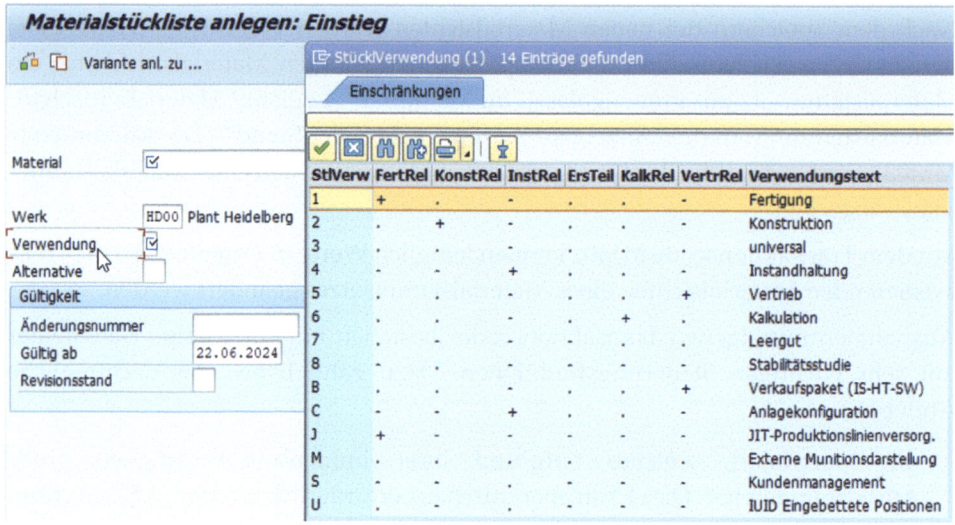

Abbildung 3-20: Stücklistenverwendung beim Anlegen einer Stückliste (CS01)

In einer Materialstückliste werden als einzelne Positionen die mengenmäßigen Faktoreinsatzmengen in Form von Komponenten oder Baugruppen, z.B. für lagernde Materialien mit Bestandsführung, abgebildet. Mit anderen Positionstypen können ggf. noch weitere Informationen, wie bspw. zusätzliche Dokumentinfosätze für die grafische Bearbeitung von Originaldateien, erfasst werden.

Eine Komponente ist ein Material, z.B. ein Rohstoff oder ein Halbfabrikat, unabhängig davon, ob es fremdbezogen oder selbst hergestellt wird.

Eine Baugruppe in einer Stückliste ist ein zusammengesetztes Material, für das wiederum eine eigene Stückliste existiert. Für eine Baugruppe muss, wie bei der zweiten Position der Stückliste in Abbildung 3-21 zu sehen ist, in der entsprechenden Spalte in SAP S/4HANA ein Häkchen gesetzt werden.

3.2 Werkstoffe

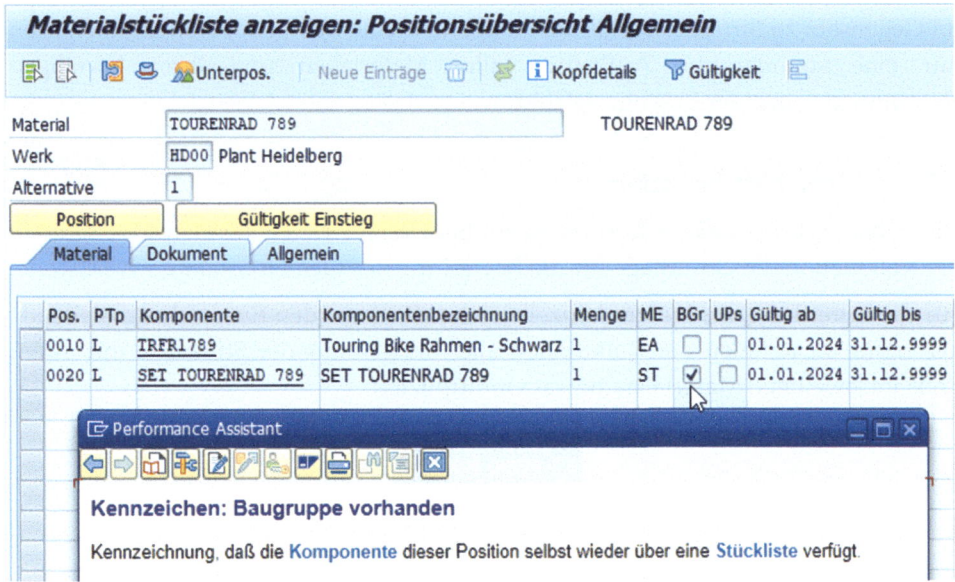

Abbildung 3-21: Materialstückliste mit einer Komponente und einer Baugruppe (CS03)

So können nicht nur einfache Baukastenstücklisten, d.h. einstufige Materialstücklisten, sondern auch Strukturstücklisten als mehrstufige Stücklisten mit unterschiedlicher Tiefe entstehen.

Beim Anlegen der Materialstücklisten muss man von der zeitlichen Abfolge „von unten nach oben" arbeiten. Bei der mehrstufigen Stückliste aus Abbildung 3-22 bedeutet dies, dass zuerst die Stückliste für das Material bzw. die Baugruppe „Set Tourenrad ###" angelegt werden muss. Erst danach kann man die Stückliste für das Fertigerzeugnis „Tourenrad ###" anlegen, da die Baugruppe „Set Tourenrad ###" darin enthalten ist.

Betriebswirtschaftlich ist die Tiefe einer mehrstufigen Stückliste bei einem zusammengesetzten Material als Anzahl der darunterliegenden Hierarchiestufen definiert. Abbildung 3-22 zeigt beispielhaft eine mehrstufige hierarchische Materialstückliste mit Tiefe zwei.

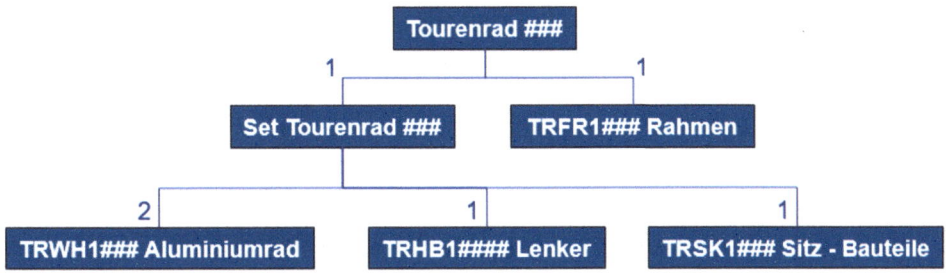

Abbildung 3-22: Mehrstufige hierarchische Stückliste für ein Fertigerzeugnis

Im Gegensatz zu Strukturstücklisten beinhalten reine Mengenübersichtsstücklisten nur eine summarische Auflistung aller Materialien und ihrer jeweiligen Gesamtmenge in einer Erzeugnisstruktur.

3.2.4 Werkstoffe bewerten

Das Mengengerüst einer Stückliste bildet bei einem herzustellenden Erzeugnis in der Kalkulation die Grundlage für die Bewertung des Elementarfaktors Werkstoffe.

Für die Ermittlung der Materialeinzelkosten (MEK) werden für das herzustellende Erzeugnis im Rahmen der Kalkulation alle Mengen aus der Stückliste mit ihrem Preis im jeweiligen Materialstammsatz multipliziert.

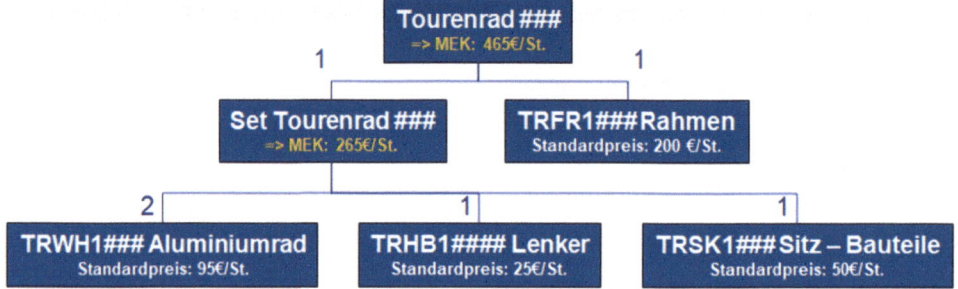

Abbildung 3-23: Zusammenhänge für die Bewertung des Elementarfaktors Werkstoffe

Abbildung 3-23 zeigt die bewertete mehrstufige hierarchische Stückliste zur Bestimmung der Materialeinzelkosten für das Fertigerzeugnis aus Abbildung 3-22.

3.2.5 Übungen zu Kapitel 3.2

Als neuer Mitarbeiter im Konzern „Global Bike" bilden Sie im Rahmen der Leistungserstellung zur Vorbereitung auf die Kalkulation des Fertigerzeugnisses den Elementarfaktor Werkstoffe ab. Für diesen legen Sie Stammdaten in der Materialwirtschaft und in der Produktion an.

Um grundlegende Zusammenhänge besser zu verstehen, sehen Sie sich dazu auch zugehörige Einstellungen im Customizing an.

3.2.5.1 Anmerkungen

Lesen Sie sich die nachfolgenden Punkte unbedingt durch, bevor Sie mit den Übungen beginnen.

- **Gehen Sie bei der Bearbeitung der Übungen ab jetzt unbedingt chronologisch vor, da alle Übungen aufeinander aufbauen.**

- **Den Platzhalter ### ersetzen Sie bitte jeweils durch Ihre individuelle dreistellige Nummer, die Ihnen Ihr Dozent gegeben hat. Verwenden Sie dafür niemals selbständig irgendeine beliebige Nummer.**

3.2 Werkstoffe

- Die Transaktionen für alle Übungen finden sich immer im Anwendungsmenü von SAP S/4HANA, es sei denn, dass das Customizing-Menü in der Aufgabenstellung ausdrücklich genannt wird.

- Viele Transaktionen im Customizing-Menü haben keinen eigenen Transaktionscode, d.h. bei ihnen wird in der Systemfunktionsleiste rechts unten nur der allgemeine Transaktionscode SPRO angezeigt (vgl. Seite 21). Bei solchen Transaktionen wird in den Übungen nur nach dem Menüpfad gefragt.

- **BITTE UNBEDINGT BEACHTEN: Löschen bzw. ändern Sie im Customizing nie bereits bestehende Einträge!**

- **In einer Transaktion im Customizing kann zur selben Zeit stets nur ein SAP-Anwender arbeiten. Reduzieren Sie deshalb die Zeit, in der Sie in solchen Transaktionen arbeiten, auf ein Minimum.**

  Rufen andere SAP-Anwender dieser Zeit diese Transaktion im Customizing-Menü auf, so erhalten diese eine Systemmeldung über die gegenwärtige Sperrung und können sich die entsprechenden Daten nur anzeigen lassen.

  Um sich Sachverhalte in einer Transaktion im Customizing-Menü nur anzuzeigen, ist es aber egal, ob diese durch einen anderen SAP-User gesperrt ist oder nicht.

- In den nachstehenden Lösungen sind die zugrundeliegenden Aufgabenstellungen stets fett hervorgehoben. Für den dreistelligen Platzhalter ### wurde bei den Lösungen immer die Nummer 789 verwendet.

- In den Aufgabenstellungen zu den Übungen werden möglichst immer die in SAP S/4HANA verwendeten Begriffe im zugehörigen Menübaum, in der Menüleiste, für angezeigte Schaltflächen etc. statt Synonymen verwendet. Dies erfolgt zwar öfter zu Lasten der sprachlichen Ausdrucksweise, soll Ihnen jedoch helfen, schneller auf die jeweilige Lösung zu kommen.

- Ist in einer Aufgabenstellung ein konkreter Transaktionscodes genannt, so geben Sie diesen direkt in das Befehlsfeld ein.

- Werden in den Aufgabenstellungen Anführungszeichen verwendet, so lassen Sie diese bitte bei der Eingabe weg. Anführungszeichen dienen immer nur der Hervorhebung von Eingaben bzw. Sachverhalten.

- Achten Sie bei allen Abbildungen in der Musterlösung auch immer auf ggf. markierte Inhalte und angezeigte Quick-Info für Schaltflächen. Letztere verweisen darauf, dass diese Schaltfläche als nächstes angeklickt wird.

- Nutzen Sie die Querverweise, um sich Zusammenhänge nochmals zu vergegenwärtigen und so einen höheren Lernerfolg zu erzielen.

- Das Geschäftsjahr entspricht im Buchungskreis DE00 dem Kalenderjahr.

- Sie bearbeiten alle Übungen in folgenden Organisationseinheiten:
  - Buchungskreis DE00
  - Kostenrechnungskreis EU00
  - Werk HD00
- Vergessen Sie nicht nach jeder Übung Ihre eingegebenen Daten zu speichern. Sichern Sie sie aber nicht während der Eingabe, da SAP S/4HANA stabil ist.

3.2.5.2 Übersicht

Tabelle 3-2 zeigt die Inhalte der Übungen von Kapitel 3.2, jeweils das zugehörige Buchkapitel und die Seite, auf der die Lösung beginnt.

Übung	Seite	Inhalte	Kapitel
3.1	131	Einstellungen zu Materialarten im Customizing anzeigen	3.2.1.1.1 und 3.2.1.1.2
3.2	137	Einstellungen zu den speziellen Anlagetransaktionen für Materialien im Customizing anzeigen	3.2.1.1.1
3.3	138	Einstellungen zu Datenbildern des Materialstamms im Customizing anzeigen	3.2.1.1.3
3.4	143	Materialstammsatz für das Fertigerzeugnis „Tourenrad ###" anhand einer Kopiervorlage anlegen	3.2.2
3.5	150	Materialstammsatz für das Halbfabrikat „Set Tourenrad ###" anhand einer Kopiervorlage anlegen	3.2.2
3.6	153	Standardpreise für die in der Stückliste des Halbfabrikats „Set Tourenrad ###" enthaltenen Materialien anzeigen	3.2.2 und 3.2.4
3.7	156	Stückliste für das Halbfabrikat „Set Tourenrad ###" anlegen	3.2.3
3.8	158	Stückliste für das Fertigerzeugnis „Tourenrad ###" anlegen und dessen Materialeinzelkosten berechnen	3.2.3 und 3.2.4
3.9	161	Berichte zu Materialien und Stücklisten aufrufen	3.2.3 und 3.2.4

Tabelle 3-2: Inhalte der Übungen zu Kapitel 3.2

3.2 Werkstoffe

3.2.5.3 Lösungen

Übung 3.1: Einstellungen zu Materialarten im Customizing anzeigen (→ Kapitel 3.2.1.1.1 und 3.2.1.1.2)

Informieren Sie sich über verschiedene Einstellungen zum Materialstamm im Customizing der allgemeinen Logistik.

<u>Anmerkung:</u>

Denken Sie stets daran, dass die F1-Hilfe in SAP S/4HANA nicht nur bei Eingabefeldern, sondern auch bei allen anderen Datenfeldern, wie bspw. Checkboxes, genutzt werden kann.

1) Lassen Sie sich im Customizing der allgemeinen Logistik in den Grundeinstellungen zum Materialstamm die Details zu den Eigenschaften der Materialart „Fertigerzeugnis" anzeigen.

   Menüpfad: Customizing/ Logistik Allgemein/ Materialstamm/ Grundeinstellungen/ Materialarten/ Eigenschaften der Materialarten festlegen

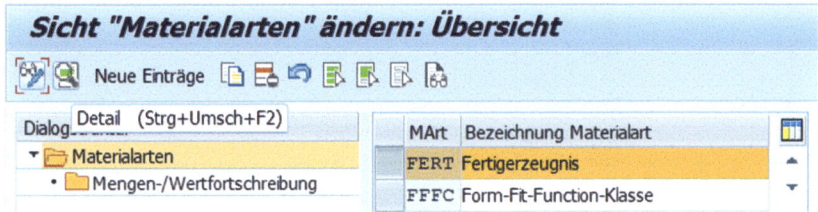

a) **Kann die Nummernvergabe bei Fertigerzeugnissen auch extern erfolgen?**

   Ja, die Materialnummer für Fertigerzeugnisse kann auch extern vergeben werden. In diesem Fall wird sie gegen den Nummernkreis geprüft, da kein Häkchen bei „Externe Nummernvergabe ohne Prüfung" gesetzt ist. Rufen Sie zu diesem Datenfeld die F1-Hilfe auf, um sich die Auswirkungen anzeigen zu lassen.

   Wird von einem SAP-Anwender beim Anlegen eines neuen Fertigerzeugnisses im Datenfeld „Materialnummer" nichts eingetragen, so wird von SAP S/4HANA automatisch intern die nächste freie Nummer aus dem zugrundeliegenden Nummernkreisintervall vergeben.

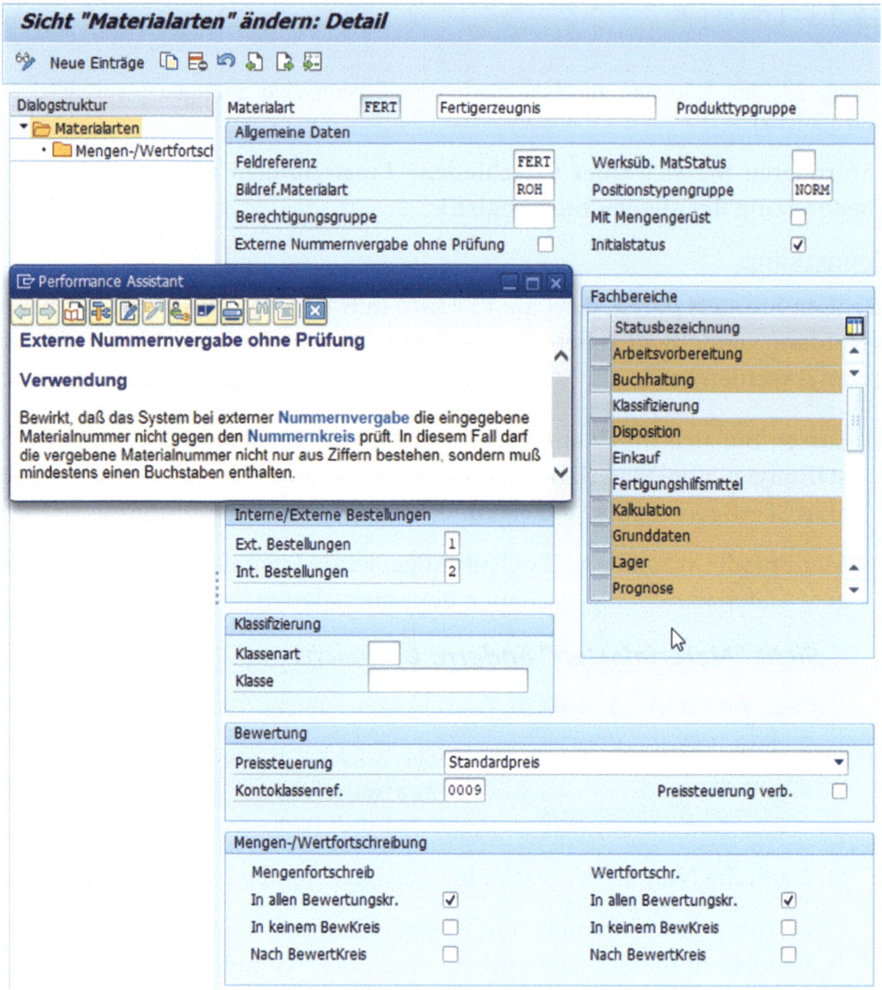

3 Abbildung und Integration der Elementarfaktoren in SAP S/4HANA

Sicht "Materialarten" ändern: Detail

Neue Einträge

Dialogstruktur
- Materialarten
  - Mengen-/Wertfortschr

Materialart: FERT Fertigerzeugnis Produkttypgruppe

Allgemeine Daten
- Feldreferenz: FERT
- Bildref.Materialart: ROH
- Berechtigungsgruppe:
- Externe Nummernvergabe ohne Prüfung:
- Werksüb. MatStatus:
- Positionstypengruppe: NORM
- Mit Mengengerüst:
- Initialstatus: ✓

Performance Assistant

Externe Nummernvergabe ohne Prüfung

Verwendung

Bewirkt, daß das System bei externer Nummernvergabe die eingegebene Materialnummer nicht gegen den Nummernkreis prüft. In diesem Fall darf die vergebene Materialnummer nicht nur aus Ziffern bestehen, sondern muß mindestens einen Buchstaben enthalten.

Fachbereiche
- Statusbezeichnung
- Arbeitsvorbereitung
- Buchhaltung
- Klassifizierung
- Disposition
- Einkauf
- Fertigungshilfsmittel
- Kalkulation
- Grunddaten
- Lager
- Prognose

Interne/Externe Bestellungen
- Ext. Bestellungen: 1
- Int. Bestellungen: 2

Klassifizierung
- Klassenart:
- Klasse:

Bewertung
- Preissteuerung: Standardpreis
- Kontoklassenref.: 0009
- Preissteuerung verb.:

Mengen-/Wertfortschreibung

Mengenfortschreib		Wertfortschr.	
In allen Bewertungskr.	✓	In allen Bewertungskr.	✓
In keinem BewKreis		In keinem BewKreis	
Nach BewertKreis		Nach BewertKreis	

b) Welche Fachbereiche bzw. Materialsichten werden bei Fertigerzeugnissen nicht angezeigt?

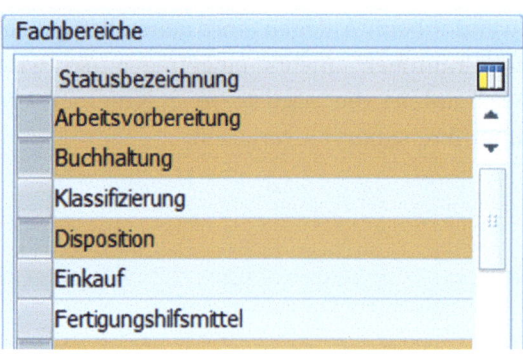

3.2 Werkstoffe

Diese Einstellung wirkt sich restriktiv auf den allgemein definierten Aufbau der Datenbilder der Bildsequenz für die Hauptdaten des Materialstamms für diese Materialart aus (vgl. Seite 140).

Die Materialsichten „Klassifizierung", „Einkauf" und „Fertigungshilfsmittel" werden bei Fertigerzeugnissen, obwohl dafür formell definiert, nicht verwendet. Bspw. werden Fertigerzeugnisse per Definition selbst hergestellt, da es sonst Handelswaren wären. Deshalb macht eine Materialsicht „Einkauf" bei Fertigerzeugnissen keinen Sinn.

c) **Wie erfolgt bei Fertigerzeugnissen die Preissteuerung bzw. Bewertung?**

Bewertung			
Preissteuerung	Standardpreis		▼
Kontoklassenref.	0009	Preissteuerung verb.	☐

Der Bestand an Fertigerzeugnissen wird mit dem Standardpreis (vgl. Seite 402) bewertet. Dies ist ein konstanter Preis, bspw. innerhalb eines Geschäftsjahres, bei dem Warenbewegungen in der Bewertung unberücksichtigt bleiben.

d) **Wird bei Fertigerzeugnissen stets in allen Bewertungskreisen eine Mengen- und Preisfortschreibung durchgeführt?**

Falls ja: Warum macht dies betriebswirtschaftlich Sinn?

Mengen-/Wertfortschreibung			
Mengenfortschreib		Wertfortschr.	
In allen Bewertungskr.	☑	In allen Bewertungskr.	☑
In keinem BewKreis	☐	In keinem BewKreis	☐
Nach BewertKreis	☐	Nach BewertKreis	☐

Ja, bei Fertigerzeugnissen erfolgt in allen Bewertungskreisen eine Preis- und Mengenfortschreibung. Dies macht betriebswirtschaftlich Sinn, da Fertigerzeugnisse so wichtig sind, dass stets alle Vorgänge, die sich auf Mengen- und/oder Preisänderungen auswirken, erfasst werden müssen.

Wenn Sie sich andererseits bspw. die Einstellungen für die Materialart „Wettbewerberprodukt" anschauen, so sehen Sie, dass dort (natürlich) weder eine Mengen- noch eine Wertfortschreibung erfolgt.

2) Lassen Sie sich im Customizing der allgemeinen Logistik in den Grundeinstellungen zum Materialstamm für die Ausgabedarstellung die Länge der Materialnummer anzeigen.

Wie lang kann eine Materialnummer in SAP S/4HANA maximal sein?

Menüpfad: Customizing/ Logistik Allgemein/ Materialstamm/ Grundeinstellungen/ Ausgabedarstellung der Materialnummer festlegen.

Transaktionscode: OMSL

Eine Materialnummer kann maximal 18 Stellen enthalten.

Anmerkung:

Die Information zur maximalen Länge der Materialnummer finden Sie auch im Anwendungsmenü im Menüpfad Werkzeuge/ ABAP Workbench/ Entwicklung/ Weitere Werkzeuge/ Nummernkreise (Transaktionscode SNRO).

Dort müssen Sie den Objektnamen „Materialnr" eintragen und anschließend auf die Schaltfläche „Anzeigen" klicken. Dann sehen Sie als zusätzliche Information neben der maximalen Datenlänge den Datentyp. Der Datentyp „CHAR" steht für engl. „Character" und kann Buchstaben und Ziffern beinhalten.

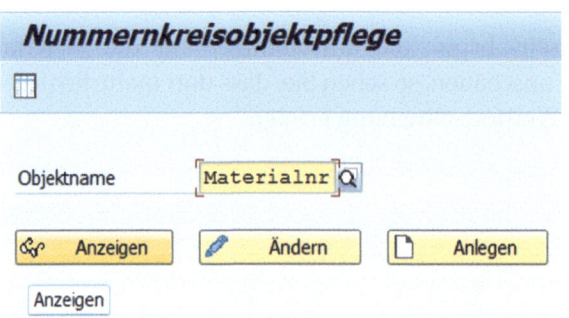

3.2 Werkstoffe

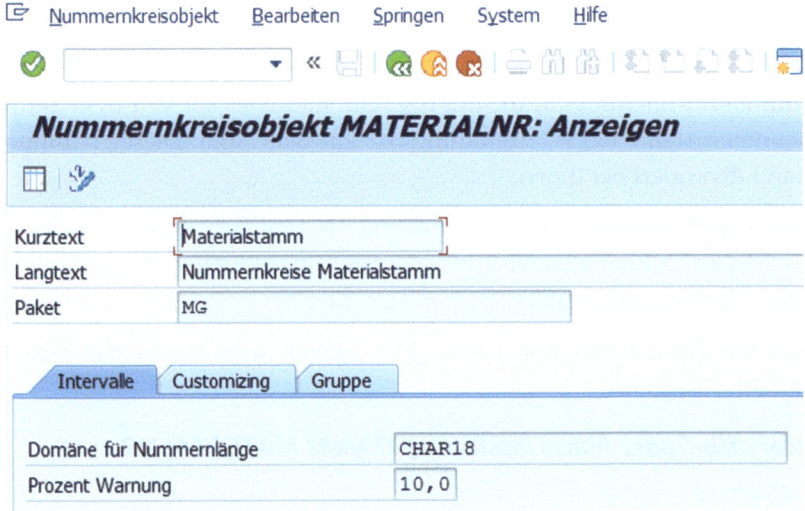

3) Lassen Sie sich im Customizing der allgemeinen Logistik in den Grundeinstellungen zum Materialstamm die Übersicht zu den Nummernkreisen für Materialarten anzeigen.

Menüpfad: Customizing/ Logistik Allgemein/ Materialstamm/ Grundeinstellungen/ Materialarten/ Nummernkreise pro Materialart festlegen[64]

Transaktionscode: MMNR

a) Lassen Sie sich alle Nummernkreisintervalle zum Nummernkreisobjekt „Materialnr" für die interne und externe Nummernvergabe anzeigen.

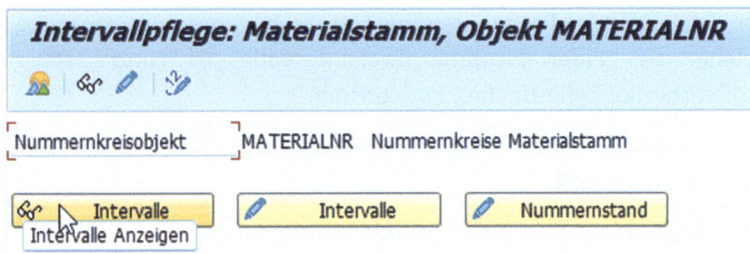

- Stimmen die beiden Nummernkreisintervalle mit denen von Abbildung 3-7 auf Seite 109 überein?

  Ja, beide Nummernkreisintervalle stimmen überein.

---

[64] Inhaltlich findet sich ein alternativer Menüpfad im Anwendungsmenü unter Werkzeuge/ ABAP Workbench/ Entwicklung/ Weitere Werkzeuge/ Nummernkreise (Transaktionscode SNUM). Dort muss man den Objektnamen „Materialnr" eingeben, dann erst die Schaltfläche „Intervallpflege (F7)" und dann das Icon „Übersicht" wählen.

- **Erfolgt die Nummernvergabe jeweils intern oder extern? Wie lautet der aktuelle Nummernstand?**

    Nummernkreisintervall 01: Interne Nummernvergabe mit dem aktuelle Nummernstand 190 (s. Abbildung 3-7 auf Seite 109). Dieser Nummernstand divergiert bei Ihnen.

    Nummernkreisintervall 02: Externe Nummernvergabe, weswegen für dieses Nummernkreisintervall nie ein aktueller Nummernstand angegeben werden kann.

b) **Gehen Sie einmal mit der Taste „F3" zurück und lassen Sie sich die Übersicht anzeigen.**

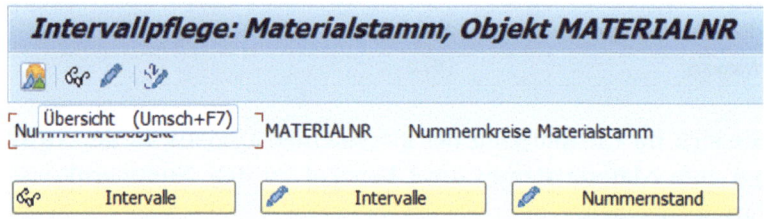

- **Entspricht diese Übersicht Abbildung 3-8 auf Seite 110?**

    Ja, beide sind identisch.

- **Welche Nummerngruppe für die Nummernvergabe ist der Materialart „Fertigerzeugnis" zugeordnet und welche Nummernkreisintervalle sind in dieser Nummerngruppe enthalten?**

    Der Materialart „Fertigerzeugnis" ist die Nummerngruppe „1", zu welcher die beiden Nummernkreisintervalle „01" und „02" gehören (vgl. vorherige Teilaufgabe), zugeordnet.

- **Wie erfolgt dementsprechend die Nummernvergabe bei der Materialart „Fertigerzeugnis"?**

    Die Nummernvergabe kann bei der Materialart „Fertigerzeugnis" extern und intern erfolgen, da diese Materialart der Nummernkreisgruppe „1" zugeordnet ist, welche die Nummernkreisintervalle „01" und „02" beinhaltet (vgl. vorherige Teilaufgabe).

c) **Muss die Materialnummer bei externer Nummernvergabe bei dieser Materialart nur Zahlen enthalten?**

    Nein, auch Buchstaben können Bestandteil der Materialnummer sein (s. Teilaufgabe 2).

3.2 Werkstoffe

d) **Welche Nummer würde ein neues Fertigerzeugnis, für das beim Anlegen keine externe Materialnummer eingegeben wurde, bei Ihnen in SAP S/4HANA erhalten?**

Intern wurden zum Zeitpunkt der Skripterstellung in diesem SAP-System bereits Nummern für 190 Materialien vergeben (vgl. Abbildung 3-8 auf Seite 110), sodass das neue Material normalerweise die Nummer 191 erhält.[65] In Ihrem SAP-System sehen Sie garantiert eine divergierende Zahl.

Übung 3.2: Einstellungen zu den speziellen Anlagetransaktionen für Materialien im Customizing anzeigen (→ Kapitel 3.2.1.1.1)

1) Lassen Sie sich im Customizing der allgemeinen Logistik in den Grundeinstellungen zum Materialstamm anzeigen, für welche Materialarten im Anwendungsmenü spezielle Transaktionen für das Anlegen eines Materialstamms existieren. Stimmen die Einträge mit denen von Abbildung 3-5 auf Seite 107 überein?

   Menüpfad: Customizing/ Logistik Allgemein/ Materialstamm/ Grundeinstellungen/ Materialarten/ Materialarten speziellen Anlegetransaktion zuordnen

   Ja, die Einträge stimmen mit denen von Abbildung 3-5 auf Seite 107 überein.

2) Öffnen Sie zum Vergleich und zum Anzeigen der Auswirkungen der Customizing-Einstellung aus der letzten Teilaufgabe ein zweites SAP GUI-Fenster und lassen Sie sich im Anwendungsmenü der Logistik die speziellen Transaktionen zum Anlegen von Materialstammdaten anzeigen.

   Korrespondieren die Einträge dort mit denen der letzten Teilaufgabe?

   Menüpfad: Logistik/ Materialwirtschaft/ Materialstamm/ Material/ Anlegen speziell

   Ja, die Einträge korrespondieren mit denen der letzten Teilaufgabe bzw. sind mit Abbildung 3-6 auf Seite 108 identisch.

---

[65] Im Puffer werden aus Gründen der Performance die externen Nummernintervalle sowie ein Teilintervall der internen Nummernintervalle gespeichert. Wenn die Nummern des internen Teilintervalls im Puffer verbraucht sind, wird das nächste Intervall geladen und der Stand des internen Nummernintervalls auf der Datenbank um die Anzahl der in den Puffer geladenen Nummern erhöht. Somit können in seltenen Fällen Lücken bei der Nummernvergabe entstehen.

Übung 3.3: Einstellungen zu Datenbildern des Materialstamms im Customizing anzeigen
(→ Kapitel 3.2.1.1.3)

Informieren Sie sich über die Einstellungen für Datenbilder zum Materialstamm im Customizing der allgemeinen Logistik.

1) Lassen Sie sich in der Konfiguration des Materialstamms die zugeordneten Bildsequenzen zu Benutzern, Materialarten, Transaktionen und Branchen anzeigen.

   Menüpfad: Customizing/ Logistik Allgemein/ Materialstamm/ Konfigurieren des Materialstamms/ Bildsequenzen zu Benutzern - Materialarten -Transaktionen - Branchen zuordnen

   Transaktionscode: OMT3E

   a) Mit einer Bildreferenz zu einer Transaktion wird festgelegt, welche Bilder bei der Pflege von Materialstammsätzen in welcher Reihenfolge angezeigt werden.

   Welche Bildreferenz ist dem Transaktionscode MMF1 für das Anlegen eines Fertigerzeugnisses (vgl. erste Teilaufgabe von Übung 3.2) zugeordnet?

   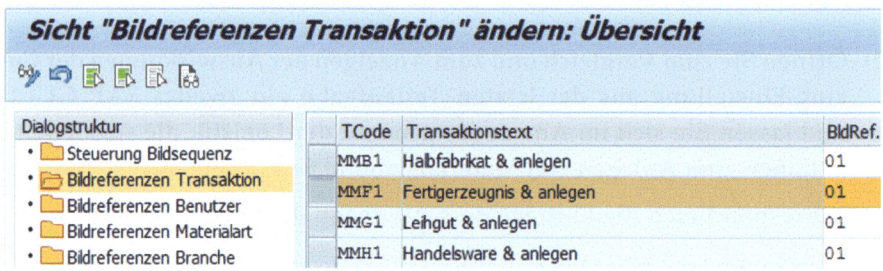

   Dem Transaktionscode MMF1 ist die Bildreferenz „01" zugeordnet.

   b) Welche Bildreferenz ist der Materialart „FERT" zugeordnet?

   Der Materialart „FERT" ist die Bildreferenz „ROH" zugeordnet.

3.2 Werkstoffe

c) Welche Bildreferenz ist der Branche „Maschinenbau" zugeordnet?

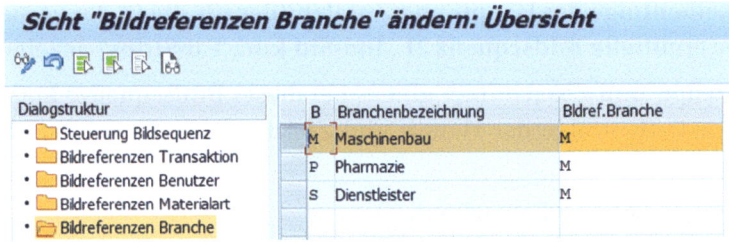

Zur Branche „Maschinenbau" gehört die Bildreferenz M.

d) Welche Bildsequenz für die Reihenfolge der fachbereichsspezifischen Materialsichten im Anwendungsmenü wird für die Kombination aus den Bildreferenzen der drei vorherigen Teilaufgaben von S/4 HANA ermittelt?

<u>Anmerkung:</u>

Die Antwort findet sich in dieser Transaktion links in der Dialogstruktur unter „Steuerung Bildsequenz". Beachten Sie bzgl. der Platzhalter auch Fußnote 58 auf Seite 112.

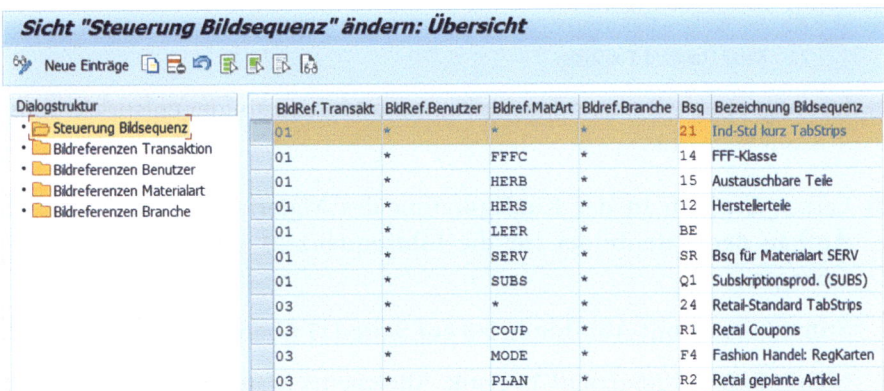

Es wird die Bildsequenz 21 „Ind-Std kurz TabStrips" zugeordnet, da kein speziellerer Eintrag für die Kombination der Bildreferenzen „01", „ROH" und „M" existiert.

e) Verlassen Sie abschließend die Transaktion.

2) Lassen Sie sich in der Konfiguration des Materialstamms die Details für die gepflegte Reihenfolge der Haupt- und Zusatzbilder für die in der vorherigen Teilaufgabe ermittelte Bildsequenz 21 „Ind-Std kurz TabStrips" anzeigen.

Wie viele Haupt- und Zusatzbilder gibt es bei dieser Bildsequenz? Entspricht die gepflegte Reihenfolge der Haupt- und Zusatzbilder der von Abbildung 3-10 auf Seite 112?

Verlassen Sie danach die Transaktion.

Menüpfad: Customizing/ Logistik Allgemein/ Materialstamm/ Konfigurieren des Materialstamms/ Reihenfolgen der Haupt- und Zusatzbilder pflegen

Transaktionscode: OMT3R

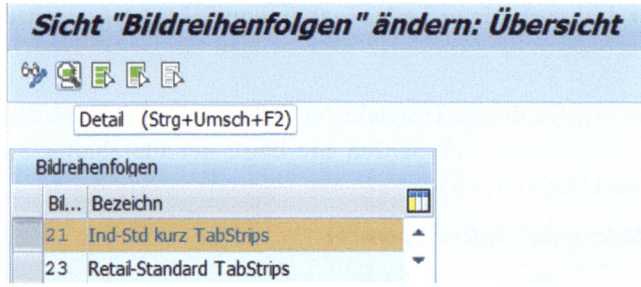

Ja, die gepflegte Reihenfolge der Haupt- und Zusatzbilder entspricht Abbildung 3-10 auf Seite 112.

3) Lassen Sie sich in der Konfiguration des Materialstamms den definierten Aufbau der Datenbilder für die Bildsequenz 21 „Ind-Std kurz TabStrips" anzeigen.

Stimmt dieser mit Abbildung 3-9 auf Seite 111 überein?

Menüpfad: Customizing/ Logistik Allgemein/ Materialstamm/ Konfigurieren des Materialstamms/ Aufbau der Datenbilder pro Bildsequenz definieren

Transaktionscode: OMT3B

3.2 Werkstoffe

Ja, die Datenbilder für die Bildsequenz 21 „Ind-Std kurz TabStrips" stimmen mit denen aus Abbildung 3-9 auf Seite 111 überein, auch wenn in dieser Abbildung aus didaktischen Gründen einige Spaltenbreiten auf null gesetzt wurden.

Anmerkung:

Beachten Sie jedoch unbedingt, dass aufgrund der Einstellungen zur Materialart „Fertigerzeugnis" nicht alle diese fachbereichsspezifischen Materialsichten tatsächlich angezeigt werden (vgl. Seite 133). Dies erklärt die diesbezügliche inhaltliche Diskrepanz von Abbildung 3-9 auf Seite 111 bzw. Abbildung 3-10 auf Seite 112 einerseits und Abbildung 3-11 auf Seite 113 andererseits.

4) **Wählen Sie in der Bildsequenz 21 das Datenbild 07 „Grunddaten 1".**

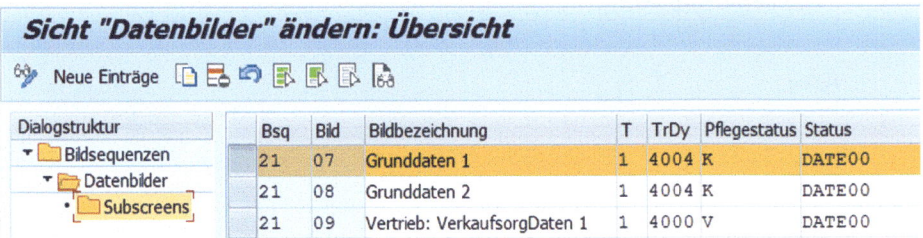

a) Markieren Sie die erste Zeile und lassen Sie sich die Ansicht zu diesem Subscreen links in der Dialogstruktur anzeigen. Stimmt dieser mit dem oberen Teil von Abbildung 3-13 auf Seite 115 überein?

Klicken Sie danach auf „Abbrechen (F12)" um das angezeigte Dynpro zu verlassen.

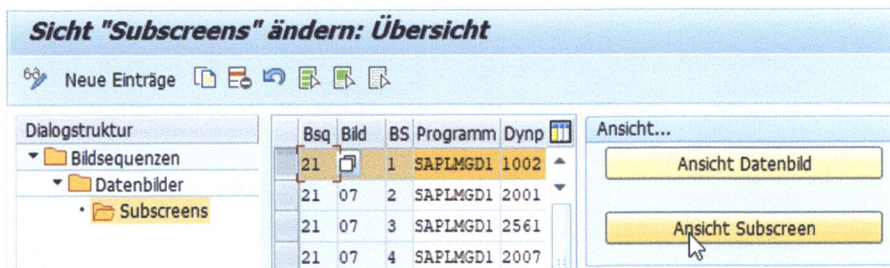

Ja, der erste Subscreen zum Datenbild 07 „Grunddaten 1" stimmt mit dem oberen Teil von Abbildung 3-13 auf Seite 115 überein.

b) Markieren Sie analog den zweiten Subscreen und lassen Sie sich links in der Dialogstruktur die Ansicht zu diesem Bildbaustein anzeigen. Stimmt diese mit dem unteren Teil von Abbildung 3-13 auf Seite 115 überein?

Klicken Sie danach auf „Abbrechen (F12)" um das angezeigte Dynpro wieder zu verlassen.

Ja, die Ansicht zum Subscreen 02 stimmt mit dem unteren Teil von Abbildung 3-13 auf Seite 115 überein.

142   3 Abbildung und Integration der Elementarfaktoren in SAP S/4HANA

c) Lassen Sie sich abschließend die Ansicht zum gesamten Datenbild 07 „Grunddaten 1" simulieren. Entspricht der Aufbau dieses Datenbildes (bis auf das Dynpro „Wettbewerber") dem von Abbildung 3-11 auf Seite 113?

Ja, der Aufbau dieses Datenbildes entspricht (bis auf das Dynpro „Wettbewerber") dem von Abbildung 3-11 auf Seite 113.

3.2 Werkstoffe

Übung 3.4: Materialstammsatz für das Fertigerzeugnis „Tourenrad ###" anhand einer Kopiervorlage anlegen (→ Kapitel 3.2.2)

Legen Sie in der Logistik im Bereich Materialwirtschaft einen Materialstammsatz für Ihr Fertigerzeugnis mit der Materialnummer „Tourenrad ###" für die Branche „Maschinenbau" an. Als Kopiervorlage nutzen Sie das ähnliche Material „DXTR1###".

Menüpfad: Logistik/ Materialwirtschaft/ Materialstamm/ Material/ Anlegen speziell/ Fertigerzeugnis oder absolut gleichwertig:
Logistik/ Materialwirtschaft/ Materialstamm/ Material/ Anlegen allgemein/ Sofort

Transaktionscode: MMF1 oder absolut gleichwertig: MM01

Alle Eingaben sehen Sie im linken Teil von Abbildung 3-18 auf Seite 121.

1) In der Sichtenauswahl markieren Sie die Materialsichten „Grunddaten 1", „Buchhaltung 1", „Kalkulation 1" und „Kalkulation 2".

    Legen Sie diese Sichten bitte für das Werk „Plant Heidelberg" an. Vom Vorlagematerial „DXTR1###" sollen für diese Sichten ebenfalls dessen Daten aus dem Werk „Plant Heidelberg" übernommen werden.

    Abbildung 3-18 auf Seite 121 zeigt die Sichtenauswahl. Die Auswahl der Organisationseinheit für das Vorlagematerial „DXTR1###" ist in Abbildung 3-19 auf Seite 123 zu sehen.

2) Ändern Sie für Ihr Fertigerzeugnis in den einzelnen Sichten folgende Daten, welche aus der Kopiervorlage stammen. Alle anderen Daten übernehmen Sie jeweils unverändert.

    a) Sicht „Grunddaten 1":

    Die Materialbezeichnung, auch Materialkurztext genannt, lautet wie die Materialnummer.

    Ändern Sie die Basismengeneinheit in Stück um. Bestätigen Sie dazu eine ggf. auftretende Systemmeldung mit der Taste ENTER.

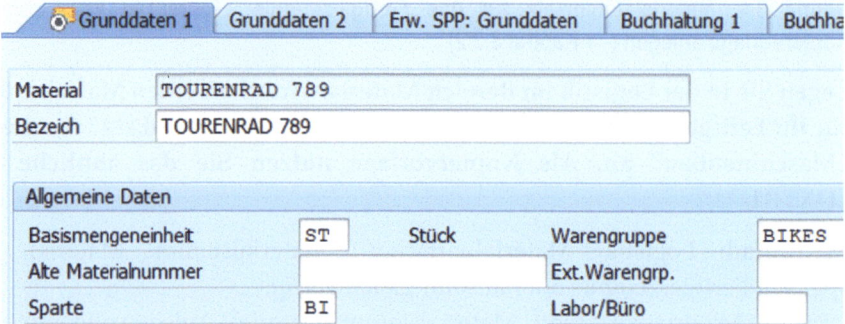

- **Was ist in SAP S/4HANA der inhaltliche Unterschied zwischen einer Materialnummer und einer Materialbezeichnung? Wie finden Sie dies heraus?**

Sie platzieren nacheinander in beiden Datenfeldern den Cursor und rufen dann jeweils die F1-Hilfe auf, um sich damit die betriebswirtschaftliche Bedeutung des jeweiligen Datenfeldes anzuzeigen.

Die Materialnummer ist der Primärschlüssel, der ein Material immer eindeutig identifiziert.

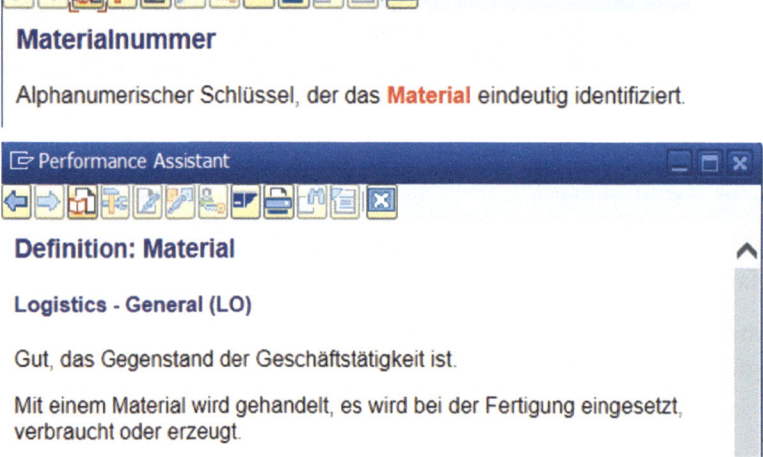

Der Materialkurztext, auch Materialbezeichnung genannt, beschreibt das Material näher und muss im Gegensatz zur Materialnummer nicht eindeutig sein. Er ist ein Sekundärschlüssel und v.a. bei interner Nummernvergabe wichtig, wenn die Materialnummer als fortlaufende Zahl inhaltlich nicht „sprechend" ist.

3.2 Werkstoffe

- **Wurde beim Anlegen dieses Fertigerzeugnisses die Materialnummer intern oder extern vergeben?**

  Bei diesem Material erfolgt eine externe Nummernvergabe, da Sie beim Anlegen „Tourenrad ###" als Materialnummer im Datenfeld „Material" manuell eingegeben haben.

  Wäre dieses Datenfeld frei geblieben, so hätte S/4HANA die nächste freie Materialnummer intern vergeben.

- **Drücken Sie die Taste ENTER bis Sie zur Sicht „Buchhaltung 1" gelangen. Dies zeigt S/4HANA an, dass Sie in den anderen Sichten explizit bestätigen, alle Daten aus dem Vorlagematerial ohne Änderung zu übernehmen.**

b) Sicht „Buchhaltung 1":

- Das neue Fertigerzeugnis soll in der Bilanz mit 805,00 Euro/ Stück bewertet werden. Diesen Wert erfassen Sie in S/4HANA im Datenfeld „Standardpreis".

    Anmerkung:

    In dieses Datenfeld werden später, nach der Durchführung einer Kalkulation, die Herstellkosten des Produktes fortgeschrieben.

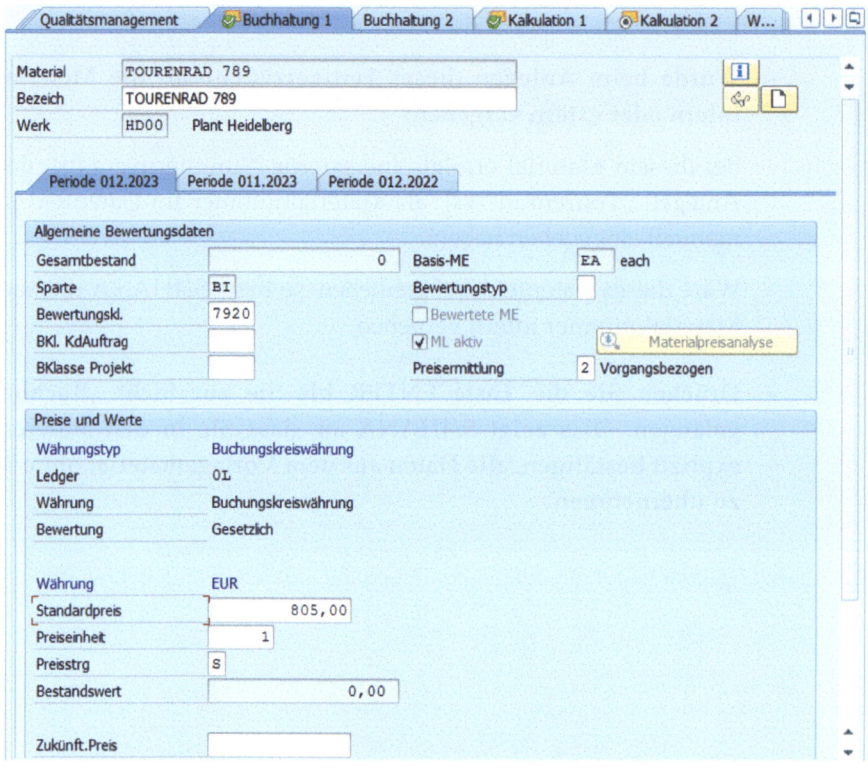

- Drücken Sie dann wieder die Taste ENTER bis Sie zur Sicht „Kalkulation 1" gelangen. Eine etwaige Systemmeldung bestätigen Sie bitte mit der Taste ENTER.

3.2 Werkstoffe

c) Sicht „Kalkulation 1":

- Informieren Sie sich, was ein gesetztes Häkchen in dem Datenfeld „Nicht kalk." Bedeutet. Setzen Sie dort aber kein Häkchen, da Sie später für dieses Material eine Kalkulation durchführen wollen.

Markieren Sie dieses Datenfeld mit dem Cursor und rufen Sie die zugehörige F1-Hilfe auf.

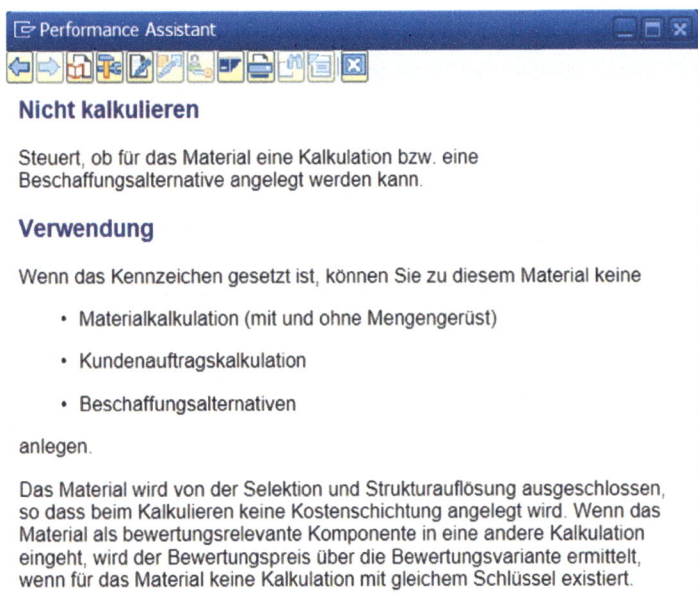

- Informieren Sie sich über die Bedeutung des Datenfelds „Mit Mengengerüst". Was ist eine Kalkulation mit Mengengerüst?

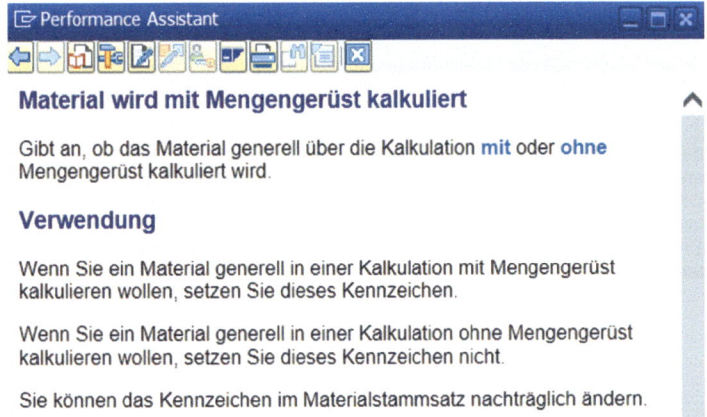

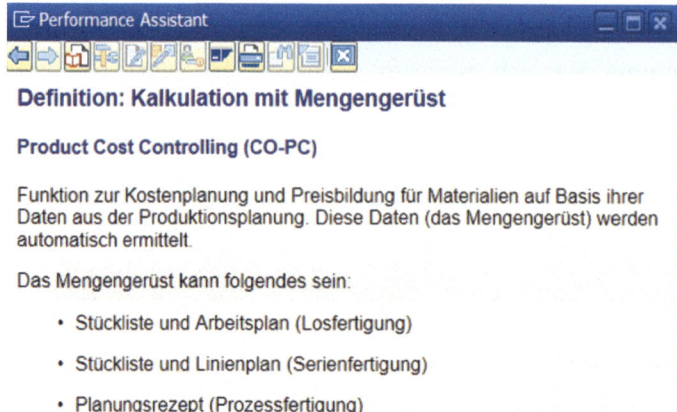

- Welche Bedeutung hat eine Herkunftsgruppe bei der Kalkulation?

3.2 Werkstoffe

- Welche Bedeutung hat eine Gemeinkostengruppe bei der Kalkulation?

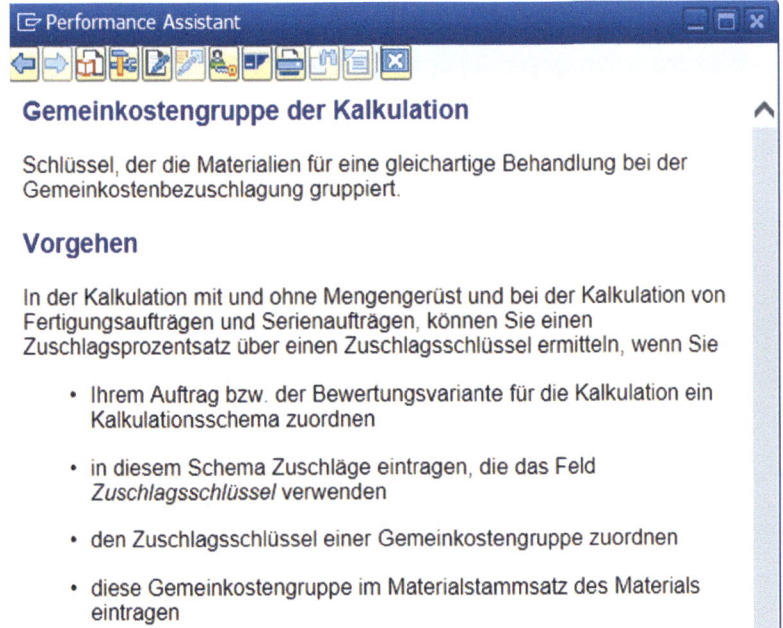

d) Sicht „Kalkulation 2":

- Welche betriebswirtschaftliche Bedeutung hat der zukünftige Planpreis?

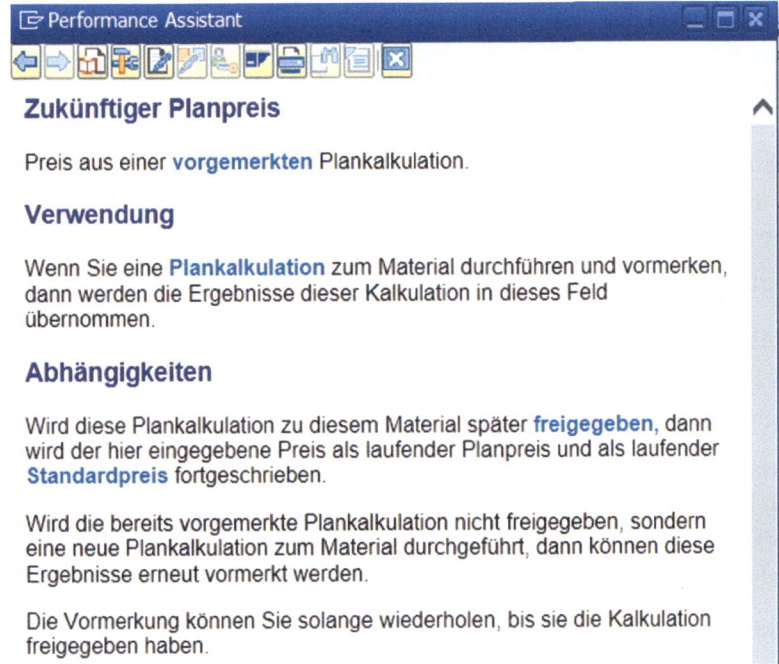

- Welche betriebswirtschaftliche Bedeutung hat der vergangene Planpreis?

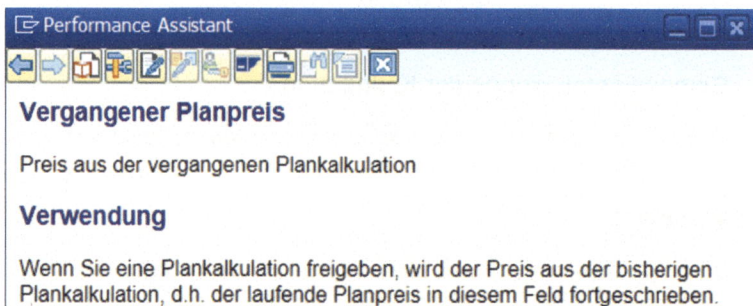

- Sichern Sie abschließend bitte Ihr neues Fertigerzeugnis.

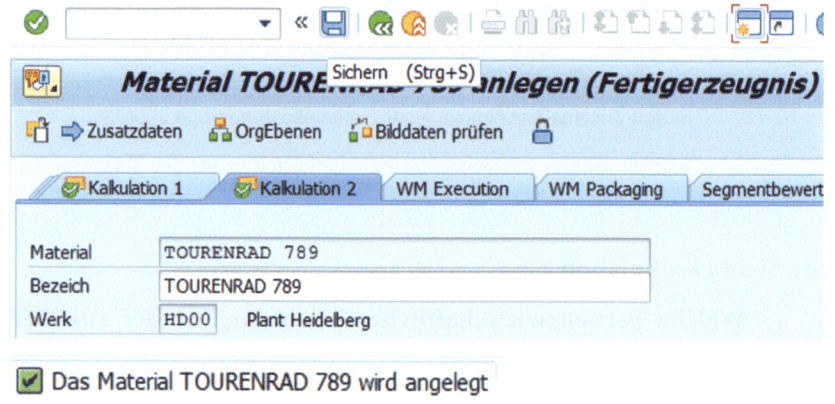

Übung 3.5: Materialstammsatz für das Halbfabrikat „Set Tourenrad ###" anhand einer Kopiervorlage anlegen (→ Kapitel 3.2.2)

Legen Sie in der Logistik im Bereich Materialwirtschaft einen Materialstammsatz für Ihr neues Halbfabrikat mit der Materialnummer „Set Tourenrad ###" für die Branche „Maschinenbau" an.

Als Kopiervorlage nutzen Sie das sehr ähnliche Material „CCWA1###".

Anmerkung:

Dieses Halbfabrikat wird später Bestandteil Ihres in der vorherigen Übung angelegten Fertigerzeugnisses werden.

Menüpfad: Logistik/ Materialwirtschaft/ Materialstamm/ Material/ Anlegen speziell/ Halbfabrikat oder absolut gleichwertig:
Menüpfad: Logistik/ Materialwirtschaft/ Materialstamm/ Material/ Anlegen allgemein/ Sofort

Transaktionscode: MMB1 oder absolut gleichwertig: MM01

3.2 Werkstoffe

1) In der Sichtenauswahl markieren Sie die Materialsichten „Grunddaten 1", „Buchhaltung 1" sowie „Kalkulation 1" und „Kalkulation 2". Legen Sie diese Sichten für das Werk „Plant Heidelberg" an.

Vom Vorlagematerial „CCWA1###" werden für alle diese Sichten ebenfalls jeweils die Daten aus diesem Werk übernommen.

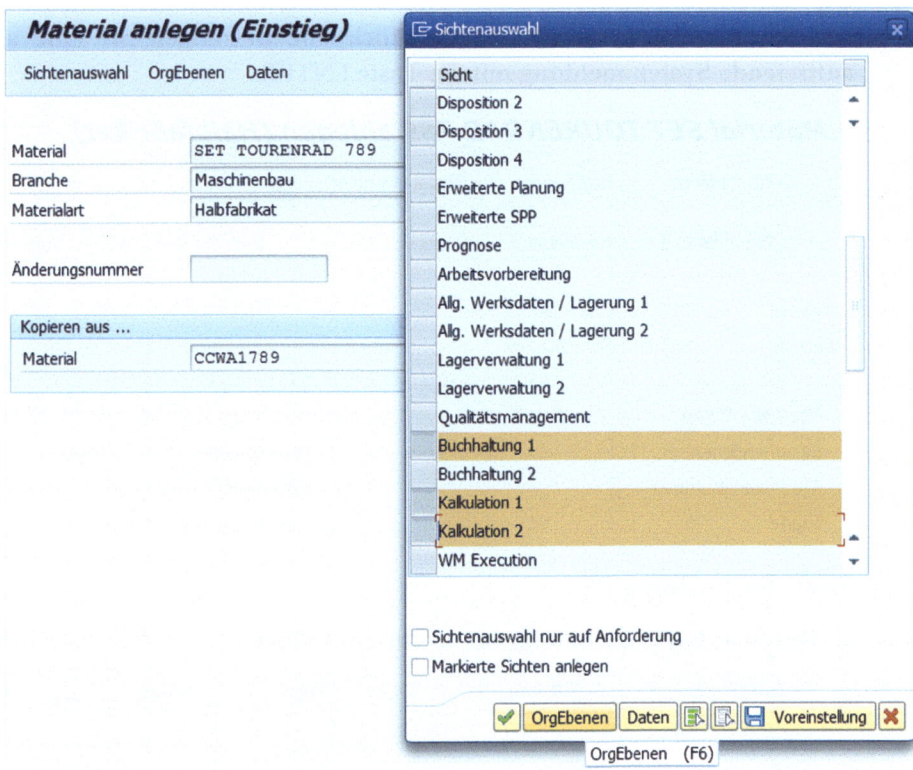

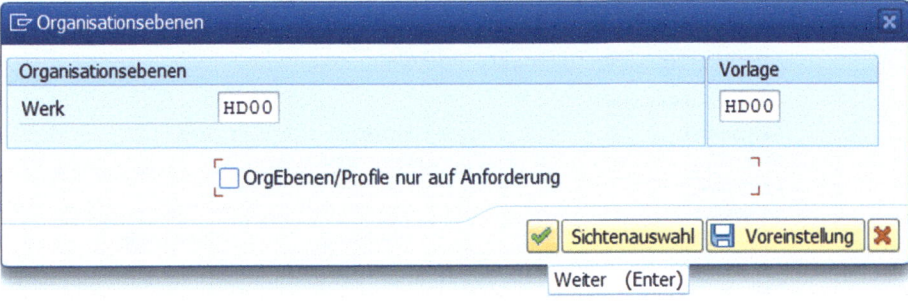

2) Ändern Sie für Ihr neues Halbfabrikat in den einzelnen Sichten folgende Daten, welche aus der Kopiervorlage stammen. Alle anderen Daten übernehmen Sie unverändert.

a) Sicht „Grunddaten 1":

Die Materialbezeichnung lautet wie die Materialnummer. Ändern Sie zudem die Basismengeneinheit in Stück um. Bestätigen Sie eine ggf. auftretende Systemmeldung mit der Taste ENTER.

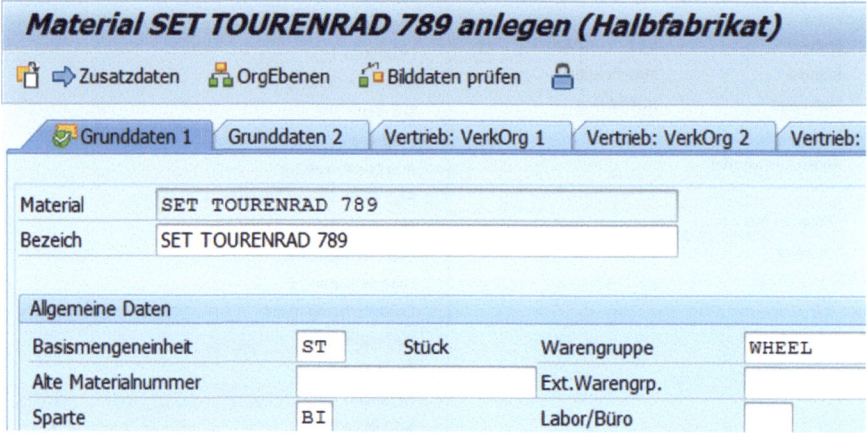

b) Sicht „Buchhaltung 1":

- Der Standardpreis beträgt 265,00 Euro pro Stück.

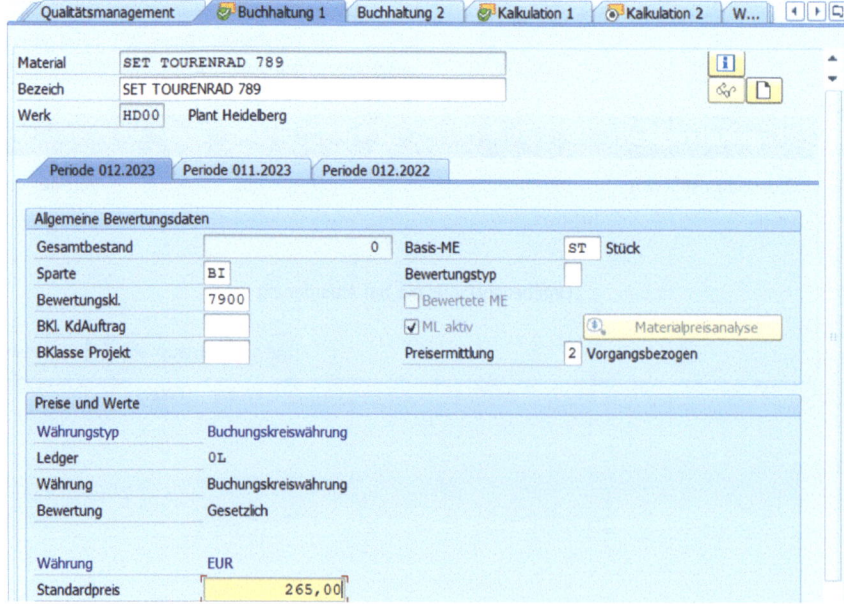

- Bestätigen Sie Ihre Eingabe mit der Taste ENTER und klicken Sie weiter auf die Taste ENTER, bis Sie alle gewählten Materialsichten durchlaufen und damit die Übernahme der Werte aus der Kopiervorlage bestätigt haben. Bejahen Sie die Systemmeldung zum Verlassen der Bearbeitung und sichern Sie Ihr neues Halbfabrikat.

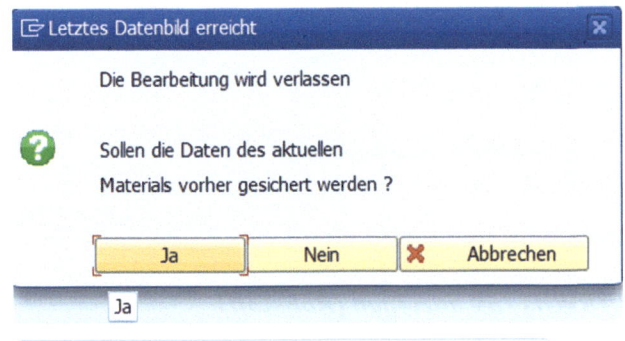

Übung 3.6: Standardpreise für die in der Stückliste des Halbfabrikats „Set Tourenrad ###" enthaltenen Materialien anzeigen (→ Kapitel 3.2.2 und 3.2.4)

Lassen Sie sich in der Logistik im Bereich Materialwirtschaft jeweils den Standardpreis für die drei Materialien anzeigen, die später Bestandteile der Stückliste für Ihr Halbfabrikat „Set Tourenrad ###" sein werden.

Menüpfad: Logistik/ Materialwirtschaft/ Materialstamm/ Material/ Anzeigen

Transaktionscode: MM03

1) Wählen Sie für das Material „TRWH1###" die Sicht „Kalkulation 2" im Werk HD00 aus.

   Wie hoch ist der Standardpreis des Materials „TRWH1###"?

   Der Standardpreis des Materials „TRWH1###" beträgt 95,00 €.

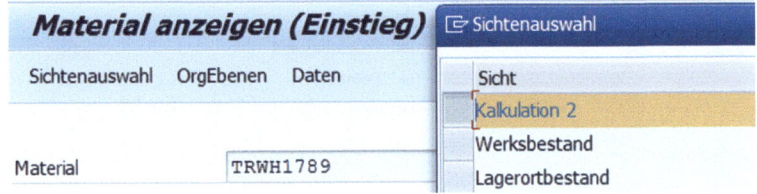

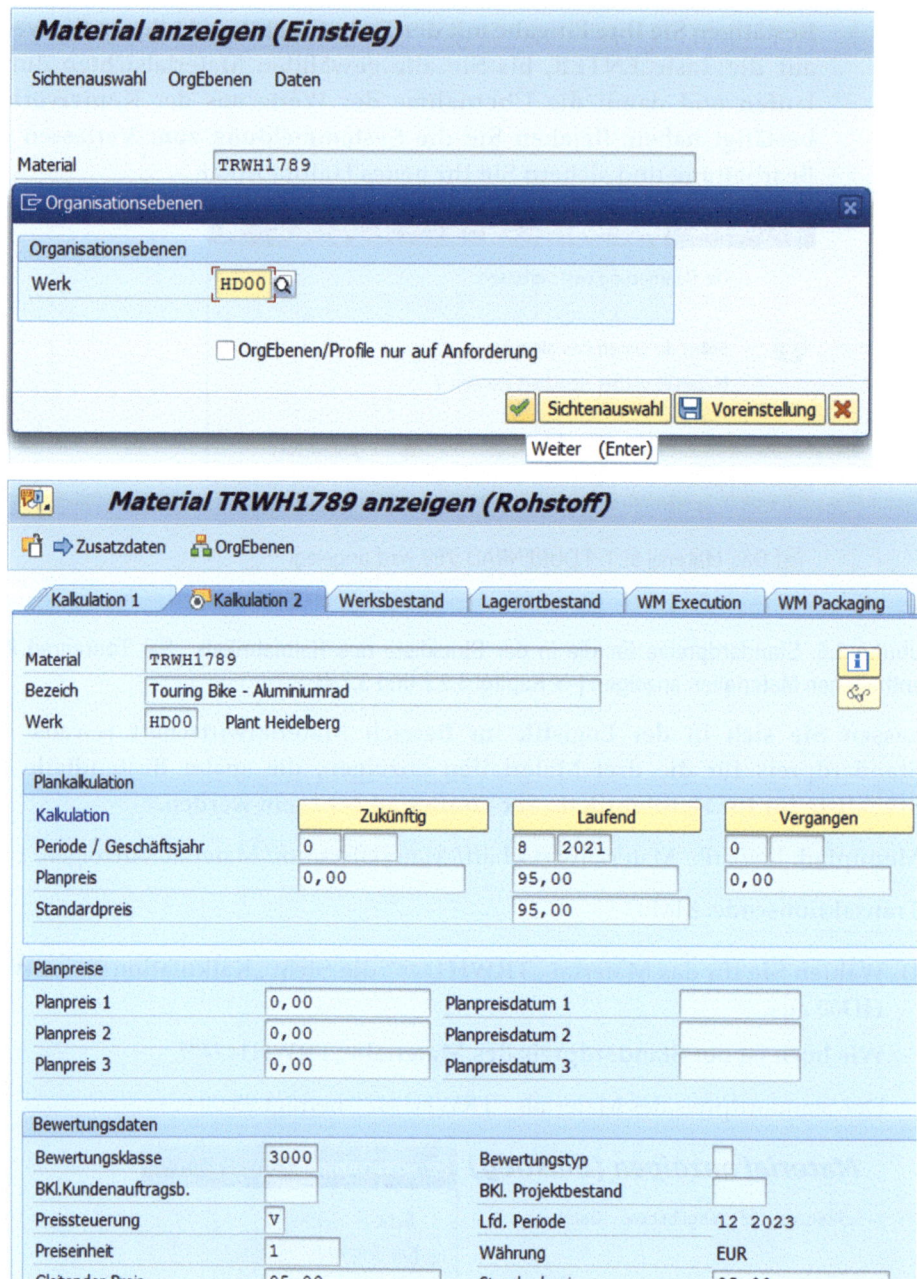

3.2 Werkstoffe

2) Wählen Sie ebenfalls für das Material „TRHB1###" die Sicht „Kalkulation 2" im Werk HD00 aus.

   Wie hoch ist der Standardpreis des Materials „TRHB1###"?

   Der Standardpreis des Materials „TRHB1###" beträgt 25,00 €.

Material TRHB1789 anzeigen (Rohstoff)

Material	TRHB1789
Bezeich	Touring Bike Lenker
Werk	HD00 Plant Heidelberg

Plankalkulation

Kalkulation	Zukünftig	Laufend	Vergangen
Periode / Geschäftsjahr	0	8 2021	0
Planpreis	0,00	25,00	0,00
Standardpreis		25,00	

Planpreise

Planpreis 1	0,00	Planpreisdatum 1	
Planpreis 2	0,00	Planpreisdatum 2	
Planpreis 3	0,00	Planpreisdatum 3	

Bewertungsdaten

Bewertungsklasse	3000	Bewertungstyp	
BKl.Kundenauftragsb.		BKl. Projektbestand	
Preissteuerung	V	Lfd. Periode	12 2023
Preiseinheit	1	Währung	EUR
Gleitender Preis	25,00	Standardpreis	25,00

3) Wählen Sie zuletzt für das Material „TRSK1###" die Sicht „Kalkulation 2" im Werk HD00 aus.

Wie hoch ist der Standardpreis des Materials „TRSK1###"?

Der Standardpreis des Materials „TRSK1###" beträgt 50,00 €.

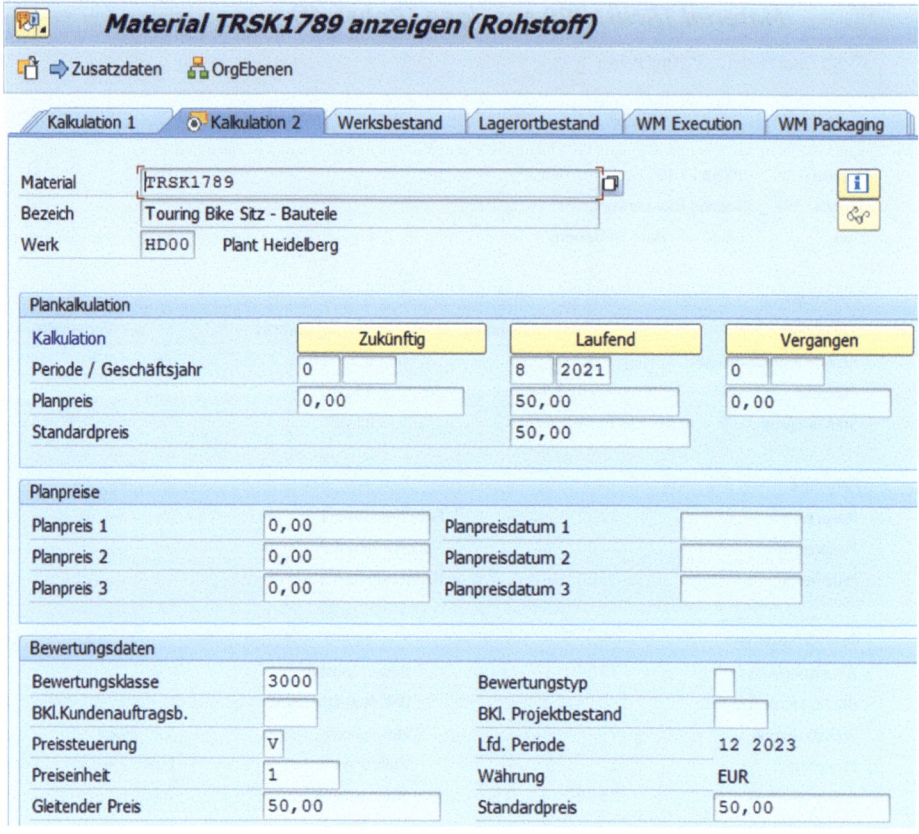

Übung 3.7: Stückliste für das Halbfabrikat „Set Tourenrad ###" anlegen (→ Kapitel 3.2.3)

Legen Sie in der Logistik im Bereich Produktion einen Stammsatz für die Materialstückliste zum Halbfabrikat „Set Tourenrad ###" im Werk HD00 an.

Die Materialstückliste soll für Kalkulationen verwendet werden und ab dem 01. Januar des aktuellen Kalenderjahres gültig sein. Drücken Sie nach Eingabe aller Daten die Taste ENTER.

Menüpfad: Logistik/ Produktion/ Stammdaten/ Stücklisten/ Stückliste/ Materialstückliste/ Anlegen

Transaktionscode: CS01

3.2 Werkstoffe

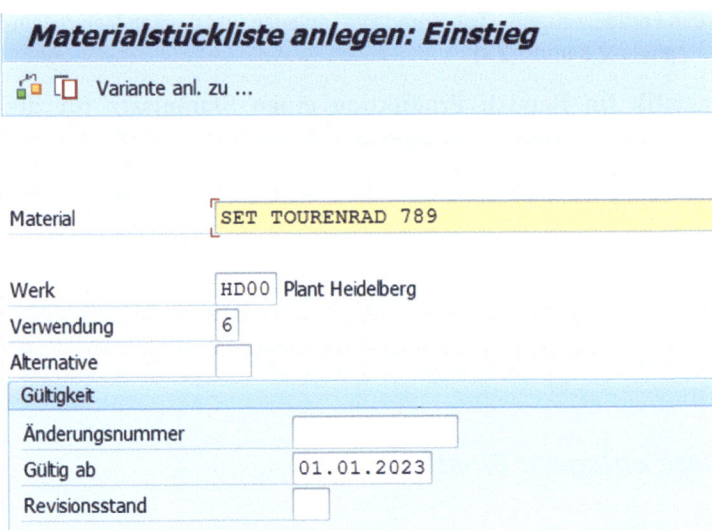

1) Ihr Halbfabrikat „Set Tourenrad ###" besteht aus den folgenden Lagerpositionen, deren Standardpreise Sie sich in der letzten Übung angesehen haben:

   - 2 Stück des Materials „TRWH1###",
   - 1 Stück des Materials „TRHB1###" und
   - 1 Stück des Materials „TRSK1###".

2) Sichern Sie abschließend die Stückliste für Ihr Halbfabrikat.

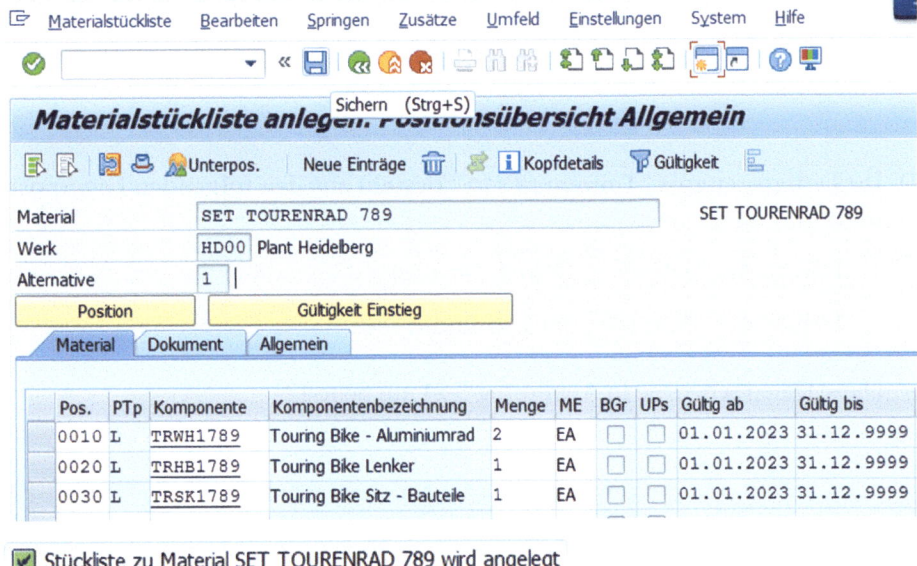

Übung 3.8: Stückliste für das Fertigerzeugnis „Tourenrad ###" anlegen und dessen Materialeinzelkosten berechnen (→ Kapitel 3.2.3 und 3.2.4)

Legen Sie in der Logistik im Bereich Produktion einen Stammsatz für die Materialstückliste zum Fertigerzeugnis „Tourenrad ###" für das Werk HD00 an.

Die Materialstückliste soll für Kalkulationen verwendet werden und ab dem 01. Januar des aktuellen Kalenderjahres gültig sein. Drücken Sie nach Eingabe aller dieser Daten die Taste ENTER.

Menüpfad: Logistik/ Produktion/ Stammdaten/ Stücklisten/ Stückliste/ Materialstückliste/ Anlegen

Transaktionscode: CS01

```
Materialstückliste anlegen: Einstieg

Material         TOURENRAD 789

Werk             HD00   Plant Heidelberg
Verwendung       6
Alternative
Gültigkeit
Änderungsnummer
Gültig ab        01.01.2024
Revisionsstand
```

1) Ihr Fertigerzeugnis „Tourenrad ### " besteht aus den folgenden Lagerpositionen:

   - 1 Stück des Materials „TRFR1###" und
   - 1 Stück des Materials „Set Tourenrad ###".

   Diese Daten sehen Sie in Abbildung 3-21 auf Seite 127.

3.2 Werkstoffe

2) Bei der Position 0020 für die Komponente „Set Tourenrad ###" wurde von SAP S/4HANA nach Ihrer manuellen Eingabe automatisch ein Häkchen in der Spalte für den Baugruppenindikator „BGr" gesetzt.

Lassen Sie sich anzeigen, was das Setzen dieses Häkchens inhaltlich bedeutet. Warum können Sie es nicht entfernen?

Markieren Sie dieses Häkchen und rufen Sie die F1-Hilfe auf. Das Häkchen wird automatisch gesetzt und kann nicht entfernt werden, da Sie in der letzten Übung eine Stückliste für dieses Material angelegt haben.

Sie sehen im Gegensatz dazu, dass für die erste Position 0010 mit dem Material „TRFR1###" keine Stückliste existiert.

3) Sichern Sie nach Ihren Eingaben Ihre Stückliste für Ihr Halbfabrikat.

> ☑ Stückliste zu Material TOURENRAD 789 wird angelegt

4) Zeichnen Sie die Stückliste für Ihr Fertigerzeugnis „Tourenrad ###" mit allen einzelnen Materialien, d.h. auch mit denen aus der Stückliste für das enthaltene Halbfabrikat „Set Tourenrad ###".

Vergleichen Sie danach Ihre Zeichnung mit Abbildung 3-22 auf Seite 127. Welche Tiefe, d.h. wie viele Stufen, hat die Stückliste für Ihr Fertigerzeugnis?

Es handelt sich um eine mehrstufige Stückliste mit der Tiefe zwei. Ihre Zeichnung sollte inhaltlich der von Abbildung 3-22 auf Seite 127 entsprechen.

5) Eine Stückliste zeigt nur die quantitativen Einsatzbeziehungen an. Ergänzen Sie nun in der Zeichnung für Ihre Stückliste die einzelnen Materialpreise um eine „bewertete Stückliste" zu erstellen.

Tragen Sie dazu für jedes Material in Ihrer Stückliste für das Fertigerzeugnis „Tourenrad ###" den in Übung 3.6 ermittelten Standardpreis aus der Sicht „Kalkulation 2" (bzw. „Buchhaltung 1") ein.
Für das Material „TRFR1###" lassen Sie sich den Materialstamm für das Werk HD00 anzeigen und übernehmen von dort den Standardpreis des Materials.

Menüpfad: Logistik/ Materialwirtschaft/ Materialstamm/ Material/ Anzeigen

Transaktionscode: MM03

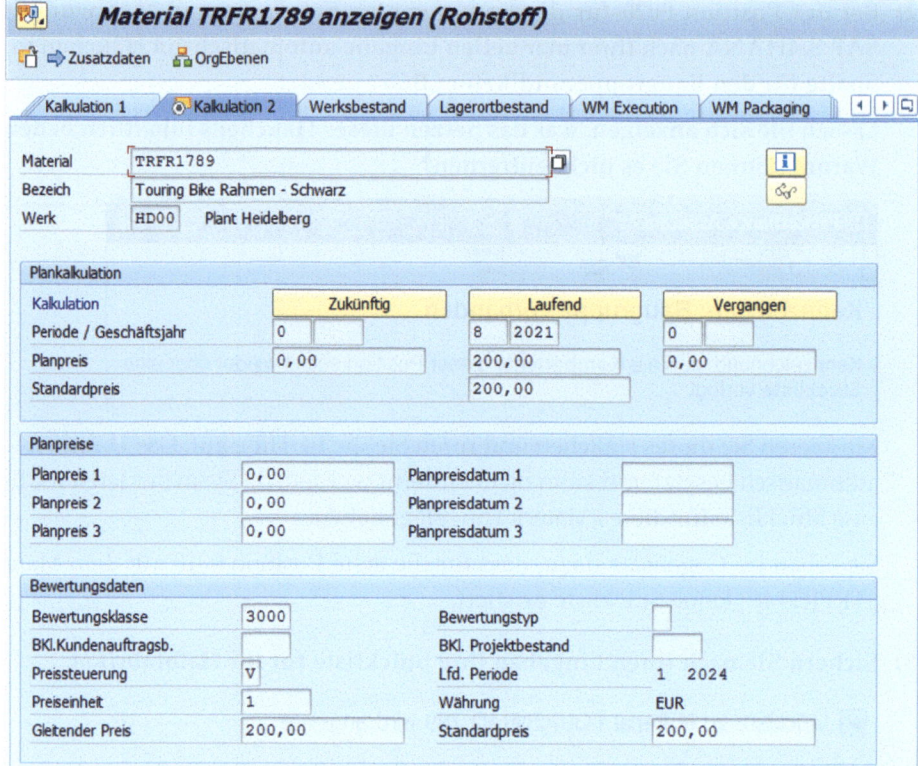

6) Berechnen Sie über alle eingesetzten Materialien jeweils durch Multiplikation von Standardpreis und Menge die gesamten Materialeinzelkosten für Ihr Fertigerzeugnis „Tourenrad ###" und vergleichen Sie Ihre Zeichnung mit Abbildung 3-23 auf Seite 128.

Die Kosten (= Materialeinzelkosten) für ein Stück Ihres Fertigerzeugnisses „Tourenrad ###" betragen aufgrund der bewerteten Einsatzmaterialien gemäß den beiden Stücklisten aus den Übungen 3.7 und 3.8 insgesamt 465 €.

3.2 Werkstoffe

Übung 3.9: Berichte zu Materialien und Stücklisten aufrufen (→ Kapitel 3.2.3 und 3.2.4)

Nach dem Anlegen der Stammsätze in der Materialwirtschaft und der Produktion lassen Sie sich abschließend noch einige Berichte zu Materialien und Stücklisten anzeigen.

1) Mit einem Materialverzeichnis können Listen von Materialien aufgrund von verschiedenen Selektionskriterien, wie bspw. der Materialnummer, dem Werk, der Materialart etc., erstellt werden.

   Lassen Sie sich in der Logistik im Bereich Materialwirtschaft für den Materialstamm in den sonstigen Transaktionen das Materialverzeichnis für alle bewerteten Materialien, die mit „###" enden, im Werk HD00 anzeigen. Sortieren Sie diese Liste absteigend nach dem letzten Änderungsdatum.

   Menüpfad: Logistik/ Materialwirtschaft/ Materialstamm/ Sonstige/ Materialverzeichnis

   Transaktionscode: MM60

Materialverzeichnis

Datenbankabgrenzungen

Material	*789
Werk	HD00
Materialart	
Warengruppe	
Ersteller	

☑ Nur bewertete Materialien

Materialverzeichnis

Sortieren absteigend (Strg+Umsch+F4)

Material	Werk	BewerArt	Materialkurztext	Ltz. Änd	MatArt	Warengrp	BME
SET TOURENRAD 789	HD00		SET TOURENRAD 789	30.12.2023	HALB	WHEEL	ST
TOURENRAD 789	HD00		TOURENRAD 789		FERT	BIKES	ST
BCSG1789	HD00		Basisgehäuse	05.04.2022	HALB	UTIL	ST
CSNG1789	HD00		Gehäuse		ROH	RAW	ST
DPCV1789	HD00		Displayabdeckung		ROH	RAW	ST

2) Lassen Sie sich in der Logistik in den Stammdaten der Produktion eine Auswertung zur Stücklistenauflösung für Ihre mehrstufige Materialstückliste für Ihr Fertigerzeugnis „Tourenrad ###" für die Kalkulation im Werk HD00 anzeigen.

Die Stücklistenauflösung soll für Kalkulationen angewendet werden und ab dem 01.01. des aktuellen Kalenderjahres gültig sein.

Menüpfad: Logistik/ Produktion/ Stammdaten/ Stücklisten/ Auswertungen/ Stücklistenauflösung/ Materialstückliste/ Struktur mehrstufig

Transaktionscode: CS12

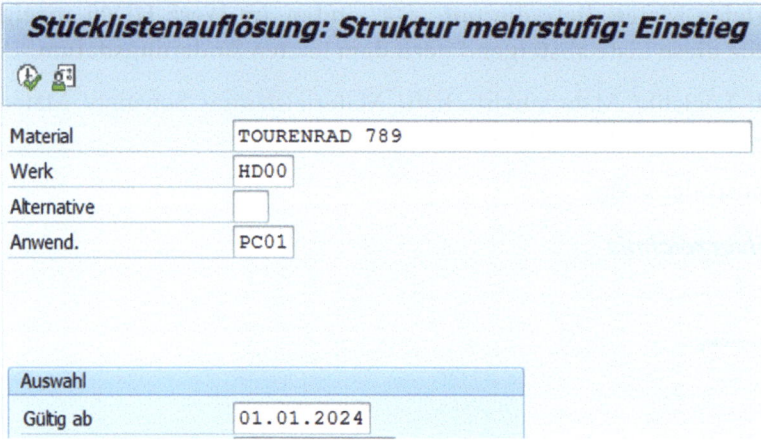

a) Vergleichen Sie das Ergebnis mit Ihrer Zeichnung aus Übung 3.8. Stimmen beide inhaltlich überein?

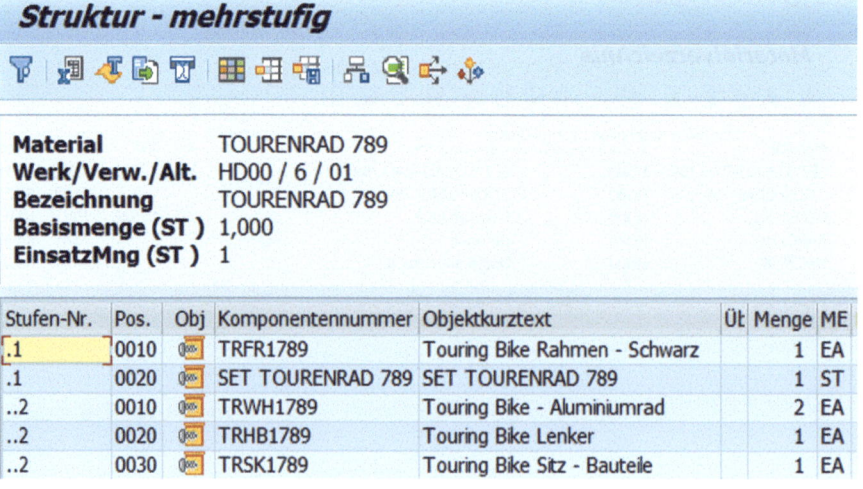

Ja, vom Mengengerüst stimmen beide inhaltlich überein.

3.2 Werkstoffe

b) Lassen Sie sich aus dieser Struktur der mehrstufigen Stücklistenauflösung im Umfeld Details für Ihr Halbfabrikat „Set Tourenrad ###" anzeigen.

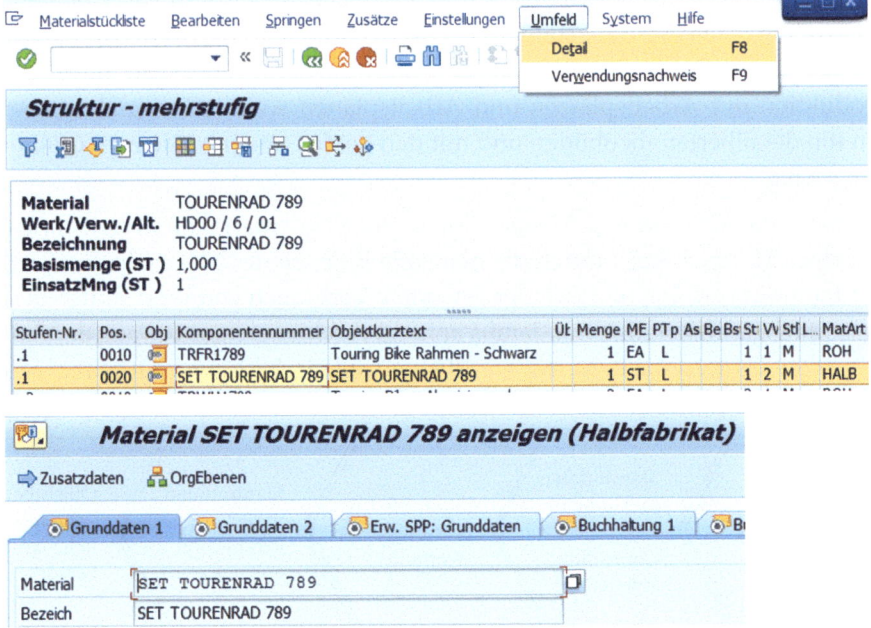

c) Gehen Sie aus dem Materialstamm mit der Taste „F3" zurück zu Ihrer mehrstufigen Stücklistenauflösung.

Wählen Sie dann im Menüpunkt „Umfeld" den Verwendungsnachweis. In welchen Fertigerzeugnissen wird Ihr Halbfabrikat „Set Tourenrad ###" überall verwendet?

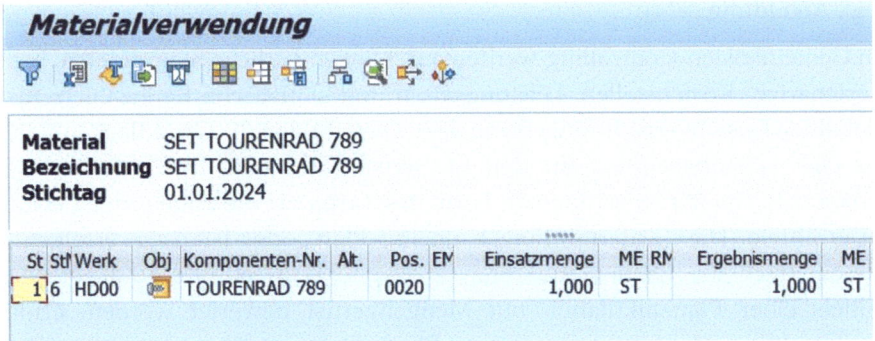

Wählen Sie in der Menüleiste den Menüpunkt „Umfeld/ Verwendungsnachweis". Ihr neu angelegtes „Set Tourenrad ###" wird ausschließlich in Ihrem neu angelegten Fertigerzeugnis „Tourenrad ###" mit der Einsatzmenge 1 verwendet.

3.3 Objektbezogene menschliche Arbeit

Der Elementarfaktor objektbezogene menschliche Arbeit wird im Gemeinkosten-Controlling (CO-OM)[66] abgebildet, da jeder Mitarbeiter einer Kostenstelle zugeordnet ist. Im Rahmen des Leistungserstellungsprozesses werden danach in der Produktion mit Arbeitsplätzen und Arbeitsplänen weitere Stammdaten benötigt, um ihn detaillierter abzubilden und mit den beiden anderen Elementarfaktoren zu integrieren.

Während die Bewertung je Mengeneinheit des Elementarfaktors Werkstoffe für ein einzelnes Material meist durch die manuelle Eingabe des Materialpreises im Materialstammsatz erfolgt, und sich der bewertete Verbrauch von Werkstoffen bei einem zusammengesetzten Material daraus anhand des Mengengerüsts aus der Stückliste berechnen lässt, ist die Bewertung je Mengeneinheit des Elementarfaktors objektbezogene menschliche Arbeit in der Praxis oftmals weitaus aufwändiger.

Abbildung 3-24: Prozessschritte zur Abbildung des Elementarfaktors objektbezogene menschliche Arbeit

Wie auch bei Werkstoffen beginnt die Abbildung des Elementarfaktors objektbezogene menschliche Arbeit mit dem Festlegen allgemeiner Einstellungen im Customizing, in diesem Fall für Sachverhalte im Gemeinkosten-Controlling und in der Produktion, bevor Stammdaten im Gemeinkosten-Controlling angelegt werden (vgl. Abbildung 3-24).

Im Gemeinkosten-Controlling werden anschließend etliche Stammdaten, bspw. für Kostenarten, Kostenstellen, Leistungsarten und statistische Kennzahlen, für i.d.R. vielfältige Kostenverrechnungen angelegt. Diese bilden die Grundlage um den Preis für eine Leistungseinheit für den Elementarfaktor objektbezogene menschliche Arbeit, z.B. eine Arbeitsstunde, in Form des Tarifs für die zugehörige Leistungsart zu ermitteln. Die Tarifermittlung kann mit Plan- oder Istkosten erfolgen. Da in diesem Buch die Elementarfaktoren in Kapitel 4 in der Produktkostenplanung mittels einer Plankalkulation mit Mengengerüst bewertet werden, erfolgt die Tarifermittlung der Leistungsarten mit Plankosten.

---

[66] OM ist die Abkürzung für die englische Übersetzung „Overhead Management" für den Begriff „Gemeinkosten-Controlling".

3.3 Objektbezogene menschliche Arbeit

Arbeitsplätze und Arbeitspläne als Stammdaten der Produktion liefern für objektbezogene menschliche Arbeit das Mengengerüst für die Leistungserstellungserstellung. In Arbeitsplätzen können die Elementarfaktoren objektbezogene menschliche Arbeit und Betriebsmittel bereits integriert abgebildet werden (vgl. Kapitel 3.4.3). Die Integration aller drei Elementarfaktoren erfolgt in einem Normalarbeitsplan, der immer für ein bestimmtes zusammengesetztes Material bzw. ein zu fertigendes Erzeugnis angelegt wird.

Der Elementarfaktor objektbezogene menschliche Arbeit wird abschließend durch die Multiplikation der Plantarife der Leistungsarten mit den Werten aus dem Mengengerüst des Normalarbeitsplans des zu fertigenden Erzeugnisses berechnet.

3.3.1 Allgemeine Einstellungen festlegen

Bevor im Anwendungsmenü Stamm- und Bewegungsdaten für den Elementarfaktor objektbezogene menschliche Arbeit angelegt werden können, müssen dazu im Customizing-Menü allgemeine Einstellungen festgelegt werden.

3.3.1.1 Einstellungen im Gemeinkosten-Controlling festlegen

Obwohl bei der Abbildung für den Elementarfaktor objektbezogene menschliche Arbeit in SAP S/4HANA eine Vielzahl von Stammdaten im Gemeinkosten-Controlling involviert ist, ist das zugehörige Customizing nicht besonders kompliziert. Ggf. müssen dort vorbereitend weitere Einträge für einzelne Datenfelder der Stammdaten bei Kostenarten, Kostenstellen, Leistungsarten usw. gepflegt werden, bevor diese später im Anwendungsmenü angelegt werden können.

Nachfolgend wird dies anhand eines Beispiels für einen neuen Eintrags für die Art der Kostenstelle (Synonym: Kostenstellenart[67]), erläutert.

Die Kostenstellenart ist für die Inhalte dieses Buches wichtig, da durch sie beim Anlegen einer Leistungsart eingeschränkt werden kann, welche Kostenstellen diese Leistung, die den Elementarfaktor objektbezogene menschliche Arbeit abbildet, prinzipiell erbringen dürfen (vgl. Kapitel 3.3.2.3).

Bei einer Kostenstelle ist die Kostenstellenart, neben anderen, ein sog. Mussfeld.

Bei Mussfeldern muss in SAP S/4HANA immer ein Wert eigegeben werden. Allgemein sind sie immer durch ein Häkchen gekennzeichnet. Abbildung 3-25 zeigt beispielhaft Mussfelder für eine Kostenstelle.

---

[67] Der Begriff der Kostenstellenart wirkt es manchmal etwas verwirrend, da eventuell nicht sofort klar wird, ob er sich auf eine Kostenart oder eine Kostenstelle bezieht. Zur besseren Verdeutlichung sollte er analog zum Begriff „Kostenartentyp" durch die Bezeichnung „Kostenstellentyp" ersetzt werden.

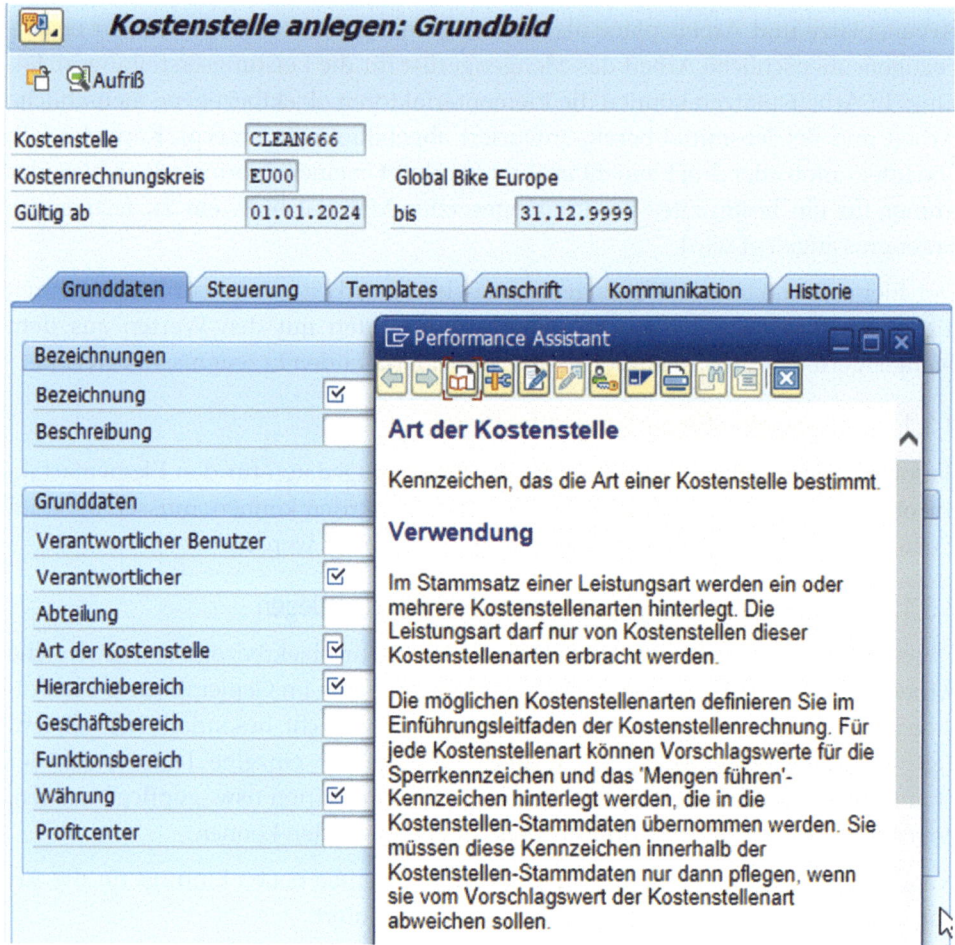

Abbildung 3-25: Mussfelder beim Anlegen einer Kostenstelle (KS01)

Beim Anlegen einer Kostenstelle (vgl. Kapitel 3.3.2.2) im Anwendungsmenü kann man sich mit der F4-Hilfe die bereits vorhandenen Einträge zu einem Datenfeld anzeigen lassen. Gemäß Abbildung 3-26 existieren bspw. gegenwärtig zwölf verschiedene Kostenstellenarten.

3.3 Objektbezogene menschliche Arbeit

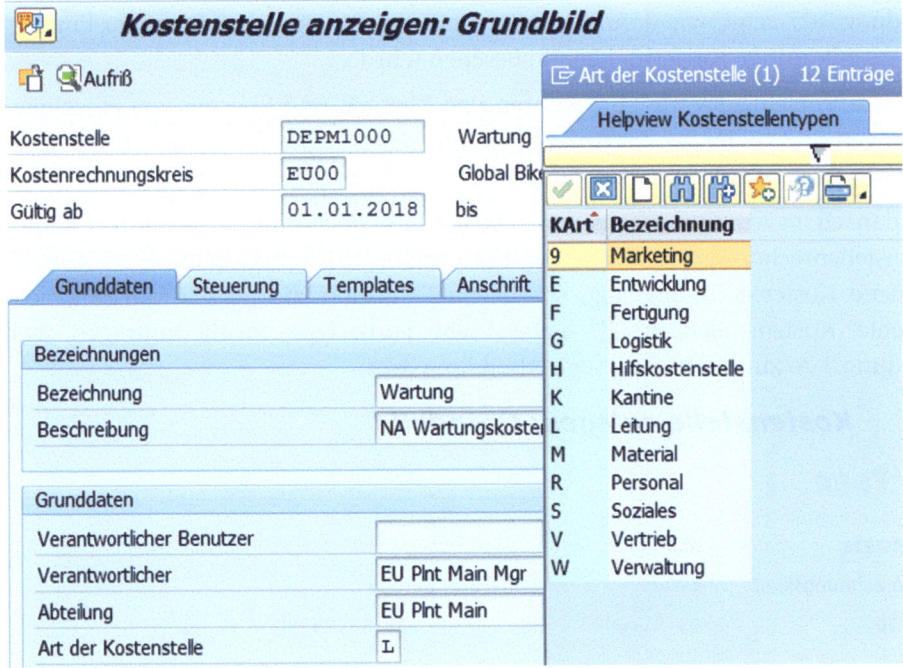

Abbildung 3-26: Kostenstellenarten für Kostenstellen (KS03)

Wird bspw. in einem Unternehmen ein neuer Produktionsbereich aufgebaut, so muss im Customizing des Gemeinkosten-Controllings im Menüpfad „Controlling/ Kostenstellenrechnung/ Stammdaten/ Kostenstellen/ Kostenstellenarten definieren" eine neue Kostenstellenart „P" für diesen zukünftigen Produktionsbereich angelegt werden.

Für jede Kostenstellenart können im Customizing Vorschlagswerte für Sperrkennzeichen und das Kennzeichen zum Führen von Mengen hinterlegt werden. Im konkreten Fall soll zukünftigen Kostenstellen dieser Art erst einmal per se das Führen von Mengen ermöglicht werden. Jedoch sollen sie für Erlösbuchungen im Ist und Plan gesperrt sein.

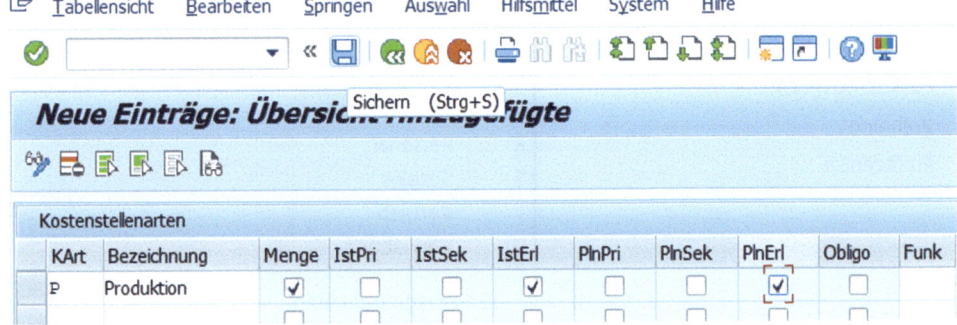

Abbildung 3-27: Anlegen einer neuen Kostenstellenart (OKA2)

168   3 Abbildung und Integration der Elementarfaktoren in SAP S/4HANA

Abbildung 3-27 zeigt, wie dafür im Customizing ein entsprechender neuer Eintrag für diese zukünftige Kostenstellenart aussehen würde.

Alle diese Vorschlagswerte zum Führen von Mengen und Sperren von einzelnen Buchungen sind später bei der Anlage einer Kostenstelle mit dieser Kostenstellenart vom SAP-Anwender jedoch stets änderbar.

Wird danach im Anwendungsmenü im Menüpfad „Rechnungswesen/ Controlling/ Kostenstellenrechnung/ Stammdaten/ Kostenstelle/ Einzelbearbeitung/ Anlegen" eine neue Kostenstelle angelegt, so steht als Resultat die im Customizing neu angelegte Kostenstellenart „P" neben den vorherigen zwölf Einträgen aus Abbildung 3-26 zur Verfügung (vgl. Abbildung 3-28).

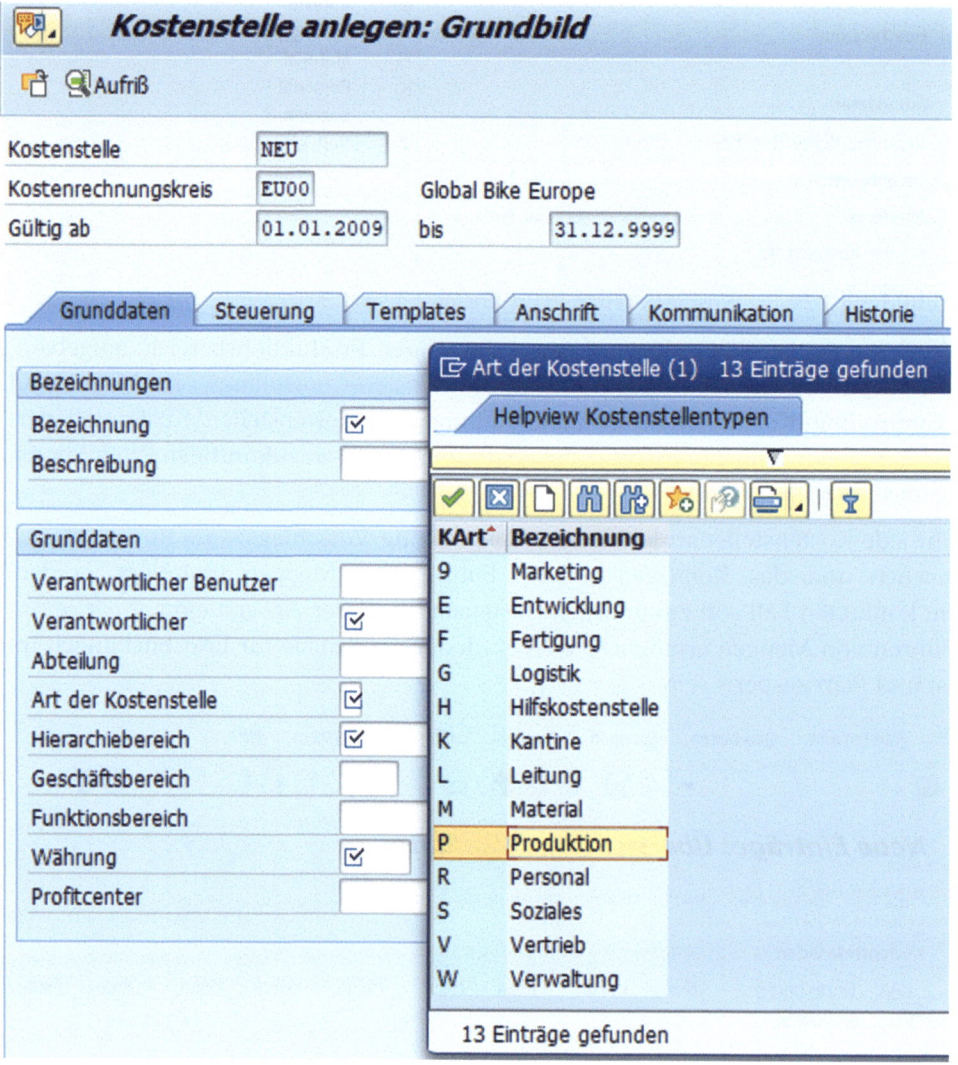

Abbildung 3-28: Neu verfügbare Kostenstellenart „P" für Kostenstellen der Produktion (KS01)

3.3 Objektbezogene menschliche Arbeit

Dies ist lediglich ein Beispiel von vielen, bei dem vor dem Anlegen von Stammdaten des Gemeinkosten-Controllings im Anwendungsmenü noch korrespondierende Einstellungen im Customizing definiert werden müssen.

Nichtsdestotrotz ist dieser Prozessschritt optional und kann übersprungen werden, wenn für alle Datenfelder in den in Kapitel 3.3.2 neu anzulegenden Stammdaten im Gemeinkosten-Controlling bereits alle benötigten Einträge existieren.

3.3.1.2 Einstellungen in der Produktion festlegen

Da sowohl Arbeitsplätze als auch Arbeitspläne für den Leistungserstellungsprozess benötigt werden, finden sich diese Stammdaten für die Abbildung des Elementarfaktors objektbezogene menschliche Arbeit nicht im Gemeinkosten-Controlling, sondern, genauso wie Stücklisten für Werkstoffe, im Bereich Produktion.

3.3.1.2.1 Arbeitsplätze

Ein Arbeitsplatz ist eine betriebliche Einheit innerhalb eines Werkes, an dem ein Arbeitsvorgang im Rahmen des betrieblichen Leistungserstellungsprozesses ausgeführt wird. Ein Arbeitsvorgang umfasst einen oder mehrere konkrete Tätigkeiten, die durch jeweils eine Leistungsart für den Elementarfaktor objektbezogene menschliche Arbeit oder den Elementarfaktor Betriebsmittel[68], abgebildet werden.

Ein Arbeitsplatz umfasst eine bestimmte Kapazität und kann u.a. die Leistung einer Maschine, einer Maschinengruppe, einer einzelnen Person oder einer Personengruppe abbilden. Handelt es sich um eine Maschine oder eine Maschinengruppe, so erfolgt hier eine Integration mit dem Elementarfaktor Betriebsmittel.

Mit der Arbeitsplatzart wird die Art des Arbeitsplatzes, z.B. handelt es sich um einen Arbeitsplatz in der Fertigung, spezifiziert. Durch sie wird festgelegt, welche Datenfelder im Anwendungsmenü beim Anlegen eines Stammsatzes für einen Arbeitsplatz in welcher Reihenfolge in den Registerkarten gepflegt werden können bzw. müssen.

Damit stellt die Arbeitsplatzart für Arbeitsplätze quasi ein Pendant zur Materialart für Materialien dar und legt fest für welche Funktionen, bspw. die Kalkulation, der Arbeitsplatz verwendet werden kann.

Arbeitsplatzarten werden im Customizing im Menüpfad „Produktion/ Grunddaten/ Arbeitsplatz/ Allgemeine Daten/ Arbeitsplatzart einstellen" definiert.

Abbildung 3-29 zeigt verschiedene Arbeitsplatzarten mit der jeweils definierten Bildfolge für die in Abbildung 3-31 dargestellten Bildfolgen.

---

[68] Bei leistungsproportionalen Abschreibungen mit Maschinenstundensätzen (vgl. Kapitel 3.4.3).

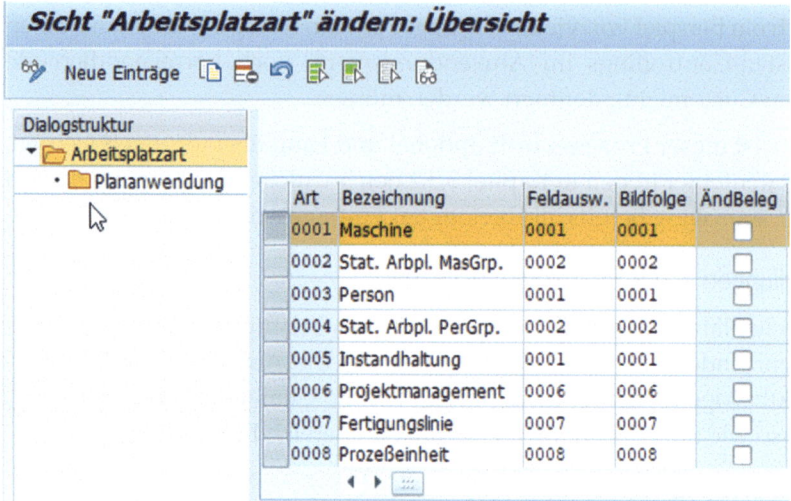

Abbildung 3-29:   Arbeitsplatzarten und deren Bildfolgen (OP40)

In den Details zu einer Arbeitsplatzart ist zudem festgelegt, in welchen Arten von Arbeitsplänen Arbeitsplätze dieser Art einen Bestandteil bilden können. Abbildung 3-30 zeigt beispielhaft, dass die Arbeitsplatzart „Maschine" Bestandteil in Arbeitsplänen zur Instandhaltung, zur Fertigung und zum Prüfen sein kann.

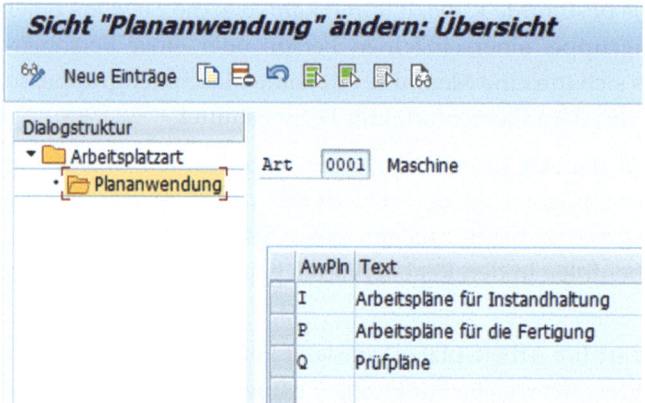

Abbildung 3-30:   Plananwendungen für eine Arbeitsplatzart (OP40)

Die Bildfolge für eine Arbeitsplatzart aus Abbildung 3-29 bestimmt u.a., welche obligatorischen und optionalen Bildschirmbilder in welcher Reihenfolge im Anwendungsmenü beim Anlegen eines Arbeitsplatzes angezeigt werden. Die Bildfolge für eine Arbeitsplatzart aus Abbildung 3-31 wird im Customizing im Menüpfad „Produktion/ Grunddaten/ Arbeitsplatz/ Bildfolge Arbeitsplatz einrichten" definiert.

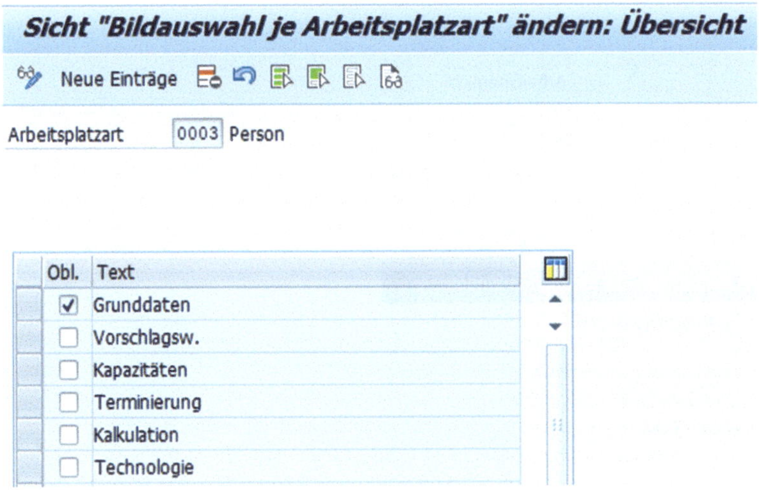

3.3 Objektbezogene menschliche Arbeit

Sicht "Bildauswahl je Arbeitsplatzart" ändern: Übersicht

Neue Einträge

Arbeitsplatzart   0003 Person

Obl.	Text
✓	Grunddaten
☐	Vorschlagsw.
☐	Kapazitäten
☐	Terminierung
☐	Kalkulation
☐	Technologie

Abbildung 3-31: Bildfolge einer Arbeitsplatzart (OP13)

Beim Anlegen eines neuen Arbeitsplatzes im Anwendungsmenü, wie bspw. in Abbildung 3-84 auf Seite 240, werden daraufhin die Registerkarten gemäß der Bildfolge für die Arbeitsplatzart aus Abbildung 3-31 angezeigt.

3.3.1.2.2 Arbeitspläne

In einem Arbeitsplan wird festgelegt, welche einzelnen Arbeitsvorgänge (Synonyme: Vorgänge, Arbeitsschritte) bei der Leistungserstellung auf welchen Arbeitsplätzen ausgeführt werden. Dabei werden für jeden Arbeitsvorgang die benötigten Zeiten für verschiedene Tätigkeiten, abgebildet jeweils mit einer Leistungsart (vgl. v.a. Kapitel 3.3.2.3 und 3.3.3.5), erfasst.

Ein Arbeitsplan beschreibt somit den kompletten Arbeitsablauf zur Herstellung eines Erzeugnisses. Die Einstellungen aus den im Leistungserstellungsprozess involvierten Arbeitsplätzen werden in den Arbeitsplan übernommen und können dort zum Teil geändert werden.

Verschiedene Einstellungen sind im Customizing festzulegen, bevor Arbeitspläne im Anwendungsmenü angelegt werden können (vgl. Kapitel 3.3.4.2). Bspw. ist durch den Plantyp eines Arbeitsplans definiert, um welche Art eines Arbeitsplanes es sich handelt und wie die Nummernvergabe etc. erfolgt. Abbildung 3-32 zeigt dazu verschiedene Plantypen.

Plantypen für Arbeitspläne werden im Customizing im Menüpfad „Produktion/ Grunddaten/ Arbeitsplan/ Plantypen pflegen und Set-/Get-Parameter einstellen" angelegt.

172 3 Abbildung und Integration der Elementarfaktoren in SAP S/4HANA

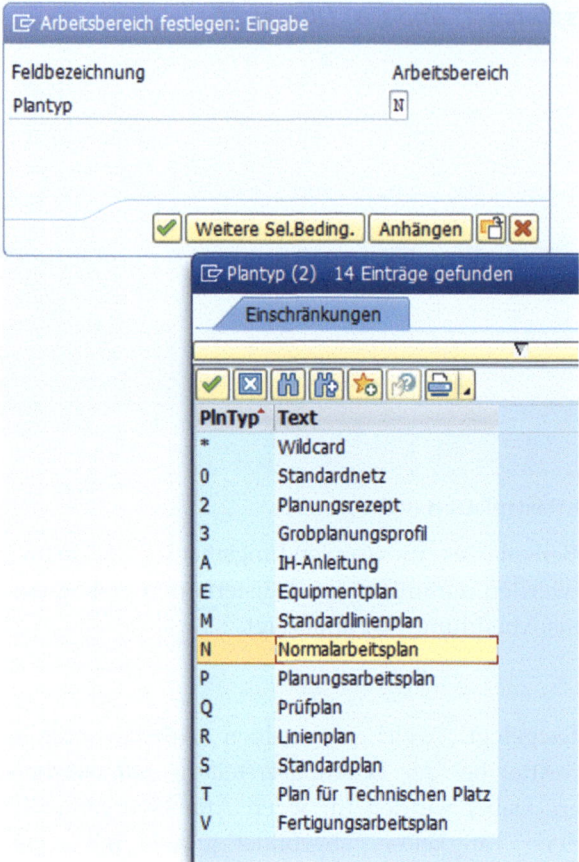

Abbildung 3-32:   Plantypen für Arbeitspläne (OP8B)

Die wichtigsten Plantypen sind Normalarbeits- und (als Pendant für die Serienfertigung) Linienpläne, die sich jeweils auf ein konkretes herzustellendes Erzeugnis beziehen, sowie materialunabhängige Standardarbeitspläne, die in Normalarbeits- und Linienpläne integriert werden können.

Für jeden Plantyp wird im Customizing im Menüpfad „Produktion/ Grunddaten/ Arbeitsplan/ Allgemeine Daten/ Materialartenzuordnung festlegen" definiert, für welche Materialarten (vgl. Kapitel 3.2.1.1.1) ein Arbeitsplan angelegt werden kann.

Abbildung 3-33 zeigt beispielhaft die Materialarten, für die ein Arbeitsplan vom Plantyp „Normalarbeitsplan" angelegt werden kann.

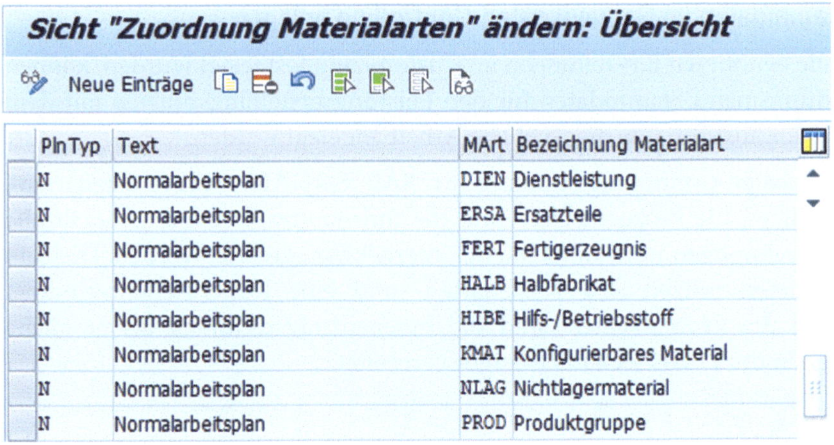

3.3 Objektbezogene menschliche Arbeit

Sicht "Zuordnung Materialarten" ändern: Übersicht

Neue Einträge

PlnTyp	Text	MArt	Bezeichnung Materialart
N	Normalarbeitsplan	DIEN	Dienstleistung
N	Normalarbeitsplan	ERSA	Ersatzteile
N	Normalarbeitsplan	FERT	Fertigerzeugnis
N	Normalarbeitsplan	HALB	Halbfabrikat
N	Normalarbeitsplan	HIBE	Hilfs-/Betriebsstoff
N	Normalarbeitsplan	KMAT	Konfigurierbares Material
N	Normalarbeitsplan	NLAG	Nichtlagermaterial
N	Normalarbeitsplan	PROD	Produktgruppe

Abbildung 3-33: Materialarten zu einem Plantyp in einem Arbeitsplan (OP50)

In einem Steuerschlüssel wird für einen einzelnen Arbeitsvorgang in einem Arbeitsplan festgelegt, wie dieser in SAP S/4HANA verarbeitet wird und welche betriebswirtschaftlichen Funktionen mit ihm verknüpft sind. Beispiele für solche Funktionen sind die Berücksichtigung des Vorgangs bei der Terminierung, der Rückmeldung, der Kapazitätsplanung und der Kalkulation.

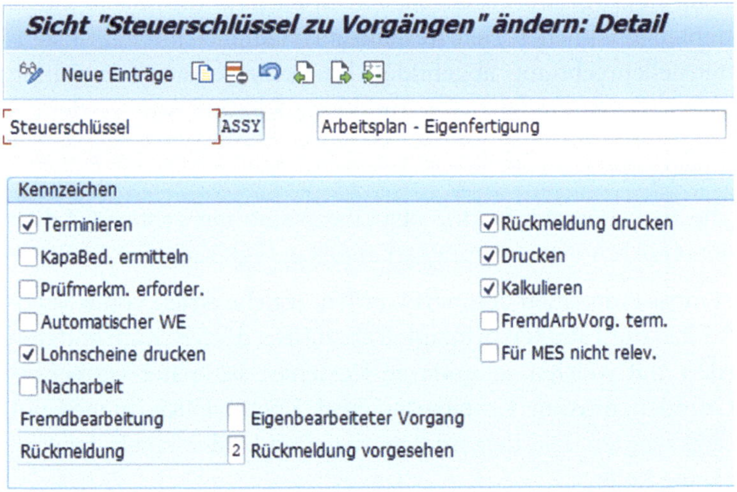

Sicht "Steuerschlüssel zu Vorgängen" ändern: Detail

Neue Einträge

Steuerschlüssel ASSY Arbeitsplan - Eigenfertigung

Kennzeichen

☑ Terminieren   ☑ Rückmeldung drucken
☐ KapaBed. ermitteln   ☑ Drucken
☐ Prüfmerkm. erforder.   ☑ Kalkulieren
☐ Automatischer WE   ☐ FremdArbVorg. term.
☑ Lohnscheine drucken   ☐ Für MES nicht relev.
☐ Nacharbeit
Fremdbearbeitung   Eigenbearbeiteter Vorgang
Rückmeldung   2 Rückmeldung vorgesehen

Abbildung 3-34: Steuerschlüssel zu Vorgängen in einem Arbeitsplan (OP67)

Diese betriebswirtschaftlichen Funktionen für einen Steuerschlüssel werden im Customizing im Menüpfad „Produktion/ Grunddaten/ Arbeitsplan/ Vorgangsdaten/ Steuerschlüssel festlegen" als Kennzeichen hinterlegt. Abbildung 3-34 zeigt ein Beispiel für einen Steuerschlüssel, der u.a. festlegt, dass alle zugehörigen Vorgänge relevant für die Kalkulation und die Terminierung sind.

3.3.2 Stammdaten im Gemeinkosten-Controlling anlegen

Nachdem alle benötigten Einstellungen im Customizing festgelegt wurden, können im Anwendungsmenü Stammdaten für den Leistungserstellungsprozess mit dem Elementarfaktor ausführende menschliche Arbeit angelegt werden.

Das Gemeinkosten-Controlling umfasst in SAP S/4HANA die Kostenarten-, die Kostenstellen-, die Prozesskosten- und die Innenauftragsrechnung. Nicht alle diese Kostenrechnungen müssen in einem Unternehmen genutzt werden. De facto alle Unternehmen nutzen eine Kostenarten- und eine Kostenstellenrechnung. Dagegen sind die Prozesskosten- und die Innenauftragsrechnung als mögliche Ergänzungen in der Praxis weitaus weniger verbreitet.

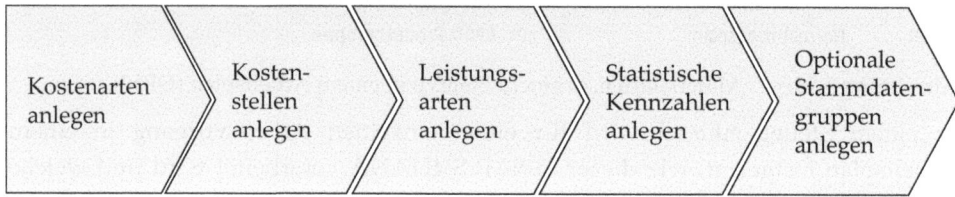

Abbildung 3-35: Prozessschritte zum Anlegen von Stammdaten für den Elementarfaktor objektbezogene menschliche Arbeit

Der Elementarfaktor objektbezogene menschliche Arbeit wird für die Inhalte dieses Buches in der angestrebten inhaltlichen Tiefe deshalb auch lediglich mit der Kostenarten- und der Kostenstellenrechnung abgebildet. Im Gemeinkosten-Controlling müssen dafür mindestens die Stammdaten aus Abbildung 3-35 angelegt werden.

3.3.2.1 Kostenarten anlegen

Für jede Tätigkeit, die den Elementarfaktor objektbezogene menschliche Arbeit abbildet, wird in SAP S/4HANA eine Leistungsart angelegt (vgl. Kapitel 3.3.2.3).

Für eine Leistungsart muss zum einen definiert werden, welche Arten von Kostenstellen (vgl. Kapitel 3.3.2.2) die Tätigkeit prinzipiell ausführen dürfen. Zum anderen muss festgelegt werden, mit welcher sekundären Kostenart sie später verrechnet wird. Aus diesen Gründen müssen Kostenarten und Kostenstellen immer vor Leistungsarten angelegt werden. Die Reihenfolge zwischen beiden spielt dabei in SAP S/4HANA aber keine Rolle.

Eine Kostenart gibt an, um welche Kosten es sich inhaltlich handelt.

Kostenstellenberichte für eine Kostenstelle sind i.d.R. so aufgebaut, dass in den einzelnen Berichtszeilen je eine Kostenart und die zugehörige Kostenhöhe als Kostenbelastung (positives Vorzeichen) oder Kostenentlastung (negatives Vorzeichen) angezeigt wird.

Abgrenzung von Aufwendungen und Kosten

Die Kostenartenrechnung ist das Bindeglied zwischen dem externen und dem internen Rechnungswesen. Aufwendungen im externen Rechnungswesen können, müssen aber nicht, Kosten im internen Rechnungswesen gegenüberstehen.

Beide Begriffe müssen aufgrund der unterschiedlichen Intentionen von externem und internem Rechnungswesen, wie in Abbildung 3-36, klar voneinander abgegrenzt werden.

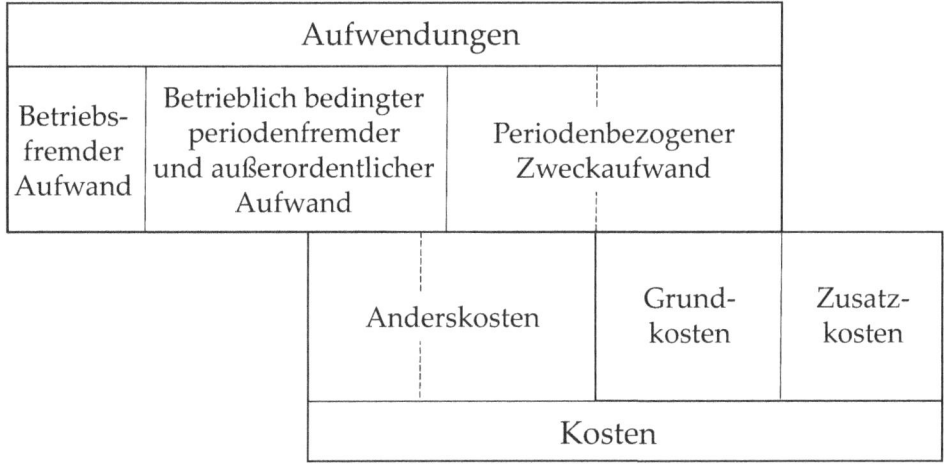

Abbildung 3-36: Abgrenzung von Aufwendungen und Kosten

Aufwand bzw. Aufwendungen sind Bestandteil des externen Rechnungswesens und bilden einen negativen Unternehmenserfolg ab. Sie fließen in der Hauptbuchhaltung auf der Soll-Seite in die GuV-Rechnung (Erfolgsrechnung) ein und vermindern c.p. das Eigenkapital in der Bilanz.

Aus der Abgrenzung zu den Aufwendungen wird nachfolgend eine Definition des Begriffs „Kosten" hergeleitet. Die Abgrenzung zwischen Aufwendungen und Kosten kann sich auf Inhalte und/oder Wertansätze beziehen:

- Betriebsfremder Aufwand steht nicht im Zusammenhang mit der betrieblichen Leistungssatzstellung und wird bei der Ermittlung der Kosten im internen Rechnungswesen nicht berücksichtigt.

    Ein Beispiel dafür ist bei einem Industrieunternehmen der Personalaufwand für einen Hausmeister, der sich um die firmeneigenen Werkswohnungen für Mitarbeiter kümmert.[69]

---

[69] Dies ist betriebsfremder Aufwand, da der Betriebszweck des Industrieunternehmens nicht darin besteht, Wohnungen zu vermieten.

- Periodenfremder Aufwand fällt entweder ganz oder teilweise nicht für das laufende Geschäftsjahr bzw. die aktuelle Periode[70] an. Steht er nicht in Zusammenhang mit dem Betriebszweck, so ist er den betriebsfremden Aufwendungen zuzurechnen.

  Betrieblich bedingter periodenfremder Aufwand muss für das aktuelle Geschäftsjahr abgegrenzt und mit einem anderen Wertansatz im internen Rechnungswesen berücksichtigt werden.

  Ein Beispiel für einen teilweise periodenfremden betriebsbedingten Aufwand ist die periodische Zahlung eines Beitrages für eine Betriebsversicherung, bei der der Versicherungszeitraum über das aktuelle Geschäftsjahr hinausgeht. Im internen Rechnungswesen muss dafür ein anderer Wertansatz gewählt werden, bei dem lediglich die korrespondierenden Kosten für den Zeitanteil in allen Perioden des aktuellen Geschäftsjahrs erfasst werden. Ansonsten würden zu hohe Kosten für die aktuelle Periode ausgewiesen werden.

- Außerordentlicher Aufwand ist betrieblich bedingt, tritt jedoch gewöhnlich nicht periodisch, sondern zusätzlich zu den normalen Aufwendungen für den ordentlichen Geschäftsverlauf, auf. Außerordentlicher Aufwand wird in periodenfremden und außergewöhnlichen Aufwand unterteilt.

  Periodenfremder Aufwand, z.B. die jährlich einmalige Zahlung von Urlaubsgeld, fällt unregelmäßig in den einzelnen Perioden eines Geschäftsjahres an.

  Außergewöhnlicher Aufwand, bspw. ein durch betriebliche Versicherungen nicht ausreichend gedeckter Brandschaden oder ein Schaden durch Diebstahl von Gütern etc., entsteht unerwartet. Sowohl der Schadenszeitpunkt als auch die Schadenshöhe sind dabei nicht genau prognostizierbar.

  Die zeitgleiche Übernahme des Wertansatzes von betrieblich bedingtem außerordentlichem Aufwand würde der Intention des internen Rechnungswesens widersprechen, entscheidungsrelevante Informationen für betriebliche Entscheidungsträger zur Planung, Steuerung, Kontrolle, Information und Koordination bereitzustellen.

  Würde der Wertansatz für außergewöhnlichen Aufwand aus dem externen zeitgleich vollständig in die Kosten für die Periode im internen Rechnungswesen übernommen werden, so würden die Kosten in der Kostenträgerrechnung in der betreffenden Periode entscheidungsverfälschend zu hoch ausgewiesen werden.

  Für derartige Sachverhalte werden im internen Rechnungswesen die mit den Aufwendungen korrespondierenden Kosten in SAP S/4HANA in der Praxis oftmals in der Innenauftragsrechnung auf sog. Abgrenzungsaufträge gebucht.

---

[70] Eine Periode in einem Geschäftsjahr ist gewöhnlich ein Monat.

Deren Kosten werden dann normalisiert, d.h. auf alle Perioden des Geschäftsjahres gleichmäßig verteilt, um weiterhin die Grundlage für entscheidungsrelevante Informationen liefern zu können.

Bei der Zahlung von Urlaubsgeld wird bspw. oft der Gesamtbetrag durch die Anzahl der Perioden bis zum erwarteten nächsten Eintritt geteilt. Statt einer einzelnen Buchung mit dem Gesamtbetrag in dem Monat der Entstehung wird jeweils ein Zwölftel davon als Kosten in jeder Periode des aktuellen Geschäftsjahres gebucht.

Beim o.g. Beispiel mit dem Diebstahl von Gütern werden dafür im internen Rechnungswesen analog anhand von historischen Erfahrungswerten Anderskosten in Form von sog. kalkulatorischen Wagnissen erfasst.

So werden jeweils (größere) Kostenschwankungen in den einzelnen Perioden vermieden und stattdessen „realistischere" normalisierte Werte für das interne Rechnungswesen ermittelt. Aufgrund dieser Vorgehensweise werden dann keine darauf basierenden falschen Unternehmensentscheidungen, z.B. in Form von kurzfristigen temporären Preiserhöhungen in der Periode der Aufwandsentstehung, getroffen.

- Zweckaufwand ist der Aufwand, der für den Betriebszweck entsteht.

  Wird der Wertansatz aus dem externen Rechnungswesen im internen Rechnungswesen unverändert übernommen, so handelt es sich um sog. Grundkosten. Grundkosten sind demnach sowohl vom Inhalt als auch vom Betrag her aufwandsgleiche Kosten. Beispiele dafür sind i.d.R. laufende Personalkosten oder Zinsaufwand für Fremdkapital.

  Um im internen Rechnungswesen entscheidungsrelevante Informationen für das Management bereitzustellen kann jedoch nicht bei jedem Zweckaufwand der Wertansatz aus dem externen in das interne Rechnungswesen übernommen werden. In so einem Fall handelt es sich um sog. Anderskosten.

  Abschreibungen (vgl. auch Kapitel 3.4.3) sind ein klassisches Beispiel für Zweckaufwand aus dem externen Rechnungswesen, der im internen Rechnungswesen als Anderskosten mit einem divergierenden Wertansatz übernommen wird.

  Im externen Rechnungswesen werden die jährlichen Abschreibungen unter Berücksichtigung weiterer gesetzlicher Vorschriften aus dem Quotienten von Anschaffungs- bzw. Herstellungskosten plus ggf. Anschaffungsnebenkosten (im Zähler) und der Abschreibungsdauer für das Wirtschaftsgut gemäß AfA-Tabelle (im Nenner) gebildet.

  In der Realität werden viele Wirtschaftsgüter im Unternehmen jedoch länger als die gesetzliche Abschreibungsdauer für das Wirtschaftsgut gemäß AfA-Tabelle genutzt. Außerdem wird im internen Rechnungswesen im Zähler meist der voraussichtliche Wiederbeschaffungswert des Wirtschaftsgutes angesetzt, um den entscheidungsrelevanten tatsächlichen Werteverzehr adäquat abzubilden.

Bei Abschreibungen divergieren die Wertansätze im internen und externen Rechnungswesen damit i.d.R. sowohl im Zähler als auch im Nenner.

- Es gibt jedoch auch betrieblich bedingte Sachverhalte, welche im externen Rechnungswesen gar nicht erfasst werden und trotzdem im internen Rechnungswesen berücksichtigt werden müssen, um den betrieblichen Werteverzehr adäquat abzubilden. In solchen Fällen handelt es sich um Zusatzkosten. Diese werden mit den Anderskosten unter dem Begriff der kalkulatorischen Kosten zusammengefasst.

  Beispiele für Zusatzkosten, die u.a. in den entscheidungsrelevanten Wertansatz von Kostenträgern einfließen, sind kalkulatorischer Unternehmerlohn, kalkulatorische Mieten und kalkulatorische Zinsen.

Kalkulatorischer Unternehmerlohn ist dann anzusetzen, wenn der Eigentümer des Unternehmens kostenlos für das Unternehmen tätig ist. In so einem Fall muss ermittelt werden, wie hoch die Vergütung für einen extern beschafften Manager mit dem identischen Qualifikationsniveau in der entsprechenden Leitungsfunktion wäre. Diese Vergütung ist dann im internen Rechnungswesen zusätzlich als kalkulatorischer Unternehmerlohn anzusetzen.

Der Eigentümer kann seinem Unternehmen auch Immobilien kostenlos zur Verfügung stellen. In diesem Fall sind in den Kostenrechnungen als kalkulatorische Miete zusätzlich entsprechende Mietkosten anzusetzen, die sich an einer Immobilie in dieser Lage und Beschaffenheit orientieren.

Im externen Rechnungswesen wird Zinsaufwand nur für das aufgenommene Fremdkapital erfasst. Die Kosten für Kostenträger dürfen jedoch nicht von der Finanzierungsstruktur abhängen. Deshalb müssen im internen Rechnungswesen noch zusätzlich kalkulatorische Zinsen für den Eigenkapitalanteil angesetzt werden. Ihre Höhe orientiert sich am Zinssatz von Fremdkapital mit identischer Laufzeit, Risikobewertung etc.

Aus allen zuvor genannten Inhalten ergibt sich beispielhaft folgende Definition für Kosten:

Kosten sind der betrieblich bedingte (ggf. normalisierte) und monetär bewertete Verzehr von Gütern und Dienstleistungen in einer Periode

3.3 Objektbezogene menschliche Arbeit

Kostenartentypen

Basierend auf der Abgrenzung zwischen Aufwendungen und Kosten werden Kostenarten im internen Rechnungswesen auch nach primären und sekundären Kostenarten bzw. Kosten unterschieden.

Primäre Kosten entstehen für Güter und Dienstleistungen, welche das Unternehmen nicht selbst herstellt, sondern extern am Beschaffungsmarkt bezieht. Beispiele hierfür sind Kosten für Rohstoffe, Strom, externe Beratungsleistungen usw.

Sekundäre Kosten sind Kosten für unternehmensintern hergestellte und verrechnete Güter und Dienstleistungen, z.B. Kosten der betriebseigenen Kantine, der internen Gebäudereinigung oder des Vorstandes. Sie weisen im Gegensatz zu den primären Kosten keinen Bezug zu den Aufwendungen im externen Rechnungswesen auf.

Primäre und sekundäre Kostenarten werden in SAP S/4HANA voneinander eindeutig durch den Kostenartentyp unterschieden. Es gibt in SAP S/4HANA sowohl für primäre (links in Abbildung 3-37) als auch für sekundäre Kostenarten (rechts in Abbildung 3-37) jeweils mehrere, bereits vordefinierte Kostenartentypen.

Kostenartentyp	Kurzbeschreibung	Kostenartentyp	Kurzbeschreibung
1	Primärkosten / kostenmindernde Erlöse	21	Abrechnung intern
3	Abgrenzung per Zuschlag	31	Auftrags-/Projektabgrenzung
4	Abgrenzung per Soll = Ist	41	Gemeinkostenzuschläge
11	Erlöse	42	Umlage
12	Erlösschmälerung	43	Verrechnung Leistungen/Prozesse
22	Abrechnung extern	90	Statistische Kostenart für Bilanzkonto
		50	Projektbez. Auftragseingang: Umsatzerlöse
		51	Projektbez. Auftragseingang: Sonstige Erträge
		52	Projektbez. Auftragseingang: Kosten
		61	Fortschrittswert
		66	Berichtskostenart CO-PA

Abbildung 3-37: Kostenartentypen für primäre und sekundäre Kostenarten (SE16)

Alle Kostenartentypen können mit der Transaktion „Data Browser" (vgl. Seite 25) in der Tabelle CSKB im Datenfeld KATYP für den Kostenartentyp mit der F4-Hilfe angezeigt werden. Jeder dieser Kostenartentypen wird genau entweder für eine primäre oder eine sekundäre Kostenart verwendet.

Primäre und sekundäre Kostenarten

Nachdem das neue Hauptbuch in SAP S/4HANA Standard geworden ist, unterscheidet sich das Anlegen von Kostenarten in SAP S/4HANA signifikant von dem in den beiden ERP-Vorgängersystemen SAP R/3 und SAP ECC.

Durch das neue Hauptbuch wurden externes und internes Rechnungswesen stärker miteinander verzahnt. Dies hat zur Folge, dass die vorher in den beiden Vorgängersystemen ausschließlich im externen Rechnungswesen genutzte Transaktion für das zentrale Pflegen von einzelnen Sachkonten, die sich im Menüpfad „Finanzwesen/ Hauptbuch/ Stammdaten/ Sachkonten/ Einzelbearbeitung/ Zentral" (Transaktionscode FS00) befindet, nun auch im internen Rechnungswesen genutzt wird.

3 Abbildung und Integration der Elementarfaktoren in SAP S/4HANA

Eine Kostenart wird weiterhin sachlogisch im Anwendungsmenü des internen Rechnungswesens im Menüpfad „Rechnungswesen/ Controlling/ Kostenartenrechnung/ Stammdaten/ Kostenart/ Einzelbearbeitung" angelegt.

In den beiden ERP-Vorgängersystemen SAP R/3 und SAP ECC gab es unter diesem Menüpfad mehrere Transaktionen, z.B. das

- Anlegen einer primären Kostenart (Transaktionscode KA01),
- Anlegen einer sekundären Kostenart (Transaktionscode KA06),
- Ändern einer Kostenart (Transaktionscode KA02) und
- Anzeigen einer Kostenart (Transaktionscode KA03).

Alle diese Transaktionen existieren in SAP S/4HANA nicht mehr. Stattdessen gibt es unter diesen Menüpfad nur noch die vorher genannte zentrale Transaktion mit dem Transaktionscode FS00. Sie heißt an dieser Stelle in SAP S/4HANA, abweichend von der Transaktion im externen Rechnungswesen, „Kostenart bearbeiten". Diese Bezeichnung ist an dieser Stelle zwar nachvollziehbar, jedoch nicht ganz korrekt, da sie nur eine Teilmenge der verfügbaren Funktionalität beschreibt.[71]

Beim Anlegen einer neuen Kostenart erfolgt die grundlegende Aussteuerung und Definition als primäre oder sekundäre Kostenart in der Registerkarte „Typ/ Bezeichnung" über die Kombination der beiden Datenfelder „Sachkontoart" und „Kontengruppe". Der zugehörige Kostenartentyp wird in der Registerkarte „Steuerungsdaten" eingetragen.

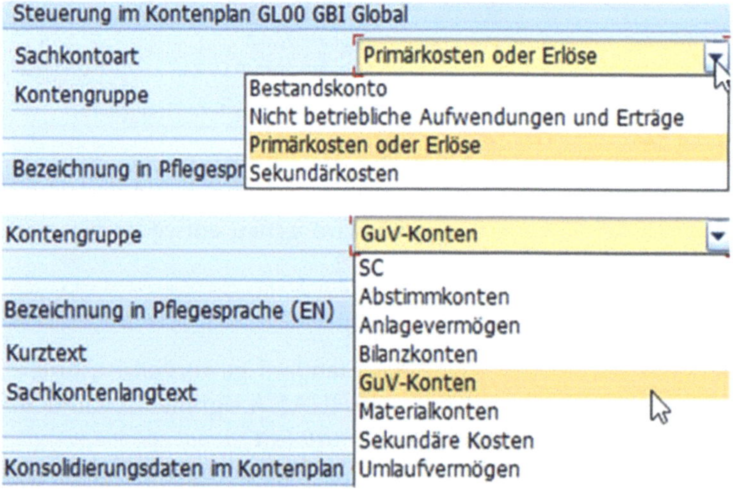

Abbildung 3-38: Sachkontoart und Kontengruppe für eine primäre Kostenart (FS00)

---

[71] Lassen Sie sich durch die divergierenden Namen der Transaktion im externen und internen Rechnungswesen nicht irritieren. Es muss sich sachlogisch um die identische Transaktion handeln, da der Transaktionscode FS00 übereinstimmt.

3.3 Objektbezogene menschliche Arbeit

Abbildung 3-38 zeigt die Einstellungen für eine primäre Kostenart. Bei der Sachkontoart muss der Eintrag „Primärkosten oder Erlöse" und bei der Kontengruppe der Eintrag „GuV-Konten" ausgewählt sind. Bei einer stärkeren Verknüpfung von externem und internem Rechnungswesen macht beides aufgrund der oben dargestellten Abgrenzung von Aufwendungen und Kosten durchaus Sinn, wenn man sich den Zusammenhang zwischen Zweckaufwand und Grundkosten vergegenwärtigt.

Für eine sekundäre Kostenart wirken, wie in Abbildung 3-39, die notwendigen Einstellungen redundant bzw. etwas gekünstelt. Hier muss bei der Sachkontoart „Sekundärkosten" und bei der Kontengruppe „Sekundäre Kosten" selektiert sein.

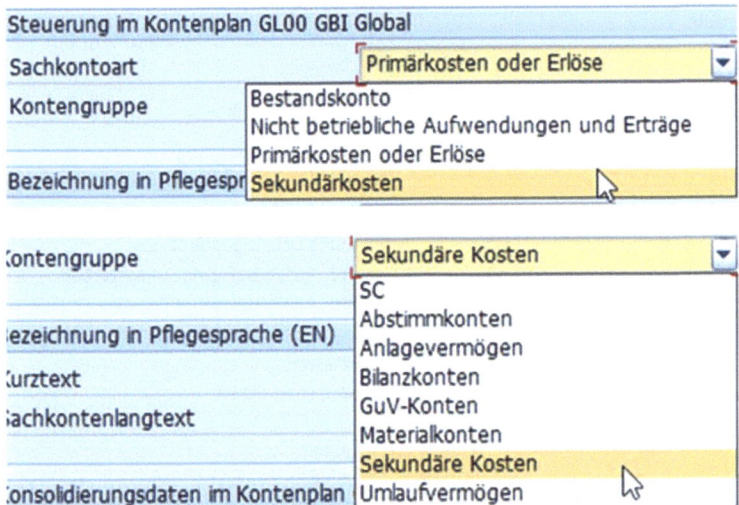

Abbildung 3-39: Sachkontoart und Kontengruppe für eine sekundäre Kostenart (FS00)

In Abbildung 3-37 ist bspw. auf der rechten Seite zu sehen, dass der Kostenartentyp 43 in SAP S/4HANA für die Verrechnung von Leistungen reserviert ist. Dieser Kostenartentyp ist bei einer sekundären Kostenart, die später im Rahmen der internen Leistungsverrechnung (ILV) zur Abbildung des Elementarfaktors objektbezogene menschliche Arbeit genutzt werden soll, in der Registerkarte „Steuerungsdaten" auszuwählen (vgl. Abbildung 3-40).

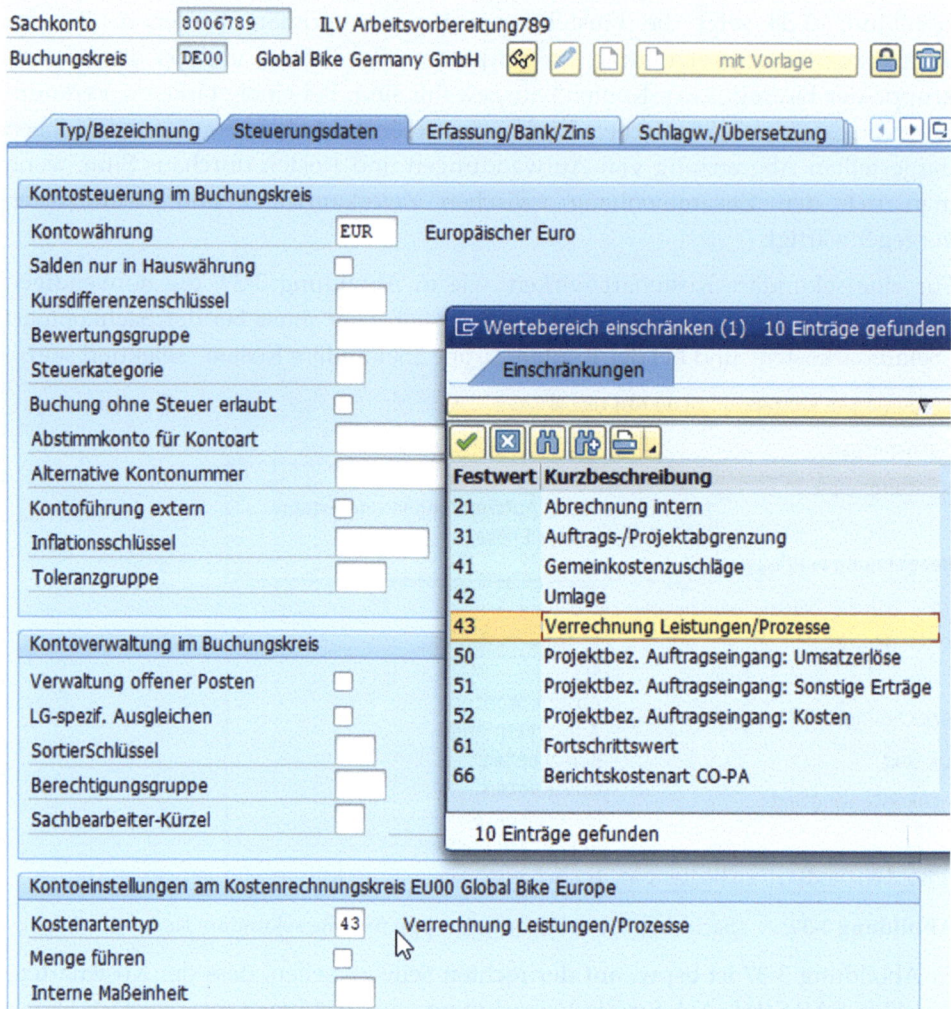

Abbildung 3-40: Kostenartentyp für interne Leistungsverrechnung (FS00)

Es ist zu beachten, dass in der F4-Hilfe in Abbildung 3-40 nach den gewählten Einstellungen von Abbildung 3-39 nicht mehr sämtliche Kostenartentypen, sondern automatisch nur noch alle sekundären Kostenartentypen aus Abbildung 3-37 angezeigt werden.

Analog verhält es sich beim Anzeigen jeder primären Kostenart. In der F4-Hilfe werden in diesem Fall lediglich alle primären Kostenartentypen aus Abbildung 3-37 aufgelistet.

3.3.2.2 Kostenstellen anlegen

Eine Kostenstelle im Gemeinkosten-Controlling bildet einen selbständigen Verantwortungsbereich für den Ort der Kostenentstehung ab.

Auf einer Kostenstelle werden neben Kosten oftmals auch Leistungen erfasst. Dies ist für die Inhalte dieses Buches von großer Bedeutung, da der Elementarfaktor objektbezogene menschliche Arbeit in SAP S/4HANA mit Leistungsarten abgebildet wird und eine Leistungsart immer nur Kostenstellen zugeordnet werden kann.

Daher müssen vor dem Anlegen einer Leistungsart (vgl. Kapitel 3.3.2.3) stets die für die Verrechnung der Leistungsart benötigte Kostenart und die zugehörigen Kostenstellen, die den Ort der Leistungserbringung abbilden, angelegt werden.

Standardhierarchie für Kostenstellen

Kostenstellen müssen immer zwingend einem Knoten in der Standardhierarchie für Kostenstellen zugeordnet werden.

Die Standardhierarchie[72] für Kostenstellen bildet hinsichtlich des Orts der Kostenentstehung die Aufbauorganisation im Unternehmen ab und ähnelt meist dem Organigramm des Unternehmens. Ihr ihr werden die hierarchischen Beziehungen zwischen Kostenstellen abgebildet. Jede Kostenstelle muss immer verpflichtend einem Knoten in der Standardhierachie zugeordnet sein.

Vor dem Anlegen einer neuen Kostenstelle ist stets zu prüfen, ob der zugehörige Hierarchiebereich (Synonym: Hierarchieknoten) in der Standardhierarchie für Kostenstellen bereits existiert. Wird eine neue Kostenstelle in einem bereits bestehenden Unternehmensbereich angelegt, so muss die Standardhierarchie für Kostenstellen i.d.R. nicht gepflegt werden. Bevor jedoch eine neue Kostenstelle in einem neuen Unternehmensbereich abgebildet werden kann, muss dieser vorher als neuer Hierarchiebereich in der Standardhierarchie für Kostenstellen erstellt werden.

Hierarchieknoten in der Standardhierarchie für Kostenstellen werden im Anwendungsmenü des Gemeinkosten-Controllings im Menüpfad „Rechnungswesen/ Controlling/ Kostenstellenrechnung/ Stammdaten/ Standardhierarchie" mit der Transaktion „Ändern" (Transaktionscode OKEON) angelegt. In diesem Menüpfad befindet sich auch die Transaktion zum Anzeigen der Standardhierarchie (vgl. Abbildung 3-41).

---

[72] Es gibt in SAP S/4HANA im Gemeinkosten-Controlling auch noch Standardhierarchien für Prozesse und Profit-Center. Diese beiden Standardhierarchien haben jedoch jeweils nichts mit der Standardhierarchie für Kostenstellen zu tun.

Abbildung 3-41: Auszug aus der Standardhierarchie für Kostenstellen (OKENN)

Es ist wichtig sich zu vergegenwärtigen, dass in SAP S/4HANA zur selben Zeit nur ein SAP-Anwender die Standardhierarchie für Kostenstellen ändern kann.[73] In dieser Zeit können zudem auch von anderen SAP-Usern keine Kostenstellen geändert oder angelegt werden, da bei solchen Transaktionen auf Einträge aus der Standardhierarchie für Kostenstellen zurückgegriffen wird. Wenn zu diesem Zeitpunkt Modifikationen in der Standardhierarchie für Kostenstellen, die noch nicht abgeschlossenen und nicht gespeichert sind, möglich wären, so könnte es zu Dateninkonsistenzen kommen. Deshalb ergibt diese rigorose Einschränkung absolut Sinn.

Um andere SAP-User nicht länger als unbedingt nötig bei solchen Arbeiten zu sperren, sollte jeder SAP-Anwender in der Transaktion zur Änderung der Standardhierarchie für Kostenstellen immer nur so lange wie unbedingt nötig arbeiten.

Hingegen können sich alle SAP-Anwender gleichzeitig die Standardhierarchie für Kostenstellen anzeigen lassen, ohne andere SAP-User zu sperren.

---

[73] Ausnahme: Es wurde vorher in einer speziellen Transaktion die diesbezügliche Fehlermeldung explizit ausgeschaltet. Dies ist jedoch nicht zu empfehlen, da es in der Praxis dann zu Dateninkonsistenzen kommen kann.

3.3 Objektbezogene menschliche Arbeit

Betriebswirtschaftliche Kriterien zur Anlage von Kostenstellen

Kostenstellen sollten so gebildet werden, dass sowohl die Kostenverursachung als auch die Leistungserbringung möglichst homogen sind. Nur so ist gewährleistet, dass eine wirkungsvolle Kostenplanung, -steuerung und -kontrolle erfolgen kann. Kostenstellen werden daher in Unternehmen i.d.R. nach folgenden Kriterien angelegt:

- Funktionale Aspekte:

   Eine Kostenstelle ist genau einem Funktionsbereich im Unternehmen zugeordnet, z.B. dem Bereich Material, Fertigung, Verwaltung oder Vertrieb. Dies wird auch durch die bereits die bereits in Kapitel 3.3.1.1 beschriebene Zuordnung zu einer Kostenstellenart verdeutlicht.

- Abrechnungstechnische Aspekte:

   Eine Kostenstelle ist entweder eine Haupt- oder eine Hilfskostenstelle.

   Hauptkostenstellen sind an der betrieblichen Leistungserstellung bzw. Wertschöpfungsprozessen direkt beteiligt, z.B. im Bereich Arbeitsvorbereitung oder Produktion.

   Hilfskostenstellen unterstützen Hauptkostenstellen, sind jedoch nicht direkt im Wertschöpfungsprozess involviert. Beispiele hierfür sind Kostenstellen für die Gebäudereinigung, Buchhaltung, Rechtsberatung, allgemeine IT-Services usw.

   Die Kosten von Hilfskostenstellen werden am Periodenende im Betriebsabrechnungsbogen (BAB) mit Verteilungsschlüsseln auf Hauptkostenstellen umgelegt. Analog dazu werden in Kapitel 3.3.3.4.3 die Kosten der Kostenstelle „Gebäudereinigung" mit einer Umlage auf die anderen Kostenstellen verteilt.

- Verantwortungsbereich:

   Eine Kostenstelle bildet eine Unternehmenseinheit mit einem Verantwortlichen ab (Kardinalität Kostenstellenverantwortlicher : Kostenstelle = 1 : n).

- Räumliche Gegebenheiten:

   Die (gesamte) Kostenstelle befindet sich an genau eine Unternehmensstandort, da an verschiedenen Standorten u.a. oftmals unterschiedliche Kostenstrukturen existieren.

Eine Kostenstelle wird im Anwendungsmenü im Menüpfad „Rechnungswesen/ Controlling/ Kostenstellenrechnung/ Stammdaten/ Kostenstelle/ Einzelbearbeitung/ Anlegen" in einem Kostenrechnungskreis für einen bestimmten Gültigkeitszeitraum angelegt.

Beim Anlegen einer Kostenstelle müssen zwingend Daten in verschiedenen Mussfeldern, die jeweils durch ein Häkchen gekennzeichnet sind (vgl. Abbildung 3-25 auf Seite 166), eingegeben werden. Neben der Bezeichnung sind dies der Kostenstellenverantwortliche, die Art der Kostenstelle, der verantwortliche Hierarchiebereich in der Standardhierarchie für Kostenstellen sowie die Währung, in der später alle Kostenbuchungen erfolgen.

3.3.2.3 Leistungsarten anlegen

Der Elementarfaktor objektbezogene menschliche Arbeit wird in SAP S/4HANA mit Leistungsarten abgebildet. Eine Leistungsart ist eine Bezugsgröße der innerbetrieblichen Leistungserstellung und stellt eine erbrachte Leistung bzw. Tätigkeit in einer Kostenstelle dar. Jede Leistungsart wird in einer nichtmonetären Zeit- oder Mengeneinheit, z.B. als eine Arbeitsstunde oder als ein Akkordlohn je Stück, gemessen.

Der Begriff „Leistung" kann prinzipiell neben innerbetrieblichen auch Leistungen für den unternehmensexternen Absatzmarkt umfassen. Für die betriebliche Leistungserstellung werden Leistungsmengen im Rahmen der innerbetrieblichen Leistungsverrechnung mit einem zugehörigen Tarif je Leistungseinheit multipliziert. Die so ermittelten Kosten werden unternehmensintern mit einer sekundären Kostenart gebucht. Bei der Verrechnung gelten die im Berichtswesen des Controllings üblichen Vorzeichenkonventionen:

- Kostenentlastung:

    Negatives Vorzeichen beim Sender der Kosten. Dieser ist immer eine Kostenstelle.

- Kostenbelastung:

    Positives Vorzeichen beim Empfänger der Kosten, z.B. einer Kostenstelle, eines Prozesses oder eines Innenauftrags.

Für eine Kostenstelle können, müssen aber nicht, Leistungsarten definiert werden. Typische Beispiele für Kostenstellen ohne Leistungsarten, d.h. ohne einzelne, meist manuelle Tätigkeiten, sind bspw. Kostenstellen für den Vorstand und die Grundlagenforschung.

Das Anlegen von Leistungsarten eignet sich für Kostenstellen, deren einzelne Tätigkeiten konkret messbar sind, z.B. für Kostenstellen in der Fertigung, Wartung, Qualitätssicherung usw.

Da nur Kostenstellen Leistungsart erbringen können, erfolgt das Anlegen einer Leistungsart im Anwendungsmenü in der Kostenstellenrechnung im Menüpfad „Rechnungswesen/ Controlling/ Kostenstellenrechnung/ Stammdaten/ Leistungsart/ Einzelbearbeitung/ Anlegen".

Eine neue Leistungsart wird immer allgemein angelegt und kann später von verschiedenen Kostenstellen erbracht werden.

3.3 Objektbezogene menschliche Arbeit

Das folgende Beispiel soll das zugrundeliegende Prinzip verdeutlichen:

Zuerst wird eine neue Leistungsart allgemein für die Tätigkeit „eine Vortragsstunde zu SAP S/4HANA halten" angelegt.

Diese Tätigkeit kann später in verschiedenen Kostenstellen zur unternehmensinternen Weiterbildung ausgeübt werden. Sowohl Weiterbildungskostenstelle A als auch Weiterbildungskostenstelle B können Schulungen zu SAP S/4HANA anbieten und ihre diesbezügliche Tätigkeit mit der neuen Leistungsart abbilden.

Aus dem obenstehenden Beispiel ergibt sich schon logischerweise, dass beim Anlegen einer Leistungsart (vgl. Abbildung 3-42) kein allgemeiner Tarif je Leistungseinheit angegeben werden kann, da verschiedene Kostenstellen oftmals unterschiedliche Stundensätze für diese Tätigkeit berechnen.

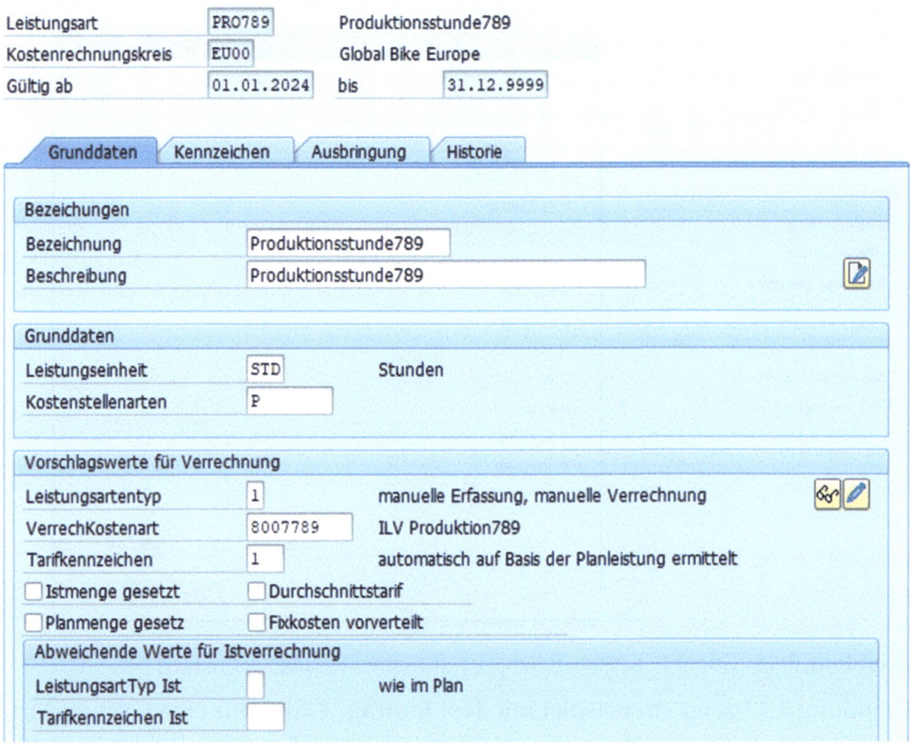

Abbildung 3-42: Anlegen einer Leistungsart (KL01)

Beim Anlegen einer Leistungsart in einem Kostenrechnungskreis müssen für einen bestimmten Gültigkeitszeitraum erst einmal nur grundlegende allgemeine Sachverhalte für den neuen Stammsatz festgelegt werden, u.a.:

- Leistungseinheit: In welcher Zeit- oder Mengeneinheit wird die Arbeitsleistung gemessen?

  Oftmals ist die Leistungseinheit einer Leistungsart eine Arbeitsstunde. Bei einer Leistungsart für einen Akkordlohn ist es dagegen oftmals eine Stückzahl.

- Kostenstellenart: Welche Kostenstellen dürfen diese Leistungsart prinzipiell verrechnen?

  Die Anzahl der potenziell zugelassenen Kostenstellen kann in diesem Datenfeld über eine oder mehrere Kostenstellenarten eingeschränkt werden.

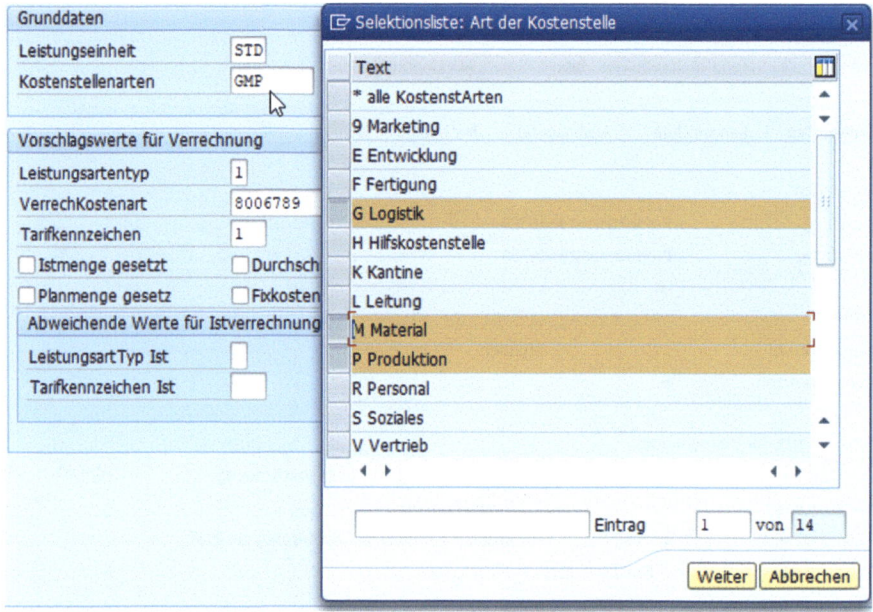

Abbildung 3-43: Erlaubte Kostenstellenarten für eine Leistungsart (KL01)

Abbildung 3-43 zeigt ein Beispiel mit dem Eintrag „GMP" für eine Leistungsart, die damit in der Zukunft nur von Kostenstellen der Kostenstellenart Logistik, Materialwirtschaft oder Produktion erbracht werden kann.

Für den Fall, dass prinzipiell alle Kostenstellen eine Leistungsart verrechnen können, ist in diesem Datenfeld ein * als Platzhalter einzugeben.

3.3 Objektbezogene menschliche Arbeit

- Leistungsartentyp: Wie erfolgen die Leistungsmengenplanung und die Leistungsverrechnung für die Leistungsart?

  Sowohl die Leistungsmengenplanung als auch die Leistungsverrechnung können später indirekt durch SAP S/4HANA oder direkt manuell durch einen SAP-Anwender erfolgen. Für verschiedene Fälle gibt es dafür in SAP S/4HANA vordefinierte Leistungsartentypen.

- Verrechnungskostenart: Mit welcher sekundären Kostenart vom Kostenartentyp 43 (vgl. Abbildung 3-40 auf Seite 182) wird die Leistungsart später verrechnet?

  Hierbei ist zu beachten, dass die Gültigkeitszeiträume der Leistungsart und der Verrechnungskostenart übereinstimmen müssen.

- Tarifkennzeichen: Durch wen und auf welcher Basis wird die Tarifermittlung durchgeführt, d.h. der Verrechnungspreis ermittelt?

  Für verschiedene Sachverhalte gibt es dafür in SAP S/4HANA vordefinierte Tarifkennzeichen für Plandaten, welche auch für die Verrechnung von Istkosten verwendet werden.

  Wird dies nicht gewünscht, so muss für eine divergierende Tarifermittlung für Istkosten ein abweichendes Tarifkennzeichen etwas weiter unten im Datenfeld „Tarifkennzeichen Ist" eingeben werden.

  Ist kein Tarifkennzeichen für die Tarifermittlung im Plan eingetragen, so wird der Plantarif für die Leistungsart auf Basis der Planleistung ermittelt.

  Der Tarif für eine Leistungsart kann entweder manuell ex-ante vor der Erfassung von Leistungsverrechnungen durch einen SAP-Anwender eingegeben oder ex-post am Periodenende nach Abschluss aller Kostenbuchungen in der Periode maschinell iterativ durch SAP S/4HANA auf Basis der Planleistung oder der Kapazität der Kostenstelle berechnet werden.

  Bei der manuellen Tarifeingabe durch einen SAP-Anwender verbleiben am Periodenende meist Kosten (mit positivem oder negativem Vorzeichen) auf der Kostenstelle. Die manuelle Tarifermittlung wird in der Praxis v.a. angewendet, wenn entsprechende Werte unternehmensintern vorgegeben sind oder um „Marktdynamik in das Unternehmen zu bringen".

  Bei der maschinellen iterativen Tarifermittlung am Periodenende auf Basis der Planleistung wird stets sichergestellt, dass alle Senderkostenstellen mit Leistungsarten am Ende der Periode kostenmäßig vollständig entlastet sind. Kapitel 3.3.3.5 enthält dazu ein Rechenbeispiel.

  Erfolgt die maschinelle Tarifermittlung auf Basis der Kapazität, so ist die komplette Kostenentlastung auf den Senderkostenstellen mit den Leistungsarten hingegen nicht gewährleistet.

Der jeweilige Tarif für eine Leistungsart wird später immer in einem sog. dynamischen Stammsatz gespeichert. Dieser dynamische Stammsatz besteht aus einer eindeutigen Kombination einer Kostenstelle und einer Leistungsart.[74]

Die zugehörige Transaktion findet sich in SAP S/4HANA allerdings im Anwendungsmenü in der Kostenstellenrechnung nicht im Menüpunkt „Stammdaten", sondern unter dem Menüpunkt „Planung" im Menüpfad „Rechnungswesen/ Controlling/ Kostenstellenrechnung/ Planung/ Leistungserbringung/Tarife/ Ändern".

3.3.2.4 Statistische Kennzahlen anlegen

In Kapitel 3.3.2.3 wurde bereits beschrieben, dass für Kostenstellen Leistungsarten definieren werden können, jedoch nicht müssen.

Kostenstellen ohne definierte einzelne Tätigkeiten müssen Ihre Kosten im Rahmen des Gemeinkosten-Controllings anderweitig verrechnen. Für die Verteilung ihrer Kosten müssen Bezugsbasen existieren, anhand derer die Kosten am Periodenende nach dem „Gießkannen-Prinzip" auf alle Kostenempfänger umgelegt werden können.

In SAP S/4HANA stellt eine statistische Kennzahl eine Bezugsbasis für periodische Kostenverrechnungen, bspw. Im Rahmen eines BA, dar. Eine statistische Kennzahl wird normalerweise in Mengeneinheiten, seltener in Zeiteinheiten, erfasst.

Bspw. könnte für eine Kostenstelle „Gebäudereinigung" eine Leistungsart für eine „Reinigungsstunde" definiert und dafür ein Stundentarif bestimmt werden. Wenn jedoch von der Unternehmensleitung keine Stundenerfassung in der Kostenstelle „Gebäudereinigung" gewünscht wird, so muss diese ihre Kosten anders verrechnen. Eine Möglichkeit besteht darin, dass alle Kostenstellen ihre zu putzende Fläche als statistische Kennzahl erfassen und die Kostenstelle „Gebäudereinigung" am Periodenende ihre Kosten auf die Empfängerkostenstellen gemäß den einzelnen Anteilen an der zu putzenden Gesamtfläche verteilt. Wurde bspw. nur für zwei Kostenstellen mit 300 m² bzw. 700 m² geputzt, so werden an die erste Kostenstelle 30% und die zweite Kostenstelle 70% der Kosten der Kostenstelle „Gebäudereinigung" verrechnet.

Beim Anlegen einer statistischen Kennzahl wird lediglich festgelegt, dass eine statistische Kennzahl als Bezugsbasis für periodische Kostenverrechnungen von Kostenobjekten existieren soll. Erst später in Kapitel 3.3.3.2 werden auf Kostenobjekten dafür konkrete Plan- und/ oder Istwerte erfasst.

---

[74] Kombinationen von Kostenstelle und Leistungsart sind in der Tabelle CSSL gespeichert und können mit der Transaktion „Data Browser" (vgl. Seite 25) angezeigt werden.

3.3 Objektbezogene menschliche Arbeit

Eine statistische Kennzahl als Bezugsbasis für periodische Kostenverrechnungen wird im Anwendungsmenü des Gemeinkosten-Controllings im Menüpfad „Rechnungswesen/ Controlling/ Kostenstellenrechnung/ Stammdaten/ Statistische Kennzahlen/ Einzelbearbeitung/ Anlegen" angelegt.

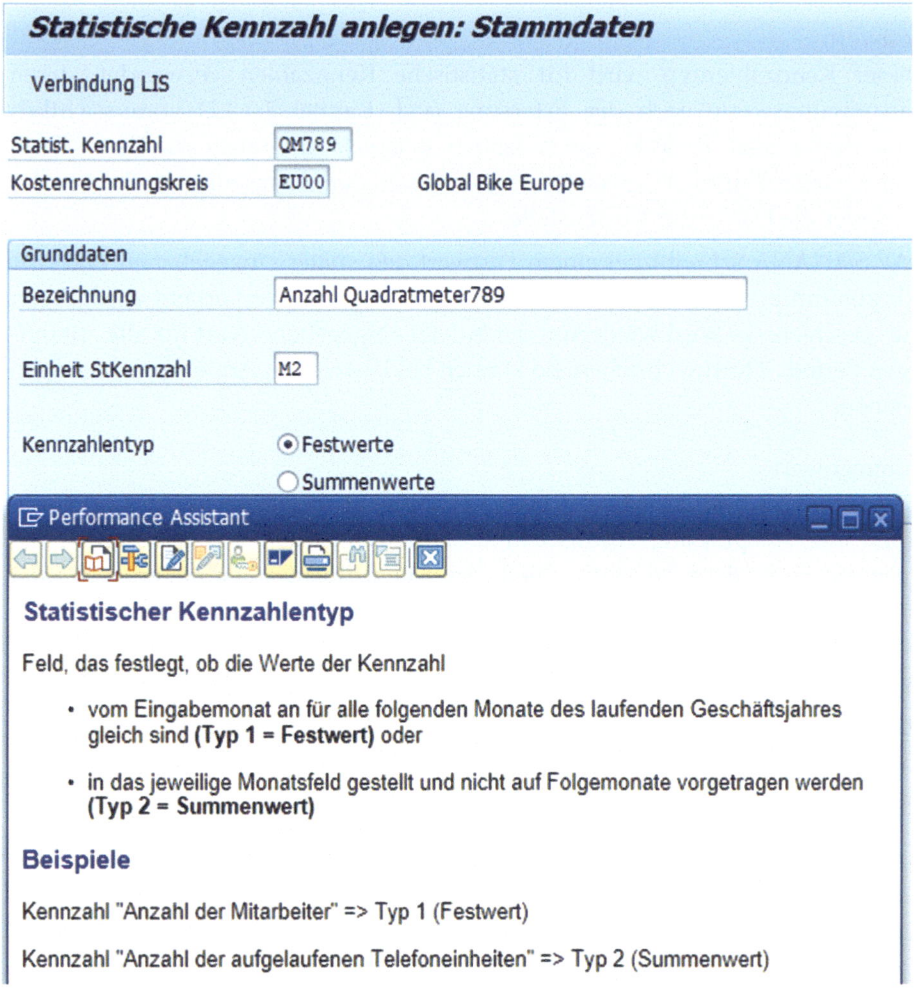

Statistische Kennzahl anlegen: Stammdaten

Verbindung LIS

Statist. Kennzahl	QM789	
Kostenrechnungskreis	EU00	Global Bike Europe

Grunddaten

Bezeichnung	Anzahl Quadratmeter789
Einheit StKennzahl	M2
Kennzahlentyp	⊙ Festwerte ○ Summenwerte

Performance Assistant

Statistischer Kennzahlentyp

Feld, das festlegt, ob die Werte der Kennzahl

- vom Eingabemonat an für alle folgenden Monate des laufenden Geschäftsjahres gleich sind **(Typ 1 = Festwert)** oder
- in das jeweilige Monatsfeld gestellt und nicht auf Folgemonate vorgetragen werden **(Typ 2 = Summenwert)**

Beispiele

Kennzahl "Anzahl der Mitarbeiter" => Typ 1 (Festwert)

Kennzahl "Anzahl der aufgelaufenen Telefoneinheiten" => Typ 2 (Summenwert)

Abbildung 3-44: Anlegen einer statistischen Kennzahl (KK01)

Abbildung 3-44 zeigt, dass beim Anlegen einer statistischen Kennzahl lediglich deren Bezeichnung, die Mengeneinheit (in diesem Fall die Anzahl der Quadratmeter), sowie der Kennzahlentyp festgelegt wird. Für den Kennzahlentyp werden in S/4HANA zwei verschiedene Arten von statistischen Kennzahlen unterschieden:

- Festwert:
 Dieser Kennzahlentyp wird für statistische Kennzahlen verwendet, deren Ausprägungswerte nach der Erfassung (vgl. Kapitel 3.3.3.2) voraussichtlich zukünftig in allen Perioden gleichbleiben. Beispiele für statistische Kennzahlen vom Kennzahlentyp „Festwert" sind die Anzahl der Mitarbeiter, die Anzahl der PCs oder die Fläche der Kostenstelle.

 SAP S/4HANA schreibt bei einem Festwert den später eingegebenen Wert für alle zukünftigen Perioden so lange fort, bis ein anderer Wert erfasst wird. Wenn dies geschieht, so wird wiederum der zuletzt eingegebene Wert für alle zukünftigen Perioden fortgeschrieben. So können bei Festwerten Änderungen erfolgen können.

- Summenwert:
 Eine statistische Kennzahl wird vom Kennzahlentyp „Summenwert" angelegt, wenn ihre Ausprägung voraussichtlich zukünftig in jeder Periode schwankt. Beispiele für statistische Kennzahlen vom Kennzahlentyp „Summenwert" sind die Anzahl der gefahrenen Kilometer mit Firmenwagen oder die Anzahl der Telefoneinheiten einer Kostenstelle in einer Periode.

 Deshalb wird bei der späteren Erfassung der Ausprägung einer solchen statistischen Kennzahl der eingegebene Wert nicht in die zukünftigen Perioden fortgeschrieben. Stattdessen muss in diesem Fall die Ausprägung der statistischen Kennzahl für jede Periode, meist einen Monat, neu in SAP S/4HANA erfasst werden.

3.3 Objektbezogene menschliche Arbeit 193

3.3.2.5 Optionale Stammdatengruppen anlegen

Für viele Stammdaten im Gemeinkosten-Controlling, z.B. Kostenarten, Kostenstellen, Leistungsarten und statistische Kennzahlen, können optional Stammdatengruppen angelegt werden.

In einer optionalen Stammdatengruppe werden mehrere Stammdaten derselben Art unter einem Objekt bzw. Stammdatum, bspw. zur Arbeitserleichterung oder der Erhöhung der Übersichtlichkeit, zusammengefasst.

Die entsprechenden Transaktionen finden sich alle im Menü „Stammdaten" im Anwendungsmenü des Gemeinkosten-Controllings, z.B. im Menüpfad „Rechnungswesen/ Controlling/ Kostenstellenrechnung/ Stammdaten".

Notwendigkeit zum Anlegen einer optionalen Kostenstellengruppe

In manchen Fällen kann es in SAP S/4HANA jedoch zwingend erforderlich sein, eine Stammdatengruppe zusätzlich anzulegen. Ein solcher Sachverhalt wird nachstehend anhand einer optionalen Kostenstellengruppe erklärt.

Standardhierarchie	Bezeichnung	Aktivierungsstatus
▼ EU00	Global Bike Europe CCtr Std. ...	
• DEPM1000	NA Wartungskosten	■
▼ E1000	Corporate	
• EUEX1500	USA Innenaufträge	■
▼ E1100	Executive Board	
• EUEX1000	EU Vorstand: John Davis	■
• EUEX2000	EU Vorstand: Peter Weiss	■
▼ E1200	Internal Services	
• EUIS1000	EU Innenaufträge	■
▼ E2000	Administration and Financials	
▼ E2100	Administration	
• EUAD1000	EU Verwaltungskosten	■
▶ KANTINE055	Kantine 055	
⋮		

Abbildung 3-45: Teil einer Standardhierachie für Kostenstellen (OKENN)

Für den Fall, dass eine neue zusätzliche Stammdatengruppe angelegt werden muss, wird das Beispiel aus Kapitel 3.3.2.4 aufgegriffen, wonach die Kostenstelle zur Gebäudereinigung „CLEAN###" am Periodenende ihre Kosten mit einer Umlage anhand einer statistischen Kennzahl auf verschiedene Empfängerkostenstellen verteilt. Beispielhaft seien dies die Kostenstellen EUEX1000, EUEX2000 und EUIS1000 aus Abbildung 3-45.

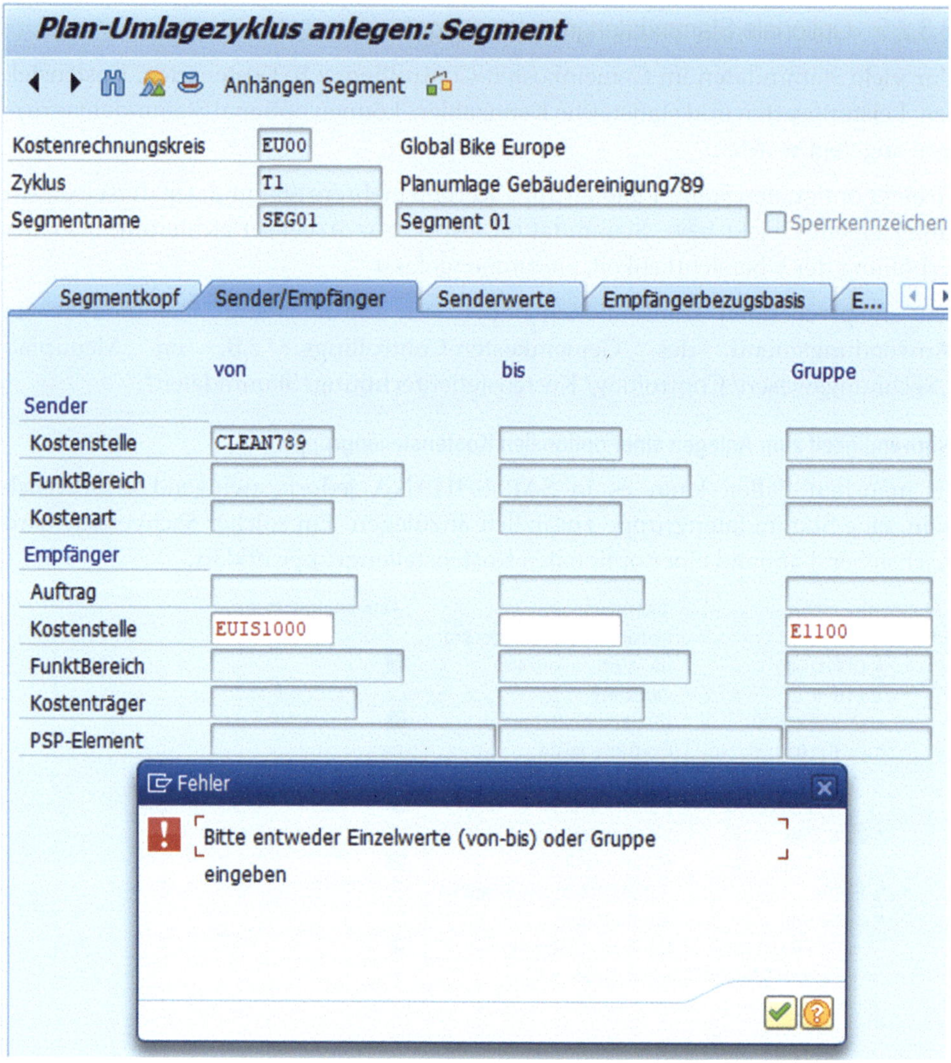

194   3 Abbildung und Integration der Elementarfaktoren in SAP S/4HANA

Abbildung 3-46: Sender und Empfänger in einem Segment einer Umlage (KSU7)

Sollen wie in Abbildung 3-46 in einer Umlage die Empfänger der Kostenverrechnung angegeben werden, so stehen für deren Eingabe prinzipiell drei Spalten zur Verfügung:

- Wäre nur eine einzige Kostenstelle Empfänger der Kosten, so würde diese in der Zeile für Kostenstellen in die Spalte „von" eingetragen werden.

- Ein Intervall von Einzelwerten, in diesem Beispiel Empfängerkostenstellen, wird durch den ersten Intervallwert in der Spalte „von" und den letzten Intervallwert in der Spalte „bis" erfasst.

3.3 Objektbezogene menschliche Arbeit

- Beide Möglichkeiten sind im vorliegenden Fall nicht zielführend, da sich die drei Empfängerkostenstellen EUEX1000, EUEX2000 und EUIS1000 so nicht abbilden lassen. Es verbleibt damit in dieser Zeile für die Empfänger nur das Datenfeld in der dritten Spalte „Gruppe".

Dazu ist anzumerken, dass allgemein bei einer solchen Darstellung wie in Abbildung 3-47 in SAP S/4HANA eigentlich ein großes „oder" zwischen den Überschriften der zweiten und der dritten Spalte stehen müsste. Dies wird erst explizit deutlich, wenn wie im Beispiel von Abbildung 3-46 versucht wird, Eingabemöglichkeiten in Spalten von Einzelwerten und Gruppen zu kombinieren und dann die oben abgebildete Fehlermeldung erscheint.

Können mehrere Empfängerkostenstellen nicht durch ein Intervall von Einzelwerten angesprochen werden, so steht damit dafür lediglich genau ein Datenfeld in der Spalte „Gruppe" zur Verfügung.

Dies ist dann ausreichend, wenn sich alle Empfängerkostenstellen (und nur diese!) unter genau einem Hierarchiebereich in der Standardhierarchie für Kostenstellen befinden.

Die drei Empfängerkostenstellen EUEX1000, EUEX2000 und EUIS1000 können jedoch weder durch ein Intervall von Einzelwerten noch mit genau einem Hierarchiebereich in der Standardhierarchie für Kostenstellen angesprochen werden. Daher muss in diesem Fall eine optionale Stammdatengruppe für Kostenstellen angelegt werden, um alle einzelnen Kostenstellen mit genau einem Objekt ansprechen zu können.

Eine optionale Kostenstellengruppe wird im Anwendungsmenü im Menüpfad „Rechnungswesen/ Controlling/ Kostenstellenrechnung/ Stammdaten/ Kostenstellengruppe/ Anlegen" (Transaktionscode KSH1) angelegt.

Mögliche Bestandteile einer optionalen Kostenstellengruppe

Optionale Stammdatengruppen können aus Aufzählungen von Einzelwerten, Intervallen von Einzelwerten und oder Gruppen gebildet werden. In einer Aufzählung können keine Werte ausgeschlossen werden, bspw. in Abbildung 3-45 im Sinn von „alle Kostenstellen aus dem Hierarchiebereich „E1000", jedoch ohne die Kostenstelle „EUEX1500".

Kostenstellen weisen im Gegensatz zu anderen Stammdaten, wie z.B. Kostenarten, Leistungsarten und statistische Kennzahlen, die Besonderheit auf, dass sie stets zu einem Hierarchiebereich in der Standardhierarchie für Kostenstellen zugeordnet werden müssen (vgl. Kapitel 3.3.2.2). Daraus ergibt sich bei einer optionalen Kostenstellengruppe die Besonderheit, dass sie neben Einzelwerten und anderen bereits angelegten optionalen Kostenstellengruppen als Gruppen auch Hierarchiebereiche aus der Standardhierarchie für Kostenstellen beinhalten kann.

Für das vorliegende Beispiel ergeben sich vier prinzipielle Möglichkeiten, um genau die drei Empfängerkostenstellen EUEX1000, EUEX2000 und EUIS1000 aus Abbildung 3-45 mit <u>genau einem</u> Objekt anzusprechen:

- Hierarchiebereich E1100 und Hierarchiebereich E1200 oder

- Kostenstelle EUEX1000, Kostenstelle EUEX2000 und Kostenstelle EUIS1000 oder

- Kostenstelle EUEX1000, Kostenstelle EUEX2000 und Hierarchiebereich E1200 oder

- Hierarchiebereich E1100 und Kostenstelle EUIS1000.

Alle vier Möglichkeiten sind zum jetzigen Zeitpunkt korrekt. Allgemein sollte in jedem Fall von gleichwertigen Möglichkeiten immer ein zusätzliches Entscheidungskriterium gefunden werden, um sich bewusst für genau eine Alternative zu entscheiden.

Im vorliegenden Beispiel lautet das praktische Entscheidungskriterium „Zukunftssicherheit". Dies ist bedeutsam, da zukünftig unter jedem Hierarchiebereich neue Kostenstellen hinzukommen können.

Sind sachlogisch alle Kostenstellen in den beiden Hierarchiebereichen E1100 und E1200 Empfänger der Kostenverrechnung, so sollte die erste der o.g. Möglichkeiten gewählt werden. Dann werden alle, die zukünftig in diesen beiden Hierarchiebereichen angelegt werden, auch automatisch als Empfänger der Kostenverrechnung berücksichtigt.

Sind exakt nur die drei Kostenstellen EUEX1000, EUEX2000 und EUIS1000 Empfänger der Kostenverrechnung, so sollte die zweite Möglichkeit gewählt werden, da dann alle zukünftig angelegten Kostenstellen unter den beiden Hierarchiebereichen E1100 und E1200 unberücksichtigt bleiben.

Die letzten zwei Möglichkeiten eignen sich entsprechend für Mischformen der beiden gerade genannten Szenarien.

Abbildung 3-47 zeigt eine optionale Kostenstellengruppe, in der die dritte Möglichkeit mit den beiden einzelnen Kostenstellen EUEX1000 und EUEX2000 und dem Hierarchiebereich E1200 aus der Kostenstellen-Standardhierarchie realisiert wurde.

In einer optionalen Stammdatengruppe werden bei der Nutzung einer Gruppe, in diesem Fall einem Hierarchiebereich aus der Standardhierarchie für Kostenstellen, alle darin enthaltenen Einzelwerte nach der Bestätigung mit der Taste ENTER ,wie in Abbildung 3-47 für den Hierarchiebereich E1200 in der Standardhierarchie für Kostenstellen, automatisch angezeigt.

3.3 Objektbezogene menschliche Arbeit

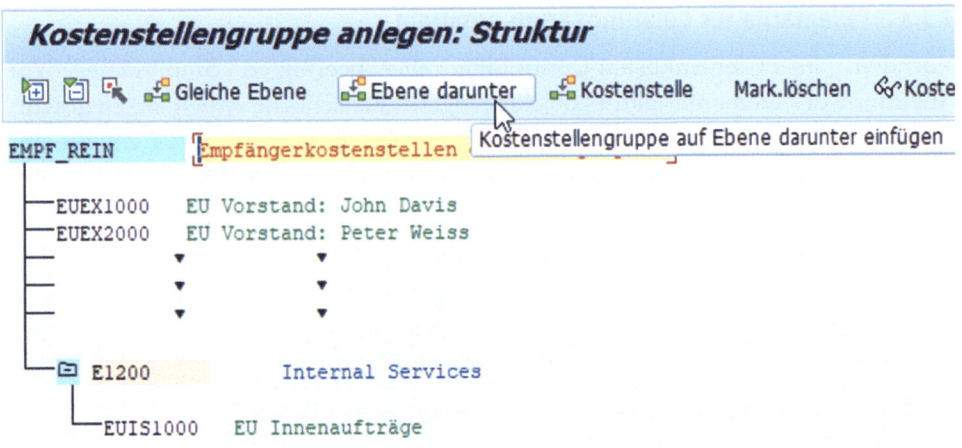

Abbildung 3-47:   Optionale Kostenstellengruppe mit Einzelwerten und einer Gruppe (KSH1)

Beachtenswertes beim Anlegen einer optionalen Stammdatengruppe

Beim Anlegen einer optionalen Stammdatengruppe wie in Abbildung 3-47 sind folgende Sachverhalte zu beachten:

- Einzelwerte, in diesem Fall Kostenstellen, müssen stets untereinander in der linken Spalte eingegeben werden.

- Ein Intervall von Einzelwertenden wird in der linken Spalte durch den Wert für die Intervalluntergrenze und in der rechten Spalte durch den Wert der Intervallobergrenze erfasst. Gedanklich sollte man sich dazu, analog zu Abbildung 3-46, die erste Spalte von Abbildung 3-47 mit „von" und die zweite Spalte mit „bis" benennen.

- Als Gruppen können für Kostenstellen Hierarchieknoten aus der Standard-Hierarchie für Kostenstellen und andere, vorher definierte optionale Kostenstellengruppen verwendet werden.

- Es ist sehr wichtig beim Anlegen einer optionalen Stammdatengruppe darauf zu achten, dass bei den Einzelwerten keine Gruppen und bei den Gruppen keine Einzelwerte eingegeben werden.

Leider können in SAP S/4HANA, wie auch in den ERP-Vorgängersystemen der SAP SE, solche fehlerhaften Eingaben gespeichert werden, ohne dass eine Fehlermeldung erscheint. In so einem Fall tritt erst später bei der Verwendung der optionalen Kostenstellengruppe, bspw. im Rahmen einer Kostenverrechnung, eine nichtssagende Fehlermeldung auf, aus der sich erst einmal kein konkreter erster Anhaltspunkt für die Fehlersuche ergibt.

3.3.3 Plantarife für Leistungsarten ermitteln

Nachdem im Gemeinkosten-Controlling alle benötigten Stammdaten zur Abbildung des Elementarfaktors objektbezogene menschliche Arbeit angelegt wurden, kann die Bewertung einer Mengeneinheit dieses Elementarfaktors, z.B. für eine Arbeitsstunde, mit der Tarifermittlung für die entsprechende Leistungsart erfolgen.

Dies kann, je nach Intention, entweder mit Ist- oder mit Plankosten erfolgen. Natürlich gibt es sowohl in der Ist- als auch in der Plankostenrechnung spezifische Besonderheiten. Im Großen und Ganzen verläuft die Ermittlung der Tarife für Leistungsarten mit Ist- oder Plandaten vom Prinzip her jedoch weitgehend identisch ab.

Nachfolgend werden grundlegende Sachverhalte anhand einer Plankostenrechnung auf Vollkostenbasis erläutert, da in Kapitel 4 die Bewertung der Elementarfaktoren in der Produktkostenplanung im Rahmen einer Plankalkulation mit Mengengerüst erfolgt.

Abbildung 3-48 zeigt die notwendigen Prozessschritte, um die Tarife für Leistungsarten zur Darstellung von Arbeitsleistungen zu berechnen.

Abbildung 3-48: Prozessschritte zur Ermittlung der Tarife für den Elementarfaktor objektbezogene menschliche Arbeit

Sowohl die Planung der Mengen der statistischen Kennzahlen, der Outputmengen der Leistungsarten sowie die für die Leistungserstellung benötigten Kosten- und Mengeninputs können in SAP S/4HANA manuell oder automatisiert erfolgen. Der Fokus dieses Buches richtet sich jedoch stets auf die manuelle Planung, um die zugrundeliegenden Zusammenhänge so einfach und nachvollziehbar wie möglich darzustellen.

3.3 Objektbezogene menschliche Arbeit

3.3.3.1 Einstellungen für die Planung festlegen

Vor dem Ausführen von Tätigkeiten im Bereich der Planung im Anwendungsmenü müssen im Customizing unter Umständen grundlegende zugehörige Einstellungen festgelegt werden.

Zudem können individuell für jeden SAP-User im Anwendungsmenü Einstellungen getroffen werden, die insbesondere wiederkehrende Planungstätigkeiten erleichtern.

Planversionen

In einem Unternehmen können im Rahmen der Planung unterschiedliche Zukunftsszenarien mit divergierenden Prämissen und Wertansätzen mittels verschiedener Planversionen abgebildet werden. Bspw. existiert eine optimistische, eine „realistische" und eine pessimistische Planung, deren Daten jeweils in einer eigenen Planversion in SAP S/4HANA erfasst und gespeichert werden. Alle Planversionen, neuerdings auch nur „Versionen" genannt, werden geschäftsjahresweise gepflegt.

Die Planversion 0 weist die Besonderheit auf, dass in ihr nicht nur Plan-, sondern auch alle Istkosten gespeichert werden (vgl. Abbildung 3-49). Sie wird stets standardmäßig mit SAP S/4HANA ausgeliefert und existiert in jedem Kostenrechnungskreis, da sonst keine Buchungen mit Istkosten erfolgen könnten.[75] Auch wenn keine weiteren Planversionen angelegt werden, können somit allein mit der Planversion 0 Plan-Ist-Vergleiche durchgeführt werden, wenn nur eine Planung im Unternehmen existiert.

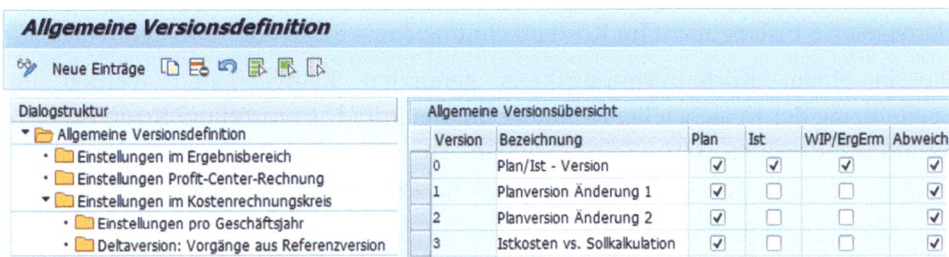

Abbildung 3-49: Planversionen auf Mandantenebene

Alle anderen angelegten Planversionen enthalten parallel ausschließlich alternative Plandaten (vgl. Abbildung 3-49) für die Kontierungsobjekte. Solche optionalen zusätzlichen Planversionen können für den Mandanten im Customizing im Menüpfad „Controlling/ Controlling Allgemein/ Organisation/ Versionen pflegen" angelegt werden.

---

[75] Das Anlegen von Plandaten ist dagegen in einem ERP-System optional.

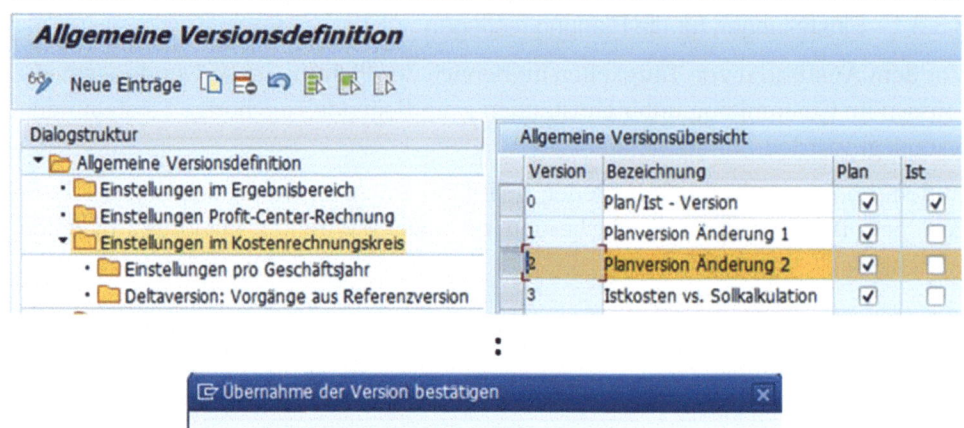

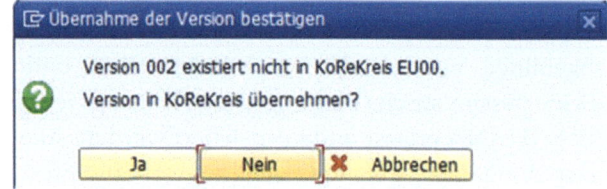

Abbildung 3-50: Beispiel für eine in einem Kostenrechnungskreis nicht übernommene Planversion

Die auf Mandantenebene definierten Planversionen aus Abbildung 3-49 können für unterschiedliche Bereiche der Kostenrechnung und Organisationseinheiten, wie z.B. Kostenrechnungskreise und Ergebnisbereiche, übernommen werden.

Die Planversion 0 ist hiervon ausgenommen, da sie immer verpflichtend existieren muss. Abbildung 3-50 zeigt beispielhaft, dass die auf Mandantenebene definierte Planversion 2 bislang nicht im Kostenrechnungskreis EU00 übernommen wurde.

Die in einem Kostenrechnungskreis genutzten Planversionen werden im Customizing der Kostenstellenrechnung im Menüpfad „Controlling/ Kostenstellenrechnung/ Planung/ Grundeinstellungen zur Planung/ Versionen definieren/ Einstellungen der Version im Kostenrechnungskreis pflegen" erfasst.

Aus Abbildung 3-51 wird ersichtlich, dass im Kostenrechnungskreis EU00 von den in Abbildung 3-49 auf Mandantenebene definierten vier Planversionen lediglich zwei, nämlich die Planversion 0 (stets verpflichtend) und die Planversion 1 (optional) übernommen wurden.

3.3 Objektbezogene menschliche Arbeit

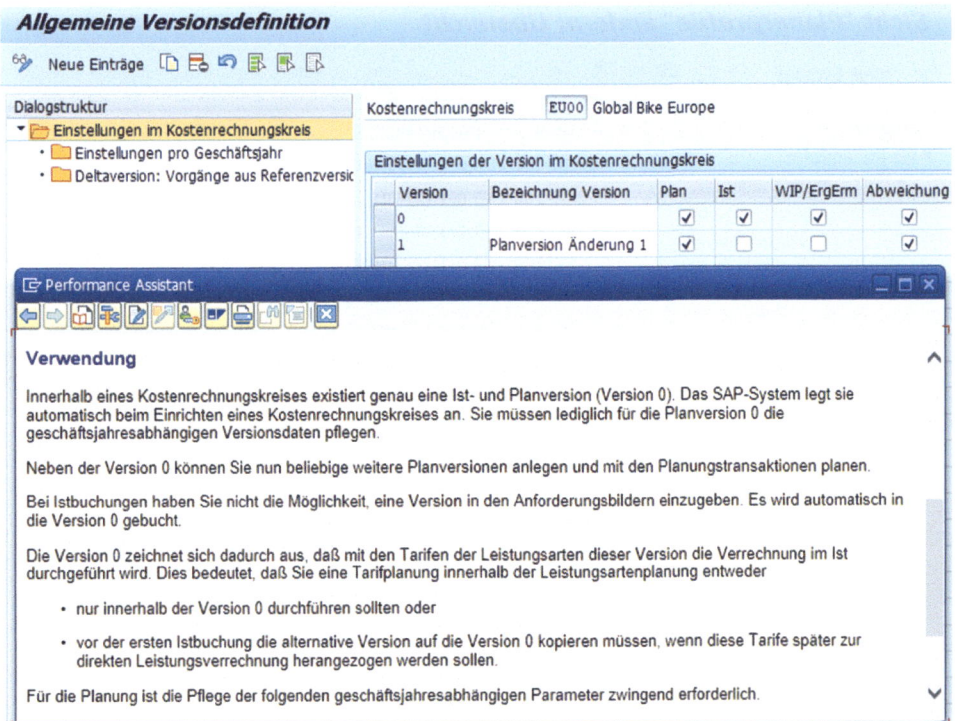

Abbildung 3-51: Planversionen in einem Kostenrechnungskreis (CO_VERSION_K)

Nachdem in Customizing alle Einstellungen zu Planversionen gepflegt wurden, können im Anwendungsmenü Plandaten für unterschiedliche Sachverhalte erfasst werden. Bei jeder Eingabe von Plandaten muss, wie bspw. in Abbildung 3-56 auf Seite 207, stets die Planversion angegeben werden, da ja u.U. verschiedene Planversionen existieren und parallel genutzt werden.

Planerprofile und Planungslayouts

Ein Planerprofil für die manuelle Planung umfasst ein oder mehrere inhaltliche Planungsgebiete (Kardinalität Planerprofil : Planungsgebiet = m : n). Als Planungsgebiet kann bspw. inhaltlich festgelegt werden, dass auf Kostenstellen statistische Kennzahlen oder Kostenarten und Leistungsaufnahmen oder die Tarife von Leistungsarten geplant werden können. Es kann von verschiedenen SAP-Usern genutzt werden (Kardinalität Planerprofil : SAP-User = 1 : n).

SAP S/4HANA wird bereits mit verschiedenen standardisierten Planerprofilen ausgeliefert. Bei Bedarf können zusätzlich im Customizing in verschiedenen Teilbereichen der Kostenrechnung zusätzliche Planerprofile definiert werden, z.B. in der Kostenstellenrechnung im Menüpfad „Controlling/ Kostenstellenrechnung/ Planung/ Manuelle Planung/ Eigene Planerprofile definieren".

Dort sind auch die Planerprofile aus der Standardauslieferung von SAP S/4HANA zu finden (vgl. Abbildung 3-52).

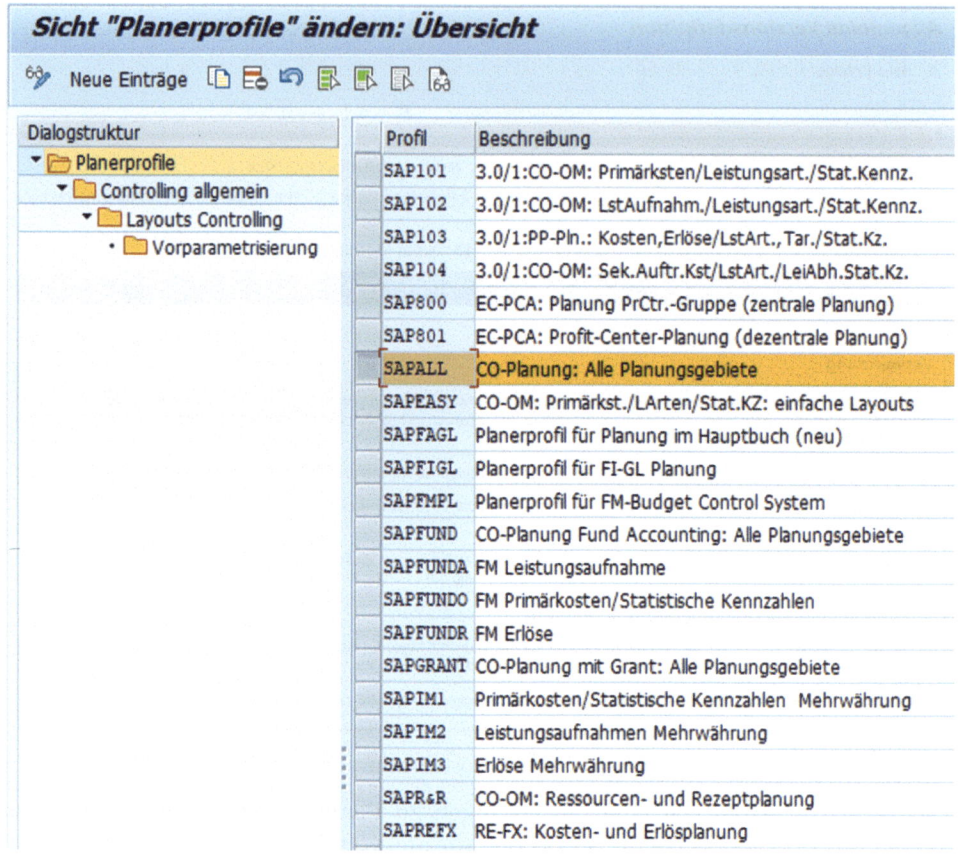

Abbildung 3-52: Planerprofile für manuelle Planungen

Abbildung 3-53 zeigt beispielhaft die verschiedenen Planungsgebiete, die im Planerprofil SAPALL von Abbildung 3-52 enthalten sind, mit dem jeweiligen Vorschlagswert für den Verteilungsschlüssel für eingegebene Werte und Mengen.

3.3 Objektbezogene menschliche Arbeit

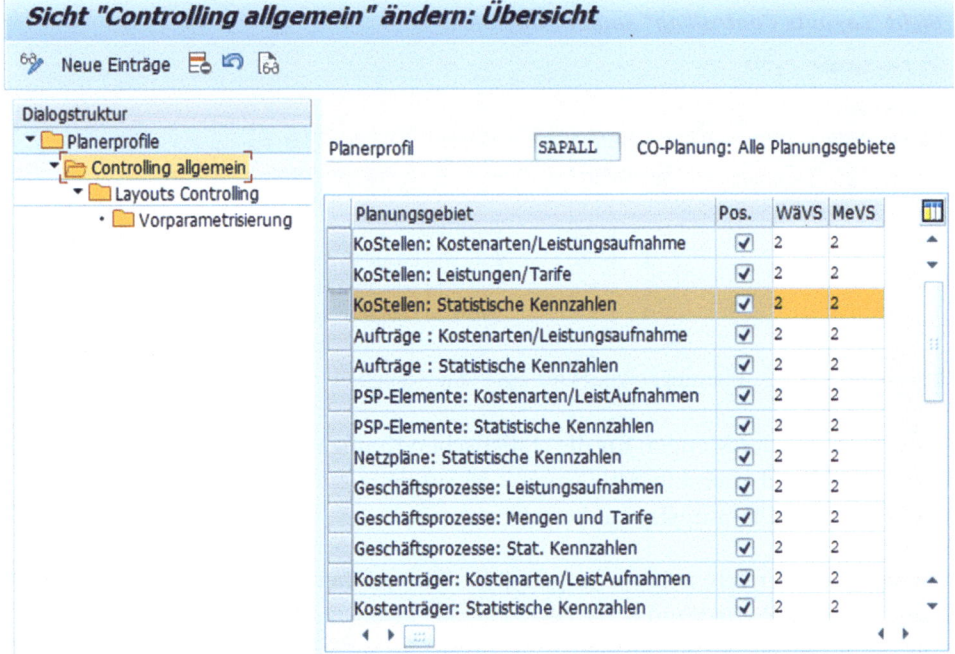

Abbildung 3-53: Planungsgebiete in einem Planerprofil

Für die Durchführung der Planung sind einem Planungsgebiet eines Planerprofils ein oder mehrere Planungslayouts als individuell gestaltete Eingabemasken für Plandaten zugeordnet (Kardinalität Planungsgebiet : Planungslayout = 1 : n).

Mit SAP S/4HANA werden bereits standardisierte Planungslayouts ausgeliefert. Zusätzlich können unternehmensindividuelle Planungslayouts angelegt werden.

Bspw. erfolgt dies für die Kostenstellenrechnung im Menüpfad „Controlling/ Kostenstellenrechnung/ Planung/ Manuelle Planung/ Eigene Planungslayouts" für die

- Planung von statistischen Kennzahlen (vgl. Kapitel 3.3.3.2)

- Planung der Leistungsarten (vgl. Kapitel 3.3.3.3.

Sowohl die standardmäßig ausgelieferten als auch die selbstdefinierten Planungslayouts befinden sich in diesen Transaktionen.

Dem Planungsgebiet zur Planung der statistischen Kennzahlen auf Kostenstellen (vgl. Abbildung 3-53) im Planerprofil SAPALL aus Abbildung 3-52 sind bspw. in dieser Reihenfolge die drei Planungslayouts 1-301, 1-302 und 1-303C zugeordnet (vgl. Abbildung 3-54).

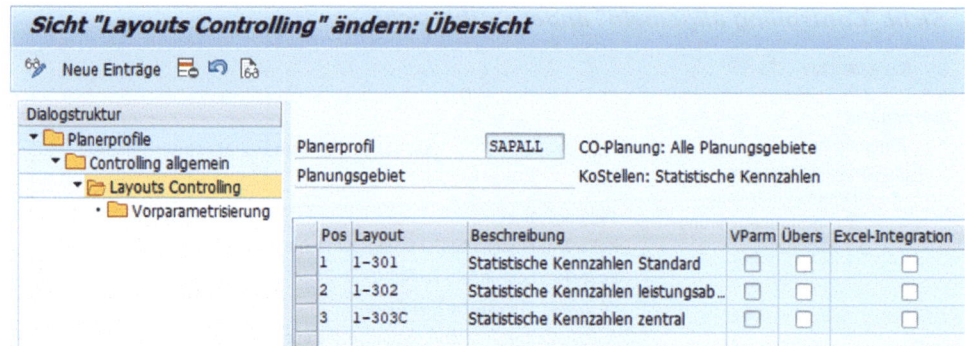

Abbildung 3-54: Planungslayouts für ein Planungsgebiet

Bei der Planung der Mengen für die statistischen Kennzahlen in Kapitel 3.3.3.2 wird dementsprechend zuerst in Abbildung 3-56 auf Seite 207 das Planungslayout 1-301 angezeigt. Jedes Planungslayout besteht aus

- einem Kopfbereich, in dem festgelegt ist, für welchen Bereich das Planungslayout verwendet wird und

- einer oder mehreren Zeilen mit Schlüssel- und Wertspalten für die Merkmale bzw. Sachverhalte, für die Plandaten erfasst werden.

Vorschlagswerte für Planungs- und Berichtszeiträume

Das Berichtswesen ist in den Kostenrechnungen allgemein von sehr großer Bedeutung. Die Planung bildet dabei keine Ausnahme. Berichte finden sich in SAP S/4HANA allgemein fast immer unter dem Menüpunkt „Infosystem".

Bevor die einzelnen Teilplanungen durchgeführt werden, können für jeden SAP-User zur Arbeitserleichterung individuelle Vorschlagswerte zu Selektionskriterien in Berichten, z.B. für den hauptsächlich genutzten Berichtszeitraum und die am häufigsten verwendete Planversion, hinterlegt werden.

Momentan wird aus unternehmens- und produktpolitischen Gründen leider im Menübaum des Anwendungsmenüs von S/4HANA die korrespondierende Transaktion zum Festlegen von Vorschlagswerten für Planungs- und Berichtszeiträume nicht mehr angezeigt.

In den ERP-Vorgängersystemen SAP ECC und SAP R/3 befindet sie sich im Menüpfad „Rechnungswesen/ Controlling/ Kostenstellenrechnung/ Infosystem/ Benutzereinstellung" (Transaktionscode RPC0).

Diese Transaktion steht in SAP S/4HANA jedoch auch weiterhin[76] zur Verfügung, wenn im Befehlsfeld der Transaktionscode RPC0 eingegeben wird.

---

[76] Nach Informationen der SAP SE bis mindestens Ende 2025.

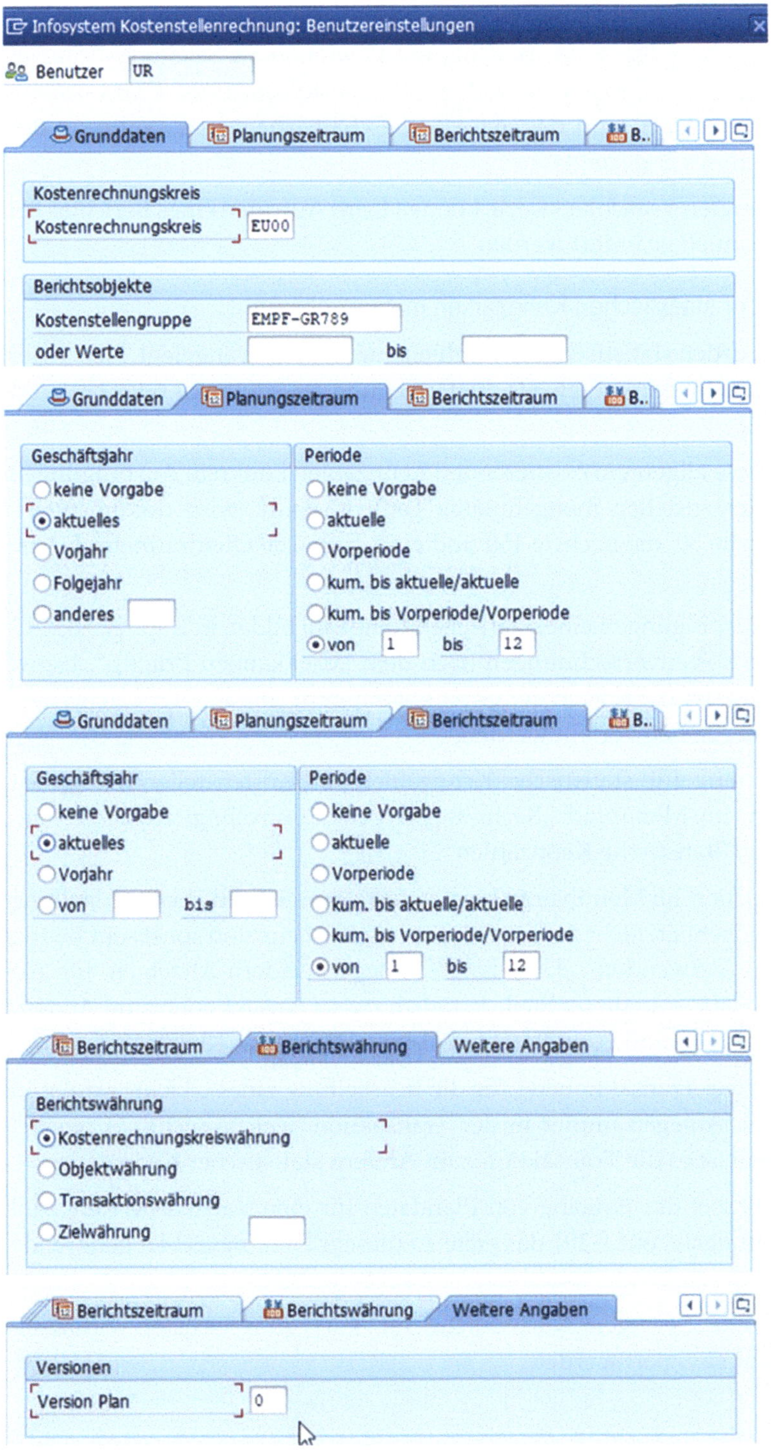

3.3 Objektbezogene menschliche Arbeit

Abbildung 3-55: Vorschlagswerte für Planungs- und Berichtszeiträume (RPC0)

Abbildung 3-55 zeigt ein Beispiel mit Vorschlagswerten für Planungs- und Berichtszeiträume. Initial werden bspw. für Berichte mit Plandaten als Selektionskriterien stets als Vorschlagswert die Planversion 0, die Kostenstellengruppe EMPF-789 im Kostenrechnungskreis EU00 und das aktuelle Geschäftsjahr in der Währung des Kostenrechnungskreises angezeigt.

Diese initial angezeigten Vorschlagswerte können beim Aufrufen eines Berichtes bei Bedarf jederzeit manuell geändert werden.

3.3.3.2 Mengen der statistischen Kennzahlen manuell planen

In Kapitel 3.3.2.4 wurden statistische Kennzahlen nur allgemein angelegt. Neben der Angabe der Mengeneinheit war jeweils die Festlegung als Summen- oder Festwert notwendig.

Nun werden für diese allgemein existierenden Kennzahlen konkrete Ausprägungen bzw. Werte auf Kostenstellen mengenmäßig geplant. Bspw. wird dokumentiert, dass eine Kostenstelle 50, die nächste 150 und eine dritte 200 Quadratmeter Fläche umfasst.

Diese konkreten Ausprägungen einer statischen Kennzahl bilden in Kapitel 3.3.3.4.3 die Grundlage für Kostenverrechnungen nach dem „Gießkannen-Prinzip", bspw. für eine Umlage, mit der die Kosten der Gebäudereinigung anhand der Flächen der zu putzenden Kostenstellen verteilt werden.

Die manuelle Planung für statistische Kennzahlen für Kostenstellen erfolgt im Anwendungsmenü im Menüpfad „Rechnungswesen/ Controlling/ Kostenstellenrechnung/ Planung/ Statistische Kennzahlen".

An dieser Stelle existiert im Menübaum, hinsichtlich einer einheitlichen Darstellung nicht ganz nachvollziehbar, nicht der auf Seite 24 beschriebene und sonst sehr häufig in SAP S/4HANA verwendete „Dreiklang" Anlegen-Ändern-Anzeigen für ein Objekt. Stattdessen gibt es an dieser Stelle lediglich zwei Transaktionen zum Ändern (Transaktionscode KP46) und zum Anzeigen (Transaktionscode KP47).

In Fällen mit nur zwei Transaktionen[77] für die Bearbeitung eines Objekts erfolgt in SAP S/4HANA das Anlegen immer in der Transaktion, welche nicht „anzeigen" heißt. In diesem Fall ist es die Transaktion zum Ändern statistischer Kennzahlen.

Beim Anlegen bzw. bei der Eingabe von Plandaten für eine statistische Kennzahl wird mit dem Planungslayout 1-301 das erste zu diesem Planungsgebiet gehörende Planungslayout angezeigt (vgl. Abbildung 3-54 auf Seite 204).

Über den Menüpunkt „Springen/ Nächstes Layout" kann zum nächsten vorhandenen Planungslayout navigiert werden.

---

[77] Existieren nur zwei Transaktionen, so heißen die Pärchen in SAP S/4HANA für gewöhnlich Ändern-Anzeigen oder Bearbeiten-Anzeigen.

3.3 Objektbezogene menschliche Arbeit

Im Planungslayout 1-301 von Abbildung 3-56 müssen neben der Planversion und des Planungszeitraum die zu planenden Kostenstellen und die statistischen Kennzahlen angegeben werden, bevor konkrete Plandaten für statistische Kennzahlen erfasst werden können.

In Kapitel 3.3.2.5 wurden das Anlegen optionaler Stammdatengruppen im Gemeinkostencontrolling beschrieben. Abbildung 3-56 zeigt, wie eine solche optionale Kostenstellengruppe zur Arbeitserleichterung[78] verwendet wird.

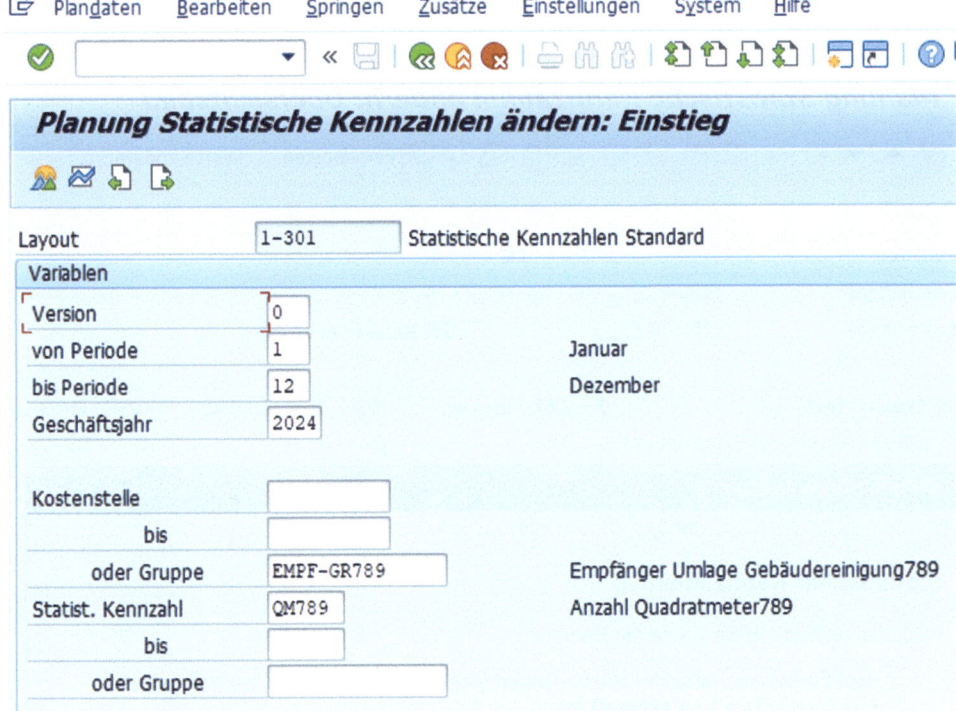

Abbildung 3-56: Planung für eine statistische Kennzahl (KP46)

Wie in Abbildung 3-56 erfolgt die Planung häufig für das gesamte Geschäftsjahr und die Plandaten werden im Übersichtsbild (vgl. Abbildung 3-57) eingegeben, welches über den Menüpunkt „Springen/ Übersichtsbild" erreicht wird.

In Abbildung 3-56 wurde eine Kostenstellengruppe eingegeben, für die die Ausprägung der statistischen Kennzahl geplant werden soll. Abbildung 3-57 zeigt, dass die erste darin enthaltene Kostenstelle initial angezeigt wird. Dies ergibt Sinn, da bei der manuellen Planung Plandaten stets für eine konkrete Kombination von Kostenstelle und statistischer Kennzahl erfasst werden. Über den Menüpunkt „Springen/ Nächste Kombination" kann zur nächsten Kostenstelle der eingegebenen

---

[78] Wenn alle Kostenstellen einzeln eingegeben werden würden, müsste die Transaktion mehrmals aufgerufen werden.

Kostenstellengruppe navigiert werden, um für diese den Planwert für die Ausprägung der statistischen Kennzahl einzugeben.

Bei der Erfassung des Planwerts in der Spalte „Lfd. Planwert" für einen längeren Zeitraum, bspw. ein Geschäftsjahr, wirkt sich die Festlegung des Kennzahlentyps aus Kapitel 3.3.2.4 auf die Fortschreibung des eingegebenen Wertes auf die einzelnen Perioden aus.

Deshalb sollte bei der Eingabe der Kennzahlentyp der statistischen Kennzahl anhand des Wertes der Spalte „T" sicherheitshalber immer noch einmal kontrolliert werden.

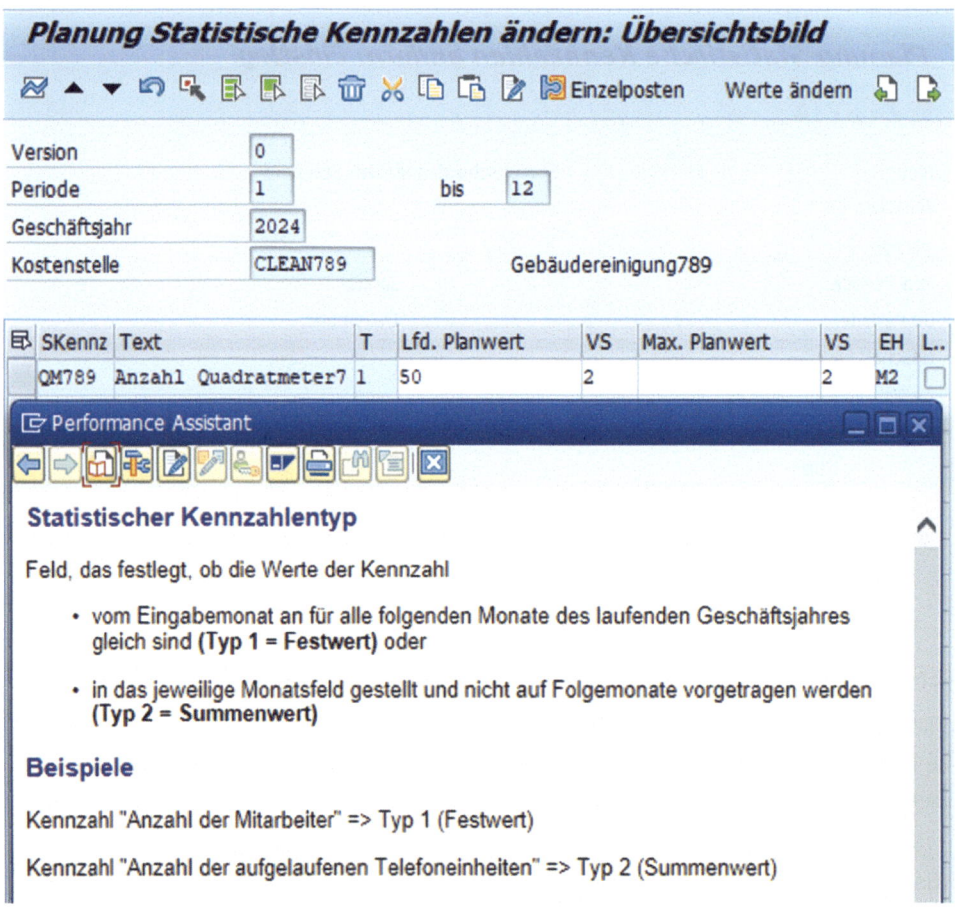

Abbildung 3-57: Statistischer Kennzahlentyp bei der Eingabe von Planwerten (KP46)

3.3 Objektbezogene menschliche Arbeit

In Abbildung 3-57 erfolgt die Festlegung der Ausprägung der statistischen Kennzahl im Plan für eine statistische Kennzahl, die als Festwert angelegt ist. Bei einem Festwert ist in der Spalte „T" von Abbildung 3-57 der Wert „1" eingetragen.

Bei einem Festwert wird der im Übersichtsbild eingegebene Wert von SAP S/4HANA automatisch für alle Perioden des Geschäftsjahres übernommen. Im konkreten Fall wird für diese Kostenstelle in jedem Monat mit einer Fläche von 50 m² geplant (vgl. Abbildung 3-58).

Planung Statistische Kennzahlen ändern: Periodenbild

Version	0	
Geschäftsjahr	2024	
Kostenstelle	CLEAN789	Gebäudereinigung789
Stat.Kennzahl	QM789	Anzahl Quadratmeter789

Periode	Text	T	Lfd. Planwert	Max. Planwert	EH	L..
1	Januar	1	50		M2	☐
2	Februar	1	50		M2	☐
3	März	1	50		M2	☐
4	April	1	50		M2	☐
5	Mai	1	50		M2	☐
6	Juni	1	50		M2	☐
7	Juli	1	50		M2	☐
8	August	1	50		M2	☐
9	September	1	50		M2	☐
10	Oktober	1	50		M2	☐
11	November	1	50		M2	☐
12	Dezember	1	50		M2	☐

Abbildung 3-58: Abgeleitete Periodenwerte bei einem Festwert (KP46)

Anders verhält es sich bei einer statistischen Kennzahl, die als Summenwert (Wert „2" in der Spalte „T" von Abbildung 3-57) definiert wurde.

Im Beispiel von Abbildung 3-59 wird für so eine statistische Kennzahl analog zu Abbildung 3-57 wiederum ein Planwert von 50 für das gesamte Geschäftsjahr geplant.

Wird dann im Menüpunkt „Springen/ Periodenbild" wieder vom Übersichtsbild auf das Periodenbild gewechselt, so sieht man in Abbildung 3-60, dass der von SAP S/4HANA der für das Geschäftsjahr eingegebene Wert von 50 gleichmäßig auf alle Perioden im Geschäftsjahr aufgeteilt, und nicht wie bei einem Festwert in jede einzelne Periode übernommen, wird.

Dies liegt an dem initial aufgrund der Einstellungen im Customizing (vgl. Spalte „MeVS" in Abbildung 3-53 auf Seite 202) angezeigten und bei der Eingabe des Planwerts in Abbildung 3-59 manuell nicht geänderten Verteilungsschlüssel „2" in der Spalte „VS" von Abbildung 3-59.

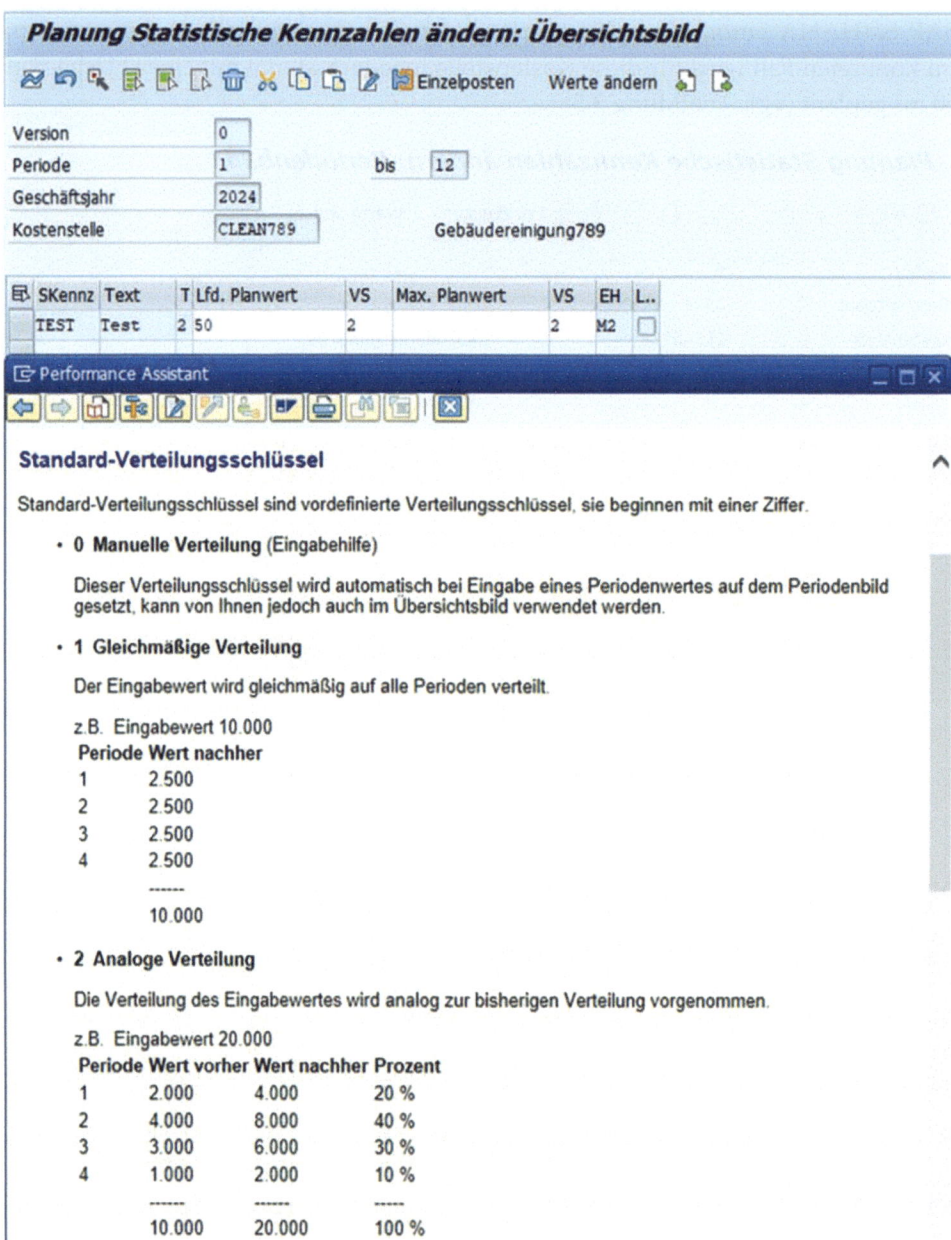

Abbildung 3-59: Verteilungsschlüssel für statische Kennzahlen (KP46)

3.3 Objektbezogene menschliche Arbeit

Für eine gleichmäßige Verteilung ist dort gemäß Abbildung 3-59 eigentlich der Wert „1" vorgesehen. Im konkreten Beispiel führt der Verteilungsschlüssel „2" jedoch auch zu einer Gleichverteilung, da für diese statistische Kennzahl auf dieser Kostenstelle zuvor noch nie ein Planwert eingegeben wurde. Dies liegt darin begründet, dass bei einer fehlenden Historie SAP S/4HANA keine analoge Verteilung durchführen kann, aber irgendeine Verteilung wählen muss. Für so einen Fall ist in SAP S/4HANA die Gleichverteilung als Defaultwert hinterlegt, sodass bei der ersten Erfassung der eingegebene Planwert über alle Perioden des Planungszeitraums gleichverteilt wird. Bei späteren Eingaben, z.B. der Planung für nachfolgende Geschäftsjahre, wird bei Verwendung des Verteilungsschlüssels „2" jedoch immer die dann vorhandene Historie bei der Verteilung berücksichtigt und übernommen.

Bei einer als Summenwert definierten statistischen Kennzahl ergibt die Summe aller Periodenwerte immer den manuell eingegebenen Wert für den geplanten Gesamtzeitraum; in diesem Beispiel das aus zwölf Monaten bestehende Geschäftsjahr.

Planung Statistische Kennzahlen ändern: Periodenbild

Version	0		
Geschäftsjahr	2024		
Kostenstelle	CLEAN789		Gebäudereinigung789
Stat.Kennzahl	TEST		Test

Periode	Text	T	Lfd. Planwert	Max. Planwert	EH	L..
1	Januar	2	4,167		M2	☐
2	Februar	2	4,166		M2	☐
3	März	2	4,167		M2	☐
4	April	2	4,167		M2	☐
5	Mai	2	4,166		M2	☐
6	Juni	2	4,167		M2	☐
7	Juli	2	4,167		M2	☐
8	August	2	4,166		M2	☐
9	September	2	4,167		M2	☐
10	Oktober	2	4,167		M2	☐
11	November	2	4,166		M2	☐
12	Dezember	2	4,167		M2	☐
*Periode			50	0		

Abbildung 3-60: Abgeleitete Periodenwerte bei einem Summenwert (KP46)

Wie in Abbildung 3-58 bzw. Abbildung 3-60 automatisch aus dem Verteilungsschlüssel abgeleitete Periodenwerte können durch den SAP-Anwender manuell geändert werden, sodass beliebige Verteilungen möglich sind.

3.3.3.3 Mengenoutput der Leistungsarten manuell planen

Die Bewertung des Elementarfaktors objektbezogene menschliche Arbeit erfolgt mit dem Tarif für eine Leistungsart in einer Kostenstelle, z.B. einer Montagestunde. Die Einheit dieses Tarifes ist ein Quotient von einer Geld- und einer Mengeneinheit, z.B. Euro je Stunde.

Mit dem Mengenoutput für Leistungsarten wird der Nenner dieses Quotienten manuell geplant, bspw. jährlich 12.000 Arbeitsstunden in einer Produktionskostenstelle.

Die Planung der Werte für den Nenner muss unbedingt vor der Planung des Zählers mit dem Kosten- und Mengeninput in Kapitel 3.3.3.4 erfolgen. Ansonsten gibt SAP S/4HANA bei der Planung von leistungsabhängigem Input eine entsprechende Fehlermeldung aus. Diese Reihenfolge ist sinnvoll, da ansonsten eine Division durch Null entstehen könnte, wenn man später vergessen würde, einen Planwert für die Outputmenge im Nenner zu erfassen.

Die beiden Prozessschritte von diesem und dem vorherigen Kapitel hängen nicht voneinander ab und könnten deshalb auch in ihrer Reihenfolge vertauscht werden.[79]

Die manuelle Planung der Outputmengen der Leistungsarten erfolgt im Anwendungsmenü im Menüpfad „Rechnungswesen/ Controlling/ Kostenstellenrechnung/ Planung". Unter dem Menüpunkt „Leistungserbringung/ Tarife" finden sich die zugehörigen Transaktionen. Wie auch bei der Planung der statistischen Kennzahlen (vgl. Seite 206) existiert hier kein „Dreiklang" Anlegen-Ändern-Anzeigen. Stattdessen gibt es auch in dieser Stelle wiederum nur die beiden Transaktionen zum Ändern (Transaktionscode KP26) und Anzeigen (Transaktionscode KP27). Für das Erfassen des Mengenoutputs der Leistungsarten muss auch hier analog zu Seite 206 die Transaktion zum Ändern gewählt werden.

Der o.g. Menüpunkt heißt „Leistungserbringung/Tarife" und nicht nur „Leistungserbringung". Dies liegt darin begründet, dass an dieser Stelle in SAP S/4HANA für Leistungsarten mit dem Tarifkennzeichen „3" für die manuelle Festlegung des Tarifs (vgl. Kapitel 3.3.2.3) neben den Outputmengen auch die Tarife für Leistungsarten manuell geplant werden.

Für die Inhalte dieses Buches werden die Tarife für Leistungsarten später jedoch in Kapitel 3.3.3.5 automatisch iterativ von SAP S/4HANA auf Basis der Planleistung berechnet (Tarifkennzeichen „1") , sodass in diesem Fall unter diesen Menüpunkt lediglich die manuelle Planung der Outputmengen für Leistungsarten erfolgt.

---

[79] Dieser Sachverhalt spiegelt sich auch im Menübaum des Anwendungsmenüs von SAP S/4HANA wider. Dort steht die Planung der Leistungserbringung für dieses Kapitel vor der Planung der statistischen Kennzahlen aus Kapitel 3.3.3.2.

3.3 Objektbezogene menschliche Arbeit

Leistungsarten bilden immer Tätigkeiten in Kostenstellen ab. Bei der manuellen Planung des Mengenoutputs der Leistungsarten im Menüpfad „Rechnungswesen/ Controlling/ Kostenstellenrechnung/ Planung/ Leistungserbringung/Tarife/ Ändern" wird dementsprechend ein Planungslayout mit Datenfeldern für Leistungsarten und Kostenstellen angezeigt.

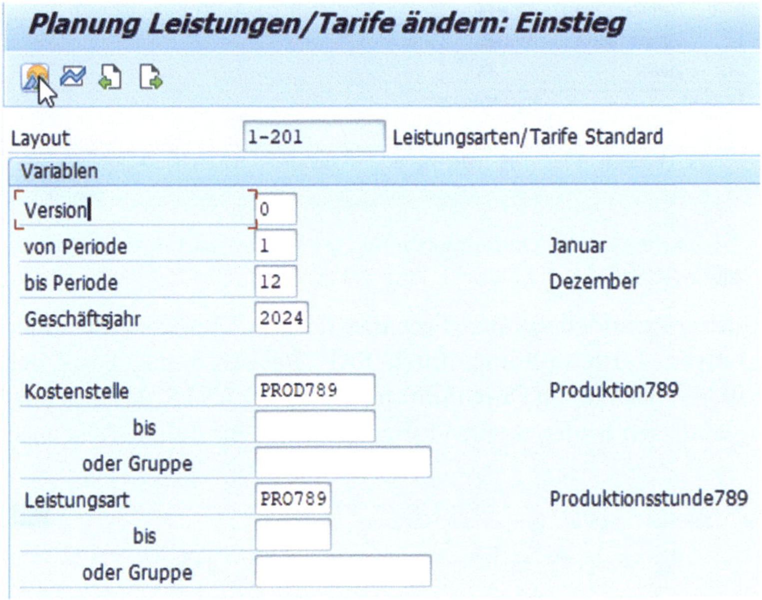

Planung Leistungen/Tarife ändern: Einstieg

Layout	1-201	Leistungsarten/Tarife Standard
Variablen		
Version	0	
von Periode	1	Januar
bis Periode	12	Dezember
Geschäftsjahr	2024	
Kostenstelle	PROD789	Produktion789
bis		
oder Gruppe		
Leistungsart	PRO789	Produktionsstunde789
bis		
oder Gruppe		

Abbildung 3-61: Planungslayout zur manuellen Planung des Mengenoutputs von Leistungsarten (KP26)

Abbildung 3-61 zeigt ein Beispiel für die jährliche Planung der Outputmengen bzw. die Planleistung der Produktionsstunden in einer Produktionskostenstelle. In diesem Beispiel wird die Planleistung für das gesamte Geschäftsjahr geplant.

Nach dem Wechsel auf das zugehörige Übersichtsbild wird die gesamte Outputmenge bzw. die Planleistung, 12.000 Produktionsstunden im Beispiel von Abbildung 3-62, für eine Leistungsart in der Kostenstelle eingegeben.

Bei einer Leistungsart mit dem Tarifkennzeichen „3" für die manuelle Festlegung des Tarifs würden an dieser Stelle neben der Planleistung in den beiden Spalten rechts auch noch manuell der fixe und der variable Bestandteil des Tarifs für die Leistungsart erfasst werden.

214   3 Abbildung und Integration der Elementarfaktoren in SAP S/4HANA

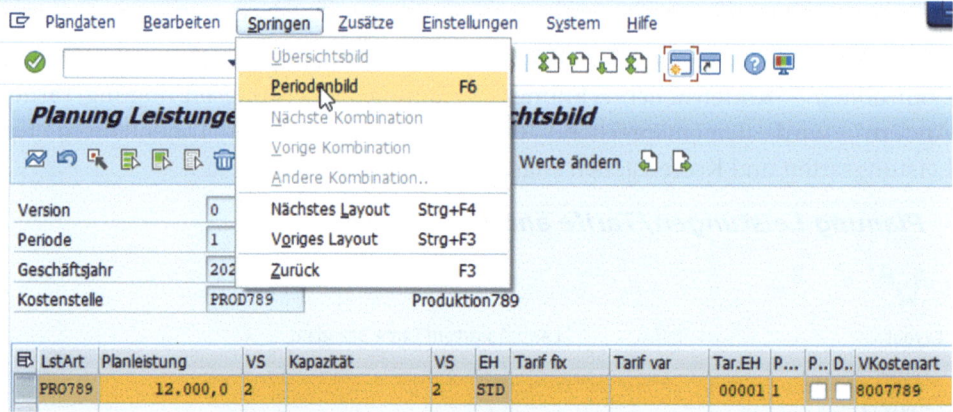

Abbildung 3-62: Übersichtsbild der Outputmenge für eine Leistungsart in einer Kostenstelle (KP26)

In dem diesem Buch zugrundeliegenden Szenario für die Übungen mit einer automatischen iterativen Tarifermittlung durch SAP S/4HANA auf Basis der Planleistung wird später, nach deren Durchführung in Kapitel 3.3.3.5, das Ergebnis der Tarifermittlung in diesen beiden Spalten fortgeschrieben. Bis dahin bleiben sie leer.

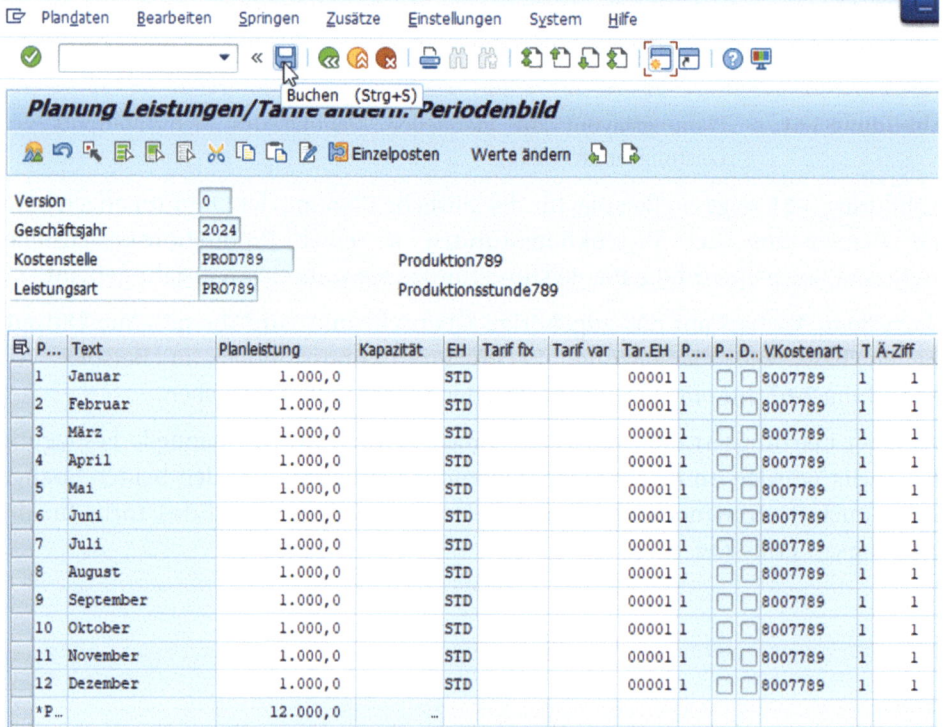

Abbildung 3-63: Periodenbilder der Outputmenge für eine Leistungsart einer Kostenstelle (KP26)

3.3 Objektbezogene menschliche Arbeit   215

In Abbildung 3-62 ist auch der Verteilungsschlüssel zu sehen, der initial als Vorschlagswert eingetragen ist. Dieser stammt analog zur Planung der statistischen Kennzahlen aus den Einstellungen im Customizing für das Planerprofil des SAP-Users und dessen zugehörigen Planungsgebieten (vgl. Abbildung 3-53 auf Seite 203).

Mit Klick auf den Menüpunkt „Springen/ Periodenbild" gelangt man vom Übersichtsbild von Abbildung 3-62 zum Periodenbild von Abbildung 3-63. Im vorliegenden Beispiel wird die die Outputmenge bzw. Planleistung von jährlich 12.000 Produktionsstunden gleichmäßig auf alle einzelnen Perioden des Geschäftsjahres verteilt. Ist dies nicht gewünscht, so kann vorab ein anderer Verteilungsschlüssel in der Spalte „VS" von Abbildung 3-62 eingegeben werden oder es werden die Planleistungen in den einzelnen Perioden in Abbildung 3-63 manuell geändert.

3.3.3.4 Kosten- und Mengeninput für die Leistungserstellung manuell planen

Um Arbeitsleistungen erbringen zu können fällt als Voraussetzung meist unterschiedlicher Input in Form von primären und sekundären Kosten und bezogenen Leistungen an. Bezogene Leistungen beinhalten betriebsinterne Leistungsaufnahmen durch Zuarbeit von anderen Kostenstellen, bspw. für eine Produktionskostenstelle Arbeitsleistungen der Kostenstelle Arbeitsvorbereitung, welche die Voraussetzungen dafür schafften, dass eine Tätigkeit in der Produktion ausgeführt werden kann.

Interne Leistungsaufnahmen werden (natürlich) ebenfalls mit entsprechenden Leistungsarten auf Kostenstellen abgebildet und verursachen sekundäre Kosten. Bei der manuellen Planung des Inputs für die Leistungserstellung werden oft jedoch erst die Mengen der Leistungsaufnahmen geplant, bevor diese am Periodenende monetär mit dem Tarif für die aufgenommenen Leistungsarten bewertet werden.

Kostenaufnahmen für die Leistungserstellung lassen sich in Primär- und Sekundärkosten unterteilen (vgl. Kapitel 3.3.2.1). Zudem können verschiedene Fälle hinsichtlich der Leistungsabhängigkeit von verschiedenem Input unterschieden werden.

Abbildung 3-64 zeigt dafür ein Beispiel anhand einer Kostenstelle „Interne Weiterbildung", die genau zwei Leistungen mit je einer zugehörigen Leistungsart anbietet: Interne Schulungsstunden

- zu Enterprise Resource Planning mit SAP S/4HANA und

- zum Geschäftsprozessmanagement (GPM) mit ARIS.

Zur Erfassung der beiden verschiedenen internen Schulungsstunden werden auf der Kostenstelle korrespondierend die zwei Leistungsarten „ERP-Stunde" und „GPM-Stunde" geplant.

Kostenstelle „Interne Weiterbildung"

- Leistungsunabhängiger Input für die gesamte Kostenstelle („Overhead"):
   - Primärkosten (Fall 1a) für
     o das Gehalt der Mitarbeiter im Sekretariat
     o extern bezogenes allgemeines Büromaterial
   - Sekundärkosten für
     o intern bezogene Arbeitsleistungen, d.h. Leistungsaufnahmen von anderen (Sender)Kostenstellen im Unternehmen (Fall 2a):
       • Kopierstunden der Kostenstelle „Post" für Flyer mit allgemeinen Informationen zur Kostenstelle „Interne Weiterbildung"
       • Wartungsstunden der Kostenstelle „PC-Service" für allgemein genutzte PC's der Kostenstelle „Interne Weiterbildung XY"
     o intern nach dem „Gießkannen-Prinzip" erhaltene Kosten (Fall 3), z.B. für die Umlage der Kosten der Kostenstelle
       • „Vorstand" anhand der Anzahl der Mitarbeiter
       • „Gebäudereinigung" anhand der Anzahl der Quadratmeter

- Leistungsabhängiger Input für die Leistungsart „ERP-Stunde":
   - Primärkosten (Fall 1b) für
     o externen Support von SAP S/4HANA
     o einen Vortrag eines externen Referenten zu einem Spezialgebiet in SAP S/4HANA
   - Sekundärkosten für intern bezogene Arbeitsleistungen, d.h. Leistungsaufnahmen (Fall 2b):
     o Servicestunden der Kostenstelle „IT-Service" für die Wartung von SAP S/4HANA
     o Servicestunden der Kostenstelle „Catering" für ganztägige ERP-Schulungen

- Leistungsabhängiger Input für die Leistungsart „GPM-Stunde":
   - Primärkosten (Fall 1b) für
     o die Lizenz für ARIS
     o ein externes ARIS-Buch, das an die Schulungsteilnehmer ausgeben wird
   - Sekundärkosten für intern bezogene Arbeitsleistungen, d.h. Leistungsaufnahmen (Fall 2b):
     o Kopierstunden der Kostenstelle „Post" für ein Skript zu einer GPM-Schulung
     o Vortragsstunden eines internen Referenten der Kostenstelle „Allgemeine Qualitätssicherung" im Rahmen einer GPM-Schulungsstunde

Abbildung 3-64: Beispiele für leistungsabhängigen und -unabhängigen Input für eine Kostenstelle mit zwei Leistungsarten

3.3 Objektbezogene menschliche Arbeit

In dieser Kostenstelle mit mehreren Leistungsarten kann prinzipiell Input mit Primär- und Sekundärkosten

- leistungsunabhängig für die gesamte Kostenstelle, d.h. für den sog. „Overhead", und/ oder

- leistungsabhängig für genau eine der beiden Leistungsarten „ERP-Stunde" oder „GPM-Stunde"

anfallen. Abbildung 3-64 zeigt für solchen leistungsabhängigen und -unabhängigen Input Beispiele in Form von Kosten- und Leistungsaufnahmen.

Die manuelle Planung von solchem Kosten- und Mengeninput für Kostenstellen mit Leistungsarten erfolgt in den ERP-Vorgängersystemen der SAP SE analog zur Planung der statistischen Kennzahlen (Kapitel 3.3.3.2) und dem Mengenoutput der Leistungsarten (Kapitel 3.3.3.3) im Menüpfad „Rechnungswesen/ Controlling/ Kostenstellenrechnung/ Planung".

Dort existiert ein weiterer, in SAP S/4HANA nun aber nicht mehr angezeigter, Menüpunkt „Kosten/ Leistungsaufnahmen" mit wiederum zwei Transaktionen zum Ändern (Transaktionscode KP06) und zum Anzeigen (Transaktionscode KP07).

Obwohl beide Transaktionen nicht im Menübaum von SAP S/4HANA angezeigt werden, stehen sie jedoch für die Planung weiterhin[80] zur Verfügung.

Den Kosten- und Mengeninput für die Leistungserstellung kann man daher manuell auf die von den ERP-Vorgängersystemen bekannte Art und Weise nur planen, wenn der Transaktionscode KP06 direkt im Befehlsfeld eingegeben wird.

---

[80] Vgl. Seite 171 und Fußnote 76.

3.3.3.4.1 Input von Primärkosten

Abbildung 3-65 zeigt die manuelle Planung einer leistungsunabhängigen Primärkostenaufnahme (Fall 1a in Abbildung 3-64) für den Overhead einer Kostenstelle.[81] Deswegen wird beim Empfänger der Kosten nur die Kostenstelle und nicht zusätzlich eine Leistungsart angegeben.[82]

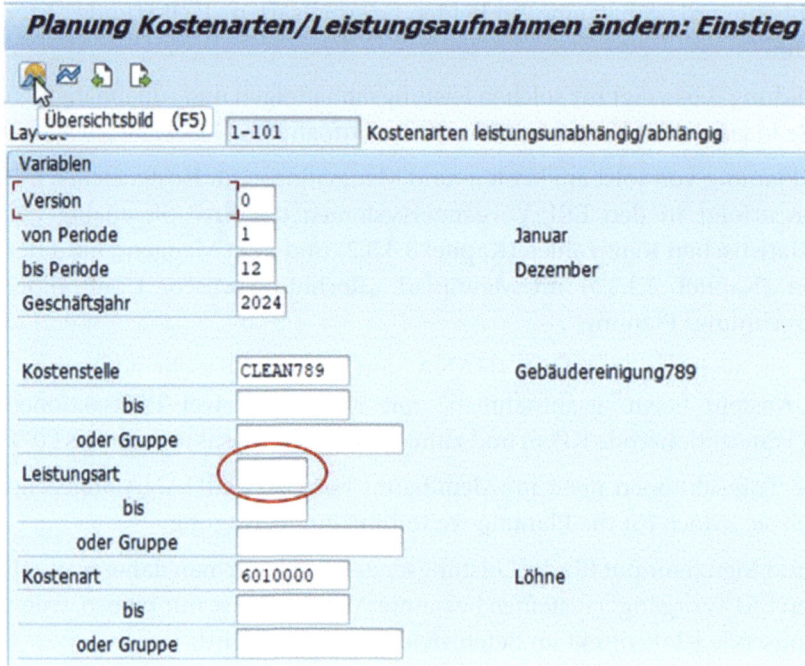

Abbildung 3-65: Fall 1a: Planung einer leistungsunabhängigen Primärkostenaufnahme für eine Kostenstelle (KP06)

Während, wie in Abbildung 3-65, bei einem leistungsunabhängigen Kosteninput als Empfänger nur die Kostenstelle angeben wird, muss bei einem leistungsabhängigen Kosteninput (vgl. Abbildung 3-66) als Empfänger sowohl die Kostenstelle als auch die entsprechende Leistungsart erfasst werden. Ansonsten könnte keine eindeutige Zuordnung der Kosten zu der Leistungsart erfolgen.

---

[81] Hierbei handelt es sich zwar in den Übungsbeispielen nicht um eine Kostenstelle, die eine Leistung erbringt, aber die Planung der primären Kostenaufnahme erfolgt absolut identisch, sodass dies nicht von Bedeutung ist.

[82] Die primäre Kostenart für den Kosteninput muss neben dem Betrag natürlich immer erfasst werden. Ansonsten wüsste man nicht, um welche Art von Kosten es sich handelt.

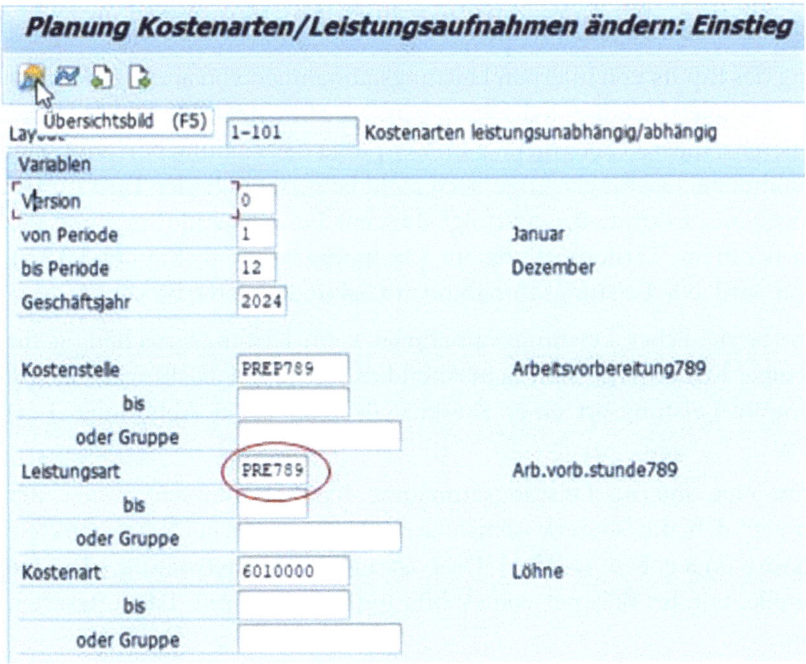

3.3 Objektbezogene menschliche Arbeit 219

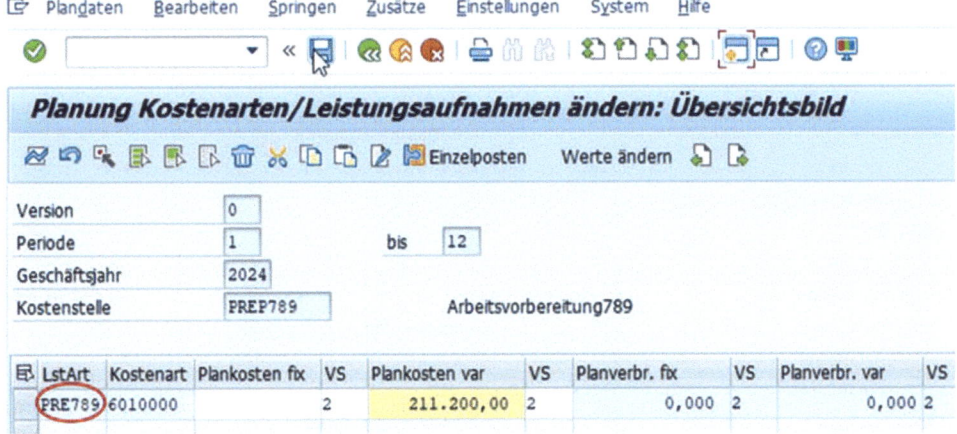

Abbildung 3-66: Fall 1b: Planung einer leistungsabhängigen Primärkostenaufnahme für eine Kostenstelle (KP06)

Nach der Wahl des Menüpunktes „Springen/ Übersichtsbild" in Abbildung 3-66 (analog in Abbildung 3-65) kann man die Plandaten für die primäre Kostenaufnahme im angegebenen Geschäftsjahr buchen.

Abbildung 3-67: Fall 1b: Buchung von Plankosten bei einer leistungsabhängigen Primärkostenaufnahme für eine Kostenstelle (KP06)

Im Beispiel von Abbildung 3-67 werden für das gesamte Geschäftsjahr als leistungsabhängige Primärkostenaufnahme 211.200 Euro Lohnkosten für die Leistungsart „Arbeitsvorbereitungsstunde" auf der Kostenstelle „Arbeitsvorbereitung" geplant.

3.3.3.4.2 Input von Leistungsaufnahmen

Bei der Planung des Inputs von internen Leistungsaufnahmen von anderen Kostenstellen des Unternehmens werden lediglich die aufzunehmenden Mengen geplant. Diese können bereits, müssen aber nicht, zum Zeitpunkt der Planung bewertet sein. Ist eine aufgenommene Leistungsmenge noch nicht bewertet, d.h. der Tarif für die Leistungsart noch nicht ermittelt, so erfolgt dies am Periodenende im Zuge der automatischen iterativen Tarifermittlung für Leistungsarten (vgl. Kapitel 3.3.3.5). Spätestens dann wird jede Leistungsaufnahme mit Sekundärkosten bewertet.

Der Input innerbetrieblicher Leistungsaufnahmen kann leistungsunabhängig für den Overhead einer Kostenstelle (Fall 2a in Abbildung 3-64) oder leistungsabhängig für eine bestimmte Leistungsart einer Kostenstelle (Fall 2b in Abbildung 3-64) geplant werden.

Da es sich um eine interne Leistungsaufnahme handelt, müssen immer der Leistungserbringer, d. h. die Senderkostenstelle der Leistung, als auch ihre konkrete Senderleistungsart angegeben werden. Dies ist unbedingt notwendig, da eine Senderkostenstelle, wie im Beispiel von Abbildung 3-64, mehrere Leistungsarten erbringen kann.

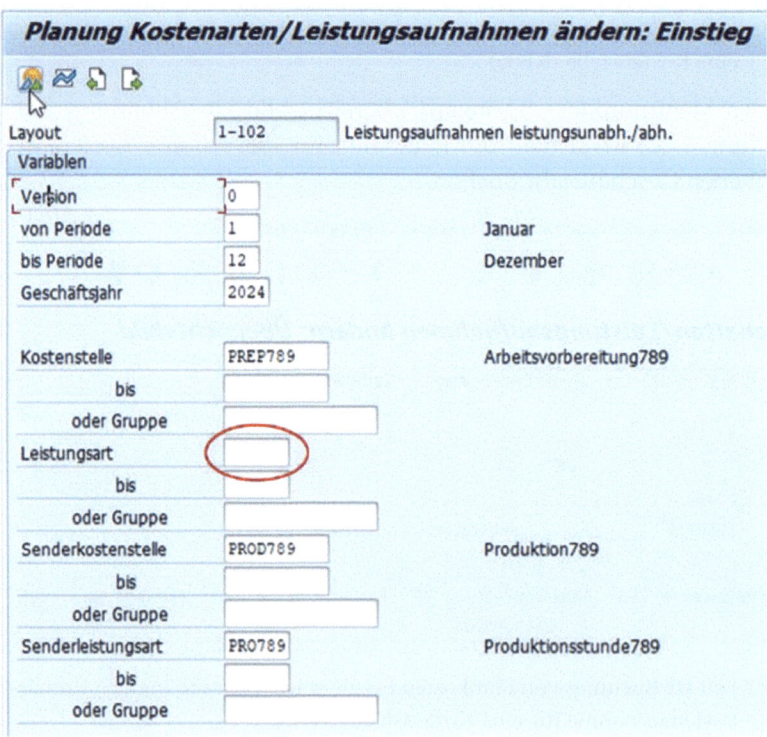

Abbildung 3-68: Fall 2a: Planung einer leistungsunabhängigen Leistungsaufnahme für eine Kostenstelle (KP06)

3.3 Objektbezogene menschliche Arbeit   221

Bei einer leistungsunabhängigen Leistungsaufnahme (Fall 2a in Abbildung 3-64) kann für den Empfänger der internen Leistungsverrechnung nur die Kostenstelle angegeben werden.

Bspw. nimmt in Abbildung 3-68 die Kostenstelle „Arbeitsvorbereitung" leistungsunabhängig von der Senderkostenstelle „Produktion" innerbetriebliche Leistungen der Leistungsart „Produktionsstunde" auf.

Nach einem Klick auf den Menüpunkt „Springen/ Übersichtsbild" in Abbildung 3-68 kann die Leistungsmenge der leistungsunabhängigen Leistungsaufnahme auf der Empfängerkostenstelle geplant werden (vgl. Abbildung 3-69).

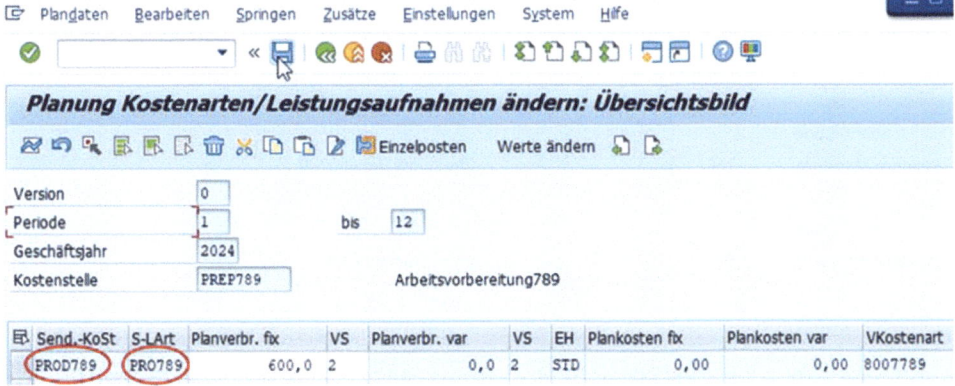

Abbildung 3-69:   Fall 2a: Buchung der Leistungsmenge bei einer leistungsunabhängigen Leistungsaufnahme für eine Kostenstelle (KP06)

Bei einer leistungsabhängigen Leistungsaufnahme (Fall 2b in Abbildung 3-64) muss im Vergleich zu Abbildung 3-68 neben der Empfängerkostenstelle auch noch die Empfängerleistungsart erfasst werden.

In Abbildung 3-70 empfängt bspw. die Kostenstelle „Produktion" leistungsabhängig für ihre Leistungsart „Produktionsstunde" als Input von der Senderkostenstelle „Arbeitsvorbereitung" Leistungen der Leistungsart „Arbeitsvorbereitungsstunde".

Nach einem Klick auf den Menüpunkt „Springen/ Übersichtsbild" in Abbildung 3-70 wird die Leistungsmenge in Abbildung 3-71 geplant.

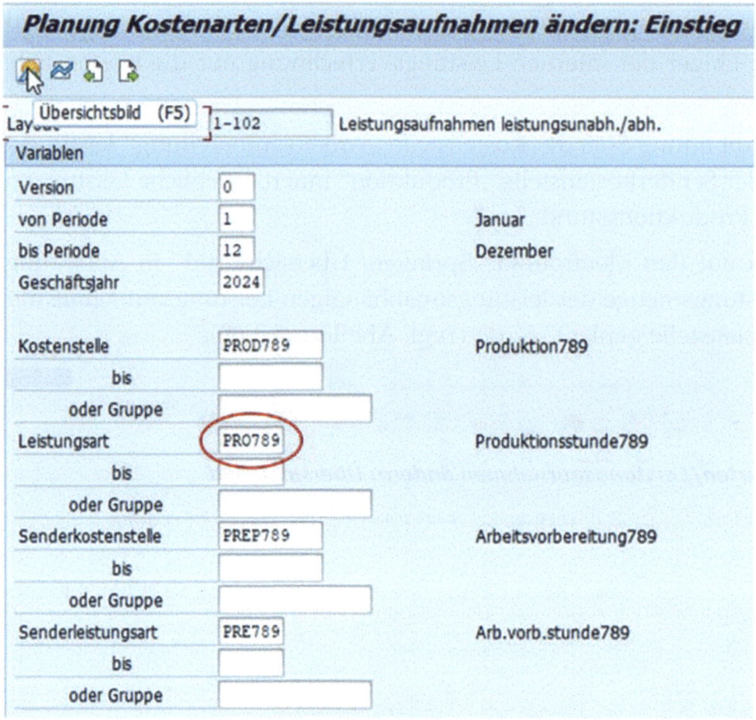

222 3 Abbildung und Integration der Elementarfaktoren in SAP S/4HANA

Abbildung 3-70: Fall 2b: Planung einer leistungsabhängigen Leistungsaufnahme für eine Kostenstelle (KP06)

Da es sich in diesem Fall um eine leistungsabhängige Leistungsaufnahme handelt, unterscheidet sich Abbildung 3-71 von Abbildung 3-69, welche eine leistungsunabhängige Leistungsaufnahme zeigt. In Abbildung 3-71 existiert eine zusätzliche Spalte ganz links, in der die Empfängerleistungsart steht. Diese fehlt in Abbildung 3-69, da bei einer leistungsunabhängigen Leistungsaufnahme der Empfänger die gesamte Kostenstelle ist. In beiden Abbildungen sind aber natürlich sowohl Senderleistungsart als auch Senderkostenstelle ersichtlich.

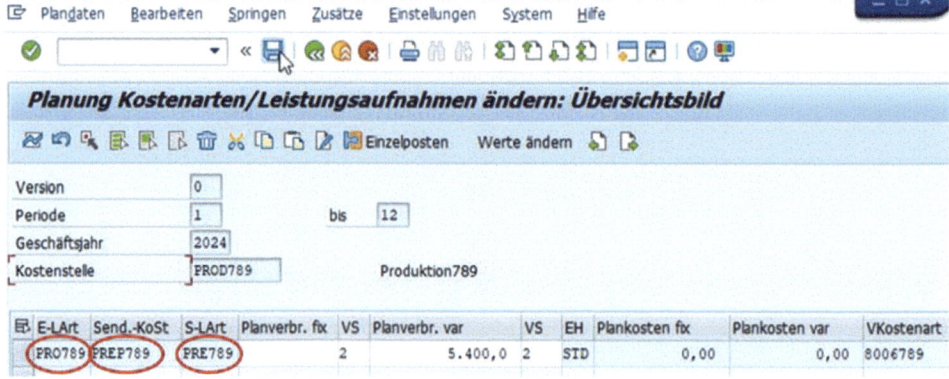

Abbildung 3-71: Fall 2b: Buchung der Leistungsmenge bei einer leistungsabhängigen Leistungsaufnahme für eine Kostenstelle (KP06)

3.3.3.4.3 Input von Sekundärkosten nach dem „Gießkannen-Prinzip"

Nachdem in Kapitel 3.3.2.4 statistische Kennzahlen angelegt und in Kapitel 3.3.3.2 die zugehörigen Mengen auf den einzelnen Kostenstellen geplant wurden, liegen alle Voraussetzungen vor, um Kostenverrechnungen nach dem bereits auf Seite 190 erwähnten „Gießkannen-Prinzip" durchzuführen (Fall 3 in Abbildung 3-64).

Zyklus-Segment-Technik

Kostenverrechnungen nach dem „Gießkannen-Prinzip" sind sowohl beim Sender als auch beim Empfänger leistungsunabhängig. Für sie stehen in SAP S/4HANA unterschiedliche Verrechnungsarten, wie bspw. periodische Umbuchungen, Verteilungen und Umlagen zur Verfügung. Alle diese Verrechnungsarten basieren auf dem Prinzip der sog. „Zyklus-Segment-Technik" und unterscheiden sich oftmals nur in Kleinigkeiten. Sie können alle mit Ist- und mit Plandaten ausgeführt werden.

Für die Verrechnung mit Plandaten finden sich alle Verrechnungsarten für Kostenverrechnungen nach dem „Gießkannen-Prinzip" in den Menüpfaden „Rechnungswesen/ Controlling/ Kostenstellenrechnung/ Planung/ Planungshilfen" bzw. „Rechnungswesen/ Controlling/ Kostenstellenrechnung/ Planung/ Verrechnungen".

Das Prinzip der Zyklus-Segment-Technik wird nachfolgend anhand einer Umlage, der in der Praxis am häufigsten genutzten Verrechnungsart, erklärt.

Alle Verrechnungsarten, die auf der Zyklus-Segment-Technik basieren, bestehen aus einem Zyklus mit beliebig vielen, aber mindestens einem Segment (Kardinalität Zyklus : Segment = 1 : n).

Zyklus

Ein Zyklus ist ein „technischer Mantel" für die Abrechnungsvorschriften, welche in den einzelnen Segmenten enthalten sind. Er besteht aus einigen sog. „Kopfdaten", wie bspw. der Planversion für die verrechneten Plandaten, dem Kennzeichen für die iterative Verarbeitung (s. unten) und der Zyklusablaufgruppe.

Segment

Ein Segment enthält die betriebswirtschaftliche Verrechnungslogik in Form einer Abrechnungsvorschrift. Deswegen würde ein Zyklus ohne Segmente betriebswirtschaftlich keinerlei Sinn ergeben. Die Empfängerbezugsbasen, d. h. die Bezugsgrößen auf deren Basis die Kosten eines Senders verteilt werden, können in den verschiedenen Segmenten eines Zyklus divergieren.

Abbildung 3-72 zeigt ein Beispiel für einen Umlagezyklus mit zwei Segmenten. Zuerst verrechnet die Kostenstelle „Kantine" ihre Kosten anhand der Empfängerbezugsbasis bzw. statistischen Kennzahl „Anzahl der Mitarbeiter" an die Kostenstelle „Gebäudereinigung" und die Kostenstelle „Arbeitsvorbereitung" (und ggf. weitere

Kostenstellen). Arbeiten in der Kostenstelle „Gebäudereinigung" bspw. fünf Mitarbeiter und in der Kostenstelle „Arbeitsvorbereitung" 20 Mitarbeiter, so erhält die Kostenstelle „Gebäudereinigung" ein Fünftel und die Kostenstelle „Arbeitsvorbereitung" vier Fünftel der Kosten der Kostenstelle „Kantine".

Anschließend verrechnet sich die Kostenstelle „Gebäudereinigung" anhand der Anzahl der Quadratmeter ihre Kosten auf die Kostenstelle „Kantine" und die Kostenstelle „Arbeitsvorbereitung" (und ggf. wiederum weitere Kostenstellen). Umfassen bspw. beide Empfängerkostenstellen jeweils 200 m², so erhalten sie je die Hälfte der Kosten der Kostenstelle „Gebäudereinigung".

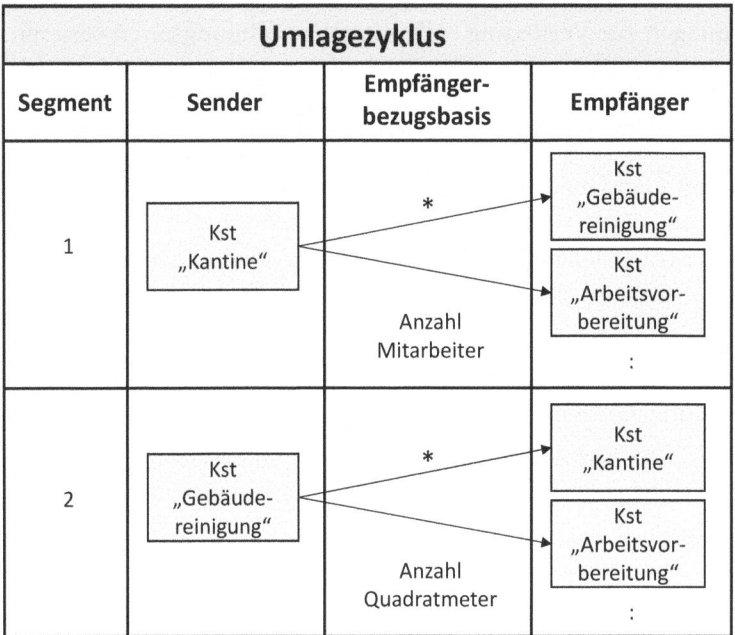

Abbildung 3-72: Beispiel für einen Umlagezyklus mit zwei Segmenten

In SAP S/4HANA werden die Informationen für eine Abrechnungsvorschrift in den verschiedenen Registerkarten eines Segments erfasst.

Ein Umlagezyklus zur Verrechnung von Plandaten wird im Menüpfad „Rechnungswesen/ Controlling/ Kostenstellenrechnung/ Planung/ Verrechnungen/ Umlage" (Transaktionscode KSUB) angelegt. Da ein Zyklus nur einmal angelegt und zukünftig in jeder Periode ausgeführt wird, erfolgt das Anlegen des Zyklus in dieser Transaktion etwas versteckt und unter einem anderen Transaktionscode. Es befindet sich in der Menüleiste im Menüpunkt „Zusätze/ Zyklus/ Anlegen" (Transaktionscode KSU7).

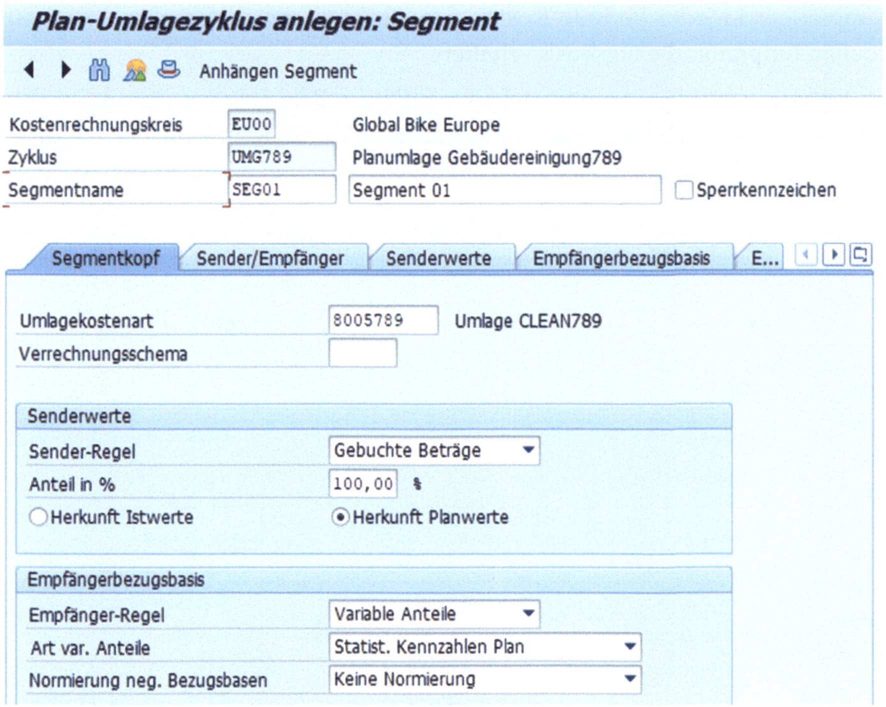

3.3 Objektbezogene menschliche Arbeit

Abbildung 3-73: Registerkarte „Segmentkopf" eines Segments in einem Umlagezyklus (KSU7)

In der Registerkarte „Segmentkopf" sind grundlegende Informationen zur Kostenverrechnung enthalten (vgl. Abbildung 3-73). Bei einer Umlage werden die Kosten des Senders[83] mit einer[84] speziellen sekundären Kostenart vom Kostenartentyp „42" (vgl. Abbildung 3-40 auf Seite 182) auf die Empfänger verrechnet.

Sehr wichtig sind in Abbildung 3-73 die Datenfelder für die Sender- und für die Empfänger-Regel. Die fast ausschließlich in der Praxis verwendete Kombination lautet beim Sender „Gebuchte Beträge" und beim Empfänger „Variable Anteile". So wird sichergestellt, dass der Sender sich in jeder Periode kostenmäßig vollständig entlastet (ein Anteil kleiner 100% kommt in der Praxis de facto nicht vor) und die

---

[83] Es sind auch mehrere Sender möglich (vgl. Abbildung 3-74). Nachfolgend wird jedoch nur der einfachste, in der Praxis jedoch am häufigsten auftretende, Fall mit einem Sender beschrieben.

[84] Alternativ könnte die Kostenverrechnung auch mit einem im Customizing definierten Verrechnungsschema mit mehreren sekundären Kostenarten erfolgen, durch welches die Empfänger der Kostenverrechnung mehr Informationen erhalten würden. Obwohl dies aus Empfängersicht prinzipiell vorzuziehen ist, wird diese Art der Kostenverrechnung jedoch in der Praxis weitaus weniger durchgeführt, sodass an dieser Stelle nicht weiter darauf eingegangen wird.

Kostenempfänger in jeder Periode Kosten gemäß ihrem proportionalen Anteil an der aktuellen Empfängerbezugsbasis erhalten.

Für die Art der variablen Anteile stehen vielfältige Bezugsbasen zur Auswahl. Am gängigen ist die Verrechnung anhand einer statistischen Kennzahl. Diese wurde in Kapitel 3.3.2.4 allgemein angelegt, bevor für sie in Kapitel 3.3.3.2 konkrete Plandaten gebucht wurden.

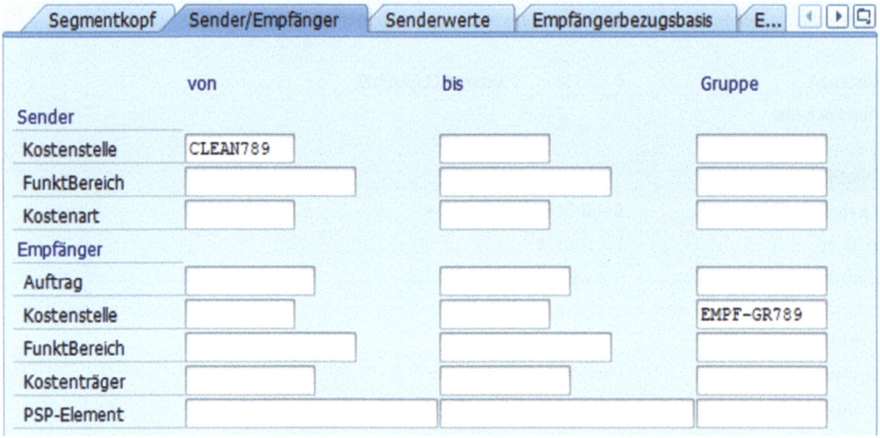

	von	bis	Gruppe
Sender			
Kostenstelle	CLEAN789		
FunktBereich			
Kostenart			
Empfänger			
Auftrag			
Kostenstelle			EMPF-GR789
FunktBereich			
Kostenträger			
PSP-Element			

Abbildung 3-74: Registerkarte „Sender/Empfänger" eines Segments in einem Umlagezyklus (KSU7)

In der Registerkarte „Sender/ Empfänger" (vgl. Abbildung 3-74) legt man fest, welche Kostenarten von welchen Sendern an welche Empfänger verrechnet werden. Wird in der Zeile für die Kostenarten beim Sender kein Wert eingegeben, so bedeutet dies, dass alle Kosten des Senders an die Empfänger verrechnet werden.

In Kapitel 3.3.2.5 wurde anhand dieser Registerkarte bereits beschrieben, wie die einzelnen Datenfelder, insbesondere die rechte Spalte „Gruppe", prinzipiell zu interpretieren sind und warum hierfür oftmals eine optionale Stammdatengruppe angelegt werden muss.

In der Registerkarte „Senderwerte" werden meist nur einige Informationen nochmals angezeigt, die bereits in der Registerkarte „Segmentkopf" festgelegt wurden.

Anders verhält es sich mit der Registerkarte „Empfängerbezugsbasis" aus Abbildung 3-75. Hier ist das sehr wichtige Datenfeld enthalten, aufgrund genau welcher Empfängerbezugsbasis, in diesem Beispiel anhand der Planwerte der statistischen Kennzahl „QM789", die Aufteilung der Kosten der Senderkostenstelle auf die Empfängerkostenstellen erfolgt.

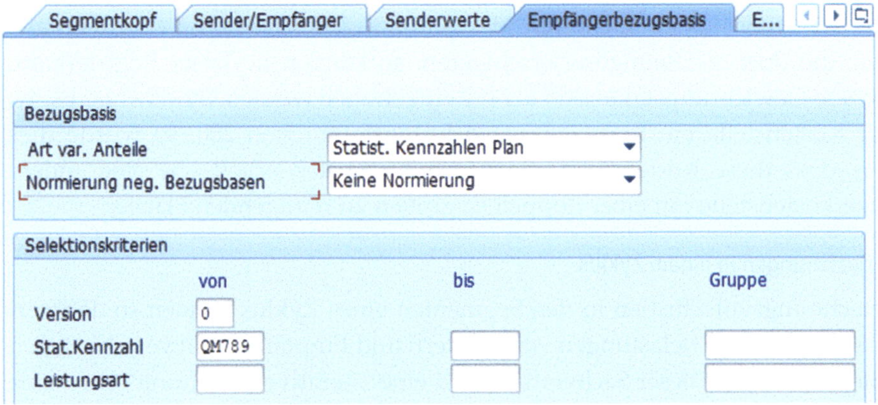

3.3 Objektbezogene menschliche Arbeit

Abbildung 3-75: Registerkarte „Empfängerbezugsbasis" eines Segments in einem Umlagezyklus (KSU7)

In der Registerkarte „Empfängergewichtungsfaktoren" (vgl. Abbildung 3-76) kann festgelegt werden, dass einzelne Empfänger der Kostenverrechnung überproportional belastet werden.

Im konkreten Fall wurde im vorliegenden Umlagezyklus festgelegt, dass die Senderkostenstelle Gebäudereinigung „CLEAN789" ihre gesamten Plankosten auf Basis der statistischen Kennzahl „QM789" für die Anzahl der Quadratmeter (vgl. Abbildung 3-75) auf die in der optionalen Kostenstellengruppe „EMPF-GR789" (vgl. Abbildung 3-74) enthaltenen Kostenstellen verrechnet. In der Registerkarte „Empfängergewichtungsfaktoren" sind alle in der Empfängerkostenstellengruppe „EMPF-GR789" enthaltenen Kostenstellen einzeln aufgelistet.

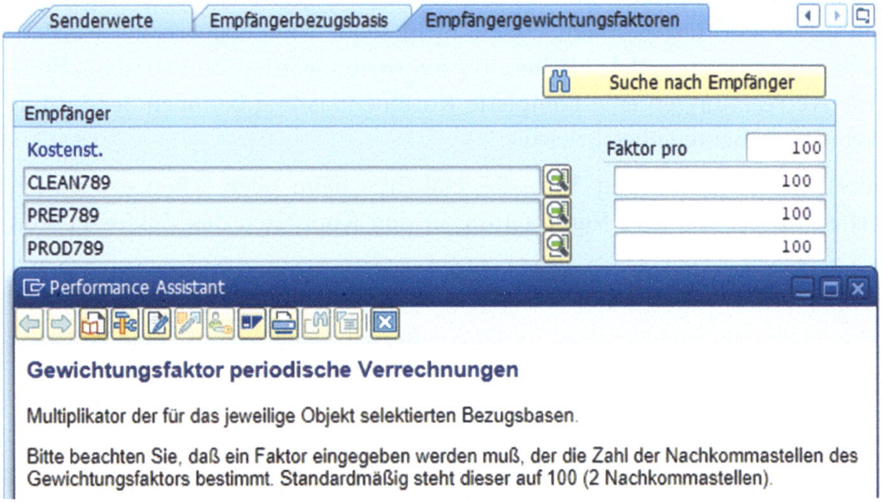

Abbildung 3-76: Registerkarte „Empfängergewichtungsfaktoren" eines Segments in einem Umlagezyklus (KSU7)

Würden bei einem oder mehreren der Empfängerkostenstellen Sachverhalte vorliegen, die dort die Reinigung erschweren, so können in dieser Registerkarte dafür höhere Gewichtungsfaktoren[85] als 100 eingetragen werden. Stünde hier bspw. bei einer Kostenstelle ein Empfängergewichtungsfaktor von 200, so würde dies bedeuten, dass diese Kostenstelle genauso hohe Kosten erhält wie eine andere Empfängerkostenstelle mit einer doppelt so großen zu reinigenden Fläche.

Iterative Beziehungen in einem Zyklus

Die Verrechnungsvorschriften in den Segmenten eines Zyklus können so definiert sein, dass gegenseitige Belastungen von Sendern und Empfängern in verschiedenen Segmenten auftreten. Dieser Sachverhalt wird eine „iterative Beziehung" bzw. eine „iterative Sender-Empfänger-Beziehung" genannt.

Abbildung 3-72 zeigt dafür ein Beispiel. Im ersten Segment verrechnet sich die Kostenstelle „Kantine" u.a. auf die Kostenstelle „Gebäudereinigung" und dem zweiten Segment die Kostenstelle „Gebäudereinigung" u.a. auf die Kostenstelle „Kantine". Diese iterative Beziehung ist in Abbildung 3-72 mit einem Sternchen gekennzeichnet.

Würden die Verrechnungen in diesem Zyklus sequenziell ablaufen, d. h. jede Segmentvorschrift nacheinander abgearbeitet werden, so hätte dies zur Folge, dass sich in diesem Beispiel die Kostenstelle „Kantine" zuerst vollständig entlastet. Danach entlastet sich die Kostenstelle „Gebäudereinigung" komplett und die Kostenstelle „Kantine" empfängt wieder Kosten.

Meist, wie z.B. in einem Betriebsabrechnungsbogen, sollen nach der Verrechnung jedoch alle Sender komplett entlastet sein. Um dies zu gewährleisten, dürfen die Abrechnungsvorschriften in einem Zyklus nicht sequenziell abgearbeitet werden. Stattdessen müssen sie parallel, d.h. iterativ, verarbeitet werden. Nur so ist am Ende aller Kostenverrechnungen eine komplette Kostenentlastung bei allen Sendern in den einzelnen Segmenten gewährleistet.

Dazu muss, wie in Abbildung 3-77, das Häkchen beim oben schon erwähnten Kennzeichen für die iterative Verarbeitung in den Kopfdaten des Zyklus gesetzt werden.

Zyklen können nicht miteinander iterieren, sondern nur Segmente innerhalb eines Zyklus. Existieren iterative Sender-Empfänger-Beziehungen und soll eine vollständige Entlastung aller Sender erfolgen, so müssen alle entsprechenden Segmente in einem Zyklus enthalten sein.

---

[85] Die Werte in dieser Spalte stellen Prozentzahlen dar.

3.3 Objektbezogene menschliche Arbeit

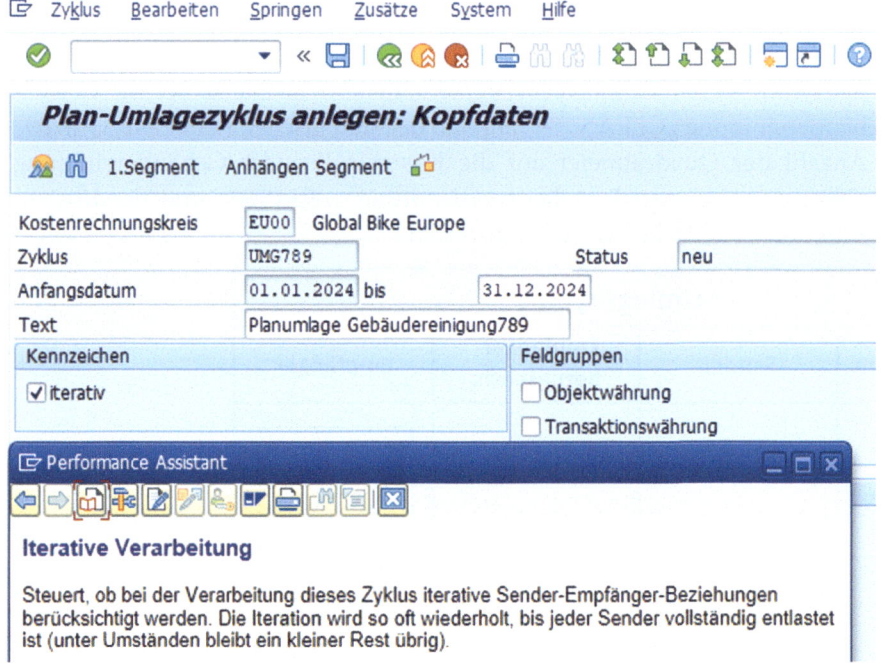

Abbildung 3-77: Kennzeichen für die iterative Verarbeitung eines Zyklus (KSU7)

Da nur Segmente innerhalb eines Zyklus miteinander iterieren können, könnte man meinen, dass es bei einem Zyklus mit einem Segment keinerlei Unterschied macht, ob das Häkchen beim Kennzeichen für die iterative Verarbeitung gesetzt ist oder nicht, da ja kein weiteres Segment existiert, welches mit dem ersten parallel ausgeführt werden könnte.

Diese Annahme ist jedoch nur korrekt, wenn der Sender nicht einer der Empfänger der Kostenverrechnung ist. Auch wenn so eine Konstellation u.U. erst einmal nicht besonders realistisch erscheint, so tritt sie doch in der Praxis sehr häufig auf. Bspw. essen Mitarbeiter der Kostenstelle „Kantine" auch selbst in der Kantine, säubert die Kostenstelle „Gebäudereinigung" auch ihre eigenen Räume usw.

Abbildung 3-78 zeigt zusammenfassend, was aus Abbildung 3-74, Abbildung 3-75 und Abbildung 3-76 bereits zu sehen ist:

Der Umlagezyklus enthält lediglich ein Segment, in dem die Plankosten der Kostenstelle Gebäudereinigung „CLEAN789" anhand der statistischen Kennzahl „QM789" für die Anzahl der Quadratmeter auf die Kostenstellen der Gebäudereinigung „CLEAN789", der Kostenstelle Arbeitsvorbereitung „PREP789" und der Kostenstelle Produktion „PROD789" verrechnet werden.

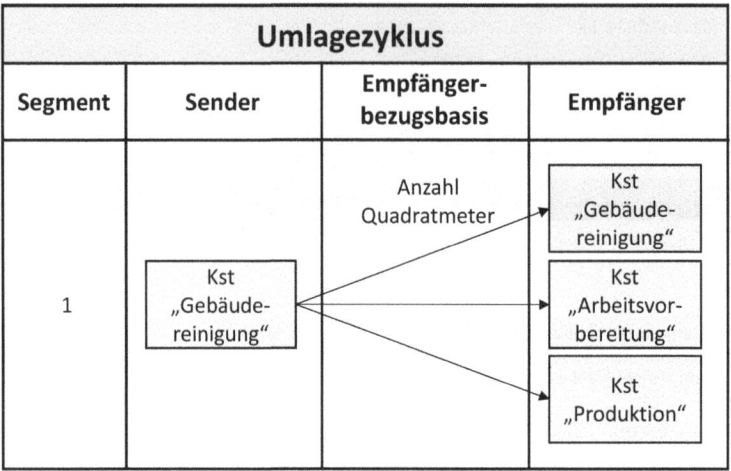

Abbildung 3-78: Beispiel für einen Umlagezyklus mit nur einem Segment

Nachstehendes Rechenbeispiel erläutert zwei mögliche Szenarien für die Kostenentlastung der Senderkostenstelle Gebäudereinigung „CLEAN789".

Gegeben seien folgende Sachverhalte:

- Kosten auf der Senderkostenstelle „Gebäudereinigung": 48.000 €

- Flächen der Kostenstellen in der Empfängerkostenstellengruppe:
    o Kostenstelle Gebäudereinigung „CLEAN789": 50 m²
    o Kostenstelle Arbeitsvorbereitung „PREP789": 150 m²
    o Kostenstelle Produktion „PROD789": 200 m²

3.3 Objektbezogene menschliche Arbeit

Folgende zwei Szenarien für die Umlage der Kosten kommen in der Praxis vor:

- **Szenario A: Die Senderkostenstelle Gebäudereinigung „CLEAN789" soll komplett entlastet werden.**

  Dazu muss das Häkchen für die iterative Verarbeitung gesetzt sein. Es verbleiben nach der Verrechnung nur dann keine Kosten mehr auf der Kostenstelle Gebäudereinigung „CLEAN789", da deren Ausprägung der Empfängerbezugsbasis von 50 m² Fläche unberücksichtigt bleibt. Anteilig werden dafür der Kostenstelle Arbeitsvorbereitung „PREP789" und der Kostenstelle Produktion „PROD789" höhere Kosten verrechnet.

  Nach Abschluss der Verrechnung ergeben sich folgende Kostenbelastungen:

    o Kostenstelle Gebäudereinigung „CLEAN789":
      Die Ausprägung der statistischen Kennzahl „QM789" bleibt auf dieser Kostenstelle, die zugleich auch der Sender ist, unberücksichtigt.
      0 m² / (150 m² + 200 m²) * 48.000,00 € =   0,00 €

    o Kostenstelle Arbeitsvorbereitung „PREP789":
      150 m² / (150 m² + 200 m²) * 48.000,00 € =   20.571,43 €

    o Kostenstelle Produktion „PROD789":
      200 m² / (150 m² + 200 m²) * 48.000,00 € =   <u>27.428,57 €</u>
                                            Summe: 48.000,00 €

- **Szenario B: Die Senderkostenstelle „Gebäudereinigung" „CLEAN789" soll gemäß ihrer Fläche anteilige Kosten erhalten und wird daher nicht komplett entlastet.**

  Bei diesem Sachverhalt darf das Häkchen für die iterative Verarbeitung nicht gesetzt sein. Es verbleiben nach der Verrechnung Kosten auf der Kostenstelle Gebäudereinigung „CLEAN789", da deren Ausprägung der Empfängerbezugsbasis von 50 m² Fläche berücksichtigt wird.

  Nach Abschluss der Verrechnung ergeben sich folgende Kostenbelastungen:

    o Kostenstelle Gebäudereinigung „CLEAN789":
      50 m² / (50 m² + 150 m² + 200 m²) * 48.000,00 € =   6.000,00 €

    o Kostenstelle Arbeitsvorbereitung „PREP789":
      150 m² / (50 m² + 150 m² + 200 m²) * 48.000,00 € =   18.000,00 €

    o Kostenstelle Produktion „PROD789":
      200 m² / (50 m² + 150 m² + 200 m²) * 48.000,00 € =   <u>24.000,00 €</u>
                                               Summe: 48.000,00 €

Abhängige und unabhängige Zyklen

Verrechnungen dieser Art existieren bspw. im Betriebsabrechnungsbogen. Dort werden in einer genau festgelegten zeitlichen Abfolge sog. abhängige Zyklen nacheinander ausgeführt, welche jeweils die Ergebnisse der vorherigen Verrechnungen verwenden. Abhängige Zyklen sind der Normalfall im betrieblichen Alltag.

Extrem selten werden Zyklen unabhängig und ggf. parallel voneinander verrechnet, d.h. sie verwenden nicht die Ergebnisse der Verrechnungen aus anderen Zyklen. Solche Zyklen müssen in den Kopfdaten des Zyklus durch die Zuordnung im Menüpunkt „Springen/ Zyklusablaufgruppe" zu einer eignen Zyklusablaufgruppe gekennzeichnet werden.

Fehlerkorrektur bei periodischen Verrechnungen

Umlagezyklen gehören zu den periodischen Verrechnungen. Das bedeutet, dass sie erst am Periodenende, wenn alle Buchungen für Kosten, statistische Kennzahlen etc. vollständig vorliegen, für eine[86] Periode ausgeführt werden.

Das Ergebnis einer periodischen Verrechnung bewirkt i.d.R. eine komplette Kostenentlastung des Senders. Aus diesem Grund können periodische Verrechnungen nicht zweimal hintereinander ausgeführt werden, da bei einer zweiten Verrechnung keine Kosten mehr beim Sender existieren würden.

Es ist jedoch theoretisch unbegrenzt ein Wechselspiel zwischen Zyklus ausführen – Zyklus stornieren – Zyklus ausführen – Zyklus stornieren – Zyklus ausführen usw. möglich. Dies ergibt aber nur Sinn, wenn nach dem Ausführen eines Zyklus darin ein Fehler gefunden wurde und dieser korrigiert werden soll. Im Normalfall mit voneinander abhängigen Zyklen müssen dazu, wenn bereits mehrere Zyklen ausgeführt wurden, alle Zyklen in umgekehrter zeitlicher Reihenfolge wieder storniert werden bevor der Fehler berichtigt werden kann.

Folgendes Beispiel soll den Sachverhalt illustrieren:

Nach dem Ausführen von drei abhängigen Zyklen wird festgestellt, dass der erste Zyklus fehlerhaft ist. Gründe dafür können sein, dass zum Zeitpunkt der Verrechnung bspw. doch noch nicht alle Kosten beim Sender erfasst wurden, einzelne Kostenbelastungen beim Sender fehlerhaft waren, der Zyklus fehlerhaft definiert wurde oder noch nicht alle Werte für die Bezugsbasis für alle Empfänger vorlagen.

Vor der Fehlerkorrektur müssen alle bereits ausgeführten drei Zyklen in umgekehrter Reihenfolge storniert werden, bevor der erste Zyklus inhaltlich korrigiert werden

---

[86] Weitaus seltener werden periodische Verrechnungen im Rahmen einer sog. kumulierten Verarbeitung (gleichzeitig) über mehrere Perioden hinweg ausgeführt. Dies bietet sich für eine möglichst verursachungsgerechte Verrechnung der Kosten dann an, wenn die Werte der Empfängerbezugsbasis in den einzelnen Perioden stark schwanken. In so einem Fall glättet eine Verrechnung über mehrere Perioden die auftretenden Schwankungen.

3.3 Objektbezogene menschliche Arbeit

kann. Anschließend werden alle Zyklen nacheinander wieder in der festgelegten Reihenfolge ausgeführt.

Dies ergibt im gegebenen Beispiel folgenden Ablauf, in dem das Wechselspiel Zyklus ausführen – Zyklus stornieren (– Zyklus korrigieren) – Zyklus ausführen für den ersten Zyklus optisch hervorgehoben ist:

1) **Zyklus 1 ausführen**
2) Zyklus 2 ausführen
3) Zyklus 3 ausführen
4) Fehler in Zyklus 1 wird erkannt
5) Zyklus 3 stornieren
6) Zyklus 2 stornieren
7) **Zyklus 1 stornieren**
8) **Zyklus 1 korrigieren**
9) **Zyklus 1 ausführen**
10) Zyklus 2 ausführen
11) Zyklus 3 ausführen

3.3.3.5 Tarife für Leistungsarten automatisch iterativ berechnen

Nach der manuellen Planung der Outputmengen für die verschiedenen Leistungsarten und der Planung von zugehörigem Input in Form von Kosten- und/ oder Leistungsaufnahmen können die Tarife der Leistungsarten für die einzigartige Kombination[87] von Kostenstelle und Leistungsart automatisch iterativ durch SAP S/4HANA berechnet werden.

Diese einzigartige Kombination ist bei der Tarifermittlung wichtig, da dieselbe Tätigkeit von verschiedenen Kostenstellen mit unterschiedlichen Tarifen erbracht werden kann. Bspw. kosten Montagestunden der Kostenstelle A 60,00 €/Std. und Montagestunden der Kostenstelle B 62 €/Std.

Sowohl bei der in diesem Buch nicht näher dargestellten manuellen Festlegung[88] durch einen SAP-Anwender, als auch bei der automatischen iterativen Ermittlung des Plantarifs durch SAP S/4HANA muss der Tarif immer für diese eindeutige Kombination von Kostenstelle und Leistungsart manuell festgelegt bzw. automatisch berechnet werden.

Die automatische iterative Tarifermittlung mit Plandaten findet sich im Anwendungsmenü im Menüpfad „Rechnungswesen/ Controlling/ Kostenstellenrechnung/ Planung/ Verrechnungen/ Tarifermittlung".

---

[87] Eine solche eindeutige Kombination von Kostenstelle und Leistungsart wird in SAP S/4HANA auch als „dynamischer Stammsatz" bezeichnet.

[88] Bei einer Leistungsart mit dem Tarifkennzeichen „3" für eine direkte Leistungsverrechnung (vgl. Seite 163).

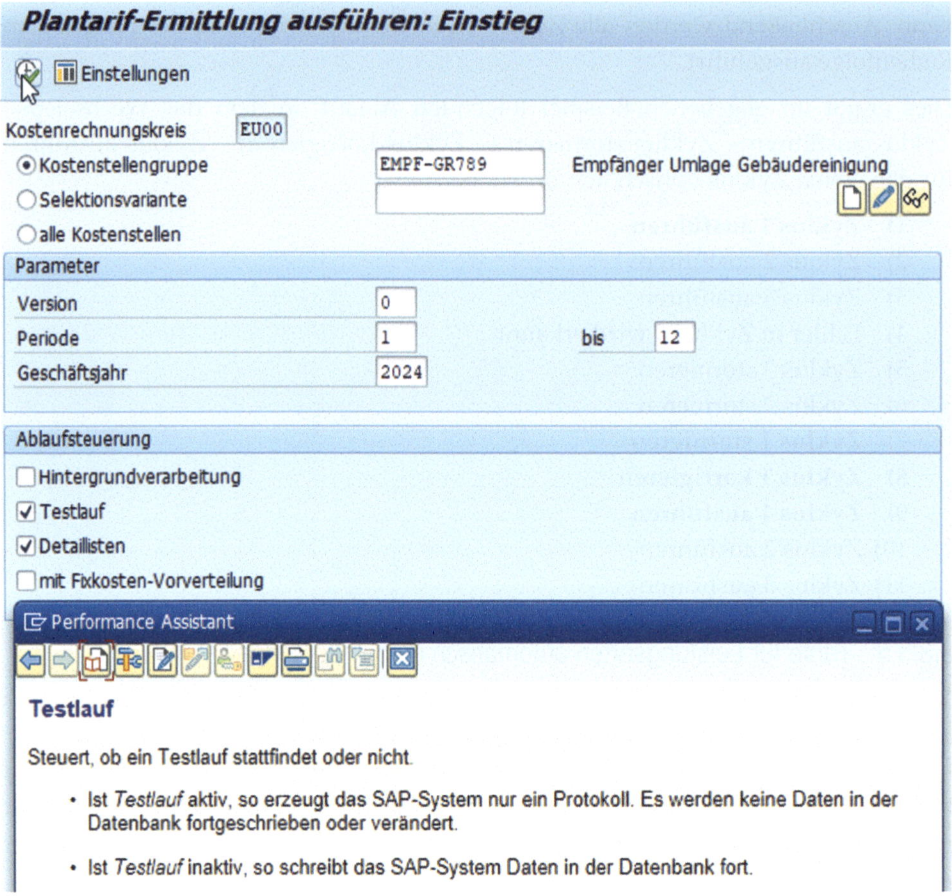

Plantarif-Ermittlung ausführen: Einstieg

Einstellungen

Kostenrechnungskreis   EU00
- ⦿ Kostenstellengruppe   EMPF-GR789   Empfänger Umlage Gebäudereinigung
- ○ Selektionsvariante
- ○ alle Kostenstellen

Parameter
Version   0
Periode   1   bis   12
Geschäftsjahr   2024

Ablaufsteuerung
- ☐ Hintergrundverarbeitung
- ☑ Testlauf
- ☑ Detaillisten
- ☐ mit Fixkosten-Vorverteilung

Performance Assistant

Testlauf

Steuert, ob ein Testlauf stattfindet oder nicht.

- Ist *Testlauf* aktiv, so erzeugt das SAP-System nur ein Protokoll. Es werden keine Daten in der Datenbank fortgeschrieben oder verändert.
- Ist *Testlauf* inaktiv, so schreibt das SAP-System Daten in der Datenbank fort.

Abbildung 3-79: Iterative Ermittlung der Plantarife für Leistungsarten (KSPI)

Abbildung 3-79 zeigt, dass in dieser Transaktion zusätzlich zur Planversion und dem Zeitraum für die Tarifermittlung lediglich alle Kostenstellen eingegeben werden müssen, für deren Leistungsarten die Tarife iterativ durch SAP S/4HANA berechnet werden sollen.

SAP S/4HANA ermittelt automatisch, welche Leistungsarten auf den eingegebenen Kostenstellen erbracht werden und berechnet für diese automatisch den jeweils zugehörigen Plantarif (vgl. Abbildung 3-80).

In den Ausführungen zum Tarifkennzeichen in Kapitel 3.3.2.3 auf Seite 189 wurde bereits beschrieben, dass bei der maschinellen iterativen Tarifermittlung auf Basis der Planleistung stets sichergestellt ist, dass alle Senderkostenstellen mit Leistungsarten am Ende der Periode vollständig von Kosten entlastet sind.

3.3 Objektbezogene menschliche Arbeit

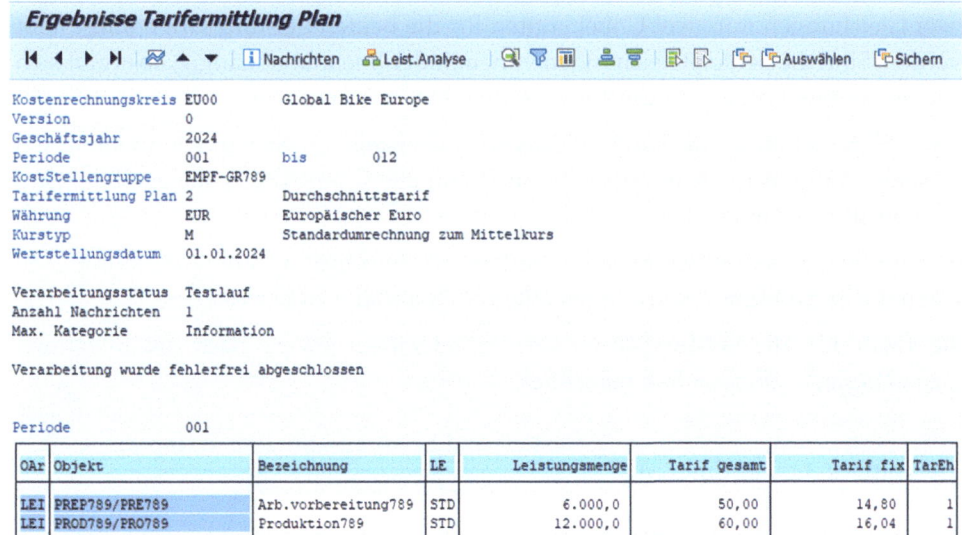

Abbildung 3-80: Ergebnis der iterativen Ermittlung der Plantarife für Leistungsarten (KSPI)

Ein „Ergebnis auf Knopfdruck" wie in Abbildung 3-80 ist immer sehr bequem. Allerdings sollte ein guter SAP-Anwender stets in der Lage sein, das Ergebnis solcher Berechnungen zu überprüfen.

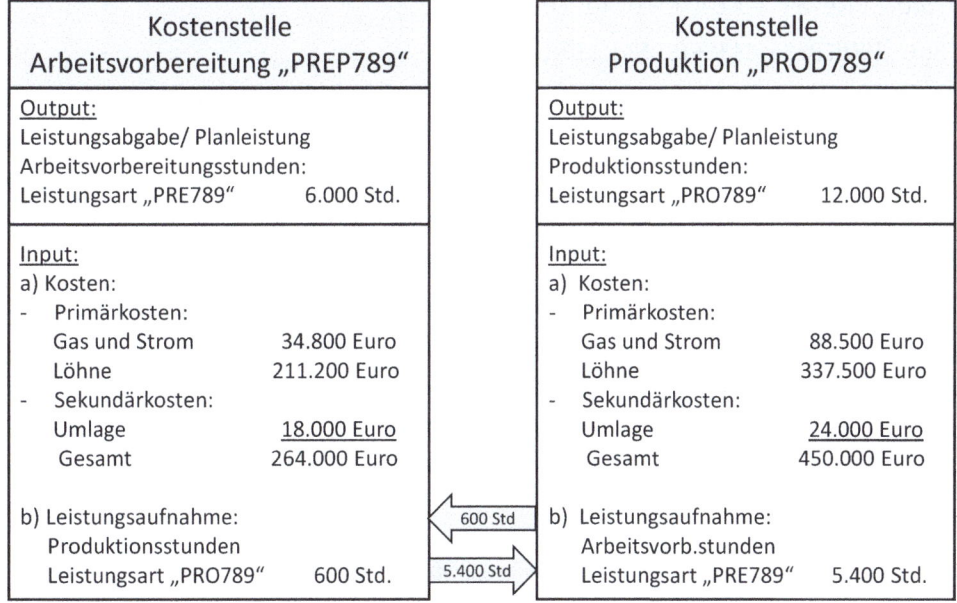

Abbildung 3-81: Rechenbeispiel für eine iterative Tarifermittlung für zwei Kostenstellen mit je einer Leistungsart

Bei lediglich zwei involvierten Kostenstellen mit je einer Leistungsart lässt sich das Ergebnis der automatischen Tarifermittlung noch relativ einfach überprüfen, indem zwei Gleichungen mit zwei Unbekannten für die beiden Leistungsarten aufgestellt werden. Sind die beiden Gleichungen voneinander linear unabhängig, so ergibt sich eine eindeutige Lösung für die Tarife der beiden Leistungsarten.

In der Unternehmenspraxis mit oftmals einer dreistelligen Anzahl von involvierten Kostenstellen und Leistungsarten ist eine manuelle Überprüfung dagegen de facto meist nicht mehr möglich.

Dem Ergebnis der maschinellen iterativen Tarifermittlung aus Abbildung 3-80 liegen die in Abbildung 3-81 dargestellten Sachverhalte zugrunde.

Die Tarife für alle Leistungsarten werden allgemein jeweils nach der folgenden Formel iterativ und simultan berechnet:

$$\text{Gesamttarif der Leistungsart} = \frac{\sum \text{Kosten- und Leistungsaufnahmen (Input)}}{\sum \text{Planleistung (Output)}}$$

Für das Zahlenbeispiel aus Abbildung 3-81 ergibt sich folgende Berechnung:

(1) Gesamttarif der Leistungsart „PRE789" der Kostenstelle Arbeitsvorbereitung „PREP789":

6.000 Std. „PRE789" = 264.000 € + 600 Std. „PRO789"

60 Std. „PRE789" = 2.640 € + 6 Std. „PRO789"

1 Std. „PRE789" = 44 € + 0,1 Std. „PRO789"

(2) Gesamttarif der Leistungsart „PRO789" der Kostenstelle Produktion „PROD789":

12.000 Std. „PRO789" = 450.000 € + 5.400 Std. „PRE789"

120 Std. „PRO789" = 4.500 € + 54 Std. „PRE789"

Ergebnis von (2) eingesetzt in (1):

1 Std. „PRE789" = 44 € + 0,1 Std. * 60,00 €/ Std.

1 Std. „PRE789" = 44 € + 6 €.

1 „PRE789" = 50,00 €/ Std.

(1) eingesetzt in (2):

120 Std. „PRO789" = 4.500 € + 54 * (44 € + 0,1 Std. „PRO789")

120 Std. „PRO789" = 4.500 € + 2.376 € + 5,4 Std. „PRO789"

114,6 Std. „PRO789" = 6.876 €

1 „PRO789" = 60,00 €/ Std.

3.3 Objektbezogene menschliche Arbeit

Damit ist nachgewiesen, dass der jeweilige Gesamttarif[89] für die beiden Leistungsarten in Abbildung 3-80 korrekt von SAP S/4HANA berechnet wurde.

3.3.4 Stammdaten in der Produktion anlegen

Nachdem für den Elementarfaktor objektbezogene menschliche Arbeit die Kosten je Leistungseinheit mit den Tarifen für die zugehörigen Leistungsarten bewertet wurden, fehlt für die Gesamtbewertung dieses Elementarfaktors noch das Mengengerüst für den Herstellungsprozess, d.h. wie viele Leistungseinheiten im Zuge der betrieblichen Leistungserbringung verbraucht werden.

Dieses Mengengerüst wird beim Elementarfaktor Werkstoffe in der Stückliste für das herzustellende Material abgebildet. Für den Elementarfaktor objektbezogene menschliche Arbeit beinhaltet der Arbeitsplan für das herzustellende Material das Mengengerüst für den Ressourcenverbrauch. Ein Arbeitsplan besteht aus einzelnen Arbeitsvorgängen[90], die jeweils an einem Arbeitsplatz ausgeführt werden.

Somit müssen im Anwendungsmenü der Produktion noch Stammdaten für Arbeitsplätze und Arbeitspläne angelegt werden, für die in Kapitel 3.3.1.2 im Customizing der Produktion bereits wichtige Einstellungen festgelegt wurden.

3.3.4.1 Arbeitsplätze anlegen

Arbeitsplätze sind Bestandteile von Arbeitsplänen und müssen daher vor diesen angelegt werden.

Ein Arbeitsplatz ist ein räumlicher Bereich, der zu einer Kostenstelle gehört und an dem ein Arbeitsvorgang durchgeführt wird. Aufgrund der zugehörigen Arbeitsplatzart (vgl. Kapitel 3.3.1.2.1) kann ein Arbeitsplatz u.a. eine oder mehrere Personen oder Maschinen und damit sowohl den Elementarfaktor objektbezogene menschliche Arbeit als auch den Elementarfaktor Betriebsmittel abbilden.

Ein Arbeitsvorgang umfasst einen oder mehrere konkrete Tätigkeiten bzw. Aktivitäten im betrieblichen Leistungserstellungsprozess, die durch jeweils eine Leistungsart beschrieben werden. Deshalb muss ein Arbeitsplatz immer zwingend einer Kostenstelle zugeordnet werden (Kardinalität Kostenstelle : Arbeitsplatz = 1 : n).

Tätigkeiten an einem Arbeitsplatz werden in SAP S/4HANA klassischerweise mit Rüst-, Personal- und Maschinenzeiten beschrieben und mit den zugehörigen Leistungsarten der verantwortlichen Kostenstelle verknüpft.

---

[89] Auf eine noch nach fixen und variablen Kostenbestandteilen differenzierende Rechnung wurde an dieser Stelle verzichtet. Interessierte Leser können dies jedoch gerne selbst berechnen.

[90] Synonyme: Vorgänge oder Arbeitsschritte

Das Anlegen eines Arbeitsplatzes erfolgt im Anwendungsmenü der Produktion im Menüpfad „Logistik/ Produktion/ Stammdaten/ Arbeitsplätze/ Arbeitsplatz/ Anlegen". Dabei müssen verpflichtend ein Werk als zuständige Organisationseinheit und eine Arbeitsplatzart eingegeben werden.

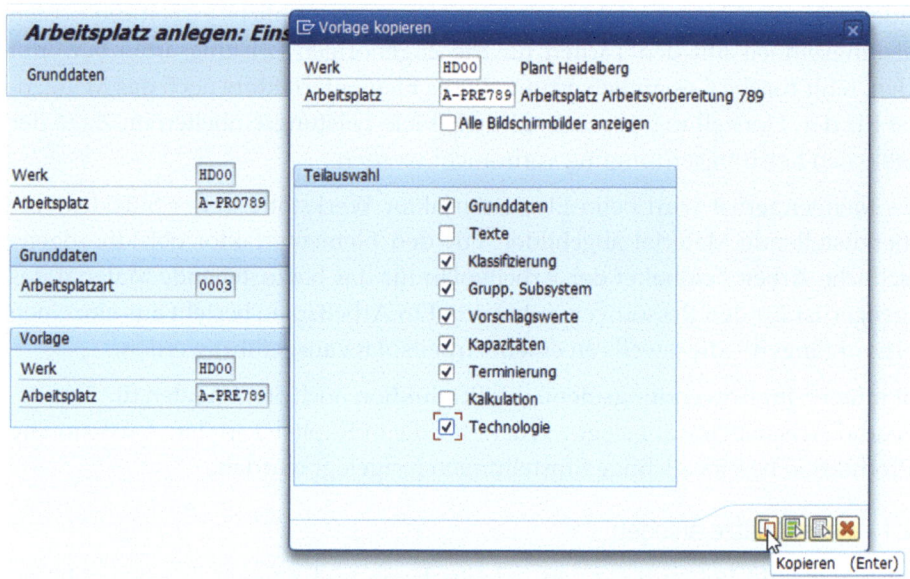

Abbildung 3-82: Anlegen eines Arbeitsplatzes mit einer Kopiervorlage (CR01)

Wie auch beim Anlegen anderer Stammsätze kann, wie auch in Abbildung 3-82, zur Arbeitsersparnis ein ähnlicher Stammsatz als Kopiervorlage verwendet werden. Bei der Nutzung einer Kopiervorlage müssen die für den neuen Stammsatz zu übernehmenden Bildfolgen bzw. Registerkarten der Kopiervorlage manuell ausgewählt werden. Die prinzipiell zur Verfügung stehenden Bildfolgen bzw. Registerkarten sind durch die Arbeitsplatzart determiniert (vgl. Abbildung 3-31 auf Seite 171).

In der Registerkarte „Grunddaten" ist die eingegebene Arbeitsplatzart abgebildet. Zusätzlich müssen der Verantwortliche sowie die Planverwendung eingegeben werden. Die Planverwendung steuert, in welchen Arbeitsplänen der Arbeitsplatz verwendet werden darf.

Der Vorgabewertschlüssel legt fest, welche Leistungen, in Abbildung 3-83 bspw. für die Rüst-, Maschinen- und Personalzeiten, an diesem Arbeitsplatz erbracht werden.

3.3 Objektbezogene menschliche Arbeit

Arbeitsplatz anlegen: Grunddaten

⊕ Verknüpfung Personalsystem 🏛 Hierarchie ⬜ Vorlage

| Werk | HD00 | Plant Heidelberg |
| Arbeitsplatz | A-PRO789 | Arbeitsplatz Produktion 789 |

Grunddaten / Vorschlagswerte / Kapazitäten / Terminierung / Kalkulation / T...

Allgemeine Daten

Arbeitsplatzart	0003	Person
Verantwortlicher	000	Frank Buchmann
Standort		
QDE-System		
ProdVersBereich		
Planverwendung	009	Alle Plantypen
Retrograde Entnahme	☐	Erweiterte Planung ☐

Vorgabewertbehandlung

| Vorgabewertschlüssel | SAP1 | Fertigung normal |

Übersicht Vorgabewerte

Schlüsselwort	Eingabevorschrift	Z...	Bezeichnung
Rüstzeit	keine Verpro... ▼		
Maschinenzeit	keine Verpro... ▼		
Personalzeit	keine Verpro... ▼		

Abbildung 3-83: Registerkarte „Grunddaten" bei einem Arbeitsplatz (CR01)

In der Registerkarte „Kalkulation" (vgl. Abbildung 3-84) müssen die für den Arbeitsplatz verantwortliche Kostenstelle sowie deren jeweilige Leistungsart für die Rüst-, Maschinen- und Personalzeit eingegeben werden. Der Kostenrechnungskreis für die verantwortliche Kostenstelle wurde von SAP S/4HANA eindeutig über das vorher vom SAP-Anwender für den Arbeitsplatz eingegebene Werk bestimmt (Kardinalität Kostenrechnungskreis : Werk = 1 : n).

Mit den in dieser Registerkarte eingegebenen Leistungsarten können prinzipiell sowohl, wie bspw. in den Übungen, Arbeitsleistungen als auch Leistungen von Betriebsmitteln im Sinne von Maschinenstundensätzen für eine Leistungsabschreibung (vgl. Kapitel 3.4.3) abgebildet werden.

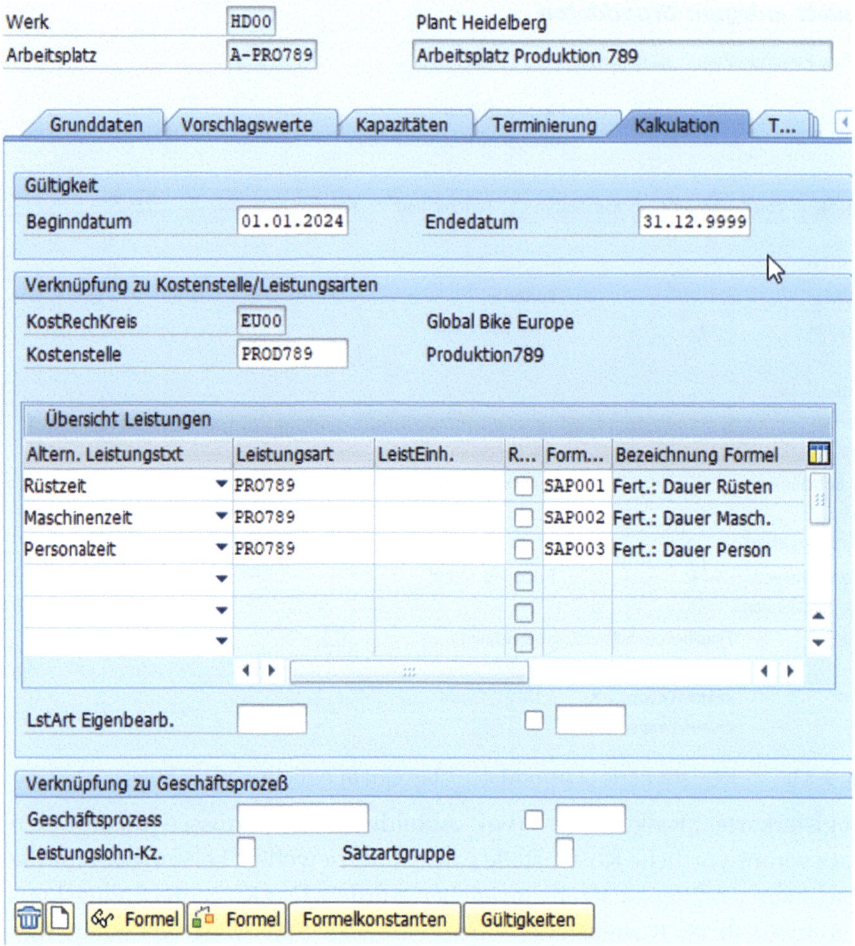

Abbildung 3-84: Registerkarte „Kalkulation" bei einem Arbeitsplatz (CR01)

3.3 Objektbezogene menschliche Arbeit

3.3.4.2 Arbeitspläne anlegen

In einem Arbeitsplan wird der gesamte Herstellungsprozess mit Hilfe von einzelnen Vorgängen, welche die einzelnen Arbeitsschritte an den Arbeitsplätzen abbilden, dokumentiert.

Ein Normalarbeitsplan (vgl. Kapitel 3.3.1.2.2) wird immer für ein herzustellendes Erzeugnis bzw. Material angelegt. Damit integriert ein Normalarbeitsplan neben den Elementarfaktoren objektbezogene menschliche Arbeit und Betriebsmittel über die zu dem herzustellenden Erzeugnis gehörende Stückliste auch den Elementarfaktor Werkstoffe.

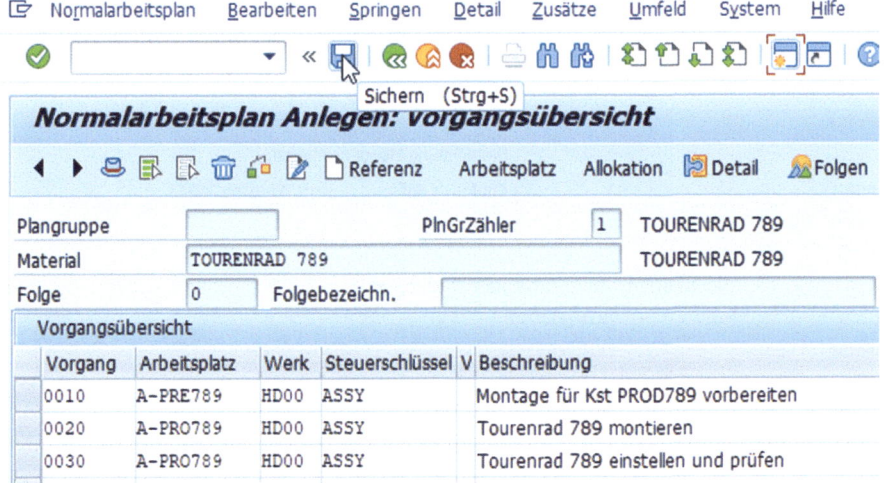

Abbildung 3-85: Vorgangsübersicht eines Arbeitsplans (CA01)

Das Anlegen eines Normalarbeitsplans erfolgt im Anwendungsmenü der Produktion im Menüpfad „Logistik/ Produktion/ Stammdaten/ Arbeitspläne/ Arbeitspläne/ Normalarbeitspläne/ Anlegen".

Abbildung 3-85 zeigt in der Vorgangsübersicht eines Arbeitsplans alle Vorgänge im Herstellungsprozess mit dem jeweiligen Arbeitsplatz, an dem der jeweilige Arbeitsschritt ausgeführt wird.

Zu jedem Vorgang existieren Vorgangsdetails, die in den vielen Spalten rechts in der Vorgangsübersicht stehen. Diese können optisch gefälliger angezeigt werden, indem eine Zeile mit einem Vorgang markiert und dann in der Menüleiste der Menüpunkt „Detail/ Vorgangsdetail" gewählt wird. Alternativ kann man auch die Taste „F6" drücken oder den Cursor in dem Datenfeld „Beschreibung" im Vorgang positionieren und dann mit der linken Maustaste doppelt darauf klicken.

Wie bereits erläutert, bildet ein Arbeitsplan das Mengengerüst für den Verbrauch der Elementarfaktoren objektbezogene menschliche Arbeit und/ oder Betriebsmittel ab. In den Details zu jedem Vorgang in einem Arbeitsplan können dazu, wie in Abbildung 3-86, mit der Personal- bzw. der Maschinenzeit die zugehörigen Mengen erfasst werden. Jede dieser Mengen muss durch eine entsprechende Leistungsart der für den Arbeitsplatz verantwortlichen Kostenstelle abgebildet sein.

Normalarbeitsplan Anlegen: Vorgangsdetail

Feld	Wert	Feld	Wert
Plangruppe		PlnGrZähler	1 TOURENRAD 789
Material	TOURENRAD 789		TOURENRAD 789

Vorgang

Feld	Wert	Feld	Wert
Vorgang	0010	Untervorgang	
Steuerschlüssel	ASSY	Arbeitsplan - Eigenfertigung	
Werk	HD00		
Arbeitsplatz	A-PRE789	Arbeitsplatz Arbeitsvorbereitung 789	
Vorlageschlüssel		Montage für Kst PROD789 vorbereiten	
		Langtext vorhanden	☐

Vorgabewerte

Umrechnung Mengeneinheiten

Feld	Wert	Kopf	MgEh	Vorgang	MgEh
Basismenge	1	1	ST	<=> 1	ST
Mengeneinheit Vrg.	ST				
Erholzeit					

	Vorgabewert	Eh	Leistungsart	Zeitgrad
Rüstzeit	10	MIN	PRE789	
Maschinenzeit		MIN	PRE789	
Personalzeit	20	MIN	PRE789	
Geschäftsprozess				

Abbildung 3-86: Details zu einem Vorgang in einem Arbeitsplan (CA01)

Aufgrund der zentralen Bedeutung eines Arbeitsplanes für die Integration der Elementarfaktoren kann aus der Vorgangsübersicht eines Arbeitsplans in Abbildung 3-85 in den Punkten der Menüleiste weitreichend in die verknüpften Stammsätze navigiert werden, z.B. in

- den Arbeitsplatz, in dem der Arbeitsvorgang ausgeführt wird, über den Menüpunkt „Umfeld/ Vorgang/ Arbeitsplatz".

- die Kostenstelle, die für den Arbeitsplatz verantwortlich ist, und mit der die Leistungsarten sowie deren Tarife für den Vorgang verknüpft sind, über den Menüpunkt „Umfeld/ Vorgang/ Kostenstelle".

- die Stückliste des herzustellenden Erzeugnisses über den Menüpunkt „Springen/ Allokation" und dann im nächsten Bildschirm über „Zusätze/ Stüli".

- den Materialstammsatz des herzustellenden Erzeugnisses über den Menüpunkt „Springen/ Allokation", dann im nächsten Bildschirm über „Zusätze/ Stüli" und dann in diesem Bildschirm über den Menüpunkt „Umfeld/ Material anzeigen/ Grunddaten".

3.3.5 Objektbezogene menschliche Arbeit bewerten

Die zuvor anhand Abbildung 3-85 beschriebenen Navigationsmöglichkeiten in der Vorgangsübersicht eines Arbeitsplans mit den dort verknüpften Stammdaten bilden die Grundlage, um die Bewertung des Elementarfaktors objektbezogene menschliche Arbeit in der Kalkulation durch SAP S/4HANA in Kapitel 4.2 nachzuvollziehen.

Abbildung 3-87 zeigt alle für das Mengen- bzw. das Wertgerüst relevanten Zusammenhänge[91]. Nachfolgend werden anhand des Zahlenbeispiels, das dem der Übungen entspricht, alle Schritte dargestellt, um in der Kalkulation die Fertigungseinzelkosten für den Elementarfaktor objektbezogene menschliche Arbeit zu bewerten:

- In der Vorgangsübersicht für den Arbeitsplan des herzustellenden Fertigerzeugnisses, dem Material „Tourenrad 789" (vgl. Abbildung 3-85) sieht man das Mengengerüst. Für jeden Vorgang wird dort der zugehörige Arbeitsplatz, in diesem Beispiel der Arbeitsplatz „A-PRE789" bzw. „A-PRO789", angezeigt.

- Danach ruft man, wie in Abbildung 3-86, für jeden Vorgang die Details auf, um die Zeiten bzw. Vorgabewerte für die zugehörige Rüst-, Maschinen- und Personalzeit zu sehen und die jeweilige zugehörige Leistungsart anzuzeigen. Für die Zahlenwerte aus Abbildung 3-87 ergibt dies insgesamt folgende Mengen:

    o Vorgang 0010 am Arbeitsplatz „A-PRE789":

    10 + 0 + 20 = 30 Minuten der Leistungsart „PRE789"

    o Vorgang 0020 am Arbeitsplatz „A-PRO789":

    0 + 0 + 120 = 120 Minuten der Leistungsart „PRO789"

    o Vorgang 0030 am Arbeitsplatz „A-PRO789":

    0+ 0+ 45 = 45 Minuten der Leistungsart „PRO789"

- Anschließend lässt man sich nacheinander die Stammdaten für die beiden Arbeitsplätze „A-PRE789" und „A-PRO789" anzeigen. In ihnen ist in der Registerkarte „Kalkulation" jeweils die verantwortliche Kostenstelle ausgewiesen (vgl. Kapitel 3.3.4.1).

---

[91] Wird auch der Werteverzehr des Elementarfaktors Betriebsmittel über eine Leistungsabschreibung auf Maschinen bzw. technische Anlagen in einzelnen Vorgängen eines Arbeitsplanes mit Maschinenzeiten (vgl. Kapitel 3.4.3) abgebildet, so würde Abbildung 3-87 die prinzipiellen Zusammenhänge für die Bewertung beider Elementarfaktoren zeigen.

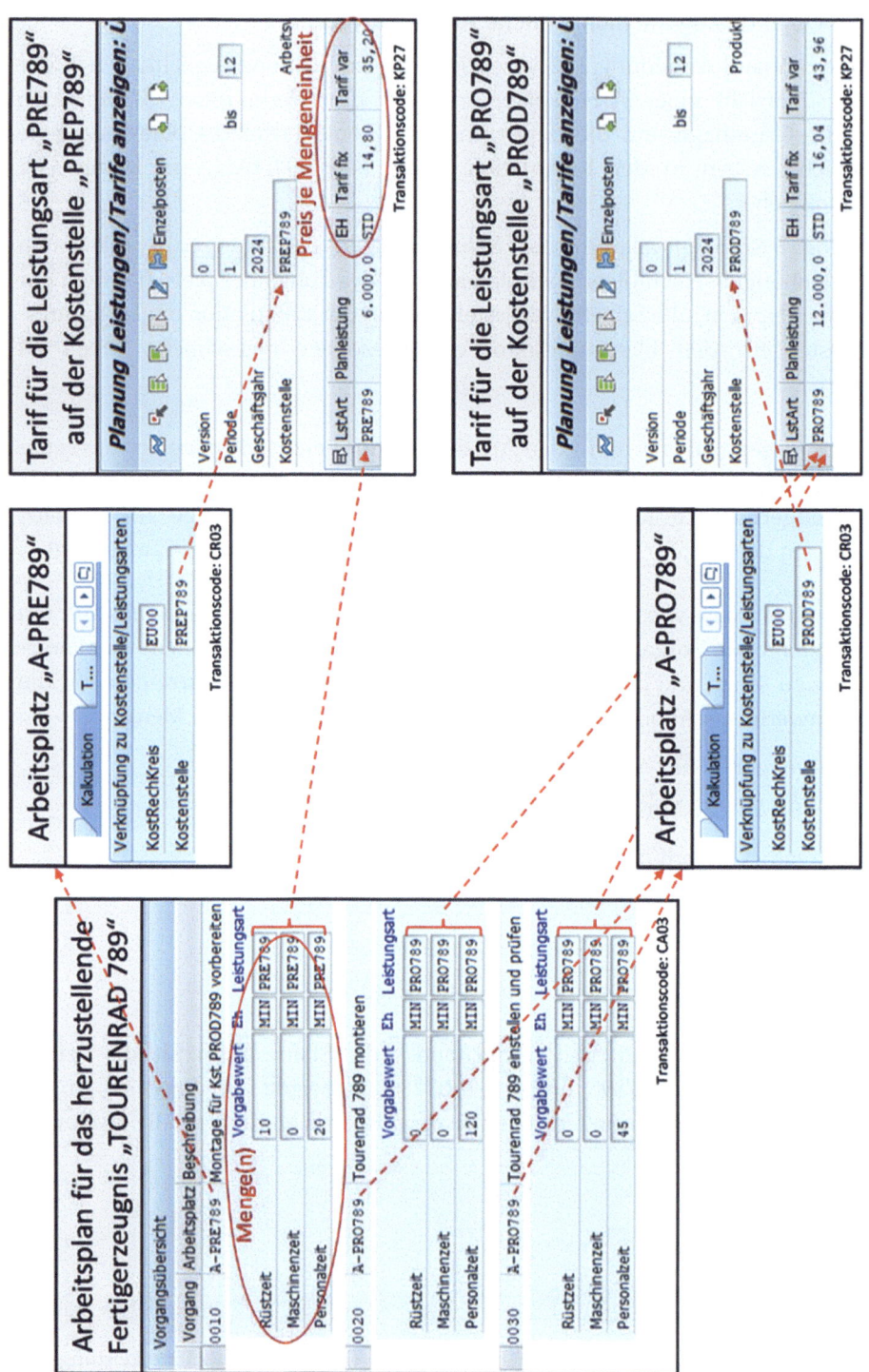

Abbildung 3-87: Zusammenhänge für die Bewertung des Elementarfaktors objektbezogene menschliche Arbeit

3.3 Objektbezogene menschliche Arbeit

- Im vorliegenden Beispiel sind die Kostenstelle Arbeitsvorbereitung „PREP789" bzw. die Kostenstelle Produktion „PROD789" verantwortlich.[92]

- Nachdem man für jeden Vorgang sowohl die Leistungsart(en) als auch die verantwortliche(n) Kostenstelle(n) kennt, kann man sich für alle Kombinationen von Kostenstelle und Leistungsart den individuellen Tarif anzeigen lassen.

  Das Ergebnis der Tarifermittlung für jede eindeutige Kombination von Kostenstelle und Leistungsart kann man in der für die Planung des Outputs der Leistungsart auf der Kostenstelle (vgl. Kapitel 3.3.3.3) genutzten Transaktion „Leistungserbringung/ Tarife ändern" (Transaktionscode KP26) oder in der Transaktion „Leistungserbringung/ Tarife anzeigen" (Transaktionscode KP27) ermitteln.

- Es ergeben sich die in Abbildung 3-80 auf Seite 235 dargestellten Gesamttarife für die beiden Leistungsarten:

    o Leistungsart „PRE789" auf der Kostenstelle „PREP789":
      14,80 €/ Std. (fixer Tarif) + 35,20 €/ Std. (variabler Tarif)
      = 50,00 €/ Std. Gesamttarif

    o Leistungsart „PRO789" auf der Kostenstelle „PROD789":
      16,04 €/ Std. (fixer Tarif) + 43,96 €/ Std. (variabler Tarif)
      = 60,00 €/ Std. Gesamttarif

- Mit den zuvor ermittelten Daten ergeben sich folgende Gesamtkosten für den Elementarfaktor objektbezogene menschliche Arbeit:

    o Vorgang 10 für die Leistungsart „PRE789" beim Arbeitsplatz „A-PRE789":
      30 Minuten x 50,00 €/ Std. = 25,00 €

    o Vorgang 20 für die Leistungsart „PRO789" beim Arbeitsplatz „A-PRO789":
      120 Minuten x 60,00 €/ Std. = 120,00 €

    o Vorgang 30 für die Leistungsart „PRO789" beim Arbeitsplatz „A-PRO789":
      45 Minuten x 60,00 €/ Std. = 45,00 €

  Die Gesamtkosten in Höhe von 25,00 + 120,00 + 45,00 = 190,00 € entsprechen in Kapitel 4.2 den Fertigungseinzelkosten in der Kalkulation.

---

[92] Diese Kostenstellen sind auch, wie in Kapitel 3.3.4.2 beschrieben, für jeden Vorgang in der Vorgangsübersicht des Arbeitsplanes über den Menüpunkt „Umfeld/ Vorgang/ Kostenstelle" zu sehen.

3.3.6 Übungen zu Kapitel 3.3

Als neuer Mitarbeiter im Konzern „Global Bike" bilden Sie im Rahmen der Leistungserstellung zur Vorbereitung auf die Kalkulation des Fertigerzeugnisses den Elementarfaktor objektbezogene menschliche Arbeit ab. Für diesen legen Sie Stammdaten im Gemeinkosten-Controlling und in der Produktion an.

Um grundlegende Zusammenhänge besser zu verstehen, sehen Sie sich dazu zugehörige Einstellungen im Customizing an bzw. legen dort ggf. auch Daten an.

3.3.6.1 Anmerkungen

Bitte lesen Sie sich nochmals die Anmerkungen von Kapitel 3.2.5.1 durch. Diese gelten auch für die nachfolgenden Übungen.

3.3.6.2 Übersicht

Tabelle 3-3 zeigt die Inhalte der Übungen von Kapitel 3.3, jeweils das zugehörige Buchkapitel und die Seite, auf der die Lösung beginnt.

Übung	Seite	Inhalte	Kapitel
3.10	248	Zeitbezogenheit von Datenfeldern für Stammdaten des Gemeinkosten-Controllings im Customizing anzeigen	3.3.1.1
3.11	250	Kostenstellenart „P" für Kostenstellen im Customizing anzeigen bzw., falls noch nicht vorhanden, anlegen	3.3.1.1
3.12	255	Sachkonten für sekundäre Kostenarten zur Umlageverrechnung („8005###") sowie zur innerbetrieblichen Leistungsverrechnung („8006###" und „8007###") anlegen	3.3.2.1
3.13	262	Hierarchiebereich „FERT###" in der Standardhierarchie für Kostenstellen anlegen	3.3.2.2
3.14	264	Kostenstellen „CLEAN###", „PREP###" und „PROD###" anlegen	3.3.2.2
3.15	270	Leistungsarten „PRE###" und „PRO###" für die innerbetriebliche Leistungsverrechnung der Kostenstelle „PREP###" bzw. der Kostenstelle „PROD###" anlegen	3.3.2.3
3.16	274	Statistische Kennzahl „QM###" als Bezugsbasis zur späteren Umlageverrechnung der Kostenstelle „CLEAN###" anlegen	3.3.2.4
3.17	275	Optionale Kostenstellengruppe „EMPF-GR###" mit den Kostenstellen „CLEAN###", „PREP###" und „PROD###" anlegen	3.3.2.5

3.3 Objektbezogene menschliche Arbeit

Übung	Seite	Inhalte	Kapitel
3.18	277	Allgemeine Einstellungen für die Planung festlegen	3.3.3.1
3.19	281	Periodenwerte der statistischen Kennzahl „QM###" für die Kostenstellen „CLEAN###", „PREP###" und „PROD###" planen	3.3.3.2
3.20	283	Outputmenge der Leistungsart „PRE###" in der Kostenstelle „PREP###" bzw. „PRO###" in der Kostenstelle „PROD###" manuell planen	3.3.3.3
3.21	285	Leistungsunabhängige fixe Kostenaufnahmen als Input für die Kostenstellen „CLEAN###", „PREP###" und „PROD###" manuell planen	3.3.3.4.1
3.22	288	Leistungsabhängige variable Kostenaufnahmen als Input für die Leistungsart „PRE###" in der Kostenstelle „PREP###" bzw. „PROD###" in der Kostenstelle „PROD###" manuell planen	3.3.3.4.1
3.23	290	Mengen leistungsunabhängiger und leistungsabhängiger innerbetrieblicher Leistungsaufnahmen als Input für die Kostenstellen „PREP###" und „PROD###" manuell planen	3.3.3.4.2
3.24	291	Berichte für die Kostenstellen „CLEAN###", „PREP###" und „PROD###" nach dem Input von Kosten- und Leistungsaufnahmen aufrufen	3.3.3.4
3.25	296	Umlage zur Kostenverrechnung der Kostenstelle „CLEAN###" anlegen und ausführen	3.3.3.4.3
3.26	304	Berichte für die Kostenstellen „CLEAN###", „PREP###" und „PROD###" nach der Umlageverrechnung aufrufen	3.3.3.4
3.27	310	Tarif für die Leistungsart „PRE###" in der Kostenstelle „PREP###" bzw. „PRO###" in der Kostenstelle „PROD###" automatisch iterativ ermitteln	3.3.3.5
3.28	315	Berichte für die Kostenstellen „PREP###" und „PROD###" nach der Tarifermittlung für die Leistungsarten „PRE###" bzw. „PRO###" aufrufen	3.3.3.4 und 3.3.3.5
3.29	319	Arbeitsplätze „A-PRE###" und „A-PRO###" anlegen	3.3.4.1
3.30	323	Normalarbeitsplan für das Fertigerzeugnis „Tourenrad ###" anlegen und daraus die Fertigungseinzelkosten berechnen	3.3.4.2 und 3.3.5

Tabelle 3-3: Inhalte der Übungen zu Kapitel 3.3

3.3.6.3 Lösungen

Übung 3.10: Zeitbezogenheit von Datenfeldern für Stammdaten des Gemeinkosten-Controllings im Customizing anzeigen (→ Kapitel 3.3.1.1)

1) Lassen Sie sich im Customizing-Menü der Kostenstellenrechnung die zeitabhängigen Felder bei den Stammdaten für Kostenstellen anzeigen.

   Menüpfad: Customizing/ Controlling/ Kostenstellenrechnung/ Stammdaten/ Kostenstellen/ Zeitabhängige Felder für Kostenstellen festlegen

   Transaktionscode: OKEG

   a) **Welche Datenfelder in den Grunddaten können bei Kostenstellen nur von Geschäftsjahr zu Geschäftsjahr geändert werden?**

   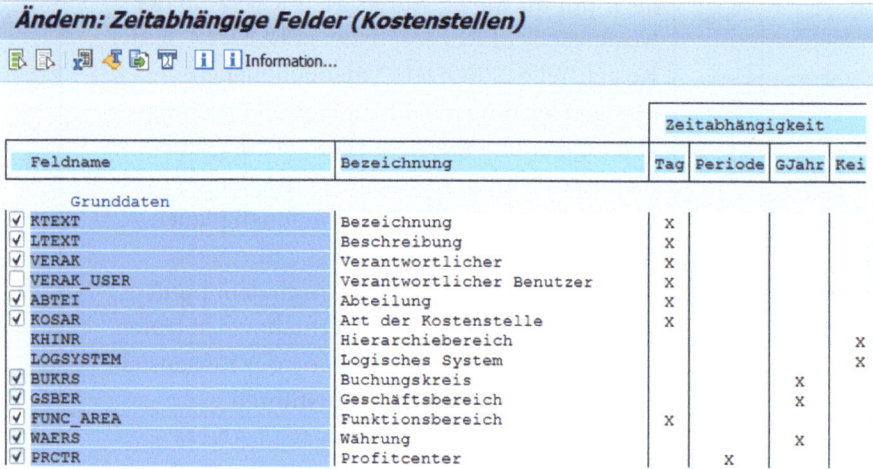

   In den Grunddaten sind die Datenfelder „Buchungskreis", „Geschäftsbereich" und „Währung" nur von einem zum nächsten Geschäftsjahr, aber nicht während eines Geschäftsjahres selbst, änderbar.

   b) **Warum macht es Sinn, dass diese Datenfelder nicht während eines Geschäftsjahres geändert werden können?**

   Dies muss so sein, da sonst kein in sich konsistenter und aussagekräftiger Jahresabschluss (Datenfeld „Buchungskreis"), interne Bilanz (Datenfeld „Geschäftsbereich") in einer einheitlichen Währung (Datenfeld „Währung") erstellt werden kann.

3.3 Objektbezogene menschliche Arbeit

2) Lassen Sie sich im Customizing-Menü der Kostenstellenrechnung die zeitabhängigen Datenfelder in den Stammdaten für Leistungsarten anzeigen.

Menüpfad: Customizing/ Controlling/ Kostenstellenrechnung/ Stammdaten/ Leistungsarten/ Zeitabhängige Felder für Leistungsarten festlegen

Transaktionscode: OKEI

a) Welche Datenfelder in den Grunddaten können bei Leistungsarten nur von Geschäftsjahr zu Geschäftsjahr geändert werden?

In den Grunddaten sind die Datenfelder „Leistungseinheit", „Leistungsartentyp", „Leistungsartentyp Ist", „Verrechnungskostenart" sowie Plan- und Ist-Mengen nur von einem zum nächsten Geschäftsjahr, jedoch nicht während eines Geschäftsjahres, änderbar.

b) Warum macht es Sinn, dass diese Datenfelder nicht während eines Geschäftsjahres geändert werden können?

Dies muss so sein, da sonst keine in einem Geschäftsjahr in sich konsistente Leistungsverrechnung erfolgen kann.

250   3 Abbildung und Integration der Elementarfaktoren in SAP S/4HANA

Übung 3.11: Kostenstellenart „P" für Kostenstellen im Customizing anzeigen bzw. - falls noch nicht vorhanden - anlegen (→ Kapitel 3.3.1.1)

1) Lassen Sie sich im Controlling in der Kostenstellenrechnung die Stammdaten einer beliebigen Kostenstelle anzeigen. Nutzen Sie dazu die F4-Hilfe und wählen Sie irgendeine Kostenstelle aus.

   Menüpfad: Rechnungswesen/ Controlling/ Kostenstellenrechnung/ Stammdaten/ Kostenstelle/ Einzelbearbeitung/ Anzeigen

   Transaktionscode: KS03

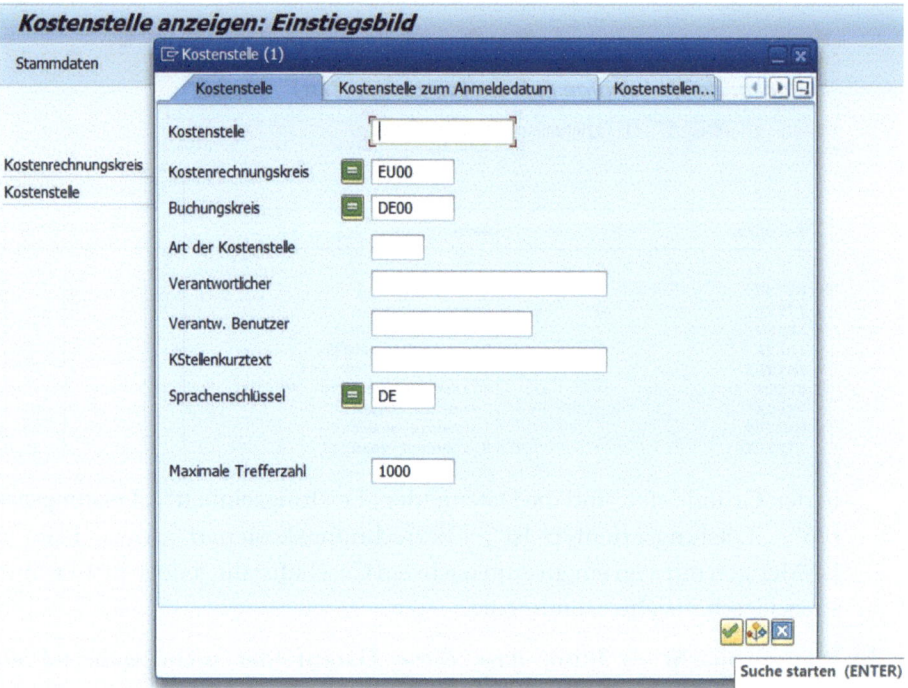

   a) In der Registerkarte „Grunddaten" schauen Sie bitte nach, welche und wie viele Einträge bereits für das Datenfeld „Art der Kostenstelle" (Synonym: Kostenstellenart) existieren.

   Anzahl der Einträge: 12 (zum Zeitpunkt der Skripterstellung; bei Ihnen eventuell divergierend)

3.3 Objektbezogene menschliche Arbeit

b) Vergleichen Sie die Einträge aus der vorherigen Teilaufgabe mit denen von Abbildung 3-26 auf Seite 167. Stimmen sie überein?

<u>Anmerkung:</u>

Ordnen Sie gedanklich die Kostenstellenart inhaltlich nie einer Kosten<u>art</u> zu. Die Kostenstellenart ist ein Datenfeld einer Kosten<u>stelle</u>. Leider wurde dieser etwas irreführende Begriff von der SAP SE nie offiziell durch eine passendere Bezeichnung ersetzt. Anbieten würde sich der in der F4-Hilfe verwendete Begriff „Kostenstellentyp", der begrifflich zur Systematik für den „Kostenartentyp" passen würde.

2) Klicken Sie nun auf die Registerkarte „Steuerung" und sehen Sie nach, für welche Buchungsvorgänge diese Kostenstelle gesperrt ist. Lassen Sie sich mit der F1-Hilfe anzeigen, was dies betriebswirtschaftlich bedeutet.

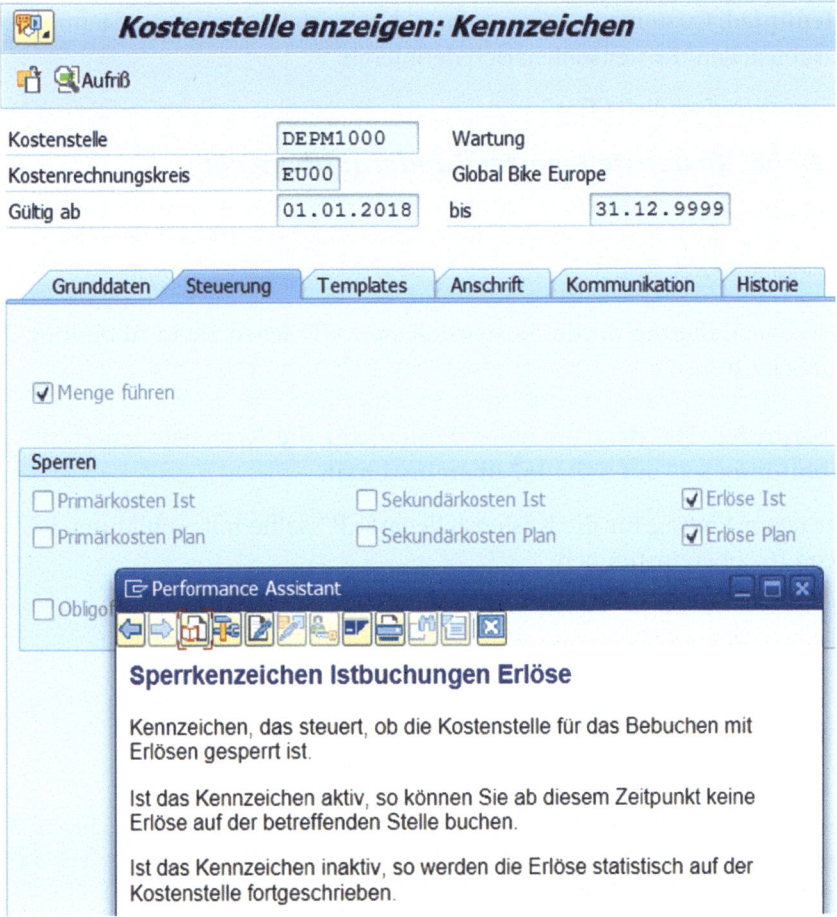

3) Bearbeiten Sie diese Teilaufgabe nur, falls die Kostenstellenart „P" noch nicht existiert.

Legen Sie im Customizing der Kostenstellenrechnung in den Stammdaten für Kostenstellen die neue Kostenstellenart „P" für Kostenstellen der Produktion an.

a) Werden später Kostenstellen mit der neuen Kostenstellenart „P" angelegt, so soll jeweils als Vorschlagswert das Führen von Mengen möglich, jedoch Erlösbuchungen im Ist und Plan gesperrt sein.

Anmerkung:

Diese Vorschlagswerte zum Führen von Mengen und Sperren von einzelnen Buchungen sind später bei der Anlage von konkreten Kostenstellen dieser Art von einem SAP-Anwender jedoch stets änderbar.

Menüpfad: Customizing/ Controlling/ Kostenstellenrechnung/ Stammdaten/ Kostenstellen/ Kostenstellenarten definieren

Transaktionscode:[93] OKA2

Den neuen Eintrag für die Kostenstellenart „P" sehen Sie in Abbildung 3-26 auf Seite 167.

b) Überprüfen Sie, dass Ihr neuer Eintrag für die Kostenstellenart „P" mit Abbildung 3-27 auf Seite 167 übereinstimmt.

Ihr neuer Eintrag für die Kostenstellenart „P" sollte mit Abbildung 3-27 auf Seite 167 übereinstimmen.

---

[93] Sie werden in Ihrem SAP-System unten rechts in der Systemfunktionsleiste wahrscheinlich nur den allgemeinen Transaktionscode SPRO sehen. Hier handelt es sich um einen (zum Glück seltenen) Fall, dass in den ERP-Vorgängersystemen SAP R/3 und SAP ECC dieser Transaktion einmal ein konkreter Transaktionscode zugeordnet war und diese Entscheidung später aus einem für den Autor unerfindlichen Grund revidiert wurde. Jedoch funktioniert dieser angegebene Transaktionscode noch. Dies können Sie jederzeit durch die entsprechende Eingabe im Ok-Code-Feld überprüfen.

3.3 Objektbezogene menschliche Arbeit

c) **Sichern Sie abschließend Ihren neuen Eintrag, bestätigen Sie ihn mit dem zugehörigen Customizing-Auftrag und verlassen Sie die Transaktion.**

Wenn Sie Ihren neuen Eintrag speichern, müssen Sie Ihre Änderung mit einem Ihrem SAP-User zugeordneten Customizing-Auftrag bestätigen.

Ein Beispiel für eine Abfrage zu Customizing-Aufträgen sehen Sie in Abbildung 1-25 auf Seite 35 und Abbildung 1-26 auf Seite 36.

4) **Rufen Sie nun im Anwendungsmenü die Transaktion zum Anlegen einer Kostenstelle auf, geben Sie irgendeine beliebige Buchstabenkombination für den Namen der Kostenstelle ein und drücken Sie abschließend die Taste ENTER.**

Menüpfad: Rechnungswesen/ Controlling/ Kostenstellenrechnung/ Stammdaten/ Kostenstelle/ Einzelbearbeitung/ Anlegen

Transaktionscode: KS01

a) **Lassen Sie sich mit der F4-Hilfe die nun zur Verfügung stehenden Kostenstellenarten anzeigen. Was stellen Sie fest?**

Es ist im Anwendungsmenü ein weiterer Eintrag vorhanden, nämlich die gerade angelegte Kostenstellenart „P" für Kostenstellen in der Produktion (vgl. auch Abbildung 3-28 auf Seite 168).

b) **Wählen Sie die gerade angelegte Kostenstellenart „P" aus und geben Sie in den Datenfeldern „Bezeichnung" und „Verantwortlicher" irgendetwas ein. Für die Datenfelder „Hierarchiebereich" und „Währung" wählen Sie mit der F4-Hilfe einen beliebigen Wert aus.**

Bestätigen Sie die ggf. links unten in der Systemfunktionsleiste erscheinende Meldung bzgl. des fehlenden Profit-Centers mit der Taste ENTER und klicken Sie auf die Registerkarte „Steuerung".

Woher stammen die auf dieser Registerkarte automatisch von SAP S/4HANA gesetzten drei Häkchen?

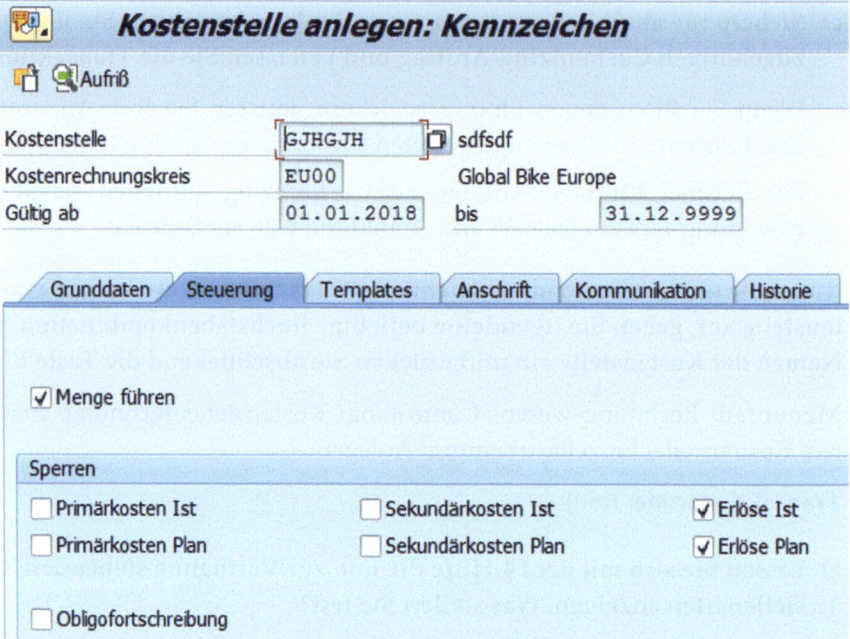

Die drei von S/4HANA automatisch gesetzten Häkchen stammen aus den Customizing-Einstellungen für die neue Kostenstellenart „P", die in der vorherigen Teilaufgabe im Customizing angelegt wurde.

Anmerkung:

Dies sind nur Vorschlagswerte in dem Sinne, dass erst einmal davon auszugehen ist, dass eine Kostenstelle dieser Kostenstellenart üblicherweise gegen solche Buchungsvorgänge gesperrt ist. Sie können beim Anlegen einer neuen Kostenstelle diese Sperrkennzeichen entfernen und/ oder andere setzen. Probieren Sie dies am besten an dieser Stelle einmal aus.

3.3 Objektbezogene menschliche Arbeit

c) Brechen Sie nun das Anlegen dieser neuen Kostenstelle in der Menüleiste im Menüpunkt „Bearbeiten / Abbrechen" ab, d.h. speichern Sie NICHT Ihre Eingaben und legen Sie KEINE neue Kostenstelle an.

Anmerkung:

Sie legen keine neue Kostenstelle an, da in dieser Teilaufgabe ja lediglich die Auswirkungen von Einträgen im Customizing-Menü auf die Arbeit im Anwendungsmenü verdeutlicht werden sollen.

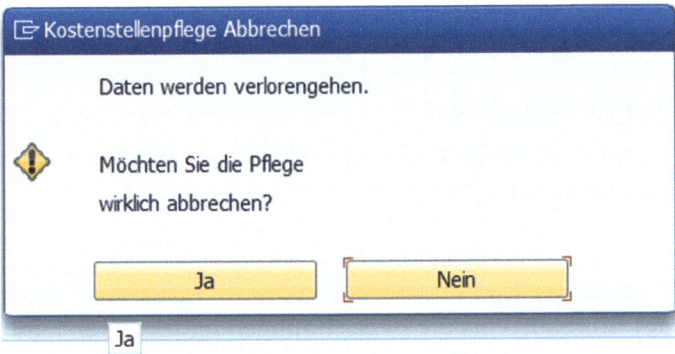

Übung 3.12: Sachkonten für sekundäre Kostenarten zur Umlageverrechnung („8005###") sowie zur innerbetrieblichen Leistungsverrechnung („8006###" und „8007###") anlegen (→ Kapitel 3.3.2.1)

Legen Sie in den Stammdaten der Kostenartenrechnung ein Sachkonto für eine sekundäre Kostenart zur Umlageverrechnung sowie zwei Sachkonten für sekundäre Kostenarten zur innerbetrieblichen Leistungsverrechnung an.

Anmerkung:

Die zwei Sachkonten für sekundäre Kostenarten zur innerbetrieblichen Leistungsverrechnung werden später in Übung 3.15 zum Anlegen der Leistungsarten, in Übung 3.25 zur Verrechnung der Umlage und in Übung 3.27 zur Ermittlung und Verrechnung der Stundensätze für die beiden Leistungsarten benötigt.

Menüpfad: Rechnungswesen/ Controlling/ Kostenstellenrechnung/ Stammdaten/ Kostenart/ Einzelbearbeitung/ Kostenart bearbeiten

Transaktionscode: FS00

1) Legen Sie für Ihre spätere Verrechnung der Kosten der Kostenstelle Gebäudereinigung „CLEAN###" ein neues Sachkonto für die sekundäre Kostenart zur Umlageverrechnung „8005###" im Buchungskreis DE00 an.

In den einzelnen Registerkarten erfassen Sie folgende Sachverhalte:

a) Registerkarte „Typ/ Bezeichnung":

Der Kurztext lautet „Umlage Geb.rein.###" und der Sachkontenlangtext „Umlage Gebäudereinigung###".

Anmerkung:

Beachten Sie an dieser Stelle, dass auf dieser Registerkarte gemäß der Überschrift des Bildbausteins die Bezeichnungen leider unverständlicherweise statisch (seit vielen Jahren) für die Pflegesprache Englisch (EN) erfasst werden, unabhängig von Ihrer beim Login gewählten System- bzw. Pflegesprache.

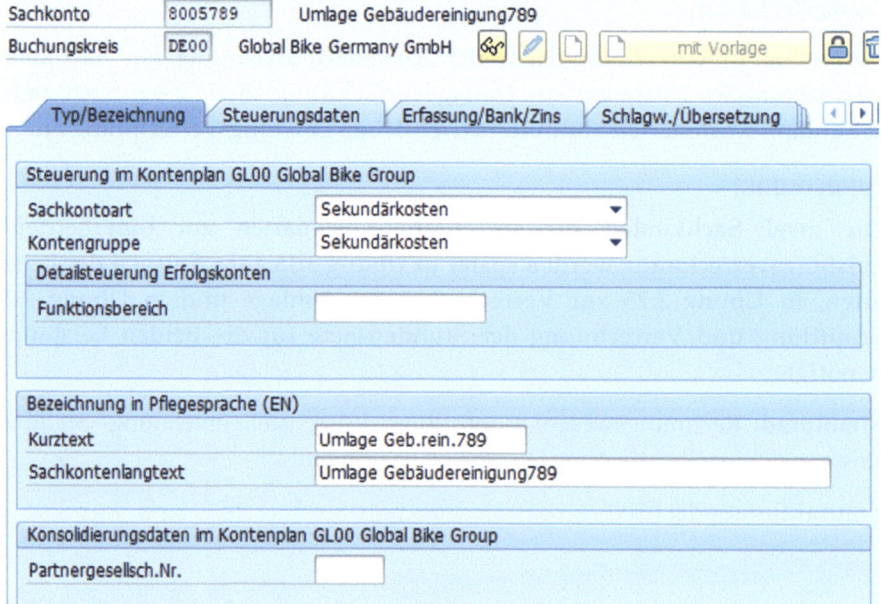

3.3 Objektbezogene menschliche Arbeit

b) Registerkarte „Steuerungsdaten":

Wie aufgrund der Bezeichnung zu erwarten, handelt es sich bei dieser sekundären Kostenart vom Typ her um eine Kostenart zur Verrechnung einer Umlage. Erfassen Sie diesen Sachverhalt.

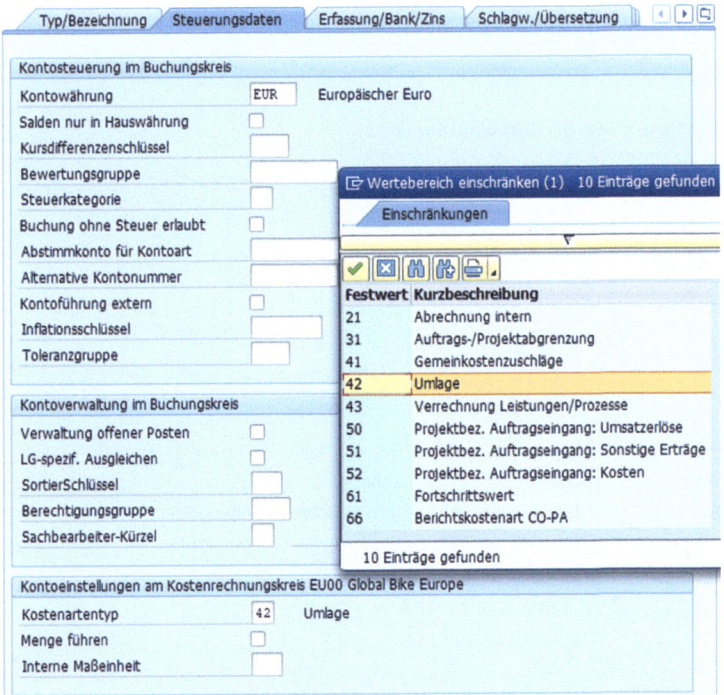

c) Registerkarte „Erfassung/ Bank /Zins":

Wählen Sie als Feldstatusgruppe für die Belegerfassung den Eintrag für sekundäre Kostenarten.

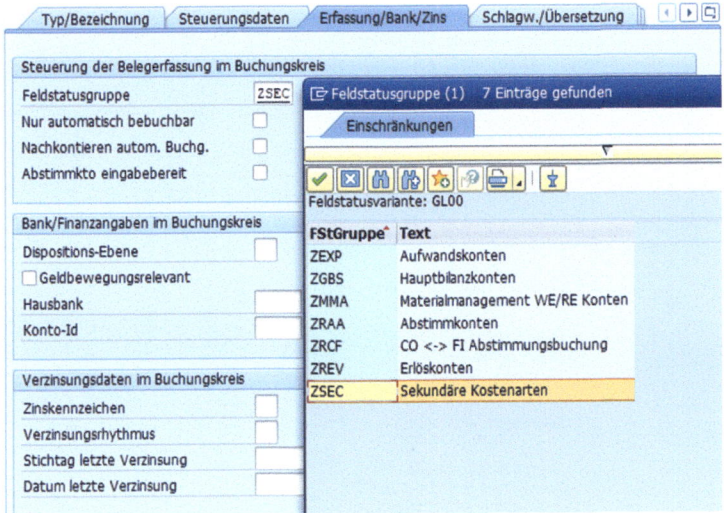

258   3 Abbildung und Integration der Elementarfaktoren in SAP S/4HANA

d) Registerkarte „Schlagw./ Übersetzung":

Geben Sie zusätzlich zur englischen jeweils auch für die deutsche Übersetzung den Kurztext „Umlage Geb.rein.###" und für den Langtext „Umlage Gebäudereinigung###" ein.

Sichern Sie abschließend das Sachkonto für Ihre neue Kostenart.

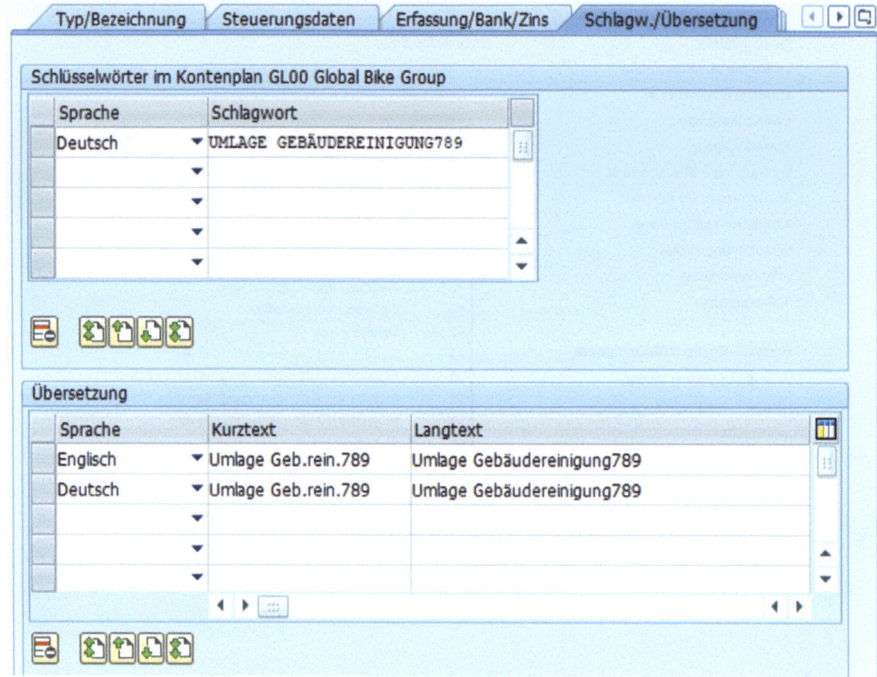

3.3 Objektbezogene menschliche Arbeit

2) Legen Sie für Ihre spätere innerbetriebliche Leistungsverrechnung der Kostenstelle Arbeitsvorbereitung „PREP###" ein neues Sachkonto für die sekundäre Kostenart „8006###" im Buchungskreis DE00 an.

In den einzelnen Registerkarten erfassen Sie folgende Sachverhalte:

a) Registerkarte „Typ/ Bezeichnung":

Für den Kurztext geben Sie „ILV Arb.vorbereit###" und für den Sachkontenlangtext „ILV Arbeitsvorbereitung###" ein.

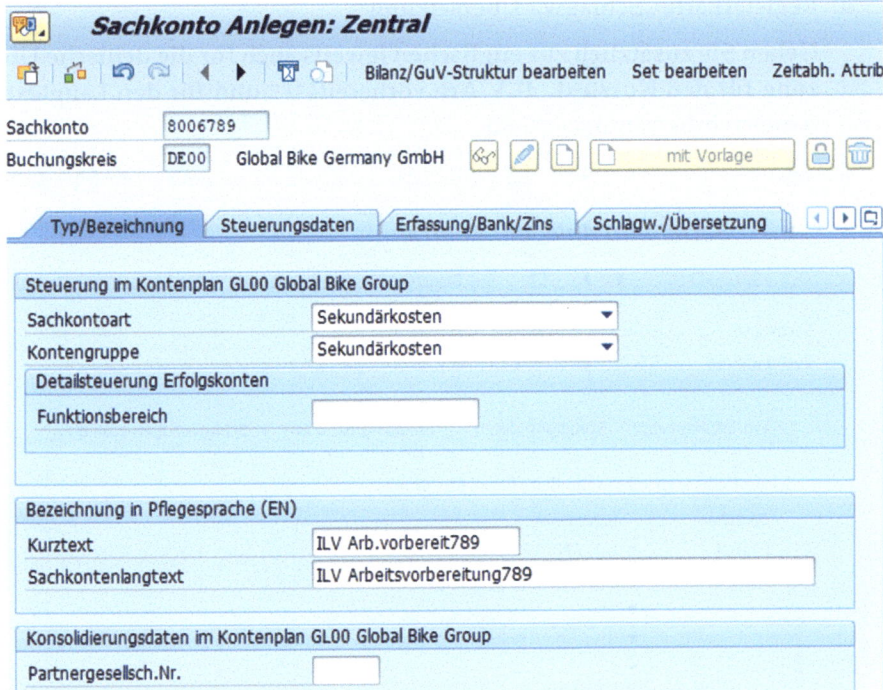

b) Registerkarte „Steuerungsdaten":

Wie aus der Bezeichnung zu erwarten ist, handelt es sich bei dieser sekundären Kostenart vom Typ her um eine Kostenart zur Verrechnung von Leistungen.

Erfassen Sie diesen Sachverhalt. Überprüfen Sie, ob Ihre Eingabe mit Abbildung 3-40 auf Seite 182 übereinstimmt.

Wählen Sie mit der F4-Hilfe den Kostenartentyp „43" für die Verrechnung von Leistungen und Prozessen aus.

c) Registerkarte „Erfassung/ Bank /Zins":

Wählen Sie als Feldstatusgruppe für die Belegerfassung den Eintrag für sekundäre Kostenarten.

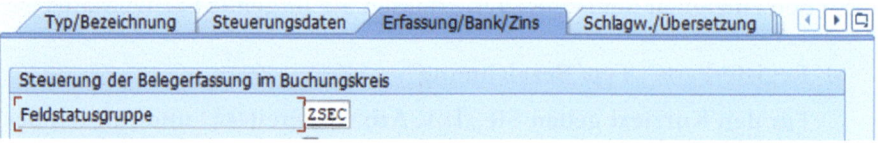

d) Registerkarte „Schlagw./ Übersetzung":

Geben Sie zusätzlich zur englischen jeweils auch für die deutsche Übersetzung für den Kurztext „ILV Arb.vorbereit###" und für den Langtext „ILV Arbeitsvorbereitung###" ein.

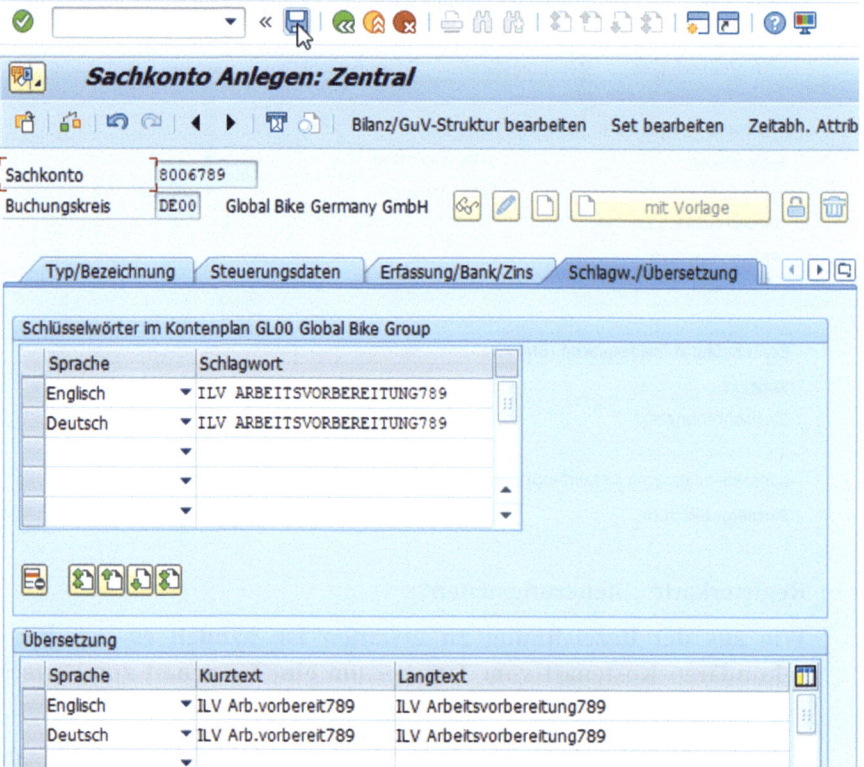

e) Sichern Sie abschließend das Sachkonto für Ihre neue Kostenart.

3.3 Objektbezogene menschliche Arbeit

3) Legen Sie für Ihre spätere innerbetriebliche Leistungsverrechnung der Kostenstelle Produktion „PROD###" ein neues Sachkonto für die sekundäre Kostenart „8007###" im Buchungskreis DE00 an.

In den einzelnen Registerkarten erfassen Sie folgende Sachverhalte:

a) Registerkarte „Typ/ Bezeichnung":

Als Kurztext und Sachkontenlangtext geben Sie „ILV Produktion###" ein.

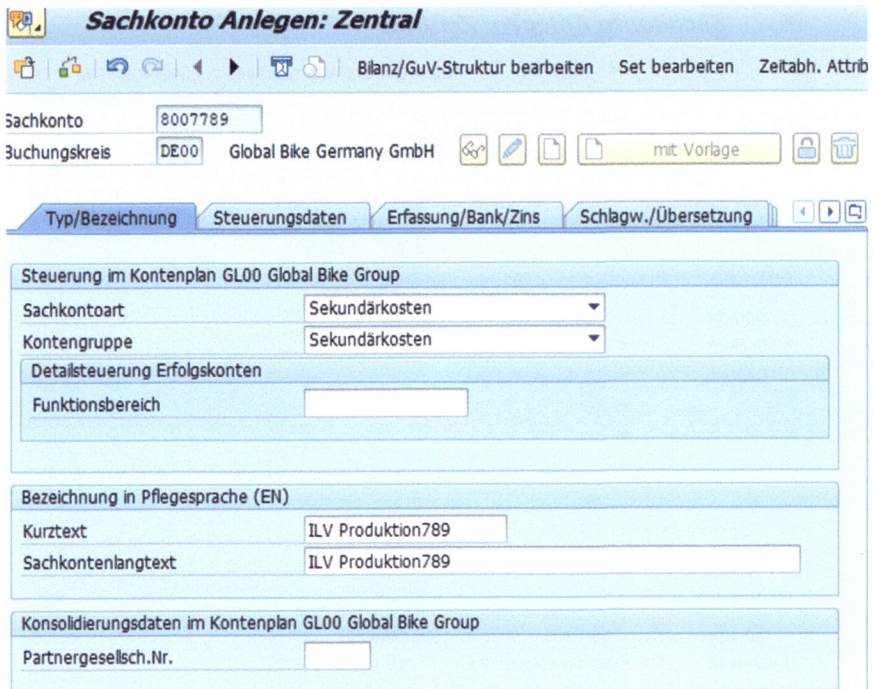

b) Registerkarte „Steuerungsdaten":

Wie aufgrund der Bezeichnung zu erwarten, handelt es sich auch bei dieser sekundären Kostenart vom Typ her wiederum um eine Kostenart zur Verrechnung von Leistungen.

Wählen Sie mit der F4-Hilfe den Kostenartentyp „43" für die Verrechnung von Leistungen und Prozessen aus.

c) Registerkarte „Erfassung/ Bank /Zins":

Wählen Sie als Feldstatusgruppe für die Belegerfassung den Eintrag für sekundäre Kostenarten.

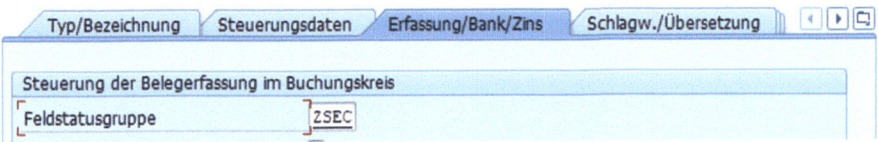

d) Registerkarte „Schlagw./ Übersetzung":

Geben Sie zusätzlich zur englischen jeweils auch für die deutsche Übersetzung für den Kurztext und für den Langtext „ILV Produktion###" ein.

Sichern Sie danach das Sachkonto für Ihre neue Kostenart.

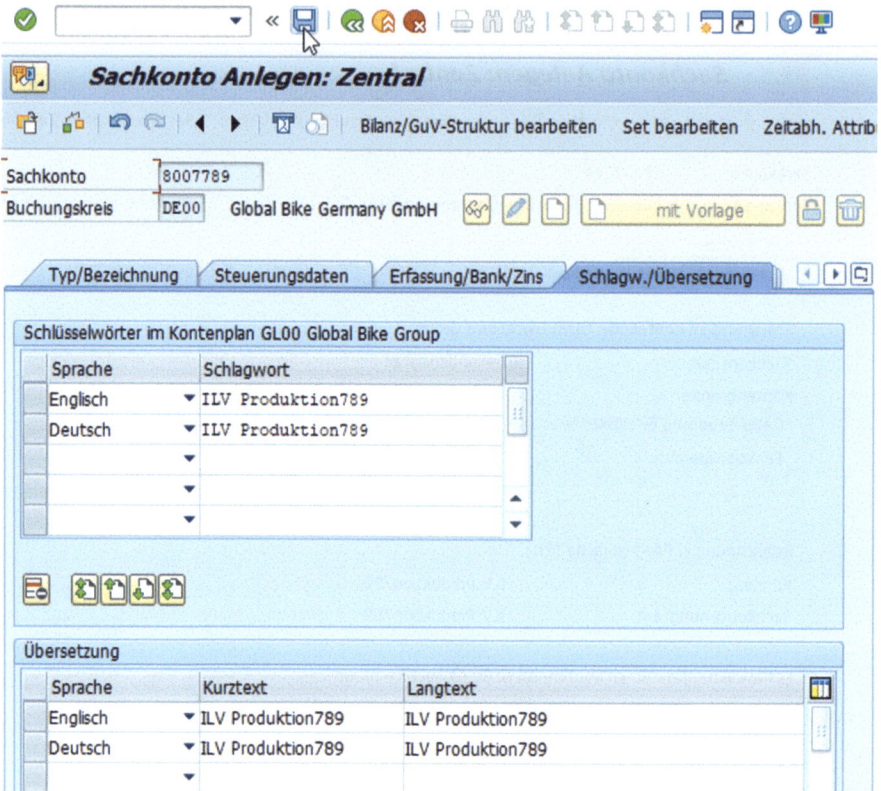

Übung 3.13: Hierarchiebereich „FERT###" in der Standardhierarchie für Kostenstellen anlegen (→ Kapitel 3.3.2.2)

1) Nur falls dies Ihr Dozent noch nicht getan hat:

Legen Sie in den Stammdaten der Kostenstellenrechnung in der Standardhierarchie für Kostenstellen im Kostenrechnungskreis EU00 unter dem bereits existierenden Hierarchiebereich „E4200 Production" einen neuen Hierarchiebereich mit dem Gruppennamen „FERT###" und der Kurzbeschreibung „Fertigung###" an.

3.3 Objektbezogene menschliche Arbeit

Anmerkungen:

- Da zur selben Zeit immer nur ein SAP-Anwender die Kostenstellen-Standardhierarchie ändern kann und in dieser Zeit von allen anderen SAP-Anwendern auch keine damit verbundenen Stammdaten – wie bspw. Kostenstellen – angelegt werden können, sollte man sich nie unnötig lange in dieser Transaktion aufhalten.
- Die Kostenstellen-Standardhierarchie können Sie jedoch natürlich jederzeit anzeigen lassen.

Menüpfad: Rechnungswesen/ Controlling/ Kostenstellenrechnung/ Stammdaten/ Standardhierarchie/ Ändern

Transaktionscode: OKEON

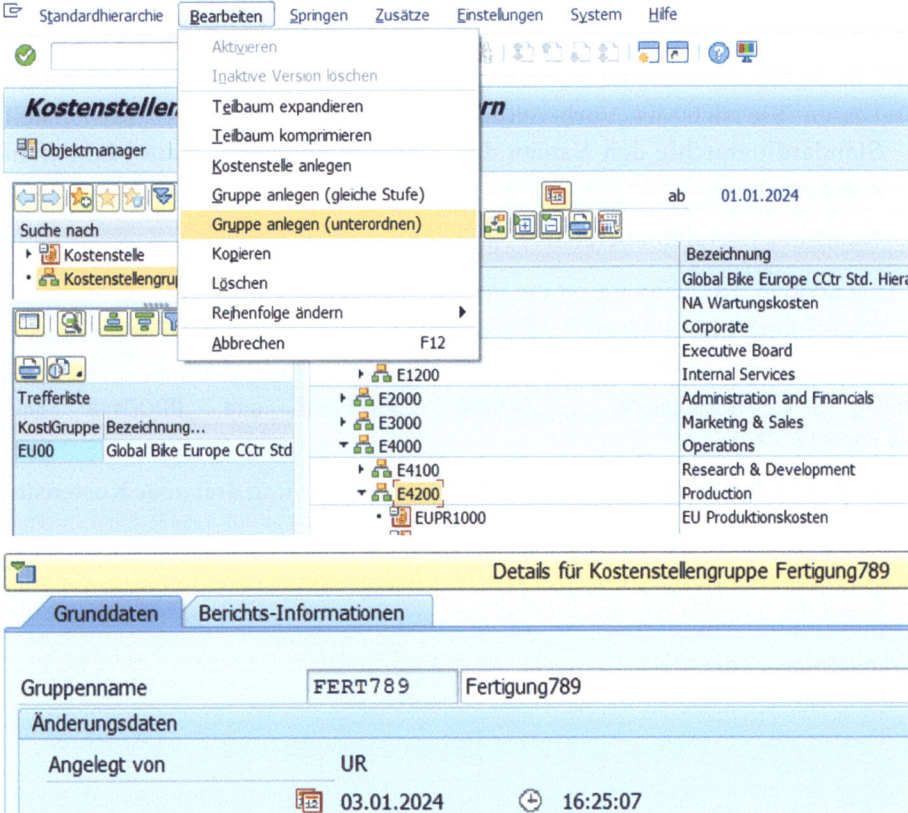

2) **Nur falls Ihr Dozent gerade den neuen Hierarchiebereich „FERT###" anlegt, während Sie sich die Kostenstellen-Standardhierarchie anzeigen lassen:**

   Wird die Anzeige der Kostenstellen-Standardhierarchie automatisch aktualisiert und damit der neu angelegte Hierarchiebereich angezeigt?

   Menüpfad: Rechnungswesen/ Controlling/ Kostenstellenrechnung/ Stammdaten/ Standardhierarchie/ Anzeigen

   Transaktionscode: OKENN

   Nein, solche Aktualisierungen werden bei SAP leider nicht angezeigt.

   Anmerkung:

   Merken Sie sich als Praktiker-Regel für alle Transaktionen: Um sicher zu gehen, dass zwischenzeitlich erfolgte Änderungen korrekt angezeigt werden, sollten Sie immer die Transaktion verlassen und dann wieder neu aufrufen.

3) **Lassen Sie sich als Vorbereitung für Übung 3.14 in der Kostenstellen-Standardhierarchie den Namen des Hierarchiebereichs „Plant Maintenance" anzeigen.**

   Name des Hierarchiebereichs „Plant Maintenance": E4300

   Sie können den Namen und die Position des Hierarchiebereichs „Plant Maintenance" auch in Abbildung 3-41 auf Seite 184 sehen.

Übung 3.14: Kostenstellen „CLEAN###", „PREP###" und „PROD###" anlegen (→ Kapitel 3.3.2.2)

Legen Sie in den Stammdaten der Kostenstellenrechnung drei neue Kostenstellen jeweils einzeln an.

Menüpfad: Rechnungswesen/ Controlling/ Kostenstellenrechnung/ Stammdaten/ Kostenstelle/ Einzelbearbeitung/ Anlegen

Transaktionscode: KS01

3.3 Objektbezogene menschliche Arbeit

1) Kostenstelle Gebäudereinigung „CLEAN###":

   Ihre neue Kostenstelle Gebäudereinigung „CLEAN###" ist vom 01.01. des aktuellen Geschäftsjahres „ewig", d.h. in S/4HANA bis zum 31.12.9999, gültig.

   Die Hilfskostenstelle erhält die Bezeichnung und die Beschreibung „Gebäudereinigung###". Für den Verantwortlichen vergeben Sie irgendeinen Namen.

   Ihre neue Kostenstelle gehört zu Ihrem gerade in Übung 3.13 ermittelten Hierarchiebereich „Plant Maintenance" in der Standardhierarchie für Kostenstellen. Die Kosten werden zukünftig in der Währung Euro gebucht.

   Die Kostenstelle ist dem Geschäftsbereich „Fahrräder"[94] zugeordnet. Lassen Sie sich mit der F1-Hilfe die betriebswirtschaftliche Bedeutung dieser Organisationseinheit anzeigen.[95]

   Bestätigen Sie mit der Taste ENTER die ggf. auftretende Systemmeldung zum leeren Eintrag beim Profit-Center und sichern Sie Ihre neue Kostenstelle.

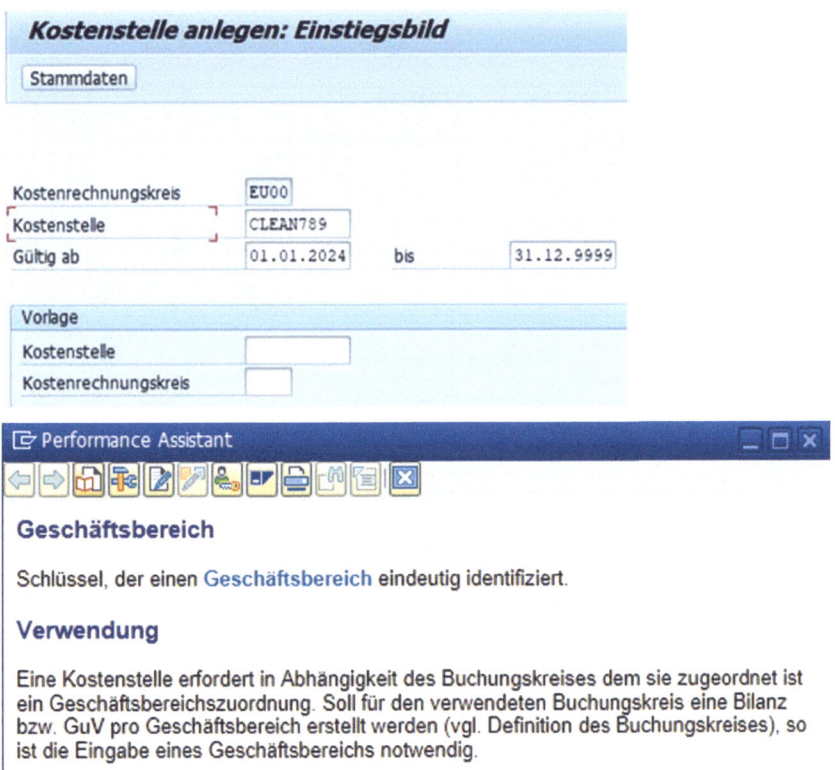

---

[94] Sollten in Ihrem SAP-System keine Geschäftsbereiche definiert sein, so lassen Sie dieses Feld bitte frei.

[95] Die Organisationseinheit „Geschäftsbereich" ist an dieser Stelle ein Pflichtfeld, wird aber ansonsten in den Übungen nicht mehr aktiv verwendet. Deshalb wurde auf Ihre Beschreibung in Kapitel 2 verzichtet.

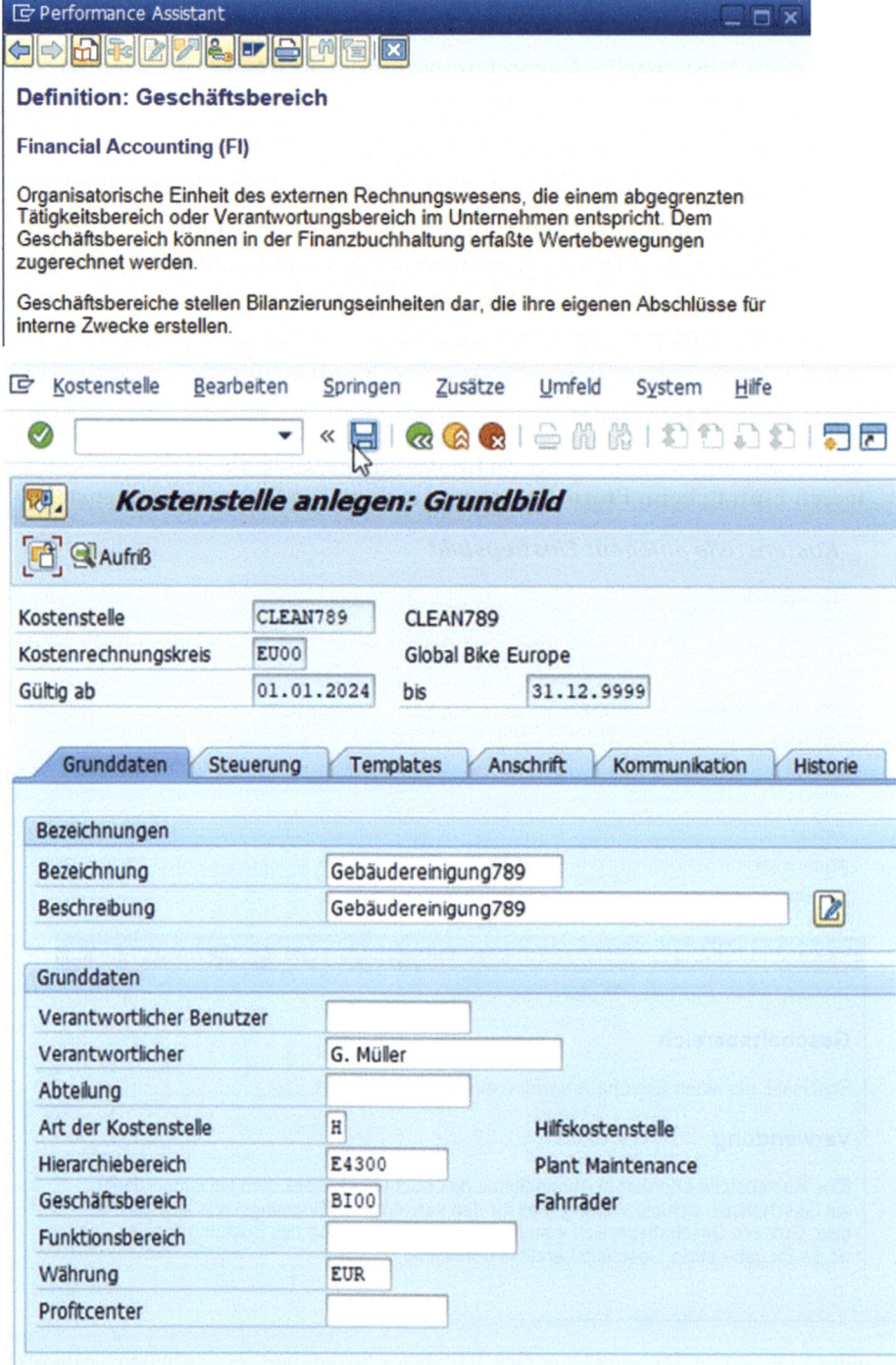

3.3 Objektbezogene menschliche Arbeit

2) Kostenstelle Arbeitsvorbereitung „PREP###":

Ihre neue Kostenstelle Arbeitsvorbereitung „PREP###" ist ebenfalls vom 01.01. des aktuellen Geschäftsjahres bis zum 31.12.9999 gültig.

Sie erhält die Bezeichnung „Arb.vorbereitung###" und die Beschreibung „Arbeitsvorbereitung###". Geben Sie für sie ebenfalls irgendeinen Verantwortlichen ein. Es handelt sich um eine Kostenstelle in der Produktion, die sich in Ihrem in Übung 3.13 neu angelegten Hierarchiebereich „FERT###" befindet.

Sie ist dem Geschäftsbereich „Fahrräder" zugeordnet und Buchungen auf ihr erfolgen in der Währung Euro.

Bestätigen Sie mit der Taste ENTER die ggf. auftretende Systemmeldung zum leeren Eintrag beim Profit-Center und sichern Sie Ihre neue Kostenstelle.

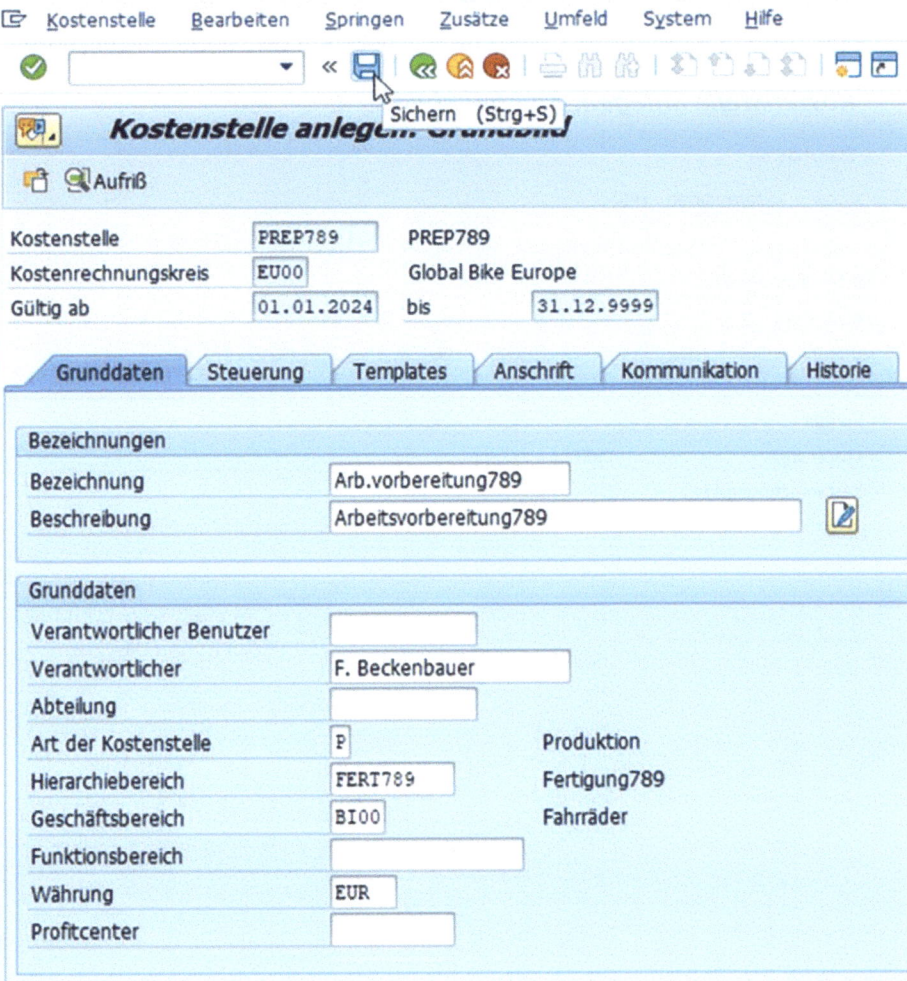

3) Kostenstelle Produktion „PROD###":

Ihre neue Kostenstelle Produktion „PROD###" ist vom 01.01. des aktuellen Geschäftsjahres bis zum 31.12.9999 gültig.

Da diese Kostenstelle eine große Ähnlichkeit mit Ihrer in der letzten Teilaufgabe angelegten Kostenstelle Arbeitsvorbereitung „PREP###" aus dem Kostenrechnungskreis EU00 aufweist, verwenden Sie diese zur Arbeitserleichterung als Kopiervorlage.

Für Ihre neue Kostenstelle Produktion „PROD###" ändern Sie die Bezeichnung und die Beschreibung jeweils in „Produktion###". Den Verantwortlichen übernehmen Sie aus der Kopiervorlage, ebenso die Art der Kostenstelle „P", den Hierarchiebereich „FERT###", den Geschäftsbereich „Fahrräder" sowie die Währung Euro.

Bestätigen Sie mit der Taste ENTER die ggf. auftretende Systemmeldung zum leeren Eintrag beim Profit-Center und sichern Sie Ihre neue Kostenstelle.

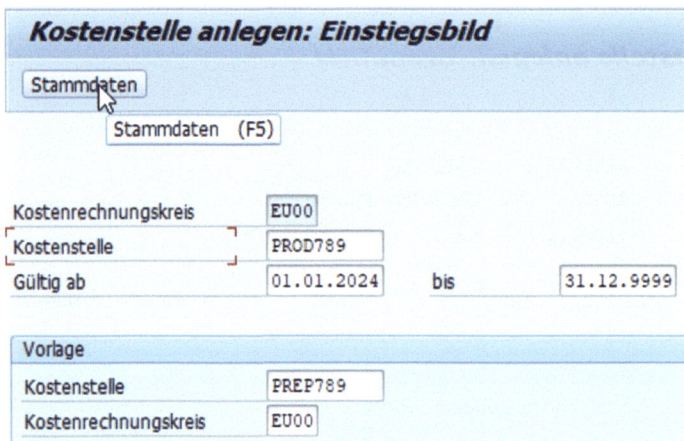

3.3 Objektbezogene menschliche Arbeit

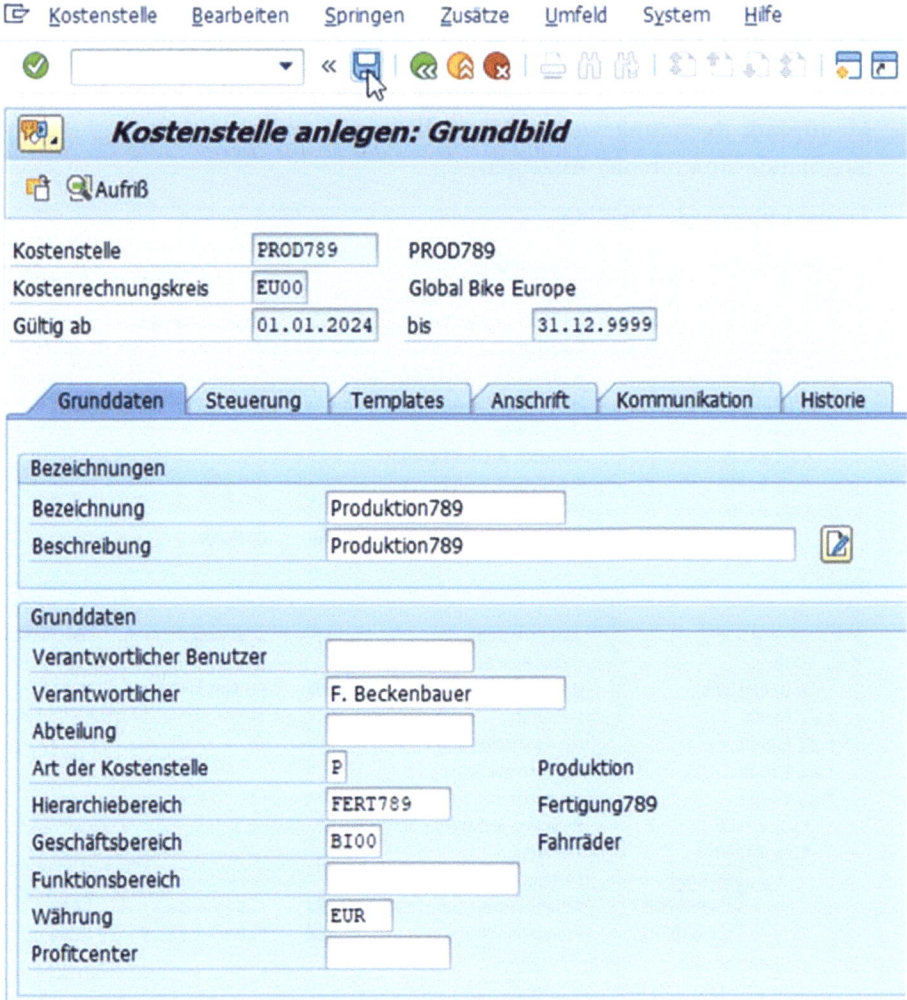

270   3 Abbildung und Integration der Elementarfaktoren in SAP S/4HANA

4) Lassen Sie sich Ihre drei neu angelegten Kostenstellen in der Kostenstellen-Standardhierarchie anzeigen und überprüfen Sie, ob sie jeweils dem korrekten Hierarchiebereich zugeordnet sind.

Menüpfad: Rechnungswesen/ Controlling/ Kostenstellenrechnung/ Stammdaten/ Standardhierarchie/ Anzeigen

Transaktionscode: OKENN

Standardhierarchie	Bezeichnung	Ak...	Verantwortlicher	Buchungskreis
▼ EU00	Global Bike Europe CCtr Std. ...			
• DEPM1000	NA Wartungskosten	▢	EU Plnt Main Mgr	DE00
▶ E1000	Corporate			
▶ E2000	Administration and Financials			
▶ E3000	Marketing & Sales			
▼ E4000	Operations			
▶ E4100	Research & Development			
▶ E4200	Production			
▼ E4300	Plant Maintenance			
• CLEAN789	Gebäudereinigung789	▢	G. Müller	DE00

und

Standardhierarchie	Bezeichnung	Ak...	Verantwortlicher	Buchungskreis
▼ EU00	Global Bike Europe CCtr Std. ...			
• DEPM1000	NA Wartungskosten	▢	EU Plnt Main Mgr	DE00
▶ E1000	Corporate			
▶ E2000	Administration and Financials			
▶ E3000	Marketing & Sales			
▼ E4000	Operations			
▶ E4100	Research & Development			
▼ E4200	Production			
▼ FERT789	Fertigung789			
• PREP789	Arbeitsvorbereitung789	▢	F. Beckenbauer	DE00
• PROD789	Produktion789	▢	F. Beckenbauer	DE00

Übung 3.15: Leistungsarten „PRE###" und „PRO###" für die innerbetriebliche Leistungsverrechnung der Kostenstelle „PREP###" bzw. der Kostenstelle „PROD###" anlegen (→ Kapitel 3.3.2.3)

Legen Sie in den Stammdaten der Kostenstellenrechnung im Kostenrechnungskreis EU00 einzeln je eine Leistungsart für die Arbeitsstunden der Kostenstelle Arbeitsvorbereitung „PREP###" und der Kostenstelle Produktion „PROD###" an.

Menüpfad: Rechnungswesen/ Controlling/ Kostenstellenrechnung/ Stammdaten/ Leistungsart/ Einzelbearbeitung/ Anlegen

Transaktionscode: KL01

3.3 Objektbezogene menschliche Arbeit

1) Legen Sie die Leistungsart „PRE###" an, um später die Arbeitsleistungen in Ihrer Kostenstelle Arbeitsvorbereitung „PREP###" abzubilden.

   Ihre neue Leistungsart „PRE###" ist ab dem 01.01. des aktuellen Geschäftsjahres „unendlich" gültig.

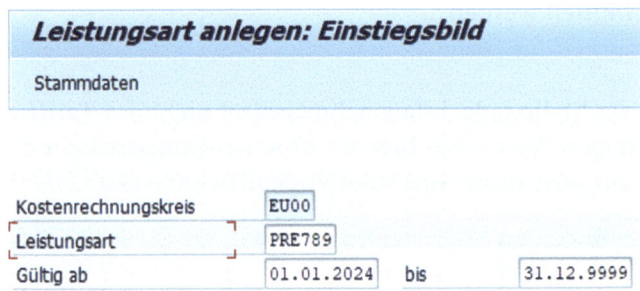

   a) Die Bezeichnung und Beschreibung lauten jeweils „Arb.vorb.stunde###". Die Leistungseinheit für die später erfassten und verrechneten Mengen wird in „Stund<u>en</u>" (Achtung: hier bitte genau lesen) gemessen.

   b) Die Anzahl der Kostenstellen, welche genau diese Leistungsart erbringen können, soll möglichst stark eingegrenzt werden. Welche Kostenstellenart wählen Sie deshalb für diese Leistungsart?

   In Übung 3.14 haben Sie Ihre Kostenstelle Arbeitsvorbereitung „PREP###" mit der Kostenstellenart „P" für Produktionskostenstellen angelegt. Um möglichst stark einzugrenzen, wählen Sie deshalb auch hier die Kostenstellenart „P".

   c) Die Leistungsart wird manuell erfasst und verrechnet. Mit welcher von Ihnen in Übung 3.12 angelegten sekundären Verrechnungskostenart zur innerbetrieblichen Leistungsverrechnung sollte Ihre Leistungsart verrechnet werden?

   Für diese Verrechnung haben Sie in Übung 3.12 die sekundäre zur innerbetrieblichen Leistungsverrechnung „8006###" mit der Bezeichnung „ILV Arb.vorbereit###" angelegt.

d) Lassen Sie sich für eine Leistungsart die betriebswirtschaftliche Bedeutung des Tarifkennzeichens zur Findung des Verrechnungspreises anzeigen. So wird später die Tarifermittlung für die Leistungsart gesteuert.

Der Tarif dieser Leistungsart soll von SAP S/4HANA automatisch auf Basis der Planleistung ermittelt werden.

Anmerkung:

Sie müssen an dieser Stelle jedoch (ausnahmsweise) nicht das Tarifkennzeichen „001" eintragen. Wenn Sie hier für eine Leistungsart kein Tarifkennzeichen wählen, wird automatisch der Plantarif verwendet.

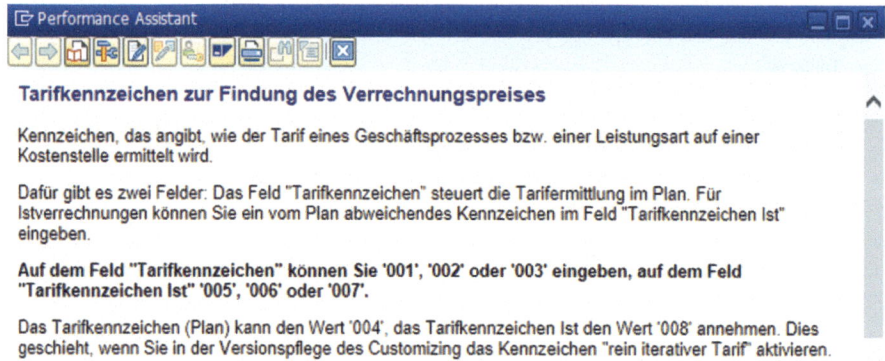

3.3 Objektbezogene menschliche Arbeit

e) **Sichern Sie abschließend Ihre Leistungsart.**

✅ Leistungsart wurde hinzugefügt

2) **Legen Sie nun die Leistungsart „PRO###" an, um später die Arbeitsleistungen Ihrer Kostenstelle Produktion „PROD###" abzubilden.**

Ihre neue Leistungsart „PRO###" ist ebenfalls ab dem 01.01. des aktuellen Geschäftsjahres „unendlich" gültig.

Aufgrund der Ähnlichkeit verwenden Sie zur Arbeitserleichterung als Kopiervorlage Ihre gerade angelegte Leistungsart „PRE###" aus dem Kostenrechnungskreis EU00.

Ändern Sie nur folgende Datenfelder, für die Sie nicht die Werte aus der Kopiervorlage übernehmen:

Die Bezeichnung und Beschreibung lauten jeweils „Produktionsstunde###". Als sekundäre Verrechnungskostenart zur späteren innerbetrieblichen Leistungsverrechnung nehmen Sie die in Übung 3.12 dafür angelegte sekundäre Kostenart zur innerbetrieblichen Leistungsverrechnung „8007###".

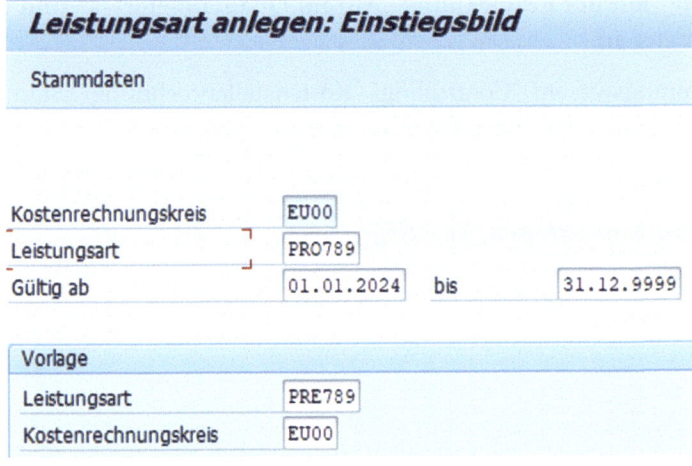

Vergleichen Sie, ob Ihre Leistungsart mit der von Abbildung 3-42 auf Seite 187 übereinstimmt und sichern Sie sie abschließend.

Ja, die Leistungsart stimmt mit der von Abbildung 3-42 auf Seite 187 überein.

Übung 3.16: Statistische Kennzahl „QM###" als Bezugsbasis zur späteren Umlageverrechnung der Kostenstelle „CLEAN###" anlegen (→ Kapitel 3.3.2.4)

Anmerkung:

Für zwei Ihrer drei neu angelegten Kostenstellen haben Sie in der vorherigen Übung je eine Leistungsart zur Abbildung des Elementarfaktors objektbezogene menschliche Arbeit angelegt.

Für die dritte Kostenstelle, die Gebäudereinigung, könnte ebenfalls eine entsprechende Leistungsart angelegt werden. Oftmals verrechnen solche Hilfskostenstellen in der Praxis ihre Kosten jedoch anhand einer mengenmäßigen Bezugsgröße, einer sog. „statistischen Kennzahl".

Auch in diesen Übungen werden die Kosten der Kostenstelle Gebäudereinigung „CLEAN###" später in Übung 3.25 mittels einer Umlage nach der Anzahl der Quadratmeter in den Kostenstellen, die von Ihr gereinigt werden, verrechnet. Als eine der Voraussetzungen für die Verrechnung dieser Umlage wird diese statistische Kennzahl angelegt.

1) Legen Sie in den Stammdaten der Kostenstellenrechnung die statistische Kennzahl „QM###" mit der Bezeichnung „Anzahl Quadratmeter###" und der Einheit Quadratmeter an.

   Menüpfad: Rechnungswesen/ Controlling/ Kostenstellenrechnung/ Stammdaten/ Statistische Kennzahlen/ Einzelbearbeitung/ Anlegen

   Transaktionscode: KK01

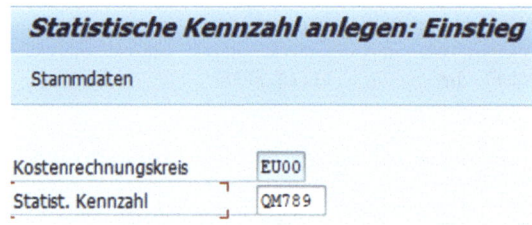

2) Handelt es sich bei dieser Kennzahl vom Typ her um einen Summen- oder einen Festwert?

   Lassen Sie sich dazu die betriebswirtschaftliche Bedeutung dieses Datenfelds anzeigen und wählen Sie dafür den korrekten Eintrag.

   Die statische Kennzahl sehen Sie in Abbildung 3-44 auf Seite 191.

   Es handelt sich um einen Festwert, da davon auszugehen ist, dass sich die Anzahl der Quadratmeter einer Kostenstelle nicht jede Periode ändert.

3) Speichern Sie abschließend Ihre statistische Kennzahl.

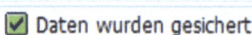

3.3 Objektbezogene menschliche Arbeit

Übung 3.17: Optionale Kostenstellengruppe „EMPF-GR###" mit den Kostenstellen „CLEAN###", „PREP###" und „PROD###" anlegen (→ Kapitel 3.3.2.5)

<u>Anmerkung:</u>

Wie bereits in Übung 3.16 beschrieben, werden in Übung 3.25 die Kosten der Kostenstelle Gebäudereinigung „CLEAN###" per Umlage auf Ihre drei neu angelegten Kostenstellen verrechnet.

Die Empfänger der Kostenverrechnung sind Ihre Kostenstellen Gebäudereinigung „CLEAN###", Arbeitsvorbereitung „PREP###" und Produktion „PROD###". Diese drei Kostenstellen befinden sich in unterschiedlichen Hierarchiebereichen der Kostenstellen-Standardhierarchie. Daher können Sie diese drei Kostenstellen nicht <u>mit genau einem</u> Hierarchiebereich aus der Kostenstellen-Standardhierarchie ansprechen und müssen für sie zusätzlich eine optionale Kostenstellengruppe anlegen.

1) Legen Sie die Kostenstellengruppe „EMPF-GR###" in den Stammdaten der Kostenstellenrechnung mit der Bezeichnung „Empfänger Umlage Gebäudereinigung###" an und ordnen Sie ihr Ihre Kostenstellen Gebäudereinigung „CLEAN###", Arbeitsvorbereitung „PREP###" und Produktion „PROD###" zu.

Menüpfad: Rechnungswesen/ Controlling/ Kostenstellenrechnung/ Stammdaten/ Kostenstellengruppe/ Anlegen

Transaktionscode: KSH1

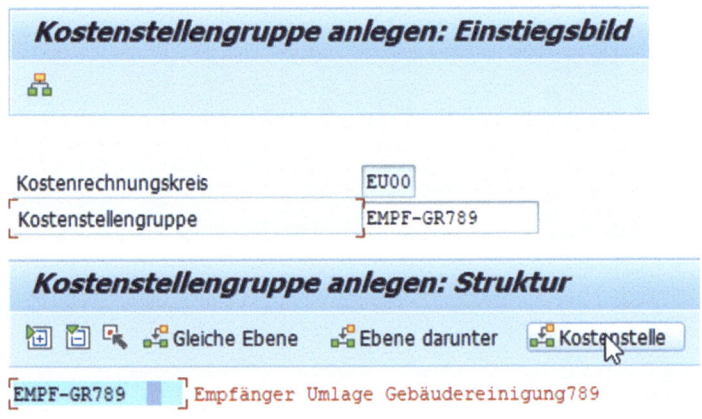

2) Sichern Sie abschließend Ihre neue optionale Kostenstellengruppe und verlassen Sie die Transaktion.

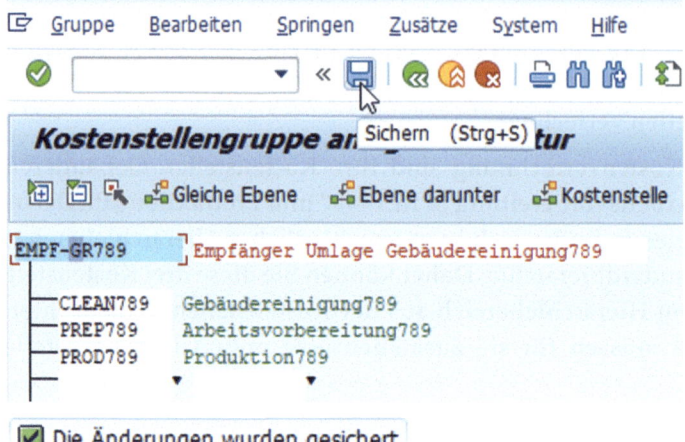

3.3 Objektbezogene menschliche Arbeit

Übung 3.18: Allgemeine Einstellungen für die Planung festlegen (→ Kapitel 3.3.3.1)

1) Lassen Sie sich im Customizing des Controllings die Planversionen bzw. Versionen anzeigen, die für die Planung in der Kostenstellenrechnung im Kostenrechnungskreis EU00 gepflegt sind.

   Menüpfad: Customizing/ Controlling/ Kostenstellenrechnung/ Planung/ Grundeinstellungen zur Planung/ Versionen definieren/ Einstellungen der Version im Kostenrechnungskreis pflegen

   Transaktionscode: CO_VERSION_K

   a) Welche Planversionen existieren im Kostenrechnungskreis EU00?

   Die im Kostenrechnungskreis EU00 existierenden Planversionen sehen Sie in Abbildung 3-51 auf Seite 201.

   b) Lassen Sie sich die betriebswirtschaftliche Bedeutung einer Planversion anzeigen. Welche Besonderheit weist die Planversion 0 in SAP S/4HANA auf?

   Die beiden Antworten finden Sie ebenfalls in Abbildung 3-51 auf Seite 201.

2) Lassen Sie sich im Customizing der Kostenstellenrechnung die allgemein definierten Planerprofile für die manuelle Planung anzeigen.

   Menüpfad: Customizing/ Controlling/ Kostenstellenrechnung/ Planung/ Manuelle Planung/ Eigene Planerprofile definieren

   a) Welche Planungsgebiete sind links in der Dialogstruktur unter „Controlling allgemein" dem Planerprofil SAPALL zugeordnet?

   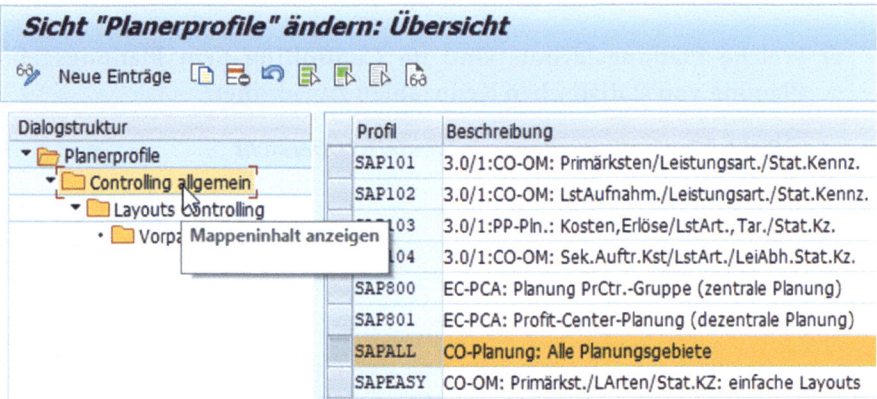

   Abbildung 3-53 auf Seite 203 zeigt die dem Planerprofil SAPALL zugeordneten Planungsgebiete.

b) **Welcher Verteilungsschlüssel für Mengen ist allgemein für das Planungsgebiet zur Planung von statistischen Kennzahlen auf Kostenstellen als Vorschlagswert hinterlegt?**

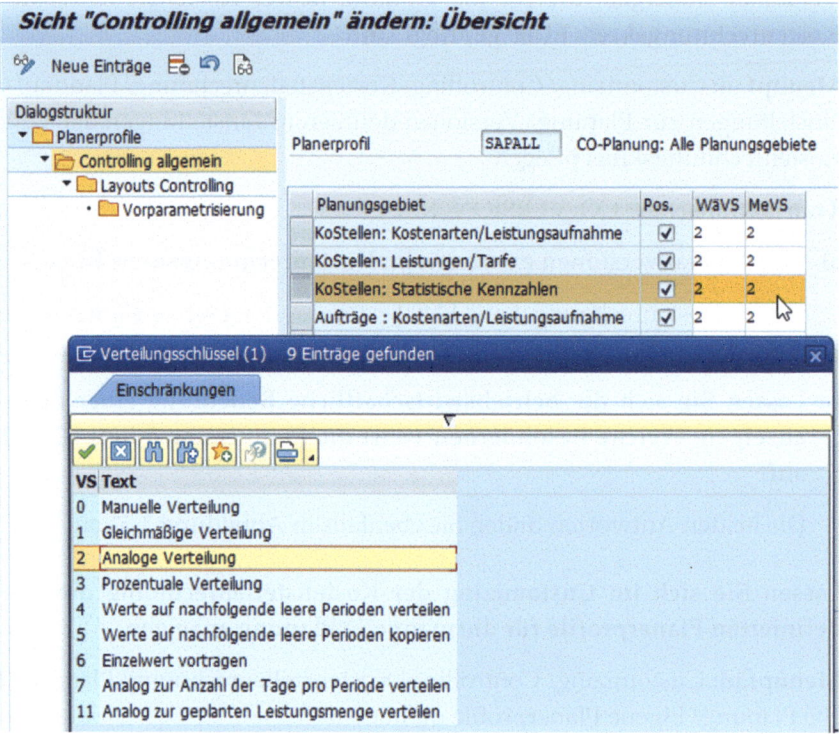

Lesen Sie jetzt auch bitte nochmals unbedingt die Erklärung zur Gleichverteilung bei einer fehlenden Historie von Eingabewerten auf Seite 211 durch und sehen Sie sich Abbildung 3-59 auf Seite 210 an.

c) **Welche Planungslayouts sind im Controlling dem Planungsgebiet zur Planung von statistischen Kennzahlen zugeordnet?**

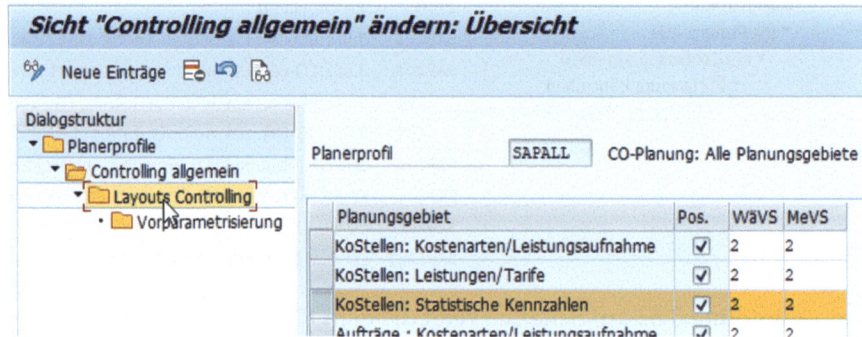

Die zugeordneten Planungslayouts für das Planungsgebiet zur Planung von statistischen Kennzahlen sind in Abbildung 3-54 auf Seite 204 zu sehen.

3.3 Objektbezogene menschliche Arbeit

3) Verlassen Sie das Customizing-Menü und setzen Sie im Anwendungsmenü in der Planung der Kostenstellenrechnung ein Planerprofil für Ihren SAP-Benutzer.

Menüpfad: Rechnungswesen/ Controlling/ Kostenstellenrechnung/ Planung/ Planerprofil setzen

Transaktionscode: KP04

a) Lassen Sie sich nochmals die betriebswirtschaftliche Bedeutung eines Planerprofils anzeigen.

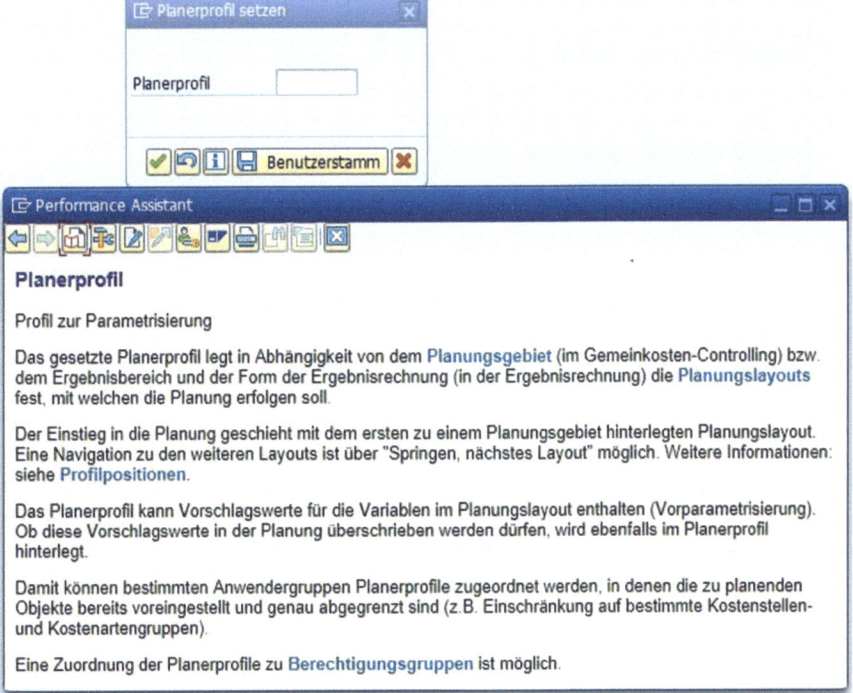

b) Wählen Sie für Ihren Benutzerstamm das Planerprofil SAPALL und sichern Sie es für alle späteren Planungsarbeiten. Verlassen Sie danach die Transaktion, indem Sie das Profil für Ihren Benutzerstamm übernehmen.

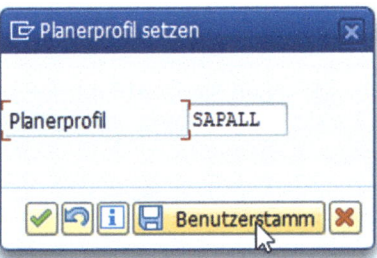

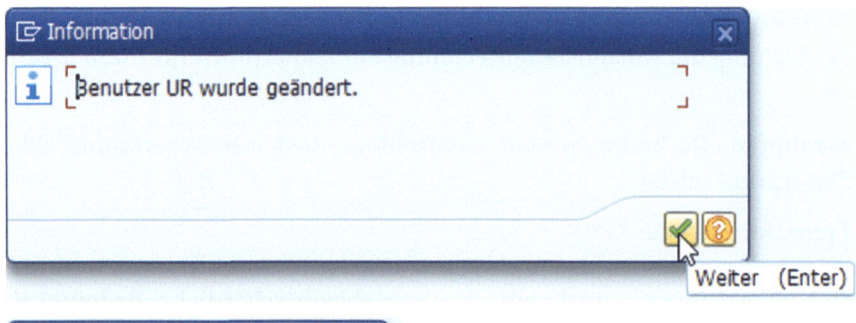

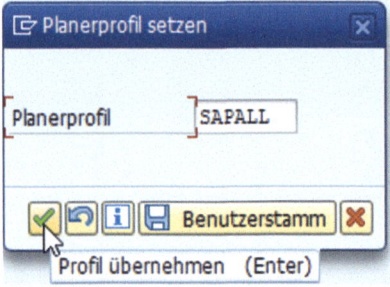

4) Sie lassen sich zukünftig häufig Kostenstellenberichte mit identischen Selektionskriterien anzeigen und wollen diese Selektionskriterien deshalb als Vorschlagswerte erfassen. Geben Sie dazu den Transaktionscode RPC0 im Befehlsfeld ein.

Anmerkung:

Sie müssen den Transaktionscode direkt im Befehlsfeld eingeben, da die zugehörige Transaktion in SAP S/4HANA zwar noch existiert, jedoch nicht mehr im Menübaum angezeigt wird (vgl. Erläuterung auf Seite 204).

a) Sie rufen Berichte i.d.R. immer für Ihre in Übung 3.17 angelegte optionale Kostenstellengruppe „EMPF-GR###" im Kostenrechnungskreis EU00 auf.

b) Sowohl Ihr Planungs- als auch Ihr Berichtszeitraum umfassen i.d.R. die Perioden 1 bis 12 im aktuellen Geschäftsjahr.

c) Zudem planen Sie normalerweise in der Planversion 0.

d) Prüfen und sichern Sie abschließend alle Ihre Eingaben.

Alle Eingaben zu den Teilaufgaben a) bis d) sehen Sie in Abbildung 3-55 auf Seite 205.

3.3 Objektbezogene menschliche Arbeit

Übung 3.19: Periodenwerte der statistischen Kennzahl „QM###" für die Kostenstellen „CLEAN###", „PREP###" und „PROD###" planen (→ Kapitel 3.3.3.2)

In Übung 3.16 haben Sie die statistische Kennzahl „QM###" für die Anzahl der Quadratmeter allgemein angelegt.

Für diese Kennzahl werden nun jeweils die konkreten Planwerte in den einzelnen Kostenstellen erfasst, aufgrund derer in Übung 3.25 die Kosten der Kostenstelle Gebäudereinigung „CLEAN###" per Umlage verrechnet werden.

1) Erfassen Sie in der Planversion 0 für die Perioden 1 bis 12 im aktuellen Geschäftsjahr die Planwerte für die statistische Kennzahl „QM###" auf Ihren drei Kostenstellen.

   Dies könnten Sie einzeln tun, indem Sie diese Transaktion drei Mal aufrufen und die Anzahl der Quadratmeter für jede Kostenstelle einzeln eintragen.

   In Übung 3.17 haben Sie aber zur Arbeitserleichterung für Ihre drei Kostenstellen die optionale Kostenstellengruppe „EMPF-GR###" angelegt.

   Nutzen Sie diese optionale Kostenstellengruppe und geben Sie sie im Planungslayout ein. Springen Sie danach zur Eingabe der Mitarbeiterzahlen in das erste Übersichtsbild.

   Menüpfad: Rechnungswesen/ Controlling/ Kostenstellenrechnung/ Planung/ Statistische Kennzahlen/ Ändern

   Transaktionscode: KP46

   Die Eingabe dieser Werte sehen Sie in Abbildung 3-56 auf Seite 207.

2) Die Kostenstelle Gebäudereinigung „CLEAN###" umfasst eine Fläche von 50 m². Geben Sie diese Anzahl als laufenden Planwert für jede Periode.

   Lassen Sie sich danach die betriebswirtschaftliche Bedeutung der Spalte „T" für den statistischen Kennzahlentyp anzeigen.

   <u>Anmerkung:</u>

   Hier können Sie nochmals überprüfen, ob Sie Ihre statistische Kennzahl „QM###" in Übung 3.16 korrekt als Festwert angelegt haben. Sollte dies nicht der Fall sein, so verbessern Sie zuerst den Stammsatz dieser statistischen Kennzahl, bevor Sie deren Planwerte für die Kostenstellen erfassen.

   Vergewissern Sie sich, dass die Daten auf Ihrem Bildschirm mit denen von Abbildung 3-57 auf Seite 208 übereinstimmen.

3) Lassen Sie sich noch die betriebswirtschaftliche Bedeutung des Verteilungsschlüssels „VS", die rechts von diesem Datenfeld steht, anzeigen.

Anmerkung:

Bei einer statistischen Kennzahl, die als Festwert definiert ist, wird der laufende Planwert in jede Periode übernommen. Theoretisch wäre es hier logisch, den Standardverteilungsschlüssel „1" für die gleichmäßige Verteilung zu verwenden (vgl. Abbildung 3-59 auf Seite 210).

Sie können im konkreten Fall jedoch auch den vorab eingestellten Verteilungsschlüssel „2" für die analoge Verteilung unverändert übernehmen. Lesen Sie dazu unbedingt auf Seite 211 die Erklärung zur Gleichverteilung durch.

Die betriebswirtschaftliche Bedeutung des Verteilungsschlüssels „VS" sehen Sie in Abbildung 3-59 auf Seite 210).

4) Springen Sie jeweils zur nächsten Kombination von Kostenstelle und statistischer Kennzahl, d.h. zur nächsten Kostenstelle in Ihrer optionalen Kostenstellengruppe „EMPF-GR###", und erfassen Sie Folgendes:

Die Kostenstelle Arbeitsvorbereitung „PREP###" umfasst eine Fläche von 150 m² und die Kostenstelle Produktion „PROD###" ist 200 m² groß.

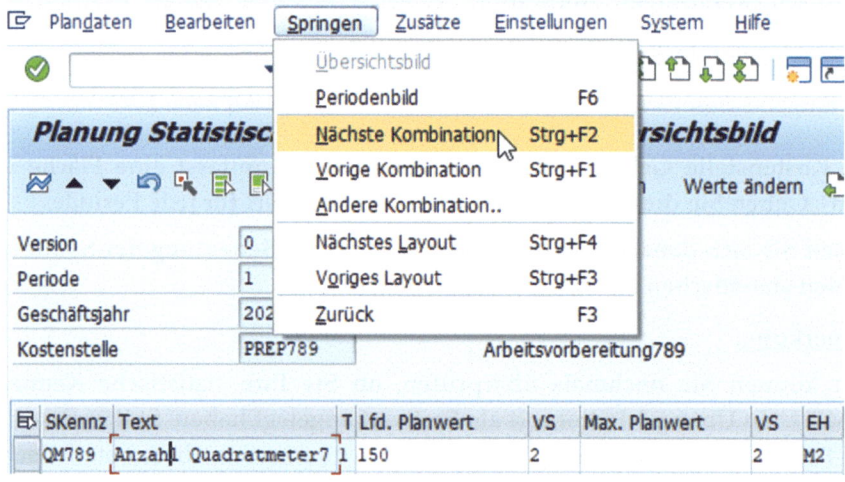

3.3 Objektbezogene menschliche Arbeit

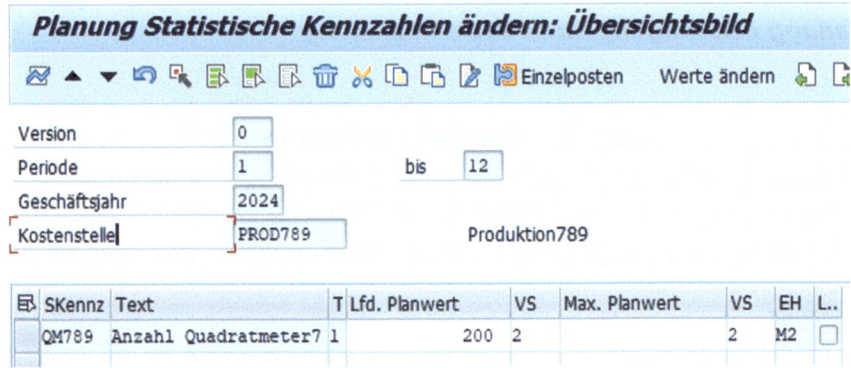

5) Sichern bzw. buchen Sie abschließend die Plandaten für Ihre statistische Kennzahl in Ihren drei Kostenstellen.

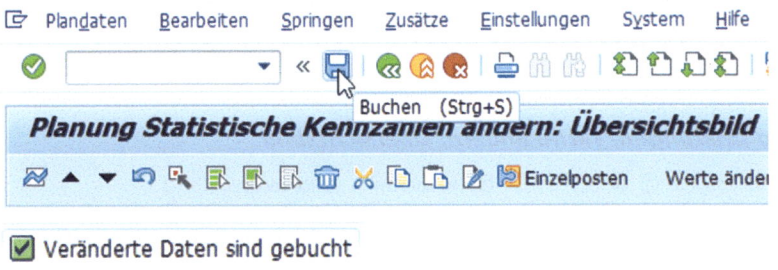

Übung 3.20: Outputmenge der Leistungsart „PRE###" in der Kostenstelle „PREP###" bzw. „PRO###" in der Kostenstelle „PROD###" manuell planen (→ Kapitel 3.3.3.3)

In Übung 3.15 haben Sie die Leistungsart „PRE###" für die Leistungen der Kostenstelle Arbeitsvorbereitung „PREP###" und die Leistungsart „PRO###" für die Leistungen der Kostenstelle Produktion „PROD###" angelegt.

Für diese beiden Leistungsarten werden nun die Mengen im gesamten Geschäftsjahr geplant. Planen bzw. ändern Sie in der Tarifplanung der Leistungserbringung die Mengen (= Planleistung) für diese Leistungsarten jeweils in der Planversion 0 für die Perioden 1 bis 12 im aktuellen Geschäftsjahr.

Menüpfad: Rechnungswesen/ Controlling/ Kostenstellenrechnung/ Planung/ Leistungserbringung/Tarife / Ändern

Transaktionscode: KP26

1) In Ihrer Kostenstelle Arbeitsvorbereitung „PREP###" wird geplant, im gesamten Kalenderjahr 6.000 Stunden der Leistungsart „PRE###" zu erbringen.

   Erfassen Sie diese Plandaten im Übersichtsbild und sichern bzw. buchen Sie diese danach.

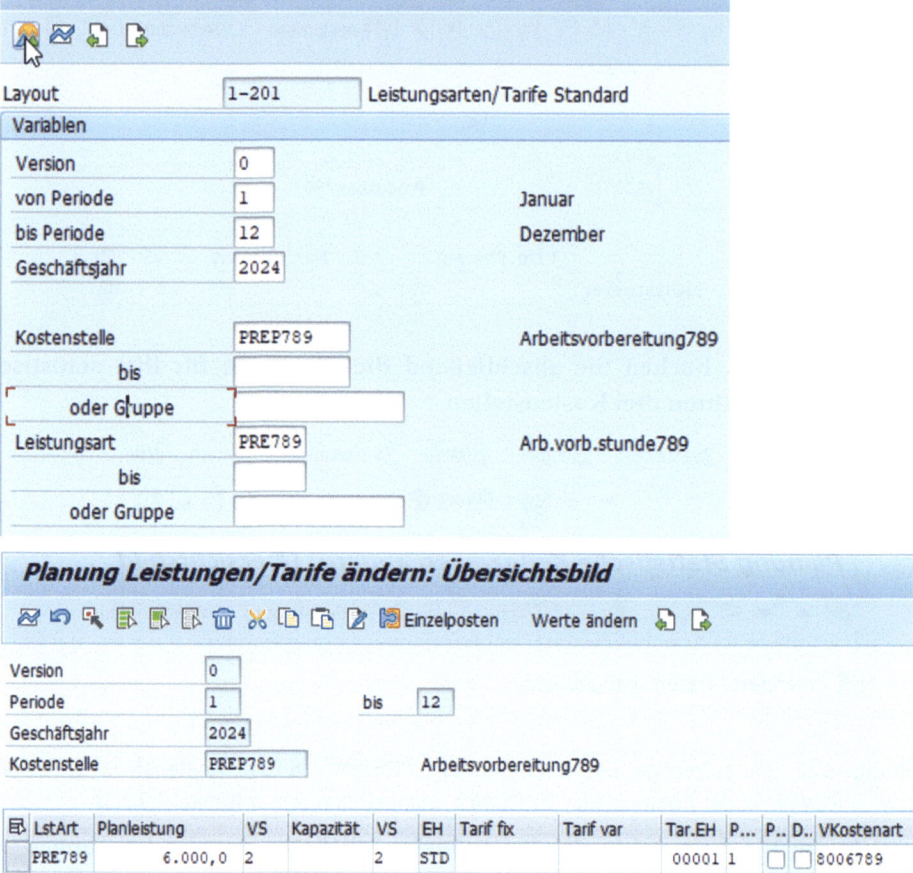

2) In Ihrer Kostenstelle Produktion „PROD###" wird geplant, im gesamten Kalenderjahr 12.000 Stunden der Leistungsart „PRO###" zu erbringen.

Erfassen Sie diese Plandaten im Übersichtsbild. Markieren Sie anschließend die Zeile mit der Leistungsart und springen Sie zum Periodenbild. Lassen Sie sich dort anzeigen, wie die eingegebene gesamte Leistungsmenge auf die einzelnen Monate des aktuellen Kalenderjahres verteilt wird.

Sichern bzw. buchen Sie abschließend Ihre Plandaten zur Leistungserbringung in dieser Kostenstelle.

Alle Eingabewerte bzw. Inhalte sehen Sie in Abbildung 3-61 bis Abbildung 3-63 auf Seite 213ff.

☑ Veränderte Daten sind gebucht

3.3 Objektbezogene menschliche Arbeit

Übung 3.21: Leistungsunabhängige fixe Kostenaufnahmen als Input für die Kostenstellen „CLEAN###", „PREP###" und „PROD###" manuell planen (→ Kapitel 3.3.3.4.1)

Geben Sie den Transaktionscode KP06 im Befehlsfeld ein und planen Sie in der Planversion 0 für die Perioden 1 bis 12 im aktuellen Geschäftsjahr untenstehende leistungsunabhängige Kostenaufnahmen.

Anmerkung:

Der Menüpfad zum Planen von Kostenaufnahmen ist in SAP S/4HANA leider nicht mehr im Menübaum enthalten, obwohl diese Transaktion mit dem Transaktionscode KP06 weiterhin zur Verfügung steht.

In den ERP-Vorgängersystemen SAP ECC und SAP R/3 ist diese Transaktion im Menüpfad „Rechnungswesen/ Controlling/ Kostenstellenrechnung/ Planung/ Kosten/ Leistungsaufnahmen / Ändern" zu finden.

1) In der Kostenstelle Gebäudereinigung „CLEAN###" für die Gebäudereinigung werden fixe Kosten für Löhne (Kostenart 6010000) in Höhe von 45.000 € erwartet.

   Erfassen Sie im Übersichtsbild diese leistungsunabhängige Kostenaufnahme und buchen bzw. sichern Sie diesen Planwert.

   Vergleiche Sie Ihre Eingaben mit Abbildung 3-65 auf Seite 218.

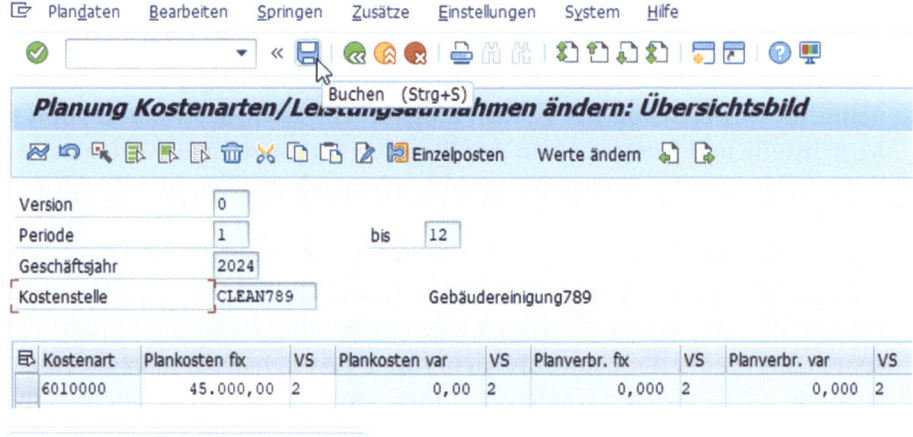

2) Verständnisfragen:

   a) Warum handelt es sich bei leistungsunabhängigen Kostenaufnahmen um fixe Kosten?

   Wie der Name schon sagt: Leistungsunabhängige Kostenaufnahmen hängen nicht von einer Ausbringungsmenge (Leistungsart) ab und sind daher de facto immer Fixkosten.

   b) Warum ergibt es betriebswirtschaftlich Sinn, dass die Kosten für Löhne in der Gebäudereinigung fix statt variabel sind?

   Fest angestellte Mitarbeiter in der Gebäudereinigung putzen Räumlichkeiten oftmals unabhängig von deren konkreter Verschmutzung in einem regelmäßigen zeitlichen Turnus. Dies kann man oft an aushängenden Reinigungsplänen in Räumen sehen. In so einem Fall handelt es sich dann klassischerweise um Fixkosten.

3) Sie planen für das gesamte Kalenderjahr in den drei Kostenstellen mit fixen Kosten für Gas, Strom und Wasser (Kostenart 6325000) in folgender Höhe:

   - Kostenstelle Gebäudereinigung „CLEAN###": 3.000 €
   - Kostenstelle Arbeitsvorbereitung „PREP###": 34.800 €
   - Kostenstelle Produktion „PROD###": 88.500 €

   Erfassen Sie im Übersichtsbild jeweils leistungsunabhängig diese Kostenaufnahmen. Springen Sie nach jeder Eingabe zur nächsten Kombination von Kostenstelle und Kostenart, um den Planwert für die nächste Kostenstelle aus Ihrer optionalen Kostenstellengruppe einzugeben. Abschließend buchen bzw. sichern Sie Ihre Planwerte.

   Anmerkung:

   Da es sich jeweils um dieselbe Kostenart handelt können Sie sich Arbeit sparen, indem Sie die Planwerte nicht für alle Kostenstellen einzeln erfassen, sondern stattdessen wiederum Ihre optionale Kostenstellengruppe „EMPF-GR###" nutzen.

3.3 Objektbezogene menschliche Arbeit

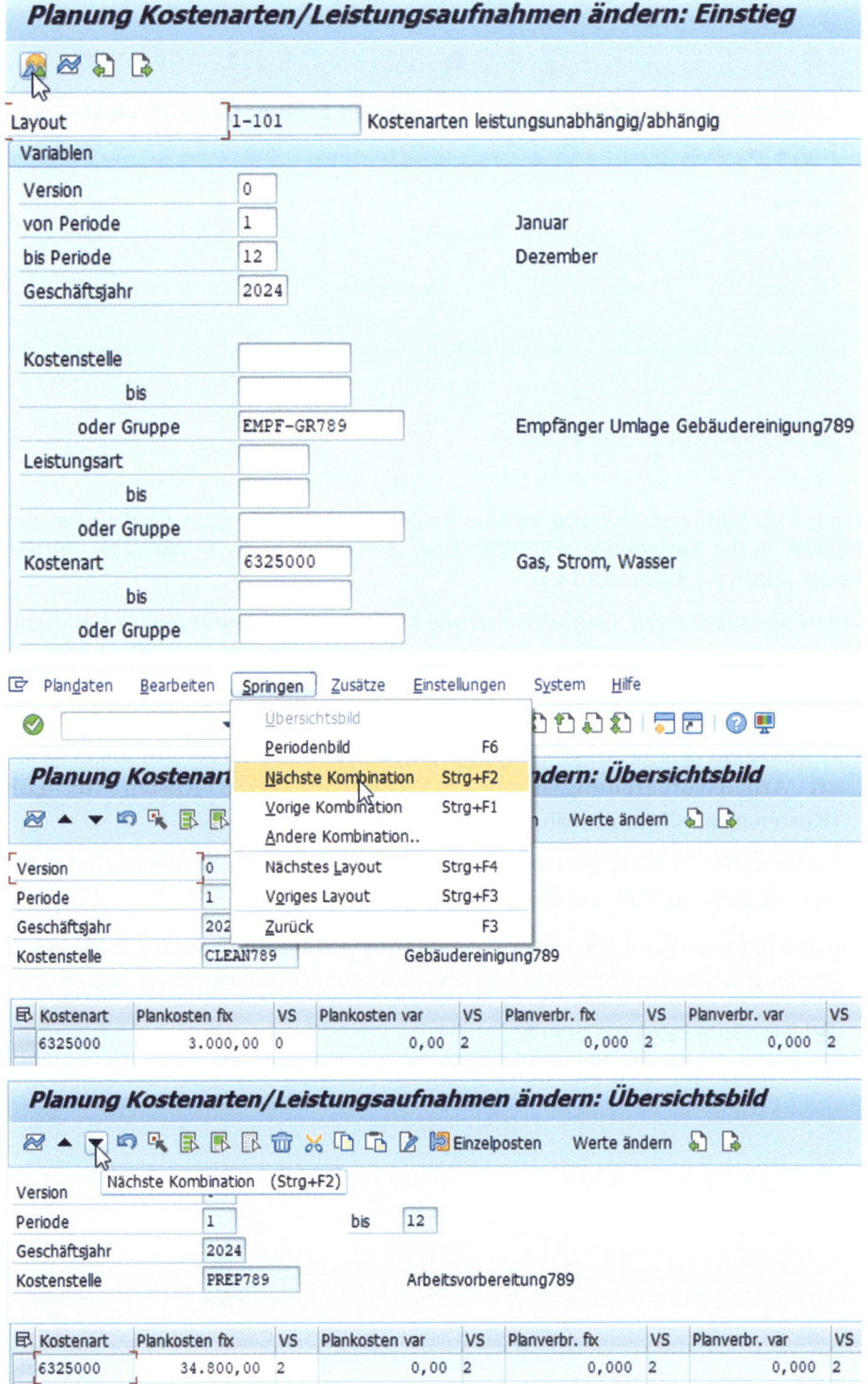

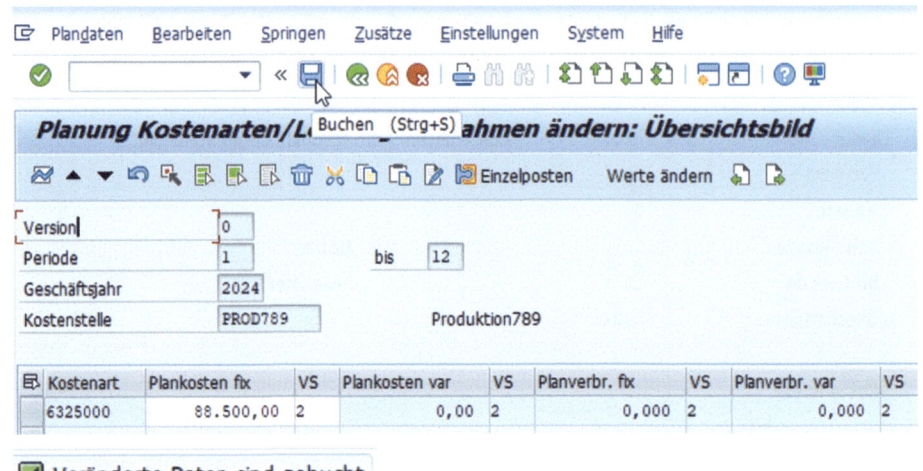

Übung 3.22: Leistungsabhängige variable Kostenaufnahmen als Input für die Leistungsart „PRE###" in der Kostenstelle „PREP###" bzw. „PROD###" in der Kostenstelle „PROD###" manuell planen (→ Kapitel 3.3.3.4.1)

Geben Sie wieder den Transaktionscode KP06 im Befehlsfeld ein und planen Sie in der Planversion 0 für die Perioden 1 bis 12 im aktuellen Geschäftsjahr folgende leistungsabhängige Kostenaufnahmen.

1) In der Kostenstelle Arbeitsvorbereitung „PREP###" werden für die Leistungsart Arbeitsvorbereitungsstunden „PRE###" variable Kosten für Löhne (Kostenart 6010000) in Höhe von 211.200 € erwartet.

   Erfassen Sie im Übersichtsbild leistungsabhängig diese Kostenaufnahme und buchen bzw. sichern Sie danach diesen Planwert.

   Die entsprechenden Eingaben sehen Sie in Abbildung 3-66 auf Seite 219. Die Planung des Kosteninputs findet sich in Abbildung 3-67 auf Seite 219.

3.3 Objektbezogene menschliche Arbeit

2) In der Kostenstelle Produktion „PROD##" wird für die Leistungsart Produktionsstunden „PRO###" mit variablen Kosten für Löhne (Kostenart 6010000) in Höhe von 337.500 € geplant.

Erfassen Sie im Übersichtsbild leistungsabhängig diese Kostenaufnahme und buchen bzw. sichern Sie diesen Planwert.

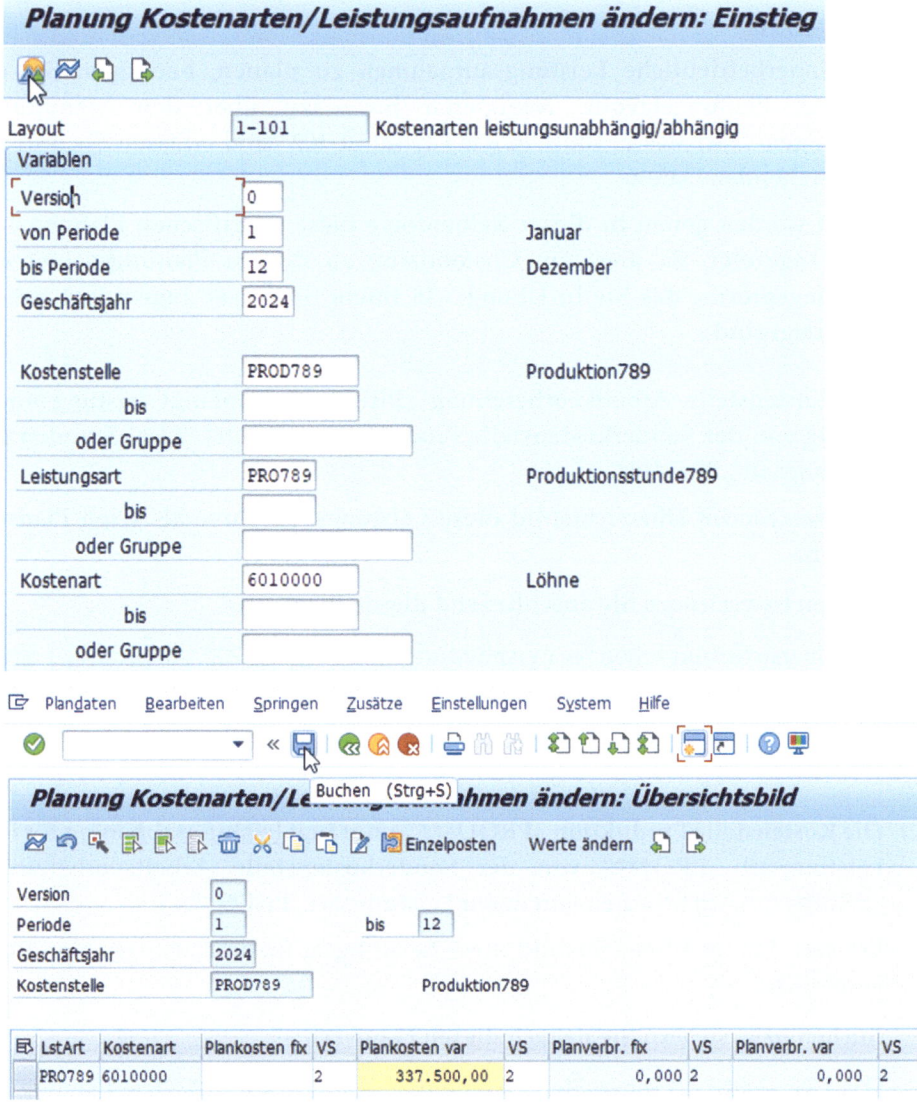

Übung 3.23: Mengen leistungsunabhängiger und leistungsabhängiger innerbetrieblicher Leistungsaufnahmen als Input für die Kostenstellen „PREP###" und „PROD###" manuell planen (→ Kapitel 3.3.3.4.2)

Geben Sie wieder den Transaktionscode KP06 im Befehlsfeld ein und planen Sie in der Planversion 0 für die Perioden 1 bis 12 im aktuellen Geschäftsjahr nachfolgende Leistungsaufnahmen.

<u>Anmerkungen:</u>

- Um innerbetriebliche Leistungsaufnahmen zu planen, benötigen Sie ein anderes Planungslayout. Navigieren Sie dazu über den Menüpunkt „Springen/ Nächstes Layout" in das Layout „1-102" und erfassen Sie dort die nachstehenden Daten.

- Ihnen werden genau in dieser Reihenfolge diese spezifischen Planungslayouts angezeigt, da diese im Customizing zu diesem Planungsgebiet des Planungsprofils, das Sie in Übung 3.18 Ihrem SAP-User zugeordnet haben, hinterlegt sind.

1) Die Kostenstelle Arbeitsvorbereitung „PREP###" empfängt <u>leistungsunabhängig</u> von der Senderkostenstelle Produktion „PROD###" 600 Stunden der Leistungsart „PRO###".

   Erfassen Sie im Übersichtsbild diese Leistungsaufnahme als <u>fixen</u> Planverbrauch.

   Buchen bzw. sichern Sie anschließend diesen Planwert.

   Das Übersichtsbild sehen Sie in Abbildung 3-68 auf Seite 220. Abbildung 3-69 auf Seite 221 zeigt die geplante Leistungsaufnahme.

   ☑ Veränderte Daten sind gebucht

2) Die Kostenstelle Produktion „PROD###" empfängt <u>leistungsabhängig</u> für ihre Leistungsart „PRO###" von der Senderkostenstelle Arbeitsvorbereitung „PREP###" 5.400 Stunden von deren Leistungsart „PRE###".

   Erfassen Sie im Übersichtsbild diese Leistungsaufnahme als <u>variablen</u> Planverbrauch.

   Buchen bzw. sichern Sie danach diesen Planwert.

   Das Übersichtsbild sehen Sie in Abbildung 3-70 auf Seite 222. Die Planung der empfangenen Leistungsmenge zeigt Abbildung 3-71 auf Seite 222.

   ☑ Veränderte Daten sind gebucht

3.3 Objektbezogene menschliche Arbeit

Übung 3.24: Berichte für die Kostenstellen „CLEAN###", „PREP###" und „PROD###" nach dem Input von Kosten- und Leistungsaufnahmen aufrufen (→ Kapitel 3.3.3.4)

<u>Anmerkung:</u>

Berichte finden sich allgemein im Menübaum von SAP S/4HANA im zugehörigen Menüpunkt „Infosystem". Allerdings gibt es an etlichen weiteren Stellen in SAP S/4HANA weitere einzelne Berichte.

1) Überprüfen Sie Ihre bisherigen Planbuchungen, indem Sie im Infosystem der Kostenstellenrechnung in den Plan/Ist-Vergleichen den Bericht „Bereich: Kostenstellen" aufrufen.

    Menüpfad: Rechnungswesen/ Controlling/ Kostenstellenrechnung/ Infosystem/ Berichte zur Kostenstellenrechnung/ Plan/Ist-Vergleiche/ Bereich: Kostenstellen

    Transaktionscode: S_ALR_87013612

    a) Warum wurden in SAP S/4HANA die Datenfelder für diesen Bericht bereits als Vorschlagswerte gefüllt?

    Diese Vorschlagswerte für Berichte haben Sie in Übung 3.18 für Ihren SAP-User gespeichert. Dort haben Sie festgelegt, dass Sie Berichte i.d.R. immer für den Kostenrechnungskreis EU00 aufrufen und sowohl Ihr Planungs- als auch Ihr Berichtszeitraum i.d.R. die Perioden 1 bis 12 des aktuellen Geschäftsjahres umfassen.

    b) Führen Sie diesen Bericht mit den Vorschlagswerten aus. Wie hoch sind die gesamten Plankosten auf Ihren drei Kostenstellen?

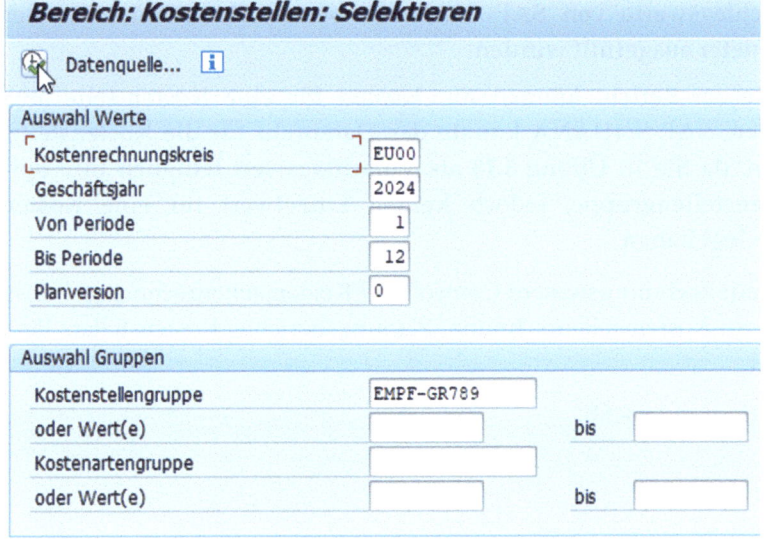

292　　3 Abbildung und Integration der Elementarfaktoren in SAP S/4HANA

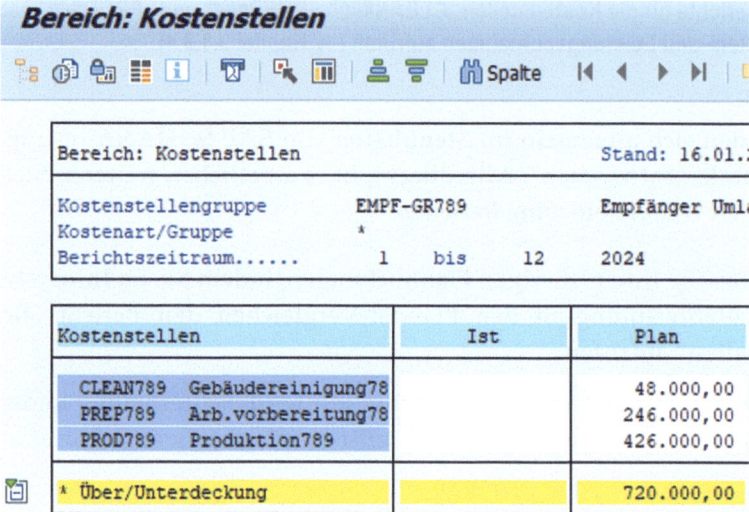

2) In diesem Bericht sind nur die jeweiligen gesamten Plankosten je Kostenstelle zu sehen.

Sie haben in den vorherigen Übungen für Ihre drei Kostenstellen jedoch auch statistische Kennzahlen und Leistungsmengen geplant. Um sich diese Daten zusammen mit den Plankosten anzeigen zu lassen überprüfen Sie Ihre bisherigen Planbuchungen im Infosystem der Kostenstellenrechnung, indem Sie den Bericht zur Planungsübersicht für Kostenstellen aufrufen.[96]

Anmerkungen:

- Auch hier sehen Sie, dass aufgrund Ihrer in Übung 3.18 erfassten Vorschlagswerte von SAP S/4HANA bereits Datenfelder für Berichtsparameter ausgefüllt wurden.

- In diesem Bericht können nur Kosten für eine Kostenstelle angezeigt werden. SAP S/4HANA konnte das Datenfeld für die Kostenstelle nicht füllen, da Sie in Übung 3.18 als Vorschlagswert lediglich Ihre optionale Kostenstellengruppe, jedoch keinen Einzelwert für eine Kostenstelle hinterlegt haben.

Menüpfad: Rechnungswesen/ Controlling/ Kostenstellenrechnung/ Infosystem/ Berichte zur Kostenstellenrechnung/ Planungsberichte/ Kostenstellen: Planungsübersicht

Transaktionscode: KSBL

---

[96] Tipp: Fügen Sie diese Transaktion, die Sie später noch öfter aufrufen werden, zu Ihrer Favoritenliste hinzu.

3.3 Objektbezogene menschliche Arbeit

a) Führen Sie diesen Bericht für Ihre Kostenstelle Gebäudereinigung „CLEAN###" für die Perioden 1 bis 12 im aktuellen Geschäftsjahr in der Planversion 0 aus.

Überprüfen Sie auch anhand der untenstehenden Abbildung, ob Sie die bisherigen Plankosten in Höhe von 48.000 € und die Ausprägung von 50 m² der statistischen Kennzahl „QM###" aus den vorherigen Übungen korrekt erfasst haben.

Falls dem nicht so sein sollte, so müssen Sie aufgetretene Fehler bzw. Abweichungen suchen und korrigieren, bevor Sie mit den Übungen fortfahren.

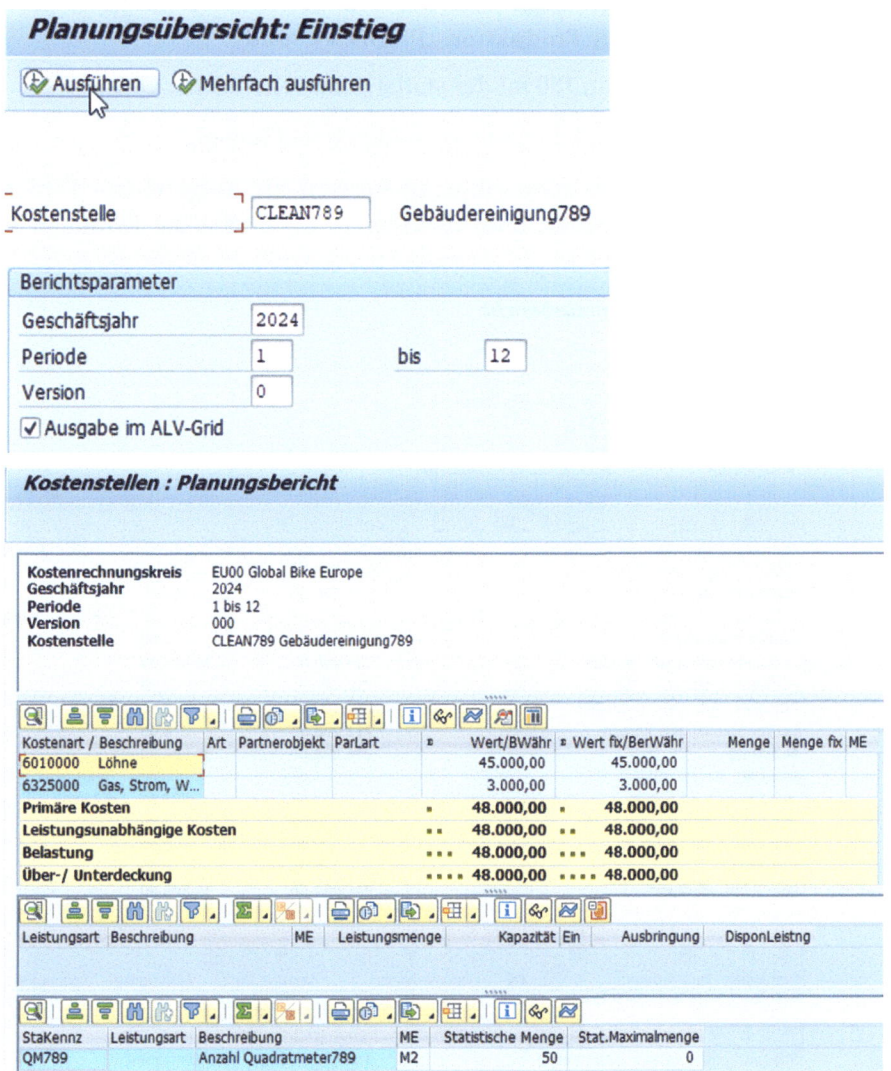

b) Führen Sie diesen Bericht nun für Ihre Kostenstelle Arbeitsvorbereitung „PREP###" für die Perioden 1 bis 12 im aktuellen Geschäftsjahr in der Planversion 0 aus.

Überprüfen Sie durch Vergleich mit der untenstehenden Abbildung, ob Sie die

- bisherigen Plankosten in Höhe von insgesamt 246.000 €,
- Output-Leistungsmenge von 6.000 Stunden der Leistungsart „PRE###" (davon leistungsabhängig 5.400 Stunden disponierte Leistung für die Leistungsart „PRO###" der Kostenstelle Produktion „PROD###"),
- Input-Leistungsmenge von 600 Stunden der Leistungsart „PRO###" der Kostenstelle Produktion „PROD###" und
- Ausprägung von 150 m² der statistischen Kennzahl „QM###"

aus den vorherigen Übungen korrekt gebucht haben.

Falls dem nicht so sein sollte, so müssen Sie aufgetretene Fehler bzw. Abweichungen suchen und korrigieren, bevor Sie die Übungen weiterbearbeiten.

Kostenstellen : Planungsbericht

Kostenrechnungskreis EU00 Global Bike Europe
Geschäftsjahr 2024
Periode 1 bis 12
Version 000
Kostenstelle PREP789 Arb.vorbereitung789

Kostenart / Beschreibung	Art	Partnerobjekt	ParLArt	Σ	Wert/BerichtsWähr	Σ	Wert fix/BerWähr	Menge	Menge fix	ME
6325000 Gas, Strom, W...					34.800,00		34.800,00			
Primäre Kosten				•	34.800,00	•	34.800,00			
8007789 ILV Produktion...	LEI	PROD789	PRO789		0,00		0,00	600,0	600,0	STD
Leistungsaufnahme				•	0,00	•	0,00			
Leistungsunabhängige Kosten				••	34.800,00	••	34.800,00			
6010000 Löhne					211.200,00		0,00			
PRE789 Arb.vorb.stunde789				•	211.200,00	•	0,00			
Leistungsabhängige Kosten				••	211.200,00	••	0,00			
Belastung				•••	246.000,00	•••	34.800,00			
8006789 ILV Arb.vorber...					0,00		0,00	600,0-	0,0	STD
8006789 ILV Arb.vorber...	LEI	PROD789	PRO789		0,00		0,00	5.400,0-	0,0	STD
PRE789 Arb.vorb.stunde789				•	0,00	•	0,00			
Leistungsverrechnung				••	0,00	••	0,00			
Entlastung				•••	0,00	•••	0,00			
Über-/ Unterdeckung				••••	246.000,00	••••	34.800,00			

Leistungsart	Beschreibung	ME	Leistungsmenge	Kapazität	Ein	Ausbringung	DisponLeistng
PRE789	Arb.vorb.stunde789	STD	6.000,0	0,0			5.400,0

StaKennz	Leistungsart	Beschreibung	ME	Statistische Menge	Stat.Maximalmenge
QM789		Anzahl Quadratmeter789	M2	150	0

3.3 Objektbezogene menschliche Arbeit

c) Führen Sie diesen Bericht abschließend für Ihre Kostenstelle Produktion „PROD###" für die Perioden 1 bis 12 im aktuellen Geschäftsjahr in der Planversion 0 aus.

Überprüfen Sie auch durch Vergleich mit der untenstehenden Abbildung, ob Sie die

- bisherigen Plankosten in Höhe von insgesamt 426.000 €,
- Output-Leistungsmenge von 12.000 Stunden der Leistungsart „PRO###" (davon leistungsunabhängig 600 Stunden disponierte Leistung für die Kostenstelle Arbeitsvorbereitung „PREP###"),
- Input-Leistungsmenge von 5.400 Stunden der Leistungsart „PRE###" der Kostenstelle Arbeitsvorbereitung „PREP###" und
- Ausprägung von 200 m² der statistischen Kennzahl „QM###"

aus den vorherigen Übungen korrekt erfasst haben.

Falls dem nicht so sein sollte, so müssen Sie aufgetretene Fehler bzw. Abweichungen suchen und korrigieren, bevor Sie mit den Übungen fortfahren.

Kostenstellen : Planungsbericht

Kostenrechnungskreis	EU00 Global Bike Europe
Geschäftsjahr	2024
Periode	1 bis 12
Version	000
Kostenstelle	PROD789 Produktion789

Kostenart / Beschreibung	Art	Partnerobjekt	ParLart	*	Wert/BerichtsWähr	*	Wert fix/BerWähr	Menge	Menge fix	ME
6325000 Gas, Strom, W...					88.500,00		88.500,00			
Primäre Kosten				*	88.500,00	*	88.500,00			
Leistungsunabhängige Kosten				**	88.500,00	**	88.500,00			
6010000 Löhne							337.500,00		0,00	
8006789 ILV Arb.vorber...	LEI	PREP789	PRE789		0,00		0,00	5.400,0	0,0	STD
PRO789 Produktionsstunde789				*	337.500,00	*	0,00			
Leistungsabhängige Kosten				**	337.500,00	**	0,00			
Belastung				***	426.000,00	***	88.500,00			
8007789 ILV Produktion...					0,00		0,00	11.400,0-	0,0	STD
8007789 ILV Produktion...	KST	PREP789			0,00		0,00	600,0-	0,0	STD
PRO789 Produktionsstunde789				*	0,00	*	0,00			
Leistungsverrechnung				**	0,00	**	0,00			
Entlastung				***	0,00	***	0,00			
Über-/ Unterdeckung				****	426.000,00	****	88.500,00			

Leistungsart	Beschreibung	ME	Leistungsmenge	Kapazität	Ein	Ausbringung	DisponLeistng
PRO789	Produktionsstunde789	STD	12.000,0	0,0			600,0

StaKennz	Leistungsart	Beschreibung	ME	Statistische Menge	Stat.Maximalmenge
QM789		Anzahl Quadratmeter789	M2	200	0

Übung 3.25: Umlage zur Kostenverrechnung der Kostenstelle „CLEAN###" anlegen und ausführen (→ Kapitel 3.3.3.4.3)

Am Ende jeder Periode verrechnet die Hilfskostenstelle Gebäudereinigung „CLEAN###" ihre Kosten nach dem „Gießkannen-Prinzip" anhand einer Umlage aufgrund der statistischen Kennzahl „QM###" für die Anzahl der Quadratmeter an verschiedene Empfängerkostenstellen.

Legen Sie diese Umlage nun in der Planung der Kostenstellenrechnung als Verrechnung an.

Menüpfad: Rechnungswesen/ Controlling/ Kostenstellenrechnung/ Planung/ Verrechnungen/ Umlage

Transaktionscode: KSUB

1) Wählen Sie in dieser Transaktion den Menüpunkt „Zusätze" um Ihren Plan-Umlagezyklus „UMG###" mit dem Text „Planumlage Gebäudereinigung###" anzulegen. Die Umlage soll ab dem 01.01. des aktuellen Geschäftsjahres gültig sein.

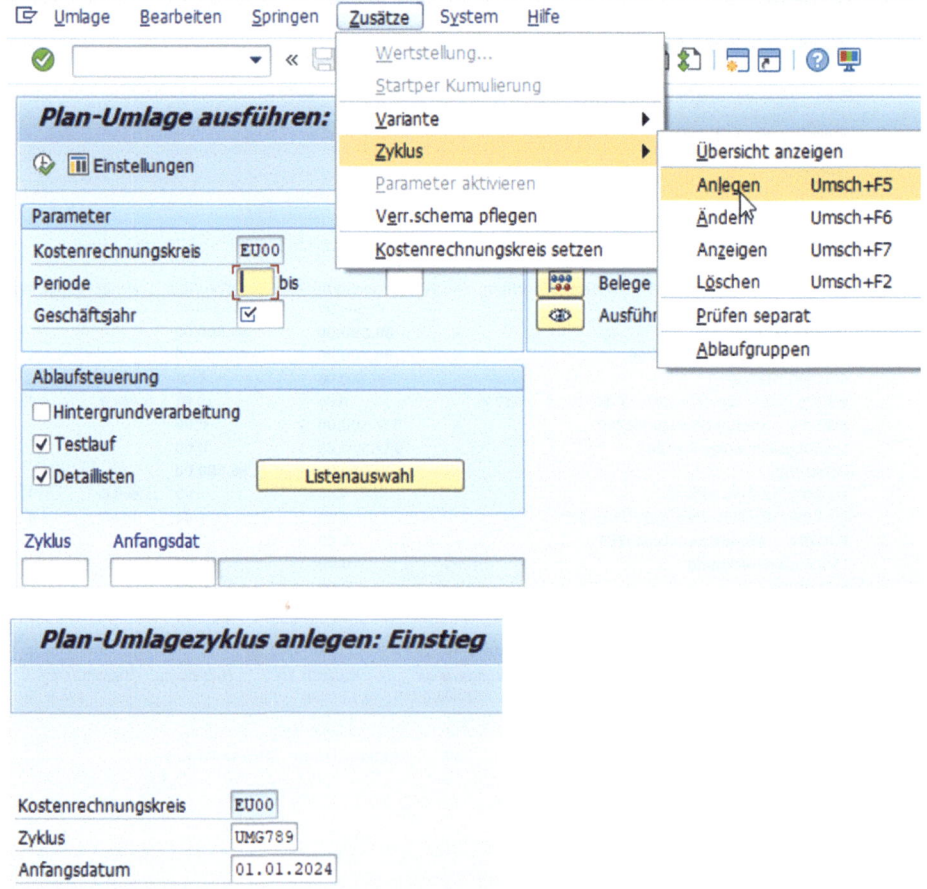

3.3 Objektbezogene menschliche Arbeit

2) Hängen Sie an Ihren Zyklus ein Segment mit dem Namen „SEG01" und dem zugehörigen Text „Segment 01" an und erfassen Sie die folgenden Sachverhalte.

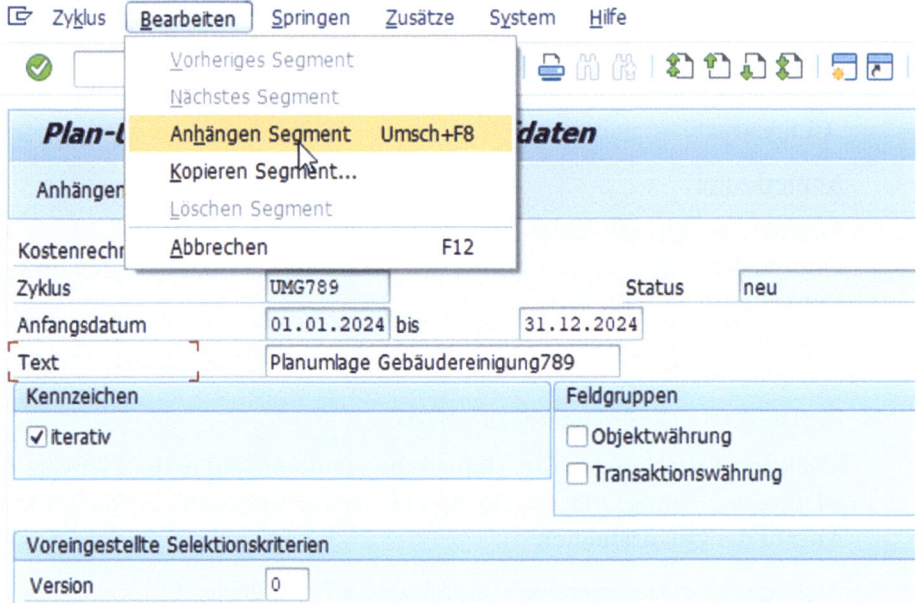

a) Registerkarte „Segmentkopf":

Von der Senderkostenstelle „Gebäudereinigung" „CLEAN###" werden die gebuchten Beträge zu 100% mit Ihrer in Übung 3.12 angelegten sekundären Kostenart zur Umlageverrechnung „8005###" in der Planversion 0 verrechnet.

Die variablen Anteile für Ihre in Übung 3.16 angelegte statistische Kennzahl „QM###"[97] bildet die Empfängerbezugsbasis.

Eine Normierung negativer Bezugsbasen findet nicht statt.

Diese Eingaben sehen Sie in Abbildung 3-73 auf Seite 225.

---

[97] Die konkrete statistische Kennzahl „QM###" erfassen Sie später in der Registerkarte „Empfängerbezugsbasis".

b) Registerkarte „Sender/ Empfänger":

Sender der zu verrechnenden Plankosten ist Ihre Kostenstelle Gebäudereinigung „CLEAN###".

Empfänger der Verrechnung ist Ihre in Übung 3.17 angelegte optionale Kostenstellengruppe „EMPF-GR###".[98]

Verrechnet werden alle Kostenarten Ihrer Kostenstelle Gebäudereinigung „CLEAN###".

<u>Anmerkung:</u>

Tragen Sie deshalb beim Sender in der Zeile „Kostenart" nichts ein. Dies bedeutet an dieser Stelle, dass es keine Eingrenzungen bei der Verrechnung von Kostenarten gibt.

Diese Daten sehen Sie in Abbildung 3-74 auf Seite 226.

c) Registerkarte „Empfängerbezugsbasis":

Selektionskriterium für Ihre statistische Plankennzahl in der Planversion 0 ist Ihre in Übung 3.16 angelegte statistische Kennzahl „QM###"für die Anzahl der Quadratmeter.

Alle Eingabewerte sehen Sie in Abbildung 3-75 auf Seite 227.

d) Registerkarte „Empfängergewichtungsfaktoren":

Die Ausprägungen der statistischen Kennzahl „QM###" soll bei allen Empfängerkostenstellen gleich gewichtet sein.

Lassen Sie sich dazu, obwohl Sie in dieser Registerkarte nichts ändern, die betriebswirtschaftliche Bedeutung von Empfängergewichtungsfaktoren anzeigen.

Die betriebswirtschaftliche Bedeutung von Empfängergewichtungsfaktoren ist in Abbildung 3-76 auf Seite 227 beschrieben.

---

[98]Die optionale Kostenstellengruppe „EMPF-GR###" enthält die drei Kostenstellen Gebäudereinigung „CLEAN###", Arbeitsvorbereitung „PREP###" und Produktion „PROD###".

3.3 Objektbezogene menschliche Arbeit

e) Wählen Sie in der Menüleiste den Menüpunkt „Springen/ Kopfdaten" um aus dem Segment zu den Kopfdaten Ihres Zyklus zu gelangen.

Führen Sie dann für Ihren Zyklus eine formale Prüfung durch.

Anmerkung:

Durch diese formale Prüfung wird lediglich sichergestellt, dass alle Ihre Eingaben formal korrekt sind. Inhaltlich kann SAP S/4HANA Ihre Eingaben aber natürlich nicht überprüfen.

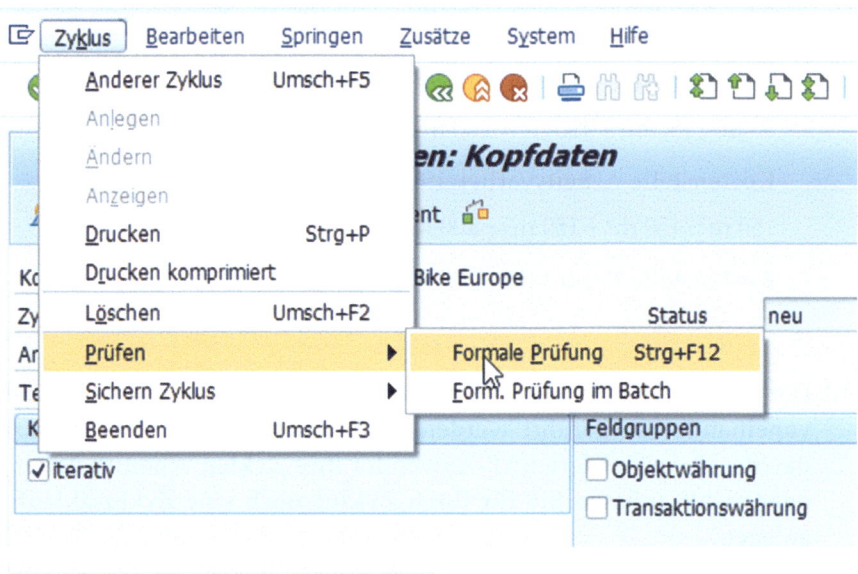

f) Bleiben Sie in den Kopfdaten Ihres Zyklus und lassen Sie sich die betriebswirtschaftliche Bedeutung des Kennzeichens für die iterative Verarbeitung anzeigen.

Sehen Sie sich auch unbedingt Abbildung 3-78 auf Seite 230 an und lesen Sie sich das Beispiel mit den beiden Szenarien für die iterative bzw. nicht iterative Verarbeitung für einen Zyklus auf Seite 230 durch.

Die dort angegebenen Werte entsprechen exakt denen dieser Übung. Im Szenario A sehen Sie die Kostenverrechnung bei gesetztem Kennzeichen für die iterative Verarbeitung. Szenario B zeigt die Kostenverrechnung, wenn das Häkchen im Datenfeld „iterativ" nicht gesetzt ist.

Das Kennzeichen für die iterative Verarbeitung in den Kopfdaten des Zyklus und dessen Bedeutung sehen Sie in Abbildung 3-77 auf Seite 229.

g) Ihre eignen Räumlichkeiten reinigt die Kostenstelle Gebäudereinigung „CLEAN###" genauso wie die der anderen Kostenstellen.

Die Unternehmensleitung entscheidet deshalb, dass auf der Kostenstelle Gebäudereinigung „CLEAN###" deren anteilige Kosten für die Reinigung der eigenen Räumlichkeiten verbleiben.

Entfernen Sie deshalb das Iterativkennzeichen und berechnen Sie, ohne nochmals in das Szenario B auf Seite 231 zu schauen, nachstehend für alle drei Empfängerkostenstellen, wie viele Kosten diese durch die Verrechnung der Umlage erhalten werden.

- Kostenstelle Gebäudereinigung „CLEAN###":

    50 m² / (50 m² + 150 m² + 200 m²) * 48.000 € = 6.000 €

- Kostenstelle Arbeitsvorbereitung „PREP###":

    150 m² / (50 m² + 150 m² + 200 m²) * 48.000 € = 18.000 €

- Kostenstelle Produktion „PROD###":

    200 m² / (50 m² + 150 m² + 200 m²) * 48.000 € = 24.000 €

h) Damit Verrechnungen in verschiedenen Umlagezyklen unabhängig voneinander ausgeführt werden können (Sie wollen ja nicht abhängig davon sein, ob andere SAP-Anwender ihre Zyklen schon gestartet haben oder nicht), müssen Sie für Ihren Zyklus noch eine Zyklusablaufgruppe anlegen.

Wählen Sie in der Menüleiste den Menüpunkt „Springen/ Zyklusablaufgruppe" und legen Sie dort mit der Taste „F5" eine neue Gruppe „###0" mit dem Namen „Parallelisierung###" für Ihren Zyklus an.

Wählen Sie in der Menüleiste den Menüpunkt „Springen/ Zyklusablaufgruppe".

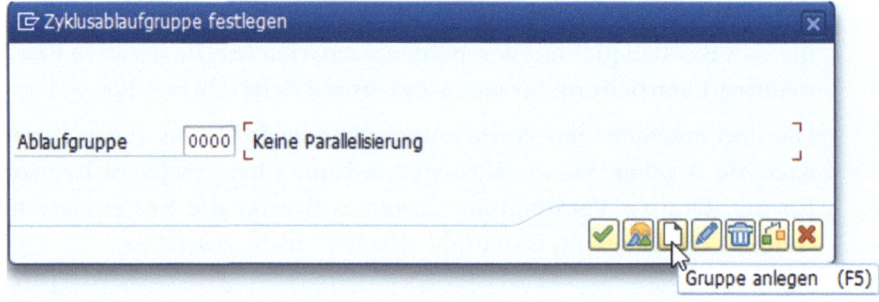

3.3 Objektbezogene menschliche Arbeit 301

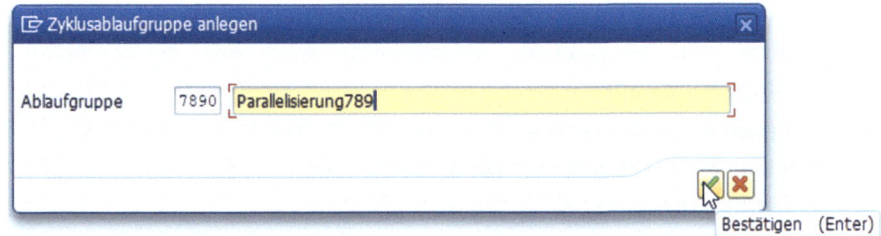

i) Nach dem Anlegen verbleibt das Dialogfenster „Zyklusablaufgruppe festlegen" auf dem Bildschirm. Bestätigen Sie die Zuordnung Ihrer gerade angelegten Zyklusablaufgruppe zu Ihrem Zyklus.

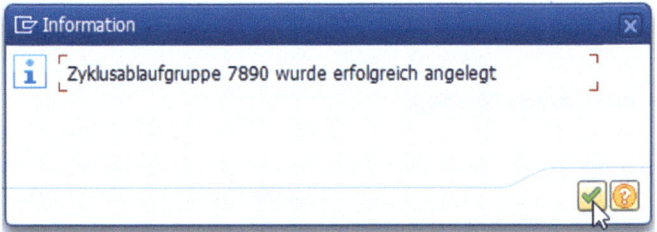

j) Sichern Sie Ihren Umlagezyklus ohne Prüfung (eine formelle Prüfung haben Sie ja bereits durchgeführt).

Bestätigen Sie die Abfrage nach einem zugehörigen Customizing-Auftrag für Ihren SAP-User, indem Sie auf die Schaltfläche „Eigene Aufträge" klicken und dort den Customizing-Auftrag für Ihren SAP-User auswählen.

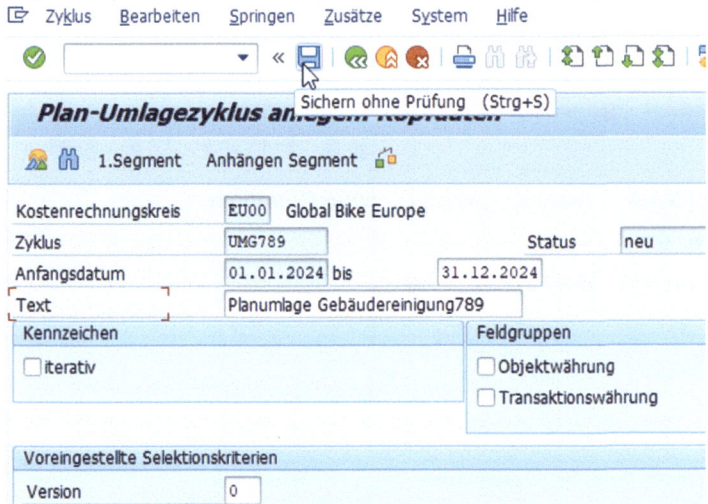

Ein Beispiel für eine Abfrage zu Customizing-Aufträgen sehen Sie in Abbildung 1-25 auf Seite 35 und Abbildung 1-26 auf Seite 36.

k) Gehen Sie danach einmal mit der Taste „F3" zurück zum Ausgangsbildschirm der Transaktion. Wählen Sie dort mit der F4-Hilfe Ihren Umlagezyklus aus.

Entfernen Sie das Häkchen im Datenfeld „Testlauf" und führen Sie Ihren Umlagezyklus „UMK###" für alle Perioden des aktuellen Geschäfts- bzw. Kalenderjahres aus.

<u>Anmerkung:</u>

Es sollte danach u.a. die Nachricht „Verarbeitung wurde fehlerfrei abgeschlossen" angezeigt werden. Falls nicht, so müssen Sie jetzt alle Fehler suchen bis bei einer wiederholten Ausführung des Zyklus diese Nachricht erscheint. Ansonsten können Sie die Übungen nicht weiter bearbeiten.

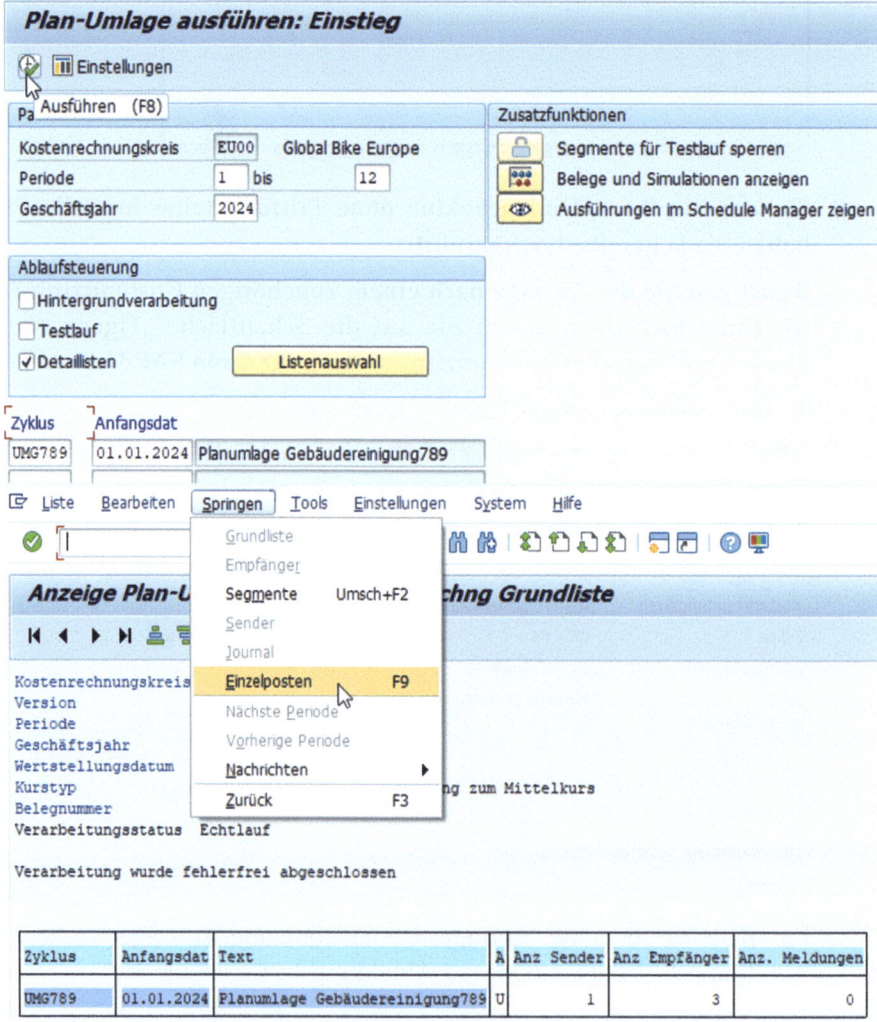

3.3 Objektbezogene menschliche Arbeit

l) Springen Sie zu den Einzelposten um sich die einzelnen Kostenbelastungen (positives Vorzeichen) und Kostenentlastungen (negatives Vorzeichen) auf den betroffenen Kostenstellen anzuzeigen.

Stimmen die verrechneten Kosten mit Ihren Berechnungen aus Teilaufgabe g) bzw. Szenario B auf Seite 231 überein?

Falls nicht, so stornieren Sie bitte Ihren Umlagezyklus und suchen den oder die Fehler. Speichern Sie danach Ihren geänderten Umlagezyklus und führen Sie ihn erneut aus.

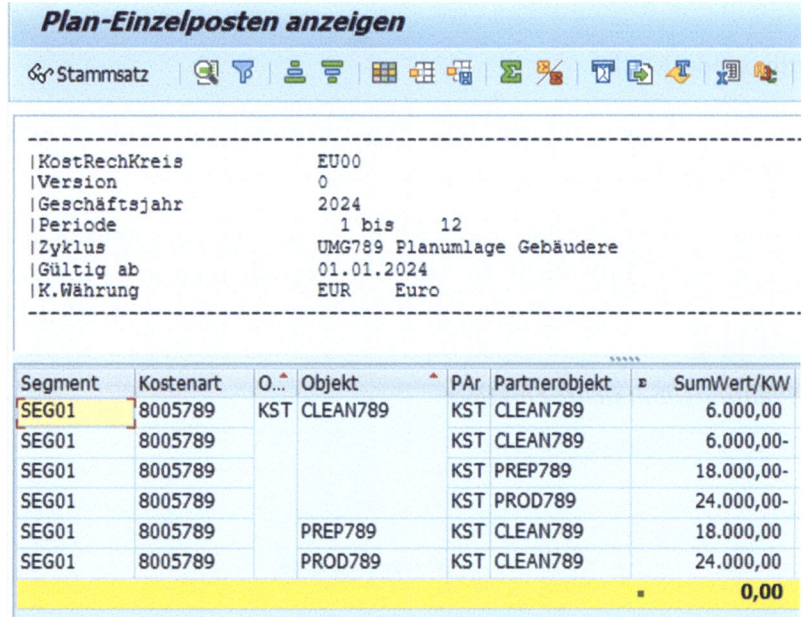

Übung 3.26: Berichte für die Kostenstellen „CLEAN###", „PREP###" und „PROD###" nach der Umlageverrechnung aufrufen (→ Kapitel 3.3.3.4)

Überprüfen Sie die Kosten nach der Verrechnung der Umlage. Führen Sie dazu im Infosystem der Kostenstellenrechnung wieder den Bericht zur Planungsübersicht für Kostenstellen für Ihre drei Kostenstellen jeweils in der Planversion 0 für die Perioden 1 bis 12 im aktuellen Geschäftsjahr aus.

Menüpfad: Rechnungswesen/ Controlling/ Kostenstellenrechnung/ Infosystem/ Berichte zur Kostenstellenrechnung/ Planungsberichte/ Kostenstellen: Planungsübersicht

Transaktionscode: KSBL

1) Führen Sie diesen Bericht für Ihre Kostenstelle Gebäudereinigung „CLEAN###" aus.

   a) Stimmen alle Plankosten exakt mit denen aus der nachstehenden Abbildung überein? Falls nicht, so haben Sie irgendwo einen Fehler gemacht. Suchen und korrigieren Sie ihn bitte, bevor Sie die weiteren Übungen bearbeiten.

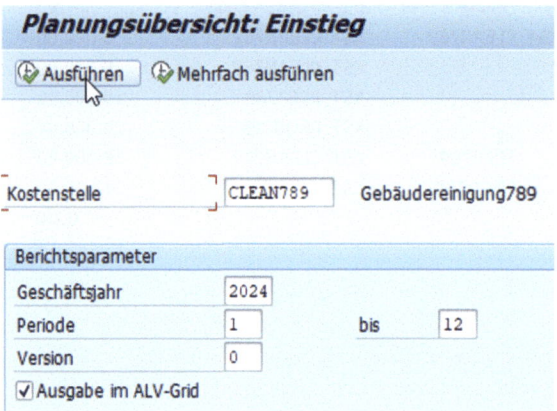

3.3 Objektbezogene menschliche Arbeit

Kostenrechnungskreis	EU00 Global Bike Europe
Geschäftsjahr	2024
Periode	1 bis 12
Version	000
Kostenstelle	CLEAN789 Gebäudereinigung789

Kostenart / Beschreibung	Art	Partnerobjekt	ParLart	∑	Wert/BWähr	∑Wert fix/BerWähr	Menge	Menge fix	ME
6010000 Löhne					45.000,00	45.000,00			
6325000 Gas, Strom, W...					3.000,00	3.000,00			
Primäre Kosten				∎	48.000,00 ∎	48.000,00			
8005789 Umlage CLEAN...	KST	CLEAN789			6.000,00	6.000,00			
Umlage				∎	6.000,00 ∎	6.000,00			
Leistungsunabhängige Kosten				∎∎	54.000,00 ∎∎	54.000,00			
Belastung				∎∎∎	54.000,00 ∎∎∎	54.000,00			
8005789 Umlage CLEAN...	KST	CLEAN789			6.000,00-	6.000,00-			
8005789 Umlage CLEAN...	KST	PREP789			18.000,00-	18.000,00-			
8005789 Umlage CLEAN...	KST	PROD789			24.000,00-	24.000,00-			
				∎	48.000,00- ∎	48.000,00-			
Umlage				∎∎	48.000,00- ∎∎	48.000,00-			
Entlastung				∎∎∎	48.000,00- ∎∎∎	48.000,00-			
Über-/ Unterdeckung				∎∎∎∎	6.000,00 ∎∎∎∎	6.000,00			

Leistungsart	Beschreibung	ME	Leistungsmenge	Kapazität	Ein	Ausbringung	DisponLeistng

StaKennz	Leistungsart	Beschreibung	ME	Statistische Menge	Stat.Maximalmenge
QM789		Anzahl Quadratmeter789	M2	50	0

b) Was bedeutet das positive Vorzeichen beim Saldo von 6.000 Euro auf dieser Kostenstelle inhaltlich?

Gemäß der Vorzeichenkonvention in den Kostenrechnungen und damit auch im Berichtswesen bedeutet ein positives Vorzeichen eine Kostenbelastung. Auf dieser Kostenstelle sind noch Kosten in Höhe von 6.000 Euro verblieben. Die Kostenstelle hat sich damit nicht komplett entlastet. Aufgrund des nicht gesetzten Iterativkennzeichens hat keine vollständige Kostenentlastung stattgefunden, da die Senderkostenstelle ebenfalls bei den Empfängerkostenstellen enthalten ist und einen Anteil der Kosten erhalten hat.

Hilfskostenstellen entlasten sich normalerweise zu 100%. Im vorliegenden Fall könnte dies bspw. durch einen weiteren Verrechnungszyklus geschehen. Dies ist aber nicht für die Inhalte dieses Buches nicht. Deshalb wird darauf nicht weiter eingegangen und diese restlichen Kosten verbleiben auf der Kostenstelle Gebäudereinigung „CLEAN###".

2) Führen Sie diesen Bericht nun für Ihre Kostenstelle Arbeitsvorbereitung „PREP###" aus.

a) Stimmen alle Plankosten exakt mit denen aus der nachstehenden Abbildung überein? Falls nicht, so haben Sie irgendwo einen Fehler begangen. Suchen und korrigieren Sie ihn bitte, bevor Sie mit den Übungen fortfahren.

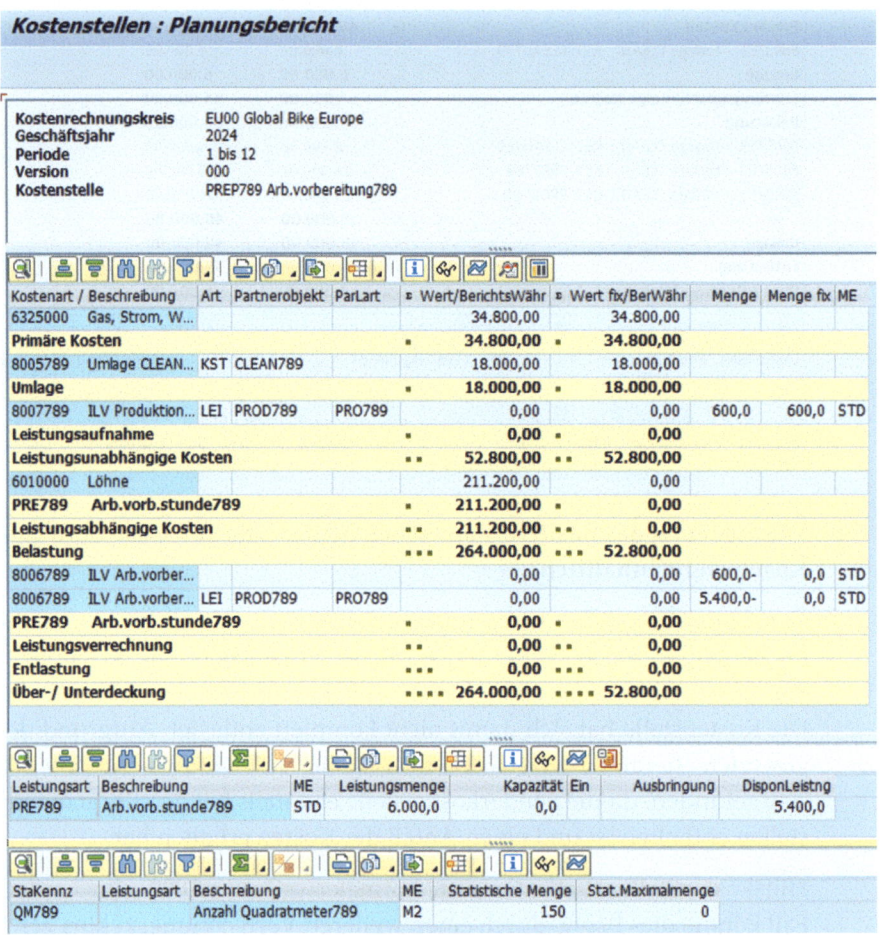

3.3 Objektbezogene menschliche Arbeit

b) **Warum verbleiben hier Kosten, obwohl diese Kostenstelle ihre Leistungen verrechnet?**

Die Tarifermittlung für die Leistungsarten und die damit einhergehende Bewertung der bislang nicht mit Preisen bewerteten Input- und Output-Leistungsmengen fand noch nicht statt. Deshalb verblieben bislang auf dieser Kostenstelle noch Kosten.

c) **Notieren Sie für Ihre Kostenstelle Arbeitsvorbereitung „PREP###" die**

- **Gesamtkosten:**

    264.000 € (Kostenbelastung)

- **Outputmenge der Leistungsart „PRE###":**

    -600 + -5.400 = -6.000 Stunden[99] (in Übung 3.20 geplanter Wert)

- **Input-Menge der Leistungsart „PRO###" der Kostenstelle Produktion „PROD###":**

    600 Stunden (Ihr in Übung 3.23 eingegebener Planwert)

---

[99] Zum Verständnis der angezeigten Werte in diesem Bericht: Von den insgesamt 6.000 Stunden Output sind 600 Stunden als Input für die Leistungsart „PRO###" auf der Kostenstelle Produktion „PROD###" reserviert. Für die verbleibende Outputmenge von 5.400 Stunden wurde noch kein konkreter Empfänger bestimmt (was für die Tarifermittlung jedoch natürlich nicht relevant ist).

3) Führen Sie diesen Bericht abschließend für Ihre Kostenstelle Produktion „PROD###" aus.

a) Stimmen alle Plankosten exakt mit denen aus der nachstehenden Abbildung überein? Falls nicht, so haben Sie irgendwo einen Fehler begangen. Suchen und korrigieren Sie ihn bitte, bevor Sie mit den Übungen fortfahren.

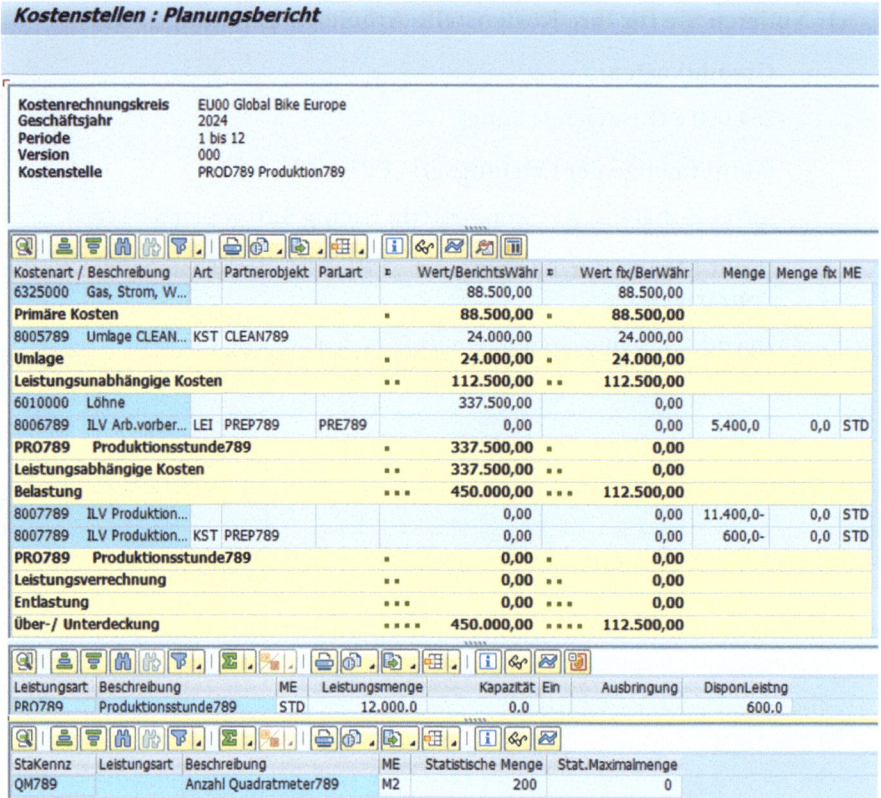

b) Notieren Sie für die Kostenstelle Produktion „PROD###" die

- **Gesamtkosten:**

    450.000 € (Kostenbelastung)

- **Outputmenge der Leistungsart „PRO###":**

    -11.400 + -600 = -12.000 Stunden (in Übung 3.20 eingegebener Planwert; ein negatives Vorzeichen stellt eine Entlastung bzw. einen Output dar)

- **Input-Menge der Leistungsart „PRE###" der Kostenstelle Arbeitsvorbereitung „PREP###":**

    5.400 Stunden (Ihr in Übung 3.23 eingegebener Planwert; ein positives Vorzeichen steht für eine Belastung bzw. einen Input)

3.3 Objektbezogene menschliche Arbeit

c) Errechnen Sie auf Basis Ihrer notierten Werte aus den beiden vorherigen Teilaufgaben die Tarife für die Leistungsart „PRE###" der Kostenstelle Arbeitsvorbereitung „PREP###" und die Leistungsart „PRO###" der Kostenstelle Produktion „PROD###".

Stellen Sie dazu zwei Gleichungen mit insgesamt zwei Unbekannten für die beiden Leistungsarten „PRE###" und „PRO###" auf und lösen Sie diese, um die Tarife für die beiden Leistungsarten jeweils in Euro je Stunde zu ermitteln.

- Tarif der Leistungsart „PRE###" der Kostenstelle Arbeitsvorbereitung „PREP###":

  6.000 Std. „PRE###" = 264.000 € + 600 Std. „PRO###"

  60 Std. „PRE###" = 2.640 € + 6 Std. „PRO###"

  1 Std. „PRE###" = 44 € + 0,1 Std. „PRO###"

- Tarif der Leistungsart „PRO###" der Kostenstelle Produktion „PROD###":

  12.000 Std. „PRO###" = 450.000 € + 5.400 Std. „PRE###"

  120 Std. „PRO###" = 4.500 € + 54 Std. „PRE###"

  Beide Gleichungen ineinander einsetzen:

  120 Std. „PRO###" = 4.500 € + 54 * (44 € + 0,1 Std. „PRO###")

  120 Std. „PRO###" = 4.500 € + 2.376 € + 5,4 Std. „PRO###"

  114,6 Std. „PRO###" = 6.876 €

  1 „PRO###" = 60,00 €/ Std.

  1 Std. „PRE###" = 44 € + 0,1 Std. * 60,00 €/ Std.

  1 Std. „PRE###" = 44 € + 6 €.

  1 „PRE###" = 50,00 €/ Std.

Abbildung 3-78 auf Seite 230 veranschaulicht diese Zusammenhänge grafisch.

Übung 3.27: Tarif für die Leistungsart „PRE###" in der Kostenstelle „PREP###" bzw. „PRO###" in der Kostenstelle „PROD###" automatisch iterativ ermitteln (→ Kapitel 3.3.3.5)

In Übung 3.20 haben Sie für Ihre beiden Kostenstellen Arbeitsvorbereitung „PRE###" bzw. Produktion „PRO###" die jeweiligen Outputmengen der zugehörigen Leistungsarten „PRE###" bzw. „PRO###" manuell geplant.

Diese Outputmengen sind (als Entlastungen) jedoch noch nicht bewertet, sodass auf beiden Kostenstellen gegenwärtig noch Kosten verbleiben (vgl. Übung 3.26).

Diese monetäre Bewertung für die geplanten Mengen der beiden Leistungsarten erfolgt mit der automatischen Tarifermittlung. Als ein Resultat daraus sind danach beide Kostenstellen kostenmäßig komplett entlastet.

1) Um sich die Unterschiede in S/4 HANA vor und nach der Tarifermittlung zu vergegenwärtigen, lassen Sie sich zuerst in der Planversion 0 für das aktuelle Geschäftsjahr den gegenwärtigen Stand bei der Planung der Leistungserbringung für Ihre Kostenstellengruppe „EMPF-GR###" und alle zugehörigen Leistungsarten anzeigen. Geben Sie dazu im Planungslayout „1-201" einen Stern im Datenfeld „Leistungsart" ein und springen Sie danach in das Übersichtsbild.
Die Leistungsmengen hatten Sie in Übung 3.20 manuell geplant. Vergewissern Sie sich vor der automatischen iterativen Tarifermittlung, dass für die beiden Leistungsarten „PRE" und PRO" jeweils noch kein Plantarif eingetragen ist.

Menüpfad: Rechnungswesen/ Controlling/ Kostenstellenrechnung/ Planung/ Leistungserbringung/Tarife/ Anzeigen

Transaktionscode: KP27

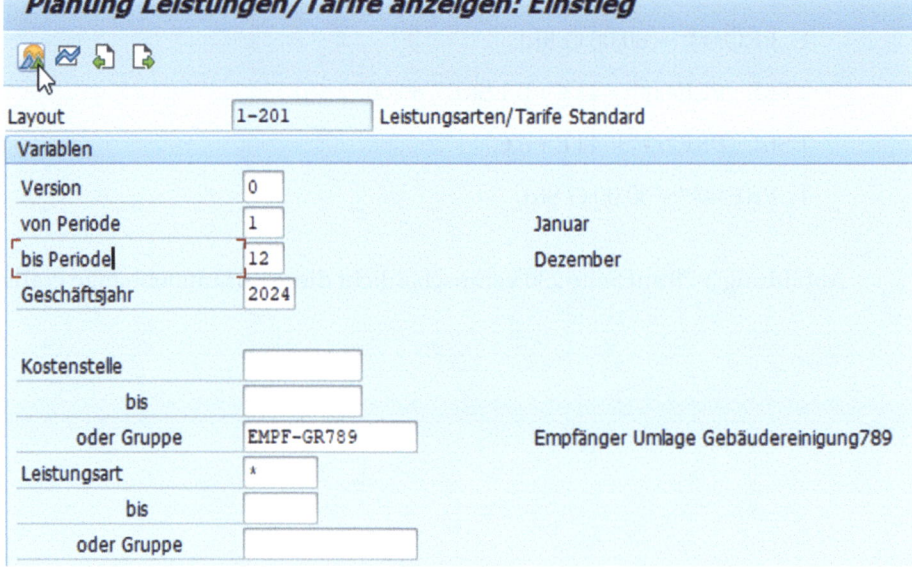

3.3 Objektbezogene menschliche Arbeit

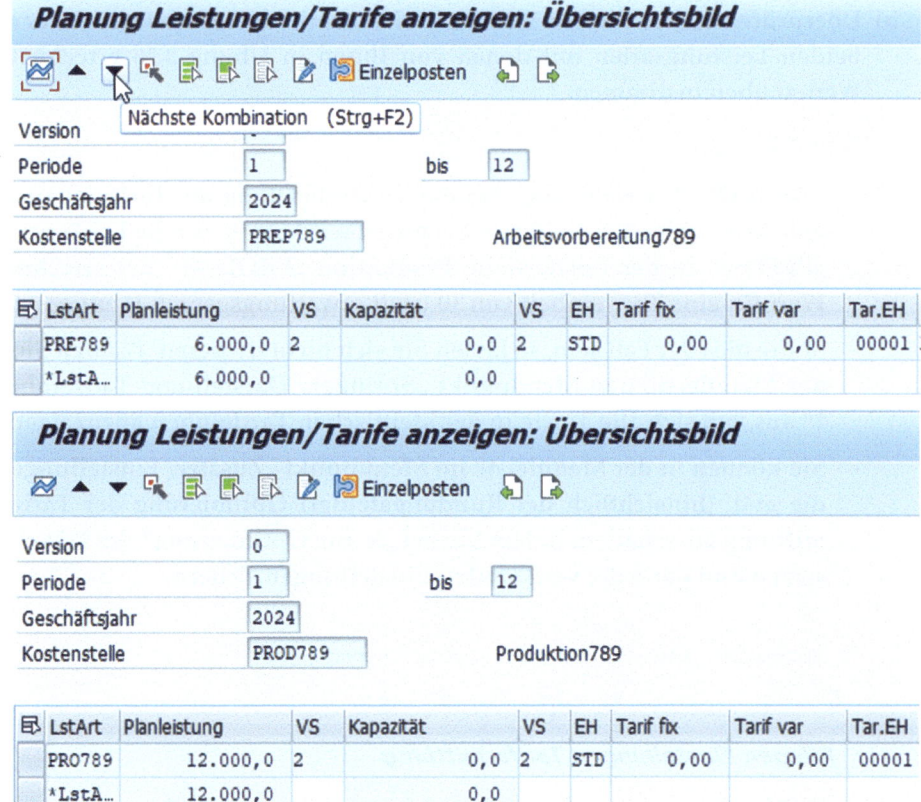

2) Öffnen Sie ein neues SAP GUI-Fenster und lassen Sie S/4HANA in der Planung der Kostenstellenrechnung bei den Verrechnungen automatisch den Tarif für die beiden Leistungsarten Ihrer Kostenstellengruppe „EMPF-GR###" (und nur diese!) für die Planversion 0 im laufenden Geschäftsjahr im Testlauf mit Detaillisten ermitteln.

Menüpfad: Rechnungswesen/ Controlling/ Kostenstellenrechnung/ Planung/ Verrechnungen /Tarifermittlung

Transaktionscode: KSPI

a) Informieren Sie sich über die betriebswirtschaftliche Bedeutung des Häkchens „Testlauf" bevor Sie die Tarifermittlung ausführen.

Abbildung 3-79 auf Seite 234 zeigt die betriebswirtschaftliche Bedeutung des Häkchens „Testlauf".

b) Überprüfen Sie, ob die von SAP S/4HANA ermittelten Gesamttarife für die beiden Leistungsarten mit denen von Ihnen in Übung 3.26 errechneten Werten übereinstimmen.

Anmerkungen:

- SAP S/4HANA wählt u.U. bei der Tarifermittlung die Tarifeinheit für jede Leistungsart individuell. Eventuell wird bspw. für die Leistungsart „PRO###" in der Kostenstelle Produktion „PROD###" der errechnete Wert für eine Tarifeinheit von 10 (statt erwartungsgemäß 1) angezeigt.

  Sollte dies der Fall sein, so lassen Sie sich nicht irritieren. Wählen Sie in der Menüleiste den Menüpunkt „Springen/ Darstellung/ Tarifeinheit/ 1" aus, um sich alle Tarife in der identischen Tarifeinheit anzuzeigen.

- Sie können in der Menüleiste im Menüpunkt „Zusätze/ Einstellungen" die evtl. (hinsichtlich der Rundungsfehler) Optimierung der Tarifermittlung ausschalten, indem Sie bei „keine Optimierung" das Häkchen setzen und dann die veränderten Einstellungen sichern.

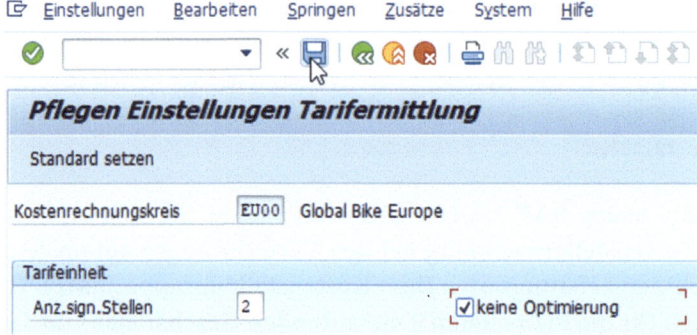

Nachstehend sehen Sie das Ergebnis der Tarifermittlung. Alternativ wird möglicherweise bei nicht eingeschalteter Optimierung hinsichtlich etwaiger Rundungsfehler sofort die Darstellung von Abbildung 3-80 auf Seite 235 angezeigt.

3.3 Objektbezogene menschliche Arbeit

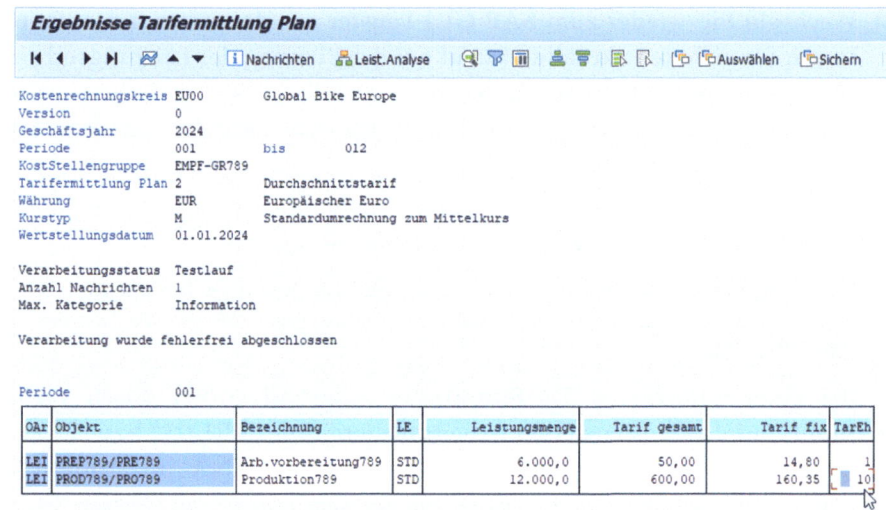

3) In Ihrer gerade eingegeben Kostenstellengruppe „EMPF-GR###" ist neben den beiden Kostenstellen „PREP###" und „PROD###" auch noch die Kostenstelle Gebäudereinigung „CLEAN###" enthalten. Warum wird diese im vorliegenden Fall nicht angezeigt?

Für Ihre Kostenstelle Gebäudereinigung „CLEAN###" haben Sie, im Gegensatz zu den beiden Kostenstellen Arbeitsvorbereitung „PREP###" und Produktion „PROD###", keine Leistungsart angelegt.

Deshalb wird für die Kostenstelle Gebäudereinigung „CLEAN###", die sich über eine Umlage verrechnet, keine Tarifermittlung für Leistungsarten durchgeführt.

4) Falls das Ergebnis der iterativen Tarifermittlung korrekt ist, so sichern bzw. buchen Sie es bitte.
Ansonsten brechen Sie das Ergebnis der iterativen Tarifermittlung bitte ohne Speichern ab. In diesem Fall müssen Sie zunächst nach Fehlern bei den Buchungen auf Ihren Kostenstellen suchen und diese verbessern. Erst danach können Sie die iterative Tarifermittlung ausführen und mit den Übungen fortfahren.

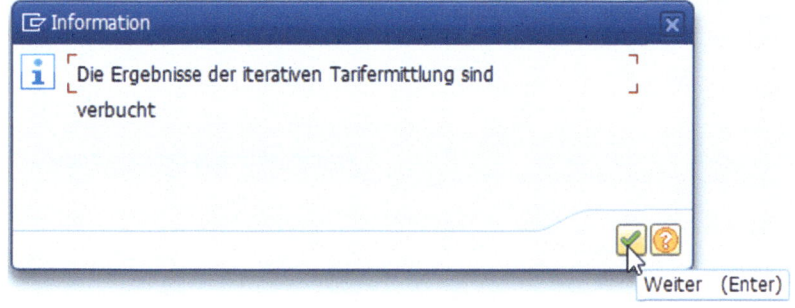

5) Wechseln Sie wieder zum SAP GUI-Fenster aus der ersten Teilaufgabe und lassen Sie sich den aktuellen Stand bei der Planung der Leistungserbringung für Ihre optionale Kostenstellengruppe „EMPF-GR###" und alle zugehörigen Leistungsarten in der Planversion 0 für das aktuelle Geschäftsjahr im Übersichtsbild anzeigen.

Da sich die Ergebnisse nicht automatisch aktualisieren, müssen Sie das Übersichtsbild verlassen und es dann wieder aufrufen.

Ist das Ergebnis der iterativen Tarifermittlung dort nun zu sehen?

Anmerkung:

Bei einer inkorrekten Tarifermittlung aufgrund vorher falsch verbuchter Inputs auf den Kostenstellen Arbeitsvorbereitung „PRE###" bzw. Produktion „PRO###" könnten Sie jetzt hier in SAP S/4HANA im Ändern-Modus (Transaktionscode KP26) das Ergebnis der Tarifermittlung löschen, indem Sie die ermittelten Werte in den entsprechenden Datenfeldern manuell entfernen und danach Ihre Änderungen speichern.

Menüpfad: Rechnungswesen/ Controlling/ Kostenstellenrechnung/ Planung/ Leistungserbringung/Tarife/ Anzeigen

Transaktionscode: KP27

Ja, der Tarif von insgesamt 50,00 € für eine Stunde der Leistungsart „PRE###" der Kostenstelle Arbeitsvorbereitung „PREP###" und der Tarif von insgesamt 60,00 € für eine Stunde der Leistungsart „PRO###" der Kostenstelle Produktion „PROD###" werden nun angezeigt.

Planung Leistungen/Tarife anzeigen: Einstieg		
Layout	1-201	Leistungsarten/Tarife Standard
Variablen		
Version	0	
von Periode	1	Januar
bis Periode	12	Dezember
Geschäftsjahr	2024	
Kostenstelle		
bis		
oder Gruppe	EMPF-GR789	Empfänger Umlage Gebäudereinigung789
Leistungsart	*	
bis		
oder Gruppe		

3.3 Objektbezogene menschliche Arbeit 315

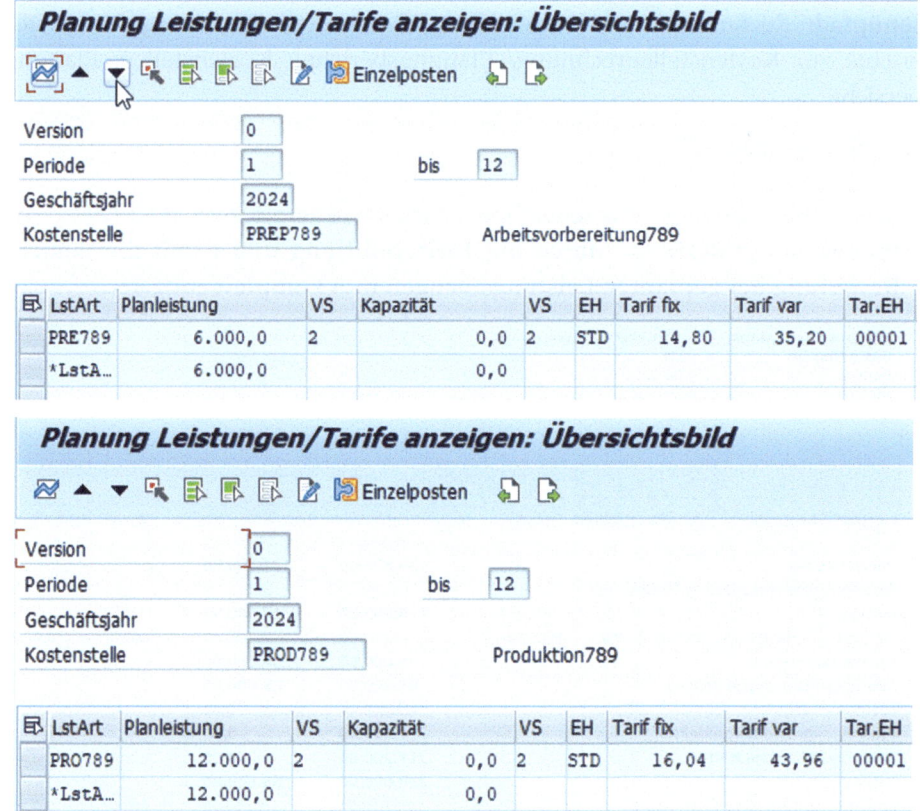

Übung 3.28: Berichte für die Kostenstellen „PREP###" und „PROD###" nach der Tarifermittlung für die Leistungsarten „PRE###" bzw. „PRO###" aufrufen (→ Kapitel 3.3.3.4 und 3.3.3.5)

In Übung 3.26 hatten Sie gesehen, dass vor der Tarifermittlung noch Kosten auf den beiden Kostenstellen Arbeitsvorbereitung „PREP###" und Produktion „PROD###" verblieben waren.

Überprüfen Sie die Auswirkungen der Tarifermittlung auf diesen beiden Kostenstellen, indem Sie im Infosystem der Kostenstellenrechnung wieder den mittlerweile altbekannten Bericht zur Planungsübersicht für Kostenstellen aufrufen.

Führen Sie diesen Bericht jeweils für Ihre drei Kostenstellen Gebäudereinigung „CLEAN###", Arbeitsvorbereitung „PREP###" und Produktion „PROD###" für die Perioden 1 bis 12 im aktuellen Geschäftsjahr in der Planversion 0 aus.

Menüpfad: Rechnungswesen/ Controlling/ Kostenstellenrechnung/ Infosystem/ Berichte zur Kostenstellenrechnung/ Planungsberichte/ Kostenstellen: Planungsübersicht

Transaktionscode: KSBL

1) Sind Ihre beiden Kostenstellen Arbeitsvorbereitung „PREP###" und Produktion „PROD###" durch die Tarifermittlung und damit die monetäre Bewertung der geplanten Leistungsmengen nun komplett entlastet?

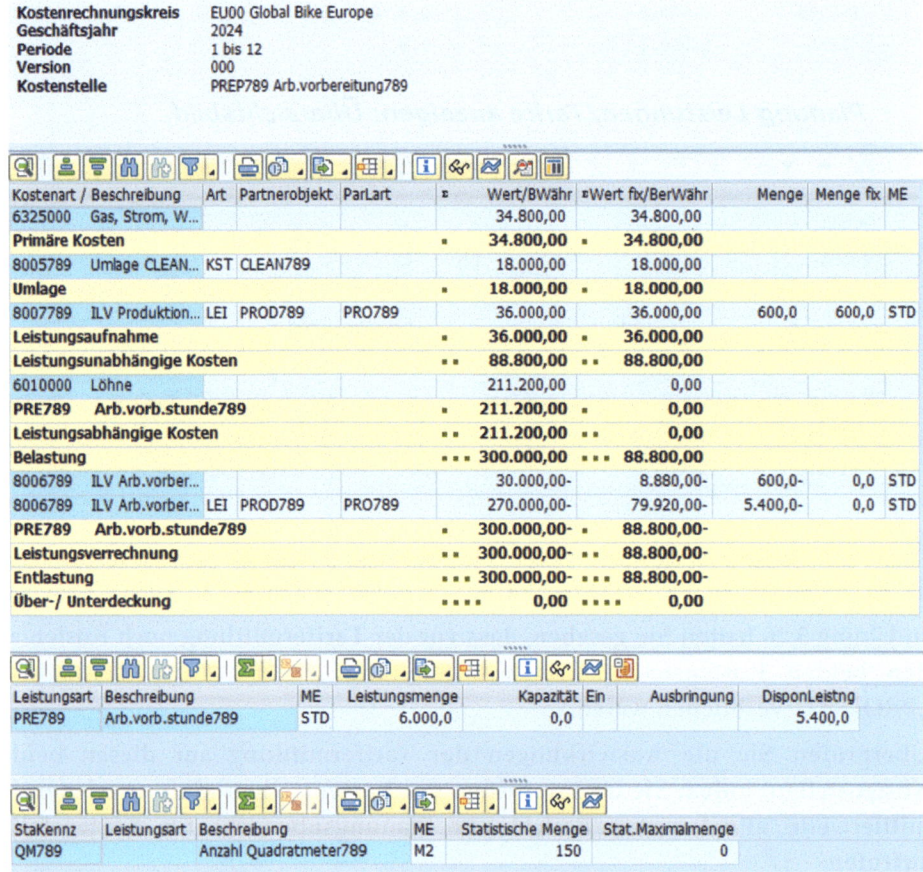

3.3 Objektbezogene menschliche Arbeit 317

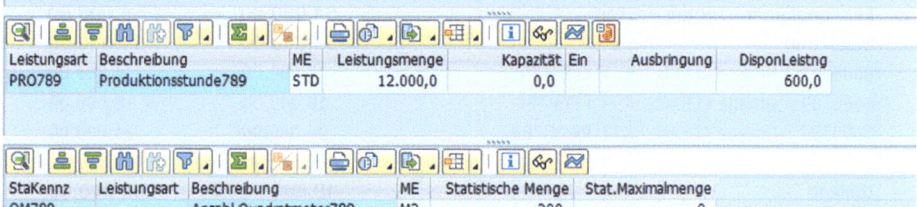

Ja, beide Kostenstellen sind nach der automatischen iterativen Tarifermittlung komplett entlastet.

Die Kostenstelle Produktion „PROD###" ist vom Gesamtbetrag komplett entlastet. In der Spalte mit den Fixkosten sehen Sie wie in der obigen Abbildung jedoch ggf. einen durch Rundungsdifferenzen verbliebenen geringen Betrag von 60,00 €.

Aus diesem Grund wollte SAP S/4HANA vorher bei der automatischen Tarifermittlung in Übung 3.27 die Ergebnisse auf Zehnereinheiten optimieren. Da Sie eine solche, bezüglich der Rundungsdifferenzen mögliche, Optimierung jedoch wegen der besseren Anschaulichkeit des Leistungsartentarifs bezogen auf eine (und nicht zehn) Tarifeinheit(en) nicht zugelassen haben, taucht eine Rundungsdifferenz hier auf. Sie hat in der Praxis jedoch keinerlei betriebswirtschaftliche Bedeutung.

2) **Verständnisfrage: Warum sind auf der Kostenstelle Gebäudereinigung „CLEAN###" immer noch Kosten verblieben?**

In der Kostenstelle Gebäudereinigung „CLEAN###" hat sich durch die Tarifermittlung nichts geändert, da dort keine Leistungsarten existieren. Deshalb steht dort weiterhin ein Saldo von 6.000 € (Kostenbelastung).

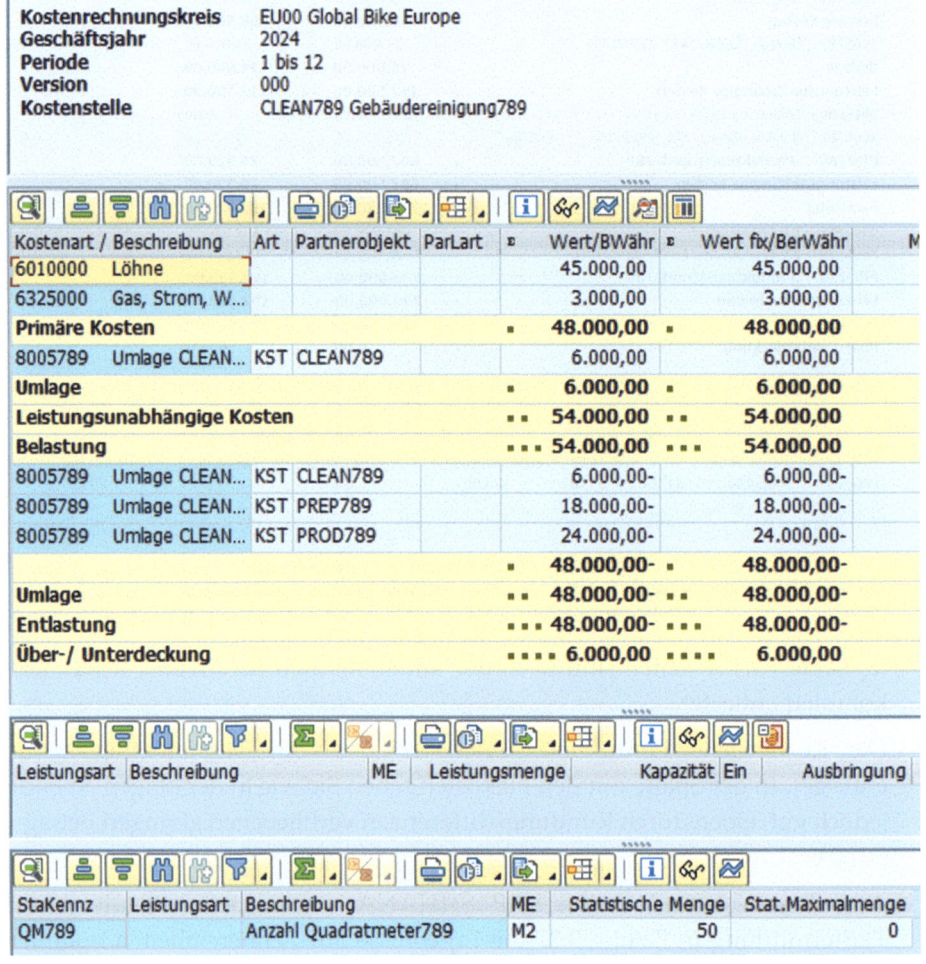

3.3 Objektbezogene menschliche Arbeit

Übung 3.29: Arbeitsplätze „A-PRE###" und „A-PRO###" anlegen (→ Kapitel 3.3.4.1)

Legen Sie in der Logistik in den Stammdaten der Produktion zwei Arbeitsplätze an.

Menüpfad: Logistik/ Produktion/ Stammdaten/ Arbeitsplätze/ Arbeitsplatz/ Anlegen

Transaktionscode: CR01

1) Legen Sie im Werk HD00 den Arbeitsplatz „A-PRE###" an, an dem eine Person arbeitet. In diesem Werk existiert bereits der sehr ähnliche Arbeitsplatz „ASSY1000", den Sie als Kopiervorlage verwenden.

   Von dem Vorlagearbeitsplatz kopieren Sie alle Teilauswahlen (damit sind die Registerkarten gemeint) bis auf die der Texte, der Kalkulation und der Technologie.

   Pflegen Sie anschließend nur Daten in den Registerkarten, die nachfolgend beschrieben werden. Die Inhalte aller anderen Datenfelder und Registerkarten übernehmen Sie unverändert aus der Kopiervorlage.

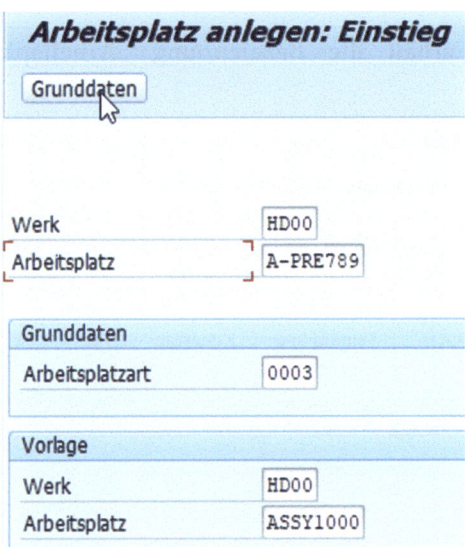

3 Abbildung und Integration der Elementarfaktoren in SAP S/4HANA

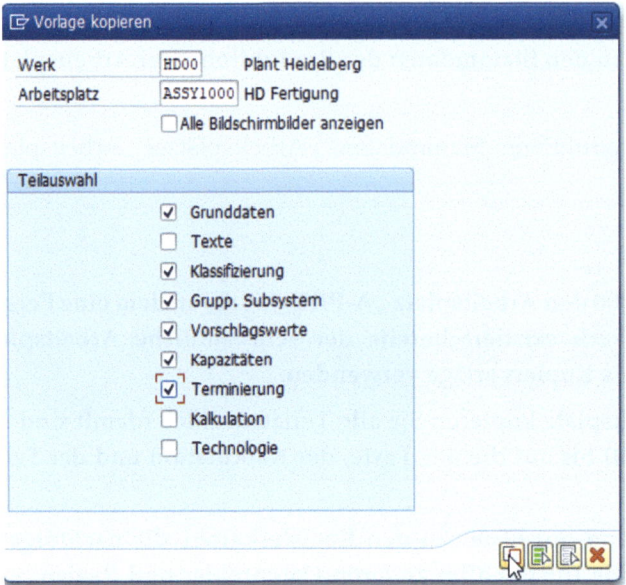

a) Registerkarte „Grunddaten":

Der Arbeitsplatz „A-PRE###" erhält die Bezeichnung „Arbeitsplatz Arbeitsvorbereitung ###".

3.3 Objektbezogene menschliche Arbeit

b) Registerkarte „Kalkulation":

Der Arbeitsplatz „A-PRE###" gehört zu Ihrer Kostenstelle Arbeitsvorbereitung „PREP###" und ist vom 01.01. des aktuellen Geschäftsjahres unbegrenzt gültig.

Rüst-, Maschinen- und Personalzeit werden jeweils mit der Leistungsart „PRE###" der Kostenstelle Arbeitsvorbereitung „PREP###" erbracht.

Die Rüstzeit erhält den Formelschlüssel „Fert.: Dauer Rüsten", die Maschinenzeit den Formelschlüssel „Fert.: Dauer Masch." und die Personalzeit den Formelschlüssel „Fert.: Dauer Person".

c) Lassen Sie sich die betriebswirtschaftliche Bedeutung von Formelschlüsseln bei einem Arbeitsplatz anzeigen.

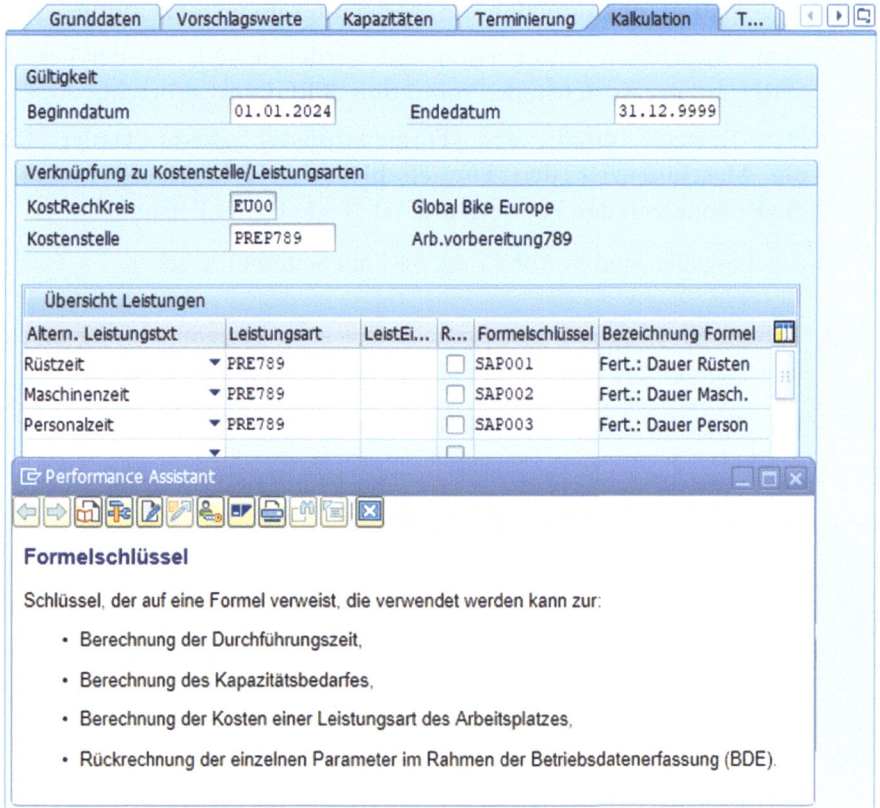

d) Sichern Sie abschließend Ihren Arbeitsplatz. Sollte eine Systemmeldung erscheinen, so bestätigen Sie diese bitte mit der Taste ENTER.

☑ Arbeitsplatz A-PRE789 Werk HD00 wurde hinzugefügt

2) Legen Sie im Werk HD00 noch den Arbeitsplatz „A-PRO###" an. Als Kopiervorlage verwenden Sie Ihren gerade angelegten Arbeitsplatz „A-PRE###", von dem Sie alle Teilauswahlen bis auf die Texte und die Kalkulation kopieren.

Abbildung 3-82 auf Seite 238 zeigt alle obigen Eingaben.

a) Registerkarte „Grunddaten":

Ihr neuer Arbeitsplatz „A-PRO###" erhält die Bezeichnung „Arbeitsplatz Produktion ###".

Die Eingaben sehen Sie in Abbildung 3-83 auf Seite 239.

b) Registerkarte „Kalkulation":

Ihr Arbeitsplatz gehört zu Ihrer Kostenstelle Produktion „PROD###" und ist vom 01.01. des aktuellen Geschäftsjahres unbegrenzt gültig.

Rüst-, Maschinen- und Personalzeit werden jeweils mit der Leistungsart „PRO###" der Kostenstelle Produktion „PROD###" erbracht.

Die Rüstzeit erhält den Formelschlüssel „Fert.: Dauer Rüsten", die Maschinenzeit den Formelschlüssel „Fert.: Dauer Masch." und die Personalzeit den Formelschlüssel „Fert.: Dauer Person".

Alle Eingaben sind in Abbildung 3-84 auf Seite 240 zu sehen.

c) Sichern Sie Ihren Arbeitsplatz. Sollte eine Systemmeldung erscheinen, so bestätigen Sie diese bitte mit der Taste ENTER.

☑ Arbeitsplatz A-PRO789 Werk HD00 wurde hinzugefügt

3.3 Objektbezogene menschliche Arbeit

Übung 3.30: Normalarbeitsplan für das Fertigerzeugnis „Tourenrad ###" anlegen und daraus die Fertigungseinzelkosten berechnen (→ Kapitel 3.3.4.2 und 3.3.5)

Legen Sie in den Stammdaten der Produktion im Werk HD00 einen Normalarbeitsplan für Ihr Fertigerzeugnis „Tourenrad ###" mit Stichtag 1. Januar des aktuellen Kalenderjahres an.

Bestätigen Sie abschließend Ihre Eingaben mit der Taste ENTER.

<u>Anmerkung:</u>

In Übung 3.8 auf Seite 158 haben Sie bereits die Stückliste für das Fertigerzeugnis „Tourenrad ###" angelegt und aus dessen Mengengerüst die daraus sich ergebenden Materialeinzelkosten errechnet.

Nachfolgend legen Sie den Normalarbeitsplan für Ihr Fertigerzeugnis an, um aus dessen Mengengerüst die Fertigungseinzelkosten zu berechnen.

Menüpfad: Logistik/ Produktion/ Stammdaten/ Arbeitspläne/ Arbeitspläne/ Normalarbeitspläne/ Anlegen

Transaktionscode: CA01

1) Ihr Arbeitsplan wird für die Fertigung verwendet und erhält den Gesamtstatus „Freigegeben (allgemein)".

   Wählen Sie in der Menüleiste den Menüpunkt „Springen/ Vorgangsübersicht", um den ersten Arbeitsvorgang einzugeben.

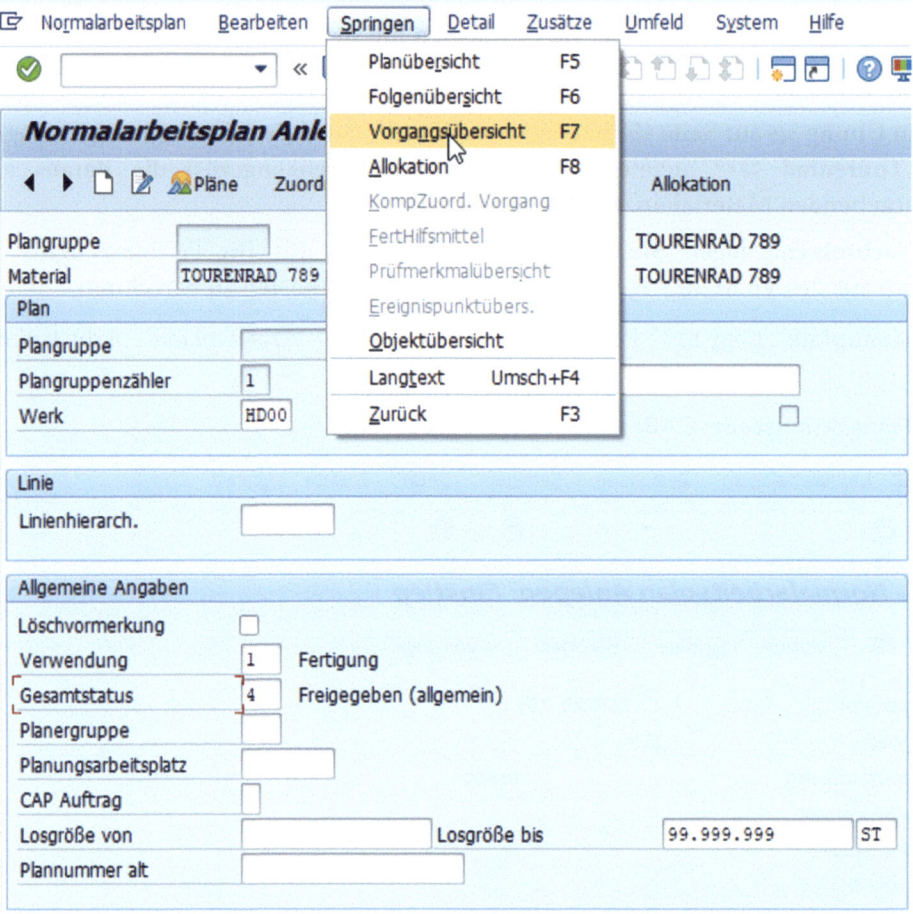

2) Der erste Vorgang mit der von SAP S/4HANA automatisch generierten Nummer[100] 0010 erhält die Beschreibung „Montage für Kst PROD### vorbereiten" und wird am Arbeitsplatz „A-PRE###" ausgeführt.

   Bestätigen Sie Ihre Eingaben mit der Taste ENTER.

   Die Eingaben sehen Sie in der Abbildung zur nächsten Teilaufgabe.

---

[100] Das automatische Inkrement von 10 wurde vorher im Customizing festgelegt.

3.3 Objektbezogene menschliche Arbeit

3) **Informieren Sie sich über die betriebswirtschaftliche Bedeutung des Steuerschlüssels (vgl. Abbildung 3-34 auf Seite 173) bevor Sie fortfahren.**

Warum wurde der Wert „ASSY" automatisch als Vorschlagswert eingetragen?

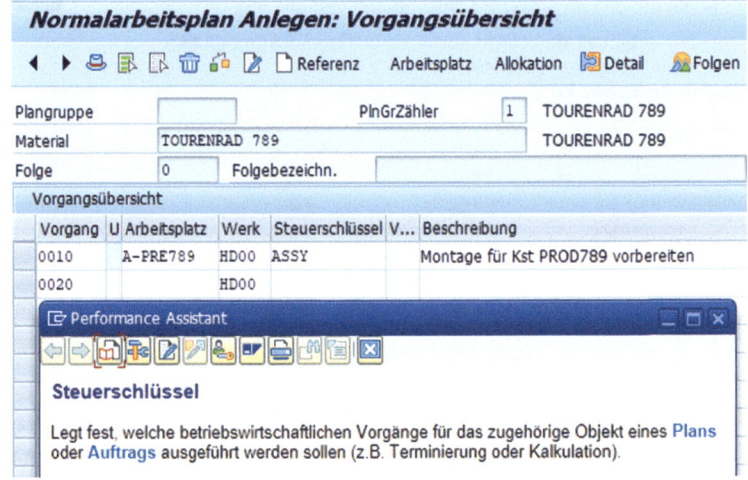

Der Steuerschlüssel stammt aus den Stammdaten Ihres gerade angelegten Arbeitsplatzes „A-PRE###". Sie können den Arbeitsplatz für einen Vorgang anzeigen, indem Sie die Zeile mit dem Vorgang markieren und dann in der Menüleiste den Menüpunkt „Umfeld/ Vorgang/ Arbeitsplatz" wählen.

Der Steuerschlüssel findet sich in der Registerkarte „Vorschlagswerte" des Arbeitsplatzes, an dem der Vorgang ausgeführt wird. Er könnte nun im Arbeitsplan geändert werden.

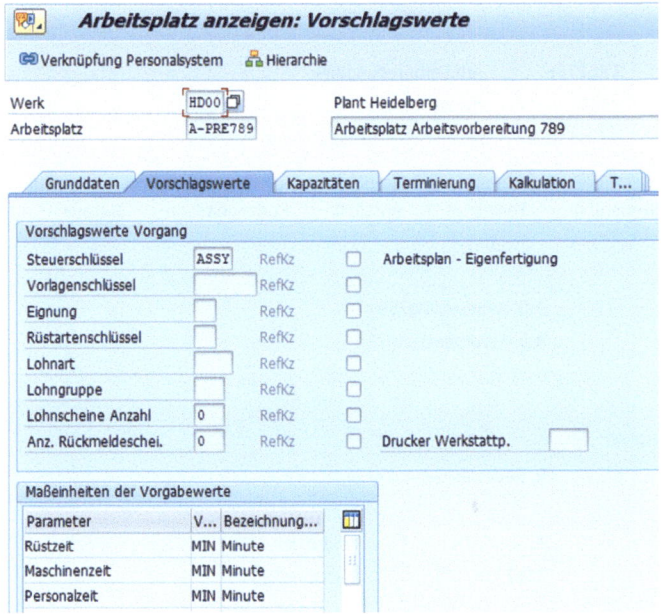

4) Markieren Sie Ihren Vorgang 0010, indem Sie auf das Kästchen links davon klicken. Wählen Sie dann in der Menüleiste den Menüpunkt „Detail/ Vorgangsdetail", um sich die Details zu diesem Arbeitsvorgang anzuzeigen.

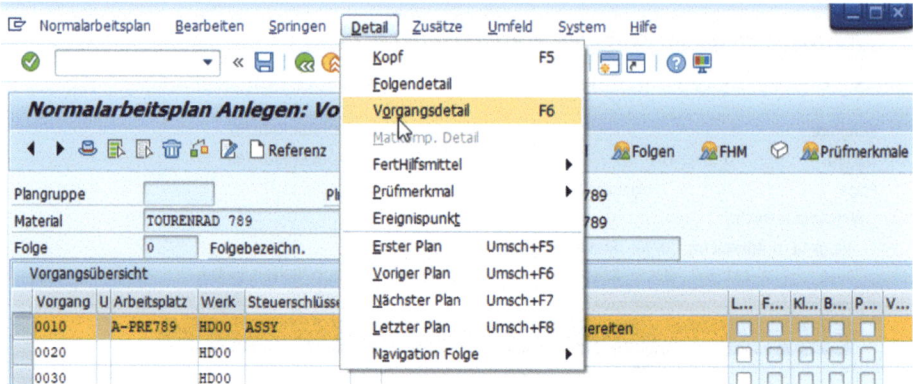

a) Lassen Sie sich über einen Menüpunkt in der Menüleiste anzeigen, zu welcher Kostenstelle der Arbeitsplatz „A-PRE###", der diesen Vorgang bearbeitet, zugeordnet ist. Gehen Sie danach wieder mit der Taste „F3" zurück zu den Details zu diesem Vorgang.

Wählen Sie in der Menüleiste „Umfeld/ Vorgang/ Kostenstelle" aus.

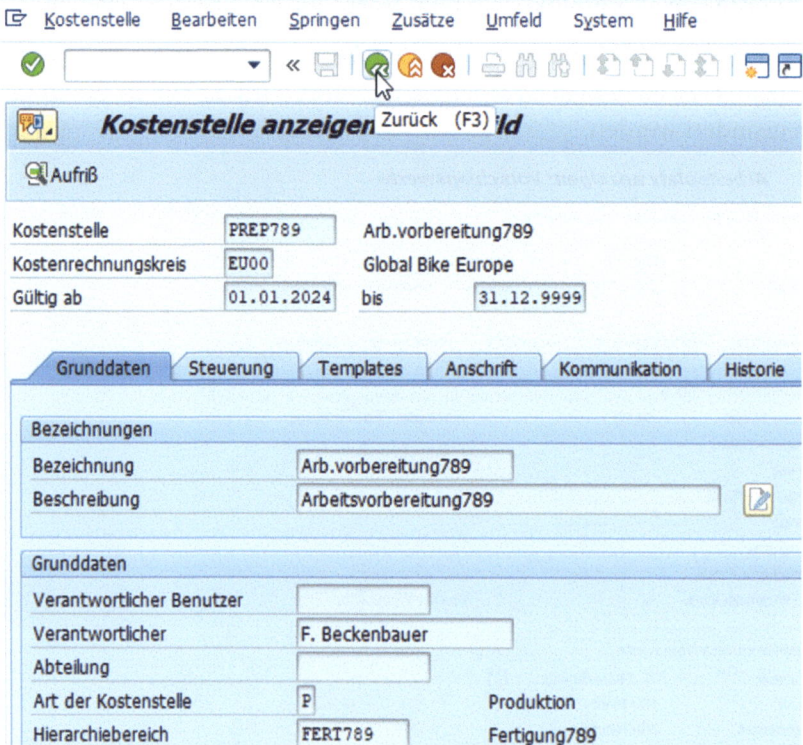

3.3 Objektbezogene menschliche Arbeit

b) **Warum hat S/4HANA bei der Rüst-, Maschinen- und Personalzeit jeweils automatisch Ihre Leistungsart „PRE###" eingetragen?**

Sie haben eingegeben, dass der Vorgang 0010 am Arbeitsplatz „A-PRE###" ausgeführt wird.

Beim Anlegen des Stammsatzes für Ihren Arbeitsplatz „A-PRE###" haben Sie in Übung 3.29 festgelegt, dass dieser zu Ihrer Kostenstelle Arbeitsvorbereitung „PREP###" gehört.

Für diese Kostenstelle haben Sie nur die Leistungsart „PRE###" angelegt. Jedoch können in einer Kostenstelle prinzipiell mehrere Tätigkeiten ausgeführt werden, d.h. mehrere Leistungsarten darin definiert werden. Da in so einem Fall die Zuordnung nicht mehr eindeutig wäre, haben Sie in Übung 3.29 in den Stammdaten des Arbeitsplatzes „A-PRE###" in der Registerkarte „Kalkulation" bei Rüst-, Maschinen- und Personalzeit jeweils Ihre Leistungsart „PRE###" explizit eingetragen.

Von dort wurde die Leistungsart „PRE###" von S/4HANA übernommen.

c) **Geben Sie in den Vorgangsdetails zum Vorgang 0010 eine Rüstzeit von 10 Minuten (MIN) und eine Personalzeit von 20 Minuten (MIN) für die Leistungsart „PRE###" ein.**

Die Vorgangsdetails sind in Abbildung 3-86 auf Seite 242 dargestellt.

d) **Welche Kosten entstehen durch diese gerade eingegebenen insgesamt 30 Minuten für die Leistungsart „PRE###" in diesem Vorgang?**
Schauen Sie dazu ggf. nochmals in Übung 3.27 nach, welcher Tarif für die Leistungsart „PRE###" auf der Kostenstelle Arbeitsvorbereitung „PREP###" ermittelt wurde.

In Übung 3.27 wurden als Tarif für die Leistungsart „PRE###" auf der Kostenstelle Arbeitsvorbereitung „PREP###" 50,00 € je Stunde errechnet.

30 Minuten der Leistungsart „PRE###" in diesen Vorgang kosten somit 25,00 €.

e) **Verlassen Sie danach mit der Taste „F3" die Übersicht zum Vorgang 0010.**

5) Der Vorgang 0020 erhält die Beschreibung „Tourenrad ### montieren" und wird am Arbeitsplatz „A-PRO###" durchgeführt.

a) Erfassen Sie für diesen Vorgang in den Vorgangsdetails eine Personalzeit von 120 Minuten für die Leistungsart „PRO###".

Plangruppe	50000006		PlnGrZähler	1	TOURENRAD 789
Material	TOURENRAD 789				TOURENRAD 789

Vorgang						
Vorgang	0020		Untervorgang			
Steuerschlüssel	ASSY		Arbeitsplan - Eigenfertigung			
Werk	HD00					
Arbeitsplatz	A-PRO789		Arbeitsplatz Produktion 789			
Vorlagenschlüssel			Tourenrad 789 montieren			
					Langtext vorhanden	☐

Vorgabewerte						
			Umrechnung Mengeneinheiten			
Basismenge	1		Kopf	MgEh	Vorgang	MgEh
Mengeneinheit Vrg.	ST		1	ST <=>	1	ST
Erholzeit						
	Vorgabewert	Eh	Leistungsart	Zeitgrad		
Rüstzeit		MIN	PRO789			
Maschinenzeit		MIN	PRO789			
Personalzeit	120	MIN	PRO789			
Geschäftsprozess						

b) Wieviel Kosten verursachen diese 120 Minuten der Leistungsart „PRO###" in diesem Vorgang?

In Übung 3.27 wurden als Tarif für die Leistungsart „PRO###" auf der Kostenstelle Produktion „PROD###" 60,00 € je Stunde ermittelt.

120 Minuten der Leistungsart „PRO###" für diesen Vorgang kosten daher 120,00 €.

c) Verlassen Sie mit der Taste „F3" die Übersicht zum Vorgang 0020.

3.3 Objektbezogene menschliche Arbeit

6) Abschließend wird im Vorgang 0030 am Arbeitsplatz „A-PRO###" noch die Qualität geprüft. Die Beschreibung dafür lautet „Tourenrad ### einstellen und prüfen".

a) Springen Sie wieder zu den Vorgangsdetails und erfassen Sie 45 Minuten Personalzeit.

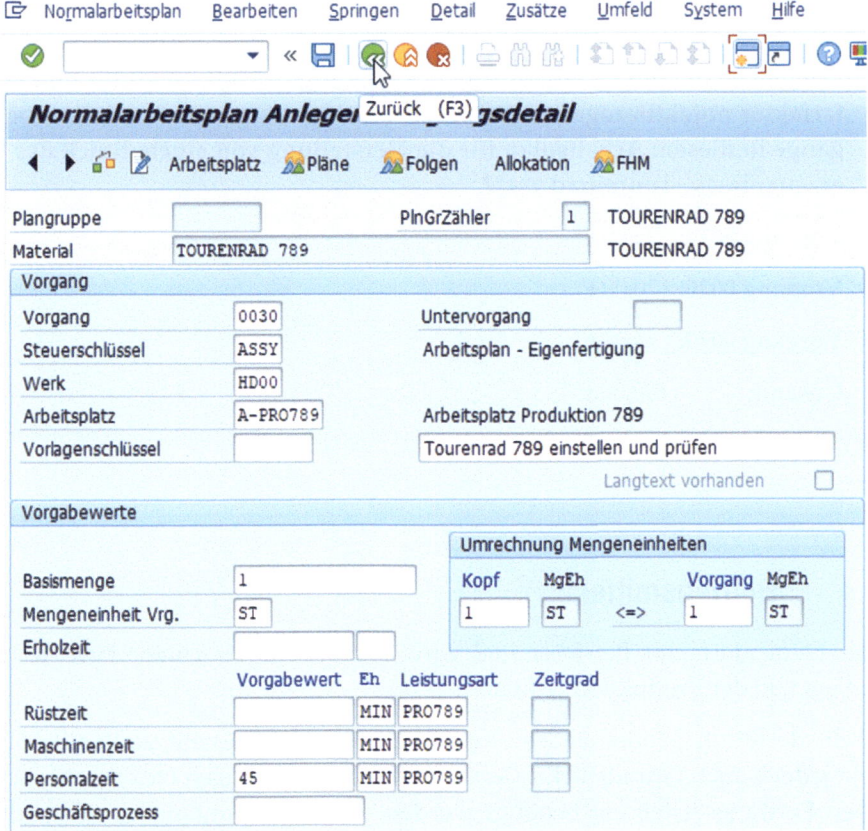

b) Wie hoch sind die Kosten für 45 Minuten der Leistungsart „PRO###" in diesem Vorgang?

45 Minuten der Leistungsart „PRO###" für diesen Vorgang kosten 0,75 Std. x 60,00 €/ Std. = 45,00 €.

c) Verlassen Sie mit der Taste „F3" die Übersicht zum Vorgang 0030 und sichern Sie anschließend den Arbeitsplan für Ihr Fertigerzeugnis „Tourenrad ###".

Die Vorgangsübersicht mit allen Vorgängen für den Arbeitsplan des Fertigerzeugnisses „Tourenrad ###" sehen Sie in Abbildung 3-85 auf Seite 241.

> ✅ NorArbPln wird mit Plangruppe 50000006 zu Material TOURENRAD 789 gesichert

7) Wie hoch sind die Gesamtkosten (= Fertigungseinzelkosten) für den Elementarfaktor objektbezogene menschliche Arbeit aufgrund der drei Arbeitsvorgänge in diesem Arbeitsplan für die Herstellung von einem Stück des Fertigerzeugnisses „Tourenrad ###"?

Vorgang 0010:   25,00 €

Vorgang 0020: 120,00 €

<u>Vorgang 0030:   45,00 €</u>

Gesamt: 190,00 €

3.4 Betriebsmittel

Der Elementarfaktor Betriebsmittel wird oftmals auf Maschinen bzw. technische Anlagen in der Produktion reduziert.

Nichtsdestotrotz gehören, wie in Kapitel 1.1.1 kurz dargestellt, zu den Betriebsmitteln jedoch auch Grundstücke, Gebäude, Büroeinrichtungen etc., die zur betrieblichen Leistungserstellung benötigt werden. Deren vollumfängliche Abbildung in SAP S/4HANA würde sowohl den intendierten Umfang dieses Buches bei weitem übersteigen als auch didaktisch keinen bedeutenden Mehrwert bei der Darstellung grundlegender Prinzipien für die Integration der betriebswirtschaftlichen Elementarfaktoren im Zuge der Leistungserstellung erbringen. Deshalb wird auch im Rahmen dieses Buches die Darstellung von Betriebsmitteln auf Maschinen bzw. technische Anlagen beschränkt.

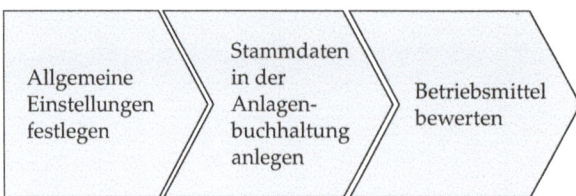

Abbildung 3-88: Prozessschritte zur Abbildung des Elementarfaktors Betriebsmittel

3.4 Betriebsmittel 331

Abbildung 3-88 zeigt vor diesem Hintergrund die Prozessschritte zur Abbildung des Elementarfaktors Betriebsmittel.

3.4.1 Allgemeine Einstellungen festlegen

Betriebsmittel werden in SAP S/4HANA als Anlagen in der Anlagenbuchhaltung, einer der Nebenbuchhaltungen im externen Rechnungswesen, abgebildet. Bevor Anlagen im Anwendungsmenü angelegt werden können, müssen im Customizing der Anlagenbuchhaltung allgemeine Einstellungen festgelegt werden.

Anlagenklasse

Eine Anlagenklasse gliedert das Anlagevermögen nach betriebswirtschaftlichen und rechtlichen Erfordernissen. Jede Anlage in einem Buchungskreis muss zwingend einer Anlagenklasse, z.B. für Maschinen, zugeordnet werden.

Die Einstellungen für Anlagenklassen werden im Customizing im Menüpfad „Finanzwesen/ Anlagenbuchhaltung/ Organisationsstrukturen/ Anlagenklassen/ Anlagenklassen definieren" festgelegt.

Sicht "Anlagenklassen" anzeigen: Übersicht

Klasse	Kurztext	Bezeichnung der Anlagenklasse
1000	Grundstücke	Grundstücke
2000	Maschinen	Maschinen, Geräte und Austattung
3000	Betriebs-/gesch.auss	Betriebs-/Gesch.ausstattung
4000	Computer	Büroausttattung und Computer
4001	AiB Inv.Maßn.	AiB - Investitionsmaßnahmen
5000	Fahrzeuge	Fahrzeuge

Abbildung 3-89: Anlagenklassen für Betriebsmittel (OAOA)

In Abbildung 3-89 sind typische Anlagenklassen für Betriebsmittel zu sehen. In den Details zu einer Anlagenklasse sind Steuerungsparameter, bspw. für die Nummernvergabe, die Kontenfindung und den Bildaufbau von Anlagenstammsätzen im Anwendungsmenü, enthalten. Abbildung 3-90 zeigt diese Werte für die Anlagenklasse „Maschinen, Geräte und Ausstattung" aus Abbildung 3-89.

In der Kontenfindung werden für die Buchungen von Geschäftsvorfällen die Abstimmkonten in der Hauptbuchhaltung und deren Gegenkonten in der Anlagenbuchhaltung festgelegt.

Die Nummernvergabe, i.d.R. intern oder extern, mit den zugehörigen Nummernkreisintervallen erfolgt vom Prinzip her für gewöhnliche Anlagen einer Anlagenklasse identisch zu der in Kapitel 3.2.1.1 beschriebenen Nummernvergabe für Materialien.

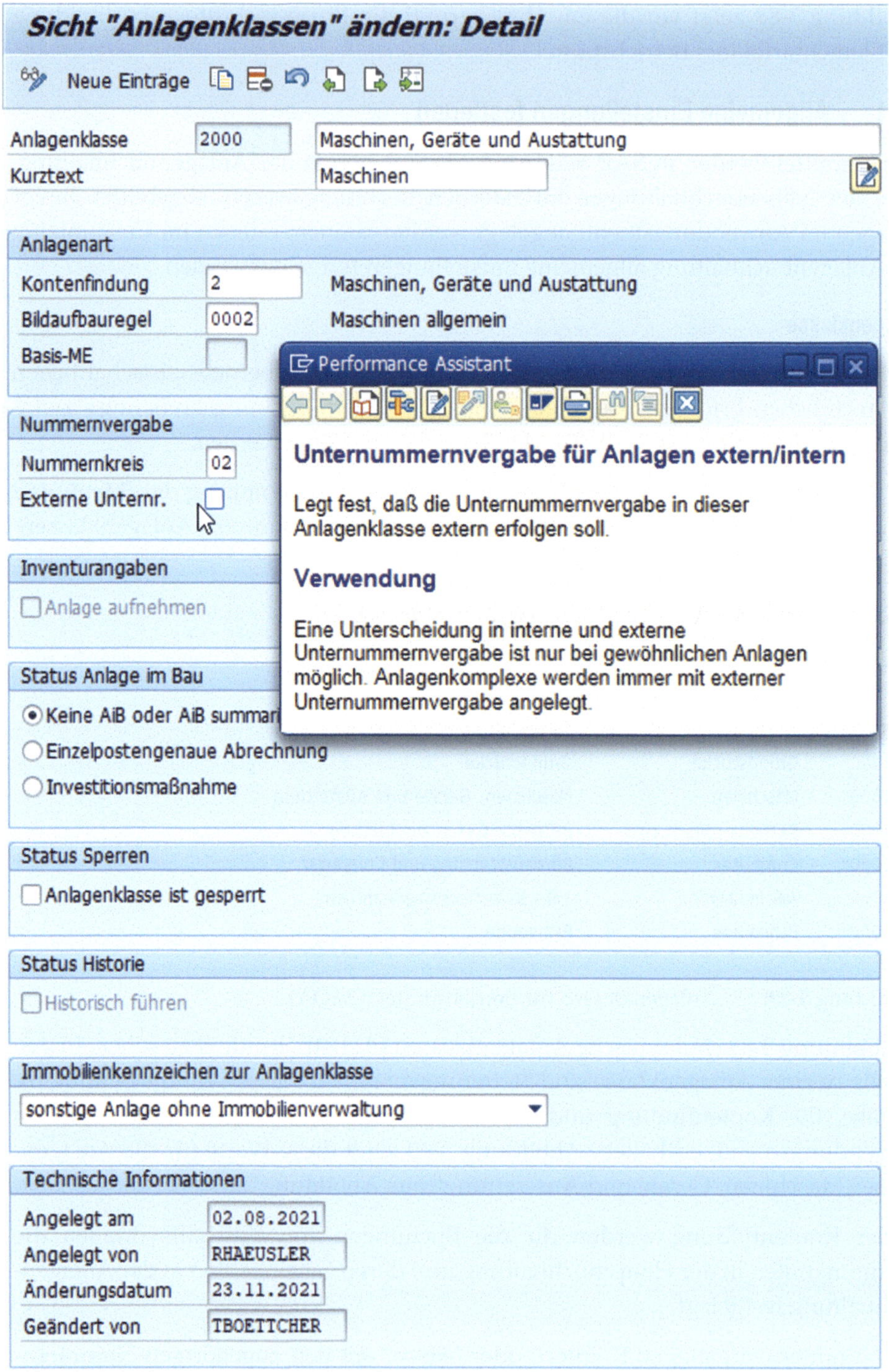

Sicht "Anlagenklassen" ändern: Detail

❧ Neue Einträge

| Anlagenklasse | 2000 | Maschinen, Geräte und Austattung |
| Kurztext | | Maschinen |

Anlagenart

Kontenfindung	2	Maschinen, Geräte und Austattung
Bildaufbauregel	0002	Maschinen allgemein
Basis-ME		

Nummernvergabe

| Nummernkreis | 02 |
| Externe Unternr. | ☐ |

Inventurangaben

☐ Anlage aufnehmen

Status Anlage im Bau

◉ Keine AiB oder AiB summar
○ Einzelpostengenaue Abrechnung
○ Investitionsmaßnahme

Performance Assistant

Unternummernvergabe für Anlagen extern/intern

Legt fest, daß die Unternummernvergabe in dieser Anlagenklasse extern erfolgen soll.

Verwendung

Eine Unterscheidung in interne und externe Unternummernvergabe ist nur bei gewöhnlichen Anlagen möglich. Anlagenkomplexe werden immer mit externer Unternummernvergabe angelegt.

Status Sperren

☐ Anlagenklasse ist gesperrt

Status Historie

☐ Historisch führen

Immobilienkennzeichen zur Anlagenklasse

sonstige Anlage ohne Immobilienverwaltung ▼

Technische Informationen

Angelegt am	02.08.2021
Angelegt von	RHAEUSLER
Änderungsdatum	23.11.2021
Geändert von	TBOETTCHER

Abbildung 3-90: Details zu einer Anlagenklasse (OAOA)

3.4 Betriebsmittel

Bewertungsbereiche

Der Werteverzehr des Elementarfaktors Betriebsmittel wird mit Abschreibungen abgebildet und bewertet. In SAP S/4HANA können dazu im Customizing Bewertungsbereiche angelegt werden.

Ein Bewertungsbereich definiert den Zweck bzw. die Methode der Bewertung von Abschreibungen auf Anlagen, z.B. nach handels- oder steuerrechtlichen Vorgaben oder für kalkulatorische Abschreibungen im internen Rechnungswesen. Beim späteren Anlegen eines Anlagenstammsatzes im Anwendungsmenü können über die Zuordnung von mehreren Bewertungsbereichen verschiedene Abschreibungsarten parallel hinterlegt und daraus unterschiedliche Abschreibungswerte berechnet werden. Als Resultat existieren am Ende eines Geschäftsjahres in den verschiedenen Bewertungsbereichen (meist) unterschiedliche Restbuchwerte für eine Anlage.

Bewertungsbereiche werden im Customizing der Anlagenbuchhaltung im Menüpfad „Finanzwesen/ Anlagenbuchhaltung/ Bewertung allgemein/ Bewertungsbereiche/ Bewertungsbereiche definieren/ Bewertungsbereiche definieren" angelegt.

Jeder Bewertungsbereich wird einem Bewertungsplan, einem nach betriebswirtschaftlichen Gesichtspunkten gegliederten Verzeichnis für die Anlagenbewertung, zugeordnet.

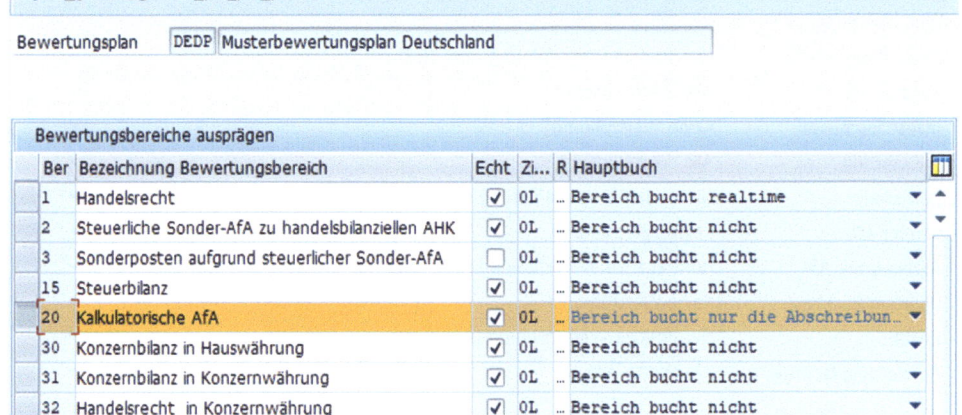

Abbildung 3-91: Bewertungsbereiche eines Bewertungsplans (OADB)

Abbildung 3-91 zeigt ein Beispiel für einen Bewertungsplan mit insgesamt zehn verschiedenen Bewertungsbereichen, u.a. für die kalkulatorischen Abschreibungen im internen Rechnungswesen. Für diesen Bewertungsbereich werden im Hauptbuch

334 3 Abbildung und Integration der Elementarfaktoren in SAP S/4HANA

nur periodische Abschreibungen je Anlage gebucht, nicht aber Anschaffungs- und Herstellungskosten.[101]

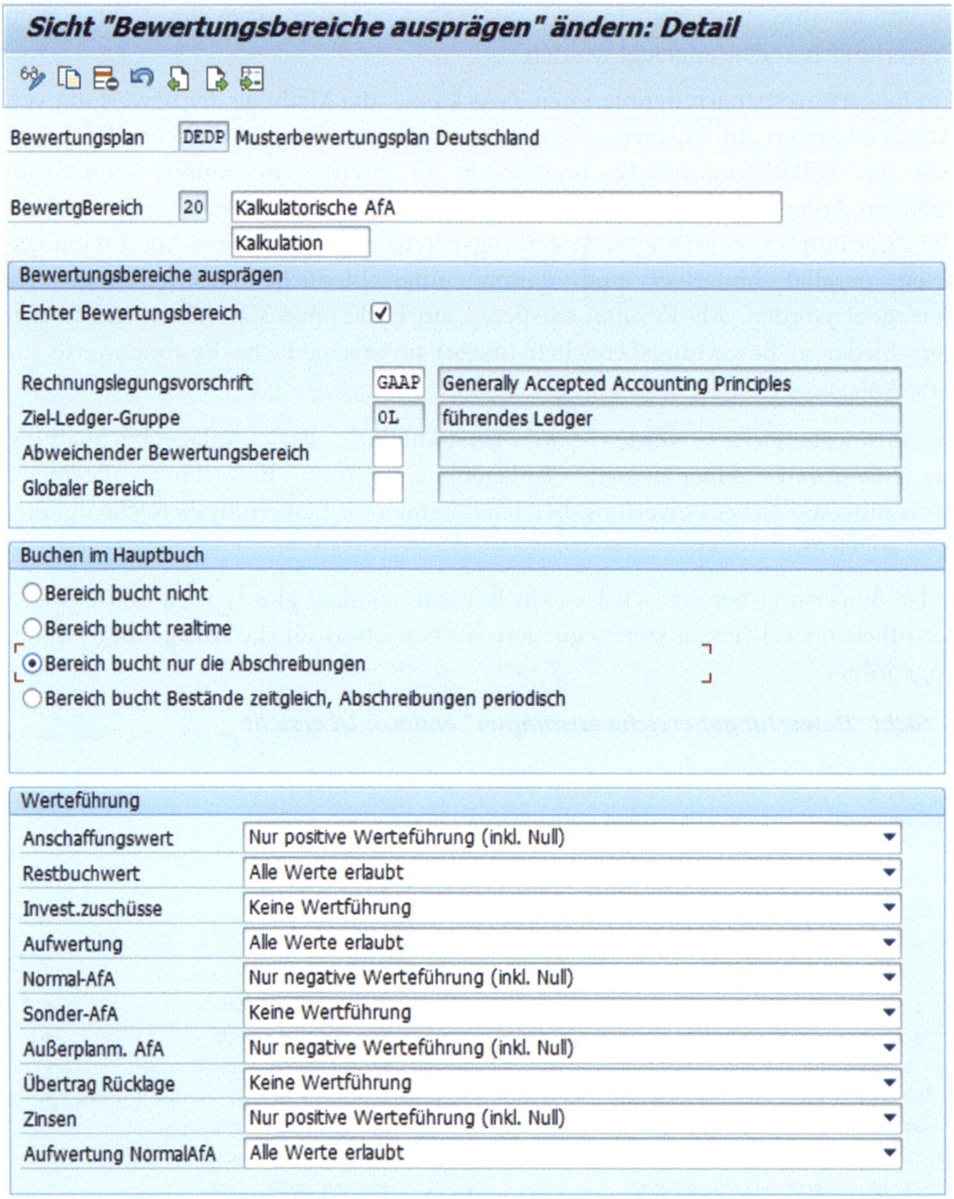

Sicht "Bewertungsbereiche ausprägen" ändern: Detail

Bewertungsplan	DEDP	Musterbewertungsplan Deutschland
BewertgBereich	20	Kalkulatorische AfA
		Kalkulation

Bewertungsbereiche ausprägen

Echter Bewertungsbereich	✓	
Rechnungslegungsvorschrift	GAAP	Generally Accepted Accounting Principles
Ziel-Ledger-Gruppe	0L	führendes Ledger
Abweichender Bewertungsbereich		
Globaler Bereich		

Buchen im Hauptbuch

○ Bereich bucht nicht
○ Bereich bucht realtime
◉ Bereich bucht nur die Abschreibungen
○ Bereich bucht Bestände zeitgleich, Abschreibungen periodisch

Werteführung

Anschaffungswert	Nur positive Werteführung (inkl. Null)
Restbuchwert	Alle Werte erlaubt
Invest.zuschüsse	Keine Werteführung
Aufwertung	Alle Werte erlaubt
Normal-AfA	Nur negative Werteführung (inkl. Null)
Sonder-AfA	Keine Werteführung
Außerplanm. AfA	Nur negative Werteführung (inkl. Null)
Übertrag Rücklage	Keine Werteführung
Zinsen	Nur positive Werteführung (inkl. Null)
Aufwertung NormalAfA	Alle Werte erlaubt

Abbildung 3-92: Details eines Bewertungsbereichs für kalkulatorische Abschreibungen (OADB)

---

[101] Verwechseln Sie bitte niemals die beiden Begriffe „Herstellungskosten" aus dem externen und „Herstellkosten" (vgl. Kapitel 4) aus der Kostenträgerstück-Rechnung im internen Rechnungswesen.

3.4 Betriebsmittel

Über den Menüpunkt „Springen/ Detail" in Abbildung 3-91 gelangt man zu Abbildung 3-92 für die Detailsicht zu einem Bewertungsbereich. Diese enthält Informationen zur Rechnungslegungsvorschrift und zur Werteführung für verschiedene Abschreibungsarten. In diesem Beispiel ist für kalkulatorische Abschreibungen u.a. festgelegt, dass

- Normalabschreibungen (planmäßige Abschreibungen) für die geplante Absetzung für Abnutzung (AfA) bei normalem Gebrauch des Wirtschaftsgutes und
- außerplanmäßige Abschreibungen für eine dauerhafte Wertminderung, die durch außergewöhnliche Umstände, wie z.B. einen Schadensfall, entstanden ist,

möglich sind. Dagegen werden keine steuerrechtlich begründeten Sonderabschreibungen, wie bspw. zur Investitionsförderung, erfasst.

Die verschiedenen Abschreibungsarten, wie z.B. Normalabschreibungen, außerplanmäßige Abschreibungen und Sonderabschreibungen, werden im Customizing der Anlagenbuchhaltung im Menüpfad „Finanzwesen/ Anlagenbuchhaltung/ Abschreibungen" mit zugehörigen Rechenmethoden für die Abschreibungsbeträge definiert.

In einer Rechenmethode wird bspw. festgelegt, ob es sich um eine lineare oder eine degressive Abschreibung handelt, wie der zugehörige Prozentsatz genau berechnet wird und zu welchem Stichtag Abschreibungen erfolgen.

3.4.2 Stammdaten in der Anlagenbuchhaltung anlegen

Nach der Festlegung allgemeiner Einstellungen im Customizing können Anlagen als Betriebsmittel im Anwendungsmenü der Anlagenbuchhaltung im Menüpfad „Rechnungswesen/ Finanzwesen/ Anlagen/ Anlage/ Anlegen/ Anlage" angelegt werden.

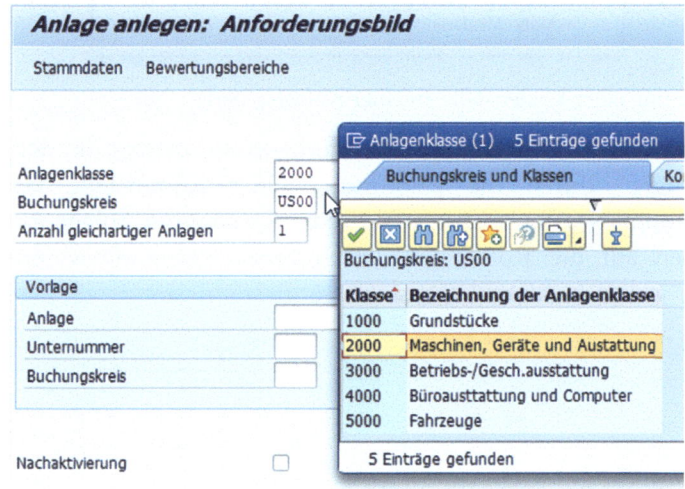

Abbildung 3-93: Anlegen einer Anlage (AS01)

336 3 Abbildung und Integration der Elementarfaktoren in SAP S/4HANA

Eine Anlage kann eine Maschine oder einen Anlagenkomplex abbilden. Ein Anlagenkomplex umfasst mehrere Maschinen, für die Anlagenunternummern vergeben werden. Abbildung 3-90 auf Seite 332 zeigt u.a., dass die Unternummernvergabe in der Anlagenklasse „Maschinen, Geräte und Ausstattung" intern erfolgt, da kein Häkchen für eine externe Nummernvergabe gesetzt ist.

Beim Anlegen einer Anlage in einem Buchungskreis muss zuerst immer eine Anlagenklasse ausgewählt werden (vgl. Abbildung 3-93). Abhängig von den Einstellungen im Customizing zu dieser Anlagenklasse (vgl. Kapitel 3.4.1) erfolgt die Nummernvergabe.

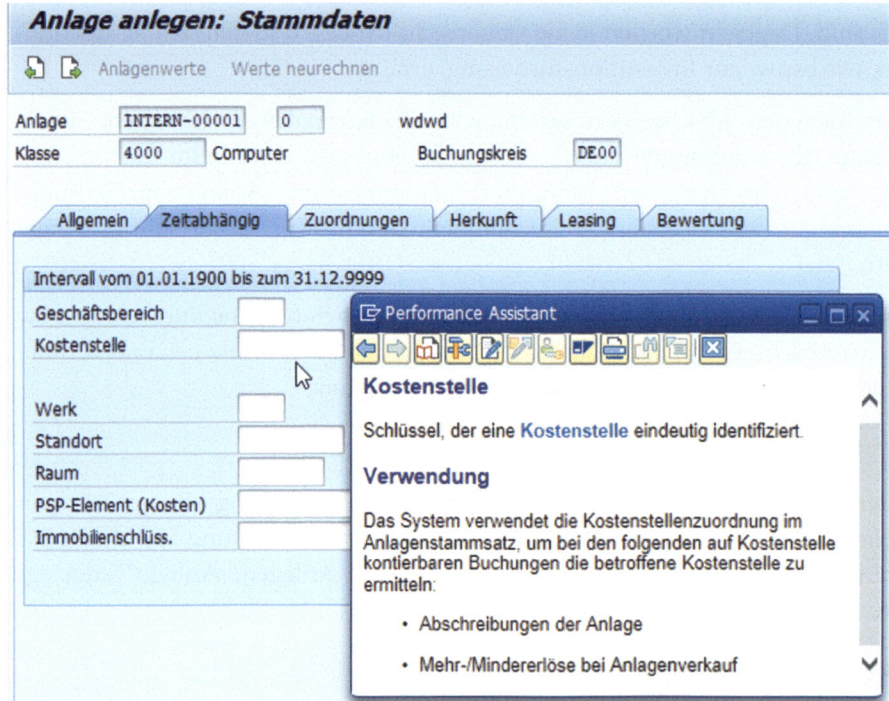

Abbildung 3-94: Zuordnung einer Kostenstelle zu einer Anlage (AS01)

Die Integration von externem und internem Rechnungswesen erfolgt in der Registerkarte „Zeitabhängig" durch die Zuordnung einer Kostenstelle zu einer Anlage (vgl. Abbildung 3-94). So können Abschreibungen auf die Anlage im externen Rechnungswesen auf die Kostenstelle im internen Rechnungswesen gebucht werden.

3.4 Betriebsmittel

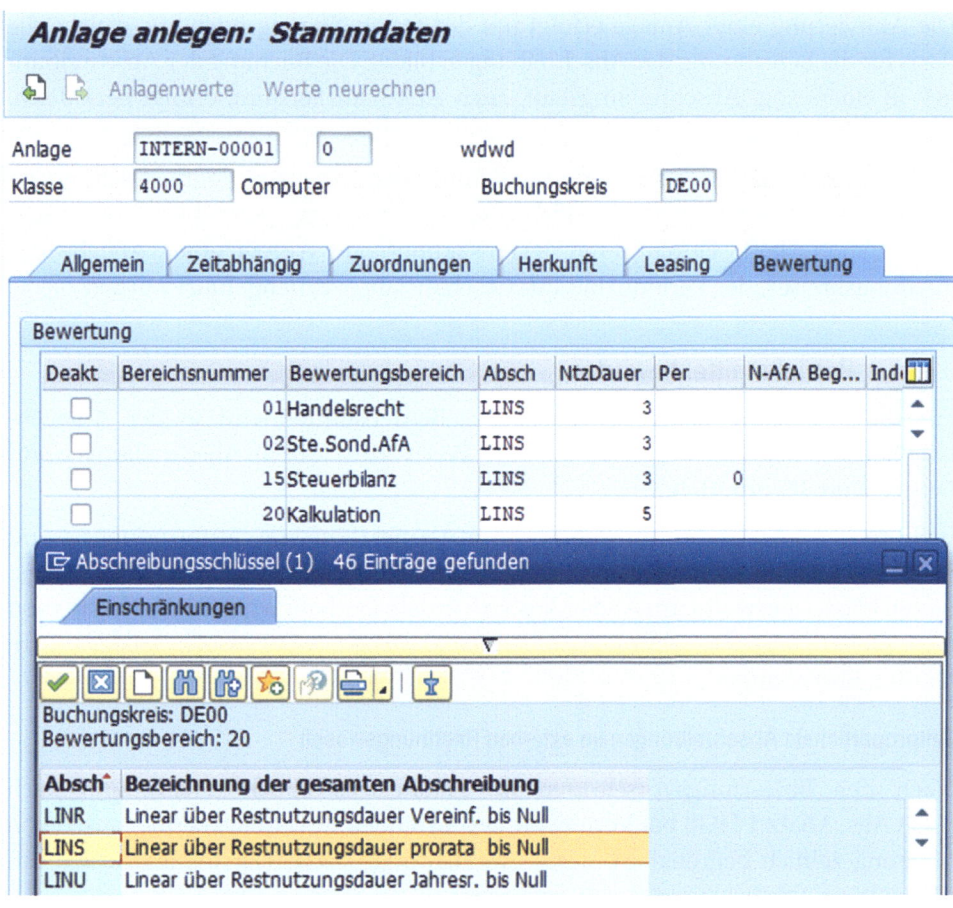

Abbildung 3-95: Bewertungsbereiche für eine Anlage (AS01)

Aufgrund der in Abbildung 3-93 eingegebenen Anlagenklasse werden in der Registerkarte „Bewertung" die in Kapitel 3.4.1 im Customizing zur Anlagenklasse zugeordneten Bewertungsbereiche angezeigt. Für eine Anlage können einzelne Bewertungsbereiche deaktiviert werden. Im Beispiel von Abbildung 3-95 ist dies nicht der Fall, sodass u.a. kalkulatorische Abschreibungen gebildet werden.

Der Vorschlagswert für die geplante Nutzungsdauer zur Berechnung der kalkulatorischen Abschreibungen beträgt für Anlagen dieser Anlagenklasse gewöhnlich fünf Jahre. Er kann manuell genauso wie der Abschreibungsschlüssel, in diesem Fall erfolgen lineare Abschreibungen, geändert werden.

Abbildung 3-95 zeigt ein typisches Beispiel, für das sich die geplante Nutzungsdauer für kalkulatorische und handelsrechtliche Abschreibungen, mit fünf bzw. drei Jahren, unterscheidet.

Existiert ein Bewertungsbereich für kalkulatorische Abschreibungen, so muss dieser eine separate Kontenfindung erhalten, da ansonsten eine gesonderte und korrekte Auswertung der Abschreibungen nicht möglich wäre.

Die Aktivierung einer Anlage erfolgt mit der ersten Zugangsbuchung, welche die Basis für die Berechnung der Abschreibungen bildet. Die Buchung der Abschreibungen in einem sog. Abschreibungslauf, auch AfA-Lauf genannt, erfolgt periodisch, z.B. am Monatsende.

Ein Abschreibungslauf kann im Anwendungsmenü der Anlagenbuchhaltung im Menüpfad „Rechnungswesen/ Finanzwesen/ Anlagen/ Periodische Arbeiten/ Abschreibungslauf/ Durchführen" (Transaktionscode AFAB) unter Angabe des Buchungskreises, der Periode und des Geschäftsjahres durchgeführt werden.

3.4.3 Betriebsmittel bewerten

Für die Bewertung des Elementarfaktors Betriebsmittel wird in der Anlagenbuchhaltung der Werteverzehr, d.h. der Wertverlust durch Abschreibungen auf Betriebsmittel[102] ermittelt.

In Kapitel 3.3.2.1 wurde im Rahmen der Abgrenzung von Aufwendungen und Kosten bereits beschrieben, dass es sich bei Abschreibungen im internen Rechnungswesen klassischerweise um Anderskosten handelt. Deshalb wird für die Kalkulation eines zu fertigenden Erzeugnisses i.d.R. nicht der Wertansatz aus der Anlagenbuchhaltung übernommen.

Zeitproportionale Abschreibungen im externen Rechnungswesen

Nach den Bewertungsvorschriften im Handelsgesetzbuch (HGB) sind nach § 253 Abs. 3 Satz 1 HGB bei Vermögensgegenständen des Anlagevermögens, deren Nutzung zeitlich begrenzt ist, deren Anschaffungs- bzw. Herstellungskosten um planmäßige Abschreibungen zu vermindern.

Die planmäßigen Abschreibungen auf die Anschaffungs- oder Herstellungskosten müssen auf die Geschäftsjahre verteilt werden, in denen der Vermögensgegenstand voraussichtlich genutzt werden kann (§ 253 Abs. 3 Satz 2 HGB). Dieser Zeitraum wird als Nutzungsdauer oder betriebsgewöhnliche Nutzungsdauer bezeichnet. Die Nutzungsdauern von Wirtschaftsgütern werden AfA-Tabellen des Bundesfinanzministeriums entnommen.

Bei planmäßigen Abschreibungen handelt es sich um einen linearen Werteverzehr durch eine gewöhnliche betrieblich bedingte Nutzung, die einen normalen Verschleiß bzw. eine gewöhnliche Abnutzung[103] in einem bestimmten Zeitraum

---

[102] Abschreibungen auf Betriebsmittel werden im Steuerrecht auch Absetzung für Abnutzung (AfA) genannt.

[103] Entsteht bei einem betrieblich genutzten Betriebsmittel eine außergewöhnliche Wertminderung, z.B. durch einen Schadensfall, so wird dieser Werteverzehr durch eine außerplanmäßige Abschreibung abgebildet.

3.4 Betriebsmittel

abbildet. Am Ende der Nutzungsdauer ist das Betriebsmittel durch planmäßige Abschreibungen komplett abgeschrieben.[104]

Planmäßige Abschreibungen erfolgen erstmals zum Zeitpunkt der Betriebsbereitschaft, z.B. dem Tag des Kaufs oder der Lieferung, und nicht zum Beginn der tatsächlichen Nutzung des Betriebsmittels.

Zeitproportionale Abschreibungen im internen Rechnungswesen

Ziel des internen Rechnungswesens ist es, entscheidungsrelevante Informationen für das Management bereitzustellen. Bei Anderskosten wird für gewöhnlich der Wertansatz für den Zweckaufwand aus dem externen Rechnungswesen nicht übernommen, da dieser normalerweise nicht den realen Werteverzehr des Betriebsmittels abbildet.

Unternehmen können die Höhe der kalkulatorischen Abschreibungen im internen Rechnungswesen frei wählen, da hierfür, bis auf einige Ausnahmen wie aktivierte Eigenleistungen, keine rechtlichen Vorschriften existieren. Für zeitproportionale Abschreibungen im internen Rechnungswesen ist die lineare Abschreibung die gebräuchlichste Abschreibungsmethode.

Bspw. wird eine Maschine in der Realität länger oder kürzer als nach der Nutzungsdauer gemäß AfA-Tabelle verwendet (vgl. dazu auch Abbildung 3-95 auf Seite 337). Zudem entsprechen die Abschreibungen auf die Anschaffungskosten oftmals nicht dem realen Werteverzehr, der im internen Rechnungswesen auf eine Substanzerhaltung abzielt. Aus diesen Gründen wird stattdessen für kalkulatorische Abschreibungen im internen Rechnungswesen meist der voraussichtliche Wiederbeschaffungswert für ein Betriebsmittel mit dieser technischen Beschaffenheit am Ende der geschätzten realen Nutzungsdauer verwendet.

Einerseits ist dieser zukunftsorientierte Ansatz zur Bewertung des Werteverzehrs von Betriebsmitteln realitätsnäher, andererseits ist er jedoch naturgemäß mit größeren Unsicherheiten behaftet. Oftmals ist es sehr schwierig, die reale Nutzungsdauer korrekt zu planen. Noch gravierender sind die Probleme, den voraussichtlichen Wiederbeschaffungswert am Ende der geschätzten realen Nutzungsdauer zu ermitteln, da in diesen Wertansatz sehr viele Unsicherheiten, wie z.B. Inflationsraten, technische Entwicklungen etc., einfließen.

---

[104] Ein Betriebsmittel wird oft mit einem Erinnerungs- bzw. Restwert in den Büchern fortgeführt. Restwerte sind didaktisch für die Inhalte dieses Buches nicht relevant. Deswegen wird auf ihre Darstellung nachfolgend sowohl bei den Abschreibungen im externen als auch im internen Rechnungswesen verzichtet.

Folgendes Beispiel[105] soll die Thematik kurz skizzieren:

Ein Unternehmen kauft eine neue Maschine. Es wird von einer tatsächlichen Nutzungsdauer von 10 Jahren und einem Wiederbeschaffungswert von 100.000 € ausgegangen. Daraus ergibt sich eine lineare kalkulatorische Abschreibung in Höhe von 100.000 € / 10 Jahre = 10.000 € p.a.

Nach fünf Jahren Nutzung wird aufgrund von neuen technischen und ökonomischen Entwicklungen nur noch von einer Nutzungsdauer von acht Jahren und einem Wiederbeschaffungswert von 120.000 € ausgegangen.

Aufgrund dieser neuen Erkenntnisse müssen die kalkulatorischen Abschreibungen für die Zukunft angepasst werden. Ab dem sechsten Jahr werden aufgrund der neuen Prognosedaten jährliche kalkulatorische Abschreibungen in Höhe von 120.000 € / 8 Jahre = 15.000 € p.a. angesetzt.[106]

Für die prognostizierte gesamte reale Nutzungsdauer ergeben sich folgende jährliche kalkulatorische Abschreibungen:

Jahr 1:	10.000 € = 100.000 € / 10 Jahre
Jahr 2:	10.000 € = 100.000 € / 10 Jahre
Jahr 3:	10.000 € = 100.000 € / 10 Jahre
Jahr 4:	10.000 € = 100.000 € / 10 Jahre
Jahr 5:	10.000 € = 100.000 € / 10 Jahre

Nach den neuen Informationen:

Jahr 6:	15.000 € = 120.000 € / 8 Jahre
Jahr 7:	15.000 € = 120.000 € / 8 Jahre
Jahr 8:	15.000 € = 120.000 € / 8 Jahre
Gesamt:	95.000 €

Die gesamten kalkulatorischen Abschreibungen entsprechen damit, auch aufgrund der Änderung der geplanten Nutzungsdauer, weder dem am Anfang noch dem zuletzt prognostizierten Wiederbeschaffungswert.

---

[105] Ein anderes Rechenbeispiel findet sich bspw. bei Coenenberg, A./ Fischer, T./ Günther, T./ Brühl, R. (2024), S. 115ff.

[106] Auch wenn die Neuberechnung der kalkulatorischen Abschreibungen zu einer Über- oder Unterabschreibung führt, ist dies betriebswirtschaftlich die erstrebenswerte Vorgehensweise.
Da es, bis auf aktivierte Eigenleistungen etc., keine gesetzlichen Vorschriften für das interne Rechnungswesen gibt, wäre auch ein anderer neuer Wert für die jährlichen kalkulatorischen Abschreibungen denkbar.

3.4 Betriebsmittel

Nichtsdestotrotz hat das Unternehmen auf Grundlage der jeweils aktuell verfügbaren Informationen für jedes Geschäftsjahr die kalkulatorischen Abschreibungen nach bestem Wissen und Gewissen ermittelt, um den tatsächlichen Werteverzehr dieses Betriebsmittels zu bewerten.[107]

Solche Änderungen bei prognostizierten Werten kommen in der Praxis häufiger vor, sodass es bei zeitproportionalen kalkulatorischen Abschreibungen nicht ungewöhnlich ist, dass die Abschreibungen in verschiedenen Geschäftsjahren divergieren.

Leistungsproportionale Abschreibungen

Bei der leistungsproportionalen Abschreibung, auch Leistungsabschreibung genannt, berechnen sich die Abschreibungsbeträge gemäß der in einem Geschäftsjahr in Anspruch genommenen Leistung als Anteil der Gesamtleistung.

Die Leistungsabschreibung ist ebenfalls eine planmäßige Abschreibung im Sinne des HGB und unter bestimmten Voraussetzungen im externen Rechnungswesen sowohl handels- als auch steuerrechtlich zulässig. Auch bei ihr stehen dem Zweckaufwand im externen Rechnungswesen i.d.R. Anderskosten im internen Rechnungswesen gegenüber.

Da der Fokus dieses Buches auf der Bewertung der Elementarfaktoren im internen Rechnungswesen liegt, wird auf leistungsproportionale Abschreibungen im externen Rechnungswesen nachfolgend nicht weiter eingegangen. Für diese gelten die obigen Ausführungen zu den Unterschieden von zeitproportionalen Abschreibungen im externen und internen Rechnungswesen weitgehend analog.

Die Leistung eines Betriebsmittels kann u.a. in Maschinenstunden oder produzierter Stückzahlen gemessen werden. Leistungsproportionale Abschreibungen sind zeitproportionalen Abschreibungen vorzuziehen, wenn die Nutzung eines Betriebsmittels in den einzelnen Geschäftsjahren stark divergiert. Die kalkulatorischen Abschreibungen variieren dann stark über die Nutzungsdauer.

---

[107] Mehr- bzw. Minderabschreibungen aufgrund von neuen Informationen, die Anpassungen der Nutzungsdauer und/ oder des Wiederbeschaffungswerts führen, können jedoch auch als kalkulatorische Wagnisse erfasst werden. Diese betriebswirtschaftlichen Ausgestaltungsmöglichkeiten sind jedoch nicht für die Inhalte dieses Buches relevant, sodass auf sie nicht weiter eingegangen wird.

Das folgende Beispiel soll, analog zum dem für die zeitproportionale Abschreibung, die Thematik veranschaulichen:

Ein Unternehmen kauft eine neue Maschine. Es wird von einem Wiederbeschaffungswert von 100.000 € ausgegangen. Die Gesamtlaufzeit der Maschine wird auf 50.000 Maschinenstunden geschätzt. Daraus ergibt sich für die kalkulatorischen Abschreibungen ein Maschinenstundensatz in Höhe von 2,00 €/ Stunde.

In den ersten fünf Jahren wird die Maschine pro Jahr erst 3.000 Stunden, danach 10.000, 2.000, 1.000 und 4.000 Stunden genutzt.

Nach fünf Jahren mit insgesamt 20.000 Maschinenstunden wird aufgrund von neuen technischen Entwicklungen nur noch von einer Gesamtlaufzeit der Maschine von 40.000 Maschinenstunden ausgegangen.

Aufgrund dieses neuen Sachverhalts müssen die kalkulatorischen Abschreibungen auch hier für die Zukunft angepasst werden. Ab dem sechsten Jahr erhöht sich der Maschinenstundensatz bspw. auf 100.000 € / 40.000 Maschinenstunden = 2,50 €/ Maschinenstunde.[108]

In den Folgejahren wird die Maschine noch 1.000 Stunden, danach 8.000 Stunden und abschließend 11.000 Stunden genutzt.[109]

Dies ergibt folgende leistungsproportionale Abschreibungen:

Jahr 1:	6.000 € = 2,00 €/Stunde *	3.000 Stunden
Jahr 2:	20.000 € = 2,00 €/Stunde *	10.000 Stunden
Jahr 3:	4.000 € = 2,00 €/Stunde *	2.000 Stunden
Jahr 4:	2.000 € = 2,00 €/Stunde *	1.000 Stunden
Jahr 5:	8.000 € = 2,00 €/Stunde *	4.000 Stunden

Nach den neuen Informationen:

Jahr 6:	2.500 € = 2,50 €/Stunde *	1.000 Stunden
Jahr 7:	20.000 € = 2,50 €/Stunde *	8.000 Stunden
Jahr 8:	27.500 € = 2,50 €/Stunde *	11.000 Stunden
Gesamt:	90.000 €	40.000 Stunden

---

[108] Fußnote 106 gilt hier analog.

[109] Auch in diesem Beispiel wird, da ja nur das grundlegende Prinzip dargestellt werden soll, vereinfachend ein Restwert von 0 € unterstellt.

3.4 Betriebsmittel

Die Leistungsabschreibung wird für die Berechnung der kalkulatorischen Abschreibungen in der Praxis seltener als die lineare zeitproportionale Abschreibung verwendet, da die Messung der Leistungseinheiten weitaus aufwendiger ist. Nichtsdestotrotz bildet sie bei stark unterschiedlicher Nutzung des Betriebsmittels in den einzelnen Geschäftsjahren den realen Werteverzehr in jedem Geschäftsjahr genauer ab.

Es ist im internen Rechnungswesen auch möglich, kalkulatorische Abschreibungen aus einer Kombination von leistungs- und zeitproportionalen Bestandteilen abzubilden, da so manchmal der reale Werteverzehr am besten erfasst wird, z.B. bei betrieblich genutzten Pkws.

Ausgestaltungsmöglichkeiten für kalkulatorische Abschreibungen in SAP S/4HANA

Von den verschiedenen Möglichkeiten, kalkulatorische Abschreibungen in SAP S/4HANA abzubilden, werden drei nachfolgend kurz beschrieben.

- Die kalkulatorischen Abschreibungen werden durch eine Verzahnung mit der Anlagenbuchhaltung bestimmt.

  Wie anhand von Abbildung 3-91 auf Seite 333 beschrieben, kann in einem Bewertungsplan auch ein separater Bewertungsbereich für kalkulatorische Abschreibungen eingerichtet werden. Die Details dazu sind in Abbildung 3-92 auf Seite 334 zu sehen.

  Beim Anlegen einer Anlage wird dieser gemäß Abbildung 3-94 auf Seite 336 eine Kostenstelle zugeordnet, sodass abschreibungsrelevante Buchungen auf der Anlage im externen Rechnungswesen später auf die Kostenstelle im internen Rechnungswesen übergeleitet werden können.

  Bei der Beschreibung der zeitproportionalen Abschreibungen im internen Rechnungswesen wurde anhand des Zahlenbeispiels gezeigt, dass sich im Laufe der Folgejahre nach der Anschaffung eines Betriebsmittels die Höhe der kalkulatorischen Abschreibungen durch das Bekanntwerden neuer Sachverhalte ändern kann. Vor diesem Hintergrund stellt sich daher die Frage, ob eine solche Verzahnung mit der Anlagenbuchhaltung die beste bzw. pragmatischste Ausgestaltungsvariante für die Abbildung der kalkulatorischen Abschreibungen im internen Rechnungswesen ist.

- Um kalkulatorische Abschreibungen als leistungsproportionale Abschreibungen zu erfassen, werden Maschinenstundensätze mit einer Leistungsart in einer Kostenstelle abgebildet.

Dies funktioniert prinzipiell genau wie die Abbildung des Elementarfaktors objektbezogene menschliche Arbeit mit Hilfe von Leistungsarten in Kapitel 3.3.3. Nach der Planung der kalkulatorischen Abschreibungen im internen Rechnungswesen als Kosteninput der Kostenstelle wird der Mengenoutput der Leistungsart für die Maschinenstunde geplant und anschließend der Tarif für diese Leistungsart berechnet.

Es wird für die Kostenstelle ein Arbeitsplatz mit der Arbeitsplatzart „Maschine" (vgl. Abbildung 3-29 auf Seite 170) angelegt[110] und wie in Abbildung 3-84 auf Seite 240 in der Registerkarte „Kalkulation" die Leistungsart für die Maschinenzeit eingetragen.

In einem Arbeitsplan wird die Bearbeitung durch die Maschine in einem Vorgang abgebildet. In den Details zu diesem Vorgang (vgl. Abbildung 3-86 auf Seite 242) wird in der Maschinenzeit die Zeit für diese Leistungsart erfasst.

So können kalkulatorische Abschreibungen auf alle produzierten Mengeneinheiten verteilt werden.

Anzumerken ist, dass bei diesem Vorgehen die Kostenstelle nicht ausschließlich für die Erfassung der Maschinenstundensätze angelegt werden muss. Denkbar ist auch, diese Verteilung der kalkulatorischen Abschreibungen mit einer Leistungsart in einer Produktionskostenstelle abzubilden, die auch noch Leistungen des Elementarfaktors objektbezogene menschliche Arbeit bereitstellt. Deshalb ist es in den Details zu einem Vorgang in einem Arbeitsplan in Abbildung 3-86 auf Seite 242 möglich, für einen Arbeitsplatz verschiedene Leistungsarten für die Rüst-, Personal- und Maschinenzeit einzugeben.[111]

---

[110] Oder diese existiert bereits.

[111] Dieses Szenario einer Kostenstelle mit je einer Leistungsart zur Abbildung des Elementarfaktors objektbezogene menschliche Arbeit und des Elementarfaktors Betriebsmittel hätte sich für die Übungen auch gut geeignet. Allerdings wäre es dann nicht möglich gewesen, die iterative Tarifermittlung zwischen zwei verschiedenen Kostenstellen zu erläutern, ohne den Umfang der Übungsaufgaben noch weiter auszuweiten. Aus diesem Grund wurden die Übungen mit zwei verschiedenen Kostenstellen und je einer Leistungsart konzipiert.

3.4 Betriebsmittel

- In der betrieblichen Praxis bestehen Maschinenstundensätze allerdings oftmals nicht nur aus kalkulatorischen Abschreibungen. Oftmals beinhalten sie auch noch weitere Kosten, z.B. für kalkulatorische Zinsen, Miete, Energie, Wartung und Reparaturen.

In solchen Fällen fließen kalkulatorische Abschreibungen als ein Teil der Fertigungsgemeinkosten, die in einer Zuschlagskalkulation als prozentualer Zuschlag auf die Fertigungseinzelkosten verrechnet werden, in die Herstellkosten der Erzeugnisse ein.

Auch ohne Maschinenstundensätze kann so verfahren werden. Kalkulatorische Abschreibungen für Betriebsmittel werden wie in Abbildung 3-96 im internen Rechnungswesen als Kosteninput auf einer zentralen Fertigungskostenstelle geplant, die sich später bei der Kalkulation eines Erzeugnisses durch die Verrechnung des prozentualen Zuschlags der Fertigungsgemeinkosten auf die Fertigungseinzelkosten kostenmäßig entlastet (vgl. Abbildung 4-11 auf Seite 360).

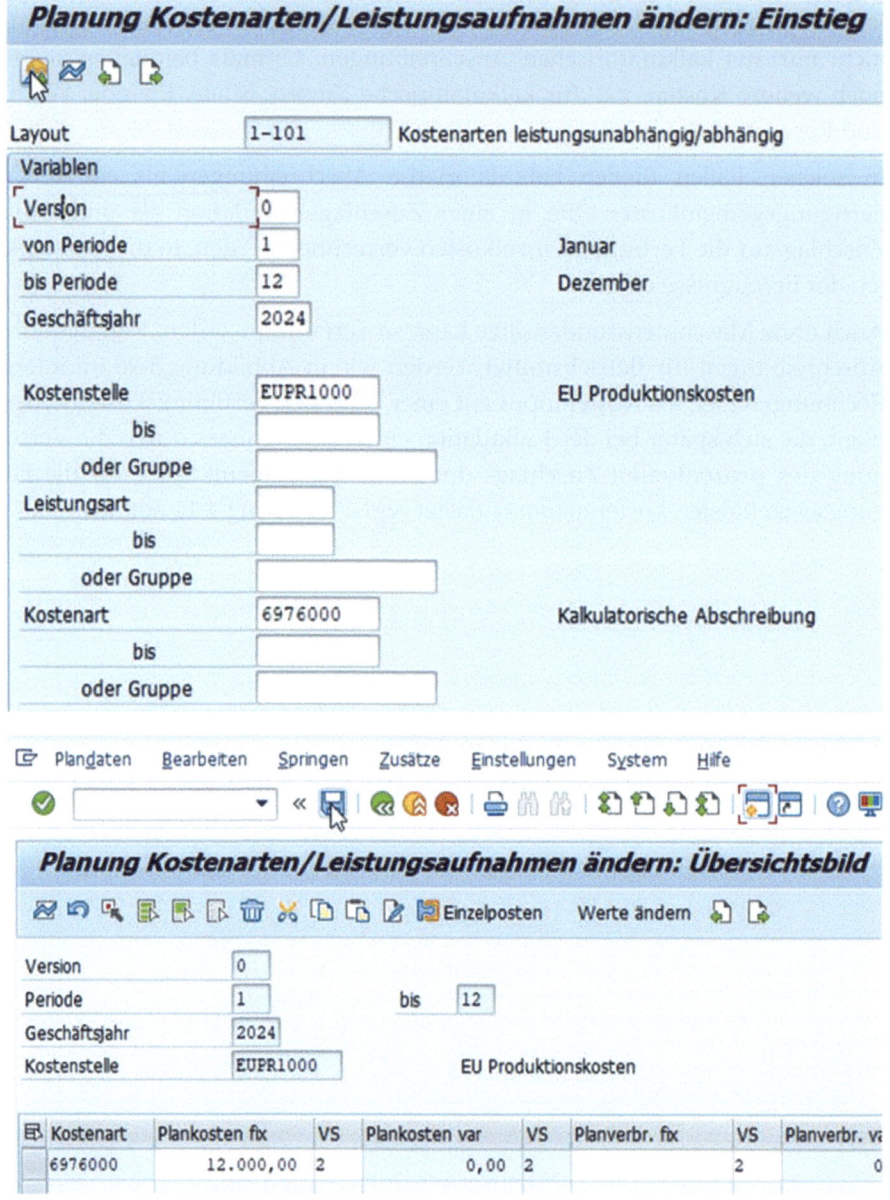

Abbildung 3-96: Kalkulatorische Planabschreibungen als Kosteninput einer Fertigungskostenstelle (KP06)

3.4 Betriebsmittel

3.4.4 Übung zu Kapitel 3.4

Als neuer Mitarbeiter im Konzern „Global Bike" bilden Sie im Rahmen der Leistungserstellung zur Vorbereitung auf die Kalkulation des Fertigerzeugnisses den Elementarfaktor Betriebsmittel ab. Für diesen buchen Sie im Gemeinkosten-Controlling zur Abbildung des Werteverzehrs von Betriebsmitteln eine kalkulatorische Abschreibung.

3.4.4.1 Anmerkungen

Bitte lesen Sie sich nochmals die Anmerkungen von Kapitel 3.2.5.1 durch. Diese gelten auch für die nachfolgende Übung.

3.4.4.2 Übersicht

Tabelle 3-4 zeigt die Inhalte der Übung zu Kapitel 3.4.

Übung	Seite	Inhalte	Kapitel
3.31	348	Kalkulatorische Abschreibungen als Kostenaufnahme auf der Kostenstelle EUPR1000 buchen	3.4.3

Tabelle 3-4: Inhalte der Übung zu Kapitel 3.4

3.4.4.3 Lösung

Übung 3.31: Kalkulatorische Abschreibungen als Kostenaufnahme auf der Kostenstelle EUPR1000 buchen (→ Kapitel 3.4.3)

Sie werden vom Verantwortlichen der Kostenrechnung informiert, dass die gesamten kalkulatorischen Abschreibungen in diesem Jahr 12.000 € betragen.

Buchen Sie in der Planung der Kostenstellenrechnung diesen Betrag als fixe Kostenaufnahme der zentralen Kostenstelle EUPR1000. Für kalkulatorische Abschreibungen wird die Kostenart 6976000 verwendet.

Erfassen Sie im Übersichtsbild leistungsunabhängig diese Kostenaufnahme in der Planversion 0 für die Perioden 1 bis 12 im aktuellen Geschäftsjahr. Sichern Sie abschließend Ihre kalkulatorische Abschreibung.

Wie bereits in Übung 3.21 auf Seite 285 beschrieben, ist der Menüpfad zum Planen von Kostenaufnahmen in SAP S/4HANA nicht mehr im Menübaum enthalten, obwohl diese Transaktion mit dem Transaktionscode KP06 weiterhin zur Verfügung steht.

Geben Sie daher den Transaktionscode KP06 wieder direkt im Befehlsfeld ein.

Anmerkung:

In Übung 4.1 wird im Kalkulationsschema festgelegt werden, dass die Verrechnung der Fertigungsgemeinkosten auf die Herstellkosten Ihres Fertigerzeugnisses „Tourenrad ###" in der Kalkulation zentral durch die Entlastung der Fertigungskostenstelle EUPR1000 erfolgt.

Bei dieser Ausgestaltungsmöglichkeit (vgl. Kapitel 3.4.3) zur Abbildung des Werteverzehrs des Elementarfaktors Betriebsmittel sind die kalkulatorischen Abschreibungen einer von mehreren Bestandteilen der Fertigungsgemeinkosten.

Abbildung 3-96 auf Seite 346 zeigt die Planung der Kostenaufnahme für die kalkulatorischen Abschreibungen auf der Kostenstelle EUPR1000.

4 Bewertung der Elementarfaktoren im Rahmen der Kalkulation

Nachdem alle Elementarfaktoren abgebildet und miteinander integriert sind, können die Herstell- und Selbstkosten eines zu fertigenden Erzeugnisses in einer Zuschlagskalkulation errechnet werden.

Wird, wie in den Übungen, ein Sachgut als Fertigerzeugnis für den anonymen Massenmarkt und ohne Bezug auf einen konkreten Kundenauftrag hergestellt, so erfolgt die Bewertung des zu fertigenden Erzeugnisses in SAP S/4HANA in der Produktkostenplanung in einer Materialkalkulation mit Mengengerüst.

Das Anlegen einer Materialkalkulation mit Mengengerüst erfolgt im Anwendungsmenü im Menüpfad „Rechnungswesen/ Controlling/ Produktkosten-Controlling/ Produktkostenplanung/ Materialkalkulation/ Kalkulation mit Mengengerüst/ Anlegen".

Beim Anlegen einer Materialkalkulation mit Mengengerüst in einem Werk müssen lediglich das herzustellende Material, die Kalkulationsvariante und die Kalkulationslosgröße eingegeben werden (vgl. Abbildung 4-33 auf Seite 378).

Die Kalkulationslosgröße wirkt sich auf die Herstell- und Selbstkosten des zu fertigenden Erzeugnisses u.a. bei der Verteilung von Rüstkosten aus.

Die von SAP S/4HANA automatisch eingetragene, jedoch durch den SAP-Anwender manuell änderbare, Kalkulationsversion wird in Kapitel 4.1.5.2 beschrieben. Vereinfacht ausgedrückt ist dies lediglich eine Nummer, mit der verschiedene Kalkulationen zum selben Material bei sich überschneidenden Gültigkeitszeiträumen unterschieden werden können.

Ergänzende Information Die elektronische Version dieses Kapitels enthält Zusatzmaterial, auf das über folgenden Link zugegriffen werden kann https://doi.org/10.1007/978-3-658-47767-7_4.

© Der/die Autor(en), exklusiv lizenziert an
Springer Fachmedien Wiesbaden GmbH, ein Teil von Springer Nature 2025
U. Rimmelspacher, *Abbildung und Integration von Elementarfaktoren in SAP S/4HANA*, https://doi.org/10.1007/978-3-658-47767-7_4

Alle diese Eingaben sind ansonsten trivial, sodass es sachlogisch nur die Kalkulationsvariante sein kann, durch die alle Vorgänge bei einer Materialkalkulation gesteuert werden. In der Tat ist es so, dass in einer Kalkulationsvariante alle wesentlichen Einstellungen zur Durchführung einer Kalkulation definiert sind und dort alle benötigten Daten zentral zusammengeführt werden. Deshalb kommt der Kalkulationsvariante die überragende Bedeutung im Rahmen einer Kalkulation zu.

Damit ist klar, dass zuerst die allgemeinen Einstellungen für eine Kalkulationsvariante mit ihren Bestandteilen im Customizing definiert werden müssen, bevor ein herzustellendes Erzeugnis im Anwendungsmenü kalkuliert werden kann. Nach der Kalkulation wird das Kalkulationsergebnis für gewöhnlich im Materialstammsatz des herzustellenden Erzeugnisses fortgeschrieben.

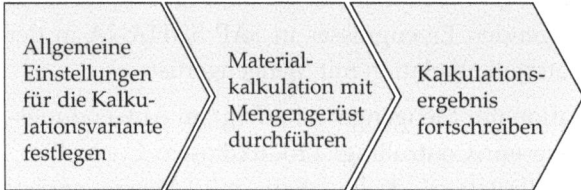

Abbildung 4-1: Prozessschritte zur Bewertung der Elementarfaktoren in der Kalkulation

Abbildung 4-1 zeigt die drei Prozessschritte zur Bewertung der Elementarfaktoren im Rahmen einer Kalkulation für ein herzustellendes Erzeugnis.

4.1 Allgemeine Einstellungen für die Kalkulationsvariante festlegen

Für eine Materialkalkulation mit Mengengerüst wird eine Kalkulationsvariante im Customizing des Produktkosten-Controllings im Menüpfad „Controlling/ Produktkosten-Controlling/ Produktkostenplanung/ Materialkalkulation mit Mengengerüst/ Kalkulationsvarianten definieren" angelegt.

Die Bestandteile einer Kalkulationsvariante werden angezeigt, indem die Zeile mit dem entsprechenden Eintrag markiert und dann in der Menüzeile der Menüpunkt „Springen/ Detail" gewählt wird.

Abbildung 4-2 zeigt die Bestandteile einer Kalkulationsvariante. Diese sind in verschiedenen Registerkarten aufgeteilt.

In den nachfolgenden Kapiteln werden alle wesentlichen Bestandteile der Registerkarten von Abbildung 4-2 erläutert. Diese müssen zuerst im Customizing angelegt werden, bevor sie dort einer oder mehreren Kalkulationsvarianten zugeordnet werden können.

4.1 Allgemeine Einstellungen für die Kalkulationsvariante festlegen

Abbildung 4-2: Bestandteile einer Kalkulationsvariante (OKKN)

4.1.1 Steuerung

Die wichtigsten Parameter zur Steuerung der Kalkulationsvariante finden sich in der gleichnamigen Registerkarte. Sie werden nachfolgend sukzessive beschrieben.

4.1.1.1 Kalkulationsart

Die Kalkulationsart legt fest, für welchen Zweck eine Materialkalkulation verwendet wird und in welches Datenfeld das Kalkulationsergebnis im Materialstammsatz fortgeschrieben wird (vgl. Kapitel 4.3).

Eine Kalkulationsart wird im Customizing des Produktkosten-Controllings im Menüpfad „Controlling/ Produktkosten-Controlling/ Produktkostenplanung/ Materialkalkulation mit Mengengerüst/ Kalkulationsvariante: Bestandteile/ Kalkulationsarten definieren" angelegt.

Für die Kalkulationsart „Plankalkulation (Mat.)" ist bspw. festgelegt, dass das Ergebnis einer Plankalkulation aus Kapitel 4.2 nach der Vormerkung und Freigabe in Kapitel 4.3 im Datenfeld „Standardpreis" im Materialstammsatz des herzustellenden Erzeugnisses fortgeschrieben wird (vgl. Abbildung 4-3).

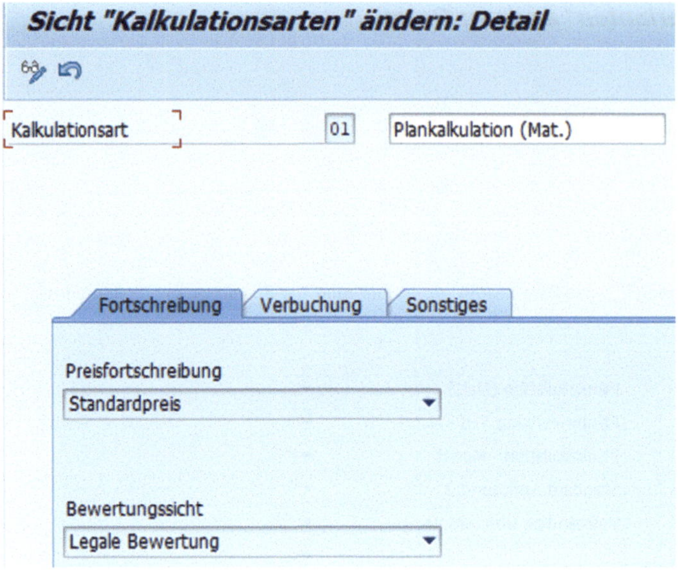

352 4 Bewertung der Elementarfaktoren im Rahmen der Kalkulation

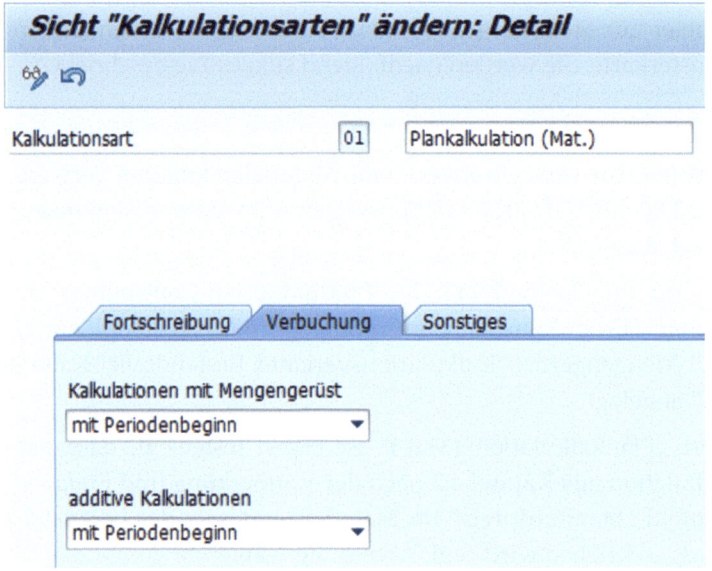

Abbildung 4-3: Ziel der Preisfortschreibung bei einer Kalkulationsart (OKKI)

Der Zeitpunkt der Fortschreibung des Kalkulationsergebnisses im Materialstammsatz ist in der Registerkarte „Verbuchung" definiert (vgl. Abbildung 4-4).

Abbildung 4-4: Zeitpunkt der Preisfortschreibung bei einer Kalkulationsart (OKKI)

4.1.1.2 Bewertungsvariante

Die Bewertungsvariante beinhaltet alle Parameter für die Bewertung in einer Kalkulation. In ihr wird definiert, auf welche Art und Weise die Preisfindungsstrategie zur Bestimmung der Preise der Elementarfaktoren erfolgt. Dies ist nötig, da für diese oftmals unterschiedliche Preise in verschiedenen Datenfeldern hinterlegt sind, deren Priorität für die Preisfindung dann anhand von sog. Strategiefolgen festgelegt wird.

Wichtig ist neben der Grundlage der Bewertung für die Elementarfaktoren in den Material- (vgl. Kapitel 3.2.4) und Fertigungseinzelkosten (vgl. Kapitel 3.3.5) auch die für die Material- und Fertigungsgemeinkosten, um die Herstellkosten des zu fertigenden Erzeugnisses zu berechnen.

Eine Bewertungsvariante wird im Customizing des Produktkosten-Controllings im Menüpfad „Controlling/ Produktkosten-Controlling/ Produktkostenplanung/ Materialkalkulation mit Mengengerüst/ Kalkulationsvariante: Bestandteile/ Bewertungsvarianten definieren" angelegt.

Das Mengengerüst für den Elementarfaktor Werkstoffe wird für eine Materialkalkulation mit Mengengerüst in der Stückliste des herzustellenden Erzeugnisses abgebildet. Die Materialeinzelkosten in der Kalkulation errechnen sich aus der Bewertung im Materialstamm aller darin enthaltenen Materialen multipliziert mit ihrer jeweiligen Faktoreinsatzmenge gemäß der Stückliste des herzustellenden Erzeugnisses (vgl. Kapitel 3.2.4).

In einer Bewertungsvariante wird in der Registerkarte „Materialbewertung" festgelegt, in welcher Reihenfolge SAP S/4HANA versucht, Preise für alle in der Stückliste des herzustellenden Erzeugnisses enthaltenen einzelnen Materialien aus der Materialsicht „Kalkulation 2" ihres jeweiligen Materialstammsatzes zu ermitteln.

In dem Beispiel von Abbildung 4-5 sucht SAP S/4HANA zuerst den Standardpreis für jedes im Herstellungsprozess eingesetzte Material. Wenn dieser bei einem Material nicht existiert, da dieses Datenfeld in dessen Stammsatz nicht gepflegt ist, wird stattdessen der Wert im Datenfeld „Planpreis 1" als Bewertungsgrundlage verwendet.

Additive Kosten, bspw. für Frachten, die die Produktkosten beeinflussen, sich jedoch nicht automatisch ermitteln lassen, werden jeweils nicht berücksichtigt, da kein entsprechendes Häkchen gesetzt ist.

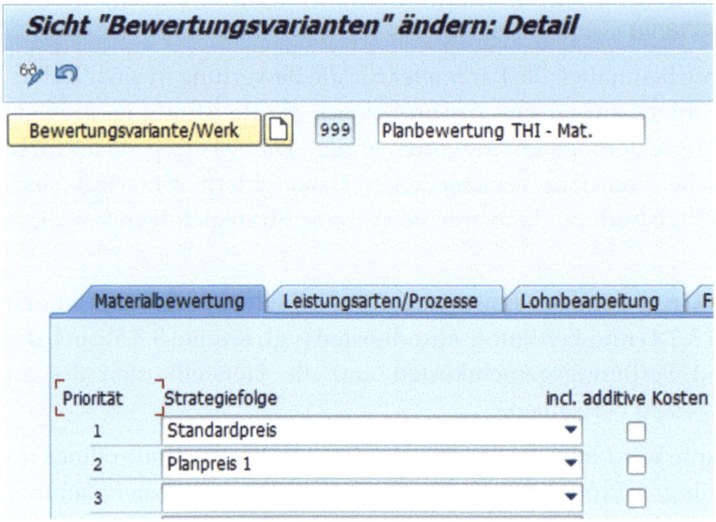

4 Bewertung der Elementarfaktoren im Rahmen der Kalkulation

354

Abbildung 4-5:   Bewertung von Einsatzmaterialien in einer Bewertungsvariante (OKK4)

Das Mengengerüst für den Elementarfaktor objektbezogene menschliche Arbeit wird für eine Materialkalkulation mit Mengengerüst im Arbeitsplan des herzustellenden Erzeugnisses abgebildet.

Die Fertigungseinzelkosten in der Kalkulation errechnen sich, wie in Kapitel 3.3.5 beschrieben, aus dem Produkt der Menge aller Leistungsarten in den Vorgängen des Arbeitsplans multipliziert mit dem jeweiligen Tarif der Leistungsart. In der Bewertungsvariante wird dazu in der Registerkarte „Leistungsarten/Prozesse" die Suchreihenfolge für die Tarife der Leistungsarten definiert.

Abbildung 4-6:   Bewertung von Leistungsarten in einer Bewertungsvariante (OKK4)

4.1 Allgemeine Einstellungen für die Kalkulationsvariante festlegen

Plantarife für Leistungsarten können von Periode zu Periode variieren, bspw. um saisonale Nachfrageschwankungen abzubilden. Dies kann in SAP S/4HANA über die Wahl eines geeigneten Verteilungsschlüssels (vgl. analog Abbildung 3-63 auf Seite 214) geschehen.

In dem Beispiel von Abbildung 4-6 wird von SAP S/4HANA zuerst für jede im Rahmen des Herstellungsprozesses verbrauchte Leistung in der Planversion 0 nach dem Durchschnittstarif der zugehörigen Leistungsart im gesamten Geschäftsjahr (vgl. Kapitel 3.3.3.1) gesucht. Kann dieser für eine Leistungsart nicht ermittelt werden, so wird deren verbrauchte Menge mit dem Plantarif der Leistungsart in der aktuellen Periode bewertet.

In den beiden Registerkarten „Lohnbearbeitung" und „Fremdbearbeitung" können bewertungsrelevante Sachverhalte für externe Leistungen gesteuert werden.[112]

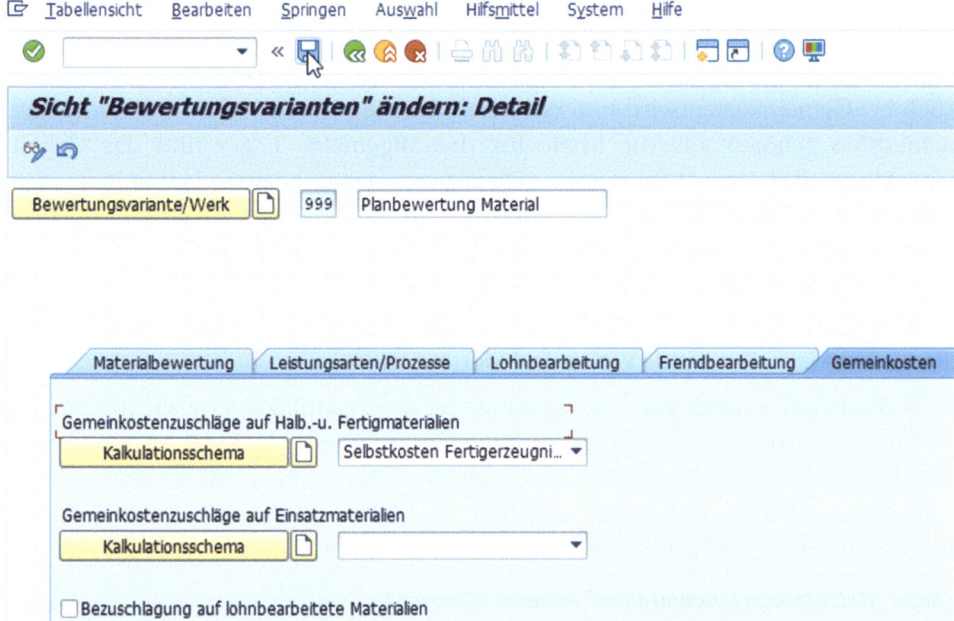

Abbildung 4-7: Bewertung von Gemeinkosten in einer Bewertungsvariante (OKK4)

Sehr wichtig für die Berechnung der Herstell- und Selbstkosten ist auch die Registerkarte „Gemeinkosten" für die Berechnung der Gemeinkostenzuschläge in der Zuschlagskalkulation. Sie werden mit dieser Registerkarte ermittelt, indem der Bewertungsvariante ein Kalkulationsschema für Halb- und Fertigmaterialien zuge-

---

[112] Darauf wird hier nicht weiter eingegangen, da diese Sachverhalte für die Übungen in diesem Buch nicht relevant sind. Analoge Beschränkungen gelten nachfolgend auch für andere Bestandteile der Kalkulationsvariante.

ordnet wird (vgl. Abbildung 4-7). Wäre bei „Gemeinkostenzuschläge auf Einsatzmaterialien" dasselbe Kalkulationsschema eingetragen, so würden bei einer mehrstufigen Stückliste eines herzustellenden Erzeugnisses die Materialgemeinkosten mehrfach berechnet werden.

Aufbau eines Kalkulationsschemas für Gemeinkostenzuschläge

Einzelkosten sind Kosten, die genau einem einzelnen Kostenträger, d. h. Sachgutes oder einer Dienstleistung, zurechenbar sind. Sie werden nach dem Ort ihrer Entstehung unterschieden. Materialeinzelkosten sind Einzelkosten aus dem Materialbereich, v.a. die in das herzustellende Erzeugnis einfließenden Materialien. Zu den Fertigungseinzelkosten zählen u.a. die einzelnen Tätigkeiten in der Fertigung.

Gemeinkosten sind Kosten, die für mehrere Kostenträger gemeinsam anfallen und deshalb einem einzelnen Kostenträger nicht direkt zurechenbar sind. Sie werden deshalb auf die verschiedenen Kostenträger im Rahmen einer Zuschlagskalkulation mit Hilfe von Gemeinkostenzuschlägen verteilt.

Auch bei Gemeinkosten wird unterschieden, wo sie auftreten. Zu den Materialgemeinkosten gehören z.B. die Miete für das allgemeine Lager und das Gehalt der Mitarbeiter im Lagerwesen. Fertigungsgemeinkosten beinhalten u.a. kalkulatorische Abschreibungen, Löhne für die allgemeine Instandhaltung und allgemeine Raumkosten in der Fertigung. Verwaltungsgemeinkosten umfassen z.B. allgemeines Büromaterial und die Gehälter der Beschäftigten in der Verwaltung. Vertriebsgemeinkosten fallen bspw. für die Gehälter der Vertriebsmitarbeiter und allgemeine Maßnahmen zur Verkaufsförderung an.

Ein Kalkulationsschema wird im Customizing des Produktkosten-Controllings im Menüpfad „Controlling/ Produktkosten-Controlling/ Produktkostenplanung/ Grundeinstellungen für die Materialkalkulation/ Gemeinkostenzuschläge/ Kalkulationsschemata definieren" angelegt. Dort wählt man dann in der Menüleiste den Menüpunkt „Bearbeiten/ Neue Einträge".

Zeile	Basis	Zuschlag	Bezeichnung	von	bis Zeile	Entlastung
10	BMEK		MEK			
20		CMGK	MGK	10	19	E01
30	BFEK		FEK			
40		CFGK	FGK	30	39	E02
50			Herstellkosten (Plan)	10	49	
60		C002	GK-Verwaltung	50		E03
70		C003	GK-Vertrieb	50		E04
80			Selbstkosten (Plan)	50	79	

Abbildung 4-8: Beispiel für den Aufbau eines Kalkulationsschemas

4.1 Allgemeine Einstellungen für die Kalkulationsvariante festlegen

Abbildung 4-8 zeigt ein Kalkulationsschema mit einem typischen Aufbau einer Zuschlagskalkulation zur Ermittlung der Herstell- und der Selbstkosten:[113]

Materialeinzelkosten (MEK)

+ Materialgemeinkosten (MGK)

+ Fertigungseinzelkosten (FEK)

+ Fertigungsgemeinkosten (FGK)

= Herstellkosten

+ Verwaltungsgemeinkosten (VwGK)

+ Vertriebsgemeinkosten (VtGK)

= Selbstkosten

Ein Kalkulationsschema beinhaltet folgende Bestandteile (vgl. Abbildung 4-8):

- Basiszeilen mit Berechnungsbasen, wie die
    - MEK als Basis für den prozentualen Zuschlag der MGK
    - FEK als Basis für den prozentualen Zuschlag der FGK
    - Herstellkosten als Basis für den prozentualen Zuschlag der VwGK und der VtGK,
- Zuschlagszeilen mit prozentualen Zuschlagssätzen, wie die MGK, FGK, VwGK und VtGK und
- Summenzeilen, wie die Herstell- und die Selbstkosten

Bei Zuschlagszeilen muss in den Spalten „von" und „bis Zeile" stets angegeben werden, auf welche Berechnungsbasis sie sich beziehen. Bspw. bilden in Abbildung 4-8 die Zeilen 10 bis 19 die Bezugsbasis für die MGK. Die Darstellung in Abbildung 4-8 verwundert auf den ersten Blick, da dort von den genannten Zeilen 10 bis 19 nur die Zeile 10 enthalten ist.

Normalerweise sind die Zeilen eines Kalkulationsschemas mit einem Zehner-Inkrement fortlaufend nummeriert, sodass bei späteren Änderungen noch weitere Zeilen eingefügt werden können. Sollte dies geschehen und bspw. neue Zeilen mit Bezugsbasen vor der Zeile 20 eingefügt werden, so bestünde bei lediglich dem Eintrag „10" in der Spalte „von" die Gefahr, dass bei einer späteren Änderung die

---

[113] Auf Sondereinzelkosten der Fertigung und des Vertriebs wird in diesem Buch verzichtet, da diese keine didaktischen Mehrwerte für die Erklärung grundlegender Zusammenhänge liefern.

neu eingefügten Zeilen nicht als Basis für die MGK berücksichtigt werden. Aufgrund dieser potenziellen späteren Fehlerquelle ist eine Eingabe wie in Abbildung 4-8 in der Zeile für die MGK vorzuziehen.

Bei Summenzeilen determinieren die Spalten „von" und „bis Zeile" für welche Zeilen des Kalkulationsschemas eine Summe gebildet wird. Beispielsweise berechnen sich die Herstellkosten in Abbildung 4-8 aus der Summe aller vorherigen Zeilen im Kalkulationsschema, d. h. im konkreten Fall als Summe von MEK, MGK, FEK und FGK. Die Selbstkosten sind bestehen aus Herstellkosten, VwGK und VtGK.

Nachfolgend werden die einzelnen Bestandteile eines Kalkulationsschemas in SAP S/4HANA, d.h. die verschiedenen Spalten von Abbildung 4-8 erklärt.

Basis bzw. Berechnungsbasis

Berechnungsbasen für Gemeinkostenzuschläge in einem Kalkulationsschema werden im Customizing des Produktkosten-Controllings im Menüpfad „Controlling/ Produktkosten-Controlling/ Produktkostenplanung/ Grundeinstellungen für die Materialkalkulation/ Gemeinkostenzuschläge/ Kalkulationsschema: Bestandteile/ Berechnungsbasen definieren" angelegt.

Jede Berechnungsbasis beinhaltet eine oder mehrere Kostenarten, die aus einem Einzelwert, einem Intervall von Einzelwerten oder einer Kostenartengruppe bestehen kann (Kardinalität Berechnungsbasis : Kostenart = 1 : n).

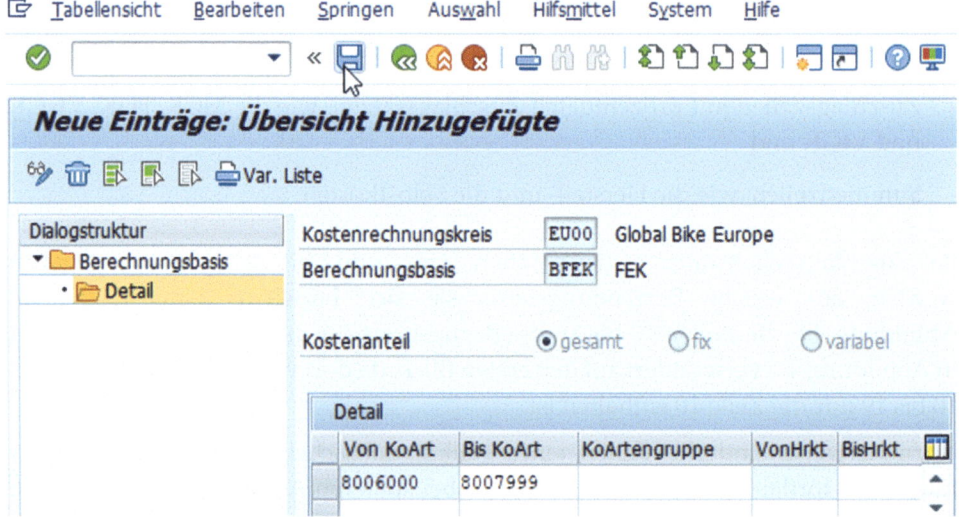

Abbildung 4-9: Berechnungsbasis für die Fertigungseinzelkosten in einem Kalkulationsschema

Abbildung 4-9 zeigt beispielhaft, dass alle Kostenarten im Intervall von 8006000 bis 8007999 in die Berechnungsbasis „BFEK" für die Fertigungseinzelkosten in Zeile 30 des Kalkulationsschemas von Abbildung 4-8 einfließen.

4.1 Allgemeine Einstellungen für die Kalkulationsvariante festlegen

Zuschlag bzw. Zuschlagssatz

Zuschläge für Gemeinkostenzuschläge können in einem Kalkulationsschema prozentual oder mengenbezogen erhoben werden.

Prozentuale Zuschlagssätze für eine Zuschlagskalkulation werden im Customizing des Produktkosten-Controllings im Menüpfad „Controlling/ Produktkosten-Controlling/ Produktkostenplanung/ Grundeinstellungen für die Materialkalkulation/ Gemeinkostenzuschläge/ Kalkulationsschema: Bestandteile/ Prozentuale Zuschlagssätze definieren" angelegt.

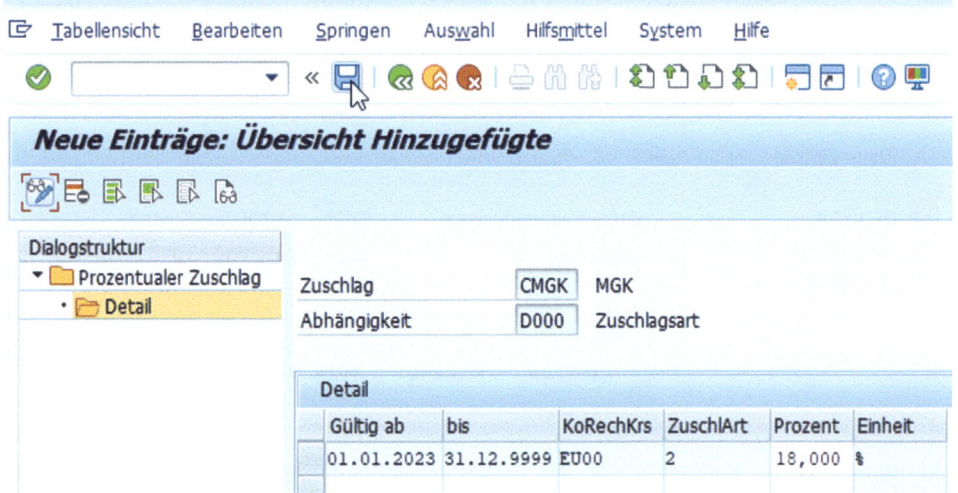

Abbildung 4-10: Zuschlagssatz für die Materialgemeinkosten in einem Kalkulationsschema

Zuschlagssätze können von verschiedenen Bedingungen abhängig gemacht werden. Abbildung 4-10 zeigt die einfachste Ausgestaltung mit einem allgemeinen Zuschlagssatz, der nur von der Zuschlagsart abhängt. In diesem Fall beträgt der prozentuale Zuschlagssatz „CMGK" für die Materialgemeinkosten in Zeile 20 des Kalkulationsschemas von Abbildung 4-8 stets 18 Prozent auf die MEK.

Differenziertere Ausgestaltungen für einen Gemeinkostenzuschlag können unterschiedliche Abhängigkeiten berücksichtigen, bspw. Zuschlagsschlüssel, die Gemeinkostengruppen zugeordnet sind. Damit sind differenziertere Aussteuerungen von Zuschlägen für Materialien möglich, bei denen im Materialstammsatz in der Registerkarte „Kalkulation 1" ein entsprechender Wert im Datenfeld „Gemeinkostengruppe" (vgl. Seite 149) eingetragen ist.

Sowohl Zuschlagsschlüssel als auch Gemeinkostengruppen werden im Customizing des Produktkosten-Controllings im Menüpfad „Controlling/ Produktkosten-Controlling/ Produktkostenplanung/ Grundeinstellungen für die Materialkalkulation/ Gemeinkostenzuschläge" definiert.

Entlastung

Für jede Zuschlagszeile muss angegeben werden, welches Kontierungsobjekt, bspw. eine Kostenstelle, sich bei der Verrechnung des Gemeinkostenzuschlags entlastet. Die Kostenentlastung des Kontierungsobjekt erfolgt mit einer sekundären Kostenart vom Kostenartentyp „41" für Gemeinkostenzuschläge (vgl. Abbildung 3-37 auf Seite 179).

Entlastungen für Gemeinkostenzuschläge werden im Customizing des Produktkosten-Controllings im Menüpfad „Controlling/ Produktkosten-Controlling/ Produktkostenplanung/ Grundeinstellungen für die Materialkalkulation/ Gemeinkostenzuschläge/ Kalkulationsschema: Bestandteile/ Entlastungen definieren" angelegt.

Abbildung 4-11: Entlastung für die Fertigungsgemeinkosten in einem Kalkulationsschema

Bei der Verrechnung der Fertigungsgemeinkosten in Zeile 40 des Kalkulationsschemas von Abbildung 4-8 erfolgt bspw. gemäß Abbildung 4-11 die Entlastung „E2" auf der Kostenstelle EUPR1000 mit der Verrechnungskostenart 8012000.

Die Kostenstelle EUPR1000 ist in den Übungen die zentrale Fertigungskostenstelle, auf der die kalkulatorischen Abschreibungen als Kosteninput zur Abbildung des Wertverzehrs des Elementarfaktors Betriebsmittel gebucht wurden (vgl. Abbildung 3-96 auf Seite 346).[114] Nach der Kostenbelastung in Kapitel 3.4.3 folgt in der Kalkulation mit den FGK die Kostenentlastung dieser Kostenstelle. Mit den FGK belastet werden alle Kostenträger, d.h. die herzustellenden Erzeugnisse.

---

[114] Würde an dieser Stelle nicht immer dieselbe, sondern eine mit dem Platzhalter „###" individualisierte Kostenstelle genutzt werden, so könnte auch keine einheitliche Kalkulationsvariante verwendet werden und der Bearbeitungsaufwand bei den Übungen wäre höher. Aus diesem Grund wird in den Übungen diese zentrale Kostenstelle verwendet.

4.1 Allgemeine Einstellungen für die Kalkulationsvariante festlegen

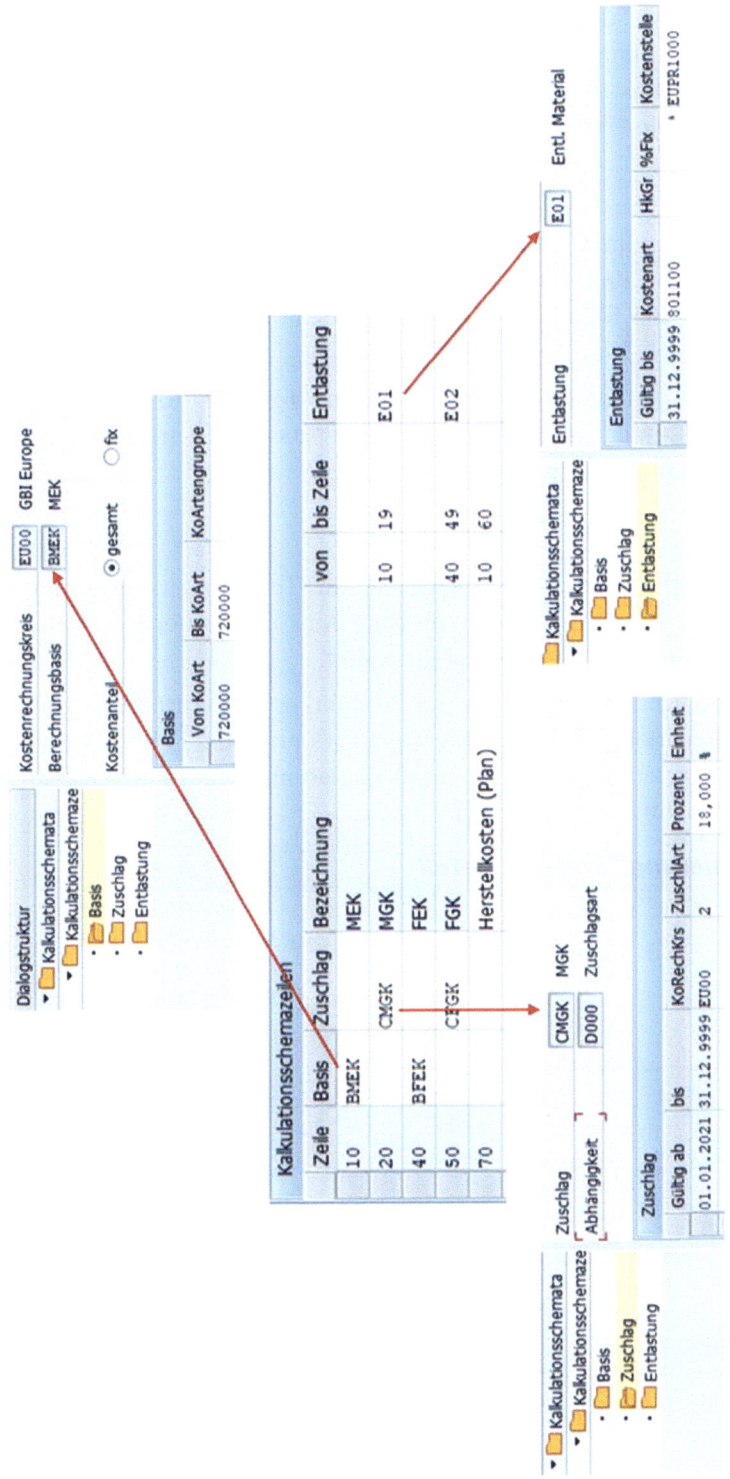

Abbildung 4-12: Bestandteile eines Kalkulationsschemas

4 Bewertung der Elementarfaktoren im Rahmen der Kalkulation

Abbildung 4-11 zeigt neben der Spalte für die Kostenart auch noch die Spalte „HkGr", in der eine Herkunftsgruppe eingetragen werden kann. Mit einer Herkunftsgruppe können Kostenarten für Material- und Gemeinkosten noch weiter für Materialien untergliedert werden, bei denen im Materialstammsatz in der Registerkarte „Kalkulation 1" das Datenfeld „Herkunftsgruppe" (vgl. Seite 148) gepflegt ist.

Herkunftsgruppen werden im Customizing des Produktkosten-Controllings im Menüpfad „Controlling/ Produktkosten-Controlling/ Produktkostenplanung/ Grundeinstellungen für die Materialkalkulation/ Herkunftsgruppen definieren" angelegt.

Basierend auf dem Kalkulationsschema von Abbildung 4-8 zeigt Abbildung 4-12 zusammenfassend alle Details der Bestandteile Bezugsbasis, Zuschlagssatz und Entlastung in einem Kalkulationsschema.

4.1.1.3 Terminsteuerung

In der Terminsteuerung werden Vorschlagswerte für Termine zu bestimmten Vorgängen definiert. Zudem wird definiert, ob beim Ausführen einer Kalkulation manuelle Eingaben durch SAP-Anwender möglich sind.

Die Terminsteuerung wird im Customizing des Produktkosten-Controllings direkt beim Anlegen der Kalkulationsvariante im Menüpfad „Controlling/ Produktkosten-Controlling/ Produktkostenplanung/ Materialkalkulation mit Mengengerüst/ Kalkulationsvarianten definieren" festgelegt.

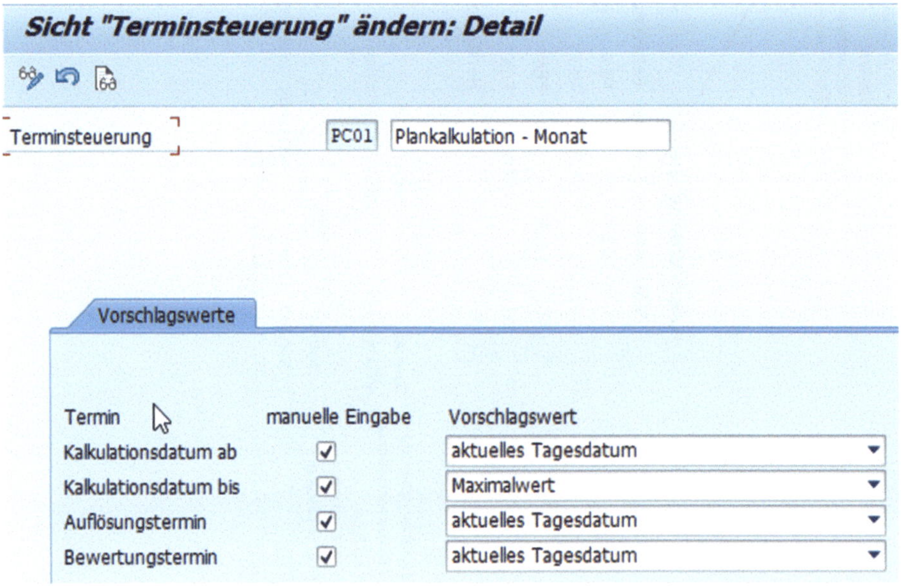

Sicht "Terminsteuerung" ändern: Detail

Terminsteuerung: PC01 Plankalkulation - Monat

Vorschlagswerte

Termin	manuelle Eingabe	Vorschlagswert
Kalkulationsdatum ab	✓	aktuelles Tagesdatum
Kalkulationsdatum bis	✓	Maximalwert
Auflösungstermin	✓	aktuelles Tagesdatum
Bewertungstermin	✓	aktuelles Tagesdatum

Abbildung 4-13: Terminsteuerung in einer Kalkulationsvariante (OKKN)

4.1 Allgemeine Einstellungen für die Kalkulationsvariante festlegen

Abbildung 4-2 auf Seite 351 zeigt u.a. die Schaltfläche für die Terminsteuerung. Nach einem Klick darauf können gemäß Abbildung 4-13 folgende Vorschlagswerte für eine Kalkulationsvariante erfasst werden:

- Gültigkeitszeitraum einer Kalkulation:

  Durch einen Start- und einen Endtermin wird bestimmt, in welchem Zeitraum eine Kalkulation verwendet werden kann. Der Eintrag „Maximalwert" entspricht in SAP S/4HANA dem Datum 31.12.9999.

- Auflösungstermin:

  Mit dem Auflösungstermin wird festgelegt, zu welchem Termin Stammdaten wie Stücklisten und Arbeitspläne, die das Mengengerüst für die Kalkulation abbilden, gültig sein müssen.

- Bewertungstermin:

  Dieser Zeitpunkt bestimmt, wann nach Preisen, z.B. dem jeweiligen Preis in den Stammsätzen der einzelnen Materialien, die in der Stückliste des herzustellenden Erzeugnisses enthalten sind, gesucht wird.

4.1.1.4 Auflösungssteuerung

Nachdem in der Terminsteuerung u.a. der Termin für die Auflösung der Mengengerüste von Stücklisten und Arbeitsplänen definiert wurde, wird in der Auflösungssteuerung definiert, wie dies genau erfolgt, wenn an diesem Termin mehrere Alternativen für Stammdaten existieren.

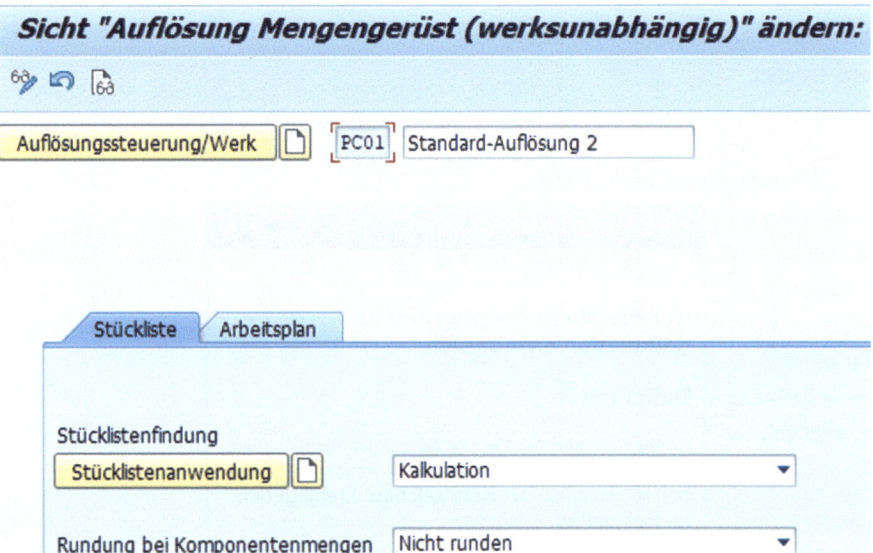

Abbildung 4-14: Auflösungssteuerung des Mengengerüsts für Stücklisten in einer Kalkulationsvariante (OKKN)

Genauso wie bei der Terminsteuerung wird die Auflösungssteuerung direkt im Customizing des Produktkosten-Controllings beim Anlegen der Kalkulationsvariante im Menüpfad „Controlling/ Produktkosten-Controlling/ Produktkostenplanung/ Materialkalkulation mit Mengengerüst/ Kalkulationsvarianten definieren" festgelegt.

Nach Klick auf die Schaltfläche für die Auflösungssteuerung in Abbildung 4-2 auf Seite 351 erscheint je eine Registerkarte für die Steuerung der Mengenauflösung für Stücklisten und eine für Arbeitspläne.

Abbildung 4-14 zeigt ein Beispiel für die Steuerung der Auflösung des Mengengerüsts für Stücklisten. Nach einem Klick auf die Schaltfläche „Stücklistenanwendung" erscheinen die Details zu dem eingetragenen Schlüssel aus Abbildung 4-15. In diesem Schlüssel wird die automatische Bestimmung der Alternativen für verschiedene Unternehmensbereiche definiert, um die Materialeinzelkosten für die Kalkulation zu berechnen.

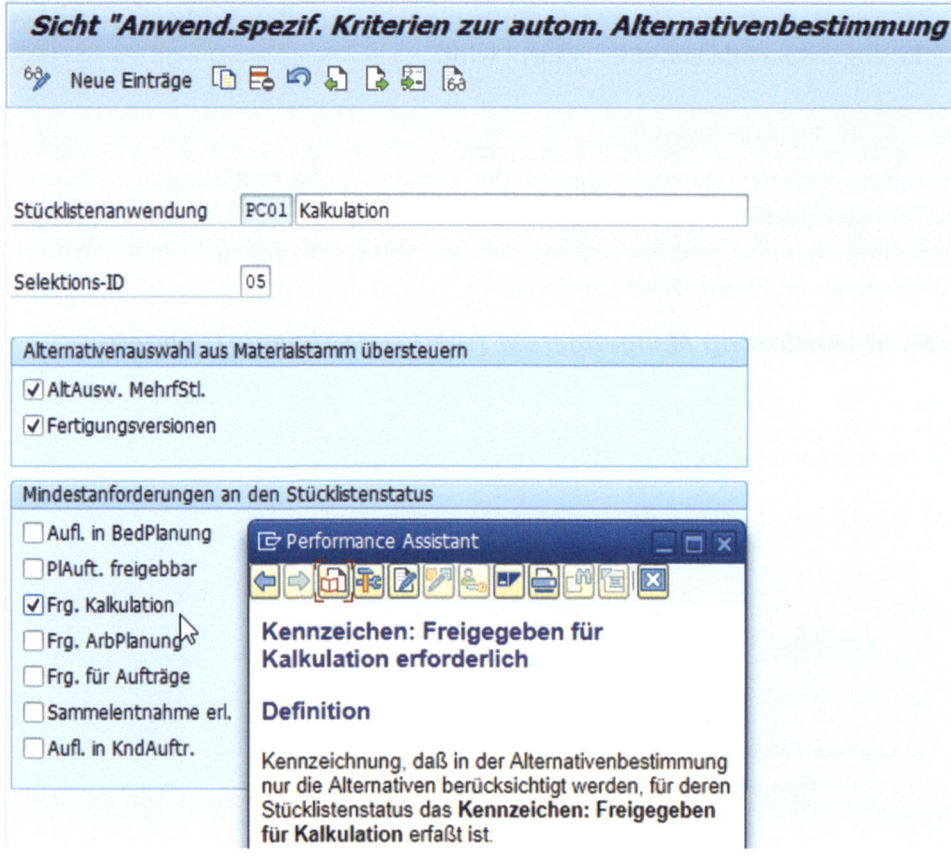

Abbildung 4-15: Bestimmung der Alternativen in der Auflösungssteuerung für Stücklisten in einer Kalkulationsvariante (OKKN)

4.1 Allgemeine Einstellungen für die Kalkulationsvariante festlegen

Es können wie in Abbildung 4-15 zudem Mindestanforderungen für den Stücklistenstatus definiert und Einstellungen in Materialstammsätzen übersteuert werden. Allerdings ist zu beachten, dass die manuellen Eingaben beim Anlegen einer Kalkulation im Anwendungsmenü in Kapitel 4.2 sowohl die Festlegung in der Auflösungssteuerung der Kalkulationsvariante als auch etwaige Festlegungen in den Materialstammsätzen der eingesetzten Materialien übersteuern.

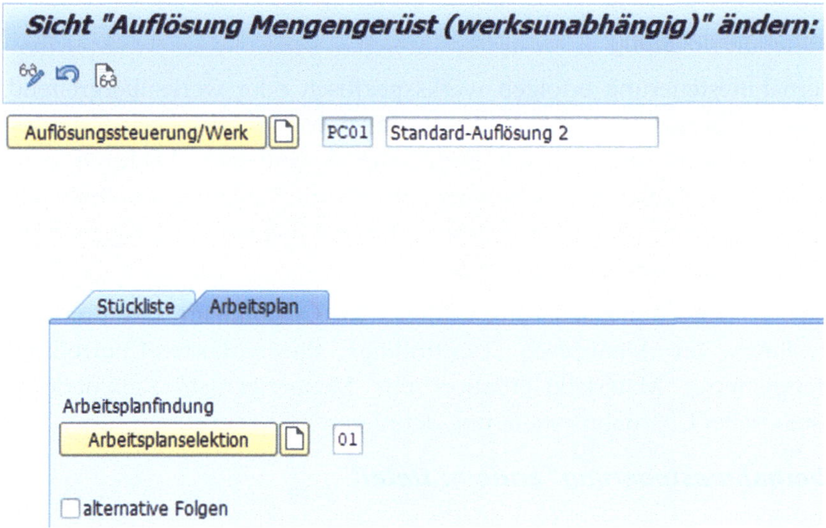

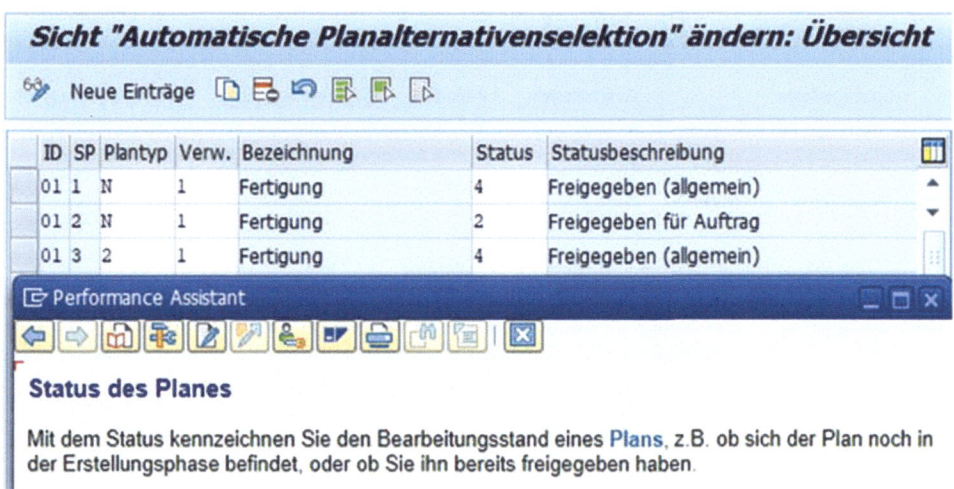

Abbildung 4-16: Auflösungssteuerung des Mengengerüsts für Arbeitspläne in einer Kalkulationsvariante (OKKN)

Abbildung 4-16 zeigt analog die automatische Bestimmung der Alternativen in der Auflösungssteuerung für Arbeitspläne. Nach einem Klick auf die Schaltfläche „Arbeitsplatzselektion" erscheinen die zugehörigen Details aus Abbildung 4-17.

Abbildung 4-17: Bestimmung der Alternativen für Arbeitspläne in der Auflösungssteuerung in einer Kalkulationsvariante (OKKN)

4 Bewertung der Elementarfaktoren im Rahmen der Kalkulation

Im vorliegenden Beispiel müssen Normalarbeitspläne (= Plantyp „N") den Bearbeitungsstatus „freigegeben" aufweisen, damit ihr Mengengerüst für die Kalkulation zur Bestimmung der Fertigungseinzelkosten aufgelöst werden kann.

Mit der höchsten Priorität wird in diesem Beispiel nach Normalarbeitsplänen mit dem Status „Freigegeben (allgemein)" gesucht, gefolgt von Normalarbeitsplänen mit dem Status „Freigegeben für Auftrag" usw.

4.1.1.5 Übernahmesteuerung

Mit der Übernahmesteuerung erfolgen werksspezifisch oder werksübergreifend Vorgaben für die Übernahme der Kalkulationsdaten von Halbfabrikaten, die bei einer mehrstufigen Kalkulation in ein Enderzeugnis einfließen. Dadurch wird definiert, ob bei der Kalkulation des Enderzeugnisses auch alle darin enthaltenen Halbfabrikate nochmals neu kalkuliert werden oder ob bei ihnen auf die Ergebnisse früherer Kalkulationen zurückgegriffen wird.

Einstellungen zur Übernahmesteuerung erfolgen im Customizing des Produktkosten-Controllings im Menüpfad „Controlling/ Produktkosten-Controlling/ Produktkostenplanung/ Materialkalkulation mit Mengengerüst/ Kalkulationsvariante: Bestandteile/ Übernahmesteuerung definieren".

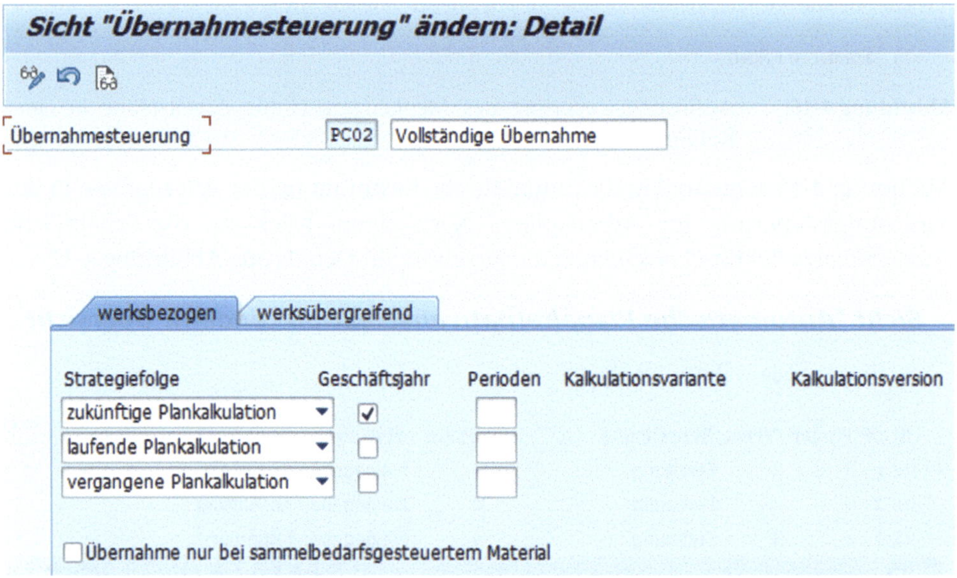

Abbildung 4-18: Werksbezogene Übernahmesteuerung in einer Kalkulationsvariante (OKKM)

Abbildung 4-18 zeigt beispielhaft Einstellungen für eine werksbezogene Strategiefolge in der Übernahmesteuerung. In einer Strategiefolge zur Übernahmesteuerung können bis zu drei Materialpreise erfasst werden, nach denen SAP S/4HANA in dieser Reihenfolge sucht. Wird ein Materialpreis nicht gefunden, so wird der nächste

4.1 Allgemeine Einstellungen für die Kalkulationsvariante festlegen

Materialpreis in der Strategiefolge gesucht. Bei einem Treffer wird die Suche abgebrochen. Ist ein Häkchen in dem Datenfeld „Geschäftsjahr" gesetzt, so sucht SAP S/4HANA nur nach Kalkulationen aus dem laufenden Geschäftsjahr.

4.1.2 Mengengerüst

In der Registerkarte „Mengengerüst" von Abbildung 4-2 auf Seite 351 wird festgelegt, ob beim Anlegen einer mehrstufigen Kalkulation die eingegebene Losgröße für das herzustellende Erzeugnis in die darin enthaltenen Halbfabrikate durchgereicht wird oder nicht.

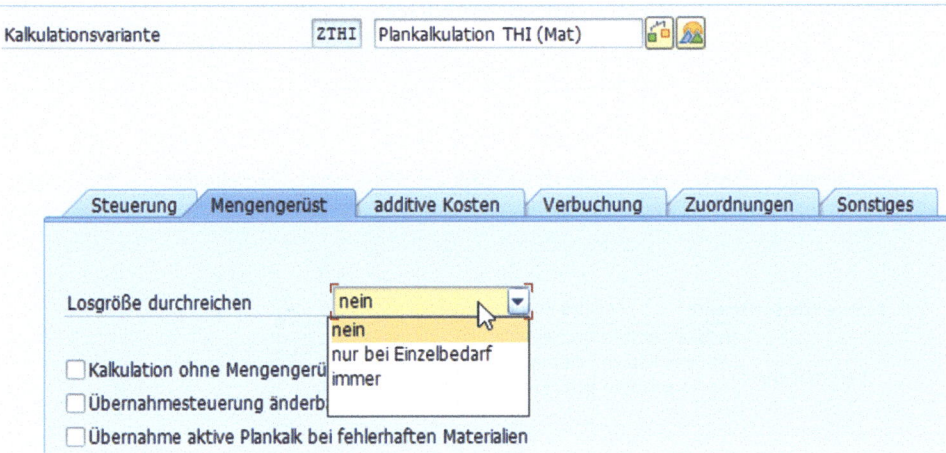

Abbildung 4-19: Übernahme der Losgröße im Mengengerüst in einer Kalkulationsvariante (OKKN)

Es existieren die in Abbildung 4-19 dargestellten drei Auswahlmöglichkeiten. Zum Durchreichen der Losgröße des herzustellenden Erzeugnisses kann festgelegt werden, ob auch auf bestehende Kalkulationen ohne Mengengerüst zugegriffen werden soll, ob die Übernahmesteuerung der Kalkulationsvariante beim Anlegen der Kalkulation manuell geändert werden kann und ob bei einer mehrstufigen Kalkulation auch die Kalkulationsergebnisse von darin enthaltenen Halbfabrikaten verwendet werden, wenn diese fehlerhaft sind.

4.1.3 Additive Kosten

Additive Kosten sind Kosten, bspw. für Frachten, welche in die Kosten eines herzustellenden Erzeugnisses einfließen können, sich jedoch nicht automatisch im Rahmen der Kalkulation von SAP S/4HANA ermitteln lassen. Solche Kosten können jedoch manuell eingegeben und so in der Kalkulation berücksichtigt werden.

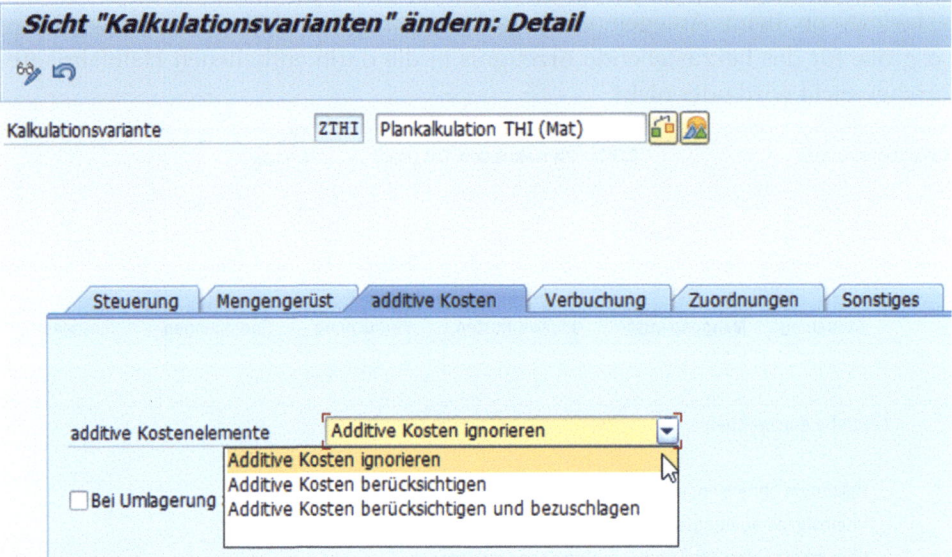

Abbildung 4-20: Berücksichtigung additiver Kosten in einer Kalkulationsvariante (OKKN)

Die Aussteuerung additiver Kosten erfolgt in der gleichnamigen Registerkarte von Abbildung 4-2 auf Seite 351.

Abbildung 4-20 zeigt, dass für eine Kalkulationsvariante ausgewählt werden kann, ob additive Kosten, auch bei Übernahme die Ergebnisse aus einer anderen Kalkulation, ignoriert oder berücksichtigt werden sollen. In diesem Beispiel werden additive Kosten in der Kalkulation ignoriert. Bei der Auswahl der letzten der drei Möglichkeiten würden additive Kosten auch mit in der Basis für die Berechnung von Gemeinkostenzuschlägen berücksichtigt. Dies wäre bei der zweiten Alternative nicht der Fall.

4.1 Allgemeine Einstellungen für die Kalkulationsvariante festlegen

4.1.4 Verbuchung

Nach den Einstellungen für die Berechnung der einzelnen Kostenkomponenten in einer Kalkulation wird in der Registerkarte „Verbuchung" von Abbildung 4-2 auf Seite 351 definiert, ob das Kalkulationsergebnis gespeichert werden kann oder nicht.

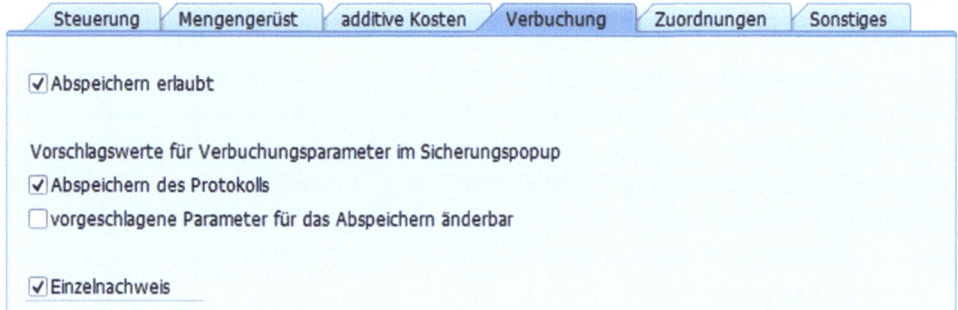

Abbildung 4-21: Einstellungen zur Verbuchung des Kalkulationsergebnisses (OKKN)

Falls ein Abspeichern wie in Abbildung 4-21 möglich ist, so wird der Umfang der Datenspeicherung festgelegt. Neben dem Kalkulationsergebnis selbst können bspw. noch zusätzliche Protokolle gesichert werden. Ist das Häkchen bei „Einzelnachweis" gesetzt, so können zudem Kalkulationsergebnisse detaillierter analysiert werden.

4.1.5 Zuordnungen

Die Registerkarte „Zuordnungen" in Abbildung 4-2 auf Seite 351 enthält für die Kalkulationsvariante die in Abbildung 4-22 dargestellten wichtigen Bestandteile bzw. Verknüpfungen.

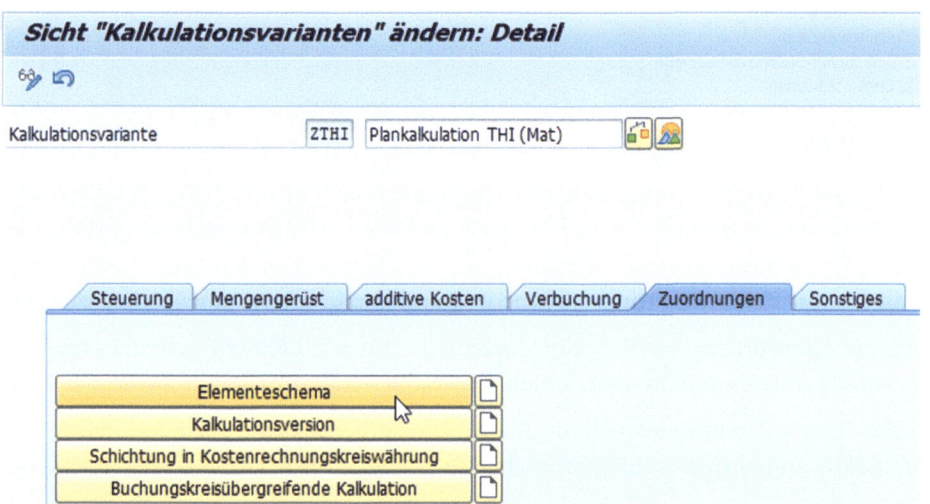

Abbildung 4-22: Zuordnungen zu einer Kalkulationsvariante (OKKN)

Aufgrund der Inhalte der Übungen wird nachfolgend lediglich näher auf das Elementeschema und die Kalkulationsversion eingegangen.

4.1.5.1 Elementeschema

Bislang wurden in den Übungen nur mit Auswertungen in Form von Berichten der Kostenstellenrechnung gearbeitet, in denen Kostenarten die Berichtszeilen bilden.[115] Auf der Basis von Kostenarten erfolgt allgemein die detaillierteste Darstellung von Kosten.

Bei der Darstellung von Kalkulationsergebnissen ist dieser Detaillierungsgrad auf Ebene von Kostenarten aufgrund der Vielzahl der in der Kalkulation verarbeiteten Daten und der damit einhergehenden Unübersichtlichkeit jedoch meist nicht erwünscht. Deshalb werden für die Auswertung der Kalkulationsergebnisse in einem Elementeschema Kostenarten sog. Kostenelementen zugeordnet (Kardinalität Kostenelement : Kostenart = 1: n). So wird die Anzahl der Berichts- bzw. Auswertungszeilen bei einer Kalkulation im Hinblick auf eine bessere Übersichtlichkeit reduziert.

Ein Elementeschema wird im Customizing des Produktkosten-Controllings im Menüpfad „Controlling/ Produktkosten-Controlling/ Produktkostenplanung/ Grundeinstellungen für die Materialkalkulation/ Elementeschema definieren" angelegt.

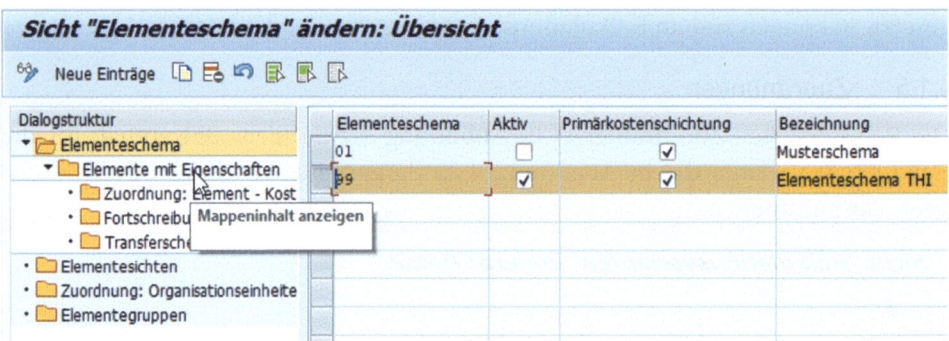

Abbildung 4-23: Liste der Elementeschemata (OKTZ)

Abbildung 4-23 zeigt verschiedene Elementeschemata. Um sich die Kostenelemente eines Elementeschemas anzuzeigen, muss man links in der Dialogstruktur die Zeile mit dem Elementeschema in Abbildung 4-23 markieren. Danach muss links in der Dialogstruktur der Unterordner „Elemente mit Eigenschaften" gewählt werden.

In diesem Unterordner werden Kostenelemente für ein Elementeschema angelegt bzw. bereits existierende Kostenelemente eines Elementeschemas angezeigt.

In Abbildung 4-24 sind beispielhaft alle Kostenelemente des der Kalkulationsvariante „ZTHI" zugeordneten Elementeschemas „99" zu sehen. Diese zeigen, nachdem

---

[115] Vgl. u.a. Übung 3.24, 3.26 und 3.28.

4.1 Allgemeine Einstellungen für die Kalkulationsvariante festlegen

im Anwendungsmenü eine Kalkulation durchgeführt wurde, alle Bestandteile der Selbstkosten in der gleichnamigen Elementesicht von Abbildung 4-36 auf Seite 381.

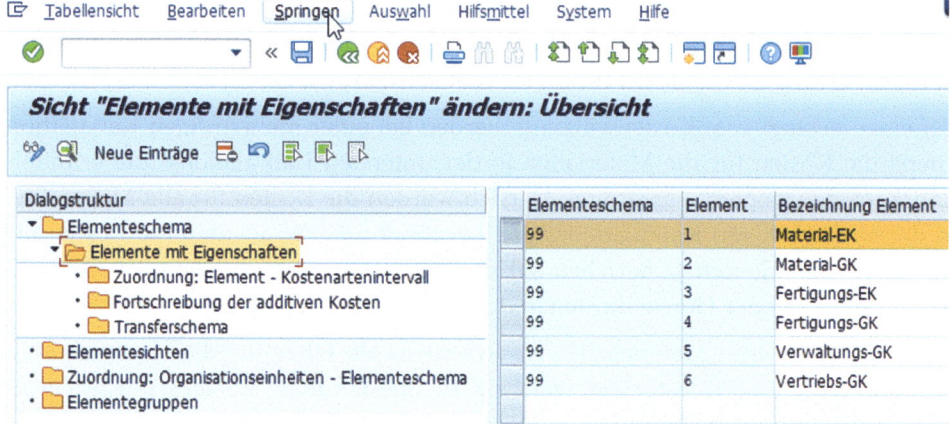

Abbildung 4-24: Kostenelemente für die Selbstkosten in einem Elementeschema (OKTZ)

Die Details zu einem Kostenelement werden angezeigt, indem die Zeile mit dem entsprechenden Eintrag markiert und dann in der Menüleiste der Menüpunkt „Springen/ Detail" gewählt wird. In Abbildung 4-25 sind beispielhaft die Details des ersten Kostenelements „Material-EK" im Elementeschema „99" aus Abbildung 4-24 zu sehen.

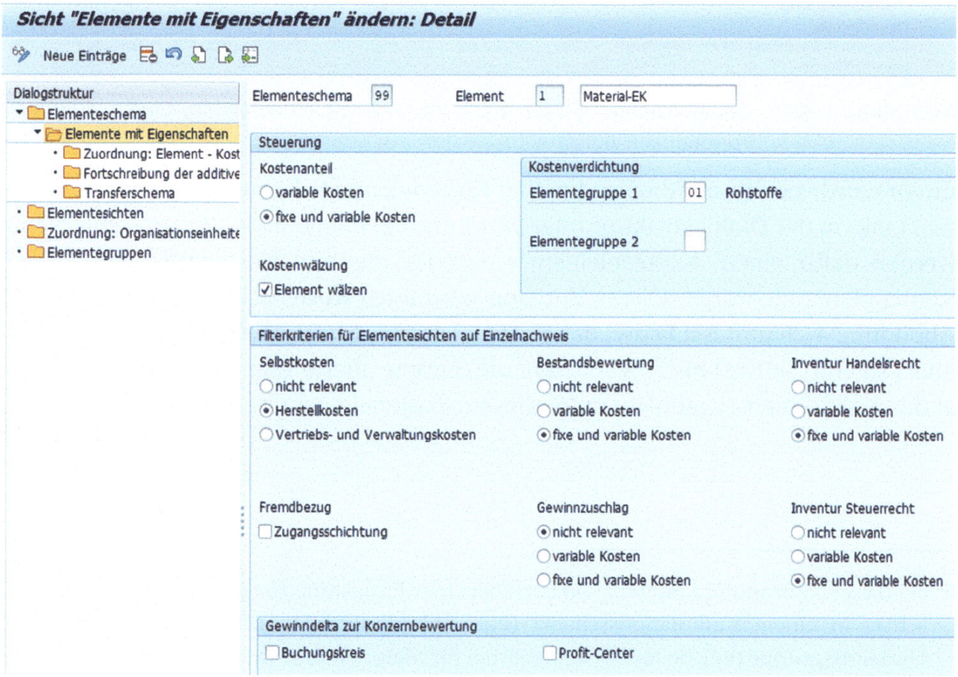

Abbildung 4-25: Details zu einem Kostenelement in einem Elementeschema (OKTZ)

Dieses Kostenelement enthält sowohl fixe als auch variable Kosten und ist der Elementegruppe „01" für zusätzliche Auswertungen zugeordnet. Der Eintrag „Element wälzen" ist gesetzt. Damit wird festgelegt, dass bei einer mehrstufigen Kalkulation die Herstellkosten der Halbfabrikate etc. in der Kalkulation des herzustellenden Erzeugnisses weitergereicht werden.

Bei einer solchen sog. Kostenwälzung werden bei einer mehrstufigen Kalkulation zuerst die Kosten für die Materialien in der untersten Kalkulationsstufe ermittelt und Kostenelementen zugeordnet. Danach werden die Kosten für alle Materialien in der nächsthöheren Kalkulationsstufe berechnet usw. So werden die Kosten für die zuerst kalkulierten Materialien sukzessive von unten nach oben gewälzt und bilden einen Teil der Herstellkosten in der nächsthöheren Kalkulationsstufe.

Das Kostenelement „Material-EK" ist außerdem als Filter für die Herstellkosten relevant. Zudem wird festgelegt, welche Kostenbestandteile aus diesem Kostenelement in die Bestandsbewertung und die Inventuren nach Handels- bzw. Steuerrecht übernommen werden und ob ein Gewinnzuschlag erfolgt.

Sicht "Zuordnung: Element - Kostenartenintervall" ändern: Übersicht

Dialogstruktur	Kontenplan	Kostenart von	Herkunftsgruppe	Kostenart bis	Element	Bezeichnung Element
▼ 🗀 Elementeschema	GL00	5001000		5002000	1	Material-EK
▼ 🗀 Elemente mit Eigenschaften	GL00	8006000		8007999	3	Fertigungs-EK
• 🗀 Zuordnung: Element - Kostenartenintervall	GL00	8012000		8012000	4	Fertigungs-GK
• 🗀 Fortschreibung der additiven Kosten	GL00	8013000		8013000	5	Verwaltungs-GK
• 🗀 Transferschema	GL00	8014000		8014000	6	Vertriebs-GK
• 🗀 Elementesichten	GL00	8015000		8015000	2	Material-GK
• 🗀 Zuordnung: Organisationseinheiten - Elementesch						
• 🗀 Elementegruppen						

Abbildung 4-26: Zugeordnete Kostenarten zu Kostenelementen in einem Elementeschema (OKTZ)

Zuvor wurde bereits auf die Kardinalität Kostenelement : Kostenart = 1: n hingewiesen. Links in der Dialogstruktur unter „Zuordnung: Element - Kostenartenintervall" werden dafür einem Kostenelement eine oder mehrere Kostenarten aus einem Kontenplan zugeordnet. Dieser Vorgang wird auch Kostenschichtung genannt. In Abbildung 4-26 umfasst bspw. das Kostenelement „Material-EK" das Kostenartenintervall von 5001000 bis 5002000, d.h. die Summe aller dieser Kostenarten werden in den Kalkulationsergebnisse unter diesem Kostenelement dargestellt.[116]

---

[116] Bei dieser Zuordnung könnten, wie auch bei einer Entlastung für einen Gemeinkostenzuschlag in einem Kalkulationsschema (vgl. Abbildung 4-11 auf Seite 373), mit einer Herkunftsgruppe (vgl. Seite 148) Kostenarten für Material- und Gemeinkosten noch weiter für Materialien untergliedert werden, bei denen im Materialstammsatz in der Registerkarte „Kalkulation 1" das Datenfeld „Herkunftsgruppe" (vgl. Seite 257) gepflegt ist.

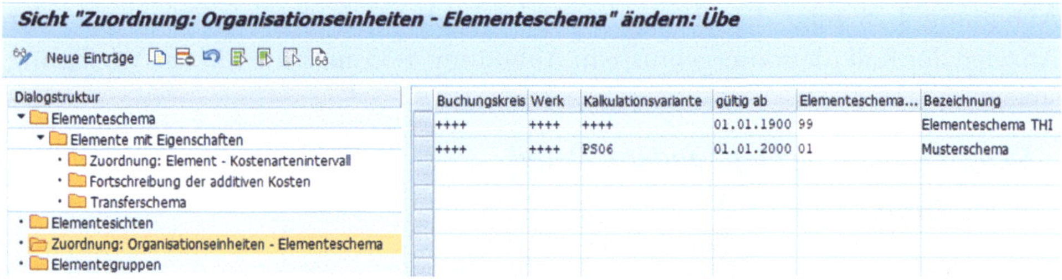

4.1 Allgemeine Einstellungen für die Kalkulationsvariante festlegen

Abbildung 4-27: Zuordnung von Organisationseinheiten und Kalkulationsvarianten zu einem Elementeschema (OKTZ)

Für jedes Elementeschema wird links in der Dialogstruktur unter „Zuordnung: Organisationseinheiten - Elementeschema" festgelegt, für welche Organisationseinheiten und welche Kalkulationsvarianten es gültig ist. Dabei wird für die sog. Maskierung der Platzhalter „+" genutzt, der für ein beliebiges alphanumerisches Zeichen steht.

In der Zuordnung von Abbildung 4-27 wird das Elementeschema „01" für die Kalkulationsvariante „PS06" in allen Buchungskreisen und allen Werken genutzt. Für alle anderen Kalkulationsvarianten wird das Elementeschema „99" in allen Buchungskreisen und allen Werken verwendet.

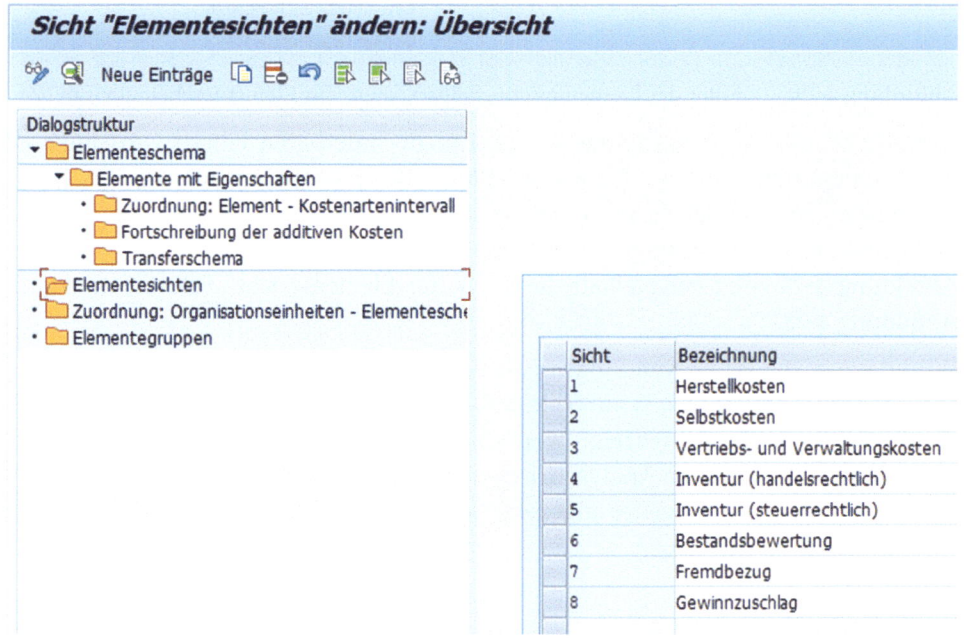

Abbildung 4-28: Elementesichten eines Elementeschemas (OKTZ)

4 Bewertung der Elementarfaktoren im Rahmen der Kalkulation

Abbildung 4-28 zeigt die Elementesichten im Elementeschema „99", die bei der Anzeige der Kalkulationsergebnisse in Abbildung 4-35 auf Seite 380 zur Verfügung stehen.

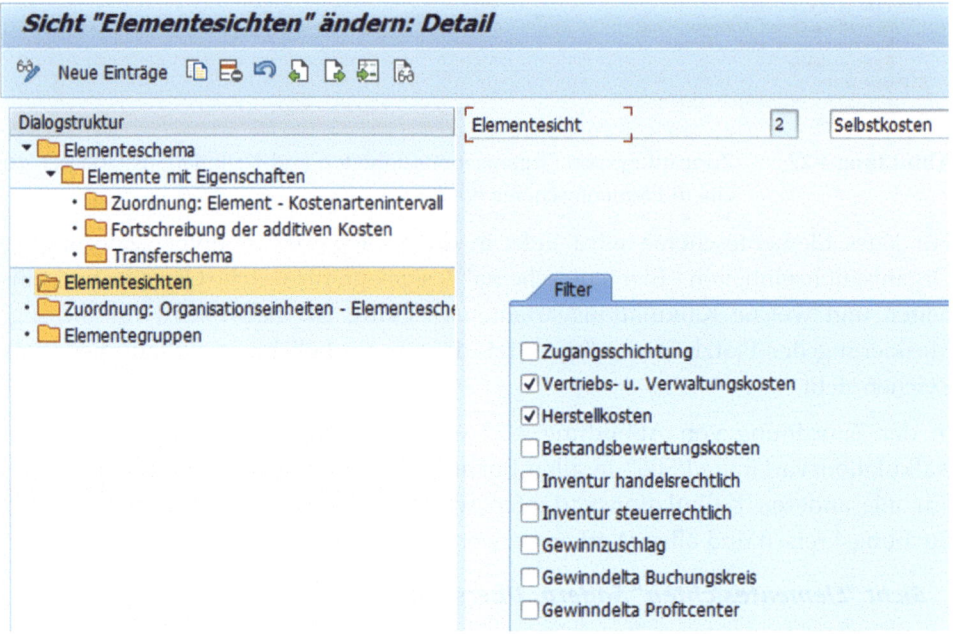

Abbildung 4-29: Filter der Elementesicht „Selbstkosten" für Elementeschemata (OKTZ)

Mit in SAP S/4HANA vordefinierten und nicht änderbaren Filtern wird links in der Dialogstruktur unter „Elementesichten" für jede Elementesicht festgelegt, welche Kostenelemente darin enthalten sind. Durch einen Doppelklick auf eine Elementesicht aus Abbildung 4-28 werden die dafür verwendeten Filter angezeigt. Abbildung 4-29 zeigt beispielhaft die Filter der Elementesicht „Selbstkosten" aus Abbildung 4-28.

Wird dann später im Anwendungsmenü eine Kalkulation durchgeführt, so können, wie bspw. in Abbildung 4-35 auf Seite 380, Kalkulationsergebnisse in unterschiedlichen Elementesichten angezeigt werden. Die obigen Filter in Elementesichten ermöglichen verschiedene Analysen, indem einzelne Kostenelemente in verschiedenen Elementesichten entweder angezeigt oder ausgeblendet werden.

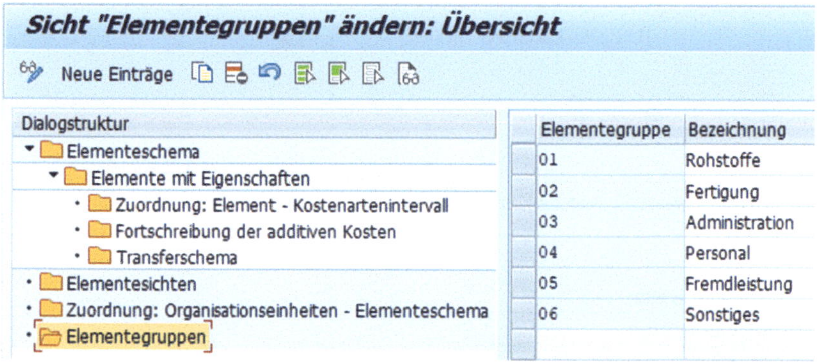

4.1 Allgemeine Einstellungen für die Kalkulationsvariante festlegen 375

Abbildung 4-30: Elementegruppen für Elementeschemata (OKTZ)

Links in der Dialogstruktur unter „Elementegruppen" können Kostenelemente eines Elementeschemas noch für weitere Auswertungen, z.B. in bewerteten Strukturstücklisten oder selbst programmierten Berichten, zusammengefasst werden. Abbildung 4-30 zeigt beispielhaft die bereits definierten Elementegruppen für solche zusätzlichen Auswertungen.

4.1.5.2 Kalkulationsversion

Der Wert für die Kalkulationsversion wird beim Anlegen einer Materialkalkulation mit Mengengerüst von SAP S/4HANA automatisch auf „1" gesetzt. Er kann jedoch bei Bedarf manuell geändert werden (vgl. Abbildung 4-33 auf Seite 378).

Eine Änderung ist jedoch nur notwendig, wenn für eine Kalkulationsvariante verschiedene Kalkulationen zum selben Material bei sich überschneidenden Gültigkeitszeiträumen existieren. In so einem Fall werden diese durch die Kalkulationsversion unterschieden.

Unterschiedliche Kalkulationen mit der identischen Kalkulationsvariante und divergierenden Kalkulationsversionen sind sinnvoll, wenn parallel divergierende Parameter in einer Kalkulationsvariante, z.B. bei der Bewertung, für alternative Auswertungszwecke benutzt werden. Bei solchen geringfügigen Unterschieden muss dann keine neue Kalkulationsvariante mit ihren vielen Bestandteilen und Zuordnungen recht aufwändig vollständig neu angelegt werden. Stattdessen werden die inhaltlichen Abweichungen in einer anderen Kalkulationsversion abgebildet.

Eine Kalkulationsversion wird im Customizing des Produktkosten-Controllings im Menüpfad „Controlling/ Produktkosten-Controlling/ Produktkostenplanung/ Ausgewählte Funktionen in der Materialkalkulation/ Kalkulationsversionen definieren" (Transaktionscode OKYD) angelegt.

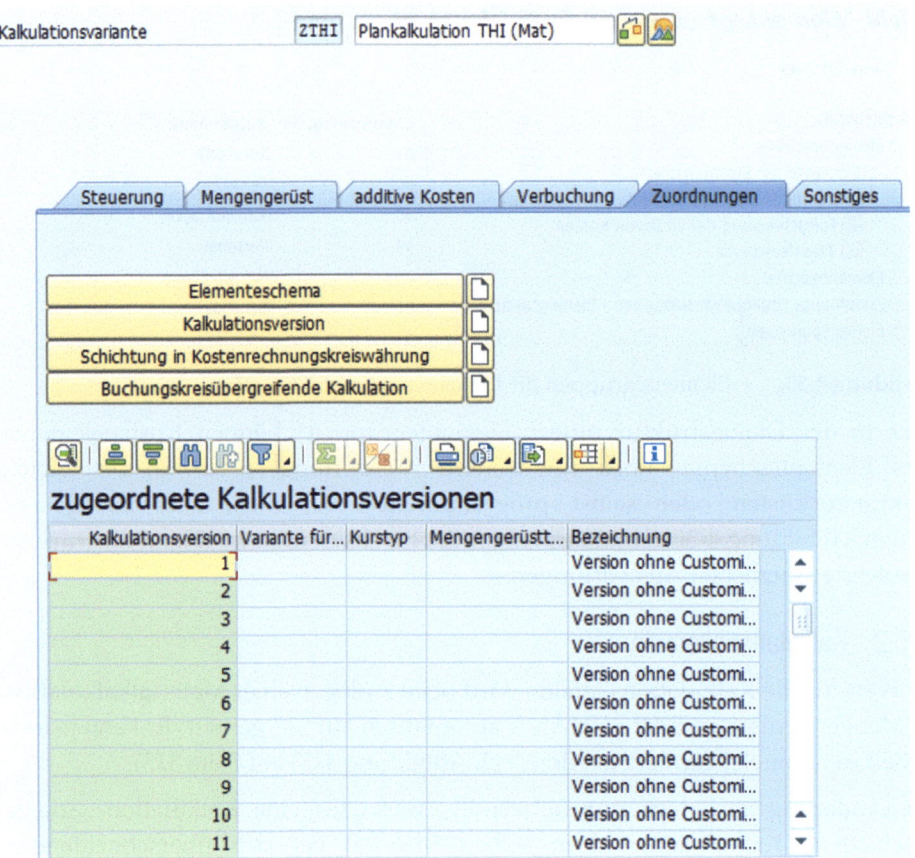

Abbildung 4-31: Kalkulationsversionen einer Kalkulationsvariante (OKKN)

In der Registerkarte „Zuordnungen" der Kalkulationsvariante aus Abbildung 4-22 auf Seite 369 werden die Kalkulationsvariante und die Kalkulationsversionen miteinander verknüpft. Dazu muss dort auf die Schaltfläche „Kalkulationsversion" geklickt werden, um zu Abbildung 4-31 zu gelangen.

4.1 Allgemeine Einstellungen für die Kalkulationsvariante festlegen

4.1.6 Sonstiges

In der Registerkarte „Sonstiges" wird abschließend für die Kalkulationsvariante festgelegt, wie die Fehlersteuerung bei einer Kalkulation erfolgt.

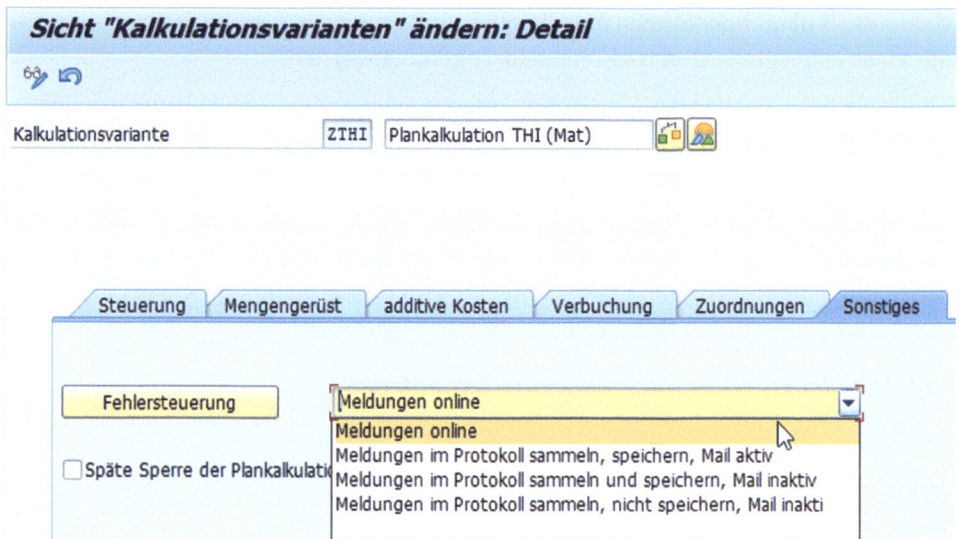

Abbildung 4-32: Fehlersteuerung bei einer Kalkulationsvariante (OKTZ)

Abbildung 4-32 zeigt die verschiedenen Möglichkeiten, wie Fehler beim Durchführen einer Kalkulation behandelt und ob ggf. zugehörige Protokolle erstellt werden. Im gegebenen Beispiel werden Fehlermeldungen stets online, d.h. sofort auf dem Bildschirm, angezeigt.

4.2 Materialkalkulation mit Mengengerüst durchführen

Nachdem im Customizing alle Einstellungen für die Kalkulationsvariante definiert wurden, können im Anwendungsmenü Materialkalkulationen angelegt werden. Materialkalkulationen können einzeln oder im Rahmen eines Kalkulationslaufes für alle Materialien eines Unternehmens durchgeführt werden.

Für ein Sachgut, für das ein Arbeitsplan und ein oder mehrere Stücklisten existieren, welche die Mengengerüste der Elementarfaktoren beinhalten, wird eine Materialkalkulation mit Mengengerüst durchgeführt, die auf diese Stammdaten zugreift.

Eine Materialkalkulation mit Mengengerüst für ein einzelnes Material wird im Anwendungsmenü des Produktkosten-Controllings im Menüpfad „Rechnungswesen/ Controlling/ Produktkosten-Controlling/ Produktkostenplanung/ Materialkalkulation/ Kalkulation mit Mengengerüst/ Anlegen" angelegt.

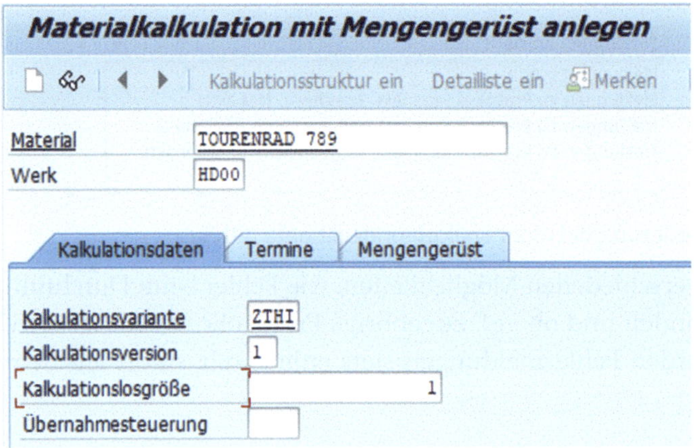

Abbildung 4-33: Anlegen einer Materialkalkulation mit Mengengerüst (CK11N)

Eine Materialkalkulation mit Mengengerüst wird immer für ein herzustellendes Erzeugnis bzw. Material in einem Werk angelegt. Abbildung 4-33 zeigt dazu ein Beispiel.

In der Registerkarte „Kalkulationsdaten" muss neben der Kalkulationsvariante nur die Kalkulationslosgröße manuell eingegeben werden. Auch wenn es noch keine Kalkulationen zu dem Material gibt, so ist beim Datenfeld für die Kalkulationsversion automatisch der Wert „1" eingetragen (vgl. Kapitel 4.1.5.2).

Im Datenfeld für die Übernahmesteuerung wird nach Eingabe der Kalkulationsvariante von SAP S/4HANA automatisch der Vorschlagswert aus der Übernahmesteuerung der Kalkulationsvariante (vgl. Kapitel 4.1.1.5) eingetragen. Dieser kann bei Bedarf manuell geändert werden.

4.2 Materialkalkulation mit Mengengerüst durchführen

Nach der Eingabe der Daten in der Registerkarte „Kalkulationsdaten" werden in der Registerkarte „Termine" Vorschlagswerte für verschiedene Termine, u.a. für die Auflösung und die Bewertung, angezeigt. Diese stammen aus den Customizing-Einstellungen zur Terminsteuerung der eingegebenen Kalkulationsvariante (vgl. Kapitel 4.1.1.3). Da es sich lediglich um Vorschlagswerte handelt, können auch sie manuell geändert werden.

In der Registerkarte „Mengengerüst" müssen nicht unbedingt Eingaben erfolgen.

Nachdem alle Daten eingegeben sind, wird die Kalkulation durch das Drücken der Taste ENTER gestartet und alle Kalkulationsergebnisse werden, wie z.B. in Abbildung 4-34, automatisch angezeigt.

Abbildung 4-34: Kalkulationsergebnisse einer Materialkalkulation mit Mengengerüst (CK11N)

Die verschiedenen Registerkarten im rechten oberen Bereich von Abbildung 4-34 beinhalten wichtige Informationen über die Integration aller für die Kalkulation genutzten Stammdaten. Die wichtigsten Registerkarten werden nachfolgend kurz beschrieben:[117]

- Die Registerkarte „Kosten" (vgl. Abbildung 4-35) beinhaltet die Elementesichten des zu der eingegebenen Kalkulationsvariante zugeordneten Elementeschemas (vgl. Abbildung 4-28 auf Seite 373). Weitere Elementesichten können wie in Abbildung 4-35 im Drill-Down selektiert werden.

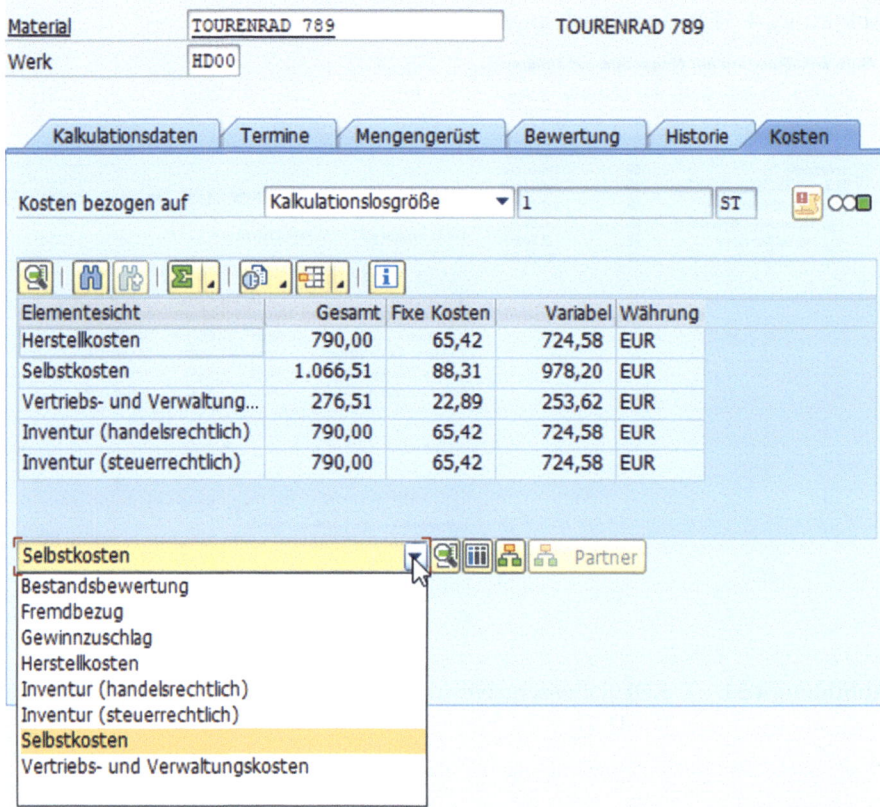

Abbildung 4-35: Kalkulationsergebnisse in Elementesichten einer Materialkalkulation mit Mengengerüst (CK11N)

In der Menüleiste können über den Menüpunkt „Kosten/ Elementeanzeige" zu einer Elementesicht im rechten unteren Bereich die zugehörigen Kostenelemente angezeigt werden. Abbildung 4-36 zeigt dazu beispielhaft die Kostenelemente der Elementesicht „Selbstkosten" aus Abbildung 4-35.

---

[117] In den Übungsaufgaben zu diesem Kapitel wird u.a. gezeigt, wie man auf die in diesen Registerkarten abgebildeten Inhalte über die Einträge in der Menüleiste zugreift.

4.2 Materialkalkulation mit Mengengerüst durchführen

Kostenelemente in Buchungskreis-Währung

Element	Bezeichnung Element	Σ	Gesamt	Σ	Fix	Σ	Variabel	Währg
1	Material-EK		465,00				465,00	EUR
2	Material-GK		83,70				83,70	EUR
3	Fertigungs-EK		190,00		51,51		138,49	EUR
4	Fertigungs-GK		51,30		13,91		37,39	EUR
5	Verwaltungs-GK		118,51		9,81		108,70	EUR
6	Vertriebs-GK		158,00		13,08		144,92	EUR
		▪	**1.066,51**	▪	**88,31**	▪	**978,20**	**EUR**

Abbildung 4-36:   Kostenelemente der Elementesicht „Selbstkosten" (CK11N1)

- In den Registerkarten „Kalkulationsdaten" und „Termine" werden nur die beim Anlegen der Kalkulation manuell eingegebenen bzw. die daraus automatisch von SAP S/4HANA ermittelten und eingetragenen Daten angezeigt.

- Die Registerkarte „Mengengerüst" beinhaltet sowohl die für die Berechnung der Materialeinzelkosten verwendete Stückliste des zu kalkulierenden Materials als auch den der Kalkulation zugrundeliegenden Arbeitsplan zur Ermittlung der Fertigungseinzelkosten.

  Durch Doppelklick auf eines der beiden Datenfelder „Stückliste" für die Stücklistendaten oder „Plangruppe" für die Arbeitsplandaten werden jeweils die entsprechenden Stammdaten der für die Kalkulation des Fertigerzeugnisses genutzten Mengengerüste dieser Stammdatensätze angezeigt.

- In der Registerkarte „Bewertung" ist unter anderem das für die Ermittlung der Gemeinkostenzuschläge genutzte Kalkulationsschema zusehen.

  Klickt man doppelt auf dieses Datenfeld, so wird das Kalkulationsschema aus dem Customizing (vgl. Abbildung 4-8 auf Seite 356) angezeigt, anhand dessen man die Höhe der Gemeinkostenzuschläge in der Kalkulation prüfen kann.

- In der Registerkarte „Historie" wird angezeigt, wer die Kalkulation wann erstellt und ggf. vorgemerkt und freigegeben (vgl. Kapitel 4.3) hat.

Links oben in Abbildung 4-34 wurde bereits die Kalkulationsstruktur für die Elementesicht „Herstellkosten" aus Abbildung 4-37 dargestellt.

Kalkulationsstruktur	F..	Wert Gesamt	W.	Menge	Mengeneinheit
TOURENRAD 789	☐	790,00 EUR		1	ST
• Touring Bike Rahmen - Schwarz	☐	200,00 EUR		1	EA
▼ SET TOURENRAD 789	☐	312,70 EUR		1	ST
• Touring Bike - Aluminiumrad	☐	190,00 EUR		2	EA
• Touring Bike Lenker	☐	25,00 EUR		1	EA
• Touring Bike Sitz - Bauteile	☐	50,00 EUR		1	EA

Abbildung 4-37: Kalkulationsstruktur bei einer mehrstufigen Kalkulation für die Elementesicht „Herstellkosten" (CK11N)

In diesem Beispiel ist es eine Kalkulationsstruktur für eine mehrstufige Kalkulation, bei der auf Daten aus den zwei Stücklisten[118] für das Fertigerzeugnis „Tourenrad 789" und das Halbfabrikat „Set Tourenrad 789" zugegriffen wird.

Die Kalkulationsstruktur entspricht vom Aufbau her dem bewerteten Mengengerüst aus allen in das herzustellende Erzeugnis eingeflossenen Materialien. Aus ihr können prinzipiell die Materialeinzelkosten nachvollzogen werden. Allerdings sind die Kosten für das Halbfabrikat „Set Tourenrad 789" in Abbildung 4-37 höher.

Eigentlich sollten gemäß Abbildung 3-23 auf Seite 128 und aufgrund der obigen Kalkulationsstruktur die Materialeinzelkosten 2 St. * 95,00 €/ Stück + 1 St. * 25,00 €/ Stück + 1 St. * 50,00 €/ Stück = 265,00 € für das Halbfabrikat „Set Tourenrad 789" betragen. Stattdessen werden jedoch 312,70 € in Abbildung 4-37 ausgewiesen.

Dies liegt daran, dass in SAP S/4HANA nicht nur beim herzustellenden Fertigerzeugnis, sondern auch bei allen enthaltenen Halbfabrikaten die auf Seite 372 beschriebene Kostenwälzung erfolgt.

Aus diesem Grund werden im vorliegenden Beispiel auch die Herstellkosten für das im Fertigerzeugnis „Tourenrad 789" enthaltene Halbfabrikat „Set Tourenrad 789" berechnet. Für dieses Halbfabrikat existiert eine Stückliste, jedoch kein Arbeitsplan. Dadurch beinhalten die Herstellkosten des Halbfabrikats „Set Tourenrad 789" zwar keine Fertigungseinzelkosten und damit auch keine Fertigungsgemeinkosten, jedoch aufgrund der aus der Stückliste ermittelten Materialeinzelkosten einen zugehörigen Materialgemeinkostenzuschlag in Höhe von 18 Prozent

---

[118] Die beiden Stücklisten wurden in den Übungen 3.7 und 3.8 angelegt.

4.2 Materialkalkulation mit Mengengerüst durchführen

(vgl. Abbildung 4-10 auf Seite 359). Daraus resultieren die in Abbildung 4-37 angezeigten Herstellkosten in Höhe von 265,00 € * (1,00 + 0,18) = 312,70 € für das Halbfabrikat.

Wird statt der Elementesicht „Herstellkosten" von Abbildung 4-34 die Elementesicht „Selbstkosten" (vgl. Abbildung 4-36) gewählt, so erscheinen hier aufgrund der Kostenwälzung für das Halbfabrikat „Set Tourenrad 789" Selbstkosten in Höhe von 312,70 € * (1,00 + 0,15 +0,20) = 422,15 €, in denen 15% Verwaltungs- und 20% Vertriebsgemeinkosten enthalten sind.

Da kein weiteres Halbfabrikat Bestandteil des herzustellenden Erzeugnisses ist, werden im Mengengerüst von Abbildung 4-37 ansonsten alle Standardpreise aus den Materialstammsätzen für die einzelnen Materialien angezeigt.

4.3 Kalkulationsergebnis fortschreiben

Im vorliegenden Beispiel wird auf Grundlage der Einstellungen in der Kalkulationsart der Kalkulationsvariante das Ergebnis der Plankalkulation im Datenfeld „Standardpreis" im Materialstammsatz des herzustellenden Erzeugnisses fortgeschrieben (vgl. Abbildung 4-3 auf Seite 352).

Die Fortschreibung des Kalkulationsergebnisses erfolgt mit den zwei Schritten „Vormerkung" und „Freigabe", die man nacheinander ausführen muss. Beide Schritte finden sich im Anwendungsmenü des Produktkosten-Controllings im Menüpfad „Rechnungswesen/ Controlling/ Produktkosten-Controlling/ Produktkostenplanung/ Materialkalkulation/ Preisfortschreibung".

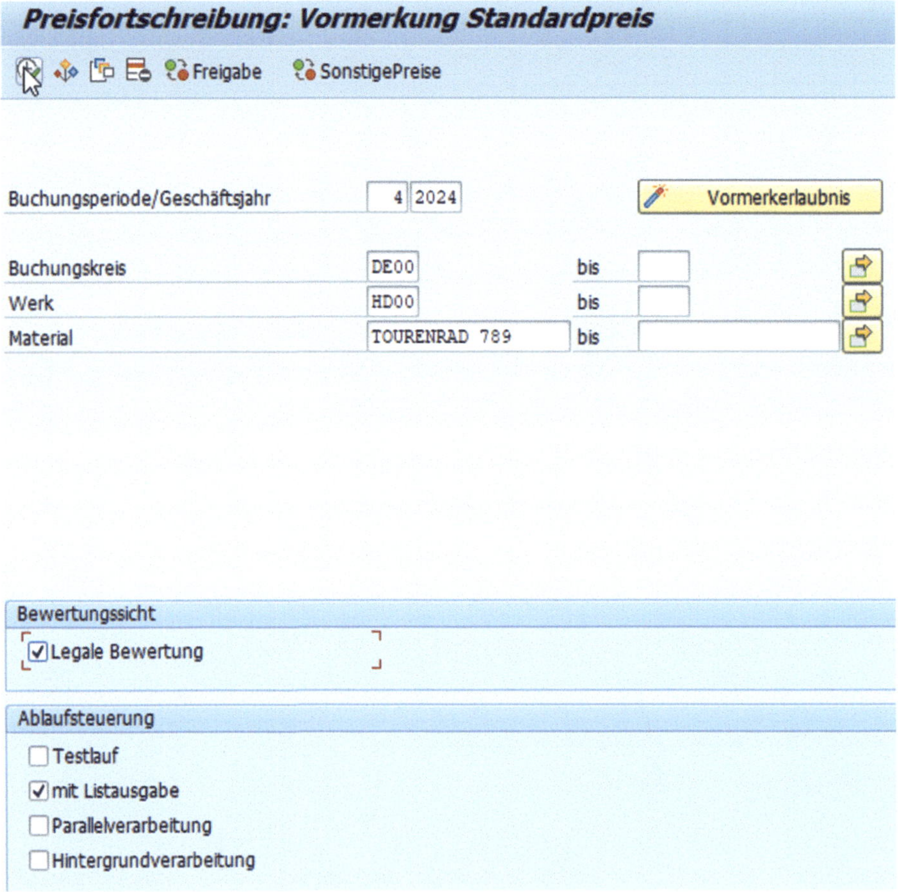

Preisfortschreibung: Vormerkung Standardpreis

Buchungsperiode/Geschäftsjahr	4	2024	Vormerkerlaubnis
Buchungskreis	DE00	bis	
Werk	HD00	bis	
Material	TOURENRAD 789	bis	

Bewertungssicht
☑ Legale Bewertung

Ablaufsteuerung
☐ Testlauf
☑ mit Listausgabe
☐ Parallelverarbeitung
☐ Hintergrundverarbeitung

Abbildung 4-38: Vormerkung des Standardpreises (CK24)

Bei der Vormerkung des Standardpreises müssen zusätzlich zum fortzuschreibenden Material, für das die Kalkulation durchgeführt wurde, die Buchungsperiode, das Geschäftsjahr, der zugehörige Buchungskreis sowie das Werk angegeben werden (vgl. Abbildung 4-38).

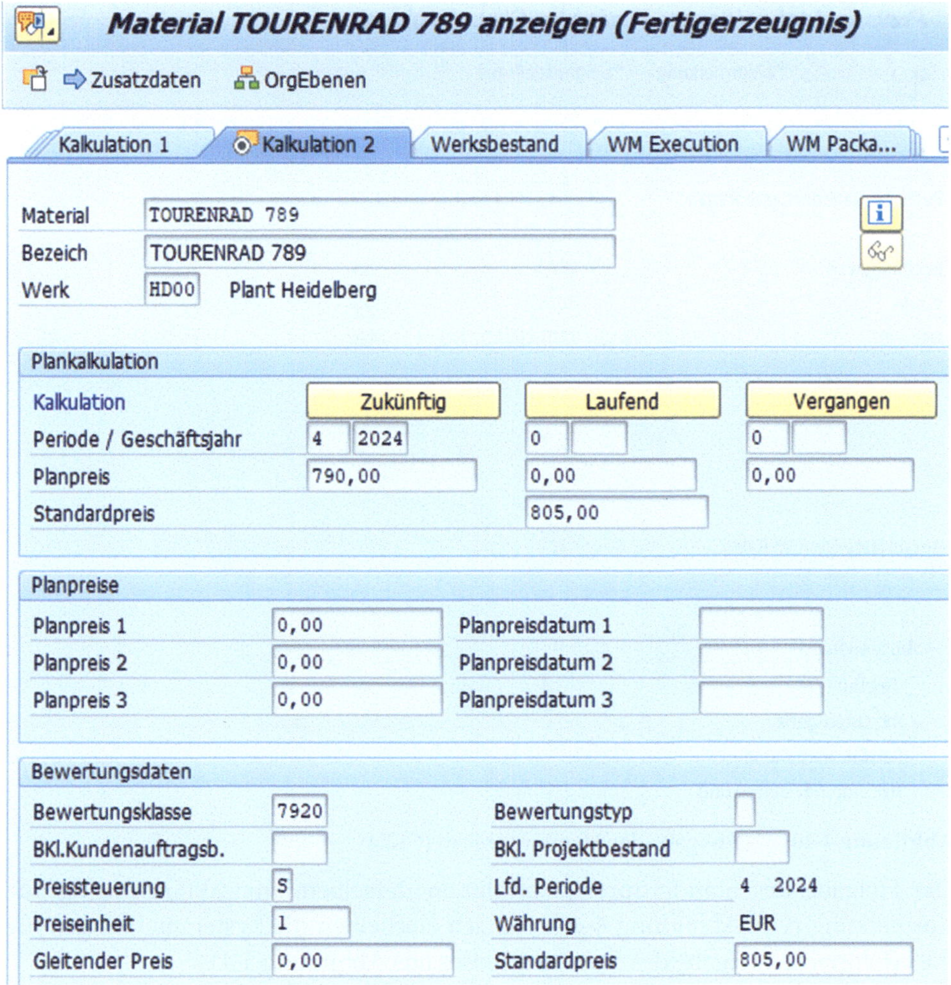

4.3 Kalkulationsergebnis fortschreiben

Material TOURENRAD 789 anzeigen (Fertigerzeugnis)

⇨ Zusatzdaten OrgEbenen

| Kalkulation 1 | ⊙ Kalkulation 2 | Werksbestand | WM Execution | WM Packa... |

Material: TOURENRAD 789
Bezeich: TOURENRAD 789
Werk: HD00 Plant Heidelberg

Plankalkulation

Kalkulation	Zukünftig	Laufend	Vergangen
Periode / Geschäftsjahr	4 2024	0	0
Planpreis	790,00	0,00	0,00
Standardpreis		805,00	

Planpreise

Planpreis 1	0,00	Planpreisdatum 1	
Planpreis 2	0,00	Planpreisdatum 2	
Planpreis 3	0,00	Planpreisdatum 3	

Bewertungsdaten

Bewertungsklasse	7920	Bewertungstyp	
BKl.Kundenauftragsb.		BKl. Projektbestand	
Preissteuerung	S	Lfd. Periode	4 2024
Preiseinheit	1	Währung	EUR
Gleitender Preis	0,00	Standardpreis	805,00

Abbildung 4-39: Ergebnis der Vormerkung in der Sicht „Kalkulation 2" im Materialstamm eines kalkulierten Erzeugnisses (MM03)

Nach der Vormerkung wird das Kalkulationsergebnis in den Materialstammsatz des gefertigten Erzeugnisses in der Materialsicht „Kalkulation 2" in das Datenfeld für den zukünftigen Planpreis übernommen. Der bisherige Standardpreis bleibt vorerst unverändert (vgl. Abbildung 4-39).

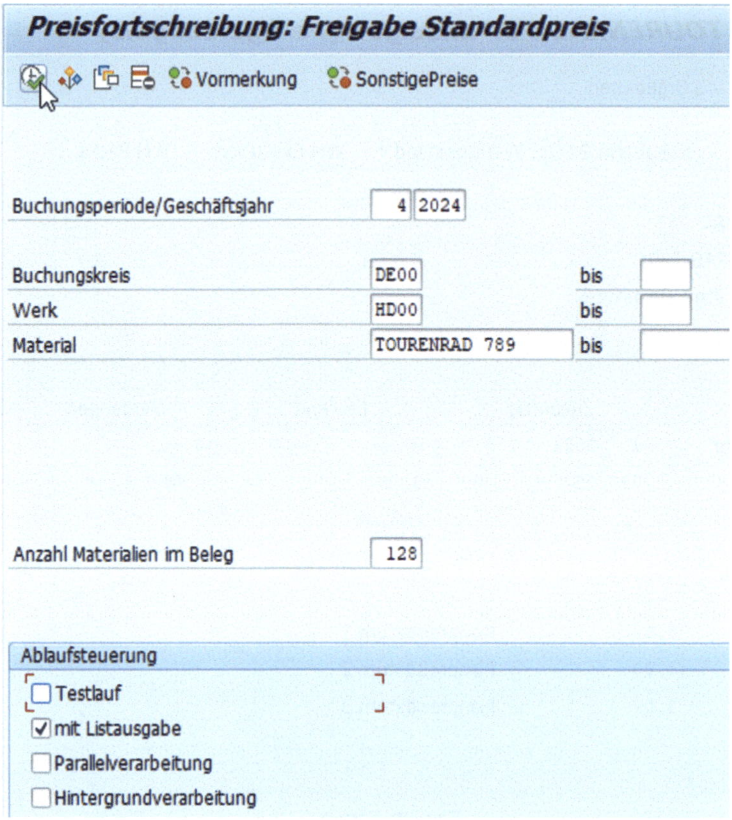

4 Bewertung der Elementarfaktoren im Rahmen der Kalkulation

Preisfortschreibung: Freigabe Standardpreis

Buchungsperiode/Geschäftsjahr	4	2024
Buchungskreis	DE00	bis
Werk	HD00	bis
Material	TOURENRAD 789	bis

Anzahl Materialien im Beleg: 128

Ablaufsteuerung:
- ☐ Testlauf
- ☑ mit Listausgabe
- ☐ Parallelverarbeitung
- ☐ Hintergrundverarbeitung

Abbildung 4-40: Freigabe des Standardpreises (CK24)

Die Freigabe des Standardpreises erfolgt in derselben Transaktion analog zur Vormerkung (vgl. Abbildung 4-40). Danach erscheinen die Systemmeldungen für die erfolgreiche Freigabe des Standardpreises aus Abbildung 4-41.

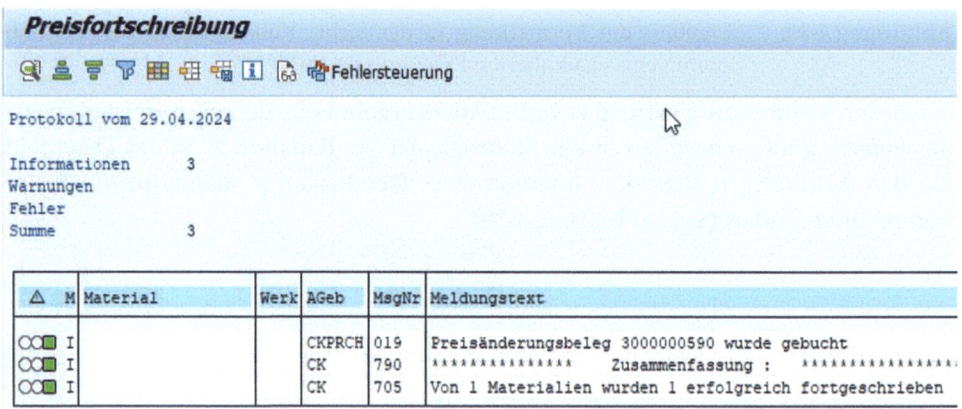

Abbildung 4-41: Systemmeldungen nach der erfolgreichen Freigabe des Standardpreises (CK24)

4.3 Kalkulationsergebnis fortschreiben

Als Ergebnis der Freigabe des Standardpreises wird das Kalkulationsergebnis in den Materialstammsatz des gefertigten Erzeugnisses in der Materialsicht „Kalkulation 2" im Datenfeld für den laufenden Standardpreis übernommen (vgl. Abbildung 4-42).

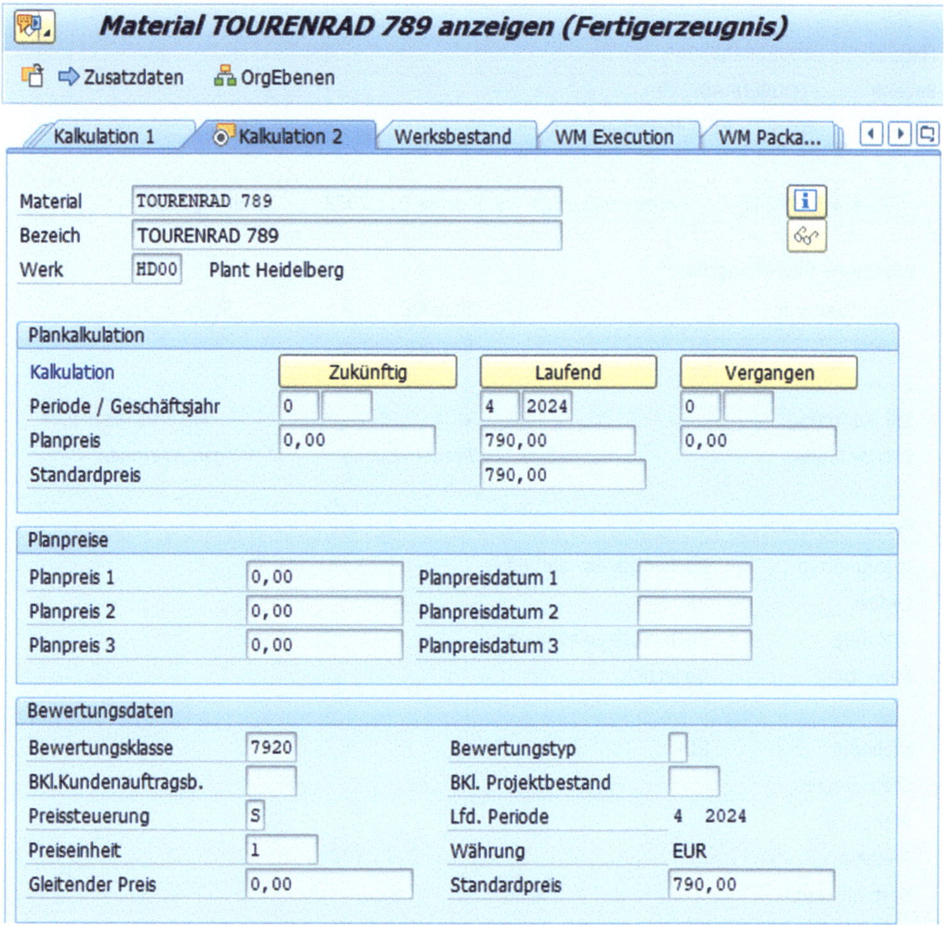

Material TOURENRAD 789 anzeigen (Fertigerzeugnis)

Zusatzdaten   OrgEbenen

| Kalkulation 1 | **Kalkulation 2** | Werksbestand | WM Execution | WM Packa... |

Material	TOURENRAD 789
Bezeich	TOURENRAD 789
Werk	HD00 Plant Heidelberg

Plankalkulation

Kalkulation	Zukünftig	Laufend	Vergangen
Periode / Geschäftsjahr	0	4 2024	0
Planpreis	0,00	790,00	0,00
Standardpreis		790,00	

Planpreise

Planpreis 1	0,00	Planpreisdatum 1	
Planpreis 2	0,00	Planpreisdatum 2	
Planpreis 3	0,00	Planpreisdatum 3	

Bewertungsdaten

Bewertungsklasse	7920	Bewertungstyp	
BKl.Kundenauftragsb.		BKl. Projektbestand	
Preissteuerung	S	Lfd. Periode	4 2024
Preiseinheit	1	Währung	EUR
Gleitender Preis	0,00	Standardpreis	790,00

Abbildung 4-42: Ergebnis der Freigabe in der Sicht „Kalkulation 2" im Materialstamm eines kalkulierten Erzeugnisses (MM03)

Der bisherige Standardpreis aus Abbildung 4-39 wird gleichzeitig im Materialstammsatz des kalkulierten Erzeugnisses in der Materialsicht „Buchhaltung 1" in das Datenfeld „Vorheriger Preis" geschrieben (vgl. Abbildung 4-43).

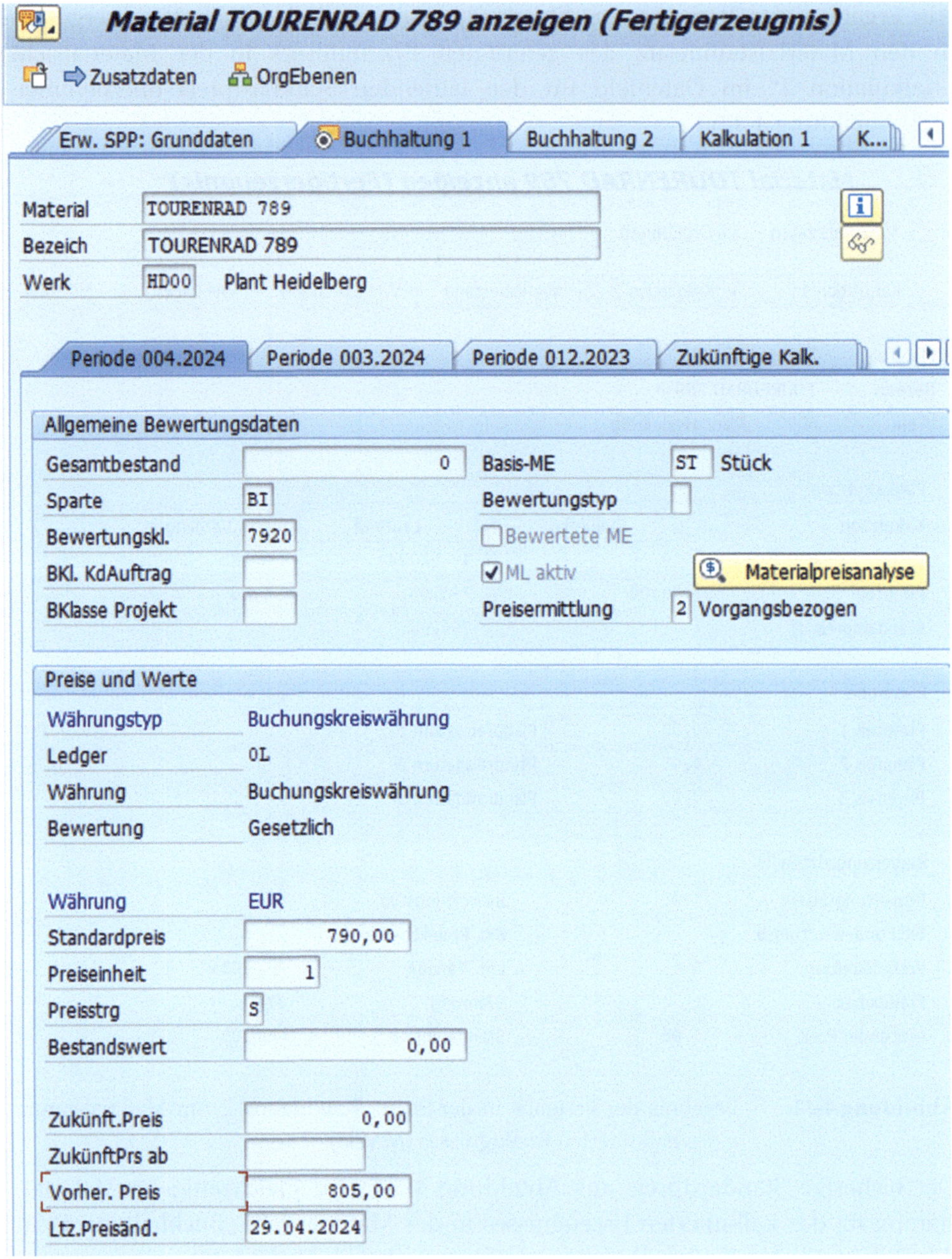

4 Bewertung der Elementarfaktoren im Rahmen der Kalkulation

Material TOURENRAD 789 anzeigen (Fertigerzeugnis)

⇒ Zusatzdaten OrgEbenen

| Erw. SPP: Grunddaten | Buchhaltung 1 | Buchhaltung 2 | Kalkulation 1 | K... |

Material	TOURENRAD 789
Bezeich	TOURENRAD 789
Werk	HD00 Plant Heidelberg

| Periode 004.2024 | Periode 003.2024 | Periode 012.2023 | Zukünftige Kalk. |

Allgemeine Bewertungsdaten

Gesamtbestand	0	Basis-ME	ST Stück
Sparte	BI	Bewertungstyp	
Bewertungskl.	7920	☐ Bewertete ME	
BKl. KdAuftrag		☑ ML aktiv	Materialpreisanalyse
BKlasse Projekt		Preisermittlung	2 Vorgangsbezogen

Preise und Werte

Währungstyp	Buchungskreiswährung
Ledger	0L
Währung	Buchungskreiswährung
Bewertung	Gesetzlich
Währung	EUR
Standardpreis	790,00
Preiseinheit	1
Preisstrg	S
Bestandswert	0,00
Zukünft.Preis	0,00
ZukünftPrs ab	
Vorher. Preis	805,00
Ltz.Preisänd.	29.04.2024

Abbildung 4-43: Ergebnis der Freigabe in der Sicht „Buchhaltung 1" im Materialstamm eines kalkulierten Erzeugnisses (MM03)

Mit den Änderungen in diesen beiden Datenfeldern wird das Ergebnis der Plankalkulation vollständig im Materialstamm des kalkulierten Materials übernommen.

4.4 Übungen zu Kapitel 4

In Kapitel 3 haben Sie im Rahmen der Leistungserstellung die drei Elementarfaktoren Werkstoffe, objektbezogenen menschliche Arbeit und Betriebsmittel abgebildet, integriert und bewertet. Jetzt kalkulieren Sie darauf aufbauend Ihr Fertigerzeugnis „Tourenrad ###".

Bevor Sie dies tun, legen Sie im Customizing der Kalkulationsvariante alle Einstellungen zur Durchführung einer Kalkulation im Anwendungsmenü fest bzw. überprüfen, falls bereits vorhanden, die bestehenden Einstellungen für die Kalkulationsvariante „ZTHI".

Abschließend schreiben Sie das Kalkulationsergebnis in den Materialstamm des Fertigerzeugnisses fort.

4.4.1 Anmerkungen

Lesen Sie sich unbedingt nochmals alle Anmerkungen aus Kapitel 3.2.5.1 durch, bevor Sie mit den Übungen beginnen.

Legen Sie im Customizing nur neue Einträge an, falls die in den Übungen genannten Objekte noch nicht existieren.

4.4.2 Übersicht

Tabelle 4-1 zeigt die Inhalte der Übungen von Kapitel 4, jeweils das zugehörige Buchkapitel und die Seite, auf der die Lösung beginnt.

Übung	Seite	Inhalte	Kapitel
4.1	391	Kalkulationsschema „KS_THI" für Fertigerzeugnisse als Bestandteil der Kalkulationsvariante „ZTHI" im Customizing anzeigen bzw. - falls noch nicht vorhanden - anlegen	4.1.1.2
4.2	400	Bewertungsvariante „999" als Bestandteil der Kalkulationsvariante „ZTHI" im Customizing anzeigen bzw. - falls noch nicht vorhanden - anlegen	4.1.1.2
4.3	402	Kalkulationsart „01" im Customizing anzeigen	4.1.1.1
4.4	404	Kalkulationsvariante „ZTHI" im Customizing anzeigen bzw. - falls noch nicht vorhanden - anlegen	4.1
4.5	407	Elementeschema „99" als Bestandteil der Kalkulationsvariante „ZTHI" im Customizing anzeigen bzw. - falls noch nicht vorhanden - anlegen	4.1.5.1
4.6	417	Bestandteile und Zuordnungen der Kalkulationsvariante „ZTHI" im Customizing anzeigen	4.1
4.7	421	Materialkalkulation mit Mengengerüst für das Fertigerzeugnis „Tourenrad ###" anlegen	4.2
4.8	431	Ergebnis der Materialkalkulation mit Mengengerüst in den Materialstammsatz des Fertigerzeugnisses „Tourenrad ###" fortschreiben	4.3

Tabelle 4-1: Inhalte der Übungen zu Kapitel 4

4.4.3 Lösungen

Übung 4.1: Kalkulationsschema „KS_THI" für Fertigerzeugnisse als Bestandteil der Kalkulationsvariante „ZTHI" im Customizing anzeigen bzw. - falls noch nicht vorhanden - anlegen (→ Kapitel 4.1.1.2)

<u>Anmerkung:</u>

Führen Sie diese Übung nur aus, wenn dieses Kalkulationsschema in Ihrem SAP-System noch nicht vorhanden ist! Existiert dieses Kalkulationsschema bereits, so lassen Sie sich die nachfolgenden Sachverhalte anzeigen, um die Zusammenhänge für die spätere Kalkulation Ihres Fertigerzeugnisses „Tourenrad ###" zu verstehen.

1) Definieren Sie im Customizing der Produktkostenplanung des Produktkosten-Controllings in den Grundeinstellungen für die Materialkalkulation zwei Berechnungsbasen als Bestandteile für das später anzulegende Kalkulationsschema „KS_THI" für Fertigerzeugnisse.

   Diese beiden Berechnungsbasen werden später in Ihrer neuen Kalkulationsvariante „ZTHI" zur Berechnung der Gemeinkostenzuschläge in Übung 4.4 verwendet.

   Menüpfad: Customizing/ Controlling/ Produktkosten-Controlling/ Produktkostenplanung/ Grundeinstellungen für die Materialkalkulation/ Gemeinkostenzuschläge/ Kalkulationsschema: Bestandteile/ Berechnungsbasen definieren

   a) Die Berechnungsbasis „BMEK" für die Materialeinzelkosten erhält die Bezeichnung „MEK". Ihr wird das Kostenartenintervall von 5001000 bis 5002000 zugeordnet.[119]

   Wählen Sie in der Menüleiste den Menüpunkt „Bearbeiten/ Neue Einträge". Markieren Sie Ihren neuen Eintrag und klicken Sie mit der linken Maustaste links in der Dialogstruktur doppelt auf „Detail".

   Jetzt müssen Sie in der Menüleiste nochmals den Menüpunkt „Bearbeiten/ Neue Einträge" wählen, um die zugehörigen Kostenarten einzugeben.

   Sichern Sie abschließend Ihre Berechnungsbasis „BMEK" und bestätigen Sie eine ggf. auftretende Abfrage nach einen Customizing-Auftrag.

---

[119] Wenn Sie nicht mit dem diesem Buch zugrundeliegenden GBI-Schulungsmandanten arbeiten, so schauen Sie bitte ab jetzt immer im Kontenplan nach, ob diese Sachkonten in Ihrem SAP-System inhaltlich korrespondieren. Falls nicht, so wählen Sie bitte ein abweichendes, inhaltlich passendes Kostenartenintervall aus.

4 Bewertung der Elementarfaktoren im Rahmen der Kalkulation

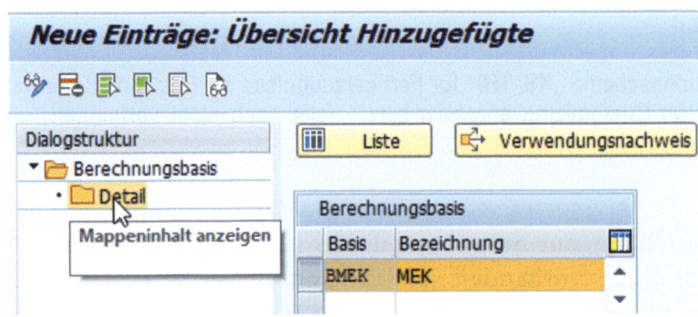

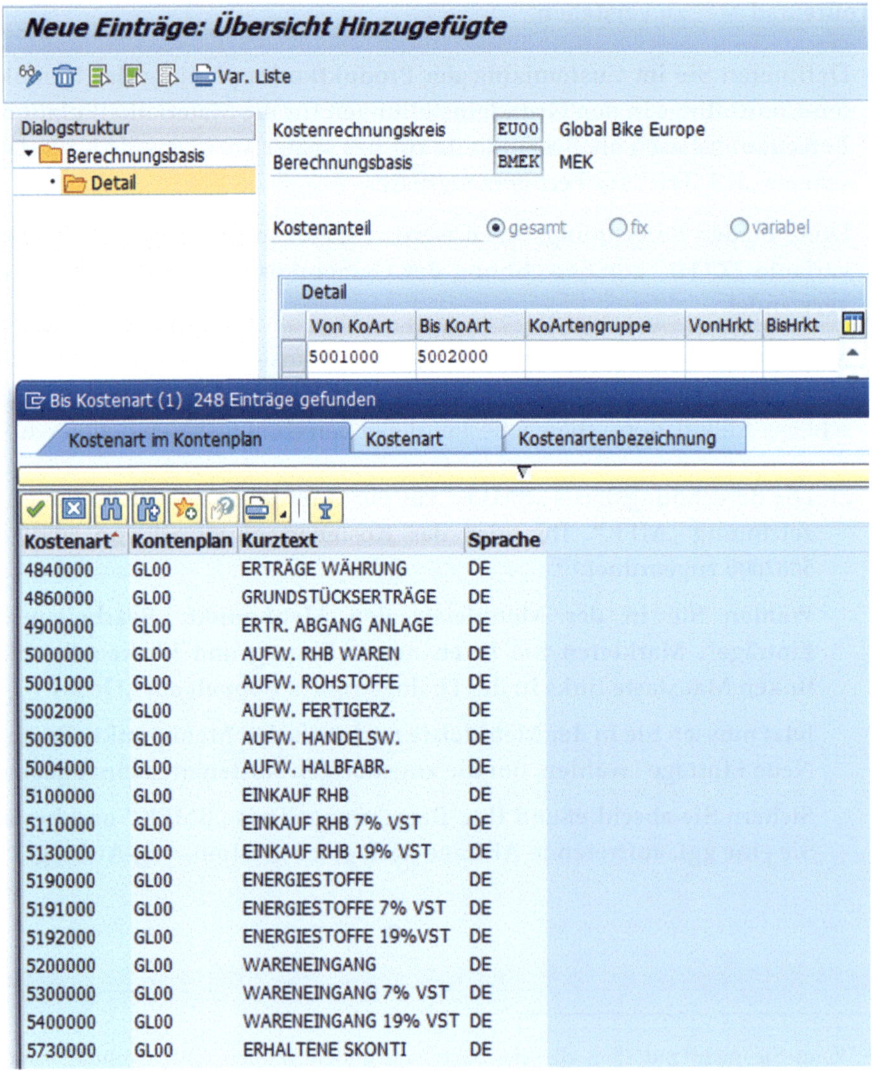

4.4 Übungen zu Kapitel 4

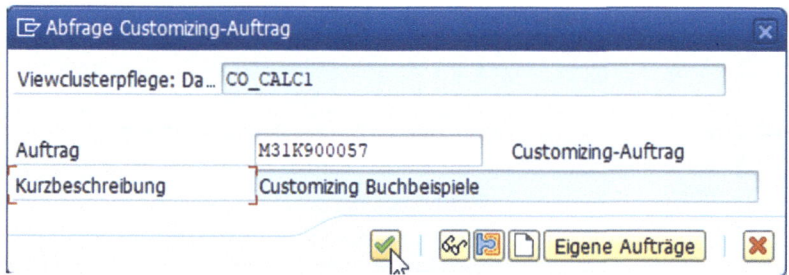

b) Die Berechnungsbasis „BFEK" der Fertigungseinzelkosten (FEK) erhält die Bezeichnung „FEK". Ihr werden alle Kostenarten im Intervall von 8006000 bis 8007999 zugeordnet.

Anmerkung:

Damit fließen in die Fertigungseinzelkosten die Kosten der beiden durch interne Leistungsverrechnung verrechneten Leistungsarten

- „PRE##" der Kostenstelle Arbeitsvorbereitung „PREP###" (diese wird gemäß Übung 3.15 mit der in Übung 3.12 angelegten sekundären Kostenart zur innerbetrieblichen Leistungsverrechnung 8006###" verrechnet) und

- „PRO##" der Kostenstelle Produktion „PROD###" (diese wird gemäß Übung 3.15 mit der in Übung 3.12 angelegten sekundären Kostenart zur innerbetrieblichen Leistungsverrechnung „8007###" verrechnet)

ein.

Wählen Sie in der Menüleiste den Menüpunkt „Bearbeiten/ Neue Einträge" und nennen Sie Ihre neue Berechnungsbasis in „BFEK".

Markieren Sie Ihren neuen Eintrag und klicken Sie links in der Dialogstruktur doppelt auf „Detail". Um zugehörige Kostenarten einzutragen, müssen Sie auch hier nochmals in der Menüleiste den Menüpunkt „Bearbeiten/ Neue Einträge" wählen.

Geben Sie links in der Dialogstruktur unter „Detail" das Kostenartenintervall von 8006000 bis 8007999 ein. Sichern Sie abschließend Ihre neue Berechnungsbasis und verlassen Sie die Transaktion.

394 4 Bewertung der Elementarfaktoren im Rahmen der Kalkulation

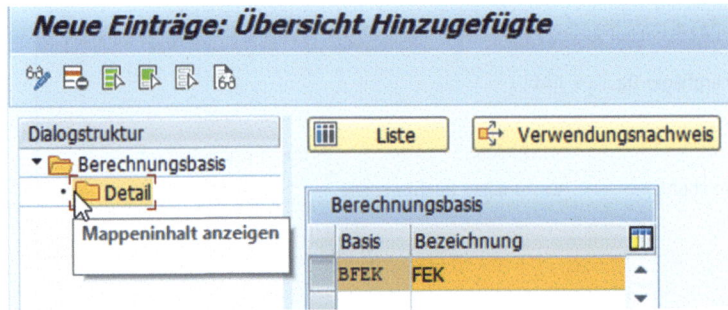

Abbildung 4-9 auf Seite 358 zeigt die Fertigungseinzelkosten, bestehend aus allen Kostenarten im Intervall von 8006000 bis 8007999.

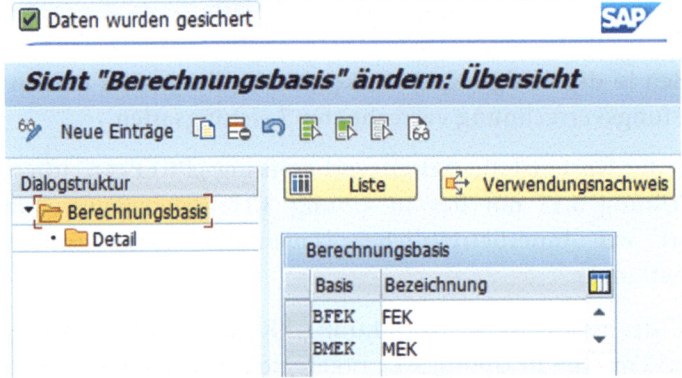

2) Definieren Sie im Customizing-Menü in den Grundeinstellungen für die Materialkalkulation in der Produktkostenplanung prozentuale Zuschlagssätze für Material- und Fertigungsgemeinkosten als Bestandteile für das später anzulegende Kalkulationsschema „KS_THI".

Menüpfad: Customizing/ Controlling/ Produktkosten-Controlling/ Produktkostenplanung/ Grundeinstellungen für die Materialkalkulation/ Gemeinkostenzuschläge/ Kalkulationsschema: Bestandteile/ Prozentuale Zuschlagssätze definieren

a) Der prozentuale Zuschlag „CMGK" für die Materialgemeinkosten (MGK) erhält die Bezeichnung „MGK" und ist nur von der Zuschlagsart abhängig. Wählen Sie in der Menüleiste den Menüpunkt „Bearbeiten/ Neue Einträge" um diese Sachverhalte einzugeben.

Markieren Sie Ihren neuen Eintrag, klicken Sie links in der Dialogstruktur auf „Detail" und wählen Sie wiederum in der Menüleiste den Menüpunkt „Bearbeiten/ Neue Einträge".

4.4 Übungen zu Kapitel 4

Es handelt sich um einen Plan-Zuschlag (d. h. er wird nur im Rahmen von Plankalkulationen verwendet) in Höhe von 18 Prozent, der im Kostenrechnungskreis EU00 ab dem 01.01. des aktuellen Kalenderjahres bis zum 31.12.9999 gültig ist.

Sichern Sie abschließend Ihren neuen Zuschlagssatz und bestätigen Sie eine ggf. auftretende Abfrage nach einen Customizing-Auftrag.

Abbildung 4-10 auf Seite 359 zeigt den Zuschlagsatz für die Materialgemeinkosten.

b) Der prozentuale Zuschlag „CFGK" für die Fertigungsgemeinkosten (FGK) erhält die Bezeichnung „FGK" und ist nur von der Zuschlagsart abhängig. Es handelt sich um einen Plan-Zuschlag in Höhe von 27 Prozent, der im Kostenrechnungskreis EU00 ab dem 01.01. des aktuellen Kalenderjahres bis zum 31.12.9999 gültig ist.

Sichern Sie abschließend Ihre neue Berechnungsbasis und bestätigen Sie eine ggf. auftretende Abfrage nach einen Customizing-Auftrag.

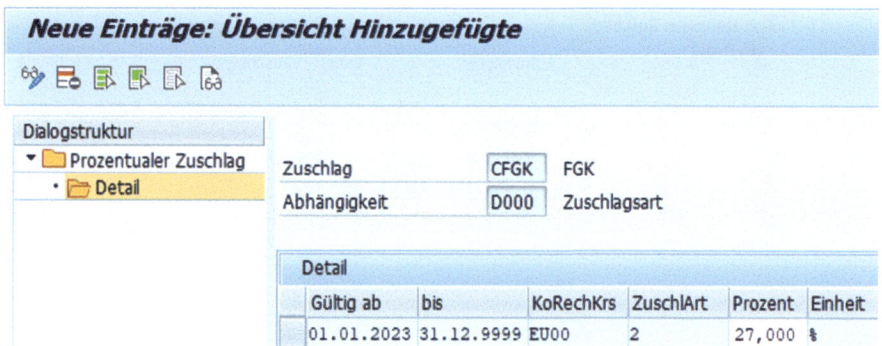

3) Lassen Sie sich an dieser Stelle im Customizing auch noch die Zuschlagssätze für die Verwaltungs- und die Vertriebsgemeinkosten anzeigen.

a) Im neuen Kalkulationsschema „KS_THI" für Fertigerzeugnisse wird als Zuschlagssatz für die Verwaltungsgemeinkosten der prozentuale Zuschlag „C002" verwendet.

Wie hoch ist der Zuschlagssatz „GK-Verwaltung" für die Verwaltungsgemeinkosten?

15 Prozent

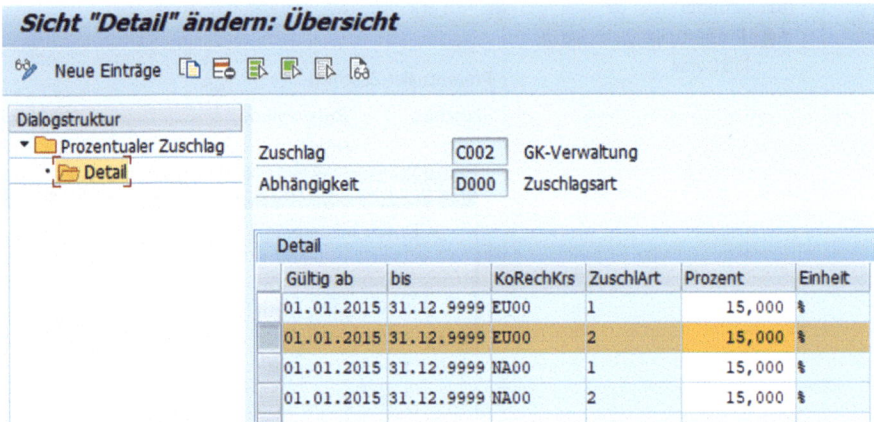

b) Für die Vertriebsgemeinkosten wird im neuen Kalkulationsschema „KS_THI" der prozentuale Zuschlag „C003" verwendet.

Wie hoch ist der Zuschlagssatz „GK-Vertrieb" für die Vertriebsgemeinkosten?

20 Prozent

4.4 Übungen zu Kapitel 4

4) Lassen Sie sich im Customizing in den Grundeinstellungen für die Materialkalkulation in der Produktkostenplanung noch die Einträge zu den bereits definierten Entlastungen für alle vier Zeilen mit Gemeinkostenzuschlägen aus den letzten beiden Teilaufgaben anzeigen.

Menüpfad: Customizing/ Controlling/ Produktkosten-Controlling/ Produktkostenplanung/ Grundeinstellungen für die Materialkalkulation/ Gemeinkostenzuschläge/ Kalkulationsschema: Bestandteile/ Entlastungen definieren

Notieren Sie für jeden der vier Gemeinkostenzuschläge jeweils, welche Kostenstelle sich durch den Zuschlag entlastet, sowie die sekundäre Kostenart, mit der die jeweilige Entlastung gebucht wird.

Anmerkungen:

- Sollten diese Entlastungen noch nicht existieren, so legen Sie diese bitte gemäß den nachstehenden Abbildungen an. Vergewissern Sie sich auch, dass die dort gezeigten Kostenarten sachlogisch mit den Inhalten in Ihrem SAP-System korrespondieren.

- Nachfolgend sehen Sie, dass sowohl die Material- als auch die Fertigungsgemeinkosten durch Zuschläge der Kostenstelle EUPR1000 verrechnet werden. Diese Buchungen von Gemeinkostenzuschlägen stellen für die Kostenstelle EUPR1000 jeweils eine Kostenentlastung dar.

Da auf dieser Kostenstelle erst einmal Kosten angefallen sein müssen, haben Sie darauf in Übung 3.31 die Kosten für die kalkulatorischen Abschreibungen gebucht. Dies war eine Kostenbelastung, bevor nun eine Kostenentlastung erfolgt.

a) Verrechnung der Materialgemeinkosten durch

 die Kostenstelle EUPR1000

mit der Verrechnungskostenart 8015000

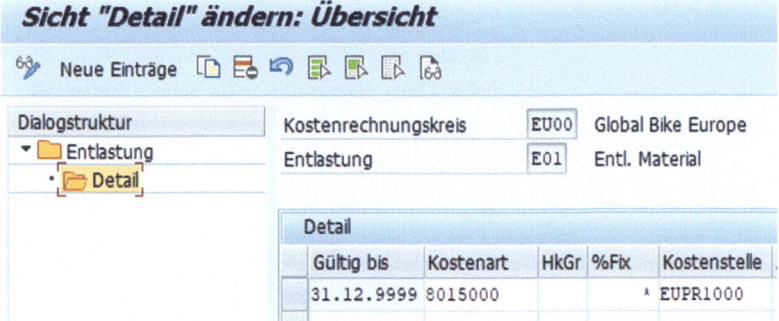

b) **Verrechnung der Fertigungsgemeinkosten durch**

   die Kostenstelle EUPR1000

   mit der Verrechnungskostenart 8012000

   Abbildung 4-11 auf Seite 360 zeigt diese Entlastung für die Verrechnung der Fertigungsgemeinkosten.

c) **Verrechnung der Verwaltungsgemeinkosten durch**

   die Kostenstelle EUAD1000

   mit der Verrechnungskostenart 8013000

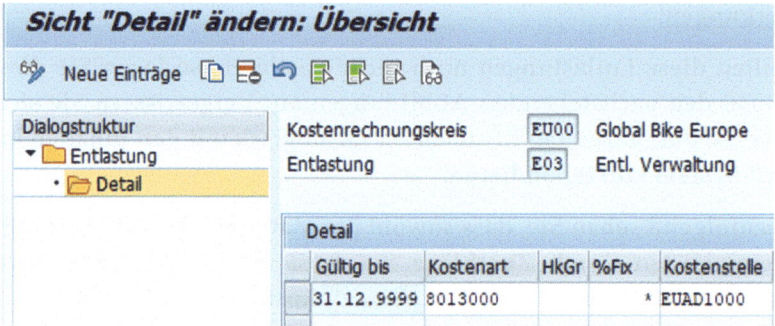

d) **Verrechnung der Vertriebsgemeinkosten durch**

   die Kostenstelle EUSA1000

   mit der Verrechnungskostenart 8014000

4.4 Übungen zu Kapitel 4

5) Definieren Sie im Customizing in den Grundeinstellungen für die Materialkalkulation in der Produktkostenplanung für Gemeinkostenzuschläge das neue Kalkulationsschema „KS_THI" mit der Bezeichnung „Selbstkosten Fertigerzeugnisse".

Menüpfad: Customizing/ Controlling/ Produktkosten-Controlling/ Produktkostenplanung/ Grundeinstellungen für die Materialkalkulation/ Gemeinkostenzuschläge/ Kalkulationsschemata definieren

a) Wählen Sie in der Menüleiste den Menüpunkt „Bearbeiten/ Neue Einträge" und legen Sie einen Eintrag für das neue Kalkulationsschema „KS_THI" an. Markieren Sie anschließend die Zeile mit dem neuen Kalkulationsschema. Klicken Sie links in der Dialogstruktur auf „Kalkulationsschemazeilen" doppelt und wählen Sie in der Menüleiste nochmals den Menüpunkt „Bearbeiten/ Neue Einträge".

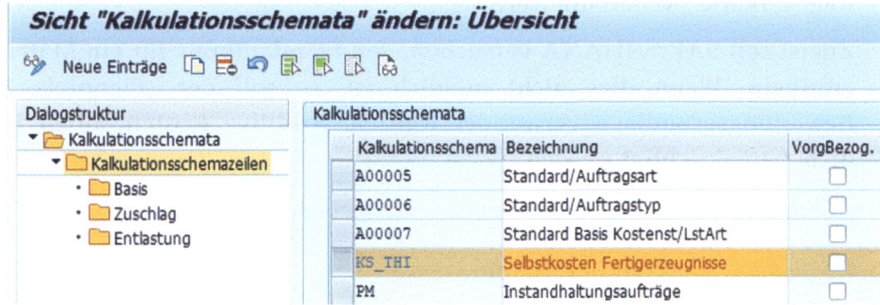

b) Für das neue Kalkulationsschema „KS_THI" nutzen Sie u.a. die in den vorherigen Teilaufgaben angelegten Bestandteile. Das Kalkulationsschema soll wie in Abbildung 4-8 auf Seite 356 aufgebaut sein.

Da im Rahmen der Übungen nur generelle Zusammenhänge aufgezeigt werden, enthält es zur Vereinfachung und besseren Übersichtlichkeit keine Sondereinzelkosten der Fertigung und des Vertriebs.

Abbildung 4-8 auf Seite 356 zeigt den Aufbau des Kalkulationsschemas.

c) Sichern Sie abschließend Ihr neues Kalkulationsschema und bestätigen Sie eine ggf. auftretende Abfrage nach einen Customizing-Auftrag.

Übung 4.2: Bewertungsvariante „999" als Bestandteil der Kalkulationsvariante „ZTHI" im Customizing anzeigen bzw. - falls noch nicht vorhanden - anlegen (→ Kapitel 4.1.1.2)

Definieren Sie im Customizing der Produktkostenplanung für eine Materialkalkulation mit Mengengerüst die Bewertungsvariante „999" mit der Bezeichnung „Planbewertung Material" als Bestandteil der später anzulegenden Kalkulationsvariante „ZTHI".

Menüpfad: Customizing/ Controlling/ Produktkosten-Controlling/ Produktkostenplanung/ Materialkalkulation mit Mengengerüst/ Kalkulationsvariante: Bestandteile/ Bewertungsvarianten definieren

Transaktionscode: OKK4

Legen Sie einen entsprechenden neuen Eintrag an und erfassen Sie die nachstehenden Sachverhalte:

1) Registerkarte „Materialbewertung":

   Zuerst soll SAP S/4HANA versuchen, den Standardpreis für ein Material zu ermitteln. Wenn dies nicht möglich ist, so soll der „Planpreis 1" als Bewertungsgrundlage verwendet werden. Additive Kosten sollen jeweils nicht berücksichtigt werden.

   Abbildung 4-5 auf Seite 354 zeigt die einzugebenden Daten.

2) Registerkarte „Leistungsarten/Prozesse":

   In der Strategiefolge der Bewertungsstrategie für Leistungsarten soll zuerst auf dem Plantarif als Durchschnitt über alle Geschäftsjahresperioden zurückgegriffen werden. Kann dieser nicht ermittelt werden, so soll der Plantarif der Periode gesucht und verwendet werden. Die genutzte Planversion im Controlling ist die Planversion 0 (vgl. Kapitel 3.3.3.1).[120]

   In Abbildung 4-6 auf Seite 354 sind die einzugebenden Daten zu sehen.

3) Registerkarte „Lohnbearbeitung":

   In der Strategiefolge der Bewertungsstrategie für die Lohnbearbeitung wählen Sie den Nettoangebotspreis. Die Quotierung im Einkauf erfolgt anhand der Ist-Quotierung.

---

[120] Prinzipiell könnte auch eine andere Planversion verwendet werden. Die Planversion 0 hat an dieser Stelle den Vorteil, dass Plandaten der Produktkostenkalkulation mit denen der Rückmeldung abgeglichen werden können.

4.4 Übungen zu Kapitel 4

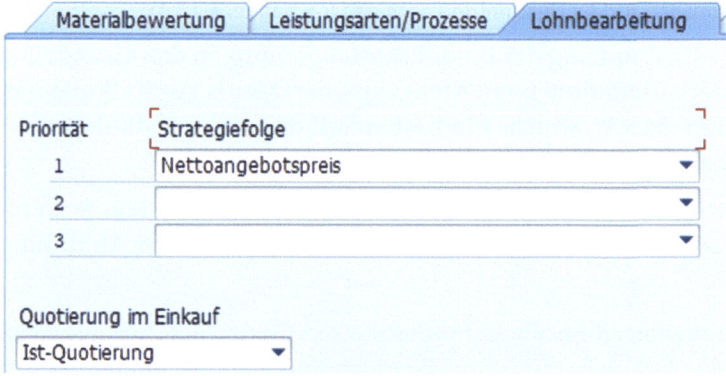

4) Registerkarte „Fremdbearbeitung":

In der Strategiefolge der Bewertungsstrategie für die Fremdbearbeitung wählen Sie zuerst den Preis aus Arbeitsvorgang und mit nachrangiger Priorität den Nettoangebotspreis aus.

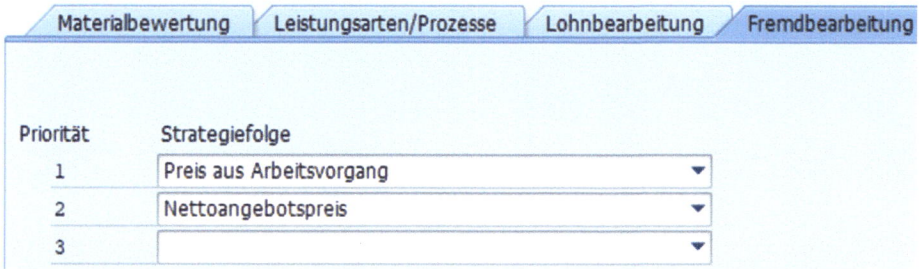

5) Registerkarte „Gemeinkosten":

Zur Ermittlung der Gemeinkosten für Halb- und Fertigmaterialien soll das gerade angelegte Kalkulationsschema „KS_THI" mit der Bezeichnung „Selbstkosten Fertigerzeugnisse" verwendet werden.

Im Datenfeld „Gemeinkostenzuschläge auf Einsatzmaterialien" tragen Sie kein Kalkulationsschema ein. Eine Bezuschussung auf lohnbearbeitete Materialien soll nicht erfolgen.

Abbildung 4-7 auf Seite 355 zeigt die eingegebenen Daten.

6) Sichern Sie abschließend die neue Bewertungsvariante „999", bestätigen Sie eine ggf. auftretende Abfrage nach einen Customizing-Auftrag und verlassen Sie die Transaktion.

Übung 4.3: Kalkulationsart „01" im Customizing anzeigen (→ Kapitel 4.1.1.1)

Lassen Sie sich im Customizing der Produktkostenplanung in den Grundeinstellungen für Materialkalkulationen mit Mengengerüst Details zur Kalkulationsart 01 „Plankalkulation (Mat.)", welche ein Bestandteil der neuen Kalkulationsvariante „ZTHI" sein wird, anzeigen.

Sollte dieser Eintrag für diese Kalkulationsart in Ihrem SAP-System noch nicht vorhanden sein, so legen Sie ihn bitte gemäß den nachfolgenden Abbildungen an.

Menüpfad: Customizing/ Controlling/ Produktkosten-Controlling/ Produktkostenplanung/ Materialkalkulation mit Mengengerüst/ Kalkulationsvariante: Bestandteile/ Kalkulationsarten definieren

Transaktionscode: OKKI

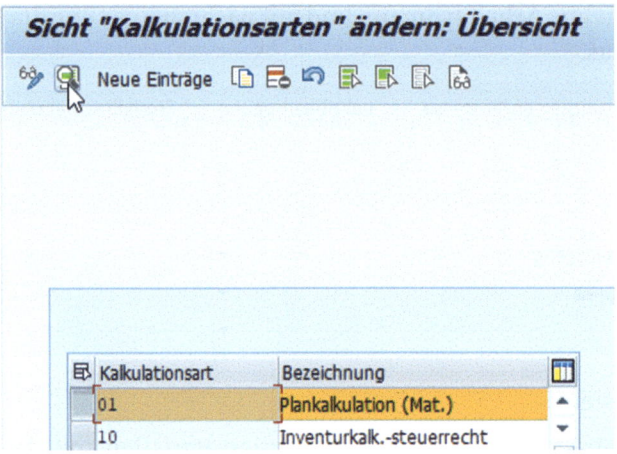

1) In welches Datenfeld des Materialstammsatzes des herzustellenden Erzeugnisses wird das Kalkulationsergebnis fortgeschrieben?

Die Preisfortschreibung erfolgt im Datenfeld „Standardpreis" (vgl. Abbildung 4-3 auf Seite 352).

2) Wann erfolgt die Verbuchung der Ergebnisse einer neuen Kalkulation mit Mengengerüst?

Abbildung 4-4 auf Seite 352 zeigt den Zeitpunkt der Preisfortschreibung im Datenfeld „Standardpreis". Die Verbuchung der Kalkulationsergebnisse erfolgt zu Periodenbeginn.

3) Welche Kostenanteile einer Materialposition werden im Einzelnachweis als Basis für die Ermittlung von Gemeinkostenzuschlägen verwendet bzw. wie heißt die zugeordnete Elementesicht?

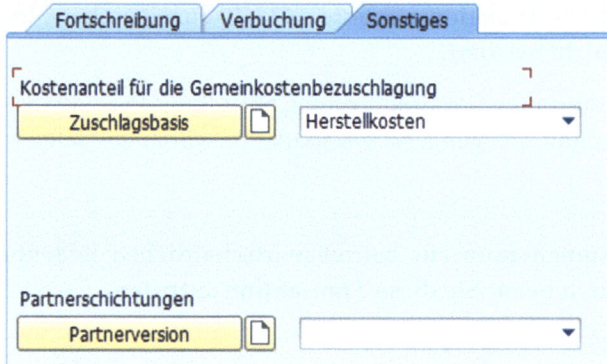

4 Bewertung der Elementarfaktoren im Rahmen der Kalkulation

Übung 4.4: Kalkulationsvariante „ZTHI" im Customizing anzeigen bzw. - falls noch nicht vorhanden - anlegen (→ Kapitel 4.1)

Lassen Sie sich im Customizing der Produktkostenplanung für Materialkalkulationen mit Mengengerüst die Kalkulationsvariante „ZTHI" anzeigen bzw. legen Sie diese an, falls sie noch nicht existiert.

Menüpfad: Customizing/ Controlling/ Produktkosten-Controlling/ Produktkostenplanung/ Materialkalkulation mit Mengengerüst/ Kalkulationsvarianten definieren

Transaktionscode: OKKN

1) Lesen Sie sich die Dokumentation zur betriebswirtschaftlichen Bedeutung dieser IMG-Aktivität durch bevor Sie diese Transaktion aufrufen.

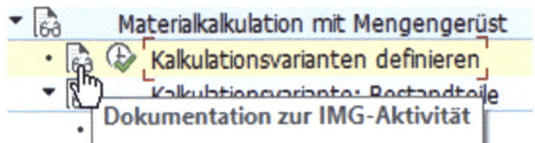

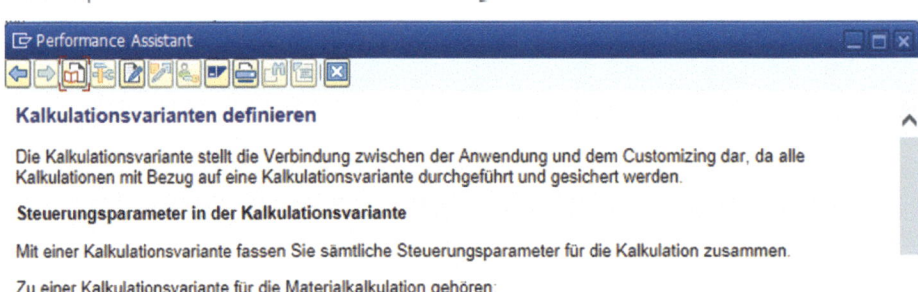

2) Nur, falls sie noch nicht existiert: Legen Sie die neue Kalkulationsvariante „ZTHI" mit der Bezeichnung „Plankalkulation THI (Mat)" an.

Als Kopiervorlage nutzen Sie die Kalkulationsvariante PPC1 „Plankalkulation (Mat)". Markieren Sie dazu die Zeile mit der Kalkulationsvariante PPC1 und wählen Sie in der Menüleiste den Menüpunkt „Bearbeiten/ Kopieren als …".

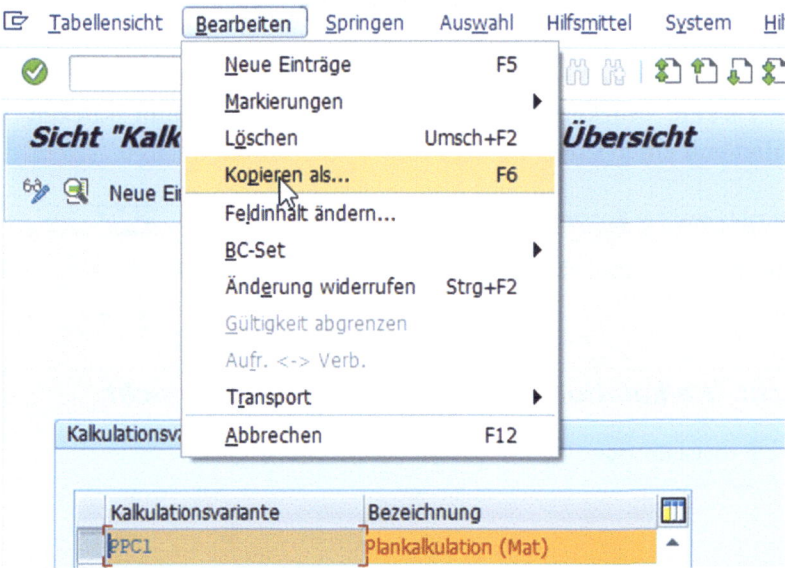

a) Nennen Sie Ihre neue Kalkulationsvariante „ZTHI" in „Plankalkulation THI (Mat)".

Bestätigen Sie Ihre Eingabe mit der Taste ENTER, genauso wie eine eventuell erscheinende Warnmeldung bezüglich der Terminsteuerung. Danach sollten alle Datenfelder für Änderungen offen sein.

In der Registerkarte „Steuerung" wählen Sie die in Übung 4.2 angelegte Bewertungsvariante „999" mit der Bezeichnung „Planbewertung THI - Mat." aus. Bestätigen Sie eine eventuell erscheinende Warnmeldung bezüglich des Namensraumes.

Alle anderen Einträge übernehmen Sie unverändert.

Alle Eingaben sind in Abbildung 4-2 auf Seite 351 zu sehen.

4 Bewertung der Elementarfaktoren im Rahmen der Kalkulation

b) In den Registerkarten „Mengengerüst", „additive Kosten" und „Verbuchung" übernehmen Sie jeweils alle Werte aus der Kopiervorlage.

Die Inhalte dieser Registerkarten sind in folgenden Abbildungen zu sehen:

- Registerkarte „Mengengerüst": Abbildung 4-19 auf Seite 367

- Registerkarte „additive Kosten": Abbildung 4-20 auf Seite 368

- Registerkarte „Verbuchung": Abbildung 4-21 auf Seite 369

c) Sichern Sie die neue Kalkulationsvariante „ZTHI", in dem Sie einmal die Taste ENTER drücken, dann auf das Diskettensymbol klicken und abschließend einen Customizing-Auftrag auswählen.

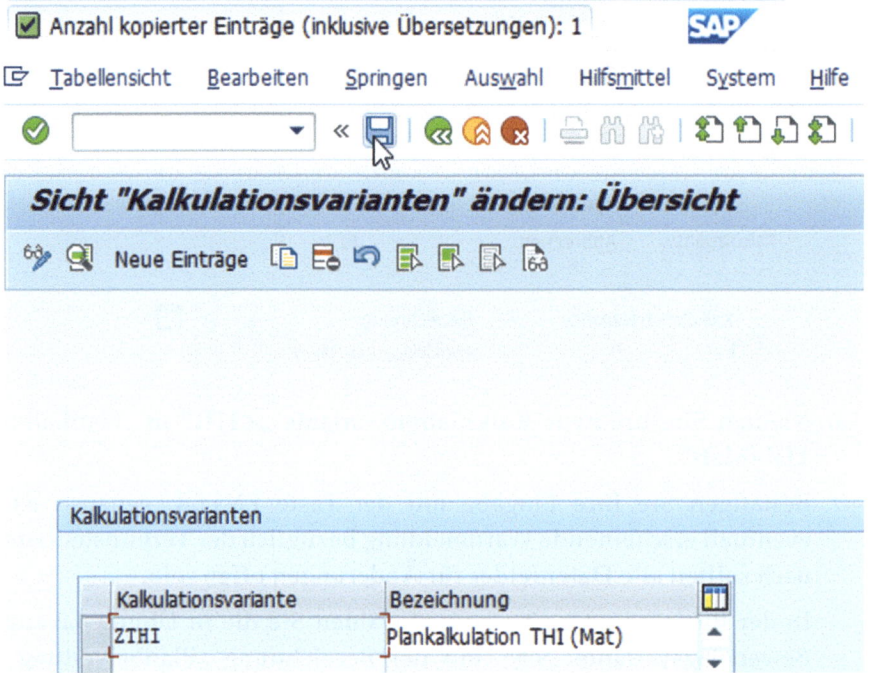

Ein Beispiel für eine Abfrage zu einem Customizing-Auftrag sehen Sie in Abbildung 1-25 auf Seite 35 und Abbildung 1-26 auf Seite 36.

d) Verlassen Sie dann mit der Taste „F3" die Transaktion.

4.4 Übungen zu Kapitel 4

Übung 4.5: Elementeschema „99" als Bestandteil der Kalkulationsvariante „ZTHI" im Customizing anzeigen bzw. - falls noch nicht vorhanden - anlegen (→ Kapitel 4.1.5.1)

Der neuen Kalkulationsvariante „ZTHI" wird das Elementeschema „99" zugeordnet.

<u>Anmerkungen:</u>

- Beim Anlegen eines Elementeschemas wird u.a. festgelegt, in welcher Kalkulationsvariante es verwendet wird. Aus diesem Grund musste die neue Kalkulationsvariante „ZTHI" vorher angelegt werden.

- Legen Sie das Elementeschema „99" nur an, falls es noch nicht vorhanden ist! Ansonsten lassen Sie sich das bereits existierende Elementeschema „99" mit seinen Einstellungen und Bestandteilen anzeigen.

1) Definieren Sie im Customizing der Produktkostenplanung in den Grundeinstellungen für die Materialkalkulation das neue Elementeschema „99". Das Elementeschema „99" erhält die Bezeichnung „Elementeschema THI". Eine Primärkostenschichtung wird ermöglicht und das Elementeschema soll aktiv nutzbar sein. Sichern Sie Ihr neues Elementeschema und bestätigen Sie den zugehörigen Customizing-Auftrag.

Menüpfad: Customizing/ Controlling/ Produktkosten-Controlling/ Produktkostenplanung/ Grundeinstellungen für die Materialkalkulation/ Elementeschema definieren

Transaktionscode: OKTZ

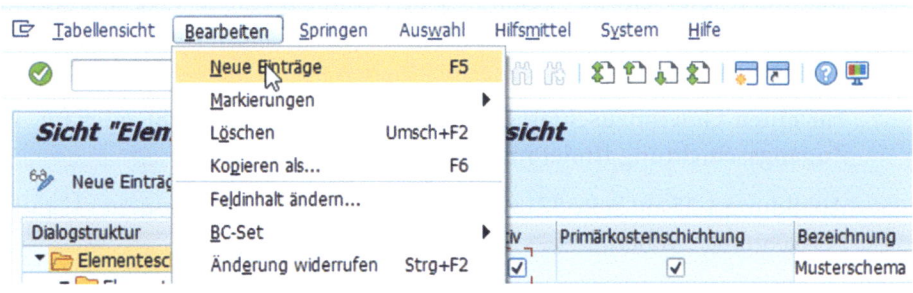

Alle Eingaben sind in Abbildung 4-23 auf Seite 370 zu sehen.

2) Markieren Sie die Zeile mit dem Elementeschema „99" und navigieren Sie links in der Dialogstruktur zu „Elemente mit Eigenschaften". Klicken Sie mit der linken Maustaste dann doppelt auf diesen Eintrag.

Wählen Sie in der Menüleiste den Menüpunkt „Bearbeiten/ Neue Einträge" um folgende Elemente für das neue Elementeschema „99" anzulegen, falls dieses noch nicht existiert.[121]

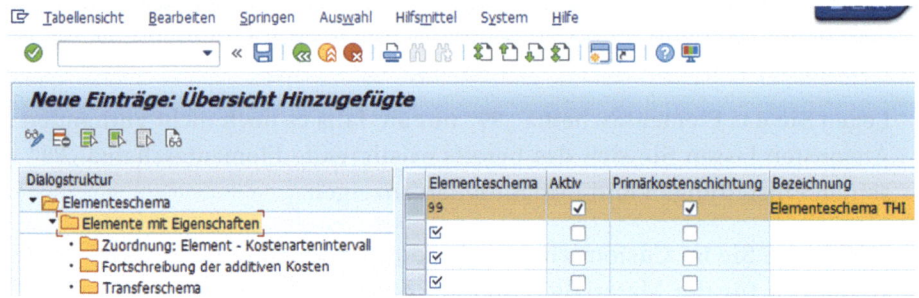

3) Kostenelement „1":

   a) Das Kostenelement „1" erhält die Bezeichnung „Material-EK". Es kann fixe und variable Kosten enthalten. Es soll eine Kostenwälzung erfolgen.

   Für die Kostenverdichtung wird im Datenfeld „Elementegruppe 1" der vorhandene Eintrag „01" mit der Bezeichnung „Rohstoffe" gewählt.

   Legen Sie folgende Filterkriterien fest:

   Das Kostenelement „1" gehört zu den Herstellkosten. Fixe und variable Kosten gehen in den Standardpreis zur Bestandsbewertung, den handelsrechtlichen Preis und den steuerrechtlichen Preis ein.

   Für einen Gewinnzuschlag ist dieses Kostenelement nicht relevant. Eine Zugangsschichtung findet nicht statt.

   Abbildung 4-25 auf Seite 371 zeigt die Details zum Kostenelement „1" mit der Bezeichnung „Material-EK".

---

[121] Wenn das Elementeschema und die Kostenelemente bereits vorhanden sind, so wählen Sie nachfolgend jeweils die Zeile mit dem betreffenden Kostenelement aus und lassen Sie sich in der Menüleiste über den Menüpunkt „Springen/ Detail" die zugehörigen Einstellungen anzeigen.

b) Sichern Sie das neue Kostenelement „1", klicken Sie dann links in der Dialogstruktur auf „Zuordnung: Element - Kostenartenintervall" und wählen Sie in der Menüleiste den Menüpunkt „Bearbeiten/ Neue Einträge".

Das Kostenelement „1", an dieser Stelle von SAP S/4HANA mit „001" bezeichnet, beinhaltet im Elementeschema „99" im Kontenplan GL00 das Kostenartenintervall von 5001000 bis 5002000.[122]

Sichern Sie abschließend diese Zuordnung.

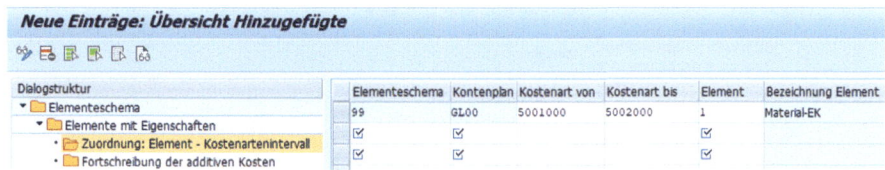

c) Eine Fortschreibung der additiven Kosten findet nicht statt und es wird kein Transferschema hinterlegt.

d) Klicken Sie links in der Dialogstruktur auf „Zuordnung: Organisationseinheiten – Elementeschema" und legen Sie fest, dass das neue Elementeschema „99" in allen Buchungskreisen und allen Werken für alle (übrigen) Kalkulationsvarianten genutzt wird.

Abbildung 4-27 auf Seite 373 zeigt die Zuordnung der Organisationseinheiten zum Elementeschema „99".

4) Kostenelement „2":

a) Markieren Sie links in der Dialogstruktur wieder „Elemente mit Eigenschaften" klicken Sie doppelt darauf. Wählen Sie dann in der Menüleiste den Menüpunkt „Bearbeiten/ Neue Einträge".

Das Kostenelement „2" erhält die Bezeichnung „Material-GK". Es kann fixe und variable Kosten enthalten und es soll eine Kostenwälzung erfolgen.

Für die Kostenverdichtung wird im Datenfeld „Elementegruppe 1" der vorhandene Eintrag „01" mit der Bezeichnung „Rohstoffe" gewählt.

---

[122] Dies ist auch Kostenartenintervall in der Berechnungsbasis „BMEK" der Materialeinzelkosten im Kalkulationsschema (vgl. Übung 4.1 auf Seite 404).

Legen Sie folgende Filterkriterien fest:

Das Kostenelement gehört zu den Herstellkosten. Fixe und variable Kosten gehen in den Standardpreis zur Bestandsbewertung, den handelsrechtlichen Preis und den steuerrechtlichen Preis ein.

Für einen Gewinnzuschlag ist dieses Kostenelement nicht relevant. Eine Zugangsschichtung findet nicht statt.

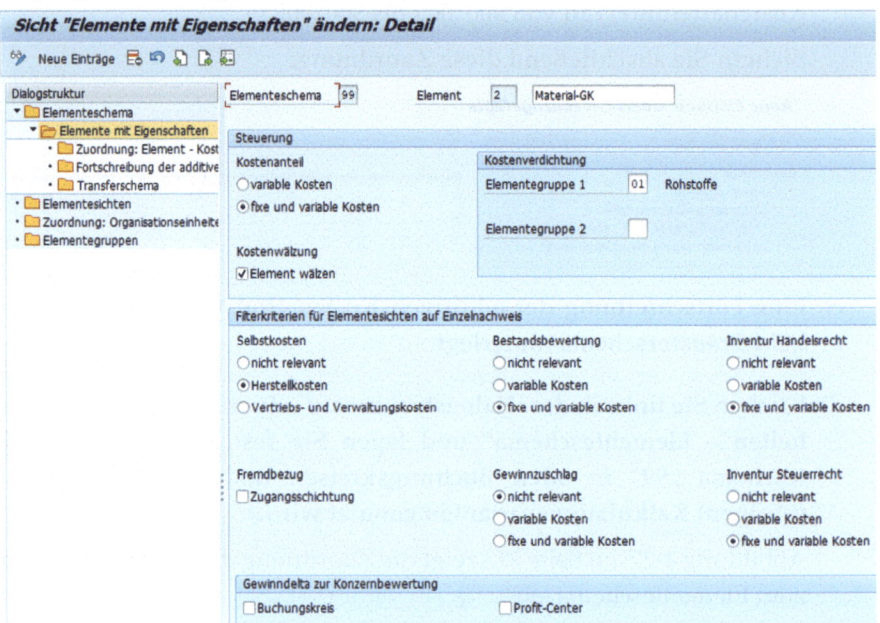

b) Sichern Sie das neue Kostenelement „2". Klicken Sie dann links in der Dialogstruktur auf „Zuordnung: Element - Kostenartenintervall" und wählen Sie in der Menüleiste den Menüpunkt „Bearbeiten/ Neue Einträge".

Das Kostenelement „2" beinhaltet im Elementeschema „99" im Kontenplan GL00 die Kostenart 8015000 (vgl. Übung 4.1 auf Seite 397).

Sichern Sie danach diese Zuordnung.

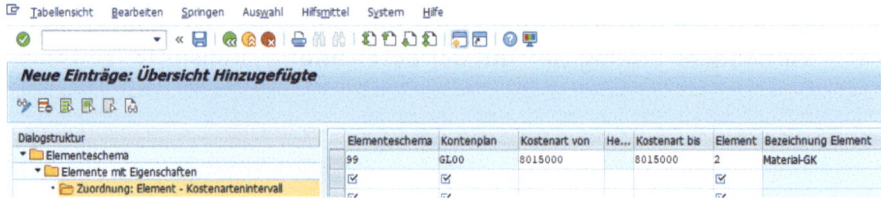

c) Eine Fortschreibung der additiven Kosten findet nicht statt und es wird kein Transferschema hinterlegt.

4.4 Übungen zu Kapitel 4

5) Kostenelement „3":

a) Markieren Sie links in der Dialogstruktur „Elemente mit Eigenschaften" und klicken Sie doppelt darauf. Wählen Sie dann in der Menüleiste den Menüpunkt „Bearbeiten/ Neue Einträge".

Das Kostenelement „3" erhält die Bezeichnung „Fertigungs-EK". Es kann fixe und variable Kosten enthalten und es soll eine Kostenwälzung stattfinden.

Für die Kostenverdichtung wird im Datenfeld „Elementegruppe 1" der vorhandene Eintrag „02" mit der Bezeichnung „Fertigung" gewählt.

Legen Sie folgende Filterkriterien fest:

Das Kostenelement gehört zu den Herstellkosten. Fixe und variable Kosten gehen in den Standardpreis zur Bestandsbewertung, den handelsrechtlichen Preis und den steuerrechtlichen Preis ein.

Für einen Gewinnzuschlag ist dieses Kostenelement nicht relevant. Eine Zugangsschichtung findet nicht statt.

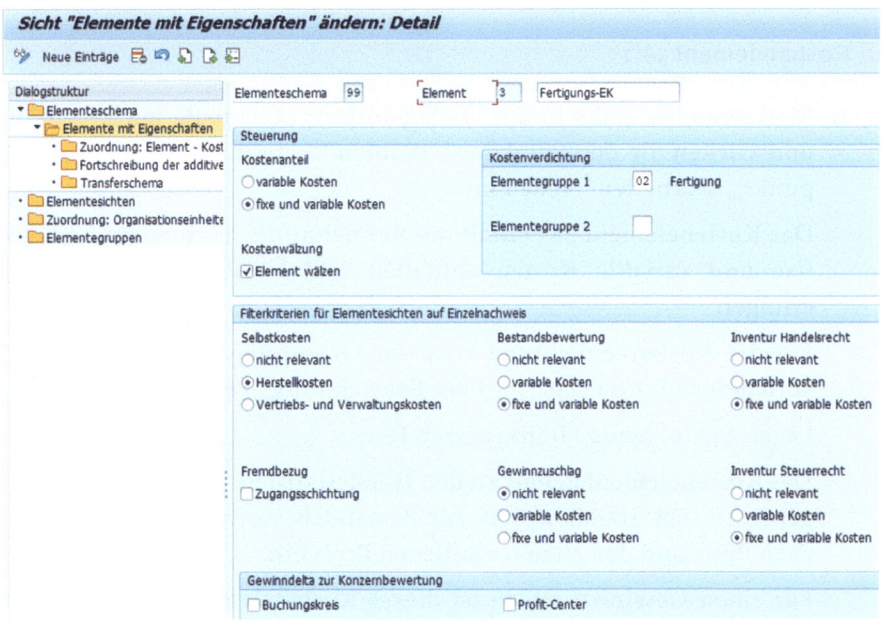

b) Sichern Sie das neue Kostenelement „3". Klicken Sie links in der Dialogstruktur auf „Zuordnung: Element - Kostenartenintervall" und wählen Sie in der Menüleiste den Menüpunkt „Bearbeiten/ Neue Einträge".

Das Kostenelement „3" beinhaltet im Elementeschema „99" im Kontenplan GL00 das Kostenartenintervall von 8006000 bis 8007999 (vgl. Übung 4.1 auf Seite 393).

Sichern Sie diese Zuordnung.

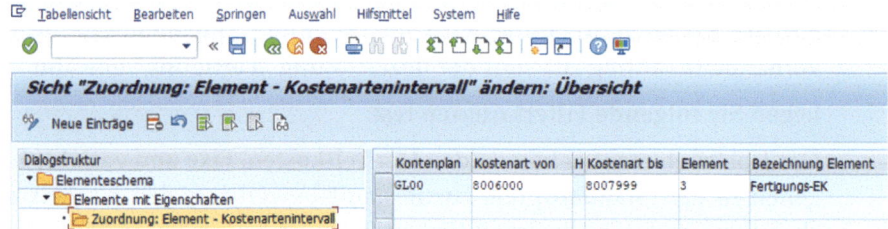

c) Eine Fortschreibung additiver Kosten findet nicht statt und es wird kein Transferschema hinterlegt.

6) Kostenelement „4":

a) Markieren Sie links in der Dialogstruktur „Elemente mit Eigenschaften" und klicken Sie doppelt darauf. Wählen Sie in der Menüleiste den Menüpunkt „Bearbeiten/ Neue Einträge".

Das Kostenelement „4" erhält die Bezeichnung „Fertigungs-GK". Es kann fixe und variable Kosten enthalten und es soll eine Kostenwälzung erfolgen.

Für die Kostenverdichtung wird im Datenfeld „Elementegruppe 1" der vorhandene Eintrag „02" mit der Bezeichnung „Fertigung" gewählt.

Legen Sie folgende Filterkriterien fest:

Das Kostenelement gehört zu den Herstellkosten. Fixe und variable Kosten gehen in den Standardpreis zur Bestandsbewertung, den handelsrechtlichen Preis und den steuerrechtlichen Preis ein.

Für einen Gewinnzuschlag ist dieses Kostenelement nicht relevant. Eine Zugangsschichtung findet nicht statt.

4.4 Übungen zu Kapitel 4

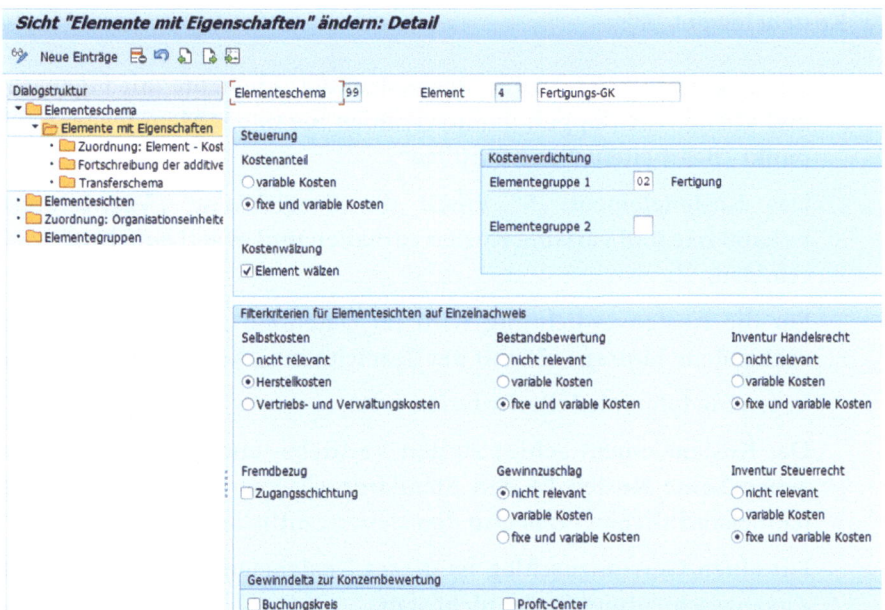

b) Sichern Sie das neue Kostenelement „4". Klicken Sie links in der Dialogstruktur auf „Zuordnung: Element - Kostenartenintervall" und wählen Sie in der Menüleiste den Menüpunkt „Bearbeiten/ Neue Einträge".

Das Kostenelement „4" beinhaltet im Elementeschema „99" im Kontenplan GL00 die Kostenart 8012000 (vgl. Übung 4.1 auf Seite 398).

Sichern Sie diese Zuordnung.

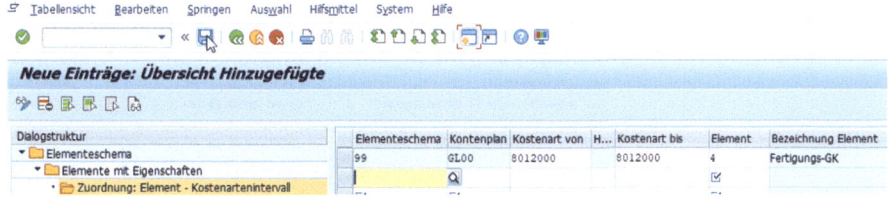

c) Eine Fortschreibung additiver Kosten findet nicht statt und es wird auch kein Transferschema hinterlegt.

414   4 Bewertung der Elementarfaktoren im Rahmen der Kalkulation

7) Kostenelement „5":

   a) Markieren Sie links in der Dialogstruktur „Elemente mit Eigenschaften" und klicken Sie doppelt darauf. Wählen Sie in der Menüleiste den Menüpunkt „Bearbeiten/ Neue Einträge".

   Das Kostenelement „5" erhält die Bezeichnung „Verwaltungs-GK". Es kann fixe und variable Kosten enthalten und es soll eine Kostenwälzung erfolgen.

   Für die Kostenverdichtung wird im Datenfeld „Elementegruppe 1" der vorhandene Eintrag „03" mit der Bezeichnung „Administration" gewählt.

   Legen Sie folgende Filterkriterien fest:

   Das Kostenelement gehört zu den Vertriebs- und Verwaltungskosten. Es gehen keine Kosten in den Standardpreis zur Bestandsbewertung, den handelsrechtlichen Preis und den steuerrechtlichen Preis ein.

   Für einen Gewinnzuschlag ist dieses Kostenelement nicht relevant. Eine Zugangsschichtung findet nicht statt.

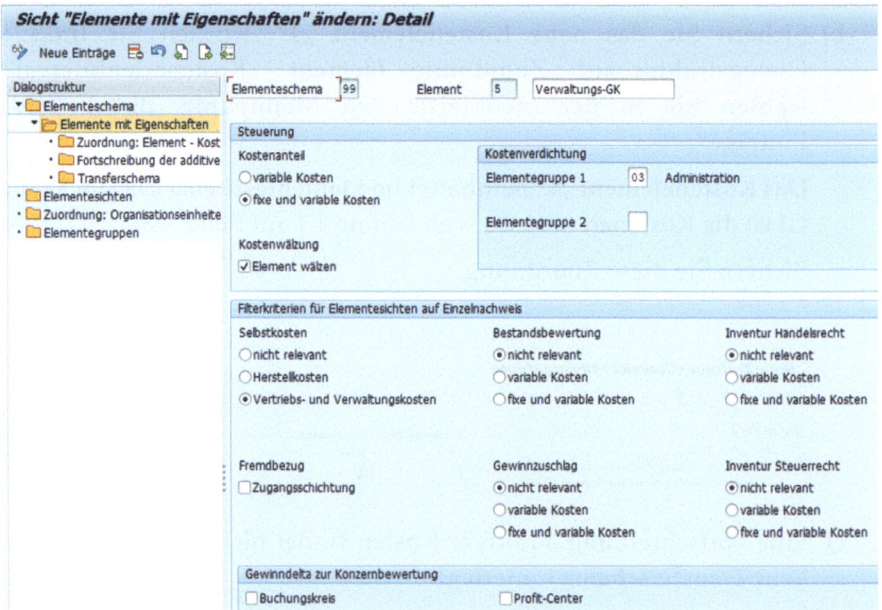

4.4 Übungen zu Kapitel 4   415

b) Sichern Sie das neue Kostenelement „5": Klicken Sie links in der Dialogstruktur auf „Zuordnung: Element - Kostenartenintervall" und wählen Sie in der Menüleiste den Menüpunkt „Bearbeiten/ Neue Einträge".

Das Kostenelement „5" beinhaltet im Elementeschema „99" im Kontenplan GL00 die Kostenart 8013000 (vgl. Übung 4.1 auf Seite 398).

Sichern Sie diese Zuordnung.

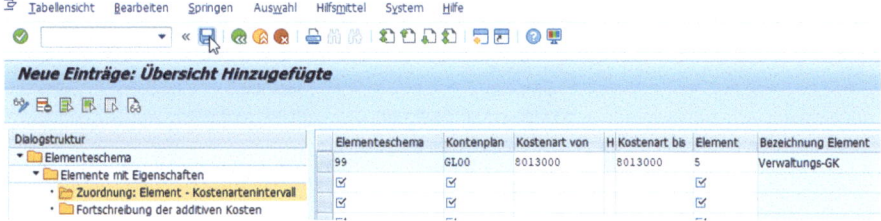

c) Eine Fortschreibung additiver Kosten findet nicht statt und es wird kein Transferschema hinterlegt.

8) Kostenelement „6":

a) Markieren Sie links in der Dialogstruktur „Elemente mit Eigenschaften" und klicken Sie doppelt darauf. Wählen Sie in der Menüleiste den Menüpunkt „Bearbeiten/ Neue Einträge".

b) Das Kostenelement „6" erhält die Bezeichnung „Vertriebs-GK". Es kann fixe und variable Kosten enthalten und es soll eine Kostenwälzung erfolgen.

Für die Kostenverdichtung wird im Datenfeld „Elementegruppe 1" der vorhandene Eintrag „03" mit der Bezeichnung „Administration" gewählt.

Legen Sie folgende Filterkriterien fest:

Das Kostenelement gehört zu den Vertriebs- und Verwaltungskosten. Es gehen keine Kosten in den Standardpreis zur Bestandsbewertung, den handelsrechtlichen Preis und den steuerrechtlichen Preis ein.

Für einen Gewinnzuschlag ist dieses Kostenelement nicht relevant. Eine Zugangsschichtung findet nicht statt.

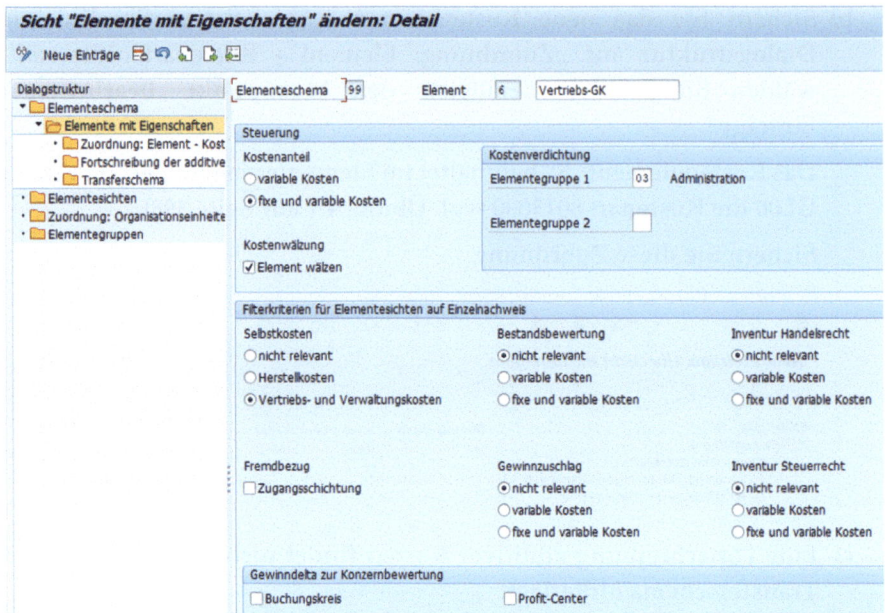

c) Sichern Sie das neue Kostenelement „6". Klicken Sie links in der Dialogstruktur auf „Zuordnung: Element - Kostenartenintervall" und wählen Sie in der Menüleiste den Menüpunkt „Bearbeiten/ Neue Einträge".

Das Kostenelement „6" beinhaltet im Elementeschema „99" im Kontenplan GL00 die Kostenart 8014000 (vgl. Übung 4.1 auf Seite 398).

Sichern Sie diese Zuordnung.

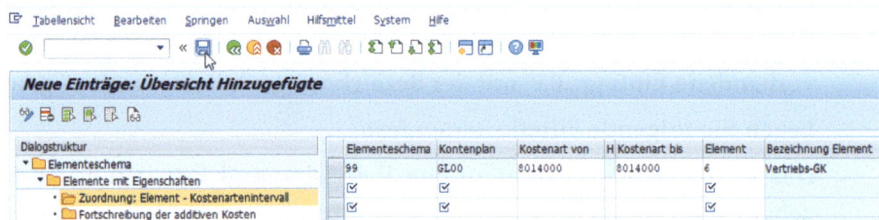

d) Eine Fortschreibung additiver Kosten findet nicht statt und es wird kein Transferschema hinterlegt.

Abbildung 4-24 auf Seite 371 zeigt zusammenfassend alle sechs definierten Kostenelemente des Elementeschemas „99".

4.4 Übungen zu Kapitel 4

Übung 4.6: Bestandteile und Zuordnungen der Kalkulationsvariante „ZTHI" im Customizing an-zeigen (→ Kapitel 4.1)

Lassen Sie sich im Customizing der Produktkostenplanung für Materialkalkulationen mit Mengengerüst in den Details weitere Bestandteile und Zuordnungen für die in Übung 4.4 angelegte Kalkulationsvariante „ZTHI" anzeigen.

Menüpfad: Customizing/ Controlling/ Produktkosten-Controlling/ Produktkostenplanung/ Materialkalkulation mit Mengengerüst/ Kalkulationsvarianten definieren

Transaktionscode: OKKN

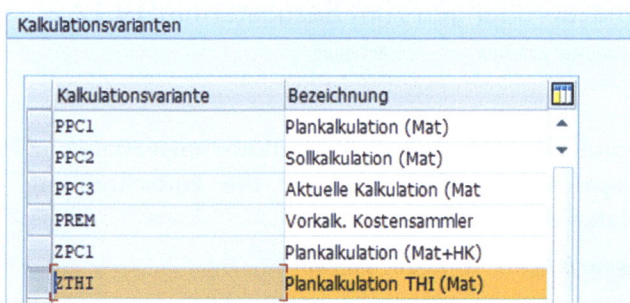

1) Ist das in Übung 4.5 angelegte Elementeschema „99" nun der Kalkulationsvariante „ZTHI" im Buchungskreis DE00 zugeordnet?

Abbildung 4-22 auf Seite 369 zeigt die Einträge auf der Registerkarte „Zuordnungen". Klicken Sie dort auf die Schaltfläche „Elementeschema", um sich die zwischenzeitlich erfolgte Zuordnung vom Elementeschema „99" zur Kalkulationsvariante „ZTHI" anzuzeigen.

418 4 Bewertung der Elementarfaktoren im Rahmen der Kalkulation

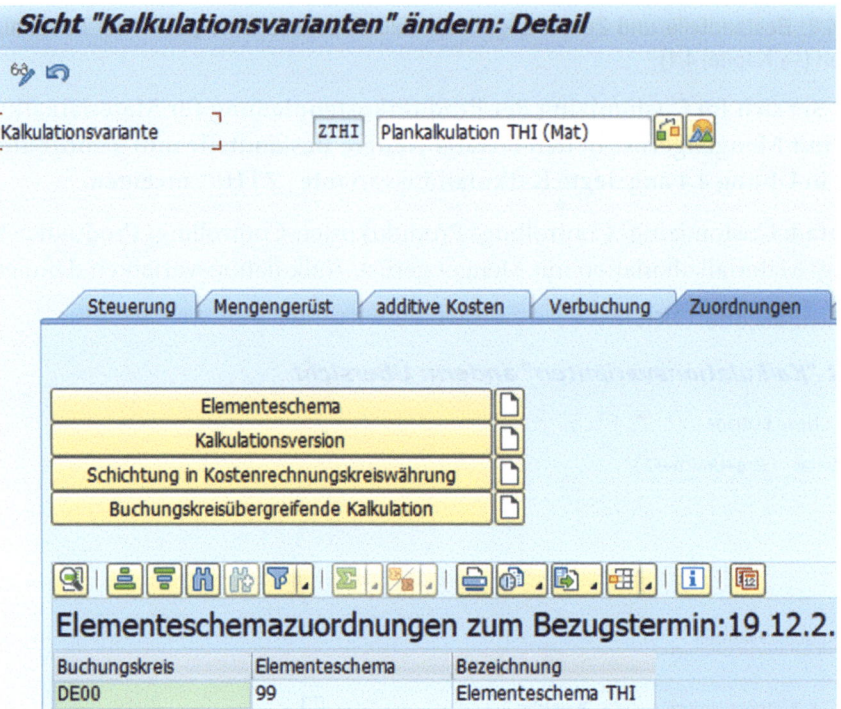

2) Können Ergebnisse von Kalkulationen mit der Kalkulationsvariante „ZTHI" verbucht bzw. abgespeichert werden, z.B. für die Fortschreibung des Standardpreises im Materialstamm?

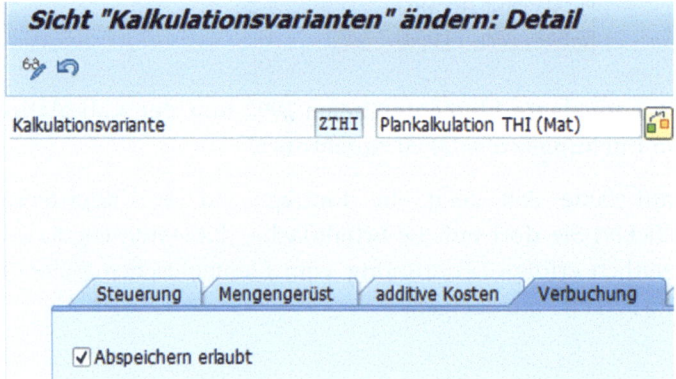

Ja, die Kalkulationsergebnisse können abgespeichert werden.

4.4 Übungen zu Kapitel 4

3) Kann bei einer Kalkulation mit der Kalkulationsvariante „ZTHI" bei der Terminsteuerung das Kalkulationsdatum manuell eingegeben werden? Falls ja:

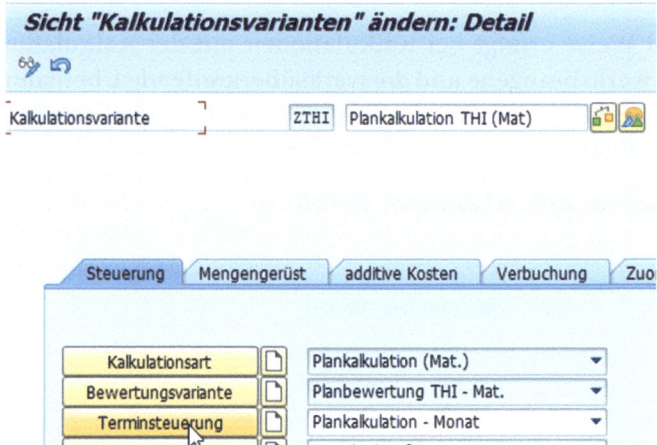

a) Wie lautet der Vorschlagswert für den Beginn und das Ende des Gültigkeitszeitraums?

b) Welches Datum wird von SAP S/4HANA als Terminvorschlag für die Auflösung und die Bewertung verwendet?

Zu a) und b): Abbildung 4-13 auf Seite 362 zeigt alle Einstellungen und Vorschlagswerte zur Terminsteuerung.

4) Werden für die Ermittlung des Mengengerüsts Stücklisten und Arbeitspläne bei Kalkulationen mit der Kalkulationsvariante „ZTHI" bei der Auflösungssteuerung berücksichtigt? Falls ja (nur bei Stücklisten): Erfolgt eine Rundung bei Komponentenmengen?

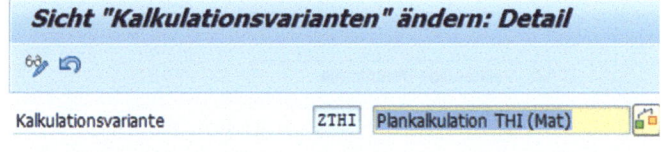

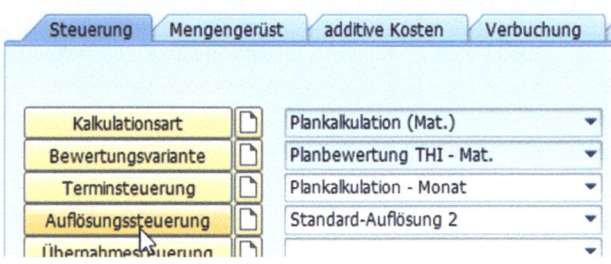

Abbildung 4-14 auf Seite 363 zeigt die Steuerung der Auflösung des Mengengerüsts bei Stücklisten und Abbildung 4-16 auf Seite 365 die bei Arbeitsplänen. Es erfolgt keine Rundung bei Komponentenmengen.

5) **Auf welche Art und Weise erfolgt bei Kalkulationen mit der Kalkulationsvariante „ZTHI" die werksbezogene und die werksübergreifende Übernahmesteuerung der Kalkulationsergebnisse der im zu kalkulierenden Erzeugnis enthaltenen Halbfabrikate?**

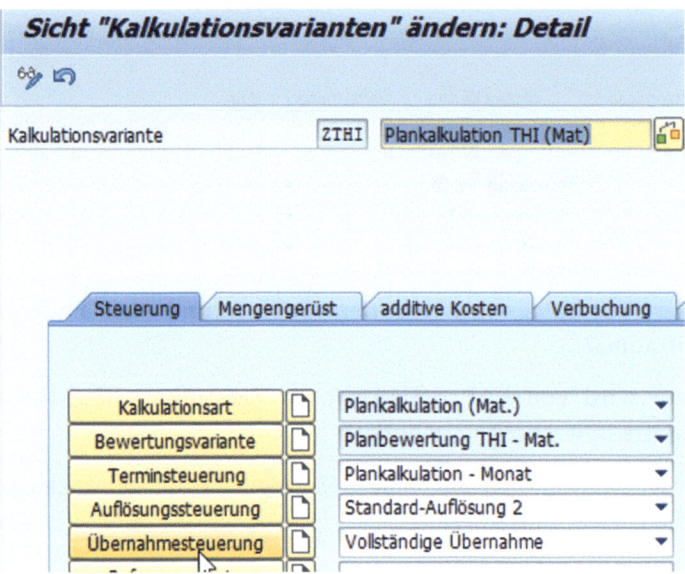

Die Einstellungen der werksbezogenen Übernahmesteuerung sind in Abbildung 4-18 auf Seite 366 zu sehen.

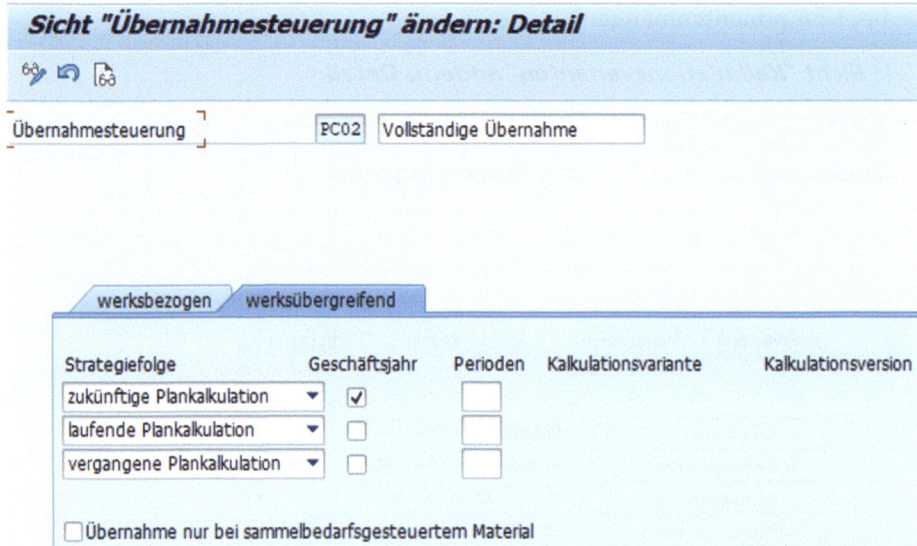

4.4 Übungen zu Kapitel 4

6) **Wie werden bei der der Kalkulationsvariante „ZTHI" Fehlermeldungen (in der Registerkarte „Sonstiges") ausgegeben?**

Alle Fehlermeldungen werden online ausgegeben (vgl. Abbildung 4-32 auf Seite 377).

Übung 4.7: Materialkalkulation mit Mengengerüst für das Fertigerzeugnis „Tourenrad ###" anlegen (→ Kapitel 4.2)

Nachdem Sie in der Produktion für das Mengengerüst alle nötigen Stammsätze, u.a. die Stücklisten für Ihr Halbfabrikat und Ihr Fertigerzeugnis (Übung 3.7 und 3.8) und den Arbeitsplan für Ihr Fertigerzeugnis (Übung 3.30) angelegt und in der Kalkulationsvariante „„„ZTHI" die Bewertung definiert haben, legen Sie nun in der Produktkostenplanung im Controlling eine Materialkalkulation mit Mengengerüst für Ihr Fertigerzeugnis „Tourenrad ###" an.

1) **Legen Sie" für Ihr Fertigerzeugnis „Tourenrad ###" die Materialkalkulation mit Mengengerüst mit der Kalkulationsvariante „ZTHI im Werk HD00 an. Die Kalkulationslosgröße beträgt 1 Stück.**

   Bestätigen Sie Ihre Eingaben mit der Taste ENTER und gehen Sie danach von der nun angezeigten Registerkarte „Termine" noch einmal zur Registerkarte „Kalkulationsdaten" zurück.

   Menüpfad: Rechnungswesen/ Controlling/ Produktkosten-Controlling/ Produktkostenplanung/ Materialkalkulation/ Kalkulation mit Mengengerüst/ Anlegen

   Transaktionscode: CK11N

   a) **Woher stammt der von SAP S/4HANA eingetragene Wert für die Übernahmesteuerung?**

   Diese Eingaben sind in Abbildung 4-33 auf Seite 378 zu sehen. Der Wert „PC02" für die Übernahmesteuerung (vgl. Kapitel 4.1.1.5) stammt aus deren Zuordnung zur Kalkulationsvariante „ZTHI" (vgl. Teilaufgabe 5 von Übung 4.6).

b) Informieren Sie sich in dieser Registerkarte über die betriebswirtschaftliche Bedeutung der Kalkulationsversion.

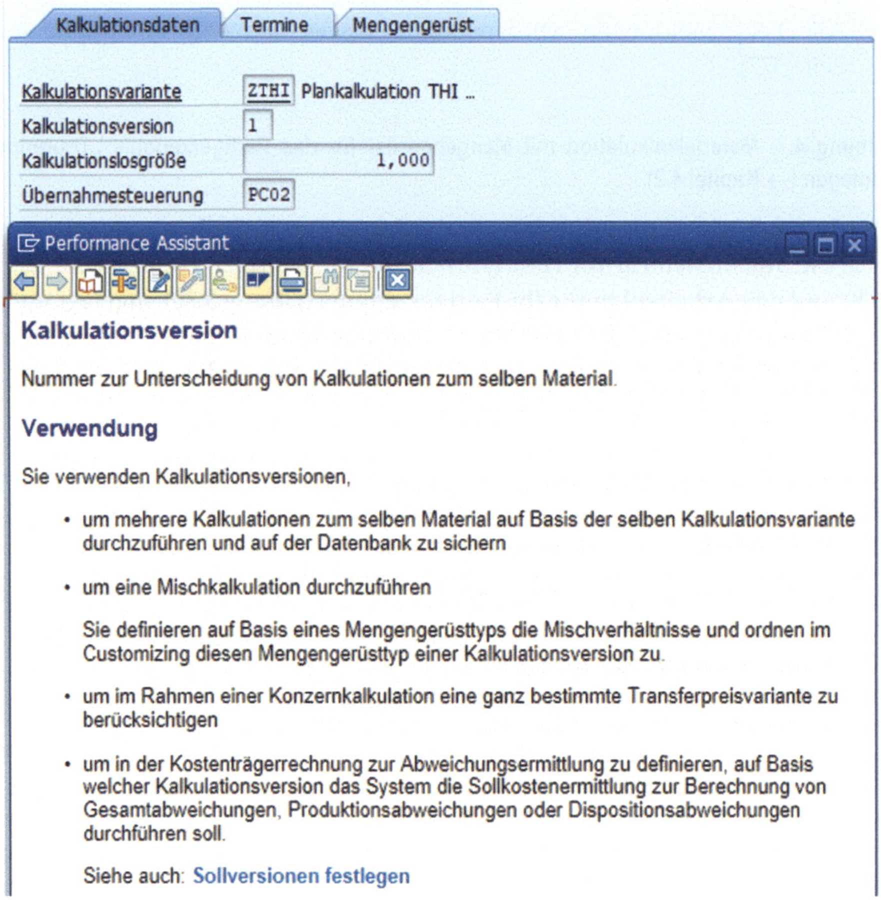

2) Klicken Sie nun auf die Registerkarte „Termine". Als Kalkulationsdatum (ab), Auflösungsdatum und Bewertungstermin wählen Sie das aktuelle Datum. Als Kalkulationsdatum (bis) verwenden Sie den 31.12. des aktuellen Kalenderjahres. Drücken Sie danach die Taste ENTER, um die Kalkulation durchzuführen.

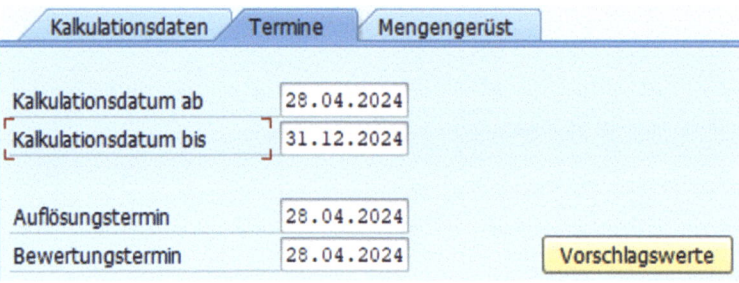

4.4 Übungen zu Kapitel 4

3) Wählen Sie in den angezeigten Kalkulationsdaten rechts die Elementesicht „Selbstkosten" und dann oben in der Menüleiste die Anzeige der Kostenelemente für Ihr Fertigerzeugnis „Tourenrad ###".

Wie hoch sind, bezogen auf Ihre eingegebene Kalkulationslosgröße von einem Stück, die Herstell- und die Selbstkosten Ihres Fertigerzeugnisses „Tourenrad ###"?

- **Herstellkosten:** 790,00 €

- **Selbstkosten:** 1.066,51 € (eigentlich 1.066,50,00 €; der eine Cent ist ein absolut unerheblicher Rundungsfehler)

Abbildung 4-35 auf Seite 380 zeigt die Wahl der Elementesicht „Selbstkosten".

Nachdem man in der Menüleiste den Menüpunkt „Kosten/ Elementeanzeige" gewählt hat, werden die Kostenelemente mit ihren Werten angezeigt (vgl. Abbildung 4-36 auf Seite 381).

4) Lassen Sie sich in der Menüleiste unter dem Menüpunkt „Zusätze" verschiedene Informationen für Ihre Materialkalkulation mit Mengengerüst anzeigen, um die Höhe bzw. die Zusammensetzung der Kostenelemente nachzuvollziehen.

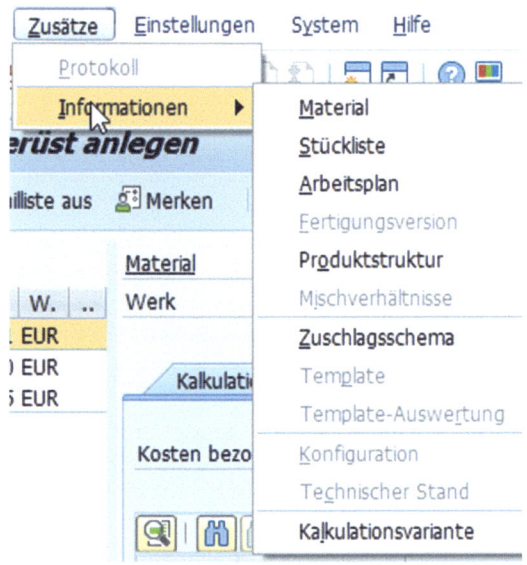

c) Als Vorbereitung zu Übung 4.8 lassen Sie sich im Materialstamm Ihres Fertigerzeugnisses „Tourenrad ###" den aktuellen Standardpreis aus Übung 3.4 anzeigen.

Anmerkung:

In das Datenfeld „Standardpreis" in den Sichten „Buchhaltung 1" und „Kalkulation 2" im Materialstamm des Fertigerzeugnisses, in dem bislang noch der von Ihnen in Übung 3.4 manuell eingetragene Wert von 805,00 Euro steht, werden später bei der Fortschreibung der Kalkulationsergebnisse die Herstellkosten in Höhe von 790,00 Euro übernommen (vgl. Teilaufgabe 1 von Übung 4.3 auf Seite 402).

Wählen Sie in der Menüleiste den Menüpunkt „Zusätze/ Informationen/ Material".

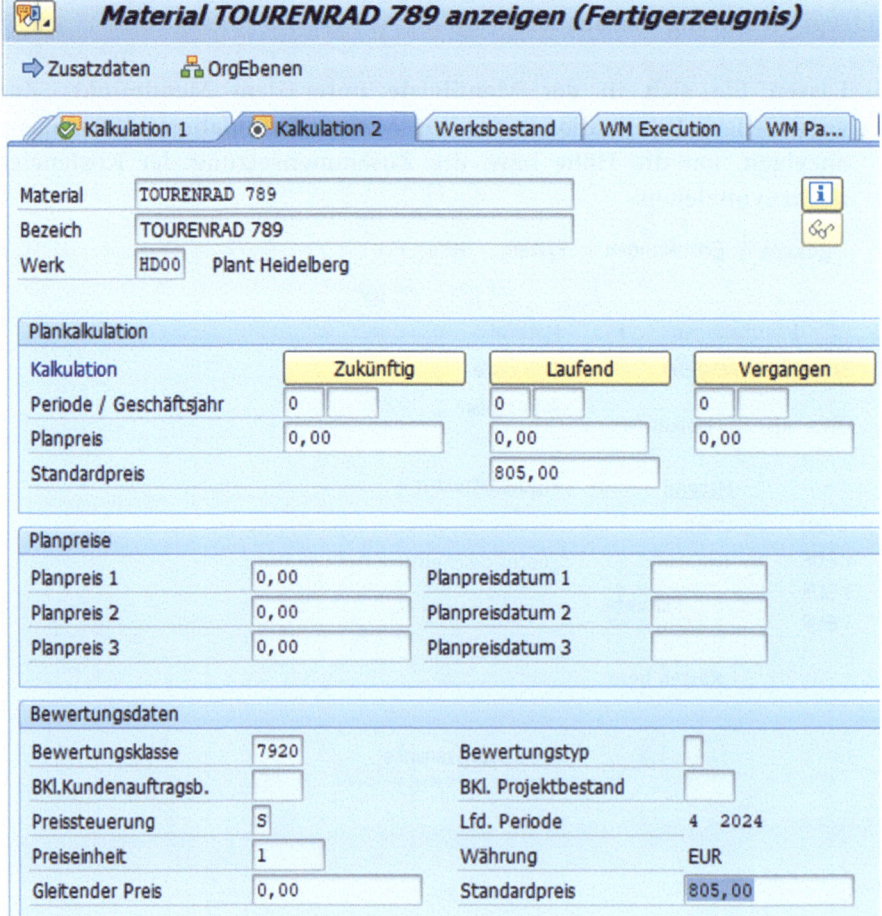

Aktueller Standardpreis „Tourenrad ###": 805,00 €

4.4 Übungen zu Kapitel 4

d) Gehen Sie danach einmal mit der Taste „F3" zur Kalkulation zurück.

e) Wählen Sie in der Kalkulation rechts in der Elementesicht nun den Eintrag „Herstellkosten".

Klappen Sie dann links in der Kalkulationsstruktur das bewertete Mengengerüst aus, um sich alle einzelnen Materialien, die in Ihr Fertigerzeugnis einfließen, anzeigen zu lassen. So können Sie die Materialeinzelkosten nachvollziehen.

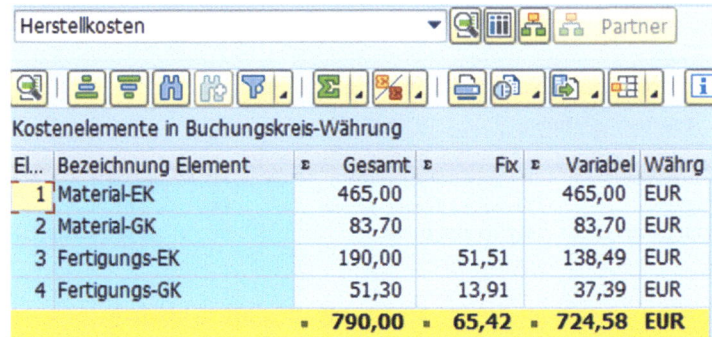

Die Kalkulationsstruktur ist in Abbildung 4-37 auf Seite 382 zu sehen.

f) Lassen Sie sich als weitere Komponente zur Überprüfung der Materialeinzelkosten in der Menüleiste im Menüpunkt „Zusätze" Informationen über die Stückliste für Ihr Fertigerzeugnis „Tourenrad ###" (vgl. Übung 3.8) anzeigen.

Wie lautet die Nummer Ihrer Stückliste für Ihr Fertigerzeugnis?

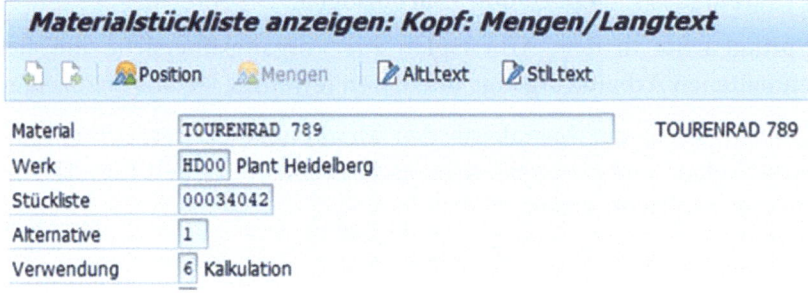

Anmerkung:

Die Nummer Ihrer Stückliste divergiert natürlich von der obigen Abbildung.

g) Springen Sie in der Stückliste zur Positionsübersicht, um sich alle enthaltenen Materialien und deren Mengen anzeigen zu lassen.

Wählen Sie in der Menüleiste den Menüpunkt „Zusätze/ Informationen/ Stückliste" und anschließend in der Menüleiste den Menüpunkt „Springen/ Positionsübersicht" (oder drücken Sie die Taste „F5").

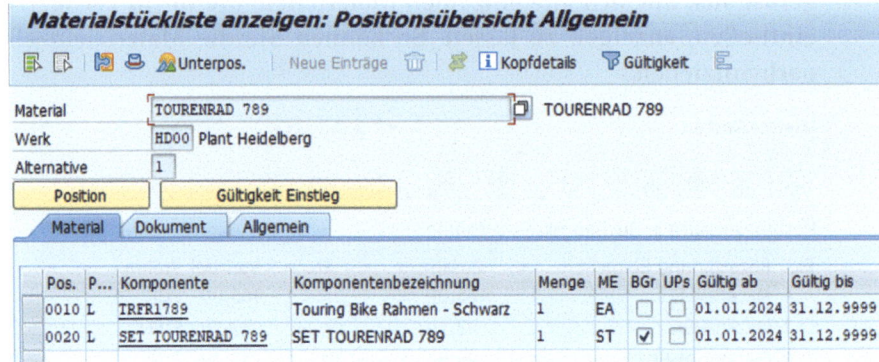

h) Gehen Sie einmal mit der Taste „F3" zur Kalkulation zurück.

Anmerkung:

Vergegenwärtigen Sie sich stets, dass Sie nicht nur eine Stückliste für Ihr Fertigerzeugnis „Tourenrad ###", sondern in Übung 3.7 zusätzlich auch eine Stückliste für Ihr Halbfabrikat „Set Tourenrad ###", das Bestandteil Ihres Fertigerzeugnisses ist, angelegt hatten.

i) Zur Überprüfung der Fertigungseinzelkosten lassen Sie sich in den Zusätzen Informationen über den Arbeitsplan für Ihr Fertigerzeugnis „Tourenrad ###" (vgl. Übung 3.30) anzeigen.

Springen Sie in dem Arbeitsplan zur Vorgangsübersicht, um sich alle enthaltenen Arbeitsvorgänge und deren jeweilige Details anzuzeigen.

Wählen Sie in der Menüleiste den Menüpunkt „Zusätze/ Informationen/ Arbeitsplan" und lassen Sie sich anschließend die Details für alle Vorgänge im Arbeitsplan anzeigen.

4.4 Übungen zu Kapitel 4

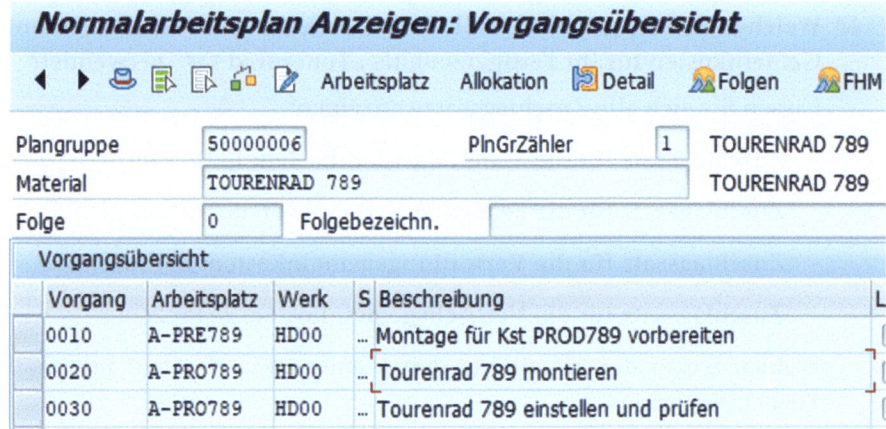

Beispielhaft für den Vorgang „0020":

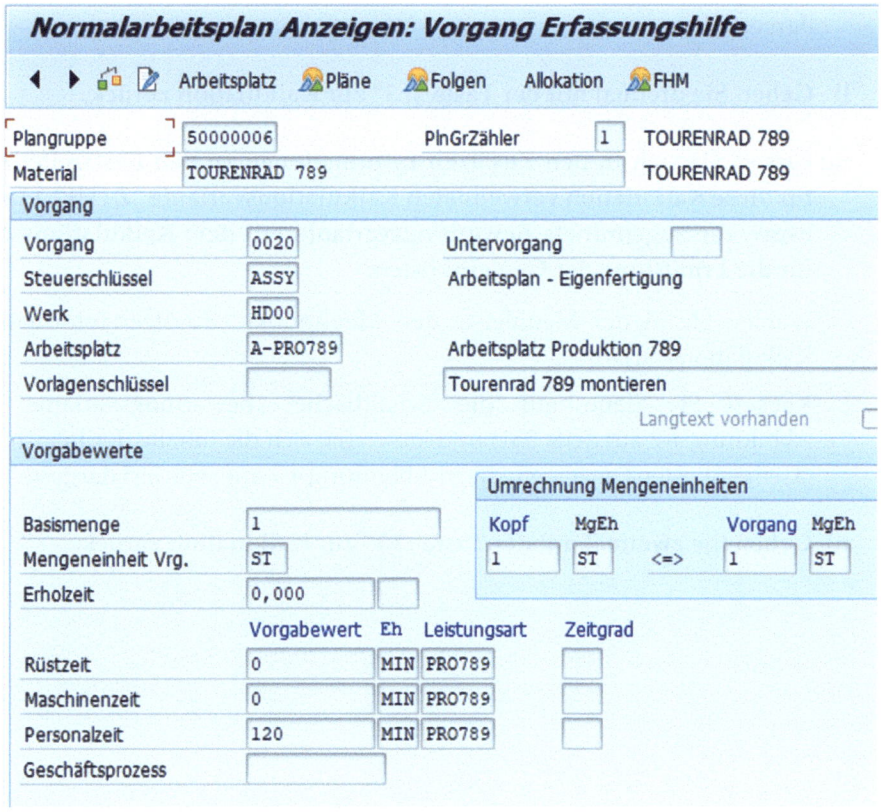

j) Gehen Sie viermal mit der Taste „F3" zur Kalkulation zurück.

k) **Welches Zuschlags- bzw. Kalkulationsschema wird zur Berechnung der Gemeinkosten für Ihr Fertigerzeugnis „Tourenrad ###" verwendet?**

   Lassen Sie sich alle Zuschlagssätze anzeigen:

   - **Zuschlagssatz für die Materialgemeinkosten:** 18 Prozent
   - **Zuschlagssatz für die Fertigungsgemeinkosten:** 27 Prozent
   - **Zuschlagssatz für die Verwaltungsgemeinkosten:** 15 Prozent
   - **Zuschlagssatz für die Vertriebsgemeinkosten:** 20 Prozent

   Wählen Sie in der Menüleiste den Menüpunkt „Zusätze/ Informationen/ Zuschlagsschema".

   Das verwendete Kalkulationsschema „KS_THI" mit der Bezeichnung „Selbstkosten Fertigerzeugnisse" ist in Abbildung 4-8 auf Seite 356 dargestellt.

l) **Gehen Sie dreimal mit der Taste „F3" zur Kalkulation zurück.**

m) **Lassen Sie sich in den Zusätzen Informationen zu den Bestandteilen der für diese Kalkulation verwendeten Kalkulationsvariante „ZTHI" anzeigen, bspw. die zugeordnete Bewertungsvariante mit dem Kalkulationsschema für die Ermittlung der Gemeinkosten.**

   Wählen Sie in der Menüleiste den Menüpunkt „Zusätze/ Informationen/ Kalkulationsvariante".

   Klicken Sie dann auf die Schaltfläche „Bewertungsvariante" (vgl. Abbildung 4-2 auf Seite 351) und lassen Sie sich die Inhalte der Registerkarte „Gemeinkosten" anzeigen, die in Abbildung 4-7 auf Seite 355 dargestellt sind.

n) **Gehen Sie zweimal mit der Taste „F3" zur Kalkulation zurück.**

5) Wählen Sie rechts nochmals die Elementesicht „Selbstkosten". Wie hoch sind die Gesamtkosten in den Kostenelementen MEK, MGK, FEK, FGK, VwGK und VtGK?

Überprüfen Sie anhand Ihrer in den vorherigen Übungen notierten Werte, ob die von SAP S/4HANA ermittelten Kosten für die einzelnen Kostenelemente korrekt berechnet wurden.

Wählen Sie wie in Abbildung 4-35 auf Seite 380 die Elementesicht „Selbstkosten" aus. Abbildung 4-36 auf Seite 381 zeigt die Kosten der verschiedenen Kostenelemente.

- MEK (vgl. Übung 3.8 auf Seite 160):

    465,00 €

- MGK (als Zuschlagssatz auf die MEK; vgl. Übung 4.1 auf Seite 395):

    0,18 * 465,00 € = 83,70 €

- FEK (vgl. Übung 3.30 auf Seite 330):

    190,00 €

- FGK (als Zuschlagssatz auf die FEK; vgl. Übung 4.1 auf Seite 395):

    0,27 * 190,00 € = 51,30 €

- Herstellkosten:

    465,00 € + 83,70 € + 190,00 € + 51,30 € = 790,00 €

- VwGK
  (als Zuschlagssatz auf die Herstellkosten; vgl. Übung 4.1 auf Seite 396):

    0,15 * 790,00 € = 118,50,00 €

- VtGK
  (als Zuschlagssatz auf die Herstellkosten; vgl. Übung 4.1 auf Seite 396):

    0,20 * 790,00 € = 158,00 €

- Selbstkosten:

    790,00 € + 118,50,00 € + 158,00 € = 1.066,50,00 €

6) Wurden die Selbstkosten und alle Ihre Bestandteile von SAP S/4HANA korrekt berechnet, so sichern Sie das Ergebnis Ihrer Materialkalkulation mit Mengengerüst.

Ansonsten müssen Sie jetzt zuerst alle Fehler suchen und diese verbessern, bevor Sie die Materialkalkulation wieder ausführen und deren Ergebnisse speichern können.

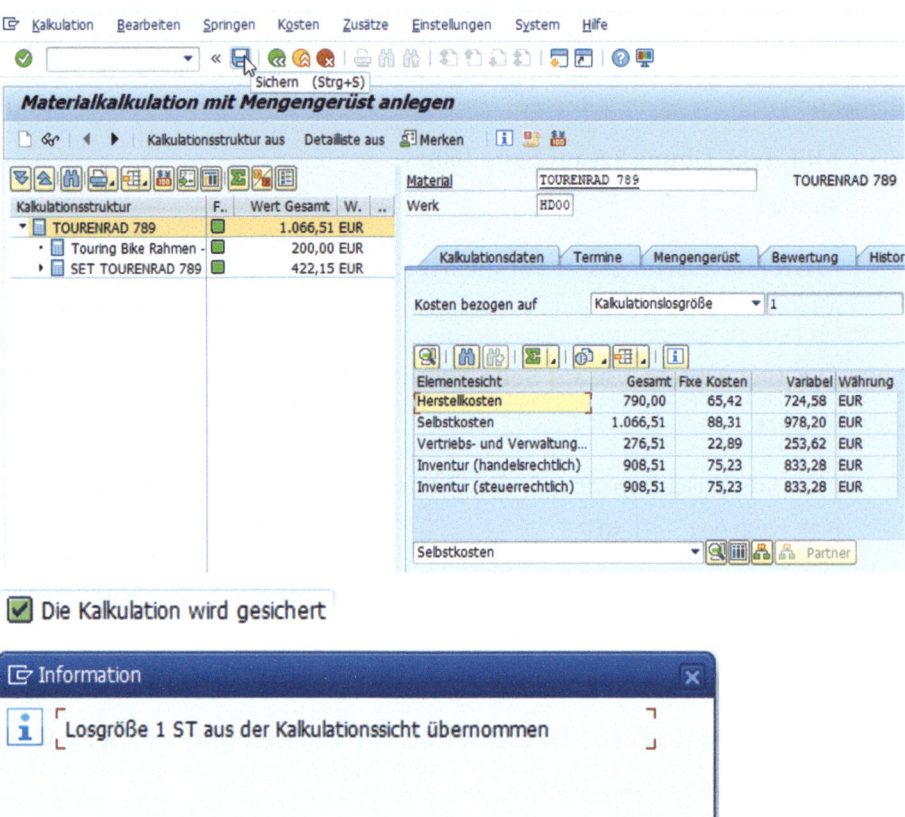

4.4 Übungen zu Kapitel 4

Übung 4.8: Ergebnis der Materialkalkulation mit Mengengerüst in den Materialstammsatz des Fertigerzeugnisses „Tourenrad ###" fortschreiben (→ Kapitel 4.3)

Bereiten Sie in der Produktkostenplanung für die Materialkalkulation im Werk HD00 des Buchungskreises DE00 die Preisvormerkung für den Standardpreis Ihres (und nur Ihres!) Fertigerzeugnisses „Tourenrad ###" die Preisfortschreibung für die aktuelle Periode vor.

Menüpfad: Rechnungswesen/ Controlling/ Produktkosten-Controlling/ Produktkostenplanung/ Materialkalkulation/ Preisfortschreibung

Transaktionscode: CK24

1) Markieren Sie jeweils das Häkchen bei „Testlauf" und „mit Listausgabe".

Anmerkung:

Falls keine Vormerkung für die aktuelle Periode im Buchungskreis DE00 erlaubt ist, so müssen Sie als organisatorische Maßnahme in der Transaktion mit dem Transaktionscode CK22 die Preisfortschreibung für die Kalkulationsvariante „ZTHI" erst noch erlauben.

Markieren Sie in diesem Fall durch Mausklick die aktuelle Periode, geben Sie, wie in der nachstehenden Abbildung, die Kalkulationsvariante „ZTHI" ein und erteilen sie durch Klick auf das Diskettensymbol die Erlaubnis für die Preisvormerkung.

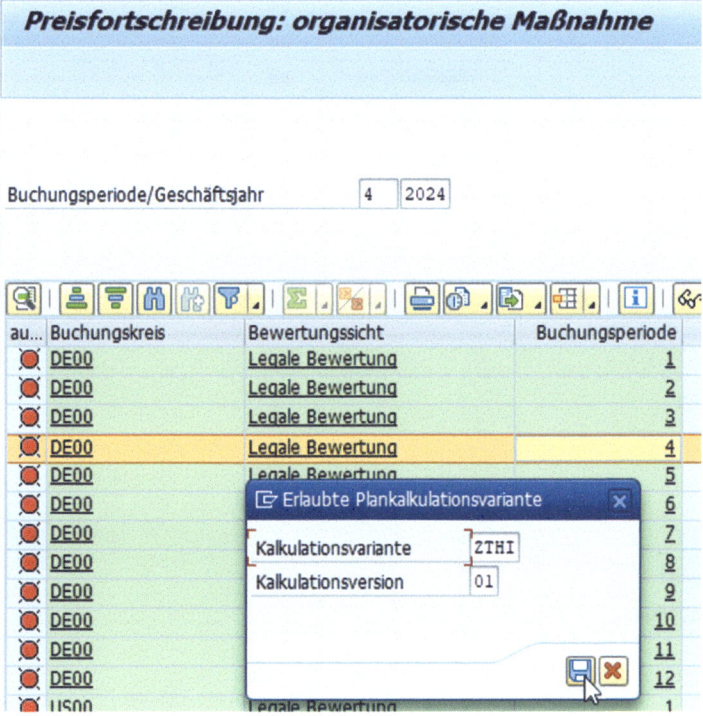

☑ Die Vormerkerlaubnis wurde erteilt

Resultat der organisatorischen Maßnahme:

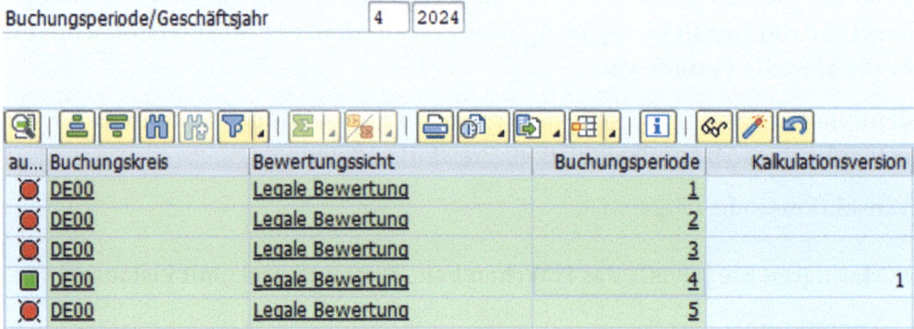

Simulation der Preisvormerkung:

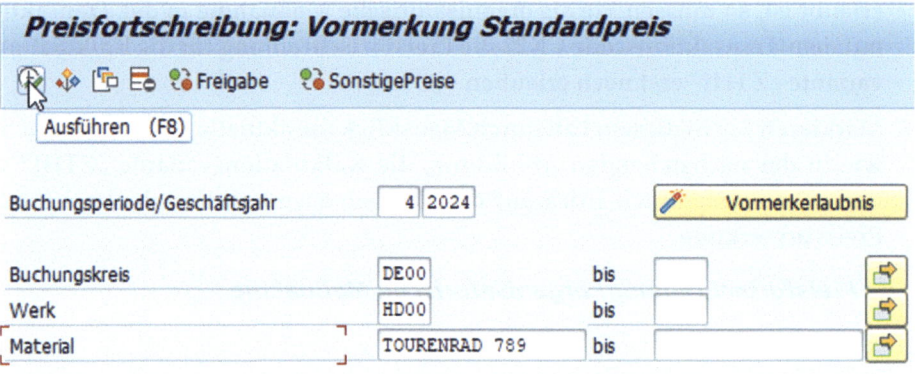

4.4 Übungen zu Kapitel 4

2) Vergewissern Sie sich, dass die Preisvormerkung gemäß nachstehender Abbildung im Testlauf fehlerfrei durchgeführt und Ihr Fertigerzeugnis erfolgreich fortgeschrieben wurde.

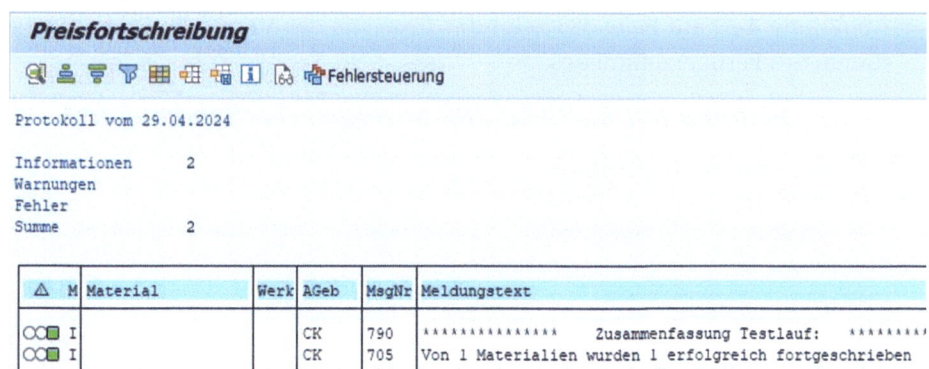

3) Gehen Sie einmal mit der Taste „F3" zurück und sehen Sie sich den ermittelten zukünftigen Planpreis an. Entspricht dieser dem Kalkulationsergebnis von 790,00 Euro aus Übung 4.7?

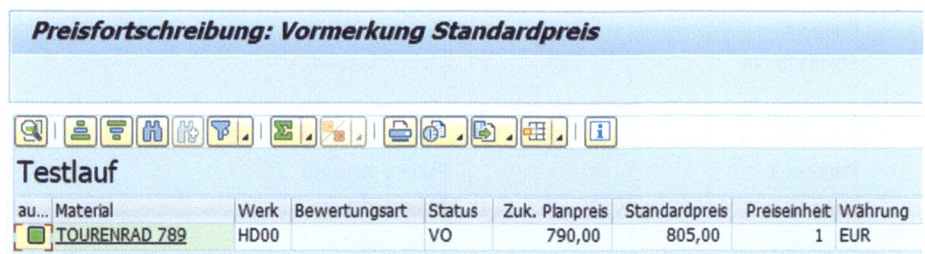

4) Gehen Sie einmal mit der Taste „F3" zurück. Ist das Kalkulationsergebnis korrekt, so entfernen Sie das Häkchen aus dem Datenfeld „Testlauf" und führen Sie die Preisfortschreibung real aus.

Abbildung 4-38 auf Seite 384 zeigt die Vormerkung für den Standardpreis ohne Testlauf.

☑ Von 1 Materialien wurden 1 erfolgreich fortgeschrieben

5) Öffnen Sie ein neues SAP GUI-Fenster und lassen Sie sich in der Materialwirtschaft den Materialstamm für Ihr Fertigerzeugnis „Tourenrad ###" im Werk HD00 anzeigen. Wie hoch sind der laufende, d.h. der aktuelle, Standardpreis und der zukünftige Planpreis in der Materialsicht „Kalkulation 2"?

Menüpfad: Logistik/ Materialwirtschaft/ Materialstamm/ Material/ Anzeigen/ Anzeigen akt. Stand

Transaktionscode: MM03

434 4 Bewertung der Elementarfaktoren im Rahmen der Kalkulation

- **Laufender, d.h. aktueller, Standardpreis:** 805,00 €
- **Zukünftiger Planpreis:** 790,00 €

Abbildung 4-39 auf Seite 385 zeigt das Ergebnis der Vormerkung im Materialstamm des Fertigerzeugnisses.

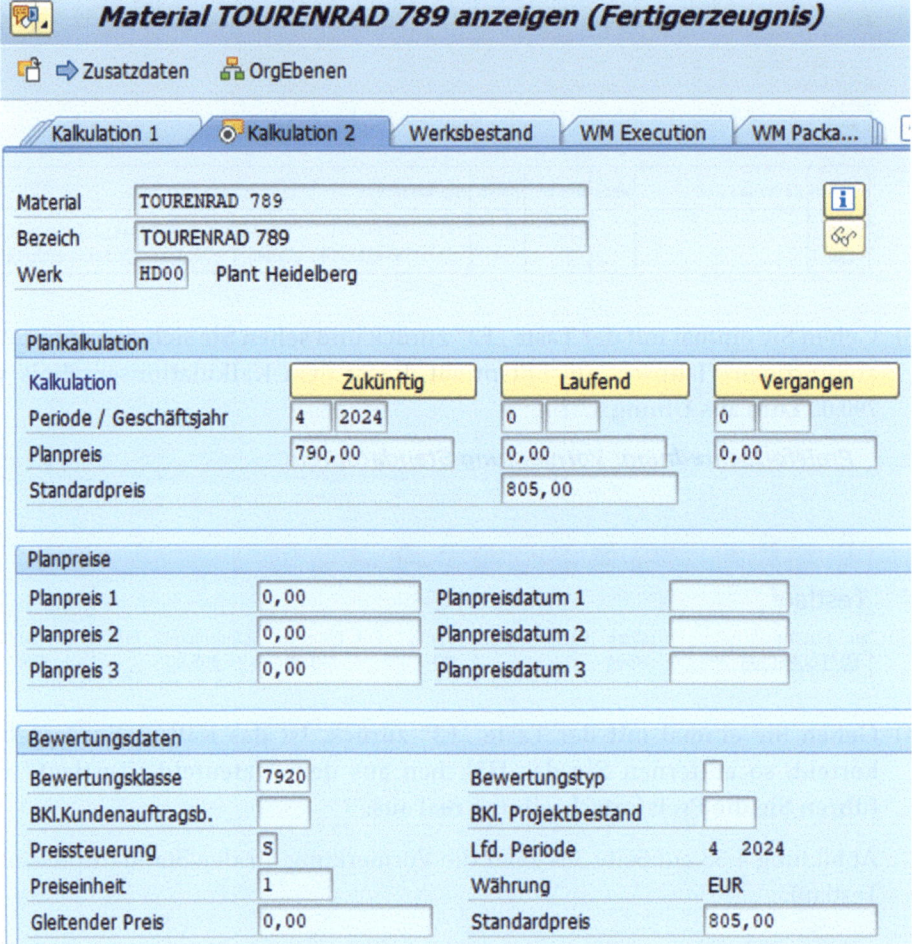

6) Arbeiten Sie nun wieder in Ihrem SAP GUI-Fenster mit der Preisfortschreibung.

Gehen Sie mit der Taste „F3" zurück um die Preisfreigabe/ Freigabe der Preisfortschreibung durchzuführen.

Geben Sie nun Ihre Preisfortschreibung für Ihr Fertigerzeugnis „Tourenrad ###" für die aktuelle Periode im Buchungskreis DE00 für das Werk HD00 ohne einen vorherigen Testlauf frei, indem Sie auf die Schaltfläche „Freigabe" klicken.

Nachdem die Überschrift auf „Preisfortschreibung: Freigabe Standardpreis" gewechselt hat, klicken Sie nochmals auf „Ausführen".

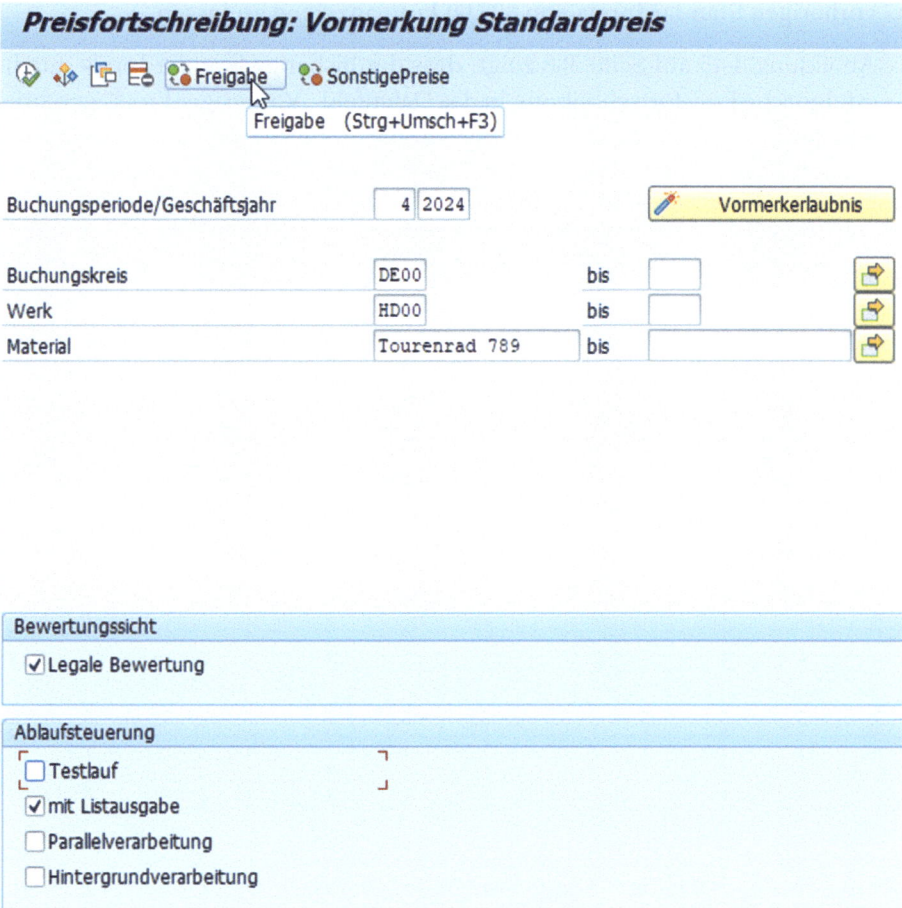

Abbildung 4-40 auf Seite 386 zeigt die Freigabe des Standardpreises. Danach erscheint die Bestätigung von SAP S/4HANA aus Abbildung 4-41 auf Seite 386.

7) **Wechseln Sie nun wieder zu Ihrem SAP GUI-Fenster mit dem Materialstamm Ihres Fertigerzeugnisses „Tourenrad ###".**

    Gehen Sie einmal mit der Taste „F3" zurück und lassen Sie sich erneut die Sicht „Kalkulation 2" für das Werk HD00 anzeigen.

    Wurde Ihr Kalkulationsergebnis als neuer laufender Standardpreis in der Sicht „Kalkulation 2" übernommen?

    Ja. Der aufgrund der Preisfortschreibung aktualisierte Standardpreis im Materialstamm ist in Abbildung 4-42 auf Seite 387 zu sehen.

8) **Wechseln Sie noch zur Sicht „Buchhaltung 1", um sich auch den (nun) vorherigen Standardpreis von 805,00 Euro anzeigen zu lassen.**

    Abbildung 4-43 auf Seite 388 zeigt, dass der bisherige Standardpreis durch die erfolgreiche Preisfortschreibung in das Datenfeld „Vorheriger Preis" geschrieben wurde.

Abbildungsverzeichnis

Abbildung 1-1:	Betriebswirtschaftliche Produktionsfaktoren nach Gutenberg	3
Abbildung 1-2:	Wahl des SAP-Systems im SAP GUI for Windows	7
Abbildung 1-3:	Anmeldung im SAP GUI for Windows	8
Abbildung 1-4:	Benutzeroberfläche des Anwendungsmenüs mit dem Design „Belize Theme"	8
Abbildung 1-5:	Benutzeroberfläche des Anwendungsmenüs mit dem Design „SAP Signature Theme"	9
Abbildung 1-6:	Benutzeroberfläche des Anwendungsmenüs von SAP ECC	10
Abbildung 1-7:	Benutzeroberfläche des Anwendungsmenüs im SAP Web GUI	11
Abbildung 1-8:	Beispiel für eine individualisierte Benutzeroberfläche in SAP Fiori	12
Abbildung 1-9:	Legacy-App „Anfrage anlegen" in SAP Fiori	13
Abbildung 1-10:	Anzeigen des OK-Code-Felds bei Legacy-Apps in SAP Fiori	13
Abbildung 1-11:	Beispiele für „echte" Fiori-Apps	14
Abbildung 1-12:	Öffnen bzw. Anzeigen des Befehlsfelds	16
Abbildung 1-13:	Auswahlmöglichkeiten im linken Statusfeld	17
Abbildung 1-14:	Anzeige einer Fehlermeldung (FS00)	19
Abbildung 1-15:	Umgang mit einer Fehlermeldung (FS00)	20
Abbildung 1-16:	Geöffnete Transaktionen in verschiedenen SAP GUI-Fenstern (SM04)	23
Abbildung 1-17:	Alternatives Öffnen eines neuen SAP GUI-Fensters	23
Abbildung 1-18:	Zusätzliches Datenfeld bei einer Transaktion mit fünfstelligem Transaktionscode	25
Abbildung 1-19:	Aufruf des Customizing-Menüs (SPRO)	27
Abbildung 1-20:	Ausschnitt aus dem Customizing-Menü	29
Abbildung 1-21:	Liste der Kostenrechnungskreise (OX06)	29
Abbildung 1-22:	Details zu einem Kostenrechnungskreis (OX06)	30
Abbildung 1-23:	Anzeige der Zusatzinformation im Customizing-Menü	32
Abbildung 1-24:	Einstellungen in der Mandantenverwaltung (SCC4)	35
Abbildung 1-25:	Beispiel für einen Customizing-Auftrag (SE10)	35
Abbildung 1-26:	Customizing-Aufträge für verschiedene SAP-User (SE10)	36
Abbildung 1-27:	Hilfe zur Anwendung für die Transaktion „Material anlegen" (MM01)	38
Abbildung 1-28:	Optionen zur Anpassung des lokalen Layouts im Anwendungsmenü	39
Abbildung 1-29:	Suche nach einem Begriff im Customizing-Menü	40
Abbildung 1-30:	Trefferliste für den Suchbegriff „Kostenstelle" in Transaktionen des Customizing-Menüs	40

© Der/die Herausgeber bzw. der/die Autor(en), exklusiv lizenziert an
Springer Fachmedien Wiesbaden GmbH, ein Teil von Springer Nature 2025
U. Rimmelspacher, *Abbildung und Integration von Elementarfaktoren in SAP S/4HANA*, https://doi.org/10.1007/978-3-658-47767-7

Abbildung 1-31:	Anzeige der Zusatzinformation „Kritische Aktivität" im Customizing-Menü	41
Abbildung 1-32:	Dokumentation zur IMG-Aktivität „Kostenrechnungskreis pflegen"	42
Abbildung 1-33:	F1-Hilfe zum Datenfeld „Material" (MM01)	43
Abbildung 1-34:	F4-Hilfe zum Datenfeld „Material" (MM01)	44
Abbildung 1-35:	Trefferliste in der F4-Hilfe (MM01)	44
Abbildung 1-36:	Beispiel für die F4-Hilfe bei verbundenen Datenfeldern – Teil 1 (MM01)	46
Abbildung 1-37:	Beispiel für die F4-Hilfe bei verbundenen Datenfeldern – Teil 2 (MM01)	47
Abbildung 1-38:	Beispiel für die F4-Hilfe bei verbundenen Datenfeldern – Teil 3 (MM01)	48
Abbildung 2-1:	Auszug aus Organisationsstrukturen zur Leistungserstellung	72
Abbildung 2-2:	Auszug aus Organisationsstrukturen im Rechnungswesen	73
Abbildung 2-3:	Kopiervorlage für eine neue Organisationseinheit (EC02)	78
Abbildung 2-4:	Pflege einer Tabellensicht bzw. View (SM30)	79
Abbildung 2-5:	Daten eines Buchungskreises (V_T001)	81
Abbildung 2-6:	Globale Daten eines Buchungskreises	82
Abbildung 2-7:	Zuordnung von Werken zu einem Buchungskreis (OX18)	83
Abbildung 3-1:	Ändern einer Kostenstelle (KS02)	102
Abbildung 3-2:	Gültigkeitszeitraum einer Kostenstelle erweitern (KS01)	103
Abbildung 3-3:	Geänderten Gültigkeitszeitraum einer Kostenstelle anzeigen (KS03)	104
Abbildung 3-4:	Prozessschritte zur Abbildung des Elementarfaktors Werkstoffe	105
Abbildung 3-5:	Zuordnung von Materialarten zu speziellen Anlegetransaktionen	107
Abbildung 3-6:	Spezielle Anlegetransaktionen für Materialien im Anwendungsmenü	108
Abbildung 3-7:	Nummernkreisintervalle für interne und externe Nummernvergabe (MMNR)	109
Abbildung 3-8:	Interne und externe Nummernvergabe für Materialarten (MMNR)	110
Abbildung 3-9:	Fachbereichsspezifische Datenbilder für Fertigerzeugnisse (OMT3B)	111
Abbildung 3-10:	Reihenfolge von Haupt- und Zusatzbildern einer Bildsequenz für Fertigerzeugnisse (OMT3R)	112

Abbildung 3-11:	Auswirkungen der Einstellungen im Customizing-Menü auf die Anzeige fachbereichsspezifischer Hauptdaten eines Materialstamms (MM03)	113
Abbildung 3-12:	Festlegung der Reihenfolge der Bildbausteine für Fertigerzeugnisse (OMT3B)	114
Abbildung 3-13:	Bildbausteine des Datenbildes „Grunddaten 1" für Fertigerzeugnisse (OMT3B)	115
Abbildung 3-14:	Auswirkungen der Einstellungen im Customizing-Menü auf die Anzeige fachbereichsspezifischer Zusatzdaten eines Materialstamms (MM03)	115
Abbildung 3-15:	Fachbereichsspezifische Stücklistenverwendungen (OS20)	117
Abbildung 3-16:	Zulässige Materialarten bei unterschiedlicher Stücklistenverwendung (OS24)	118
Abbildung 3-17:	Anlegen eines Fertigerzeugnisses mit der allgemeinen (links; MM01) und der speziellen (rechts; MMF1) Transaktion	119
Abbildung 3-18:	Auswahl der Sichten für einen neuen Materialstammsatz (MM01)	121
Abbildung 3-19:	Organisationseinheit für ausgewählte Materialsichten (MM01)	123
Abbildung 3-20:	Stücklistenverwendung beim Anlegen einer Stückliste (CS01)	126
Abbildung 3-21:	Materialstückliste mit einer Komponente und einer Baugruppe (CS03)	127
Abbildung 3-22:	Mehrstufige hierarchische Stückliste für ein Fertigerzeugnis	127
Abbildung 3-23:	Zusammenhänge für die Bewertung des Elementarfaktors Werkstoffe	128
Abbildung 3-24:	Prozessschritte zur Abbildung des Elementarfaktors objektbezogene menschliche Arbeit	164
Abbildung 3-25:	Mussfelder beim Anlegen einer Kostenstelle (KS01)	166
Abbildung 3-26:	Kostenstellenarten für Kostenstellen (KS03)	167
Abbildung 3-27:	Anlegen einer neuen Kostenstellenart (OKA2)	167
Abbildung 3-28:	Neu verfügbare Kostenstellenart „P" für Kostenstellen der Produktion (KS01)	168
Abbildung 3-29:	Arbeitsplatzarten und deren Bildfolgen (OP40)	170
Abbildung 3-30:	Plananwendungen für eine Arbeitsplatzart (OP40)	170
Abbildung 3-31:	Bildfolge einer Arbeitsplatzart (OP13)	171
Abbildung 3-32:	Plantypen für Arbeitspläne (OP8B)	172
Abbildung 3-33:	Materialarten zu einem Plantyp in einem Arbeitsplan (OP50)	173
Abbildung 3-34:	Steuerschlüssel zu Vorgängen in einem Arbeitsplan (OP67)	173

Abbildungsverzeichnis

Abbildung 3-35:	Prozessschritte zum Anlegen von Stammdaten für den Elementarfaktor objektbezogene menschliche Arbeit	174
Abbildung 3-36:	Abgrenzung von Aufwendungen und Kosten	175
Abbildung 3-37:	Kostenartentypen für primäre und sekundäre Kostenarten (SE16)	179
Abbildung 3-38:	Sachkontoart und Kontengruppe für eine primäre Kostenart (FS00)	180
Abbildung 3-39:	Sachkontoart und Kontengruppe für eine sekundäre Kostenart (FS00)	181
Abbildung 3-40:	Kostenartentyp für interne Leistungsverrechnung (FS00)	182
Abbildung 3-41:	Auszug aus der Standardhierarchie für Kostenstellen (OKENN)	184
Abbildung 3-42:	Anlegen einer Leistungsart (KL01)	187
Abbildung 3-43:	Erlaubte Kostenstellenarten für eine Leistungsart (KL01)	188
Abbildung 3-44:	Anlegen einer statistischen Kennzahl (KK01)	191
Abbildung 3-45:	Teil einer Standardhierachie für Kostenstellen (OKENN)	193
Abbildung 3-46:	Sender und Empfänger in einem Segment einer Umlage (KSU7)	194
Abbildung 3-47:	Optionale Kostenstellengruppe mit Einzelwerten und einer Gruppe (KSH1)	197
Abbildung 3-48:	Prozessschritte zur Ermittlung der Tarife für den Elementarfaktor objektbezogene menschliche Arbeit	198
Abbildung 3-49:	Planversionen auf Mandantenebene	199
Abbildung 3-50:	Beispiel für eine in einem Kostenrechnungskreis nicht übernommene Planversion	200
Abbildung 3-51:	Planversionen in einem Kostenrechnungskreis (CO_VERSION_K)	201
Abbildung 3-52:	Planerprofile für manuelle Planungen	202
Abbildung 3-53:	Planungsgebiete in einem Planerprofil	203
Abbildung 3-54:	Planungslayouts für ein Planungsgebiet	204
Abbildung 3-55:	Vorschlagswerte für Planungs- und Berichtszeiträume (RPC0)	205
Abbildung 3-56:	Planung für eine statistische Kennzahl (KP46)	207
Abbildung 3-57:	Statistischer Kennzahlentyp bei der Eingabe von Planwerten (KP46)	208
Abbildung 3-58:	Abgeleitete Periodenwerte bei einem Festwert (KP46)	209
Abbildung 3-59:	Verteilungsschlüssel für statische Kennzahlen (KP46)	210
Abbildung 3-60:	Abgeleitete Periodenwerte bei einem Summenwert (KP46)	211
Abbildung 3-61:	Planungslayout zur manuellen Planung des Mengenoutputs von Leistungsarten (KP26)	213
Abbildung 3-62:	Übersichtsbild der Outputmenge für eine Leistungsart in einer Kostenstelle (KP26)	214

Abbildung 3-63:	Periodenbilder der Outputmenge für eine Leistungsart einer Kostenstelle (KP26)	214
Abbildung 3-64:	Beispiele für leistungsabhängigen und -unabhängigen Input für eine Kostenstelle mit zwei Leistungsarten	216
Abbildung 3-65:	Fall 1a: Planung einer leistungsunabhängigen Primärkostenaufnahme für eine Kostenstelle (KP06)	218
Abbildung 3-66:	Fall 1b: Planung einer leistungsabhängigen Primärkostenaufnahme für eine Kostenstelle (KP06)	219
Abbildung 3-67:	Fall 1b: Buchung von Plankosten bei einer leistungsabhängigen Primärkostenaufnahme für eine Kostenstelle (KP06)	219
Abbildung 3-68:	Fall 2a: Planung einer leistungsunabhängigen Leistungsaufnahme für eine Kostenstelle (KP06)	220
Abbildung 3-69:	Fall 2a: Buchung der Leistungsmenge bei einer leistungsunabhängigen Leistungsaufnahme für eine Kostenstelle (KP06)	221
Abbildung 3-70:	Fall 2b: Planung einer leistungsabhängigen Leistungsaufnahme für eine Kostenstelle (KP06)	222
Abbildung 3-71:	Fall 2b: Buchung der Leistungsmenge bei einer leistungsabhängigen Leistungsaufnahme für eine Kostenstelle (KP06)	222
Abbildung 3-72:	Beispiel für einen Umlagezyklus mit zwei Segmenten	224
Abbildung 3-73:	Registerkarte „Segmentkopf" eines Segments in einem Umlagezyklus (KSU7)	225
Abbildung 3-74:	Registerkarte „Sender/Empfänger" eines Segments in einem Umlagezyklus (KSU7)	226
Abbildung 3-75:	Registerkarte „Empfängerbezugsbasis" eines Segments in einem Umlagezyklus (KSU7)	227
Abbildung 3-76:	Registerkarte „Empfängergewichtungsfaktoren" eines Segments in einem Umlagezyklus (KSU7)	227
Abbildung 3-77:	Kennzeichen für die iterative Verarbeitung eines Zyklus (KSU7)	229
Abbildung 3-78:	Beispiel für einen Umlagezyklus mit nur einem Segment	230
Abbildung 3-79:	Iterative Ermittlung der Plantarife für Leistungsarten (KSPI)	234
Abbildung 3-80:	Ergebnis der iterativen Ermittlung der Plantarife für Leistungsarten (KSPI)	235
Abbildung 3-81:	Rechenbeispiel für eine iterative Tarifermittlung für zwei Kostenstellen mit je einer Leistungsart	235
Abbildung 3-82:	Anlegen eines Arbeitsplatzes mit einer Kopiervorlage (CR01)	238
Abbildung 3-83:	Registerkarte „Grunddaten" bei einem Arbeitsplatz (CR01)	239
Abbildung 3-84:	Registerkarte „Kalkulation" bei einem Arbeitsplatz (CR01)	240

Abbildung 3-85:	Vorgangsübersicht eines Arbeitsplans (CA01)	241
Abbildung 3-86:	Details zu einem Vorgang in einem Arbeitsplan (CA01)	242
Abbildung 3-87:	Zusammenhänge für die Bewertung des Elementarfaktors objektbezogene menschliche Arbeit	244
Abbildung 3-88:	Prozessschritte zur Abbildung des Elementarfaktors Betriebsmittel	330
Abbildung 3-89:	Anlagenklassen für Betriebsmittel (OAOA)	331
Abbildung 3-90:	Details zu einer Anlagenklasse (OAOA)	332
Abbildung 3-91:	Bewertungsbereiche eines Bewertungsplans (OADB)	333
Abbildung 3-92:	Details eines Bewertungsbereichs für kalkulatorische Abschreibungen (OADB)	334
Abbildung 3-93:	Anlegen einer Anlage (AS01)	335
Abbildung 3-94:	Zuordnung einer Kostenstelle zu einer Anlage (AS01)	336
Abbildung 3-95:	Bewertungsbereiche für eine Anlage (AS01)	337
Abbildung 3-96:	Kalkulatorische Planabschreibungen als Kosteninput einer Fertigungskostenstelle (KP06)	346
Abbildung 4-1:	Prozessschritte zur Bewertung der Elementarfaktoren in der Kalkulation	350
Abbildung 4-2:	Bestandteile einer Kalkulationsvariante (OKKN)	351
Abbildung 4-3:	Ziel der Preisfortschreibung bei einer Kalkulationsart (OKKI)	352
Abbildung 4-4:	Zeitpunkt der Preisfortschreibung bei einer Kalkulationsart (OKKI)	352
Abbildung 4-5:	Bewertung von Einsatzmaterialien in einer Bewertungsvariante (OKK4)	354
Abbildung 4-6:	Bewertung von Leistungsarten in einer Bewertungsvariante (OKK4)	354
Abbildung 4-7:	Bewertung von Gemeinkosten in einer Bewertungsvariante (OKK4)	355
Abbildung 4-8:	Beispiel für den Aufbau eines Kalkulationsschemas	356
Abbildung 4-9:	Berechnungsbasis für die Fertigungseinzelkosten in einem Kalkulationsschema	358
Abbildung 4-10:	Zuschlagssatz für die Materialgemeinkosten in einem Kalkulationsschema	359
Abbildung 4-11:	Entlastung für die Fertigungsgemeinkosten in einem Kalkulationsschema	360
Abbildung 4-12:	Bestandteile eines Kalkulationsschemas	361
Abbildung 4-13:	Terminsteuerung in einer Kalkulationsvariante (OKKN)	362
Abbildung 4-14:	Auflösungssteuerung des Mengengerüsts für Stücklisten in einer Kalkulationsvariante (OKKN)	363

Abbildungsverzeichnis 443

Abbildung 4-15:	Bestimmung der Alternativen in der Auflösungssteuerung für Stücklisten in einer Kalkulationsvariante (OKKN)	364
Abbildung 4-16:	Auflösungssteuerung des Mengengerüsts für Arbeitspläne in einer Kalkulationsvariante (OKKN)	365
Abbildung 4-17:	Bestimmung der Alternativen für Arbeitspläne in der Auflösungssteuerung in einer Kalkulationsvariante (OKKN)	365
Abbildung 4-18:	Werksbezogene Übernahmesteuerung in einer Kalkulationsvariante (OKKM)	366
Abbildung 4-19:	Übernahme der Losgröße im Mengengerüst in einer Kalkulationsvariante (OKKN)	367
Abbildung 4-20:	Berücksichtigung additiver Kosten in einer Kalkulationsvariante (OKKN)	368
Abbildung 4-21:	Einstellungen zur Verbuchung des Kalkulationsergebnisses (OKKN)	369
Abbildung 4-22:	Zuordnungen zu einer Kalkulationsvariante (OKKN)	369
Abbildung 4-23:	Liste der Elementeschemata (OKTZ)	370
Abbildung 4-24:	Kostenelemente für die Selbstkosten in einem Elementeschema (OKTZ)	371
Abbildung 4-25:	Details zu einem Kostenelement in einem Elementeschema (OKTZ)	371
Abbildung 4-26:	Zugeordnete Kostenarten zu Kostenelementen in einem Elementeschema (OKTZ)	372
Abbildung 4-27:	Zuordnung von Organisationseinheiten und Kalkulationsvarianten zu einem Elementeschema (OKTZ)	373
Abbildung 4-28:	Elementesichten eines Elementeschemas (OKTZ)	373
Abbildung 4-29:	Filter der Elementesicht „Selbstkosten" für Elementeschemata (OKTZ)	374
Abbildung 4-30:	Elementegruppen für Elementeschemata (OKTZ)	375
Abbildung 4-31:	Kalkulationsversionen einer Kalkulationsvariante (OKKN)	376
Abbildung 4-32:	Fehlersteuerung bei einer Kalkulationsvariante (OKTZ)	377
Abbildung 4-33:	Anlegen einer Materialkalkulation mit Mengengerüst (CK11N)	378
Abbildung 4-34:	Kalkulationsergebnisse einer Materialkalkulation mit Mengengerüst (CK11N)	379
Abbildung 4-35:	Kalkulationsergebnisse in Elementesichten einer Materialkalkulation mit Mengengerüst (CK11N)	380
Abbildung 4-36:	Kostenelemente der Elementesicht „Selbstkosten" (CK11N1)	381
Abbildung 4-37:	Kalkulationsstruktur bei einer mehrstufigen Kalkulation für die Elementesicht „Herstellkosten" (CK11N)	382
Abbildung 4-38:	Vormerkung des Standardpreises (CK24)	384

Abbildung 4-39:	Ergebnis der Vormerkung in der Sicht „Kalkulation 2" im Materialstamm eines kalkulierten Erzeugnisses (MM03)	385
Abbildung 4-40:	Freigabe des Standardpreises (CK24)	386
Abbildung 4-41:	Systemmeldungen nach der erfolgreichen Freigabe des Standardpreises (CK24)	386
Abbildung 4-42:	Ergebnis der Freigabe in der Sicht „Kalkulation 2" im Materialstamm eines kalkulierten Erzeugnisses (MM03)	387
Abbildung 4-43:	Ergebnis der Freigabe in der Sicht „Buchhaltung 1" im Materialstamm eines kalkulierten Erzeugnisses (MM03)	388

Tabellenverzeichnis

Tabelle 1-1:	Eingabe von Transaktionscodes im Befehlsfeld	22
Tabelle 1-2:	Inhalte der Übungen zu Kapitel 1.2	50
Tabelle 2-1:	Tabellen und Pflege-Views für Organisationseinheiten	79
Tabelle 2-2:	Inhalte der Übungen zu Kapitel 2	85
Tabelle 3-1:	Fachbereichsspezifische Sichten im Materialstamm und zugehörige Organisationseinheiten	122
Tabelle 3-2:	Inhalte der Übungen zu Kapitel 3.2	130
Tabelle 3-3:	Inhalte der Übungen zu Kapitel 3.3	247
Tabelle 3-4:	Inhalte der Übung zu Kapitel 3.4	347
Tabelle 4-1:	Inhalte der Übungen zu Kapitel 4	390

© Der/die Herausgeber bzw. der/die Autor(en), exklusiv lizenziert an
Springer Fachmedien Wiesbaden GmbH, ein Teil von Springer Nature 2025
U. Rimmelspacher, *Abbildung und Integration von Elementarfaktoren in
SAP S/4HANA*, https://doi.org/10.1007/978-3-658-47767-7

Literaturverzeichnis

Bardmann, M. (2019): Grundlagen der Allgemeinen Betriebswirtschaftslehre, 3. Aufl., Wiesbaden.

Coenenberg, A./ Fischer, T./ Günther, T./ Brühl, R. (2024): Kostenrechnung und Kostenanalyse, 10. Aufl., Stuttgart.

Corsten, H. (1993): Lexikon der Betriebswirtschaftslehre, 2. Aufl., München.

Gutenberg, E. (1958): Einführung in die Betriebswirtschaftslehre, Wiesbaden.

Gutenberg, E. (1983): Grundlagen der Betriebswirtschaftslehre: Erster Band - Die Produktion, 24. unveränderte Aufl., Berlin/ Heidelberg/ New York.

Kellner, F./ Lienland, B./ Lukesch, M. (2022): Produktionswirtschaft - Planung, Steuerung und Industrie 4.0, 3. Aufl., Berlin.

Macharzina, K./ Wolf, J. (2023): Unternehmensführung, 12. Aufl., Wiesbaden.

Wöhe, G. (2023): Einführung in die Allgemeine Betriebswirtschaftslehre, 28. Aufl., München.

The manufacturer's authorised representative in the EU is Springer Nature Customer Service Centre GmbH, Europaplatz 3, 69115 Heidelberg, Germany. If you have any concerns regarding our products, please contact ProductSafety@springernature.com

Printed and bound by CPI Group (UK) Ltd, Croydon, CR0 4YY

26/03/2026

02078942-0015